顾问　彭雪峰　肖金泉　王忠德　王　隽　马江涛
　　　马忠法　杜江波　梅慎实　汪　军　蒋大兴

公司合规管理体系指南

——治理现代　全面覆盖　有效运转　全球通行

COMPLIANCE MANAGEMENT

主　　编　徐永前

副 主 编　黄鑫淼　陈　福　张　洪　赵中星　陈晓霞　林镜桂

执行主编　张素华　秦　琦　艾菲拉·艾克拉木　韩　雪　徐子舒

中国财经出版传媒集团
经济科学出版社
Economic Science Press
·北京·

图书在版编目（CIP）数据

公司合规管理体系指南：治理现代、全面覆盖、有效运转、全球通行/徐永前主编．--北京：经济科学出版社，2025.4

ISBN 978-7-5218-5337-7

Ⅰ.①公… Ⅱ.①徐… Ⅲ.①企业管理 Ⅳ.①F272

中国国家版本馆 CIP 数据核字（2023）第 210255 号

责任编辑：王红英
责任校对：杨　海
责任印制：邱　天

公司合规管理体系指南
——治理现代、全面覆盖、有效运转、全球通行
GONGSI HEGUI GUANLI TIXI ZHINAN
——ZHILIXIANDAI QUANMIANFUGAI YOUXIAOYUNZHUAN QUANQIUTONGXING

主　　编　徐永前
副 主 编　黄鑫淼　陈　福　张　洪　赵中星　陈晓霞　林镜桂
执行主编　张素华　秦　琦　艾菲拉·艾克拉木　韩　雪　徐子舒
经济科学出版社出版、发行　新华书店经销
社址：北京市海淀区阜成路甲 28 号　邮编：100142
总编部电话：010-88191217　发行部电话：010-88191522
网址：www.esp.com.cn
电子邮箱：esp@esp.com.cn
天猫网店：经济科学出版社旗舰店
网址：http://jjkxcbs.tmall.com
固安华明印业有限公司印装
787×1092　16 开　30 印张　650000 字
2025 年 4 月第 1 版　2025 年 4 月第 1 次印刷
ISBN 978-7-5218-5337-7　定价：298.00 元
（图书出现印装问题，本社负责调换。电话：010-88191545）
（版权所有　侵权必究　打击盗版　举报热线：010-88191661
QQ：2242791300　营销中心电话：010-88191537
电子邮箱：dbts@esp.com.cn）

公司合规管理体系指南
——治理现代、全面覆盖、有效运转、全球通行

顾　　　问：彭雪峰　肖金泉　王忠德　王　隽　马江涛
　　　　　　马忠法　杜江波　梅慎实　汪　军　蒋大兴

主　　　编：徐永前

副　主　编：黄鑫淼　陈　福　张　洪　赵中星　　陈晓霞　林镜桂

执 行 主 编：张素华　秦　琦　艾菲拉·艾克拉木　韩　雪　徐子舒

编委会成员【按姓氏笔画排序】：

丁义平	于　斌	于耀武	马广立	马　均	马宏伟	马启兰	马　俊
马洪兴	马章凯	马　巍	马世媛	王卫东	王立宏	王　宁	王　宇
王红举	王　芳	王　杰	王昕生	王金平	王　念	王学刚	王剑峰
王　哲	王晓燕	王继宁	王　翊	王　蛟	王　斌	王善良	王　蔓
王　磊	韦　烨	毛　英	毛瑞敏	孔　琪	邓红梅	邓志松	平云旺
卢跃峰	叶红耘	叶志伟	史俊明	央　金	付　勇	付蓉蓉	白　莹
冯利辉	曲　峰	吕　晖	吕晨葵	朱碧云	任红威	刘世杰	刘守民
刘　洋	刘桂柱	刘晓红	刘晓晖	刘晓燕	刘　峰	刘铁星	刘爱军
刘　婧	刘蓉蓉	刘　韬	刘　璇	刘　璟	闫丽萍	米珍珍	汤尚濠
汤紫艺	祁辉成	孙长江	孙鹏程	孙　磊	阴秀王	牟云春	纪　敏
许永盛	杜立元	杜炳富	李　一	李一凡	李亚鹏	李安华	李张发
李林蔚	李雨龙	李洪奇	李培虎	李　萍	李　晨	李婧姝	李　强
李　想	李煦燕	李新民	李　蕊	杨关善	杨宇宙	杨金柱	杨　辉
肖　飒	肖　翔	吴加茂	吴晨尧	何旺旺	何鑑文	谷艳农	冷雪峰
沈永明	宋云锋	张之珂	张长春	张　东	张会栋	张兴权	张建民
张洪明	张晓初	张晓哲	张　峰	张健（深圳）		张健（福州）	

张海水　张萌萌　张雪莉　张智远　陈九波　陈子轩　陈友坤　陈芍开
陈作科　陈建伟　陈思　陈俊　陈胜　陈晔　陈峰　陈雯卉
陈鹏　陈磊　陈秀丽　林雪枫　林微　歧温华　罗长德　罗明亮
罗桑群培　金克明　周龙龙　庞汉梁　郑陈蜀　郑国强　郑城　郑效军
孟凡华　孟凡鹏　封孝权　赵建明　赵梦佳　赵银伟　姚瑶　姜雷
索亚星　贾新辉　贾缤　顾伟　顾迎斌　钱红骥　钱学凯　钱俊羽
徐万钧　徐文萍　徐立华　徐劭煊　徐劲科　徐雷　高凤江　郭俊忠
郭维娜　唐迎鸾　展庐平　陶雨生　黄华龙　黄嘉瑜　常青　常洁
康思远　梁晋兵　梁淼　彭舒熳　董万园　董杰　韩光　韩燕
覃校红　程建锋　童哲　曾语桐　谢烨蔓　雷莉　廖俊杰　廖晖
熊宗鹏　熊建新　熊珑玲　熊潇敏　滕华　薛洪增　薛萍　戴旭初
魏杰

序　言

本书上篇"公司治理与合规管理"四章及下篇"公司专项合规指南和案例分析"四十六章是大成律师事务所深度参与《中华人民共和国公司法》修改、合规国际标准制定、合规管理体系建设及专项合规实践的系统化总结。党的十八届四中全会通过的《中共中央关于全面推进依法治国若干重大问题的决定》指出，"健全立法机关主导、社会各方有序参与立法的途径和方式。探索委托第三方起草法律法规草案"。本着这一要求，我们出版本书的目的非常明确：推动建立"治理现代、全面覆盖、有效运转、全球通行"的公司合规管理体系。假以时日，"治理现代、全面覆盖、有效运转、全球通行"的公司合规管理体系对我国社会经济的影响、作用和意义如同写入党的十四届三中全会报告的"产权明晰、权责明确、政企分开、管理科学"的现代企业制度，写入党的十六届三中全会报告的"归属清晰、权责明确、保护严格、流转顺畅"的现代产权制度。

为何公司合规管理体系的这十六个字特征具有这么重要的意义、远远不是为律师行业赢得一个铺天盖地的业务呢？因为这个体系的构建除了帮助公司制企业立足合规创造价值、打造金色盾牌防控风险之外，还与人类命运共同体成功构建、人类的永续存在有着直接的因果关系。

以美国总统特朗普签署行政令暂停《反海外腐败法》开始，世界面临一个重大的选择：谁来扛起法治和道义的大旗，带领世界走出荆棘沼泽之地？基于主持/联合主持法律合规（包括道德规范）领域的四大国际标准，中国无疑是一个众望所归的角色。为人处世要讲规矩，公司法人乃至国家也是如此。中共中央政治局委员、外交部部长王毅说过，"国家不论大小强弱，都是国际法治的利益攸关方。多极格局不能是无序的状态，如果没有了规矩，昨天在餐桌边，明天就可能在菜单上。大国要带头讲诚信、讲法治，坚决摒弃言行不一、零和博弈"。① 前驻美大使崔天凯也说过，"规则应该由大家一起制定。所有

---

① 王毅："如果没有了规矩，昨天在餐桌边，明天就可能在菜单上"，引自光明网，https://m.gmw.cn/2025 - 02/16/content_1303971914.htm。

国家都应遵守规则，没有哪个国家可以例外。中国要遵守，美国也要遵守"。① 整套的全球规矩规则重要渊源就是党的二十大和二十届三中全会中包含"八个字"的一句话：规则、规制、管理、标准等制度型开放；进一步延伸就是"十六个字"：规则对标，规制协同，管理提升，标准引领。

中国标准国际化和国际标准中国化后的再国际化是大势所趋。近50年的商品要素型开放推动了我国高铁、特高压、生物技术、产业数字化和数字产业化等领域的技术标准已然比肩乃至引领国际标准，法律合规管理领域已经诞生的、中国人主导的诸多国际标准为已经开启的制度型开放提供了典范和最佳实践，也为中国的公司制企业参与共建"一带一路"全球化提供了基本遵循和保障。ISO 37301：2021《合规管理体系 要求及使用指南》与等同转化的 GB/T 35770 第一条更是开宗明义：合规是一个组织可持续存在的基石，合规就是机遇。这个合规标准与 ISO 31022《风险管理 法律风险管理指南》及正式立项、即将出台的 ISO 37302《合规管理体系 有效性评价》、ISO 37303《合规管理体系 能力管理指南》等国际标准一起塑造了契合人类命运共同体构建的法治语言，这套语言具有 ABC 三个核心元素：

A：事前防范治未病、合作共赢和为先的合规理念；

B：体系化的 PDCA 合规管理体系构架与市场化、国际化专项合规有机统一；

C：从小合规、大合规走向全域合规管理体系建设，这是创造价值、防控风险、构建人类命运共同体的必由之路。

本书是大成律师事务所100多位合伙人和诸多大师级专家、学者、公司总法律顾问及首席合规官集体智慧的结晶。大成成立三十周年获奖的三十个课题中，《构建"治理

---

① 崔天凯回应奥巴马国情咨文涉华内容："规则应共同遵守"，引自央广网，http://news.cnr.cn/native/gd/20150122/t20150122_517493280.shtml。

现代、全面覆盖、有效运行、国际认证"的合规管理体系：规则与实务》作为首篇刊出，体现了各方对合规管理体系建设的重视和认可。在此基础上，我们增加了服务企业构建企业合规管理体系的实务业绩和在国企、大型民企的成功实践等内容，并正式将该书定名为：《公司合规管理体系指南——治理现代·全面覆盖·有效运转·全球通行》。

本书共五十章，作者依次为：

第一章：构建"治理现代"的合规管理体系　徐永前　陈晓霞　陈建伟

第二章：构建"全面覆盖"的合规管理体系　徐永前　黄鑫淼　秦琦

第三章：构建"有效运转"的合规管理体系　徐永前　黄鑫淼　秦琦

第四章：构建"全球通行"的合规管理体系　徐永前　黄鑫淼　秦琦

第五章：公司治理专项合规指南与案例分析　张洪　李一凡

第六章：市场准入专项合规指南与案例分析　陈芍开

第七章：市场交易专项合规指南与案例分析　陈峰

第八章：公司招标投标专项合规指南与案例分析　马巍　常青

第九章：公司财务税收专项合规指南与案例分析　冷雪峰

第十章：公司安全生产专项合规指南与案例分析　陈峰

第十一章：公司生态环保专项合规指南与案例分析　徐文萍

第十二章：公司职业健康专项合规指南与案例分析　徐文萍

第十三章：公司质量管理专项合规指南与案例分析　陈峰

第十四章：公司劳动用工专项合规指南与案例分析　郭维娜　马巍

第十五章：公司反不正当竞争专项合规指南与案例分析　陈峰

第十六章：公司反商业贿赂/反腐败专项合规指南与案例分析　马巍　黄鑫淼

第十七章：公司反舞弊专项合规指南与案例分析　邓志松

第十八章：公司反垄断专项合规指南与案例分析　邓志松

第十九章：公司信息披露专项合规指南与案例分析　于绪刚

第二十章：公司数据安全专项合规指南与案例分析　刘铁星　陈胜　梁淼　赵中星

第二十一章：个人信息保护专项合规指南与案例分析　张雪莉　陈福　赵中星

第二十二章：公司知识产权专项合规指南与案例分析　马巍

第二十三章：公司网络安全专项合规指南与案例分析　张雪莉

第二十四章：公司商业伙伴专项合规指南与案例分析　付蓉蓉

第二十五章：国家安全审查专项合规指南与案例分析　马巍

第二十六章：公司应对单边制裁专项合规指南与案例分析　陈胜

第二十七章：公司应对双/多边制裁专项合规指南与案例分析　陈胜

第二十八章：公司出口管制专项合规指南与案例分析　陈胜

第二十九章：公司贸易合规专项合规指南与案例分析　付蓉蓉

第三十章：公司反洗钱合规指南与案例分析　陈胜

第三十一章：公司反倾销、反补贴管理专项合规指南与案例分析　孙磊

第三十二章：美国海关反逃税（EAPA）调查专项合规指南与案例分析　孙磊

第三十三章：公司ESG管理专项合规指南与案例分析　徐永前　赵中星　艾菲拉·艾克拉木

第三十四章：公司供应链管理专项合规指南与案例分析　邓红梅

第三十五章：公司反恐怖融资专项合规指南与案例分析　邓红梅

第三十六章：公司外汇管理专项合规指南与案例分析　陈峰

第三十七章：公司合同管理专项合规指南与案例分析　陈峰

第三十八章：公司碳中和专项合规指南与案例分析　李一　黄华龙　白莹

第三十九章：公司保障措施调查专项合规指南与案例分析　张洪

第四十章：公司国资监管专项合规指南与案例分析　马启兰　庞汉梁

第四十一章：公司商业秘密保护专项合规指南与案例分析　陈福　马巍

第四十二章：公司利益冲突专项合规指南与案例分析　马巍

第四十三章：公司广告专项合规指南与案例分析　徐永前　黄鑫淼

第四十四章：公司电商业务专项合规指南与案例分析　徐永前　赵梦佳

第四十五章：公司算法专项合规指南与案例分析　孙鹏程　陈思

第四十六章：公司开源专项合规指南与案例分析　徐永前　汤紫艺

第四十七章：公司资格资质专项合规指南与案例分析　闫丽萍

第四十八章：公司刑事合规指南与案例分析　付蓉蓉

第四十九章：公司投资管理专项合规指南与案例分析　李萍　张之珂

第五十章：公司投后管理专项合规指南与案例分析　杨金柱　张之珂

从上述目录可以看出，本书带有合规管理百科工具书性质。我们将根据国内国际生动鲜活的合规管理实践，阶段性抓重点，最终出版 40～50 个领域的《专项合规实务与案例分析》，即最终形成的系列丛书将达到甚至超过 50 本。

当今世界正处在百年变局开新局之激烈"动荡变革期"。在本书出版之际，我们同步提出一个倡议：中国乃至全球法律合规人士特别是律师积极行动起来！依托法律合规领域的四大国际标准，做世界通行法治合规语言 ABC 的推广普及者，不论是俄罗斯还是乌克兰，不论是巴勒斯坦还是以色列，不论是朝鲜还是韩国，不论是巴基斯坦还是印度，不论伊朗还是美国……作为最主要的市场主体——公司制企业都要按照这四个法律合规领域国际标准树立这套理念，建立这套体系，大家互利合作将更简单！因为大家都遵循"事前防范治未病，合作共赢和为先"这一互惠共赢的理念。形象地说，公司合规管理体系这一朵朵、一片片的杜鹃花最终将开遍五湖四海、五洲四洋，相信包括美国以公司为主体的所有组织都将按照全球通行的合规国际标准树立同一理念，形成统一的法治语言，并终将融入构建人类命运共同体的历史洪流中。合规管理体系建设的星星之火必将以漫卷燎原之势燃遍全球。作为法律合规人士特别是律师自身，必将成为为平台、为行业、为国家、为更加安全的世界与人类命运共同体的成功构建做出贡献的关键力量！

我们特别感谢中国社会工作联合会党建工作部主任高铭铎先生、央企投资协会会长谢军先生、海南省国资委主任马咏华先生、中国企业家联合会企业合规工作委员会常务副主任刘鹏先生、ISO 37301《合规管理体系 要求及使用指南》联合主持人王益谊博士及国际注册专家杜晓燕博士、马钢集团党委书记/董事长（宝武集团原总法律顾问/首席合规官）蒋育翔先生、华值集团董事长张文忠先生、中国国新控股总法律顾问/首席合规官李永华先生、中国一重集团总法律顾问/首席合规官胡恩国先生、中国航天科技集团空间技术研究院总法律顾问王冀莲女士、中国石油化工集团公司法律合规部潘胜先生、浙江海港集团副总法律顾问张建军先生、清华大学法学院教授朱慈蕴女士、北京大学博士生导师蒋大兴教授、中国政法大学继续教育学院/网络教育学院院长、研究员宋乃龙博士、ISO /TC 309 组织治理技术委员会中国注册专家陈立彤先生、中国证券业协会固定收益专业委员会委员于绪刚博士等对本书的支持和指导。

本书的目的是全面系统阐释合规管理体系和专项合规建设的方方面面，因此，内容具有一定的前瞻性、开创性，不足之处敬请大家批评指正。

徐永前

2025 年 4 月 2 日

目　　录

|上篇|　**公司治理与合规管理篇** ／ 001

第一章　构建"治理现代"的合规管理体系 ／ 002

第二章　构建"全面覆盖"的合规管理体系 ／ 014

第三章　构建"有效运转"的合规管理体系 ／ 033

第四章　构建"全球通行"的合规管理体系 ／ 061

|下篇|　**公司专项合规指南和案例分析** ／ 081

第五章　公司治理专项合规指南与案例分析 ／ 082

第六章　市场准入专项合规指南与案例分析 ／ 099

第七章　市场交易专项合规指南与案例分析 ／ 105

第八章　公司招标投标专项合规指南与案例分析 ／ 112

第九章　公司财务税收专项合规指南与案例分析 ／ 119

第十章　公司安全生产专项合规指南与案例分析 ／ 126

第十一章　公司生态环保专项合规指南与案例分析 ／ 134

第十二章　公司职业健康专项合规指南与案例分析 ／ 140

第十三章　公司质量管理专项合规指南与案例分析 ／ 146

第十四章　公司劳动用工专项合规指南与案例分析 ／ 154

第十五章　公司反不正当竞争专项合规指南与案例分析 ／ 162

第十六章　公司反商业贿赂/反腐败专项合规指南
　　　　　与案例分析 ／ 182

第十七章　公司反舞弊专项合规指南与案例分析 ／ 197

第十八章　公司反垄断专项合规指南与案例分析 ／ 206

第十九章　公司信息披露专项合规指南与案例分析 ／ 221

第二十章　公司数据安全专项合规指南与案例分析 ／ 228

第二十一章　个人信息保护专项合规指南与案例分析 ／ 235

第二十二章　公司知识产权专项合规指南与案例分析 ／ 241

第二十三章　公司网络安全专项合规指南与案例分析 ／ 250

第二十四章　公司商业伙伴专项合规指南与案例分析 ／ 257

第二十五章　国家安全审查专项合规指南与案例分析 ／ 263

第二十六章　公司应对单边制裁专项合规指南与案例分析 ／ 271

第二十七章　公司应对双/多边制裁专项合规指南
　　　　　　与案例分析 ／ 281

第二十八章　公司出口管制专项合规指南与案例分析 ／ 287

第二十九章　公司贸易合规专项合规指南与案例分析 ／ 298

第三十章　公司反洗钱合规指南与案例分析 ／ 304

第三十一章　公司反倾销、反补贴管理专项合规指南
　　　　　　与案例分析 ／ 310

第三十二章　美国海关反逃税（EAPA）调查专项合规
　　　　　　指南与案例分析 ／ 318

第三十三章　公司 ESG 管理专项合规指南与案例分析 ／ 328

第三十四章　公司供应链管理专项合规指南与案例分析 / 336

第三十五章　公司反恐怖融资专项合规指南与案例分析 / 342

第三十六章　公司外汇管理专项合规指南与案例分析 / 351

第三十七章　公司合同管理专项合规指南与案例分析 / 359

第三十八章　公司碳中和专项合规指南与案例分析 / 370

第三十九章　公司保障措施调查专项合规指南与案例分析 / 376

第四十章　公司国资监管专项合规指南与案例分析 / 384

第四十一章　公司商业秘密保护专项合规指南与案例分析 / 393

第四十二章　公司利益冲突专项合规指南与案例分析 / 399

第四十三章　公司广告专项合规指南与案例分析 / 405

第四十四章　公司电商业务专项合规指南与案例分析 / 412

第四十五章　公司算法专项合规指南与案例分析 / 419

第四十六章　公司开源专项合规指南与案例分析 / 427

第四十七章　公司资格资质专项合规指南与案例分析 / 437

第四十八章　公司刑事合规指南与案例分析 / 443

第四十九章　公司投资管理专项合规指南与案例分析 / 450

第五十章　公司投后管理专项合规指南与案例分析 / 459

公司治理与合规管理篇

第一章

构建"治理现代"的合规管理体系

构建"治理现代、全面覆盖、有效运转、全球通行"的合规管理体系，既是公司创造价值、防控风险、从根本上减少乃至根除法人犯罪和法定代表人犯罪的治本之策，又是公司体现家国情怀、履行社会责任、塑造与人类命运共同体构建相契合法治语言的引领担当。这套合规管理体系最重要的要求和特征就是"治理现代"。

所谓"治理现代"，就是公司合规管理体系应当建立在中国特色现代企业制度之上，建立在中华民族五千年孕育的"事前防范治未病、合作共赢和为先"的"和合文化"理念之上，建立在本质合规的公司良好治理基础之上。体现"治理现代"的公司良治主要有五个特点：一是公司要铭记，坚持中国共产党的领导是我国《宪法》和《公司法》一以贯之的规范要求，这为以保护股东的合法利益为基本价值取向的公司制企业不断做强做优做大提供了根本保障。二是作为现代企业制度的基本组织形式，公司具有三大基石：股东有限责任、独立法人人格、有效制衡的法人治理结构，这三大基石支撑了公司制这种企业组织形式在近 500 年市场经济的历史长河中优胜劣汰，成为企业做强做优做大最佳组织形式的"选美冠军"。其中，独立法人人格使得大小股东受到平等对待，公司要对所有股东负责是核心要义。三是公司要平衡好股东、董事、监事、高级管理人员等利益主体和职工、债权人、供应链上下游、社区等利益相关者的关系，治理失衡会产生诸多后遗症，公司良治是可持续发展的根本保证。四是要加强与各方沟通，营造有利于公司发展的"生态森林"。五是规范好董事、监事、高级管理人员的义务和责任，使其牢固树立出发点和动机层面的下意识合规治理理念，牢记合规是公司可持续存在和发展的基石，合规就是机遇，合规就是金色盾牌。

第一节
大政方针、法律依据和国际标准

一、大政方针为构建"治理现代"的合规管理体系提供了根本遵循

党中央高度重视中国特色现代企业制度完善及相关公司治理与合规管理问题，特别是在党的十八大以来的多个重要会议通过的文件都强调了其重要性。2022 年 10 月 16 日，习近平总书记在党的二十大报告中提出"以中国式现代化推进中华民族伟大复兴"，要求"完善中国特色现代企业制度，弘扬企业家精神，加快建设世界一流企业"，"稳步扩大规则、规制、管理、标准等制度型开放"。

2024 年 6 月 11 日，习近平总书记主持召开中央全面深化改革委员会第五次会议，审议通过了《关于完善中国特色现代企业制度的意见》，强调"完善中国特色现代企业制度，必须着眼于发挥中国特色社会主义制度优势，加强党的领导，完善公司治理，推动企业建立健全产权清晰、权责明确、政企分开、管理科学的现代企业制度，培育更多世界一流企业"。

2024 年 7 月 18 日，党的二十届中央委员会第三次全体会议通过的《中共中央关于进一步全面深化改革 推进中国式现代化的决定》中提出，"支持引导民营企业完善治理结构和管理制度，加强企业合规建设和廉洁风险防控"，再次强调"完善中国特色现代企业制度，弘扬企业家精神，支持和引导各类企业提高资源要素利用效率和经营管理水平、履行社会责任，加快建设更多世界一流企业"。

上述重要论述为我国各类企业今后的改革发展指明了方向和目标。"完善中国特色现代企业制度"是加快建设世界一流企业的重要制度基础。"世界一流企业"是国家经济实力、科技实力和国际竞争力的重要体现，是引领全球产业发展和技术创新的关键力量。加快建设具有全球竞争力的世界一流企业，构建完备的合规管理体系，必须有与之相适应的具有中国特色的现代企业制度作为基础和保障。

首先，完善中国特色现代企业制度是我国企业改革发展的一条主线，也是社会主义市场经济体制的重要内容。自改革开放以来，国有企业经历了从放权让利到建立现代企业制度，再到探索国资监管体制的改革历程。党的十八大以来，习总书记多次强调，坚持党对国有企业的领导是重大政治原则，必须一以贯之；建立现代企业制度是国有企业改革的方向，也必须一以贯之。这种制度安排将党的领导融入公司治理的各个环节，明

确党组织在公司治理结构中的法定地位，实现了党的领导与公司治理的有机统一，引领公司合规管理体系建设的政治方向不会出现偏差。

其次，加快建设世界一流企业是完善中国特色现代企业制度的重要目标。当前，我国一些行业领军企业在发展水平上不断提升，具备了建设世界一流企业的良好基础，但在经营效率、创新能力、国际竞争力和品牌影响力等软实力方面仍有待进一步增强和提升。为此，必须以习近平新时代中国特色社会主义思想为指导，发展更高水平的社会主义市场经济，遵循中国特色现代企业制度的要求，构建包括有效制衡的现代企业治理机制、灵活高效的现代企业经营机制、激励相容的现代企业激励机制以及监督适宜的现代企业监管机制在内的制度体系。其中，建立健全公司合规管理体系是贯穿上述制度体系构建的关键工作，它为我国公司迈向世界一流企业提供了坚实的保障。

最后，加快建设世界一流企业，须立足制度保障，多向发力，完善中国特色现代企业制度，培育一批治理现代、创新领先的世界一流企业。这不仅需要提升技术变革的创新力，聚焦行业关键领域和核心技术，增强产业链掌控力；还需提升企业全球竞争力，实现资源全球化配置，打造主导全球产业链的"链主"企业。同时，要提升企业的影响力，推动国际化经营，鼓励参与国际标准制定；提升优秀企业家的引领力，培育具有全球视野的企业家，弘扬企业家精神。

上述一系列大政方针为构建"治理现代"的合规管理体系提供了根本遵循，企业在完善中国特色现代企业制度方面的探索创新，为构建"治理现代"的公司合规管理体系提供了生动的中国样板和中国智慧。

二、《中华人民共和国公司法》的不断完善为构建"治理现代"的合规管理体系提供了基本支撑

合规管理体系的构建不仅需要大政方针的政治指引，还需一套以《公司法》为中心的法律规则体系作为支撑。

2024 年 7 月 1 日起施行的《中华人民共和国公司法》（以下简称"新《公司法》"）第一条规定"为了规范公司的组织和行为，保护公司、股东、职工和债权人的合法权益，完善中国特色现代企业制度，弘扬企业家精神，维护社会经济秩序，促进社会主义市场经济的发展，根据宪法，制定本法"。本条新增加的"完善中国特色现代企业制度，弘扬企业家精神"，体现了本次修订的目的是要立足我国国情实际，总结实践经验，吸收借鉴人类共同的制度成果，不断深化完善中国特色现代企业制度。本条修订对于构建"治理现代"的公司合规管理体系具有重要的指引和支撑作用。

坚持党的领导在《宪法》序言中特别强调并通过以新《公司法》为中心的公司法律规则体系法定化融入公司治理机制，是中国特色现代企业制度的本质特征。新《公司法》第一百七十条规定"国家出资公司中中国共产党的组织，按照《中国共产党章程》的规定发挥领导作用，研究讨论公司重大经营管理事项，支持公司的组织机构依法行使职权"。本条是关于党组织参与国家出资公司治理的规定，系新增条款，明确了中国共产党在国家出资公司治理中的领导作用，党组织要研究讨论公司重大经营管理事项，支持公司的组织机构依法行使职权。党组织在公司治理结构中具有法定地位，并发挥着至关重要的作用，构建"治理现代"的公司合规管理体系离不开党的领导。

新《公司法》将国有企业合规管理提升至法律层面，其第一百七十七条规定，"国家出资公司应当依法建立健全内部监督管理和风险控制制度，加强内部合规管理"。本条是关于国家出资公司合规管理的规定，是新《公司法》首次在公司治理制度中引入合规治理，从法律层面上对合规管理制度的体系建设与完善进行了规定，为公司构建合规管理体系提供了明确的法律依据，凸显了合规管理体系建设的重要性。

新《公司法》将"完善中国特色现代企业制度"等写入法律条文，合规管理的大政方针将进一步落实。公司应当结合新《公司法》的新要求，顺应改革发展的要求，建立健全"治理现代"的公司合规管理体系。

三、国际标准为构建"治理现代"的合规管理体系提供了重要实务指南①

世纪之交，一些国际组织开始颁布反腐败合规标准或者指南，鼓励成员国建立合规制度。例如 1997 年，经济合作与发展组织（Organization for Economic Co-operation and Development，OECD）在成员国之间率先达成全球反腐败的国际公约《国际商务交易活动反对行贿外国公职人员公约》，在此基础上，又于 2010 年 3 月发布了《内控、道德与合规最佳实践指南》，成为大型跨国企业商务活动中共同遵守的合规管理准则；2003 年，联合国颁布《联合国反腐败公约》。2005 年，巴塞尔银行监管委员会发布《合规与银行内部合规部门》，第五条规定合规法律、规则以及准则有多种法律渊源，包括立法机构和监管机构发布的主要立法、规则和标准，市场惯例，行业协会推广的行为准则，以及银行员工的内部行为准则。2014 年，国际标准化组织（ISO）发布《合规管理体系

---

① 新华网：特朗普签署行政令暂停执行《反海外腐败法》，网址：https://www.news.cn/world/20250211/8f624bd48dfa4ad58b7d753a26ec141f/c.html，2025－03－17。

指南》，以国际法律文件的形式确立了合规管理的基本标准。

进入 21 世纪特别是党的十八大以来，中国在合规管理领域已主导多项国际标准的制定工作，贡献了中国智慧和中国方案。时至今日，构建"治理现代"的合规管理体系需要遵守的国际标准体系基本完成，主要是 ISO 31022《风险管理 法律风险管理指南》、ISO 37301《合规管理体系 要求及使用指南》以及正式立项、即将出台的 ISO 37302《合规管理体系 有效性评价》、ISO 37303《合规管理体系 能力管理指南》等。

特别是 ISO 37301《合规管理体系 要求及使用指南》的制定具有里程碑式意义。作为可以用于国际认证的 A 类国际标准，历经预备阶段、提案阶段、起草阶段、委员会阶段、询问阶段、批准阶段、发布阶段等七个阶段，始于 2018 年 5 月，历时两年半正式出台。ISO 37301 规定了组织建立、运行、保持和改进合规管理体系的要求，并提供了使用指南，为各类组织提高自身的合规管理能力提供了系统化方法。与之等同转化的国家标准 GB/T 35770—2022《合规管理体系 要求及使用指南》于 2022 年 10 月 12 日由国家市场监督管理总局、国家标准化管理委员会正式批准发布并实施，包括正文、附录 A 和附录 NA。正文从组织环境、领导作用、策划、支持、运行、绩效评价和改进七个方面，规定了组织建立、开发、实施、维护和改进合规管理体系的要求；附录 A 为使用指南和推荐做法；附录 NA 涉及合规义务、合规文化、数字化与合规管理、管理体系一体化融合等。

这些指南类的合规管理体系标准，以良好治理、匹配性、透明和可持续性原则为基础，提供了公司合规管理体系的各项要件及各类组织建立、实施、评价和改进的指导和建议，其成功落地将为全球范围内的公司制企业提供通行的法治合规语言，最终通过公司合规治理推进各国良治和全球善治进程。①

2025 年 2 月，美国总统特朗普签署行政令暂停《反海外腐败法》，并且在签署仪式上公开表示《反海外腐败法》"只是在形式上听着不错，实际上却是一场灾难"。这一行政令的签署遭到了国际反腐败组织"透明国际"的反对，透明运动倡导者认为暂停《反海外腐败法》执法可能会对全球反腐败工作造成重大打击。作为推动国际反腐败合规实践发展的法案，《反海外腐败法》被暂停这一政策转向不仅动摇了国际商业合规的基石，更使国际社会面临重大抉择：国际社会亟需有担当的引领者来重塑全球治理的秩

---

① 中国质量报：两项 ISO 合规管理体系国际标准推进至最终草案阶段，网址：https://www.cqn.com.cn/zg-zlb/content/2024 – 11/18/content_9077846.htm，2025 – 03 – 17。

序，扛起法治和道义的大旗，坚守法治精神和道德准则，带领世界走出荆棘和沼泽之地。中国凭借在经济治理现代化进程中的系统性实践，展现出接棒国际法治领导力的独特优势，作为主持/联合主持法律合规（包括道德规范）领域的四大国际标准的建设推动者，中国不仅完成了国内法律体系与主要国际合规标准的全面接轨，更通过"一带一路廉洁建设"等创新机制，构建起具有示范作用的新型国际合规生态，为全球各类组织合规管理体系建设注入东方智慧。这种根植于制度性开放的治理模式，使中国在全球治理中展现出不可替代的引领作用，当仁不让地成为维护全球各类组织特别是公司合规治理的中流砥柱。

公司制与现代企业制度

公司制是现代企业制度的主要组织形式。根据国家统计局公布的数据，按照登记注册类型区分的企业法人单位数如下：

单位：个

指标	2022 年	2021 年	2020 年
企业法人单位数	32, 828, 734	28, 665, 212	25, 055, 456
国有企业法人单位数	83, 287	78, 357	82, 155
集体企业法人单位数	106, 805	103, 534	106, 926
私营企业法人单位数	30, 008, 786	26, 288, 321	22, 835, 565
有限责任公司法人单位数	2, 060, 569	1, 711, 337	1, 557, 067
股份有限公司法人单位数	117, 052	106, 993	110, 713

资料来源：国家统计局。

根据《统计单位划分及具体处理办法》，国家统计局统计调查的"企业法人"是指依照《中华人民共和国市场主体登记管理条例》核准登记注册的公司制企业法人和非公司制企业法人，以及依法成立的个人独资企业和合伙企业。其中，公司制法人单位数据被专门统计列出，体现出公司制在现代企业制度中的独特地位。

一、党的历次会议中关于公司制与现代企业制度的重要论述

从党的十四届三中全会首次提出"现代企业制度"以来，历次党的会议不断深化

和完善这一概念，强调国有企业改革、建立健全公司法人治理结构、混合所有制改革等内容，旨在增强各类企业的竞争力和活力，推动经济高质量发展。

1993 年 11 月，中国共产党第十四届中央委员会第三次全体会议召开，会议通过了《中共中央关于建立社会主义市场经济体制若干问题的决定》，提出"建立适应市场经济要求，产权清晰、权责明确、政企分开、管理科学的现代企业制度"。

1999 年 9 月，党的十五届四中全会通过了《中共中央关于国有企业改革和发展若干重大问题的决定》，提出"建立现代企业制度，是发展社会化大生产和市场经济的必然要求，是公有制与市场经济相结合的有效途径，是国有企业改革的方向"，"对国有大中型企业实行规范的公司制改革。公司制是现代企业制度的一种有效组织形式。公司法人治理结构是公司制的核心"。

2002 年 11 月，党的十六大通过《全面建设小康社会 开创中国特色社会主义事业新局面》，提出"国有企业是我国国民经济的支柱。要深化国有企业改革，进一步探索公有制特别是国有制的多种有效实现形式，大力推进企业的体制、技术和管理创新。除极少数必须由国家独资经营的企业外，积极推行股份制，发展混合所有制经济。实行投资主体多元化，重要的企业由国家控股。按照现代企业制度的要求，国有大中型企业继续实行规范的公司制改革，完善法人治理结构"。

2003 年 10 月，党的十六届三中全会通过的《中共中央关于完善社会主义市场经济体制若干问题的决定》提出，"完善国有资产管理体制，深化国有企业改革"，"建立健全国有资产管理和监督体制，完善公司法人治理结构，加快推进和完善垄断行业改革"。

2007 年 10 月，党的十七大报告《高举中国特色社会主义伟大旗帜 为夺取全面建设小康社会新胜利而奋斗》提出，"坚持和完善公有制为主体、多种所有制经济共同发展的基本经济制度，毫不动摇地巩固和发展公有制经济，毫不动摇地鼓励、支持、引导非公有制经济发展，坚持平等保护物权，形成各种所有制经济平等竞争、相互促进新格局。深化国有企业公司制股份制改革，健全现代企业制度，优化国有经济布局和结构，增强国有经济活力、控制力、影响力"。

2012 年 11 月，党的十八大胜利召开，会议通过了《坚定不移沿着中国特色社会主义道路前进 为全面建成小康社会而奋斗》，提出"要毫不动摇巩固和发展公有制经济，推行公有制多种实现形式，深化国有企业改革，完善各类国有资产管理体制，推动国有资本更多投向关系国家安全和国民经济命脉的重要行业和关键领域，不断增强国有经济活力、控制力、影响力。毫不动摇鼓励、支持、引导非公有制经济发展，保证各种所有制经济依法平等使用生产要素、公平参与市场竞争、同等受到法律保护。健全现代市场体系，加强宏观调控目标和政策手段机制化建设"，"加快走出去步伐，增强企业国际化经营能力，培育一批世界水平的跨国公司"。

2013年11月，党的十八届三中全会提出，"推动国有企业完善现代企业制度；健全协调运转、有效制衡的公司法人治理结构"，"支持非公有制经济健康发展。鼓励非公有制企业参与国有企业改革，鼓励发展非公有资本控股的混合所有制企业，鼓励有条件的私营企业建立现代企业制度"。

2017年10月，党的十九大通过的《决胜全面建成小康社会 夺取新时代中国特色社会主义伟大胜利》提出，"深化国有企业改革，发展混合所有制经济，培育具有全球竞争力的世界一流企业。全面实施市场准入负面清单制度，清理废除妨碍统一市场和公平竞争的各种规定和做法，支持民营企业发展，激发各类市场主体活力"。

2019年10月，党的十九届四中全会通过的《中共中央关于坚持和完善中国特色社会主义制度、推进国家治理体系和治理能力现代化若干重大问题的决定》指出，"坚持和完善社会主义基本经济制度，推动经济高质量发展"，"毫不动摇巩固和发展公有制经济，毫不动摇鼓励、支持、引导非公有制经济发展。探索公有制多种实现形式，推进国有经济布局优化和结构调整，发展混合所有制经济，增强国有经济竞争力、创新力、控制力、影响力、抗风险能力，做强做优做大国有资本。深化国有企业改革，完善中国特色现代企业制度"，中央文件中首次提出"中国特色现代企业制度"这一概念。

二、新《公司法》对现代企业制度的完善

新《公司法》共15章266条，在2018年版本的基础上进行了大幅调整，删除了16条，新增和修改了228条，其中实质性修改达112条。在完善现代企业制度提升合规治理水平方面作了以下规定：

一是赋予公司更大的自治权，允许公司根据自身实际情况在公司章程中对股东会、董事会的权力进行自主配置。例如：删除了股东会"决定公司的经营方针和投资计划""审议批准公司的年度财务预算方案、决算方案"两项职权，这些职权可由公司自主决定由股东会或董事会执行；允许授权董事会对发行公司债券作出决议，进一步开放了资本融资事项的职权；删除了"董事会对股东会负责"的表述，强化了董事会在公司战略决策中的核心地位。

二是引入单层制治理架构，允许公司选择由董事会下设的审计委员会行使监事会的职权，不再单独设置监事会。

三是引入类别股制度，为公司和股东提供了更多选择。这一制度不仅满足了多元化投资需求，还为公司创始股东在融资过程中保持控制权提供了法律基础。此外，类别股制度也为上市公司在面对敌意收购时提供了自保能力。

四是强化中小股东权益保护，进一步完善相关保障机制。例如：增设股东查阅权，新增股东有权"查阅、复制公司的股东名册""查阅公司会计凭证"等；新增股东双重代表诉讼及其前置程序规则；在股东有权要求回购股权的情形中，增加了"控股股东滥用股东权利，严重损害公司或其他股东利益"的情形。

五是强化董监高的责任及义务。新《公司法》进一步细化了董监高的忠实义务和勤勉义务，包括强化关联交易、同业竞争程序制度及相关义务，规定董事的催缴出资义务，以及在公司违法分红、违法减资等情形下的责任。

六是明确公司相关主体责任，控股股东和实际控制人也被纳入公司治理范畴。新增影子董事、影子高管规则，即公司的控股股东、实际控制人指示董事、高级管理人员从事损害公司或者股东利益的行为的，依法应当承担连带责任。

七是完善监督机制，更好保障职工参与公司民主管理，规定职工人数三百人以上的有限责任公司，除依法设监事会并有公司职工代表以外，其董事会成员中应当有公司职工代表。公司董事会成员中的职工代表可以成为审计委员会成员。

总之，新《公司法》承继 2005 年以来《公司法》修改的核心理念，通过进一步强化公司自治和股东自治，鼓励投资和提升经营效率，使其成为世界上最先进的公司法律制度之一，推动公司适应新一轮经济全球化大潮下数字经济、绿色低碳等新质生产力的迅猛发展。

第三节
《公司法》是推进民族复兴和世界现代化的制胜法宝

一、良好的公司治理机制是企业做强做优做大的制度保证

狭义上的公司治理机制是指公司法人治理结构，明确划分股东会、董事会、监事会和经理层之间权利、义务和责任以及明确相互制衡关系的一整套制度安排。广义上的公司治理机制涵盖了公司内部法人治理结构、外部治理市场体系和以公司法、公司章程为中心的法律规则体系三个层面内容。外部治理市场体系主要由六个市场组成：产品服务竞争市场、经理人才市场、董事监事市场、债权人市场、劳动力市场和控制权市场，这些外部市场力量通过价格机制和竞争机制对公司形成约束。公司治理涉及广泛的利益相

关者，主要包括职工、债权人、供应链上下游、社区政府等组织和个人。公司外部治理市场体系和内部法人治理结构的良性互动是公司决策科学化、实现保护股东利益的基本目标并达到各方利益均衡的重要保证。法律规则体系，以新《公司法》为核心，包括《证券法》《破产法》等外部相关法律法规以及公司章程、国际规则、监管规则、道德规范、内部规章制度等。

二、公司治理机制的"中国特色"与"中国模式"

公司治理机制及相应的制度安排因国家和历史时期的不同而呈现出多样性。这种差异的根源在于公司制度的演变受到多种宏观因素的深刻影响。历史传统为公司治理奠定了基础框架，文化背景影响着治理理念和行为模式，法律环境规范了治理结构和运作方式，而经济发展水平则决定了治理需求和实践方向。这些因素相互交织，共同塑造了各国独特的公司治理机制，使其在不同时期展现出不同的特点和适应性。

美国公司治理结构采用所谓的"单轨制"，主要由股东会和董事会构成。在这种模式下，股东会是公司的最高权力机构，负责选举董事，而由董事组成的董事会则承担公司业务经营和事务管理的职责。与许多其他国家不同，美国公司法并未要求设立独立的监事会。相反，董事会不仅负责公司经营，还承担监督公司经理层业务执行的职能。对董事会业务执行和事务管理的监督则属于股东会的职能，股东会通过定期会议等方式对董事会进行监督和制衡。这种治理结构体现了美国公司治理的灵活性和效率性，同时也强调股东与董事会之间的互动与合作。

英国设置公司治理机构的理念总体上与美国相似，均采用单层董事会制。然而，英国公司法在治理结构上有一个显著特点：要求公司设置专门的审计员，负责对公司财务进行独立监管。这一要求源于英国公司法的历史传统和法律框架，早在1844年的《股份公司法》中，就规定公司必须接受独立审计。审计员通常由股东大会选举产生，且必须是具备专业会计资质的特许会计师，其职责是审查公司的财务报告，确保财务信息的真实性和透明度。这种安排既强化了公司内部的财务监督机制，也通过独立审计为股东和其他利益相关者提供了额外的保障。

德国的公司治理结构采用"双轨制"。在这种模式下，股东会负责选举监事会成员。监事会其核心职责之一是选任董事会成员。董事会由监事会选任的董事组成，负责公司的日常经营管理。与单轨制不同，德国的监事会不仅在选任董事方面发挥关键作用，还承担着对董事会业务执行状况进行监督的重要职能。监事会通过定期审查董事会的决策和运营情况，确保其符合公司利益和股东期望。这种双轨制的设计，使得监事会与董事会之间形成了相互制衡的关系，既保障了公司决策的科学性和专业性，又通过强有力的监督机制防止管理层的权力滥用，体现了德国公司治理结构在权力分配与制衡方面的独特优势。

日本公司治理结构的核心机构包括股东会和董事会，这是所有公司必须设立的组织机构。然而，监督机构的设置则根据公司规模和类型有所不同。对于大型股份公司，法律规定必须设立监事会，负责对公司董事会的业务执行情况进行监督。监事会与董事会地位平行，均隶属于股东会。对于中小型公司，日本公司法则允许采用更为灵活的监督方式，可以选择不设立监事会，而是仅设置检查人，负责对公司财务的监督。这种安排体现了日本公司法在治理结构上的灵活性，既适应了大型公司的复杂治理需求，也为中小公司提供了更简便的监督机制。

五千年的中华文明史、近五百年的世界市场经济史和中国近五十年的改革开放历程，孕育出独具特色的中国公司治理机制。法人治理结构是公司制的"核心"，与股东有限责任和独立法人人格组成的"三大基石"，承继了人类经济领域公司文明的精华。但由于中国的现代企业制度的建设是以国有企业改革为起点的，必然表现出独有的带有历史必然性的"中国特色"，表现为"党的领导公司法定化是中国特色现代企业制度的特色所在"；表现为"中国特色是我国公司法制度建设的必然表达，并不是一种脱离中国社会实际情况的刻意追求，而是实践的必然要求和经验的必然提炼"；表现为公司治理文化是"自强不息、厚德载物"的和谐发展文化，而不是"针尖对麦芒"的斗争内耗文化；等等。在构建"治理现代"的公司合规管理体系时必须牢牢把握"中国特色"之"特"，善于把中国特色核心元素不断提升，铸就成中国模式的魂与根。

把党的领导融入公司治理各环节，在共建"一带一路"全球化实践中贡献中国智慧和中国方案。

三、《公司法》域外适用、中华法系复兴与中华民族伟大复兴

企业制度的竞争力是一个国家综合竞争力的微观基础。一部好的公司法赋能的公司治理机制能够高效地配置资源，实现规模化生产和专业化分工，从而推动各国经济的快速发展。在百年变局开新局的全球化背景下，《公司法》能够帮助中国公司更好地参与共建"一带一路"全球化进程。中国公司法律制度中的先进理念和制度设计，如对中小股东权益的保护、公司社会责任的明确等，正在受到国际社会的更多关注。这些制度设计不仅符合国际化的趋势，也为其他国家提供了可借鉴的中国智慧和成功实践。

《公司法》等中国法的持续性及域外适用性将推动中华法系的复兴，比肩英美法系

和大陆法系，为中华民族伟大复兴和世界现代化保驾护航。《公司法》本质上属于国内法律范畴，由于与资本流动和商事交易密切相关，自 20 世纪中期特别是世纪之交，随着中国的和平崛起和共建"一带一路"倡议不断落地，《公司法》呈现出国际化的发展趋势。具体表现为：一是国际公约和地区性法律规范的出现，例如 1956 年在海牙通过的国际公约——《承认外国公司、社团和财团法律人格的公约》、地区性法律规范最具代表性的当属欧洲公司指令，它在协调欧盟国家公司法方面发挥了实质性作用；二是英美法系与大陆法系公司法之间的相互影响，公司法的发展与国际贸易以及国际经济技术合作紧密相连，这一合作对企业组织形式的客观需求，推动了两大法系《公司法》的某些趋同；三是中国正式开启"规则、规制、管理、标准等制度型开放"，规则对标、规制协同、管理提升、标准引领是大势所趋，其中《公司法》作为中国法域外适用、"规制协同"的重要组成部分，其影响力的持续增强必将被"一带一路"、金砖国家和上海合作组织成员等更多吸收，为中国更多的担当提供法治保障，保障中国公司在全球范围内实现可持续高质量发展，成为以中国式现代化推进中华民族伟大复兴和世界现代化的"制胜法宝"。

第二章

构建"全面覆盖"的合规管理体系

第一节
全面覆盖的核心内涵和顶层设计

一、全面覆盖的核心内涵

"全面覆盖"的合规管理体系就是涵盖公司治理和经营管理各个部门和各个环节的全域合规管理体系。全域合规管理体系是公司治理和管理提升的基石，结合 ISO 37301 及其等同转化的 GB/T 35770《合规管理体系 要求及使用指南》，其宗旨与目标就是"一核二化三统领"。"一核"就是以创造价值与防控风险相统一为核心；"二化"就是保障公司治理体系和治理能力现代化，保障品牌和 ESG 持续提升优化；"三统领"：一是合规统领法务、内控、风控等一体化融合；二是全域合规统领域内域外、全面全员、民刑行政、内规外规一体化融合；三是合规管理体系统领质量管理体系、安全生产体系、环境保护体系、社会责任体系、产权管理体系等一体化融合。经由全域合规管理体系的建立健全，实现品牌引领下的绿色低碳价值创造和金色盾牌护航下的可持续发展。

下图合规统领管理提升金字塔（数十项专项合规以数据合规为例）就是"一核二化三统领"宗旨目标的形象说明。公司建设全域合规管理体系如同搭建一套"糖葫芦架子"，每个管理提升领域的内控管理都像一串"糖葫芦"，而数据合规就是这串"糖葫芦"上的一个个"山里红"。经由合规基石和管理提升，实现公司绿色低碳高质量可持续发展。

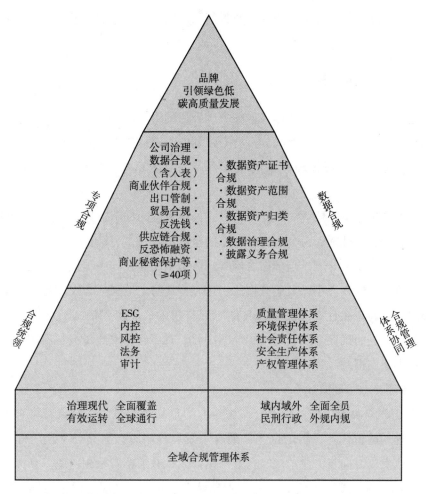

合规统领管理提升金字塔（数十项专项合规以数据合规为例）

在"一带一路"全球化浪潮的推动下，数字经济和绿色发展这两大新质生产力的核心支撑元素为企业做强做优做大带来了澎湃动力。党的十八大以来，习近平总书记多次强调事前防范、合规管理的重要性，比如"法治建设既要抓末端、治已病，更要抓前端、治未病。"我们相信，"大棒重罚、单边优先"的小合规的理念和做法最终将被摒弃。合规管理基于中央企业的成功实践也已从单一的法务管理演变为以"事前防范治未病"为核心理念，涵盖法律、道德、社会责任等内容的"大合规"。相信假以时日，最终走向以引领担当作为主线的全域合规，由被动合规即"要我合规"走向"主动合规"，即主动要合规、主动创造价值、主动成为讲道德的法人、主动成为道德高尚的大写的法人！形成全员参与、共同维护下的意识合规氛围，经由常态化合规文化建设，确保企业的运营活动始终符合法律法规、监管规则、国际规则标准、道德规范、外规内化等要求。

二、法人治理结构穿透式设计

在构建全面覆盖的合规管理体系进程中，公司的组织环境与领导作用构成了至关重要的顶层设计元素，它们犹如稳固的基石与强劲的引擎，分别从基础支撑与驱动引领两个关键维度，为公司合规管理体系的全面开展与高效运作奠定坚实基础并注入强大动力。

公司治理结构是组织环境的核心架构，它如同大厦的框架，界定了企业各利益相关者的权力边界与互动规则，为合规管理体系的全面覆盖提供了结构性保障。合理的组织结构与清晰明确的职责分工，是确保合规管理体系全面覆盖的关键执行框架。公司应依据自身业务特点、规模大小以及运营模式，精心构建与之适配的合规管理组织架构，并明确各部门、各岗位在合规管理中的具体职责与权限，促使各机构的合规职责边界清晰、分工合理，进而确保合规管理组织能够高效、有序且有力地履行各项职责，为企业合规运营筑牢坚实根基。

（一）董事会核心合规职责

1. 战略引领与决策把控：董事会作为企业的最高决策机构，肩负着将合规融入企业整体战略规划的重任。在制定企业长期合规发展战略时，需充分考量内外部合规环境，确保企业发展方向与法律法规、行业准则以及社会道德规范相一致。

2. 监督与问责：董事会负责监督企业合规战略的执行情况，通过定期听取合规管理委员会及合规管理部门的工作汇报，了解企业合规管理体系的运行效果，及时发现并解决存在的问题。当企业发生重大合规失误时，董事会须承担最终领导责任，对事件进行全面调查，追究相关责任人责任，并向股东及监管机构公开说明情况，维护企业的信誉和形象。

（二）合规委员会核心合规职责

1. 统筹协调：合规委员会作为企业合规管理的中枢机构，首要职责在于打破部门壁垒，促进跨部门合规工作的协同开展。企业各部门在日常运营中面临不同类型的合规风险，且业务流程相互交织。合规委员会通过定期组织跨部门合规联席会议，召集各部门负责人及合规专员，共同研讨相关问题的合规要点，明确各部门在不同阶段的合规责任，协调解决部门间合规工作衔接不畅的问题。通过这种方式，将原本分散在各部门的合规工作整合为一个有机整体，形成企业合规管理的强大合力。

2. 研究解决疑难问题：当企业面临复杂且棘手的合规问题时，合规委员会应肩负起攻坚克难的重任。此类问题通常涉及多个法律法规的交叉、不同监管机构要求的冲突，或者企业内部合规管理体系中的深层次矛盾。同时，合规委员会持续关注企业合规管理体系运行过程中出现的重点难点问题，以此为切入点推动合规管理体系的优化升级。

（三）合规管理部门核心合规职责

1. 制度建设与维护：合规管理部门负责制定、完善并维护企业合规管理制度体系。依据国家法律法规、行业监管要求以及企业自身发展战略，及时更新合规制度，确保制度的时效性和有效性。同时，对合规制度的执行情况进行跟踪检查，收集各部门反馈意见，对制度进行优化完善，保障制度在企业内部得到有效执行。

2. 风险防控与文化建设：运用专业知识和技能，合规管理部门定期开展合规风险识别与评估工作，建立风险预警机制，对高风险领域实施重点监控。此外，组织开展合规培训与宣传活动也是合规管理部门的重要职责。制订年度合规培训计划，针对不同层级、不同部门的员工设计个性化培训课程，内容涵盖法律法规解读、企业合规政策宣讲、典型合规案例分析等，提升员工合规意识和合规操作能力。

3. 违规调查与处理：当企业发生违规事件时，合规管理部门负责牵头组织调查工作，收集相关证据，查明违规原因和责任主体。依据企业合规制度和相关法律法规，对违规行为进行定性，并提出处理建议。同时，针对违规事件暴露出的管理漏洞，提出整改意见，推动企业完善内部控制机制，防止类似违规事件再次发生。

（四）业务部门及合规管理员核心合规职责

1. 业务流程合规执行：业务部门是企业合规管理的直接实施主体，负责将合规要求融入日常业务流程的每一个环节。各业务部门负责人要对本部门业务活动的合规性负总责，确保部门员工在开展业务时严格遵守企业合规制度和相关法律法规。

2. 合规风险报告与协助：业务部门员工在日常工作中要积极识别并报告合规风险，一旦发现潜在合规问题，及时向部门负责人和合规管理部门反馈。合规管理员作为业务部门合规工作的一线执行者，除协助部门负责人落实合规管理要求外，还要对日常业务操作进行合规初审。同时，合规管理员要积极参与部门内部合规培训的组织与实施，收集员工在业务执行过程中遇到的合规疑问和困难，反馈给合规管理部门，促进企业合规管理体系的不断完善。

这种治理架构的革新，本质上是将合规管理从传统的职能部门运作，升级为立体化、全链条的风险防控体系，通过治理结构的纵向贯通与横向协同，实现合规要素在组织末梢的有效传导。当治理结构具备神经网络的灵敏传导、免疫系统的风险识别、大脑中枢的决策判断等复合功能时，企业才能真正实现合规管理与战略发展的有机统一。这种治理范式的革新，不仅需要技术工具的迭代升级，更考验组织在制度弹性、文化韧性、人才储备等维度的系统建构能力。在监管规则加速演进的数字经济时代，穿透式治理正在重新定义企业合规管理的价值维度。

三、领导作用渗透性传播

全球化新时代，公司合规已超越简单的制度约束范畴，演变为组织核心竞争力的重要组成部分。领导层的作用不再局限于战略决策层面，而是需要通过系统性、浸润式的传播机制，将合规意识转化为组织成员的自觉行动，形成"合规即生存"的文化基因。这种渗透性传播的成功与否，直接决定着合规管理体系能否真正落地生根并全面覆盖。

（一）领导示范效应：合规价值观的具象化表达

在企业合规管理体系中，管理层的行为抉择于组织架构内部蕴含着深层次的指引意义，其犹如镌刻于组织机体之上的隐性规范，对企业合规文化的塑造与传播起着关键作用。相较于书面的合规制度条文，管理层具象化的合规示范行为具备更为强大的感染力与传播效力。当企业领导者在面临重大决策节点，明确彰显出"合规优先"的价值导向时，此行为实质是在企业内部构建起一套用以衡量组织行为的"道德坐标体系"，为全体员工的行为选择提供了清晰的价值指引。

实践中，公司可通过合规承诺签署仪式、建立领导合规档案并公示及管理层合规绩效考核等具体的活动设计、制度安排和机制设计，实现领导作用从"象征性支持"到"实质性驱动"的转变，确保合规理念从战略层面向执行层面有效渗透。唯有当企业领导者的合规履职表现与个人职业发展路径形成紧密且正向的关联时，领导示范效应方能得以稳固维系，并真正内化为组织的长期记忆，持续推动企业合规管理体系的有效运行与不断完善。

（二）合规方针设计：合规意识的全员渗透

在当前充满不确定性的商业环境中，合规管理体系的领导作用需要渗透传播，无法仅通过简单的信息传递达成，而需通过持续的价值共振，在组织每个细胞中植入合规基因，才能实现合规文化渗透的终极目标。合规方针作为合规意识全员渗透的灯塔，其设计至关重要。

设计公司合规方针需立足战略高度，与企业文化深度融合，嵌入企业使命、愿景，并为企业设定合规目标提供框架，明确合规管理的方向和重点。以西门子公司合规方针为例：只有清廉的业务才是西门子的业务。西门子的合规体系，以管理层职责为核心，打造诚信与透明的企业文化。我们以负责任的态度开展各项业务，严格遵守中国的各项法律法规以及西门子的《商业行为准则》。公司决不姑息任何违法和不道德的行为，以一整套约束性的规章制度，要求所有的员工遵纪守法，诚信守德。

合规意识渗透的终极目标是实现合规自治，形成自下而上的文化生长机制，使合规意识真正转化为组织成员的自觉追求，实现合规管理体系的全面覆盖。

第二节
全面覆盖的实践路径

"全面覆盖"的合规管理体系包括六大实践路径：

一、规范的全面遵守

（一）实践要求

1. 规范范围——域内域外

当前，世界经济正处于深度转型调整期，国际经贸规则不断变革，中国企业面临的域内域外政策法律环境更加复杂严峻，企业在国际化经营中加强合规管理的重要性正日益突出。由于不同国家的企业经营环境不同，国内企业在拓展国际化业务网络的道路上，必然面临本国市场与东道国市场之间在经济、法规、金融、市场、竞争、资产、人力资源、技术等方面的条件差异。对此，公司在开展全球化部署过程中必须做到合规先行，把域内外法律风险防范放在国际化经营的重要主题上。

2. 规范层级——强制性规定、自愿性规定及意识规范

巴塞尔银行监管委员会《合规与银行内部合规部门》第五条规定："合规法律、规则和准则有多种渊源，包括立法机构和监管机构发布的基本的法律、规则和准则；市场惯例；行业协会制定的行业规则以及适用于银行职员的内部行为准则等。"《中央企业合规管理办法》中对"合规"的定义为：企业经营管理行为和员工履职行为符合国家法律法规、监管规定、行业准则和国际条约、规则，以及公司章程、相关规章制度等要求。

从上述规则对合规的定义来看企业应遵守的规范范围，"全面覆盖"要求企业在规避合规风险时，必须全面遵守规范性文件，以真正将企业日常运行关进"制度的笼子里"，防止出现因规范遵守缺失而产生的企业行为失范风险。具体而言：一方面，企业对涉及业务规范的全面遵守表现在对不同效力层次规范的全面遵守。合规管理所应遵守

的规范相当广泛，在效力层次上涉及强制性规定和自愿性规定等多个类别，具体可以划分为三个层次：第一层，符合法律法规、党内法规、监管规定等强制性规定；第二层，符合行业标准、规章制度、公司章程等自愿性承诺；第三层，符合商业道德、公序良俗、职业操守等意识规范。

（二）实践路径

国资委在 2022 年 2 月 28 日中央企业强化合规管理专题推进会上对中央企业提出统筹推进合规管理各项工作，认真抓好"五个一"的工作要求。其中之一，即要抓紧制定一组合规管理清单，"一组清单"中，最基础也最为重要的清单即为《法律法规清单》。因此，在合规管理体系建设实务中，企业应当立足于企业业务与经营管理活动，全面梳理所涉及的法律法规、外部监管规定的禁止性和限制性要求及行业标准、规章制度、公司章程等自愿性承诺，形成《法律法规清单》，使企业各级管理人员及业务人员充分了解与熟悉企业经营的合规风险环境与合规要求，确保全企业依法合规经营。

《法律法规清单》的编写要先确定合规依据的层次和性质。从性质来看，合规依据包括强制性合规依据和自愿性合规依据，前者一般表现为国家法律法规、司法解释、党内法规等，后者一般表现为组织的自愿承诺，如参加的协会规范、内部管理要求、合同义务等。

在《法律法规清单》的制定过程中，企业需结合自身面临的监管环境和义务要求，确定合规依据的主要来源，一般以国家法律法规和其他规范性文件作为其主要组成部分，涵盖法律、行政法规、部门规章或其他规范性文件、司法解释或其他司法文件、地方性法规和政府规章等不同效力层级的外部规范。《法律法规清单》的编制既需要考虑其一般监管要求，也需要考虑其特殊的监管要求，如对于金融企业，除了适用通用性的法律法规，还要适用银保监会颁布的规范性文件，而对于一般的企业，则主要适用通用性的法律法规；对于特定行业，《法律法规清单》还应当将强制性国家标准、国际条约纳入到识别范畴，典型的如跨国航空运输、海外运输等；此外，企业还可以考虑将党内法规、行业自律文件等规范依据纳入到法律法规清单的范畴，如上市企业将证券交易所的行业自律监管规则纳入到《法律法规清单》的范围即具有关键性和重要性。

在识别《法律法规清单》过程中，应遵守两个基本原则，第一，应优先识别层次较高的监管规范，如法律、行政法规、部门规章、地方性法规、地方政府规章、司法解释等，对于部门规范性文件以及地方政府规范性文件，应优先选择企业重点关注的，而不宜将大量"红头文件"纳入到法律法规范畴。第二，应优先识别企业风险较高的领域，对于风险不高的领域可以通过法律法规清单的常态化更新机制进行补充和完善。这是因为我国任何一个企业面临的法律法规都高达数千个乃至上万个，一次性识别所有监管法律规范既不现实，又会造成一定的资源浪费，最终反而由于重点不突出导致无法实现合规管控的目标。这也说明，《法律法规清单》的内容不是越多越好，而是越具有实用性和针对性越好。在企业法律法规识别过程中，应牢牢把握这两项原则，形成既相对全面，又重点突出的《法律法规清单》。

《法律法规清单》的建设并非一蹴而就，且法律法规也是不断更新和变化的，因此，企业应建立各部门法律法规识别的常态化机制，落实法律法规识别的合规职责，要求职责部门定期更新法律法规清单的内容，并对失效的监管规范进行删减或者标注，从宏观到微观，从中央到地方，从重点到一般，不断增强《法律法规清单》的针对性和适用性。《法律法规清单》的建设还可以与信息化系统紧密结合，将法律法规清单以信息化的形式呈现给使用者，方便检索和使用。

二、主体的全面联动

（一）实践要求

从公司各部门、各级子公司和分支机构到全体员工，以及商业合作伙伴均为合规管理体系建设不可缺少的一部分。

首先，公司本身是合规的当然和首要主体。从本质上来看，公司合规管理就是内部的自我管理和自我塑造。受到当前"强监管、严问责"的监管理念传播和反垄断执法力度加强的影响，大型集团公司的合规全覆盖日益受到重视。2022 年 1 月 18 日，国资委办公厅发布《关于开展中央企业"合规管理强化年"工作的通知》，在"推动层层落实"这一工作要求中强调："要加快推动合规管理各项要求向各级子企业延伸，通过开展约谈、纳入考核等方式，推动合规要求层层在子企业真正落实。因此，企业的各级子公司、分支机构都应当视为一个整体参与合规管理体系建设。"

其次，企业作为一个组织体，是由各类机构和部门组成的。"独木不成林。"从公司企业的治理结构来看，董事会、监事会、经理层、合规委员会、合规管理牵头部门、合规管理负责人和业务部门等在企业合规管理体系中有着自身独特的职责和义务。企业的合法稳健运行离不开企业内部严守自身职责，自我管理，自我约束。

再次，从企业内部的微观视角来看，企业最终是由一个个具体的人组成的。企业的经营行为最终落脚于每个员工的具体行为。员工是企业合规制度和文化的具体实践者和最终受益者。管理人员和员工的违法履职行为代表企业，由此产生的权利义务责任最终要由公司承受。综上，员工的具体行为处于合规管理的最小主体单元，是合规管理的首要责任主体和第一道防线。无论是管理层、合规团队人员，还是普通员工都需要在日常业务开展中，落实各项合规义务，促成合规目标的实现。例如，中国石油天然气集团公司在《诚信合规手册》中规定了企业员工诚信合规的基本要求："守法合规、忠诚公司、诚信做事、爱岗敬业"，具体表述为："无论在哪里开展业务，无论从事何种工作，我们的一言一行都直接关系到公司的利益和声誉。每一位员工都要做到守法合规、忠诚公司、诚信做事、爱岗敬业，为建设世界水平的综合性国际能源公司打牢根基。"

最后，随着"全域合规"时代的来临，合规主体的范围外部化趋势日益明显，外部商业合作伙伴等外部主体也被同样纳入合规管理体系建设。商业合作伙伴是公司在实现业务目标过程中与之合作的其他组织或个人，包括供应商、客户、承包商、代理商、经销商等。根据商业合作伙伴的类型，公司需要对其进行不同的管理。例如，对于供应商，公司需要确保其供应的产品或服务符合法律法规和行业标准；对于客户，公司需要确保其采取合规行为，例如，不通过贿赂手段获取商业机会。同时，不同类型的合作伙伴可能会面临不同的合规风险。例如，与代理商合作可能会涉及反腐败问题；与承包商合作可能会涉及安全和环保问题；与客户合作可能会涉及数据保护和隐私问题。因此，在将商业合作伙伴纳入合规管理体系之前，公司需要先了解不同类型合作伙伴的风险，为后续的管理工作做好准备。

（二）实践要点

1. 落实合规职责，制定《岗位合规职责清单》

《岗位合规职责清单》是合规管理"一组清单"的重要组成部分，是从合规管理的角度对抽象化部门职责的进一步细化，是将风险管控落实到"人"的专项管理清单。企业通常要制定部门职责说明，甚至也会有部门中每个岗位的职责说明，明确部门或者岗位的工作内容和职责，但仅能起到明确职责范围的目的，并不能起到明确职责合规要求的目的。《岗位合规职责清单》是对抽象化部门职责的补充，也是对合规管理三道防线的进一步细化，通过对具体岗位合规管理职责和应当履行的合规义务的描述，可以为员工履职提供更加直接的合规指引，确保合规要求具体到人，细化合规评价指标。

《岗位合规职责清单》有三个维度。第一维度从宏观角度上，区分各部门既有的部门管理职能、岗位的职责要求。第二维度是从合规管理职责的正面角度，明确重点岗位的正面合规管理职责，岗位的正面合规管理职责一般包括负责本部门每季度维护/更新合规义务、负责本部门每季度识别本岗位易发的合规风险及相关风险场景、识别设计优化控制措施及控制模块、负责本部门应对或者协助合规管理部门应对风险事件、加强本部门合规文化建设等。第三维度是根据岗位的职责要求，明确岗位在相关履职过程中应当注意的强制性、禁止性合规义务，特别是导致单位承担法律合规责任的外部义务。在将外部强制义务转化为重点岗位的合规职责过程中，使合规要求落实到岗、明确到人。因此，《岗位合规职责清单》一般包括岗位基本信息、合规依据、正面合规管理职责、合规管理注意事项（合规义务）等要素。《岗位合规职责清单》的内容应重点突出，详略得当，围绕岗位的重点事项和容易发生违规问题的事项进行编写，不可将《岗位合规职责清单》直接理解为本岗位面临的合规义务。

2. 强化"三道防线"

《中央企业合规管理办法》通过部门规章对中央企业进一步深化合规管理提出明确要求，其中特别强调业务及职能部门承担合规管理主体责任、合规管理部门牵头负责本企业合规管理工作、纪检监察和审计、巡视巡察、监督追责等部门进行合规监督，明确了三道防线的不同合规职责，使合规管理的职责分工更加清晰和细化。

但实践中，如何强化"三道防线"风险管理能力往往成为长期困扰企业的实践问题。第一道防线的业务人员"管业务就要管合规"，但是"管什么""怎么管"在具体操作中仍存在诸多疑惑。为"落实"合规风险的识别与管理，业务会议出现"邀请"法务人员参会，征求法务人员相关意见后方提报相应业务方案的情况，以此方式实现第一道防线的风险把控。法务人员工作量陡增，同时也出现了"第一道防线与第二道防线融合"的问题，即第一道防线通过第二道防线的协助进行风险防控，将风险识别、提示等责任部门转至第二道防线，实质上第二道防线一定程度上承担了第一道防线的职能。

结合实践经验，可采取以下措施合理设置合规管理"三道防线"管理界面：

首先，强化合规管理队伍。"三道防线"设置时首先聚焦第一道防线上的合规管理员。以广东省省属企业合规要求为例，其明确了省属企业合规管理员的任职条件为本部门业务骨干，原则上应担任主管或以上职务，并要求具备一定的合规管理知识和能力，有较强的统筹协调能力，并且要调派懂合规管理的专业人才到合规管理部门，并设置专人专岗。为此，很多企业已经关注到合规管理人才的联合培养选拔，如东风公司及下属单位建立了"单位—部门—科室"的三级合规人才队伍，将合规管理员作为人才培养和选拔的重要途径。中交集团通过外引内育、挂职交流、专业培训等方式，提升法务合规人员对公司主责主业的参与度和工作实效性，积极打造法商融合型、复合型、外向型合规人才队伍。

其次，明确各部门责任界面、职责范围及责任后果。第一道防线的失效或是与第二道防线的融合问题核心在于最终的责任追究机制的不明确,第一道防线通过联合论证等方式将部分或全部风险管理责任转移至第二道防线。在业务开展之初,业务部门协同法律部门共同开展业务立项事项,看似合理,但法律从业人员由于缺乏业务经验,如果业务人员过分依赖法律人员的风险识别能力,反而无法达到防控风险的效果。因此,明确责任界面、职责范围及责任后果,是避免第一道防线失效的关键。

最后,建立合规归责与豁免机制。建立合规归责与豁免机制是组织内部合规管理的基本要素。这一机制旨在确保所有员工明白自己在合规事项上的责任,并明确规定了违规行为的后果。同时,合规归责机制也应包括一套合理的豁免程序,用于应对特殊情况和合法的特殊请求。通过建立这样的机制,组织可以在合规性和法律遵从之间取得平衡,确保合规责任的清晰分配,同时允许对合规要求进行灵活的应对,有助于降低风险与提高透明度。

三、业务领域的全面覆盖

(一)实践要求

企业合规管理体系建设是一个涉及"全业务、全流程"的过程。从横向来看,合规管理应覆盖技术研发、产品设计、市场销售、物流运输、售后服务等各项业务活动。纵向来看,合规管理应当贯穿决策、执行、监督全流程,须建立完善"事前防范—事中监测—事后弥补"三位一体的合规有机整体。合规管理要想落到实处,必须高效嵌入企业日常决策、执行、监督全工作环节。如西门子在合规体系的建设过程中充分考虑到了这一点,把合规融入从采购到交付每一个业务环节,如在项目审批环节中即会提前对项目进行合规风险的评估,并通过稽核机制和考核惩罚措施,确保合规管理制度的有效执行。

(二)实践路径

1. 全面排查业务风险并制定《合规风险识别清单》

在企业合规管理建设过程中,合规风险识别与评估是风险管控的最关键环节。因此,《合规风险识别清单》是合规管理工作全面展开的重要基础。《合规风险识别清单》以风险为导向,对外部法律法规、国家政策、行业标准等相关规定以及企业内部的规章制度进行系统梳理,在合规义务识别的基础上,汇总违反合规义务的条款责任,确定合规风险点,再按照业务类型等将合规风险进行分类,明确合规风险的表现形式、违规后果、防控措施、发生的可能性及影响程度、责任主体等方面。

《合规风险识别清单》一般包括合规风险分级、风险代码、合规风险名称、风险行为、所涉外部强制监管规定、违规责任、管控措施建议及责任主体等要素。合规风险的识别与评估应坚持全面性、持续性、动态性等基本原则。全面性是指合规风险识别应渗透到企业经营管理的各个领域，既包括业务领域，也包括非业务领域，既包括风险较高的领域，也包括风险较低的领域；持续性是指合规风险的识别并不是一次性工程，企业应持续识别企业的合规风险，确保风险得到事先的识别。如果企业的合规风险增大，企业应加大合规风险识别的频率。动态性原则是指企业合规风险的识别工作应与企业经营管理内外部环境的变化同步，当企业外部监管环境发生变化时，企业应关注其合规风险的变化。动态性原则同时要求企业根据合规风险管控情况调整风险等级。因此，为了保障合规风险常态化识别，企业应健全合规风险的识别机制，确保合规风险识别与评估工作的常态化、规范化、责任化，保障企业合规风险事前的有效管控。

在具体方法上，合规风险的识别应根据业务管理实际，结合合规调研、法律研究、类似企业的案例、纪检监察、审计、内控发现的问题、合规风险预警、接受的举报信息及其他合规相关信息，通常可以采取小组讨论、业务访谈、案件启发等形式，持续完善和更新风险识别与评估清单。对于识别出的重大风险，企业应及时发布预警信息。在日常风险防控中，合规部门应做好专业支持，对业务部门报告的合规风险事件提出处理建议，帮助优化改进业务合规管控方案。

2. 制定《业务流程合规管控清单》

《业务流程合规管控清单》是以《合规风险识别清单》与《岗位合规职责清单》为基础，对业务管理流程进行分析评价，查明在业务流程条线、环节和管控事项上是否存在合规管理缺失或者不足，以清单的形式明确业务环节、合规风险、合规审查要点、风险评估情况、控制措施、责任部门等，使合规管理要求融入业务管理流程之中。

公司可从业务执行的角度梳理该业务面临的合规风险并对其进行管控，通过将合规要求和管控措施嵌入企业业务管理流程的关键节点，推进合规管理体系与业务管理体系相融合，有效解决合规和业务"两张皮"的问题，实现合规风险的识别与防控在业务活动中的有效落地，进一步提升风险管理效率。

《业务流程合规管控清单》的制作通常要遵循确定业务环节、对关键环节进行风险识别及控制、确定主责部门等三个环节。

流程管控清单的编制要先确定业务关键环节。一般来讲，需结合业务操作流程，明确业务关键环节及具体步骤，其中，"关键环节"基于各单位高风险业务流程，全面排查相关合规风险，并在各单位合规风险清单的基础上选取合规风险高发的关键环节，

"具体步骤"是对各单位高风险业务关键环节进行拆解，以业务人员的具体每一个工作动作/行为作为最小单元，以便对各步骤中所涉合规风险进行识别、评价及控制。关键环节通常要遵循企业内部管理流程，但若企业内部流程存在明显的环节缺失，流程管控清单要求对缺失的环节进行补充，比如，完整的采购管理流程应包括采购计划编制与审批、采购实施、签署合同、验收货物、付款、入库管理、采购评价等，若企业既有制度缺失了采购评价环节，流程管控清单应加以补充。合规风险及控制是对关键环节或者具体步骤的风险提示和管控，企业可以根据风险清单和义务清单成果，筛选出流程节点中发生可能性比较高或者影响程度比较高的合规风险，将合规风险切入到具体的流程节点，并提示违规行为的法律后果。在确定合规风险的基础上，企业还应当综合现有管理制度，确定具有针对性的风险管控措施，提示具体节点的人员应当注意的事项，比如，在合同管理流程中，资信调查通常是合同管理流程的第一步，确定资信调查的合规风险后，企业可以要求人员通过查阅对方资信证明文件的形式，管控资信调查可能发生的合规风险。最后，企业还应当确定流程管控清单具体节点的主责部门，主责部门的确定主要依据企业具体职责分工，对于某些环节，不仅应当列明主要业务部门，也应当列明合规检查部门和合规监督部门。

流程管控清单不是对企业内部管理流程的替代，而是对企业内部管理流程的进一步优化和补充，流程管控清单的设计可以进一步帮助企业各级管理人员、法律人员和业务人员提升依法合规经营能力，确保经营行为、管理活动符合国家相关法律法规和监管要求，进一步保障合规管理体系的有效运行，进而确保依法合规经营，保障业务有序发展。流程管控清单可以通过单独的表单形式存在，如企业具备完善的信息化流程，流程管控清单也可以发挥信息系统的风险管理优势。此外，如企业存在内部控制流程，流程管控清单也可以完全和内部控制流程紧密结合，补充内部控制的风险源和管控节点，促进合规管理和内部控制的一体化发展。

四、风险防控机制的全面协同

（一）实践要求

在合规管理体系建设过程中，如何处理合规管理（以下简称"合规"）、内部控制（以下简称"内控"）、全面风险管理（以下简称"风控"）的关系是一个重要问题，处理不好三者的关系可能直接影响合规管理体系的有效性。在市场化、法治化、国际化的大背景下，构建合规统领内控、风控、法务一体化融合的风险防控机制，能够促进公司合规管理形成合力，从而真正实现合规效果"辐射式"全面覆盖。

合规、内控、风控三者具有不同的内涵。第一，从风控层面来看，企业风险是指未来的不确定性对企业实现其经营目标的影响，一般可分为战略风险、财务风险、市场风险、运营风险、法律风险等，也可以能否为企业带来盈利等机会为标志，将风险分为纯粹风险和机会风险；全面风险管理则是企业围绕总体经营目标，通过在企业管理的各个环节和经营过程中执行风险管理的基本流程，培育良好的风险管理文化，建立健全全面风险管理体系，包括风险管理策略、风险理财措施、风险管理的组织职能体系、风险管理信息系统和内部控制系统，从而为实现风险管理的总体目标提供合理保证的过程和方法。第二，从内控方面来看，内控是由企业董事会、监事会、经理层和全体员工实施的、旨在实现控制目标的过程，内部控制的目标是合理保证企业经营管理合法合规、资产安全、财务报告及相关信息真实完整，提高经营效率和效果，促进企业实现发展战略，内控应考虑内部环境、风险评估、控制措施、信息与沟通、内部监督等要素。第三，从合规层面来看，合规风险是指企业及其员工因不合规行为，引发法律责任、受到相关处罚、造成经济或声誉损失以及其他负面影响的可能性及其后果，合规管理则是指以有效防控合规风险为目的，以提升依法合规经营管理水平为导向，以企业和员工经营管理行为为对象，开展包括制度制定、风险识别处置、合法合规性审查、合规风险应对、合规报告、合规评价、违规责任追究、合规培训等有组织、有计划的管理活动。可以看出，合规、内控、风控有着不同的要求，在不同的语境下有着不同的价值主张和目标追求，从这一角度上看，三者可以并行存在，不可互相替代。

国家有关部门一直在探索合规、内控、风控一体化发展路径。2015 年 12 月，国资委颁布《关于全面推进法治央企建设的意见》提出，"探索建立法律、合规、风险、内控一体化管理平台"；2021 年 10 月，国资委颁布《关于进一步深化法治央企建设的意见》，提出探索构建法务、合规、内控、风险管理协同管理机制，加强统筹协调，提高管理效能；2022 年 9 月国务院国资委出台《中央企业合规管理办法》，提出中央企业应当结合实际建立健全合规管理与法务管理、内部控制、风险管理等协同运作机制，加强统筹协调，避免交叉重复，提高管理效能。国家标准 GB/T 35770—2022《合规管理体系 要求及使用指南》要求企业构建一体化管理体系要求，形成一体化管理体系文件，并应注重合规管理体系的"统领性"。

从"法律、合规、风险、内控一体化管理"到"法律、合规、内控、风险管理协同运作"再到"合规统领"表述的变化，是合规管理与其他管理体系的关系逐渐回归理性、务实的体现。以"合规"为统领，"风险"为导向，"内控"为手段，"法务"为抓手，构建"合规管理统领内部控制、风险管理、法务管理一体化融合机制"，最重要的是部门与部门之间、体系与体系之间的融会贯通。可以通过统筹岗位设置、统一风险评估、流程制度协同设计、统一监督和考核等方式将多种管理体系进行整合，相互协同，并运用数据共享，减少类似的重复工作，简化操作流程。

（二）实践要点

实践中，公司实现现有风险管理体系与新构建的合规管理体系间的有机融合和统筹衔接实践要点如下：

首先，加强顶层设计。合规管理以组织体系建设为基础，合规、风险、内控、法务管理的统一组织管理架构是保障一体化管理的重中之重。在岗位设置方面，将合规管理四层架构、内控、全面风险管理的组织架构进行对比，整合风险管控资源，减少职能重复或者冲突。例如，整合领导机构资源，设置统一的委员会统筹领导企业的合规、内控和风险管理事务；再如，通过比较合规岗、内控岗等不同岗位设置，分析二者融合的可行性，在不影响各自目标实现的基础上进行既有岗位职能调整，从而既能发挥企业领导层的合规领导作用，又可以使各部门合规职责协同，并与既有管理标准相结合。以北京电控的大合规体系建设为例，在成为试点企业前，北京电控内设内控建设工作领导小组和法治国企建设工作领导小组。借合规管理体系建设的契机，公司重构组织架构，将合规作为风险管理的统筹工具，兼容内控和法治建设职能，从而实现法务、合规、内控、风险管理的一体化。一体化的组织机构可以有效避免多头管理、管理"多张皮"等问题，同时，可大大节约管理成本、提高管理效率，因此，加强顶层建设是合规管理体系建设之初的重点工作之一。

其次，整合风险识别与评估工作。如前所述，各管理工具均以风险为导向、以业务为切入点，因此整合现有各类风险清单与风险评估流程可极大提高企业的管理效率。以山东发展公司风险管理体系为例，山东发展以"全风险"视角探索实施合规、风控、法务、内控、审计一体化管理，将上述五项职能统一纳入企业合规风险管理体系，由风控部门组织开展，实现同计划、同部署、同实施、同检查，弥补了单一职能对全面风险防控的不足和遗漏，实现了内控、合规、审计、法务和风险管理共同精准发力。

最后，以业务为基础整合审查流程。以长江电力的法律合规和内控风险一体化管理机制为例。长江电力以流程为载体，建立基于岗位职责的合规与内控审查机制，推动合规、风险、内控管理融合。公司以业务流程链条梳理为起点，通过多部门协同配合、共同参与，厘清业务流程链中的审查人岗位，梳理各业务流程风险点和关键控制点，拟定各业务岗位的内控与合规审查要点；同时充分利用信息化手段，联通已有各业务信息系统数据库，将审查要点嵌入招标采购、合同管理等10多个重要业务流程，形成基于岗位职责的内控与合规审查机制，通过流程审核的信息化、标准化与可视化实现合规、内控和风险管理在业务中的有机融合。

五、合规文化的全面塑造

（一）实践要求

要素完备的合规管理体系固然要求形成一套静态的标准化合规制度与流程，但合规管理具体制度和流程极容易被模仿和复制而成为纸面工程，如何确保其真正融入公司经营管理活动是更为复杂的问题。"全面覆盖"的合规管理体系不是简单的加减法，而是完备且相互联系的完整系统。其中，企业文化在合规管理体系建设中发挥了"润滑剂"的作用。合规管理体系的价值和生命力不仅在于静态合规管理制度和框架的"全面覆盖"，内生和动态的企业合规文化也是"全面覆盖"的公司合规管理体系的应有之义。换言之，合规文化既是"全面覆盖"原则在企业合规管理体系理念层面建设的内在要求，又是"全面覆盖"原则指导下合规管理体系各部分之间有效运作的基础。

文化是一个国家、一个民族的灵魂，也是一个企业的灵魂之所在。企业文化是任何成功的企业必须具备的基本条件，企业文化不仅能影响组织本身，还能塑造员工的行为，使之与组织保持一致。合规文化建设是企业文化建设的重要组成部分，是提升企业核心竞争力的基础和保证。[①]

《中央企业合规管理办法》第五章"合规文化"在组织开展合规专题学习、加强法治宣传教育、建立常态化合规培训机制等方面，对培育合规文化提出要求。要求将合规管理作为法治宣传教育重要内容，通过制定合规手册、签订合规承诺、开展合规宣誓等方式将合规理念传达给全体员工，强化全员守法诚信、合规经营意识。

合规文化看似抽象，实则有迹可循。构建合规文化需要全员参与，实现"人人合规"；更需要久久为功。一方面，定期进行合规宣导，多渠道开展合规培训，及时发布合规手册，营造良好的合规文化氛围，增强员工对于企业的归属感、认同感，强化守法诚信、合规经营的意识；另一方面，强化监督考核机制，将合规考核纳入员工的年度考核之中，切实发挥合规考核的激励与惩戒作用，促进员工从"要我合规"到"我要合规"积极转变。通过多措并举、厚植合规文化，让合规意识融入血液、深入人心。浓厚的"合规文化"，最终会成为企业合规管理获得永久生命力的源泉。公司应当着重实施文化重塑工程，举办系列活动，根除传统的业务发展讲人情、讲习惯等沉疴顽疾，构建

---

① 张远煌、秦开炎：《合规文化：企业有效合规之实质标准》，载于《江西社会科学》2022年第5期。

起人人合规、事事合规的文化体系，实现企业内部群体性的"敬畏规则"与"违规零容忍"。

（二）实践要点

1. 强化"我要合规"合规意识

实践中，一些企业合规意识淡薄，对于合规管理缺乏主动性，合规管理工作"说起来重要，干起来次要，忙起来不要"的现象在诸多企业中不同程度地存在。同时，合规工作易沦为公司生产经营、投资交易和日常管理的附庸，从事合规工作的人员正常履行合规性审核等职责行为经常不被理解，严重掣肘了企业合规工作的开展。为达成从"要我合规"到"我要合规"的转变，可采取以下措施：首先，提高违规成本。可通过内部规章制度对违法违规行为加大惩处力度，如此可将承担外部监管处罚的压力内化成合规动力，有效激发公司管理层及员工的合规积极性。其次，增加合规激励。企业内部可设置合规奖励及激励措施，激发员工主动合规的动力源泉。最后，重视培育合规文化。合规文化建设是一个系统性工程，必须循序渐进，驰而不息，通过不断强化以教育培训为主的各类文化培育手段，使广大企业员工成为合规管理的忠实崇尚者、自觉遵守者、坚定捍卫者。如招商局集团，为提升合规宣传广度和效果，集团利用新媒体创新合规宣传形式，制作和推广合规文化宣传系列片，每年一季。先后制作了动画片《合规驶得万年船》、"游戏篇"《合规护航 2018 大闯关》，通过微信在集团内外广泛传播，普及合规知识，宣传合规文化，产生良好反响。

2. 鼓励全员参与

良好的合规文化培育需要企业全体职工的共同参与。企业职工在日常履职中，应关注制度要求，知规学规懂规用规，不可任意违规操作。为了保障员工理解合规制度，企业应开展丰富多样的合规培训活动，包括合规制度培训、合规一般理论培训、合规理念学习、合规清单制定与操作培训、重点业务领域合规培训等，确保企业员工理解企业合规要求；在合规宣贯方面，企业可以通过丰富多彩的合规宣传活动，包括但不限于月刊、视频、合规案例、全员签署合规承诺书、合规宣誓、合规主题宣传作品大赛、合规知识竞赛等形式，分层次强化合规文化建设，加快培育企业合规文化，进一步增强企业全体员工的合规意识，营造企业依规办事、按章操作的文化氛围；在合规价值观引导方面，企业可以制定适用于全部员工的合规手册，并进行广泛发放，统一全员合规价值观，筑牢合规经营思想基础；此外，在合规激励方面，企业还可以通过合规考核、合规检查、合规问责等活动加强对合规管理制度执行的监督，对不遵守合规制度的员工采取对应的惩戒措施，对模范遵守企业合规管理制度的人员给予一定的奖励，引导企业树立合规管理人人有责的风气，从而鼓励更多的员工主动参与并遵守合规管理等。

另外，公司还可以加强合规文化的对外推广工作，将合规作为企业经营理念和社会责任的重要内容，在与客户、供应商交流的过程中，将合规文化传递至利益相关方，积极传达合规立场，树立积极正面的合规形象，促进行业合规文化的发展，例如，可以和商业合作伙伴签署廉洁协议、合规承诺书，要求第三方对重点合规问题进行检查和充分提示等，积极传播企业合规文化。

六、强化信息化、数字化、智能化管理系统建设

（一）实践要求

在企业合规管理体系中，信息化、数字化、智能化管理系统是非常重要的一部分，《中央企业合规管理办法》第六章规定了信息化建设，企业可借助信息化手段，结合实际将合规制度、典型案例、合规培训、违规行为记录等纳入信息系统，将合规管控与信息化流程有效结合起来，并实时对经营管理行为进行合规管控和风险分析，通过信息系统的信息优势增强企业合规风险防范的技术和能力。同时，数字化也是 ISO 37301《合规管理体系 要求与使用指南》组织和环境需要考虑的因素之一，等同转化的国家标准更是在附录中专项详解国际标准中的"数字化"内容。实践要求就是通过利用互联网、大数据、人工智能、区块链、人工智能等新一代信息技术，对组织的战略、架构、运营、管理、生产、营销等整个体系进行赋能或重塑，让数据在组织系统内自由流动，使组织能够实时洞察各类动态业务中的一切信息，通过对这些数据的实时分析、应用来指导组织的管理，实时做出最优决策，数据价值得以充分发挥。

当今时代，数字技术、数字经济是世界科技革命和产业变革的先机。现代信息化技术可以使企业的信息管理更加高效、精准、及时，也可以提高企业的合规管理水平和经营效率，从而实现企业的可持续发展和长期稳定发展。这尤其体现在现代信息化技术可以帮助企业实现风险识别、评估、监测、预警、应对等方面的全面管控，从而对企业经营所面临的各类风险进行全面掌控、全面管控。

首先，信息化管理系统将充分利用大数据等先进技术，通过对内部和外部信息的收集和分析，及时发现和识别潜在的合规风险，加强对重点领域、关键节点的实时动态监测，实现合规风险即时预警、快速处置。

其次，信息化管理系统可以运用信息化手段将合规要求和防控措施嵌入流程，对企业合规管理过程进行全面的跟踪和记录，针对关键节点加强合规审查，强化过程管控，实现对合规管理过程的可视化和规范化，提高管理效率和透明度。

最后，信息化管理系统还可以提供数据分析和报告功能，帮助企业更好地理解合规管理的效果，及时调整和优化合规管理策略，从而提高企业的合规水平和风险管理能力。

（二）实践要点

公司合规管理需通过信息化、数字化和智能化来提升管理效率和效能。从合规管理的要素和重点工作出发，信息系统的设计可配套以下主要功能：

1. 合规管理基本职能的信息化建设，主要建设模块与内容可包含：合规宣传、合规培训与考试、合规咨询、合规投诉与举报、合规风险评估、案件管理、违规处理、合规考核、合规报告。

2. 合规管理资料库的信息化建设，主要建设模块与内容可包含：外规管理的各项法律法规、行业要求与准则的内容与变更信息等；内规管理的各项规章制度及变更信息等；以及合规风险库等。

3. 专项合规管理的信息化建设：可重点设定"劳动用工""合同管理""投资管理""工程建设"等企业重点关注的专项合规管理信息系统。

4. 建议其他应在信息界面展示的内容：合规业务流程、合规组织结构、合规岗位序列，以及与内外部其他系统进行有效互联互通的接口等。

第三章

构建"有效运转"的合规管理体系

"有效运转"是合规管理体系的生命线。体系建设与运转如同硬币的两面，本质上是从静态架构到动态免疫系统的转化过程。当制度文本转化为员工的实际行为准则，流程图解重构为风险防控的神经脉络，这套体系才真正具备生命力。现实中的困境往往在于：企业耗费资源搭建的合规框架沦为"精致的摆设"——审批流程变成机械盖章，风险评价止步于模板填报，最终导致合规投入与防控效果严重失衡。究其根源，多因三个断层：制度设计与业务场景错位，执行过程缺乏动态校准，保障机制未能穿透组织末梢。有效的运行机制需实现三重转化：将抽象条款转化为具体岗位的操作红线，使合规要求自然融入每个业务决策的肌肉记忆。唯有如此，合规管理才能真正从墙上的制度文件聚合为价值创造的现实机遇，蜕变成公司抵御风险的免疫屏障。

第一节
"有效运转"概述

一、"有效运转"的概念

合规管理体系的有效运转是指企业合规管理设计在符合企业合规管理需要基础上，一系列合规管理制度、清单、指引得到切实遵守和维护，真正发挥合规风险防控价值的状态。合规管理体系运转的前提是合规管理体系的建成，其属于管理体系的设计，设计运转的效果既取决于设计水平，又取决于设计方案能否严格贯彻落实，以及对企业管控风险的效果如何，能否实现合规创造价值等目标。

在方案设计方面，我国目前已经形成了多领域比较成熟的规则。在合规管理体系试点和全面推广阶段，国务院国资委要求国有企业，特别是中央企业要建立起合规管理体系，通过调整组织机构、完善合规制度、建立运行机制、加强合规保障、培育合规文化等方式保障企业合规经营。自2015年中央企业开始启动合规管理体系建设以来，经过合规试点、出台指引、总结推广、全面强化等阶段，很多中央企业已经完成了合规管理体系基本框架和制度的建立工作，并层层向下属企业推进，力图实现全域合规。但同时应该看出，目前很多国有企业的合规管理体系是僵硬的，合规管理体系并没有与传统经营管理行为有效融合，这就导致合规管理体系的运转并不能有效防控合规风险，有"摆架子""纸面合规"之嫌。目前随着合规管理工作的不断深入，如何确保已经建立起来的合规管理体系有效运作，从而实现合规管理体系的"实效落地"已经成为各企业亟须解决的最新问题。

合规管理体系是指风险预防和应急处理综合管理体系，其有效实施的底层逻辑建立在对合规风险的事前、事中、事后防范原理上，合规组织架构的科学搭建、合规文化的培育、合规信息化管理、合规风险管控清单的建设等均是为了合规管理体系的顺利运转，并不具有完全独立的风险管控意义，但对于提高合规管理的实效具有重要作用。

在事前防范上，合规管理要求企业建立风险识别与评估预警机制、建立合规调查机制、建立合规咨询机制等，保障企业将合规风险扼杀在摇篮中，提前预防风险。这意味着企业合规管理体系能够随时对企业所面临的合规风险进行识别及预警，并能够对提前发现潜在的企业合规风险进行有效管控，最大限度地降低企业合规风险事故发生可能性；对于任何合规问题，有关部门和人员可以及时获取合规咨询；通过第三方合规调查，有效识别和发现第三方违规问题，避免风险传导。

在事中防范上，合规管理要求企业建立合规监测机制、合规审查机制、合规报告机制和应对机制，保障企业合规风险得到实时的监督。这意味着企业应当设置风险监控机制，明确合规风险监控的主体责任和要求；企业实施重要经营管理行为之前均应当进行合规审查，如签订合同、投资合作、关键岗位人员招聘与晋升等；发生合规风险事件后，有关人员负有及时对合规风险进行报告的职责，及时采取风险应对措施，并且报告流程应当具有相对独立性，确保合规报告不受不合理的干涉。

在事后防范上，合规管理要求企业建立和完善合规举报机制、合规考核与评价机制、合规检查机制、合规有效性评估、违规调查与问责、违规纠正等，能够有效发挥合规监督职责，保障企业及时对合规风险进行处置，维护企业合规发展。这意味着企业应当定期对人员进行合规考核，并将合规考核结果与职工奖惩相结合，发挥合规激励和惩戒的价值；企业建立相关方监督机制，公开举报方式，建立科学的举报机制，鼓励举报，确保合规监督人人有责；企业对员工违规行为进行问责，如涉及违反刑法或其他国家层面的法律、法规，应按规定移交给司法部门或相关政府部门；企业应当定期对合规管理现状进行检查，检查的内容包括各部门遵循法律法规及规章制度的情况、合规管理机制实际运转的有效性、违规事件的整改情况等；企业应当定期对合规管理运转效果进行评估，以发现合规管理体系运转的优势与不足，及时进行优化；企业应规范违规纠正的方法和流程，充分利用违规信息来源，确保违规事项得到及时的纠正和解决。

事前、事中及事后三重防范体系既能提前防范合规风险，又能够及时有效地对已经发生的合规风险事故进行补救，并可以持续提升合规管理体系的有效性，从而形成风险防控的多重闭环机制。而要达到上述效果，企业合规管理体系不能仅仅停留于纸面上，还需要能够通过规范制度设计、切实推进风险识别及预警、实施保障机制"三位一体"，进而实现对企业合规风险进行"全过程""可操作""及时""有效"的规制，真正实现"合规创造价值""合规是金色盾牌"的根本理念。

合规管理体系的有效运转是合规计划从"纸面合规"走向"实效合规"的关键环节。企业需要有效执行各项合规制度并将其"内化于心"，将书面的制度有效转化为管理层和员工的实际行动，保障合规管理体系能够有效运转、防控风险，实现合规方针及目标。

二、"有效运转"相关规范

合规管理体系有效运转与合规管理体系建设相伴而生，无法有效运转的合规管理体系形同虚设。金融行业是我国合规管理体系的领头羊，其合规管理体系管理实践远早于一般企业合规管理体系建设，强调了合规管理体系的重要性。

早在 2006 年，中国银行业监督管理委员会发布《保险企业合规管理办法》，要求商业银行加强合规风险管理，并赋予银监会定期对商业银行合规风险管理的有效性进行评价的权力；2007 年，中国保险监督管理委员会印发《保险企业合规管理指引》，赋予了保监会定期通过合规报告或者现场检查等方式对保险企业合规管理工作进行监督和评价的权力；2016 年，中国保监会印发《保险企业合规管理办法》，取代《保险企业合规管理指引》，但继续保留了有关监管机构对保险企业合规管理工作进行监督和评价的权力；2017 年，中国证监会印发《证券公司和证券投资基金管理公司合规管理办法》，要求证券基金经营机构定期组织内部有关机构和部门或者委托具有专业资质的外部专业机构对公司合规管理的有效性进行评估，及时解决合规管理中存在的问题，2020 年证监会对《证券公司和证券投资基金管理公司合规管理办法》进行了修订，但合规管理体系有效性评估条款并无改动。目前，金融企业的合规管理体系有效性评估的特点在于受到有关政府主管部门的强制监管，企业一般通过外部专业服务机构开展合规管理体系有效性评价。

在大合规时代，国务院国资委要求国有企业，特别是中央企业全面建设合规管理体系，各地方省、市国资委参考国务院国资委要求制定地方合规管理体系建设的政策文件。

2018年，国务院国资委在推进中央企业全面合规管理背景下，发布了《中央企业合规管理指引（试行）》，要求中央企业在建立合规管理体系基础上，通过定期对合规管理体系的有效性进行分析，对重大或反复出现的合规风险和违规问题，深入查找根源，完善相关制度，堵塞管理漏洞，强化过程管控，持续改进提升。同年，国家发展改革委等部门联合印发《企业境外经营合规管理指引》，为境外企业建立健全合规管理体系提供参考，《企业境外经营合规管理指引》要求企业定期对合规管理体系进行系统全面的评价，发现和纠正合规管理贯彻执行中存在的问题，促进合规管理体系的不断完善。2021年，中共中央、国务院印发《国家标准化发展纲要》，为新时代标准化事业发展提供了根本遵循，以此为标志，中国由"大合规"进入"全域合规"的新阶段。在2022年中央企业合规强化年阶段，国务院国资委针对中央企业合规管理体系建设存在的无法有效运转的普遍问题，在2022年发布了《关于开展中央企业"合规管理强化年"工作的通知》，明确要求中央企业加快突破难点重点，不断筑牢"三道防线"，通过健全合规管理体系，真正发挥风险防控的重要作用，力争通过一年时间推动企业合规管理再上新台阶，并对中央企业的合规管理提出了"五个一"的要求，即开展"一"次全级次、全领域、全方位合规风险排查；抓紧制定"一"组合规管理清单；建立健全"一"个管理体系；着力完善"一"项审查机制；建设"一"个在线监管系统。这实则也是国资委对中央企业合规管理体系有效运转的进一步部署，旨在通过管理"五个一"的强化要求，保障合规管理体系的有效运转。2022年下半年，《中央企业合规管理办法》正式发布实施，这是国务院国资委成立以后发布的为数不多的一个"令"，国企的合规管理体系建设由此开启了一个新时代。办法延续了合规管理体系的有效性思想，并进一步地将企业合规管理体系的有效与否与监督问责的免责效果直接联系在一起，成为企业合规管理体系建立与有效运转的基本规制。

解决了合规管理体系有效性评价规范依据问题，随之而来的则是如何评价合规管理体系有效性问题。那么什么样的合规管理体系是有效的合规管理体系呢？

相关国家和行业标准可作为企业合规管理体系有效性评价的参考依据。从国家标准建设上，2017发布的GB/T 35770—2017《合规管理体系指南》是我国对合规管理体系有效性评价的初步尝试，要求企业定期开展合规管理体系绩效评价，以确定合规管理体系是否符合组织自身的准则、标准的建议，并建议企业策划、建立、实施和管理体系内部审核；GB/T 35770—2017《合规管理体系指南》同时规定了合规绩效评价的建议，其附录部分对 GB/T 35770—2017《合规管理体系指南》相关内容进行了调整和完善，更加科学地明确了合规绩效评价的信息来源、指标等，可以为企业进行合规管理体系有效性评价提供进一步参考。2022 年发布的 GB/T 35770—2022《合规管理体系 要求及使用指南》作为 ISO 37301：2021《合规管理体系 要求及使用指南》等同转化成果，对合规管理体系有效性评估的相关条款进行了调整，在原来的基础上各有取舍，但仍没有提供一套较为系统的方法和流程，没有从根本上解决有效性评估的实践需要。值得注意的是，目前国际标准化组织已批准立项 ISO/DIS 37302：2024《合规管理体系——有效性评估指南》。毫无疑问的是，这一指南的出台将为世界各国的合规工作确立评估合规管理体系有效性的原则和指标，规定评估准则、数据获取、评估程序、获取评估结果的方法及评估报告的内容，并为合规管理体系有效性评估的国内立法提供可供借鉴的最新范本，未来我国合规有效性评价的相关规范有必要同该指南保持一致，以实现有效性评估标准的国际接轨。

与此同时，行业标准也不断建立和完善，逐渐形成合规管理体系有效性评价的方法论。2022 年，为规范中小企业合规管理体系有效性评价活动，引导和促进其合规管理体系建设，提升合规管理能力，识别和防范合规风险，建设合规文化，中国中小企业协会制定了 T/CASMES 19—2022《中小企业合规管理体系有效性评价》，为中小企业合规管理体系有效性运转提供了评价指标和评价方法，该标准属于认证式评价标准，实际上是依托外部专家，运用统一的手段对企业的合规建设情况和相关制度、管理组织的完善程度进行全面审查，并就评估结果以认证的方式予以确认。但是，这一标准适用范围限制在中小企业，对于大企业具有明显的局限性。同年，中国企业评价协会发布了 T/CEEAS 002—2022《企业合规管理体系有效性评价》，而且，针对《中央企业合规管理办法》的出台，中国企业评价协会随即发布了 T/CEEAS 003—2022《企业合规管理体系有效性评价指引》，对 T/CEEAS 002—2022《企业合规管理体系有效性评价》进行了优化和完善，该标准明确提出了企业合规管理体系有效性评价的指标体系，从企业合规环境评估、领导作用和资源投入、合规制度与运转机制、合规文化、绩效评估改进五个维度以及党建在企业合规管理中的作用，设计了评价指标，明确了企业合规管理体系有效性评价工作的规则、流程以及报告评级等实施程序。

证券企业合规是金融企业的合规重点，证券企业合规已经基本形成了完善的合规管理规则。在证券企业合规管理体系有效性评估方面，2021 年中国证券业协会修订并发布了《证券企业合规管理有效性评估指引（2021 年修订）》，为证券企业开展合规管理有效性评估进一步提供了具体方法和流程。这一指引的适用范围虽然为证券企业，但其中的方法也可以为其他类型的企业提供一定的参考价值。

在合规管理体系有效性评估的主体职责方面，GB/T 35770—2022《合规管理体系 要求及使用指南》第 9.1.1 条款提出组织应对合规绩效和合规管理体系的有效性进行评价，《企业境外经营合规管理指引》第二十七条规定合规管理体系评价可由企业合规管理相关部门组织开展或委托外部专业机构开展，《中央企业合规管理办法》第八条规定董事会应推动完善合规管理体系并对其有效性进行评价。由此可见，公司合规管理体系有效性评价责任主体为企业治理层，企业治理层可组织内部合规管理部门或委托外部专业机构辅助进行公司合规治理体系有效性评价。

第二节
公司合规管理体系有效性评价方法、原则及程序

一、有效性评价的方法

在科学研究与社会实践中，分析方法的选择直接影响结论的可靠性与深度。定性分析与定量分析作为两种主流研究范式，分别以"质"与"量"为核心维度，形成了不同路径的方法论体系。公司合规管理体系的有效性评价正是借助于定性与定量分析方法得以实现。

（一）定性分析法

合规管理体系有效性评价的定性分析法，是指依据合规人员的主观判断和分析能力来推测合规管理体系有效性的分析方法，这种方法通过逻辑推理、制度思辨、专家访谈、员工反馈等思维方式判断公司合规管理体系的有效性，在发现流程中的漏洞或潜在违规行为、分析员工对合规政策的认知和执行意愿、识别文化中的薄弱环节、评估合规风险的严重性以及分配公司合规资源等方面皆存在应用前景。以中兴公司合规管理体系建设中的"关键合规风险点"识别为例，中兴公司将关键合规风险点称之为"关键控制点（KCP）"，这种"关键控制点"由合规专家以及相关人员，基于企业的合规管理经验，在充分研判企业业务经营现状并同前一时期企业业务经营历史数据进行比较后得出，此即定性分析法之于公司合规管理体系有效性评价中的具体应用。

值得注意的是，由于定性分析法是一种要求合规专家与合规人员融入至公司合规管理情境的研究方法，故而定性分析法不可避免地掺杂着合规专家与合规人员的主观性判断。与此同时，定性分析法经常使用归纳式逻辑进行研究，从诸多现象中归纳提炼具体问题，但归纳方法具有一定局限性，其只能确证事物发生的概率性，而不能推导出逻辑上发生的必然性，一旦发生"黑天鹅"事件，则经由归纳法推导所得出的结论便会被推翻。因此，定性分析法具有一定局限性，合规管理体系有效性评价除使用定性分析法之外，还需要使用定量分析法加以补充。

（二）定量分析法

合规管理体系有效性评价的定量分析法，是指在合规管理体系有效性评价中，以数学模型与统计工具为核心，通过结构化数据验证合规管理体系的有效性。不同于定性分析法，定量分析法依赖问卷、调查报告等标准化测量工具，并尝试通过回归分析、结构方程模型等方法揭示变量之间的因果关系。相较于定性分析法，定量分析法通过标准化流程，能够有效减少主观偏差，进而确保结果的可验证性。值得注意的是，尽管定量分析法相较于定性分析法更为客观，由此得出的结论更加准确且不易被推翻，但定量分析法是建立在具有统计代表性的大样本之上的分析方法。由于在合规管理体系评价建设中，部分指标事实基础的样本数量有限，无法达到定量分析法的大样本要求，故而在合规管理体系有效性评价中，定量分析法的应用也具有一定局限性。

值得注意的是，在公司合规管理体系有效性评价中，定量分析法与定性分析法并非以是否使用数理工具作为区分标准，即便是定性分析法，也可以通过量化指标的方式予以实现。区分定性分析法与定量分析法的根本在于结论获取的分析逻辑不同，前者为归纳，后者为演绎。公司在进行合规管理体系有效性评价过程中，应当在明确区分二者的基础之上，充分研判公司特点及合规管理的事实基础，综合运用定性与定量分析法，以实现企业合规有效性评价的最佳效果。

二、有效性评价的原则

所谓公司合规管理体系有效性评价的原则，就是指公司在开展合规管理体系有效性评价时所遵循的标准或法则，对评价程序、评价指标等体系内容具有指导意义。缺乏有效性评价的原则指导，公司合规管理体系的有效性评价将会无的放矢，最终妨碍公司合规管理体系有效性评价作用的充分发挥。我们认为，公司合规管理体系有效性评价包括以下几个原则：

（一）目的性原则

公司合规管理体系有效性评价应当能够客观且准确地反映公司合规管理体系的本质特征、核心内容以及构成要素，服务于合规管理体系评价的目标，为国有企业合规管理体系有效性评价的结论提供可信的依据。

（二）客观性原则

公司合规管理体系有效性评价应当符合实际、客观真实、过程透明，可信度高，能够反映公司合规管理工作实际情况。有效性评价指标之间应当相互独立、层次分明，避免交叉干扰或因果混淆，使各项指标能独立判断不同环节或领域的合规性，以求最大限度地通过评价指标反映客观事实。评价过程需要公开、透明，确保各方（包括内部员工和外部监管机构）能够监督和检验评价方法和结果。评价人员应坚持客观、中立的态度，避免因个人经验或偏见影响评价结果，从而确保评价的公正性和可信度。

（三）关键性原则

公司合规管理体系的有效性评价应当充分反映出重点领域、重点环节、重点岗位同合规管理之间的关系，通过公司合规管理体系的有效性评价，公司管理者可以一目了然地发现公司合规管理工作的薄弱环节，明确哪些领域需要加大投入或进行改革，从而形成内控和合规管理的闭环反馈机制，进而为公司高层提供决策依据。

（四）系统性原则

系统性原则要求公司合规管理体系有效性评价必须从全局视角出发，将合规管理视为由多要素、多层级构成的有机整体。评价过程需覆盖制度设计、执行机制、监督反馈等全链条环节，同时关注合规管理体系与企业战略、业务流程、组织文化的协同关系。这一原则强调避免"局部最优"陷阱，确保合规管理各子系统相互支撑、形成合力。

（五）动态性原则

动态性原则强调合规管理体系有效性评价需具备时间维度上的延展性，既要评估当前状态，更要关注体系的自我进化能力。该原则意味着公司合规管理体系的有效性评价并非一日之功而是需要长久持续运行。公司需根据内外部环境变化及时对合规管理体系的有效性展开评估，及时了解合规管理体系运行的现状。

（六）可操作性原则

可操作性原则要求有效性评价必须立足企业实际，根据企业的规模、行业特性和管理成熟度进行定制，设计具有可行性的评价指标与方法，避免一刀切的理想化标准。该原则反对脱离现实的理想化评价标准，强调评价工具需与企业规模、管理成熟度、数字化水平相匹配，确保评价结果可直接转化为管理行动。

三、有效性评价的程序

为了更好地落实上述评价原则，公司在开展合规管理体系有效性评价时，需要严格按照一定的步骤进行操作。下面将评价过程细分为八个步骤，每个步骤都对评价的顺利开展起到关键作用。

（一）明确评价范围和时机

就明确评价范围而言，在开展评价工作之前，企业应首先明确合规管理体系评价的范围，这既可以对企业内所有涉及合规管理的单位、部门和岗位进行全面评价，也可以针对特定流程或环节进行重点评价。评价范围的确定应根据企业的实际情况和管理需求来设定，确保评价内容既全面又具有针对性。

就评价时机的选择而言，评价工作应在企业合规管理体系建设完成后开展，并依据实施方案安排定期或不定期进行。合理的评价时机既可以在体系初步搭建后进行一次全面的检查，也可以与内部控制评价等工作同步开展，以便实现资源共享、提高评价效率和确保数据的及时性。通过在关键时点开展评价，企业能够及时掌握合规管理运行的现状，并据此制定下一步的改进措施。

（二）开展评价准备

企业需选派具备专业能力和独立判断力的人员组成评价组。评价组成员既可来自企业内部，也可引入外部专业机构，目的是确保评价工作的科学性和客观性。评价组中应推选出一名组长，负责整体协调和沟通工作。与此同时，在评价组长的带领下，应提前制订详细的评价工作计划。计划中需明确评价范围、评价时间、评价人员的具体分工及各项工作的要求，以确保评价准备工作有据可依，为后续工作打下坚实基础。

（三）召开首次会议

首次会议主要由评价组长主持，旨在向所有评价人员传达评价计划和工作要求，协调各方工作，并确保所有成员对评价任务有统一认识。在会议中，评价组长代表所有评价人员作出严格的保密承诺，确保在评价过程中所接触的所有资料和信息均不外泄。同时，组长还需就评价过程中各项具体要求进行说明，明确数据采集、现场调研、文件审核等环节的工作标准和注意事项。

（四）进行现场评价

现场评价阶段是整个评价过程的核心环节。评价人员根据分工，通过询问、倾听、观察、文件审核、检查与验证等多种方式，收集企业实际运营中的相关数据和信息。这些信息必须能够充分支撑对各项文件、流程及管理措施的评价。在现场评价过程中，评价人员之间需加强沟通与协作，确保各自采集的信息能够互为补充。通过现场座谈、专题讨论等方式，进一步核实数据的真实性，确保评价结果的准确性和公正性。

（五）执行独立评价

为了保证评价结果的客观性和公正性，对任何一个文件或流程的评价均应由多名评价人员独立进行。各评价人员依据 PDCA（计划、执行、检查、改进）评价要素和预先设计的评分表，逐项进行打分，并撰写相应的评语。独立评价有助于防止个别评价人员的主观偏见对整体评价结果产生不良影响，确保每个环节都能得到全面、真实的反映。同时，通过独立打分，也为后续的合议评价提供了坚实的数据支持。

（六）组织合议评价

在独立评价完成后，评价组长需组织所有评价人员开展合议评价。合议评价的主要目的是消除各评价人员之间可能存在的分歧，确保对同一文件或流程的评分达成一致。合议过程中，通常采用平均分计算方法，对各项指标进行综合打分。通过合议评价，企业可以明确各评价文件或流程的主要优势和改进机会，并据此计算出各项得分以及总体有效性得分。最终，依据评分结果确定合规管理体系的有效性等级，并撰写全面、详细的评价报告。该报告不仅能反映出企业合规管理体系现状，还为后续的整改和改进提供了数据支持和方向指引。

（七）召开末次会议

末次会议同样由评价组长主持，会议期间，评价组将与企业各相关部门沟通交流主要评价结果。通过详细讨论，确保企业对评价报告中的结论、意见和建议达成一致，充分了解各项数据背后的意义和隐含的问题。在末次会议结束时，所有评价人员应将与评价相关的资料和数据交还企业，同时由评价组长再次重申保密承诺，确保企业内部信息和评价数据在使用过程中不外泄，保障评价工作的严肃性和数据安全。

（八）开展评价后活动

评价报告作为整个评价过程的最终成果，应被视为企业管理评审或高层会议的重要输入。企业管理层需认真研读报告内容，结合报告中提出的优势和不足，作为后续决策和改进的依据。针对评价报告中发现的问题和改进机会，企业应组织专门会议，讨论并确定各项整改措施的优先次序。通过深入分析问题根源，制定有针对性的改进和创新措施，并形成短期与长期的整改计划，确保每项措施都能切实落实到位，进而持续提升合规管理体系的整体有效性。

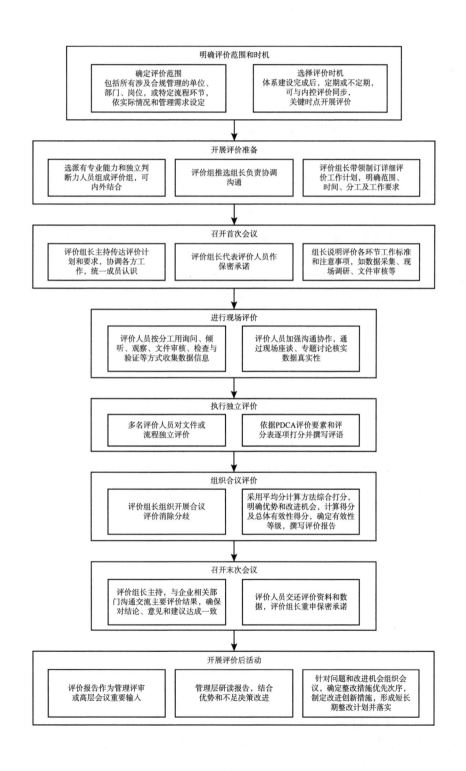

明确评价范围和时机

确定评价范围
包括所有涉及合规管理的单位、部门、岗位，或特定流程环节，依实际情况和管理需求设定

选择评价时机
体系建设完成后，定期或不定期，可与内控评价同步，关键时点开展评价

开展评价准备

选派有专业能力和独立判断力人员组成评价组，可内外结合

评价组推选组长负责协调沟通

评价组长带领制订详细评价工作计划，明确范围、时间、分工及工作要求

召开首次会议

评价组长主持传达评价计划和要求，协调各方工作，统一成员认识

评价组长代表评价人员作保密承诺

组长说明评价各环节工作标准和注意事项，如数据采集、现场调研、文件审核等

进行现场评价

评价人员按分工用询问、倾听、观察、文件审核、检查与验证等方式收集数据信息

评价人员加强沟通协作，通过现场座谈、专题讨论核实数据真实性

执行独立评价

多名评价人员对文件或流程独立评价

依据PDCA评价要素和评分表逐项打分并撰写评语

组织合议评价

评价组长组织开展合议评价消除分歧

采用平均分计算方法综合打分，明确优势和改进机会，计算得分及总体有效性得分，确定有效性等级，撰写评价报告

召开末次会议

评价组长主持，与企业相关部门沟通交流主要评价结果，确保对结论、意见和建议达成一致

评价人员交还评价资料和数据，评价组长重申保密承诺

开展评价后活动

评价报告作为管理评审或高层会议重要输入

管理层研读报告，结合优势和不足决策改进

针对问题和改进机会组织会议，确定整改措施优先次序，制定改进创新措施，形成短长期整改计划并落实

公司合规管理机构设置、职责配置的评价指标

公司合规管理机构设置及职责配置为合规管理体系有效性评价的重要组成部分。在公司合规管理体系有效性评价中，公司合规管理机构设置、职责配置的评价指标理应根据不同企业规模，从合规领导机构、合规管理部门以及合规人员职责三个维度具体展开。

一、合规领导机构设置核心评价指标

对于企业而言，企业理应制定专门的合规领导机构，如"合规管理委员会"或"合规领导小组"。这一机构须具备以下几个核心评价指标：

其一，明确定位与职责。合规领导机构在企业治理结构中需有明确的定位，负责整体合规战略的制定、监督和协调工作。只有明确的职责定位，才能确保合规管理工作不流于形式，而是能够真正落到实处。值得注意的是，由于小微企业通常难以设立独立的领导机构，故而应当要求企业管理最高层直接承担合规领导责任。企业负责人应亲自监督合规管理体系的有效运行，确保各项合规要求不被忽视。

其二，人员构成与结构合理。成员的组成应体现多元化和专业性，不仅包括企业高层管理人员，还应涵盖法律、财务、内控等相关领域的专业人才。这样既可以确保从不同角度对合规风险进行全面把控，也能在决策时综合多方意见，避免单一视角可能带来的盲区。

其三，法定代表人或实际控制人具有带头作用。企业法定代表人或实际控制人应当是企业合规的第一责任人，并且必须是合规领导机构的成员。这一要求凸显了企业最高管理层对合规工作的高度重视和责任担当，也体现了"以人为本、领导先行"的治理理念。

二、合规管理部门设置核心评价指标

其一，设置专门的合规管理部门。中型企业应设立独立的合规管理部门，专门负责企业合规工作。这不仅能形成部门间的有效分工，也有利于集中资源，打造专业团队，提升合规风险识别与防控的能力。考虑到小微企业规模较小、资源有限，标准允许通过内部指派或外聘合规专员的方式开展合规管理工作。无论形式如何，关键在于必须确保

合规专员具备相应的资质或专业能力，能够胜任企业合规管理工作。

其二，配置合规专员。合规管理部门中必须配备具备专业知识和实务经验的合规专员，作为推动合规管理工作的中坚力量。合规专员不仅要负责日常的合规事务，还应定期参与内外部审查，确保企业在各项经营活动中符合最新法规要求。

其三，拥有足够的专业能力。对于企业而言，合规专员的专业能力直接关系到合规体系的有效性。因此，为了确保合规专员能够在风险防控、合规培训等方面能够独当一面，有必要将合规专员的专业能力作为评价指标之一。

三、合规职责配置核心评价指标

合规职责配置的评价主要从合规领导机构和合规管理部门两个层面展开，旨在确保各部门在实际操作中能够高效协同，形成整体合规管理的闭环。

（一）合规领导机构职责核心评价指标

其一，企业合规目标评价经营状况。合规领导机构应根据企业整体的合规目标，定期对企业经营活动进行评价。这一过程既包括对内部流程、制度执行情况的评估，也涵盖对外部环境、法规变化的监测，从而形成动态调整机制。

其二，监督与协调合规管理体系运行。合规领导机构须起到统筹协调作用，对企业内部各部门的合规工作进行综合监督。通过及时沟通、协调和问题反馈，确保合规管理体系在各层级都能顺畅运作。

其三，定期听取合规管理部门工作汇报。定期听取下属部门的工作汇报，不仅有助于及时掌握问题动态，更能通过汇报发现合规管理体系在执行过程中存在的薄弱环节，为后续改进提供依据。

其四，及时处理违规行为。一旦发现违规行为，合规领导机构应迅速作出处理决定，并在适当条件下予以公开，以起到警示和震慑作用。这样的措施不仅能够增强企业内部的纪律性，也有助于营造公开透明的经营环境。

其五，支持合规管理部门开展工作。在具体工作中，合规领导机构要确保合规管理部门不受其他部门或外部因素的干扰，为其提供必要的信息、文件和数据支持。同时，还应协助合规部门获取来自外部监管机构或专业机构的意见，保证决策的科学性和公正性。

其六，绩效考核与经费保障。为确保合规管理工作的落实，合规领导机构应对下属合规管理部门及人员进行绩效考核，并在经费上给予合理保障。这既是对合规工作的肯定，也是对未来工作的激励与支持。

（二）合规管理部门职责的核心评价指标

合规管理部门作为具体执行合规管理各项任务的中坚力量，其职责配置评价主要体现在两个方面：独立性和权威性。

1. 独立性

其一，获得特别授权。合规管理部门必须获得合规领导机构的特别授权，这意味着其在工作中具有较高的自主决策权，可以独立开展调查、风险评估和提出整改建议。授权不仅是形式上的认可，更是对部门职责范围、资源使用以及决策权力的明确界定。

其二，必要的人员和经费保障。为确保合规管理工作的正常开展，部门必须获得充分的人力和财力支持。只有在资源配置充分的情况下，部门才能建立起完善的内控体系，确保各项合规措施落地生根。

其三，利益冲突的防范机制。如果合规管理部门或其人员在执行任务时可能出现利益冲突，必须主动提出回避，由他人接替相关工作。这一规定有助于保持部门工作的客观性、公正性，并在一定程度上防止内部腐败风险的发生。

2. 权威性

其一，参与信息获取与决策过程。合规管理部门不仅需要具备获取全面信息的权利，还应参与企业重要决策，特别是在涉及产品立项、发布及其他重大经营活动时。通过参与决策过程，部门可以提前介入，及时评估潜在风险，并提出合规建议。

其二，对重点经营活动进行审查。对企业关键岗位和重点经营活动的审查，是确保企业各项活动符合法规和内部制度的重要环节。合规管理部门应具备对相关活动进行评审甚至否决的权利，这样才能在风险发生之前阻断违规行为的蔓延。

其三，报告机制与否决权。当合规管理部门完成对各项活动的评审后，必须向合规领导机构报告工作结果。在一些关键问题上，部门甚至应拥有否决权，能够阻止企业在合规风险未充分评估的情况下贸然推进相关业务。这种制度设计强化了部门在企业决策中的影响力，确保了决策过程的合规性和透明度。

（三）合规人员职责配置核心评价指标

1. 合规专员

合规专员是企业内直接负责规划、执行、检查和整改合规工作的专业人员，其评价指标主要包括：

其一，制订与执行合规计划。合规专员需要根据企业实际情况和外部法规要求，制定详细的合规管理计划，并监督各项计划的执行情况。通过制定合理的工作计划，能够使企业在面对外部风险时做到有的放矢、科学防控。

其二，风险识别与风险管理。收集和识别企业面临的各类合规义务，将其转化为具体的风险管理要求。合规专员在此过程中不仅要评估、监控和预防各类合规风险，还需建立起相应的风险预警机制，为企业及时调整管理策略提供数据支持和理论依据。

其三，合规培训与文化建设。企业的合规管理不仅是制度建设，更需要营造出全员参与的合规文化。合规专员需要定期开展合规培训，宣传法律法规及企业内部合规制度，从而提高全体员工的风险意识和合规意识，形成上下联动的合规文化氛围。

2. 合规联络员

合规联络员在企业合规体系中起到桥梁和纽带作用，其评价指标为：

其一，跟踪合规工作执行情况。通过对各部门合规工作的监督，及时掌握工作进展和存在的问题，确保企业各项合规措施能够落到实处。联络员往往处于一线，可以直接感知并反馈实际执行过程中遇到的困难与不足。

其二，反馈与协调。当发现不合规行为或存在风险隐患时，合规联络员需第一时间向合规管理部门或合规专员进行报告。通过这一机制，企业能够迅速作出反应，协调内部资源开展整改工作，防止问题扩大化或风险蔓延。

第四节
公司合规风险识别、应对、监测、举报、报告以及持续改进的评价指标

一、合规风险识别与应对核心评价指标

作为合规管理体系构建的根基，如何有效的进行风险识别决定了整套机制的专业水准。企业需要通过系统化、精细化的风险扫描与评估，构筑起真正符合国际通行标准的合规防御体系。因此，有必要从公司合规风险的识别与应对两个方面形塑公司合规体系有效性的评价指标。

（一）合规风险识别核心评价指标

合规风险识别作为合规管理体系的首要环节，其核心在于对企业业务活动、产品及服务所涉及的各类义务进行全面识别，并将各类风险进行明确划分和关联。该过程主要涵盖强制性义务识别、自愿性义务识别以及合规风险评估与分级三个方面。

1. 强制性义务的识别

强制性义务的识别要求企业建立起系统、规范的工作机制，使其能够准确把握与业务活动、产品和服务相关的法律法规、行政规定等必须遵守的义务。为实现这一目标，

评价指标主要包括以下几个方面：

其一，人员及部门配置。企业应确保设有专门人员或成立专门部门，负责识别与业务活动密切相关的重要强制性义务，从而实现职责明确、分工合理。各责任主体在组织内应形成合力，协同推进强制性义务的全面识别工作。

其二，方法与举措。企业必须建立和完善识别强制性义务的有效方法和举措，确保在面对不断变化的法规环境时，能够及时捕捉并评估各项必须遵守的义务要求。此举包括建立专门的制度、流程和工作机制，使风险识别工作具有系统性和持续性。

其三，制度与流程建设。为保障识别工作的规范化、标准化，企业应制定相应的制度和流程，明确识别强制性义务的具体操作步骤、责任分工以及信息反馈渠道，从而确保整个识别过程有章可循。

其四，报告载体与信息记录。企业需要建立与业务活动紧密关联的报告机制或其他信息载体，用以记录和存储识别过程中形成的数据、报告和工作事例。此类载体既是内部风险信息的汇总载体，也为后续合规风险管理提供了基础数据支持。

其五，领导支持与资源保障。在风险识别过程中，企业领导层必须给予高度重视，提供必要的政策支持和资源保障。包括人力资源、预算安排以及必备的工具设备，以确保识别工作具备充分的执行力和实施条件。与此同时，企业还需通过合规培训与内部交流，促进合规文化的培育和风险意识的普及。

其六，风险关联性与管理措施相匹配。强制性义务的识别必须与企业的业务活动、产品和服务保持紧密关联，同时，所建立的识别机制应与现有管理措施相匹配，形成一个有机衔接、信息互通的整体风险管理体系，以便及时发现和应对潜在的合规风险。

2. 自愿性义务的识别

在遵循法律法规的基础上，企业还需关注自愿性义务的识别，即在法律强制要求之外，为提升企业整体合规管理水平而主动承担社会责任和行业自律要求。自愿性义务的识别同样需要企业构建一套完善的评价体系，其主要指标涵盖以下内容：

其一，专门人员及部门的配置。与强制性义务识别类似，企业应指派专门人员或设立专门部门，负责对自愿性义务进行识别。通过内部管理机构的协调运作，确保对企业业务活动、产品和服务所涉及的自愿性义务有全面的掌握。

其二，识别方法与举措的建立。企业应制定有效的方法和举措，确保能够系统性地识别与企业经营活动相关的自愿性义务。相关方法可包括流程化管理、内部审核及定期培训等措施，使自愿性义务识别成为企业日常管理的一部分。

其三，制度与流程的完善。针对自愿性义务的识别工作，企业必须建立相应的制度和流程。这些制度与流程不仅要明确识别要求，还应规定信息采集、风险评估和报告机制，确保识别工作具有高度的制度保障。

其四，报告载体与工作事例的记录。企业需要借助报告或其他信息载体，将自愿性义务识别工作的成果进行记录和归档。记录内容应涵盖识别过程中的各项工作事例和实施细节，为后续风险管理和合规评估提供事实依据和数据支撑。

其五，领导支持与资源配置。识别自愿性义务工作需要企业领导层的高度重视和支持。领导层应为此工作提供必要的人力、预算及工具设备保障，同时通过合规培训与内部沟通，强化全员风险意识和合规文化建设。

其六，风险与业务关联性。自愿性义务的识别要求必须紧密结合企业业务活动、产品和服务，将所识别的义务与企业经营实际形成有机衔接。与此同时，识别机制应与现有管理措施相匹配，实现合规风险识别与业务流程的无缝衔接，确保企业在承担自愿性义务的同时有效防控风险。

3. 合规风险评估与分级

在完成对强制性义务与自愿性义务的识别后，企业还需对识别出的各项风险进行评估和分级，建立风险等级体系，为后续风险应对提供明确的优先顺序和管理依据。合规风险评估与分级的主要指标包括：

其一，风险评估人员及部门配置。企业应确保设有专门人员或部门负责对识别出的风险进行评估与分级。此配置要求涉及对风险发生概率与影响程度进行科学分析，确保评估工作具有客观性和专业性。

其二，评估方法与举措。企业必须建立一套完善的风险评估方法和举措，通过科学的数据分析、统计计算以及风险模型等手段，对各类合规风险进行定性与定量评估，确保风险分级结果具有较高的可信度和适用性。

其三，制度与流程建设。在风险评估与分级工作中，企业应制定相应的制度和流程，明确风险评估的操作步骤、数据采集与分析方法，以及风险等级划分的标准和依据。流程化管理不仅保障了风险评估工作的系统性，也为企业形成动态风险管理机制提供了制度支撑。

其四，静态载体与动态载体的应用。企业在风险评估与分级过程中，需采用静态与动态载体相结合的方式，对风险信息进行全面记录与实时更新。静态载体主要用于记录历史数据和评估结果，而动态载体则可实现对风险变化的实时监控和动态调整，从而确保风险管理体系的灵活性和前瞻性。

其五，领导支持与资源保障。风险评估与分级工作同样需要企业领导层的充分支持和必要资源保障。企业应配置足够的人力、预算和必备物项工具，确保风险评估工作顺利开展，并通过合规培训与沟通不断提升风险识别和评估能力。

其六，风险优先级的识别。在风险评估过程中，企业需明确识别出优先级较高的合规风险，并将其与业务活动、产品和服务紧密关联。通过对风险进行分级管理，企业能够在有限的资源条件下，集中力量对高风险领域进行重点监控和防范，确保风险管理措施的精准性和有效性。

其七，评估机制与管理措施相匹配。建立风险评估与分级机制时，企业需确保其与现有管理措施相匹配。只有在风险评估与分级结果能够与企业整体管理体系无缝衔接的前提下，企业才能在应对合规风险时做到精准施策、动态调整，实现内外部资源的高效整合与利用。

（二）合规风险应对核心评价指标

在合规风险识别与评估的基础上，企业还必须构建起一整套完善的风险应对机制，以确保在风险事件发生时能够迅速、有效地予以应对和处置。因此，风险应对的评价指标主要涵盖应对措施的制定与实施、应对流程的构建、突发事件应对预案、第三方与雇员合规尽职调查机制以及风险应对机制的评审与持续改进等方面。

1. 应对措施的制定与实施核心评价指标

其一，应对措施的依据。企业应依据前期风险识别与评估、分级的结果，制定针对性较强的合规风险应对措施。各项应对措施应以科学数据和风险等级为依据，确保在面对各类合规风险时具备相应的防范和处置手段。

其二，制定人员与相关责任分工。制定风险应对措施需要由专门的管理人员组织实施，各责任主体之间应形成有效衔接，确保各项措施在设计时就明确责任分工，并具备实施条件。各项应对措施既体现系统性，又兼顾细节管理，确保整体工作层次分明、步调一致。

其三，措施的报告与记录载体。企业应建立完善的报告机制，将风险应对措施的制定、实施情况通过报告或其他载体记录存档。此类载体既是内部信息传递的重要工具，也是后续评审、优化风险应对机制的重要依据。

2. 应对流程的构建与嵌入核心评价指标

其一，流程标准化建设。为确保风险应对工作具有统一标准和流程，企业必须构建标准化的风险应对流程。该流程应涵盖从风险预警、响应启动、应对实施、问题反馈至后期改进的全过程，确保在风险事件发生时，各环节均能有序、及时开展工作。

其二，与业务流程的融合。合规风险应对机制须嵌入到企业现有的业务流程中，与业务活动、产品和服务形成有机衔接。通过流程的融合，企业不仅能够确保风险应对措施在业务各环节得以贯彻实施，同时也提升了整体流程的协同性和风险处置的实时性。

其三，流程的动态调整机制。企业应建立起风险应对流程的动态调整机制。通过定期或不定期的内部评审，对流程中存在的不足进行改进，使应对机制始终保持与实际风险水平和业务环境的匹配，实现持续优化和改进。

3. 突发合规事件应对预案核心评价指标

其一，预案制定的必要性。为应对突发合规事件，企业必须制定专门的应急预案，确保在风险突发时能够迅速启动应急机制，保障企业经营活动的连续性和安全性。应急预案既是风险应对体系的重要组成部分，也是企业整体风险防范能力的体现。

其二，预案实施流程。应急预案应包含明确的启动条件、实施步骤、责任分工和资源调配方案，确保在风险事件发生时，各责任主体能够迅速响应并按预案要求开展工作。预案内容应充分体现科学性、系统性和可操作性，为企业提供全方位的风险应对指导。

4. 第三方及雇员的合规尽职调查机制核心评价指标

其一，尽职调查机制构建。企业在风险应对过程中，须构建第三方及雇员的合规尽职调查机制。该机制主要用于在风险预警和应对前期，对相关主体的合规情况进行全面核查，以确保在风险应对时，各方均能符合企业合规管理要求。

其二，调查报告与信息反馈。尽职调查机制应具备完善的报告和信息反馈系统，通过对第三方及雇员的合规调查，将相关数据和报告作为风险应对的依据，为风险管理工作提供必要的信息支持。

5. 风险应对机制的评审与持续改进核心评价指标

其一，评审机制建立。为确保风险应对机制持续有效，企业必须建立定期或不定期的评审机制，对风险应对措施及流程进行全面检查和效果评估。评审工作应以客观数据为依据，对应对措施的实际效果进行量化考核，并形成评审报告，为进一步优化应对机制提供决策依据。

其二，持续改进与反馈机制。在评审的基础上，企业应建立持续改进机制，将评审中发现的问题及时反馈至风险应对流程中，实现措施的动态调整与优化。该机制不仅强化了内控管理，也使企业能够在不断变化的外部环境中保持风险防控的敏捷性和有效性。

其三，领导支持与资源保障。在风险应对机制评审与持续改进过程中，企业领导层需给予充分的重视和支持，确保各项改进措施得以顺利实施。资源保障方面，应配置足够的人力、预算和必要的工具设备，为风险应对机制的不断完善提供有力支撑。

二、合规风险监测与举报核心评价指标

（一）合规风险监测核心评价指标

日常监测作为合规风险管理的重要前沿防线，其核心在于通过专门人员或部门的持续关注，利用科学化、制度化的监控方法，对企业经营全过程中的风险进行实时捕捉、预警和评审，确保风险管理措施与企业实际经营活动、产品及服务保持匹配，实现动态监控和闭环管理。其评价指标主要包括以下方面：

1. 专门人员与部门配置

日常监测的有效开展要求企业在组织结构中设立专门的监测部门或指派专门人员负责监控工作。该指标要求监测主体在组织中具有明确定位和职责，保证监测活动能够集中力量、系统性地开展。监测人员需具备必要的专业素养和实践能力，并能根据风险管理需求及时获取、传递与分析相关数据。无论企业规模如何，此要求均为保障监测工作连续性和科学性的基本前提。

2. 监测方法、举措与关键节点

科学有效的监测方法是实现风险预警的重要保障。企业必须制定并实施切实可行的监测方法和举措，明确监测过程中应关注的重要节点和关键环节。该指标要求企业在监测方案中详细规定监控频次、监测范围以及预警标准，确保监测数据与企业各项经营活动、产品和服务之间建立紧密联系。通过制定标准化监测流程，企业能够对各类合规风险进行及时捕捉和量化分析，形成风险预警的第一道防线。

3. 制度与流程建设

完善的制度和流程是确保日常监测工作持续、规范开展的重要保障。企业应建立专门的监测制度和操作流程，对监测工作的各个环节作出详细规定，包括风险信息采集、预警机制、数据记录、报告形成以及信息反馈等方面。该指标要求企业通过流程化管理，明确监测工作的标准、步骤和责任分工，确保监测活动在制度保障下实现规范化操作。同时，制度与流程需与现有管理措施相匹配，实现监测工作与企业整体风险管理体系的无缝衔接。

4. 信息记录与报告载体

监测结果的有效记录和报告是实现风险信息传递和后续处置的重要环节。企业必须建立统一的信息记录和报告载体，对日常监测中产生的数据、预警信息、评审结果及相关工作事例进行系统记录。该指标要求企业制定风险监测报告的标准格式，并利用电子

或纸质载体，对风险监测情况进行归档。信息记录不仅为管理层提供决策依据，也为后续内部审计、评审和机制优化提供了翔实的数据支持。

5. 定期评审与内部审核

为确保日常监测机制的持续有效性，企业需建立定期或不定期的评审机制，对合规风险及监测管理措施的有效性进行系统评估。该指标要求企业定期组织内部评审和审核，检验监测数据与预警信息的准确性及及时性，并对监测流程中可能存在的不足进行整改。内部评审和管理层审核不仅有助于发现监测工作中的漏洞，还能为调整监测策略提供依据，确保监测体系始终与企业实际经营情况保持高度匹配。

6. 资源配置与领导支持

日常监测工作的顺利实施依赖于充分的人力资源、预算安排及必备的物项工具。企业必须为监测工作配置充足的资源，包括专业人才、技术设备及数据系统等，确保监测活动能够长期、稳定地开展。该指标要求企业在预算、设备及人力资源等方面给予监测部门充分保障。同时，企业高层领导的支持对监测工作至关重要。领导支持体现在对监测工作的政策指导、资源分配以及日常培训和沟通上，通过强化内部合规文化，促进全员风险意识的提升。

7. 监测计划与管理层评审

科学合理的监测计划是实现日常监测体系有效运作的基础。企业应根据自身经营特点及风险状况，制订详细的监测计划，明确各阶段监测工作的重点和目标。该指标要求监测计划与企业整体风险管理战略相匹配，通过系统规划，确保监测活动按计划、有序推进。同时，定期或不定期的管理层评审机制是监测体系自我反馈的重要环节。通过管理层对监测结果的定期评审，企业能够及时掌握风险预警信息，发现潜在问题并启动必要的合规调查，保障监测机制在实践中不断完善和优化。

8. 监测程度与管理措施的匹配性

为确保监测结果具有针对性和有效性，企业必须保证日常监测的深度和广度与业务活动、产品和服务的实际风险状况相匹配。该指标要求企业在制定监测方案时充分考虑各业务环节的风险特征，确保监测方法、流程和预警标准能够与现有管理措施形成良性互动。只有在监测程度与企业实际经营和风险管理措施高度匹配的前提下，监测机制才能发挥出预防、控制和及时反馈风险的作用，实现全流程风险管理的有机衔接。

9. 启动合规调查的触发机制

在日常监测过程中，一旦发现合规疑虑或明显的风险信号，企业必须具备启动合规调查的触发机制。该指标要求企业在监测流程中明确风险信号的触发条件，建立相应的调查程序和处置流程，确保风险在初期就能得到有效处置。触发机制的设计不仅要求监测数据具有实时性和准确性，还要求在风险预警阶段及时上报，并启动进一步的合规调查，以防止风险扩大化。

（二）合规风险举报核心评价指标

举报机制作为合规风险管理的重要补充，旨在为内部员工及相关方提供一条畅通的信息上报通道，使潜在的合规问题能够在第一时间内被反馈并处置。举报机制的评价指标主要涵盖制度流程、举报渠道、责任主体、信息记录、举报人保护、资源配置、领导支持及内部评审等方面，具体要求如下：

1. 举报制度与流程建立

举报机制的核心在于建立规范、系统的举报制度和流程。企业应制定明确的举报管理制度，对举报事项的范围、上报程序、信息处理、调查处置及反馈等环节进行详细规定。该指标要求制度内容完整、流程清晰，确保举报信息能够按照既定步骤顺利传递和处理，从而保障举报机制在内部控制中的有效性。

2. 举报渠道的畅通设置

畅通的举报渠道是确保内部风险信息能够及时上报的重要条件。企业应设立多元化、便捷的举报渠道，涵盖书面、电子、电话及其他即时通信方式。该指标要求举报渠道不仅满足正式举报要求，同时兼顾匿名和非正式举报的需要，力求使各类员工及相关方能够在无压力的环境下畅所欲言。举报渠道的设置应与企业整体信息系统相衔接，确保举报信息能够快速、准确传递至责任部门。

3. 责任主体与信息处理机制

为保障举报机制的高效运行，企业必须在组织架构中明确专门负责举报信息接收和处理的责任主体。该指标要求企业指派特定人员或设立专门部门，对举报信息进行分类、核实、记录、调查及后续处置。信息处理机制要求具备独立性和公正性，确保举报信息在处理过程中保持客观、透明，并在必要时启动相关调查程序，形成举报信息的闭环管理。

4. 举报信息记录与处置记录

有效的举报机制要求对每一条举报信息及其处置过程进行详细记录。企业应建立统一的信息记录系统，对举报信息的内容、接收时间、处理过程、调查结果及最终处置情况进行系统归档。该指标要求通过信息记录和处置记录，确保举报机制运行的透明性和可追溯性，为后续内部评审和机制优化提供翔实依据，同时也是衡量举报机制实际效果的重要数据支撑。

5. 举报人保护措施

保护举报人是构建良好举报机制的前提条件。企业必须在举报制度中明确规定对举报人进行保密和防止打击报复的具体措施。该指标要求制定严格的保密制度，确保举报人的身份信息和举报内容不被随意披露，并建立防范打击报复的操作规范，以激励员工和相关方积极利用举报渠道。举报人保护措施的落实，直接关系到举报机制的公正性和员工信任度，是确保举报机制长期稳定运行的基础。

6. 资源配置与领导支持

举报机制的有效运行依赖于充足的人力资源、预算安排以及必备的技术工具。企业必须为举报机制配置专门资源，确保信息处理系统、记录载体和调查工具等方面得到保障。该指标要求企业在预算、设备和人员方面为举报工作提供充分支持，同时高层领导需对举报机制给予足够重视，通过政策指导、内部培训及文化宣导，不断强化全员对举报机制的认知和信任。领导支持不仅体现在资源配置上，更体现在对举报结果的重视与后续改进措施的落实上。

7. 员工信任与渠道使用意愿

建立有效的举报机制需要员工对举报渠道形成充分信任，并愿意主动使用。该指标要求企业通过内部培训、沟通与文化培育，使员工认识到举报机制在风险防控中的重要作用，并确保举报渠道在实际运行中受到广泛信赖。员工信任的建立既依赖于举报制度和保密措施的完善，也依赖于实际处理结果的公正和反馈机制的及时，从而促使员工在面对合规疑虑时主动上报风险信息，推动内部风险管理不断完善。

8. 内部评审与效果分析

为保障举报机制的持续有效性，企业应建立定期或不定期的内部评审体系，对举报处理结果进行综合分析。该指标要求企业在一个财年内若未接到举报或举报数量异常时，应启动对举报机制有效性的专项评审，通过数据分析和内部调查发现机制中的不足，并据此优化举报流程和相关制度。内部评审不仅为完善举报机制提供了实践依据，也为企业整体风险管理水平的提升提供了改进方向，确保举报机制在动态变化的经营环境中保持高效运作。

9. 制度与企业文化相融合

举报机制的建立不仅在于制度设计，更要求其与企业整体合规文化相融合。该指标要求企业在制定举报制度和流程时，将其与合规培训、内部沟通及文化宣导相结合，通过不断强化全员风险意识和合规责任，营造公开、透明、互信的工作氛围。制度与文化的有机融合能够提升举报机制的实际运行效果，使得员工在面对潜在合规风险时，既能主动上报，也能对举报结果充满信心，形成企业内外风险防控的一道坚固屏障。

三、合规风险报告以及持续改进核心评价指标

（一）合规风险报告核心评价指标

报告机制作为企业合规风险管理的重要信息反馈渠道，主要通过明确报告人与接收人、规定报告内容、形式及周期等要求，确保所报信息真实、客观、全面地反映企业面临的合规风险情况，并使董事会和高层管理者能够定期或不定期获得全面的风险报告。具体评价指标要求包括：

1. 明确报告人及接收报告人

要求企业在组织架构中明确规定合规风险报告的责任主体和信息接收主体，确保报告人能够系统性地搜集、整理并反馈风险信息，同时接收报告的部门或人员负责对报告信息进行研判、记录和传递，为后续风险处置和决策提供有力支持。

2. 按规定报告内容

企业必须对合规风险报告的内容作出明确规定，确保报告中涵盖企业风险现状、管控措施、评估结果及改善建议等关键内容。报告内容应反映风险信息的完整性，既包括定量数据，也包括定性分析，从而确保信息真实、客观、全面。

3. 规定报告形式与周期

要求企业制定标准化的报告形式和明确的报告周期，确保报告信息在既定时间内以规定格式、以规定方式传递至董事会或管理层。通过制度化的报告流程，保证信息传递的规范性和时效性，增强报告机制在风险管理中的约束力和导向性。

4. 信息真实性与全面性

确保报告内容经过严格审核，反映的风险信息必须真实、客观、全面，不得有隐瞒或虚报现象。企业应通过内部控制手段，对报告数据进行核查，确保报告机制在信息采集、整理和上报过程中具有高度准确性和完整性。

5. 董事会与高层管理的定期接收风险报告

要求企业将报告机制嵌入公司治理体系中，确保董事会和高层管理者能够定期或不定期接收风险报告，并对报告内容进行认真研判，为提升整体合规管理水平提供依据。报告接收机制体现了公司治理对合规风险管理的重视和有效监督。

6. 领导支持与资源保障

报告机制的顺利实施依赖于公司高层的支持以及充分的人力、预算和物项工具保障。企业应确保报告机制在资源配置、内部培训和文化培育方面得到足够投入，并通过

定期的合规培训与沟通，不断增强全员风险意识，营造积极上报风险信息的内部环境。

7. 研判机制与信息反馈

要求企业对所报风险信息进行系统研判，将报告内容转化为改善合规管理的重要依据。内部研判机制应包括对报告数据的分析、风险趋势的判断以及对未来风险管控措施的建议，为公司及时调整合规管理策略提供数据支持和理论依据。

（二）合规风险持续跟进核心评价指标

持续改进是企业构建动态、闭环风险管理体系的关键环节，其主要目标在于通过跟踪评估风险变化、分析制度偏差，采取针对性整改措施，并对改进效果进行定期评审，从而不断提升合规管理的适应性和有效性。持续改进的评价指标主要涵盖以下内容：

1. 跟踪评估风险变化与管控措施的动态调整

要求企业明确责任人，对企业经营过程中风险的变化进行持续跟踪评估，并根据风险变化对现有管控措施进行动态调整和更新。该指标要求在风险管控过程中建立监控体系，通过数据收集、定期评审及反馈机制，实现风险信息的动态传递与及时调整，确保风险管理措施始终与实际风险状况相匹配。

2. 制度与目标偏差分析

企业应建立定期或不定期对现行制度措施与合规管理目标偏差进行分析的制度或方法，确保在实际运营中发现并纠正制度与目标之间的不匹配现象。该指标要求通过科学的评估方法，对企业内部各项合规管理措施进行定量和定性分析，为持续改进提供明确的改进方向和目标指引。

3. 采取保障合规适应性的措施

要求企业在发现风险或管理措施偏差时，采取相应的整改措施，确保合规管理体系具备较高的适应性。持续改进不仅体现在对现有措施的调整上，还要求对违规或不合规现象进行及时整改和问责，形成从发现问题、整改到预防再发生的闭环管理。

4. 报告与工作记录的建立

要求企业建立持续改进机制的报告或其他载体，对持续改进工作进行系统记录。该指标要求通过报告载体，将整改措施、改进成效及内部问责情况形成文档记录，以便于后续评审和机制优化，为企业提供客观、翔实的改进依据。

5. 定期评审持续改进机制的有效性

企业必须定期或不定期对持续改进机制的运行情况进行评审，确保各项改进措施在实际运营中能够达到预期效果。该指标要求通过内部评审和问责机制，检验整改措施是否有效，并根据评审结果不断调整改进方案，实现持续改进机制的不断优化。

6. 整改与问责制度

要求企业对具体违规或不合规事件进行整改和问责，形成从问题发现、整改落实到问责追踪的制度化管理流程。该指标确保在风险管理过程中出现问题时，企业能够迅速响应并采取相应措施，防止相同或类似事件的再次发生，实现合规风险的有效防范和预防。

7. 领导支持与资源投入

持续改进机制的落实同样需要高层领导的重视和充分的人力、预算及物项工具支持。企业必须确保在持续改进过程中，领导层给予必要的战略指导和资源保障，并通过合规培训与沟通不断提升全员对持续改进重要性的认识，形成全员参与、持续优化的管理氛围。

8. 改进效果反馈与文化培育

要求企业对持续改进机制的实施效果进行分析，通过数据反馈、内部评审和文化建设，推动系统性漏洞或责任缺失的弥补。该指标强调通过不断反馈改进效果，使企业员工及相关方对合规管理改善的努力形成认可，从而在内部营造出主动预防风险、及时整改问题的良好合规文化氛围。

第五节
公司合规文化建设的评价指标

合规文化作为企业整体治理的重要组成部分，直接影响着企业的经营风险、内部管理水平以及社会形象。科学的合规文化建设不仅能够增强企业内部各层级对合规管理的重视，还能在日常经营中推动员工自觉遵守法律法规和企业各项规章制度，形成自上而下、全员参与的合规氛围。因此，公司合规文化建设的评价指标体系应涵盖企业高层领导对合规文化的重视、全员合规承诺的落实、合规文化的有效沟通与传达，以及企业合规文化内在形成的实际效果等方面。

一、企业高层领导团队的重视程度

企业高层领导是合规文化建设的引领者和示范者，其重视程度直接决定了合规文化在企业内部的认同度和推广效果。评价指标要求企业董事会及高层领导团队在合规文化建设中起到表率作用。企业高层领导团队的评价指标内容如下：

其一，企业董事会主动倡导合规的价值和理念，将合规作为企业战略管理的重要组成部分，并在公司治理中率先垂范。领导层不仅要在决策层面上重视合规管理，还应在日常经营中以实际行动践行合规理念，形成"以身作则"的领导示范效应。

其二，高层领导团队在各类公开场合和内部会议中明确传递合规文化，营造全员自觉遵守合规规定的良好氛围。通过高层的积极倡导和亲自实践，企业能够在内部构建起一种自上而下、全员参与的合规文化氛围，为企业全面落实各项合规管理措施提供坚实的组织保障。

二、合规承诺核心评价指标

合规承诺是指企业在内部治理中所作出的从上至下建设合规文化的正式承诺，其评价指标主要关注企业高层与员工在合规理念认同、行为约束及激励惩戒等方面的落实情况。合规承诺的评价指标内容如下：

其一，企业董事会和高层领导作出明确承诺，表示全力推动合规文化的建设，并将这一承诺体现在企业的战略规划和治理体系中。领导层在各类会议、内部刊物和公开声明中反复强调合规管理的重要性，通过各种形式推广合规理念，确保全员对企业合规文化形成认同。

其二，企业在员工招聘、晋升和绩效考核中将合规文化作为重要的考察指标，确保新员工和现有员工均能在入职和发展过程中明确合规行为标准。对于符合合规文化要求的行为，企业应通过内部激励机制进行奖励，树立模范和典型；反之，对于不遵守合规文化要求的行为，则必须通过明确的惩戒机制予以纠正，并对因追求业务目标而鼓励或默许不合规行为的管理层进行问责。通过建立完善的合规承诺体系，企业能够形成从上而下、全员自觉认同和履行合规要求的良好局面，为企业内部合规管理提供坚实的制度基础。

三、合规文化沟通与传达核心评价指标

合规文化的有效传播是确保合规理念深入人心的重要环节。评价指标要求企业在沟通与传达合规文化时，必须采取明确、无歧义的表达方式，并利用多种渠道确保信息的广泛覆盖与有效传递。合规文化沟通与传达的评价指标内容如下：

其一，企业高层领导以明确且毫不含糊的措辞对外传达合规文化，通过公开声明、内部文件和会议等形式，表达企业对合规文化的尊重和重视。此种传达方式不仅体现了企业对合规管理的坚定立场，还通过领导示范效应促使员工形成正确的合规认知。

其二，企业通过日常培训、内部刊物、网络平台等多种方式对合规文化进行系统宣传和推广，使得合规理念能够在不同层级、不同部门间形成广泛共识。同时，企业还应对外开展必要的合规文化传播活动，借助媒体和社会平台，使公众对企业合规文化有全面了解，从而提升企业在社会中的形象和信誉。通过多渠道、全方位的沟通与传达，企业能够确保合规文化得到有效传播，并形成全员参与、共同维护的良好内部环境。

四、合规文化形成的核心评价指标

合规文化的形成是企业长期合规管理实践的内在体现，其评价指标主要关注员工行为习惯的自觉性、企业内外部对合规文化的感知以及内部调查与分析机制的建立。合规文化形成的评价指标内容如下：

其一，企业员工在日常工作中自觉践行合规理念，将合规行为内化为日常习惯，并在工作中相互传递正向合规价值观。员工对合规文化的认同程度，不仅体现在对企业制度的遵守上，更反映在其主动进行自我反思和自我约束的行为中。

其二，企业在合规管理体系运行后，定期或适时对员工合规行为习惯进行调查和分析，通过内部评估了解员工对合规理念的实际认同情况，发现潜在的风险隐患。

其三，企业关注顾客或客户对其合规文化的感知，通过外部反馈进一步完善内部合规管理。通过不断优化内部管理和自我反省机制，企业能够在全员中逐步形成稳固的合规文化氛围，并不断推动合规管理水平的提升。

综上所述，为了达成"有效运行"，在企业建立合规管理体系的时候，应当合规要求、评价指标嵌入合规流程，让合规体系真正运转。企业合规评价指标不应该成为企业在合规管理建设路程中的负担，而应成为引导企业建设优秀企业合规管理体系的工具，成为企业建设合规管理的标准，不仅能帮助企业在遇到合规问题之后的"自我纠错"环节能够及时、清晰地意识到问题所在并及时改进，还能让企业在建设企业合规管理之初能有一个良好的规划标准。

| 第四章 |

构建"全球通行"的合规管理体系

在全球治理体系深度变革的背景下，合规管理已从企业的"防御性工具"转化为国际社会的"法治通用语言"。作为首个国际通行的合规管理体系认证标准，ISO 37301《合规管理体系 要求及使用指南》不仅重塑了组织治理的底层逻辑，更通过技术规范与价值内核的融合，为人类命运共同体的成功构建提供了实施路径。本章将通过梳理国际合规标准的演进路径，明确合规管理国际认证实务及律师在其中所起到的关键作用，进而揭示合规国际标准背后的逻辑机理及其对人类命运共同体构建的深远影响。

第一节
合规国际标准全球落地与人类命运共同体成功构建

一、A 类合规国际标准是可以用于国际认证的标准

国际标准化组织将标准分为 A、B、C 三类，其中 A 类标准作为可用于国际认证的标准，制定过程需遵循严格的国际协商程序，技术指标需具有可验证性且认证结果具有国际互认性。因此，在经济全球化与技术革命交织的背景下，A 类国际标准已成为跨国商业活动的"技术性法律语言"。这类标准不仅代表着国际社会对特定领域的最佳实践共识，更通过其认证体系构建了全球市场准入的信任基础。

如前所述，国际标准化组织于 2014 年制定了 ISO 19600，然而，随着经济、政治、文化全球化的进一步加深，社会现实也发生重大变化，2014 年制定的 ISO 19600 作为国际标准化组织制定的 B 类标准，其内容仅旨在指导组织建立、实施、评价和改进合规管理体系，为其提供指导性的指南，但缺乏具体的要求与可实施的机制。因此，为向企业提供更加具有先进性、权威性、普适性与战略性的工具与方法论，国际标准化组织

于 2017 年及 2018 年举行了两次标准修改投票，多数成员均赞成修订 ISO 19600，并将 ISO 37301 加入到修订工作计划之中。为修改 ISO 19600 并颁发 ISO 37301，国际标准化组织前后共举办五次会议。2018 年 11 月，国际标准化组织于澳大利亚悉尼举行 ISO 37301 工作组第一次会议，该会议明确了修订原则与修订思路，并提出以 ISO 19600 作为草案起点，保留 ISO 19600 中 80% 的文本，并进行 20% 左右的修改。2019 年 1 月，ISO 37301 工作组收集了 252 条意见，并于二次会议上重点讨论和处理。2019 年 6 月，ISO 37301 工作组在中国北京举办了第三次会议，研究并处理了来自各国提出的 564 条意见，最终形成了 ISO 37301 的初稿。2019 年 11 月，ISO 37301 工作组在印度新德里举办了第四次会议，对初稿中的较多争论以及高阶结构问题进行处理，并形成了修改稿（DIS 稿）。2020 年 9 月 3 日，ISO 37301 工作组对收集到的 16 个国家的 335 条意见进行了充分讨论与研究，并逐条予以处理意见，而后最终形成了终稿（FDIS 稿）。2021 年 4 月，ISO 37301 由国际标准化组织发布并实施。[①]

ISO 37301 作为可以用于国际认证的 A 类合规国际标准发布后，一方面，企业为了证明自己的合规管理体系符合 ISO 37301 的规定，可以委托第三方进行检测认证，以证明其符合性，取得第二方对其的信任。另一方面，第二方可以基于第三方依据 ISO 37301 开展的认证结果对企业是否建立和运行了有效的合规管理进行评价。

当前，ISO 37301 已成为各类企业规范合规治理、强化合规管理和强化合规文化，建设先进、权威、普适的工具和方法论，为各类企业的合规管理提供通过第三方认证获得全球广泛认可的机会和途径。"一次建设、一次认证、全球通行"已成为越来越多的企业的目标选择。在中国境内，企业依据 ISO 37301 标准构建合规管理体系并予以贯彻执行，已渐成行业发展趋势。众多国有企业与大型民营企业积极投身于合规管理体系认证工作，将其作为开展合规管理活动、防控合规风险的重要举措。部分地方省级国资委已发文鼓励所监管企业获取合规管理体系贯标认证，部分地区甚至要求省内国有企业在两至三年内全面实现国际合规认证覆盖。企业通过 ISO 37301 国际认证，可有效展示其符合国际标准的合规管理能力，这对于持续优化与完善合规管理体系、增强商业伙伴信任、向监管机构证明自身具备有效合规管理机制，以及构建合规业务生态等方面，均具有积极且深远的影响。

---

① 参见吴雪莹、温利峰、梁乔玲：《ISO 37301 修订过程概述》，载于《质量与认证》2021 年第 3 期，第 46 ~ 48 页。

二、国际认证——塑造与人类命运共同体构建相契合法治语言的必经之路

在经济全球化与全球治理体系深刻变革的背景下，西方主导的"规则霸权"、国际法碎片化及法律文化多样性等矛盾导致以前的国际法治体系难以有效承载人类命运共同体的构建需求。而 ISO 37301 合规国际标准的发布与实践则标志着全球合规治理进入新纪元。这项国际认证标准不仅为企业合规管理提供系统性框架，更为重要的是，其蕴含的法治理念与运行机制，正在构建起跨越文化差异、制度鸿沟的法治对话平台。

在构建人类命运共同体的历史进程中，ISO 37301 合规国际标准实质上是在全球治理领域锻造一种新型的法治通用语言，这种语言以规则共识为基础，以价值融合为内核，为不同文明形态的国家和地区参与全球治理提供了制度接口与对话基础。

ISO 37301 认证标准通过三重机制建构起新型法治对话体系：第一，标准化机制将抽象法治理念转化为具体管理要素。该标准构建的"PDCA"（计划—执行—检查—改进）循环体系，将合规义务识别、风险评估、控制措施等法律要素转化为可量化、可验证的管理流程。第二，认证机制是形成规则共识的第三方背书。通过国际认可的认证机构实施独立评估，为不同法域的企业合规实践提供等效性认定。第三，持续改进机制推动法治文化的动态融合。要求组织建立定期评审、持续优化的合规管理体系，这实质上构建了法治文化对话的常态化平台。

这种法治语言的创新性体现在它既保持法律规则的刚性约束，又融合管理科学的柔性智慧；既尊重各国法律制度的差异性，又建立最低限度的共识标准；既维护国家法律主权，又促进了国际法治协同。

ISO 37301 合规国际认证标准的全球实践，正在创造一种超越文化差异的法治对话方式。当中国企业依据该标准在埃塞俄比亚建设工业园进行认证实践，当欧盟委员会将其作为判定市场合规性的依据，当非洲国家联盟用以构建区域治理框架时，人类命运共同体的法治基因已悄然孕育。在这个充满不确定性的时代，国际标准认证不再是简单的技术合格证明，而是文明对话的罗塞塔石碑。根据 ISO 37301 打造"全球通行"的合规管理体系正成为塑造与人类命运共同体构建相契合法治语言的必经之路。

第二节
公司合规管理体系国际认证实务

一、合规管理体系诊断——过七关、答百题

（一）何为"过七关、答百题"

"过七关、答百题"是由北京大成律师事务所在合规项目中总结出来的一套诊断企业合规管理体系是否符合 ISO 37301 的一套合规管理体系诊断系统，以合规管理体系建设的组织环境、领导作用、策划、支持、运行、绩效评价及改进等七个重要方面为"七关"，分别对应各部分重要内容设置共 100 个问题。

第一关是合规管理体系建设的"组织环境"方面，主要围绕相关方需求分析、合规管理体系边界和范围、合规义务及合规风险评估等角度设置 15 个问题；

第二关是合规管理体系建设的"领导作用"方面，主要围绕领导层、合规文化、合规政策（方针）及组织结构等角度设置 17 个问题；

第三关是合规管理体系建设的"策划"方面，主要围绕风险和机遇的应对、合规目标及制度修订等角度设置 7 个问题；

第四关是合规管理体系建设的"支持"方面，主要围绕能力要求、尽职调查、培训、行为意识、内外部信息交流方式及文件化信息等角度设置 14 个问题；

第五关是合规管理体系建设的"运行"方面，主要围绕运行控制、举报机制及调查流程等角度设置 21 个问题；

第六关是合规管理体系建设的"绩效评价"方面，主要围绕监测、分析和评价、合规检查、内部审核及管理评审等角度设置 23 个问题；

第七关是合规管理体系建设的"改进"方面，主要围绕持续改进及不符合与纠正两个角度设置 3 个问题。

构建国际认证的合规管理体系，既是应对监管压力的"盾牌"，更是提升全球竞争力的"利剑"。通过"过七关答百题"，企业将明确当前合规管理体系建设现状与合规管理国际标准的差异，以便于后续针对性查缺补漏。"过七关答百题"后将形成合规认证差异性分析报告，详细阐明企业合规管理与标准要求的差异、优化提升方向以及下一步的工作措施。企业可依据差异性分析报告对合规管理体系进行必要的调整和优化，纳入合规管理国际标准必备要素，使其符合合规管理国际标准要求。

（二）"过七关、答百题"关注要点

合规诊断应当以合规管理国际标准为出发点，充分关注合规管理国际标准的各项要求，并将合规管理国际标准要求与企业合规现状进行对比。合规管理体系诊断应当重点关注以下事项：

1. ISO 37301 高度重视合规管理制度的意义，因为其可以为企业开展合规管理活动提供方法论，避免合规管理活动无序运行。

企业在合规管理体系建设过程中，应当针对性制定分级分类的管理制度，涵盖策划、执行、检查、提升四个方面，重点包括风险识别与评价制度、第三方管理制度、合规管理职责方面的制度、合规考核制度、合规报告制度、合规举报制度、合规问责制度、不合格纠正制度、人才招聘制度、合规教育与培训制度、档案管理制度、合规检查制度、合规审查制度、管理评审制度等。同时，企业还应当针对业务领域，制定专门管理制度，作为企业风险防控的重点抓手，如对于外贸型企业，ISO 37301 鼓励甚至要求企业健全知识产权管理制度，对于重工企业，ISO 37301 要求企业健全安全生产管理制度，对于投资企业，ISO 37301 鼓励建立多样的投资管理制度，对于航空企业，ISO 37301 鼓励建立个人信息保护制度。专门管理制度既要突出管理要求，还需要将外部义务转化为内部要求。上述制度的存在形式没有严格要求，文字描述、表格、流程图都可以，只要其符合企业合规管理需要即可。

2. 重视领导者和管理者作用，实质上是发挥管理层在合规管理体系中的作用。

ISO 37301 在修订过程中，尤其注意企业管理层在整个合规管理体系中的促进作用。其要求企业管理层以一种对不合规行为零容忍的态度领导构建企业合规管理体系。在规定上，ISO 37301 要求企业管理层对治理机构承担实质性的责任义务，实现对整个合规管理体系的持续有效监督，进而确保整体合规管理体系达到合规目标。在整个合规管理体系建立过程中，企业管理层一定要对合规产生清晰且明确的定位，要避免将合规视为企业运营过程中的绊脚石，使得合规管理体系流于形式。企业管理层要积极推进企业合规管理，引导企业树立合规价值观，带头依法依规决策和履职，积极参与合规管理相关活动。

在合规管理体系建设实务中，企业管理层的合规领导职责主要通过以下几种方式发挥作用。一是充分发挥企业管理层的治理作用，将合规管理与企业治理有效的结合。如企业党委会或者党组应当支持合规管理，并将合规管理的重大事项纳入到三重一大或者党委前置讨论范畴中；企业董事会和经理层要切实发挥合规管理职责，对合规管理的部分事项亲自部署，亲自决策，并为合规管理部门行使合规职责提供畅通的上下沟通渠道；企业监事会要监督董事和高级管理人员的履职情况，对不合规情况提出建议和意见，列席合规会议。二是设立首席合规官，全面负责企业的合规管理工作，这有利于进一步明确合规管理职责、落实责任，统筹各方力量更好推动工作，也展现了企业对强化合规管理的高度重视和积极态度。首席合规官应当积极参与活动，不定时传达企业合规声音和最新合规动态，推进合规文化建设。三是企业管理层率先进行合规承诺或者合规宣誓，表明其合规的态度和决心，并推进合规承诺全员化。企业管理层的合规承诺分为两个层次，一是作为企业员工的承诺，如廉洁、保密、遵守规章制度等；二是承诺在企业全面推行合规管理制度，并率先垂范，切实做到办事合规、遇事循规、解决问题依规，并保证使合规者得到应有的鼓励，使不合规者得到应有的惩戒与处罚，引导企业树立合规文化。

3. 重视员工参与合规管理，强调员工合规能力建设和合规管理参与度。

除重视领导在合规管理体系中的作用外，ISO 37301 还尤其重视员工对于合规管理体系的作用。ISO 37301 将合规管理体系中的"人"的外延从法律意义上的"雇员"延伸至同组织存在合同关系的一切"职员"，并通过雇佣程序条款（7.2.2 条款）对相关内容予以规定。该条款详细规定了职员须遵守组织的合规义务、政策、流程与程序，包括向职员提供合规方面的培训、违反合规条款以及发生违规行为的纪律处分、要求企业考虑因人事安排所带来的合规风险、职员聘用或晋升之前的尽职调查，以及定期组织对绩效目标、奖金以及其他激励措施进行审核，对员工违规行为实施问责等。

企业在合规管理体系建设和运行过程中，应充分将合规管理与员工的履职行为结合起来。一是明确全员的合规职责，要遵守的合规义务。员工的合规管理职责建立在其岗位职责基础上，将外部合规义务与岗位职责有效的结合起来。二是强化业务流程与合规要求紧密结合，利于员工有针对性地防范合规风险，提高合规履职能力。强化业务流程的合规管控，对重要业务流程的各环节和具体步骤进行分析，确定主责部门和岗位，将业务合规要求融入日常工作流程中。三是不断培养合规人才，通过合规培训等方式，增强员工的合规素质，并鼓励员工取得合规方面的证书，为企业合规管理提供进一步支撑。四是推进员工承诺，企业应推进全员进行合规承诺，要求员工承诺认真贯彻落实国家政策要求，严格遵守法律法规及企业内部管理制度，诚实守信，抵制和纠正行业不正之风，自觉接受内外部监督，提高员工的合规意识。

4. 重视企业合规文化建设，鼓励企业建立全方位的合规文化。

相较于 ISO 19600，ISO 37301 尤其重视将企业合规融入企业文化之中，特别强调企业合规文化对于合规管理体系建立的融贯作用。企业合规文化的形成有利于企业上下级成员之间达成共识，进而形成一种普遍意识、道德标准以及价值取向，进而在精神层面达到确保合规管理活动的顺利进行，有效防止因思想认识不到位而产生的不合规现象，达到"防患于未然"的效果。

合规文化建设方式具有多样性，一是制定适用于整个企业的合规手册，明确企业合规价值观和合规理念，统一企业合规价值观。合规手册应对企业的合规管理体系、合规理念、合规重点事项进行一定的说明，明确企业和员工开展业务、行权履职不可触碰和逾越的底线、红线。二是加强合规培训，通过差异化的合规培训，确保员工理解企业合规要求，保障合规履职。合规培训是提高员工合规意识和合规能力的重要手段，企业应开展分层次的合规培训，重视差异，提高员工合规履职的积极性和创造性。三是重视员工的合规评价，如重点岗位人员应当进行任前合规调查，将合规要求纳入到用工合同中，再比如定期对员工的合规表现进行综合评价，并将评价结果运用于员工奖金、晋升等，对于员工的违规行为，按照规定严肃问责。四是建立合规举报文化，鼓励任何人对不合规现象进行举报，并对举报人的信息进行保密，防止其遭到打击报复等。五是发挥企业管理者的以身作则的合规意义，落实合规人人有责的基本理念。企业管理者要带头合规履职，自觉接受监督。六是加强合规宣贯，通过开展丰富多彩的合规宣传活动，如合规视频、合规海报、合规标语等，对单位的合规目标和合规成果进行多样化的宣传，营造合规氛围，增强员工的合规意识。

5. 强调合规举报和调查，要求企业内部健全合规报告机制。

为组织识别和预防合规风险，畅通合规汇报渠道和合理调查程序是相对而言行之有效的方法。ISO 37301 要求组织及时且善意地揭示存疑的违规风险，且禁止任何形式的报复。此外，ISO 37301 在 7.3 条款（意识）中提出了合规疑虑汇报的方法和程序。最后，ISO 37301 专门增加了对疑似违规行为的汇报（8.3 条款）程序，进而为职员向合规机构汇报可疑或实际违反合规方针或合规义务的违规情况提供程序保障，同时要求保障该程序的保密性，保护提出合规疑虑者免遭报复。

由于合规机构需要对可能存在或已然存在的违规事件进行评估，故而合规机构对相应合规事件进行调查以确保真实性至关重要。ISO 37301 对于调查程序有着十分明确的规定，合规机构需秉持公平公正原则，聘请无利益冲突且具有一定能力的人员独立进行与开展。由于相应的调查结果往往比较敏感且同被调查人利益紧密相关，故而合规机构必须确保相应调查结果仅运用于合规事件。在实践中，合规调查通常由合规机构中的专业调查团队组织，若涉及跨国、跨领域、跨部门等情况，则调查程序需由组织内部包括合规、法律、内部审计等最高级别部门进行协调。

6. 强调对合规管理进行动态监测，要求合规管理体系有效运行。

ISO 37301 对合规管理体系有效运行的评价进行了充分要求和规定，要求企业开展绩效评价，建立合规绩效评价指标；要求企业开展内部审核，确保体系运行符合标准要求；要求企业管理层开展管理评审，由企业管理层评估合规管理体系的运行效果。企业应当充分利用三重动态监测机制，定期对合规管理体系的运行现状进行评价，及时发现不符合点，并采取纠正措施进行纠正，确保合规管理体系有效运行。

7. 重视组织与环境的识别与结果运用。

ISO 37301 将组织与环境视为合规管理体系建设的基础，高度重视企业内外部监管环境对合规管理体系建设的重要意义。组织与环境的标准要素主要包括合规义务的识别、合规风险的识别评估与分析、相关方需求的识别与分析等。首先，企业在建立健全合规管理体系过程中，应建立一套定期收集信息、识别、监视和评估组织相关方需求和期望的机制，确保企业能够持续对相关方合规需求进行监测，以保障企业满足相关方合规要求。识别相关方需求不意味着企业必须对所有相关方进行罗列，企业可以通过合并同类项的形式对相关方及其需求进行概括，在识别相关方基础上，需要确定监测指标、应对措施和监测部门等。其次，企业应根据自身内外部合规要求，识别组织合规义务。识别合规义务应具体到企业各组成部门，确保合规义务的识别工作落实到各职责领域，但应优先识别重大合规义务。最后，在识别合规义务基础上，企业还应对合规风险进行识别评估和分析。企业应识别出合规风险，分析合规风险发生的原因和环节，并评估其发生可能性、后果严重性和风险等级；针对重大合规风险，企业应采取有效措施进行管控，重大风险应对措施通常包括制定或者优化制度和流程、合规培训、加强审批、合规审查等，企业还应对重大风险控制措施的实施情况和效果进行评估，确保重大合规风险得到及时控制。

二、开展合规管理体系内部审核及管理评审

合规管理体系的改进并非一个单循环，而是一个螺旋上升的过程，需要持久地进行监控和改进，促进合规管理体系的不断提升。为此，ISO 37301 要求企业初次贯标认证前应对合规管理体系进行内部审核和管理评审，评价合规管理体系的符合性、适宜性和有效性，以便针对性对合规管理体系进行改进和优化。

（一）内部审核

内部审核要求企业通过检查确保合规管理体系符合企业对合规管理体系的要求和标准，且合规管理体系得到了有效维护和实施，企业至少每年开展一次全面内部审核活动。

内部审核一般分为审核策划、审核实施、跟踪验证三大阶段。

在审核策划阶段，企业需确定审核目标、范围、准则、时间安排和审核组成员等。审核目标应明确审核要达到的结果，如验证合规管理体系的符合性、有效性等；审核范围应涵盖企业所有与合规管理相关的部门、业务活动和管理过程；审核准则通常包括 ISO 37301 标准、企业的合规管理制度以及适用的法律法规等；根据企业的实际情况合理安排审核时间，并挑选具备专业知识和审核经验的人员组成审核组。

在审核实施阶段，企业应先召开首次审核会议，首次会议由企业主管领导和各组成部门负责人组成，首次会议的内容主要是明确审核目的、范围、依据、方法、流程和时间安排，介绍审核组成员及分工，确认审核实施计划及所需资源等；初次会议后，内审员应按照审核计划，实施现场审核，通过面谈、查阅文件记录资料、检查现场管理、调查验证等方式，收集客观证据并逐项记录。被审核部门应按照审核员的要求提供全面、翔实的资料；现场审核完成后，审核组可召开审核内部会议，总结审核工作，评审审核证据，得出审核发现，确定问题项的性质，得出审核结论，审核员根据问题性质，开具不符合报告等；内部审核完成后，企业应召开审核末次会议，由企业主管领导和各组成部门负责人组成，必要时可增加相关人员，会议的主要内容是通报审核情况，作出审核评价和结论，提出整改和制定纠正/预防措施要求；末次会议后，审核组应组织编写审核报告，并报有关主体审批，审核报告可以在企业内部统一发布。

在跟踪验证阶段，审核组对责任部门的整改情况进行跟踪与验证，确保不符合项得到有效整改。责任部门应按照整改计划及时反馈整改进展情况，审核组通过现场复查、查阅整改记录等方式，确认整改措施是否得到有效实施，整改效果是否达到预期目标。对于整改不到位的情况，应要求责任部门重新进行整改，直至问题得到彻底解决。

（二）管理评审

管理评审是由企业管理层主持，对合规管理体系进行全面评价的活动。通过管理评审，企业管理层综合考量内外部环境变化、法律法规更新、合规目标达成情况、内部审核结果等多方面因素，判断现有合规管理体系是否依旧契合企业发展战略，各项管理措施是否足以应对新出现的合规挑战，以及体系运行是否实现了预期的效果。

管理评审工作是对整个管理体系策划、运行及监督情况的汇总报告，并依据报告情况及结果对管理体系的整体运行情况、体系有效性等进行评审，从中寻找出可以进一步优化改进的内容，因此管理评审一般可以和合规管理年度报告融合实施。

企业开展管理评审一般包括管理评审准备、管理评审会议、编制管理评审报告、制定并实施措施四个阶段。在管理评审准备阶段，企业应组织编写管理评审计划，企业各部门应根据管理计划要求，准备相关材料，如合规管理年度情况总结及证明材料，并报合规管理部门统一确认。在管理评审会议阶段，企业管理层应主持召开管理评审会议，企业首席合规官或者合规管理负责人应汇报企业合规管理体系整体运行情况，企业各组成部门负责人应总结本部门合规管理体系运行情况并提出建议，与会人员应就现行管理体系运行的有效性、与内外部环境变化的适宜性、运行所需资源的充分性进行评审，最终得出评审结论。在编制管理评审报告阶段，合规管理部门应根据管理评审情况，组织编写管理评审报告，并报最高管理者审批后在企业发布。在制定和实施措施阶段，合规管理部门应根据管理评审结论，组织有关部门制定违规纠正或者合规管理体系优化措施，并报上级批准后实施，合规管理部门应对措施的实施效果进行后评估，确保管理评审意见落到实处。

三、认证机构现场审核

认证机构现场审核的过程实则是认证组织判断企业合规管理体系符合性、适宜性、有效性的过程。认证审核结果包括符合性和不符合性，前者情况下认证组织将会为企业颁发认证证书，明确证书覆盖的产品或者服务的范围、证书期限等基本内容；后者认证机构将会要求企业对不符合项进行整改，直至达到认证标准。对于严重不符合认证标准的企业，认证机构甚至可以作出不予认证的决定。

认证机构的现场审核首先要关注企业合规管理体系认证是否需要满足依法登记注册、近3年有主营业务收入并持续运营、已建立合规管理体系，且运行3个月以上、企业无不良信用或违法违规行为记录等基本条件，但审核的核心是对企业已经建立并运行合规管理体系的判断。对于已建立并运行合规管理体系的判断，一般需要包括以下审核要点：

第一，企业是否建立健全了合规管理体系和管理文件，文件内容是否合理。根据合规管理国际标准要求，企业应至少具备以下合规管理文件，包括合规管理手册或管理办法：识别企业内部合规需求和相关方合规要求的相关规定；合规义务识别清单或相关规定；合规风险评估清单或相关规定；企业合规管理组织架构和职责分配清单或相关规定；合规管理团队（部门或职责）职责的相关规定；企业的合规方针、合规目标；企业合规能力建设的相关规定；人员聘用过程及尽职调查的相关规定；合规管理内外部沟通的相关规定；合规管理体系文件和记录管理和控制的相关规定；内部举报机制相关规定；内部调查机制相关规定；建立和考核合规绩效评价指标相关规定；合规管理通报制度相关规定；合规管理体系内部检查（内部审核）相关规定；合规管理体系年度总结

（管理评审）相关规定。上述文件可以单独存在或者包含在其他文件中，对存在形式没有严格要求。

第二，企业合规管理体系的认证范围可以是整个企业集团、集团总部或一个/多个子企业，可以是全部产品和服务，也可以是部分产品和服务。企业在合规管理建设活动中应当明确合规管理的范畴，如在合规管理办法中明确合规管理体系的覆盖范围。一般情况下，认证机构会按照企业主体进行标准化认证。

第三，企业应系统识别企业合规义务、评估合规风险。合规义务包括强制遵守的合规义务和自愿遵守的合规要求，前者如法律法规规定的需求，法院判决或行政决定，监管机构发布的命令、条例等，后者如组织自愿选择使用的自愿性标准、自愿性标志、环境承诺，与其他组织签署合同产生的义务，与公共机构或客户签订的协议等。企业应广泛识别企业合规义务，并形成合规义务的识别表单。在识别合规义务基础上，企业应识别合规风险，并对其发生后果等进行评估，针对风险较高的风险制定风险应对措施，对风险控制措施的风险控制效果应进行评估，从而形成风险应对的闭环处理模式。

第四，企业应采取多方面措施建立合规文化，严格贯彻合规从高层做起，合规人人有责的合规理念，营造合规氛围，促进实质合规。企业应广泛开展合规培训，新员工培训强调组织价值观和合规要求，提高员工合规履职能力和合规意识。积极对合规管理体系相关的规章制度进行培训，并对培训效果进行评估；企业应将员工的合规表现与绩效挂钩，并对违规行为进行适当的处分；企业应鼓励举报，建立有效的举报机制；企业应明确内外部合规咨询机制，确保合规问题得到及时解决和处置；企业应对重点岗位人员进行任前过往经历的合规尽职调查，保障劳动用工合规。

第五，企业应根据合规发展需要，制定合规方针，并根据合规方针，针对性制定年度合规目标，并对合规目标如何实现进行层层分解，落实到各部门。合规目标的实现程度是企业合规管理的重点环节，ISO 标准要求企业应结合本企业实际建立年度合规目标，并要求企业对年度目标进行分解，形成量化的合规目标，并对合规目标的实现情况进行总结和评价。

第六，企业应明确企业治理层、管理层、执行层的合规管理职责，落实全员合规制度。在实际审核过程中，认证机构通常会考虑企业是否在合规管理文件中明确了企业董事会等企业治理主体的合规管理职责，企业是否设置了合规委员会，是否指派一人主管企业合规管理工作（一般为合规管理负责人或者首席合规官），合规管理部门的设置是否遵循合规治理三原则，企业其他职能部门是否具备合理的合规职责等。需要注意的是，企业治理层的合规管理职责并不能过于虚化，而应当具备一定的实质合规管理职能，避免企业治理层合规管理职能形同虚设而不符合标准要求。

第七，设置合规疑虑提出及调查机制。对于举报机制，企业应鼓励举报，组织企业所有人员了解举报机制，对举报保密，保护举报人不受打击报复；对于调查机制，应指定专门部门对涉嫌或实际的不合规情形进行调查，由具备相应能力的人员独立进行，且避免利益冲突，确保调查过程公平公正；企业应根据调查结果改进合规管理体系，并定期向企业最高管理者报告调查结果。

第八，企业应加强合规执行效果的检测。企业应建立员工合规绩效评价机制，明确合规绩效考核评价指标；企业应针对合规管理体系运行情况，组织全面的实施情况检查，即内部审核；治理机构和最高管理层组织企业内部相关人员对合规管理体系整体运行有效性、符合性等进行审议，并出具审议报告，即管理评审。确保合规管理体系运行情况得到适当的评价和监督。

从认证流程上，合规管理体系的认证流程一般为：企业申请→申请受理→文件评审→现场审核→不符合纠正→认证决定→监督→再认证。企业提出认证的申请需要满足企业基本条件和合规管理体系基本实施要求，认证组织根据企业提交的申请材料，并认证相关影响因素，做出是否受理认证申请的决定，再决定是否与申请企业签订书面合同。在受理企业认证申请后，认证组织会在适当的场合对企业提交的合规管理体系文件进行前期评审。在企业开展内部审核和管理评审活动后，认证机构会开展现场审核，现场审核一般分为两个阶段，一阶段强调合规管理体系整体运行情况的审核，二阶段强调对合规管理体系具体运行的各个表现进行详细审核，认证机构会根据审核发现，编制审核报告，提出不符合项整改要求。企业应当对认证组织出具的不符合项进行纠正，并验证整改措施实施结果，以确保不符合项已关闭。在不符合项纠正后，认证组织作出认证决定，批准认证，并向企业颁发认证证书。企业持证期间，认证组织每年对获证企业进行有效性跟踪及监督审核，如果企业不符合认证要求可能会导致认证证书被收回或者失效。认证证书有效期三年，届满后企业需申请再认证才能保证认证证书有效。

四、认证后再提升

企业获得认证证书后，标志着企业的合规管理体系已符合 ISO 37301 合规管理国际标准，但这并不意味着企业合规管理体系就此一成不变，企业应持续关注企业合规需求，对合规管理体系进行持续优化和提升，更好地发挥合规管理体系的价值。企业要形成"计划—执行—检查—改进"的合规管理闭环，确保公司的合规管理体系有效循环运行。

通常而言，企业可以从以下几个方面持续加强合规管理：第一，合规义务与风险深入识别与推进。企业的合规义务与风险的识别评估应当持续进行，细化现有的识别维度，紧紧围绕业务场景展开，更好地发挥风险提前管控的作用，加强全员合规培训；第二，重视合规管理培训，通过对合规管理制度、合规义务识别与管控技能的培训，推动员工深入理解合规管理内涵，把握好合规管理落实落地的关键点和难点；第三，加强合规文化建设，强化合规宣传形式，不断提高广大员工的合规意识和行为自觉；第四，发挥合规审查的价值，严格对企业经营管理事项进行前置审查，不断提高合规审查覆盖率，及时识别和妥善处置风险；第五，强化风险排查，落实治理措施、责任单位及负责人，及时治理潜在隐患；第六，推进企业规章制度的立改废工作，持续关注规章制度的落地落实情况，将不符合企业发展的制度及时修订和废止，并根据企业需要补充新制度深入推进外规内化；第七，加强相关方合规管控，识别和防范来自相关方的合规风险，既要避免相关方的违规行为导致企业受到不利影响，又要避免因企业不符合相关方合规要求引发不利责任。第八，加强对合规管理体系运行情况的监督，通过合规举报、合规检查、合规管理体系有效性评价、合规问责、违规纠正等手段，确保不符合项得到及时发现和处置，维护合规管理体系的有效性。

第三节
律师在公司合规管理体系建设辅导与国际认证中的关键作用

作为法律专业人才，律师在企业合规管理体系的构建与认证过程中扮演着不可替代的角色。在这一过程中，律师不仅是法律风险的"防火墙"，更是企业合规战略的设计者、国际标准的解读者以及认证流程的推动者。无论是策划阶段的战略布局、运行阶段的制度落地，还是认证阶段的持续改进，律师都以其独特的专业优势，为企业提供法律风险评估、合规制度设计、内部部门培训、合规文化建设等全方位支持。在律师的鼎力支持下，企业能够不断提升内外部管理水平，建设科学化、系统化和国际化的合规管理体系，最终获得国际认证认可并在市场竞争中赢得优势。

一、合规管理体系建设阶段

正如上文所述，ISO 37301 标准针对企业合规管理体系的建立和运行提出了明确要求，其核心理念是预防风险、强化内部控制、提升透明度和增强社会责任。企业在申请 ISO 37301 认证前，必须全面梳理自身的经营活动、内部制度及外部法律环境，从而确定合规管理体系的建设目标与方向。合规管理体系建设阶段正是企业进行全盘诊断、明确差距并制定改进方案的关键环节。

（一）律师作为企业合规体系框架搭建的"设计者"

合规管理体系建设阶段，合规管理组织体系及制度体系的梳理和设计是确保顺利通过合规国际标准认证的核心环节。一方面，律师将在企业风险识别的基础上开展组织及制度框架设计，即根据合规国际标准认证的要求，协助企业构建覆盖全业务流程的合规管理框架。另一方面，律师将协助企业制定、修订合规制度及政策，即针对企业现有的各项规章制度，结合最新法律法规及国际认证要求，起草、修订和完善相关政策文件，确保其在合法合规的前提下具备可操作性。通过监测各国最新监管政策变化和国际组织发布的相关指南，及时调整企业合规管理策略，推动企业的内部制度及政策处在国际前沿。此外，律师还将协助企业调整合同与协议。针对企业与供应商、合作伙伴及员工签订的各类合同条款不完善的情况，律师将对合同条款进行规范性审查，确保合同及其具体内容符合国际认证要求。通过系统化的制度设计与完善，律师将帮助企业在事前阶段构建起一整套严密、科学的合规管理体系，为后续实施阶段奠定基础。

（二）律师作为企业法律风险的"防控者"

律师在合规管理体系建设阶段的重要任务之一是开展全面的法律风险评估，通过系统化的法律诊断，发挥风险识别及防控的重要作用。具体而言，律师所开展的全面法律风险评估及防控主要体现在以下几个方面：其一，经营风险。由于不同企业在不同行业领域所涉经营范围不同，故而处在不同行业企业的经营风险点也不相同。律师将结合企业的基本经营情况以及其所处行业既往发生的经营事故为企业建立清晰明了的风险矩阵。对于跨国经营企业来说，不同国家的法律、文化及监管要求存在显著差异，律师需要通过对各目标市场的法律调研，为企业提供专业意见，确保在国际认证中不会因法律冲突而遭遇风险。律师将分析主要目标市场（如欧盟、北美、亚太地区）在合规管理、数据保护、反贿赂等方面的法律要求，找出共性与差异，制定统一的风险防控方案。其二，内部制度风险。企业现有的内部管理制度可能在设计上无法满足 ISO 37301 的严格要求。通过比较分析，律师将识别出制度中的薄弱环节，并提出具体修改建议。总而言之，通过翔实的法律诊断，律师为企业各项合规风险制定出切实可行的风险防控措施，为后续认证工作打下坚实基础。

二、合规管理体系运行阶段

（一）律师作为合规制度实施的"推动者"

在 ISO 37301 认证过程中，合规制度与政策的实施情况是认定机构考察的重点对象，更是决定企业能否通过认证的关键与核心。因此，进入合规管理体系运行阶段，律师将辅导企业将事前制定的合规管理方案、制度、政策等转化为具体的、可操作的操作流程和内部控制措施。首先，律师将协助企业落实合规制度，针对各部门和业务环节，律师协助制定详细的合规操作手册和工作指引，确保每一项合规措施在实际操作中能够落到实处。其次，律师将协助企业实现关键节点风险把控。在执行过程中，律师将在前期风险调研的基础上，对关键节点和风险较高的环节进行重点监控，及时发现并纠正可能存在的法律漏洞或操作偏差，保障内部控制体系的整体稳定性。最后，在合规制度与政策的实施过程中，律师还将通过常态化稽核和动态化抽查机制，对制度与政策的执行情况进行实时监督，及时反馈执行中的问题并推动改进措施落地。在这一阶段，律师将结合专业知识，对企业合规制度与政策的落实情况进行指导与监督，保障企业内部制度与政策的落地与实施，协助企业为认证机构提供可信赖的证明材料。

（二）律师作为合规培训与文化的"引领者"

在企业合规管理体系的落地过程中，内部培训和合规文化建设是合规管理制度有效执行的重要保障。在国内外监管机构愈发重视企业合规的背景和趋势下，企业合规文化犹如企业合规管理体系运行的"润滑剂"，能够促进各个环节的顺利运行。具体而言：首先，律师将根据合规国际标准认证的具体要求，组织多层次、多形式的内部培训，向管理层和基层员工讲解国际认证标准、法律风险防控和合规管理知识，提升全员合规意识。其次，律师将通过分析实际案例，展示合规管理中可能遇到的法律问题及解决方案，增强员工的风险判断和应对能力，尤其通过对已发生纠纷的复盘，对现有制度进行检讨与改进，确保类似风险在未来得到有效预防和控制。最后，律师将协助企业通过内部刊物、线上平台、专题讲座等方式，持续推动企业形成良好的文化氛围，为认证后合规制度与政策的长效运行打下坚实基础。总而言之，律师将不断提升企业员工对合规国际标准的理解和认同，以先进的合规文化促进企业整体合规管理水平的不断提升，为认证工作的顺利推进提供重要支撑。

三、合规管理体系认证阶段

(一) 律师作为合规管理体系持续运行的"监督者"

合规管理体系的建立与实施并非一日之功,合规国际标准认证仅仅是对企业合规管理体系建设的阶段性认可。律师有必要对企业合规管理体系展开持续的跟进监督,不断优化企业合规管理体系,真正构建起一套符合企业发展需要和外部监管要求的长效合规机制,为企业的稳健发展提供坚实的法治保障。具体而言,其一,律师将协助企业设计并实施定期内部审查程序,对合规管理体系的执行情况进行全方位检查,确保各项制度持续符合国际标准要求。其二,律师将承担起企业内外联系沟通的桥梁。一方面,律师作为内部协调者,推动各业务部门、风险管理部门和内控审计部门之间的信息互通和协同合作,形成全公司范围内的合规改进合力。另一方面,律师通过与认证机构、监管部门及第三方审计机构的紧密沟通,帮助企业及时获取外部反馈,解决后续认证过程中可能出现的新问题。其三,律师将协助企业制定详细的应急预案和风险处置机制,确保一旦发生法律争议或违规事件,能够迅速启动应对机制,协助企业构建从问题发现、分析、整改到效果验证的闭环管理机制,为企业持续改进提供法律保障。

(二) 律师作为合规管理体系动态升级的"跟进者"

持续改进是合规管理体系建设中的关键原则,它强调了合规不仅是一次性的目标,更是一项持之以恒的努力。伴随着不断变化的法规环境以及商业竞争,企业必须不断审视和提高其合规管理体系以适应新的挑战和机会。律师有必要持续跟进、服务于企业,以实现合规管理体系的动态升级。其一,律师的重要作用体现在合规管理体系的定期反馈与监控,通过定期汇总各部门的反馈信息,分析企业所存在的制度不足,提出针对性的优化建议。其二,律师有必要针对外部法律环境及监管要求的不断变化,协助企业及时调整风险评估模型,确保合规管理体系始终处于动态更新状态。其三,律师的重要作用体现于改进方案的专业论证。一方面,跟踪国际上最新的合规管理动态和先进实践,律师将协助企业将国际先进经验融入后续制度升级中,确保企业管理始终与国际标准保持同步。另一方面,在制定新的制度修订方案时,律师将通过论证各项改进措施的法律依据和实际操作可行性,确保改进方案既符合最新法律要求,又切实提升企业合规管理体系的可操作性。

四、律师助力"国际认证"的典型案例

（一）大成律师协助浙江省海港集团通过 ISO 37301：2021 和 GB/T 35770—2022 贯标双认证

浙江省海港集团是国内第一家集约化运营管理全省港口资产的省属国有企业，注册资本达 500 亿元，是浙江省海洋港口资源开发建设投融资的主平台。浙江省海港集团旗下拥有各类企业 300 多家，从业人员超 3 万人。经营板块主要包括港口运营、航运服务、金融、开发建设等"四大板块"。2021 年浙江省海港集团问鼎第四届中国质量奖，实现浙江企业、全国港口企业的重大突破，并被国务院国资委列为"国有重点企业管理标杆创建行动标杆企业"。2023 年，浙江省海港集团入选国务院国资委"创建世界一流示范企业名单"，是浙江省唯一入选此名单的企业，也是国内港口行业唯一入选此名单的企业。

大成律师与浙江省海港集团共同完成了"海港模式"的研发和实施。从体系设计、系统运行设计、工作机制设计，到专业化队伍建设、合规文化宣传，进行了全方位、多角度、可实施的专业化、个性化、一体化统筹规划。大成律师以企业现有管理工具为基础，探索建立了协同纪检监察、内控、审计、全面法律风险管理等多种管理工具的合规管理体系，协助企业实现"一次合规建设、多工具协同融合、可操作有效管控"的合规管理目标。

2023 年 4 月 7 日，浙江省海港集团、宁波舟山港集团与 11 家子企业作为浙江省海港集团首批认证集群单位全部通过 ISO 37301：2021 和 GB/T 35770—2022 贯标双认证，基本建成集团"1＋4＋3＋2＋N"合规认证集群，成为国内完成贯标双认证数量最多的集团单位，是贯彻落实一体化合规体系建设的典型示范企业。海港集团首席合规官对各位律师与专家长期以来尽职负责的辅导工作表示由衷感谢，对集团、股份公司各部室和相关单位高效优质的工作成绩表示肯定，明确指出合规管理体系建设的"海港模式"为集团服务"双循环"、建设"双一流"提供了坚实的法治合规保障。

（二）大成律师助力广东省能源集团有限公司通过 ISO 37301 合规管理体系标准贯标认证

广东省能源集团有限公司成立于 2001 年 8 月 8 日，其前身广东省粤电资产经营有限公司是全国第一家因"厂网分开"电力体制改革而组建的发电企业，2003 年更名为广东省粤电集团有限公司。2019 年 2 月 18 日，正式更名为广东省能源集团有限公司（以下简称"公司"）。历经 20 年的改革发展，公司深耕能源行业，用心创造绿色能源，已成长为广东省实力最强，规模最大的能源企业，是广东省推动能源转型，构建现代能

源体系的主力军。公司核心产业涉及火电、水电、风电、太阳能发电、生物质发电、核电、天然气等，上下游产业涉及煤矿、航运、港口、金融业、综合能源服务等，遍布广东全境并延伸至省外和海外，已形成以能源为核心、上下游产业链协同发展的产业格局。根据广东省国资委 2022 年《省属企业"合规管理强化年"行动方案》要求，广东省属企业要高标准、严要求地开展"合规管理强化年"各项工作，力争通过三年努力，全部省属企业通过 ISO 37301 合规管理体系认证。广东省能源集团有限公司是首家通过 ISO 37301 合规管理体系认证的广东省省属国有企业，也是能源行业首家通过 ISO 37301 合规管理体系认证的企业。

大成律师受广东省能源集团有限公司的委托，为广东省能源集团有限公司提供贯标认证全程辅导服务。首先，抓实制度融合，避免合规制度与其他制度"两层皮"。坚持将合规要求融入现有制度，形成以 1 项合规方针为引领、1 项合规管理基本制度为基础、4 项合规管理运行细则为配套、8 项专项合规指南为指引及其他 N 项具体业务制度为辅助的"1＋1＋4＋8＋N"合规管理制度体系。在推进 ISO 37301 合规管理体系认证工作过程中，以"制度对标"为原则，基于已有的合规管理相关规定，对其进行补充、修改和完善，使其满足国资监管及 ISO 37301 相关合规管理要求，提升合规管理体系的适用性、有效性和可操作性。其次，抓实体系融合，避免合规管理体系与其他管理体系"两层皮"。以合规审查为核心，抓业务、重执行，把合规管控融入业务流程，分类设计重大决策、规章制度、经济合同等合规审查表，优化各项审查要素，使合规审查表满足"一线能用、二线能审、三线能查"的需求。最后，推动法律合规风险内控"四位一体"协同运作。融合开展年度合规义务识别、风险识别、内控自评价、合规管理体系有效性评价工作，实现一次评估审核覆盖多项业务体系，并以风险管理为导向、合规管理为重点、业务链为基础，整合编制《合规风控手册》及《合规风控库》，实现将合规义务与业务职能、风险点相关联，法律、合规、风险、内控四项职能协同运作，实现风险识别有据可查、风险应对有招可出、审查把关有章可循，为各部门和岗位在开展相关业务活动过程中规范履职、有效防控相关业务风险提供有效工具。最终，大成律师团队协助广东省能源集团有限公司通过本次认证。此次成功贯标，标志着广东省能源集团有限公司在能源投资、生产、供应及相关配套服务方面的合规管理体系已达到国际标准要求，依法合规经营水平进一步提升。

（三）大成律师助力中国宝武集团总部首批核心子公司通过 ISO 37301 合规管理体系认证

为贯彻落实国资委对央企合规管理的要求，科学化、标准化推进宝武的合规管理工作,宝武于 2023 年统一部署集团总部与七家一级子公司作为首批单位,统筹推进 ISO 37301 合规管理体系认证工作。经过持续一年的努力,各参与认证单位合规管理体系建设扎实、运行有效,达到了当前国际最新合规管理标准,于 2023 年内全部按计划获得了认证。

受中国宝武集团的委托,大成律师为宝武总部及七家子公司提供贯标认证全程辅导服务。大成律师团队根据宝武总部及七家子公司的产业特征,制定了重点明确、覆盖完善的合规管理指南、手册以及完善的企业合规管理制度,从制度、机制、方法上实现了合规管理工作 PDCA 循环提升,将国务院国资委的要求与宝武合规管理体系深度融合,守正创新,创造价值,形成了合规管理 1 + N 制度体系,推动各项制度管理文件的完善。与此同时,大成律师协助宝武集团规范合规审查机制,厘清合规责任,提升依法合规管理水平,加强投资合规风险防控能力,不断完善重大决策事项合规审查机制,严格从投资源头落实合规审查义务,建立其全面、完整的合规管理体系。

2024 年 1 月 9 日,大成律师圆满完成贯标认证全程辅导服务。中国宝武集团总部、宝钢股份、马钢集团、太钢集团、宝武资源、宝信软件、宝钢包装、财务公司作为首批推进单位,获得了由英国标准协会(BSI)颁发的 GB/T 35770—2022/ISO 37301:2021 合规管理体系国际国内标准双认证证书。

(四)大成律师助力宁波机场获 GB/T 35770—2022/ISO 37301:2021 认证

2023 年 3 月 13 日,在大成律师的辅导下,宁波机场集团有限公司顺利贯标并获得英国标准协会(BSI)颁发的 GB/T 35770—2022/ISO 37301:2021 合规管理体系认证证书,成为全球首家获 GB/T 35770—2022/ISO 37301:2021 贯标认证的机场。本次成功贯标,足以证明宁波机场在合规风险管理方面的资源投入和不懈努力取得显著成效,不仅在合规管理方面已达到国内和国际双标准要求,更在合规管理体系建设方面成为行业新标杆。

2022 年 7 月至 2023 年 3 月期间,大成律师受聘担任宁波机场贯标辅导工作,开展全方位合规体系建设及 GB/T 35770—2022/ISO 37301:2021 认证辅导工作,涵盖"三重一大"、安全生产、反商业贿赂、环境保护、劳动用工、合同管理、税务管理、网络信息安全等合规领域。经过专业严谨的评审程序,BSI 认为宁波机场具备完善的合规治理组织结构,各级管理层对合规高度重视,建立了良好的合规体系和有效运行管理,优秀的合规文化建设保障了合规管理绩效,因而评定宁波机场的合规管理水平已达到 GB/T 35770—2022/ISO 37301:2021 合规管理体系的要求。

下 篇

公司专项合规指南和案例分析

第五章

公司治理专项合规指南与案例分析

公司治理是现代企业制度的核心，是平衡股东、管理层、员工及社会公共利益的关键机制，更是企业实现长期稳健发展的根基。习近平总书记指出，"要完善中国特色现代企业制度，培育更多世界一流企业"，这一要求凸显了健全公司治理体系在推动经济高质量发展中的战略意义。党的二十届三中全会进一步强调，"深化国资国企改革，完善管理监督体制机制，增强各有关管理部门战略协同，推进国有经济布局优化和结构调整，推动国有资本和国有企业做强做优做大，增强核心功能，提升核心竞争力"。而这一目标的实现离不开公司治理体系的科学化、规范化和法治化。

随着全球经济环境复杂化及我国资本市场改革深化，公司治理的合规性要求日益严格。当前，我国监管体系正通过规则迭代推动治理结构从"形式合规"向"实质有效"升级。本章立足最新立法动态与司法实践，结合典型案例，系统解析公司组织与结构治理的合规要点，为企业实现治理能力现代化提供路径指引。

第一节
公司治理专项合规相关法律依据

《中华人民共和国公司法》	
第一百一十四条	股东会会议由董事会召集，董事长主持；董事长不能履行职务或者不履行职务的，由副董事长主持；副董事长不能履行职务或者不履行职务的，由过半数的董事共同推举一名董事主持。董事会不能履行或者不履行召集股东会会议职责的，监事会应当及时召集和主持；监事会不召集和主持的，连续九十日以上单独或者合计持有公司百分之十以上股份的股东可以自行召集和主持。 单独或者合计持有公司百分之十以上股份的股东请求召开临时股东会会议的，董事会、监事会应当在收到请求之日起十日内作出是否召开临时股东会会议的决定，并书面答复股东

续表

《中华人民共和国公司法》	
第一百一十五条	召开股东会会议，应当将会议召开的时间、地点和审议的事项于会议召开二十日前通知各股东；临时股东会会议应当于会议召开十五日前通知各股东。 单独或者合计持有公司百分之一以上股份的股东，可以在股东会会议召开十日前提出临时提案并书面提交董事会。临时提案应当有明确议题和具体决议事项。董事会应当在收到提案后二日内通知其他股东，并将该临时提案提交股东会审议；但临时提案违反法律、行政法规或者公司章程的规定，或者不属于股东会职权范围的除外。公司不得提高提出临时提案股东的持股比例。 公开发行股份的公司，应当以公告方式作出前两款规定的通知。 股东会不得对通知中未列明的事项作出决议
第一百一十六条	股东出席股东会会议，所持每一股份有一表决权，类别股股东除外。公司持有的本公司股份没有表决权。 股东会作出决议，应当经出席会议的股东所持表决权过半数通过。 股东会作出修改公司章程、增加或者减少注册资本的决议，以及公司合并、分立、解散或者变更公司形式的决议，应当经出席会议的股东所持表决权的三分之二以上通过
第一百一十七条	股东会选举董事、监事，可以按照公司章程的规定或者股东会的决议，实行累积投票制。 本法所称累积投票制，是指股东会选举董事或者监事时，每一股份拥有与应选董事或者监事人数相同的表决权，股东拥有的表决权可以集中使用
第一百一十八条	股东委托代理人出席股东会会议的，应当明确代理人代理的事项、权限和期限；代理人应当向公司提交股东授权委托书，并在授权范围内行使表决权
第一百一十九条	股东会应当对所议事项的决定作成会议记录，主持人、出席会议的董事应当在会议记录上签名。会议记录应当与出席股东的签名册及代理出席的委托书一并保存
第一百二十五条	董事会会议，应当由董事本人出席；董事因故不能出席，可以书面委托其他董事代为出席，委托书应当载明授权范围。 董事应当对董事会的决议承担责任。董事会的决议违反法律、行政法规或者公司章程、股东会决议，给公司造成严重损失的，参与决议的董事对公司负赔偿责任；经证明在表决时曾表明异议并记载于会议记录的，该董事可以免除责任
第一百三十条	股份有限公司设监事会，本法第一百二十一条第一款、第一百三十三条另有规定的除外。 监事会成员为三人以上。监事会成员应当包括股东代表和适当比例的公司职工代表，其中职工代表的比例不得低于三分之一，具体比例由公司章程规定。监事会中的职工代表由公司职工通过职工代表大会、职工大会或者其他形式民主选举产生。 监事会设主席一人，可以设副主席。监事会主席和副主席由全体监事过半数选举产生。监事会主席召集和主持监事会会议；监事会主席不能履行职务或者不履行职务的，由监事会副主席召集和主持监事会会议；监事会副主席不能履行职务或者不履行职务的，由过半数的监事共同推举一名监事召集和主持监事会会议。 董事、高级管理人员不得兼任监事。 本法第七十七条关于有限责任公司监事任期的规定，适用于股份有限公司监事
第一百三十五条	上市公司在一年内购买、出售重大资产或者向他人提供担保的金额超过公司资产总额百分之三十的，应当由股东会作出决议，并经出席会议的股东所持表决权的三分之二以上通过
第一百三十六条	上市公司设独立董事，具体管理办法由国务院证券监督管理机构规定。 上市公司的公司章程除载明本法第九十五条规定的事项外，还应当依照法律、行政法规的规定载明董事会专门委员会的组成、职权以及董事、监事、高级管理人员薪酬考核机制等事项

《中华人民共和国公司法》	
第一百三十七条	上市公司在董事会中设置审计委员会的，董事会对下列事项作出决议前应当经审计委员会全体成员过半数通过： （一）聘用、解聘承办公司审计业务的会计师事务所； （二）聘任、解聘财务负责人； （三）披露财务会计报告； （四）国务院证券监督管理机构规定的其他事项
第一百三十九条	上市公司董事与董事会会议决议事项所涉及的企业或者个人有关联关系的，该董事应当及时向董事会书面报告。有关联关系的董事不得对该项决议行使表决权，也不得代理其他董事行使表决权。该董事会会议由过半数的无关联关系董事出席即可举行，董事会会议所作决议须经无关联关系董事过半数通过。出席董事会会议的无关联关系董事人数不足三人的，应当将该事项提交上市公司股东会审议
第一百七十七条	国家出资公司应当依法建立健全内部监督管理和风险控制制度，加强内部合规管理
第一百七十八条	有下列情形之一的，不得担任公司的董事、监事、高级管理人员： （一）无民事行为能力或者限制民事行为能力； （二）因贪污、贿赂、侵占财产、挪用财产或者破坏社会主义市场经济秩序，被判处刑罚，或者因犯罪被剥夺政治权利，执行期满未逾五年，被宣告缓刑的，自缓刑考验期满之日起未逾二年； （三）担任破产清算的公司、企业的董事或者厂长、经理，对该公司、企业的破产负有个人责任的，自该公司、企业破产清算完结之日起未逾三年； （四）担任因违法被吊销营业执照、责令关闭的公司、企业的法定代表人，并负有个人责任的，自该公司、企业被吊销营业执照、责令关闭之日起未逾三年； （五）个人因所负数额较大债务到期未清偿被人民法院列为失信被执行人。 违反前款规定选举、委派董事、监事或者聘任高级管理人员的，该选举、委派或者聘任无效。 董事、监事、高级管理人员在任职期间出现本条第一款所列情形的，公司应当解除其职务
第一百七十九条	董事、监事、高级管理人员应当遵守法律、行政法规和公司章程
第一百八十条	董事、监事、高级管理人员对公司负有忠实义务，应当采取措施避免自身利益与公司利益冲突，不得利用职权牟取不正当利益。 董事、监事、高级管理人员对公司负有勤勉义务，执行职务应当为公司的最大利益尽到管理者通常应有的合理注意。 公司的控股股东、实际控制人不担任公司董事但实际执行公司事务的，适用前两款规定
第一百八十一条	董事、监事、高级管理人员不得有下列行为： （一）侵占公司财产、挪用公司资金； （二）将公司资金以其个人名义或者以其他个人名义开立账户存储； （三）利用职权贿赂或者收受其他非法收入； （四）接受他人与公司交易的佣金归为己有； （五）擅自披露公司秘密
《中华人民共和国企业国有资产法》	
第十七条	国家出资企业从事经营活动，应当遵守法律、行政法规，加强经营管理，提高经济效益，接受人民政府及其有关部门、机构依法实施的管理和监督，接受社会公众的监督，承担社会责任，对出资人负责。国家出资企业应当依法建立和完善法人治理结构，建立健全内部监督管理和风险控制制度

续表

《中华人民共和国企业国有资产法》	
第十八条	国家出资企业应当依照法律、行政法规和国务院财政部门的规定，建立健全财务、会计制度，设置会计账簿，进行会计核算，依照法律、行政法规以及企业章程的规定向出资人提供真实、完整的财务、会计信息。 国家出资企业应当依照法律、行政法规以及企业章程的规定，向出资人分配利润
第十九条	国有独资公司、国有资本控股公司和国有资本参股公司依照《中华人民共和国公司法》的规定设立监事会。国有独资企业由履行出资人职责的机构按照国务院的规定委派监事组成监事会。 国家出资企业的监事会依照法律、行政法规以及企业章程的规定，对董事、高级管理人员执行职务的行为进行监督，对企业财务进行监督检查
第二十条	国家出资企业依照法律规定，通过职工代表大会或者其他形式，实行民主管理
第二十一条	国家出资企业对其所出资企业依法享有资产收益、参与重大决策和选择管理者等出资人权利。 国家出资企业对其所出资企业，应当依照法律、行政法规的规定，通过制定或者参与制定所出资企业的章程，建立权责明确、有效制衡的企业内部监督管理和风险控制制度，维护其出资人权益
第二十七条	国家建立国家出资企业管理者经营业绩考核制度。履行出资人职责的机构应当对其任命的企业管理者进行年度和任期考核，并依据考核结果决定对企业管理者的奖惩。 履行出资人职责的机构应当按照国家有关规定，确定其任命的国家出资企业管理者的薪酬标准
《中央企业合规管理办法》	
第八条	中央企业董事会发挥定战略、作决策、防风险作用，主要履行以下职责： （一）审议批准合规管理基本制度、体系建设方案和年度报告等。 （二）研究决定合规管理重大事项。 （三）推动完善合规管理体系并对其有效性进行评价。 （四）决定合规管理部门设置及职责
第十三条	中央企业业务及职能部门承担合规管理主体责任，主要履行以下职责： （一）建立健全本部门业务合规管理制度和流程，开展合规风险识别评估，编制风险清单和应对预案。 （二）定期梳理重点岗位合规风险，将合规要求纳入岗位职责。 （三）负责本部门经营管理行为的合规审查。 （四）及时报告合规风险，组织或者配合开展应对处置。 （五）组织或者配合开展违规问题调查和整改。 中央企业应当在业务及职能部门设置合规管理员，由业务骨干担任，接受合规管理部门业务指导和培训
第十四条	中央企业合规管理部门牵头负责本企业合规管理工作，主要履行以下职责： （一）组织起草合规管理基本制度、具体制度、年度计划和工作报告等。 （二）负责规章制度、经济合同、重大决策合规审查。 （三）组织开展合规风险识别、预警和应对处置，根据董事会授权开展合规管理体系有效性评价。 （四）受理职责范围内的违规举报，提出分类处置意见，组织或者参与对违规行为的调查。 （五）组织或者协助业务及职能部门开展合规培训，受理合规咨询，推进合规管理信息化建设。 中央企业应当配备与经营规模、业务范围、风险水平相适应的专职合规管理人员，加强业务培训，提升专业化水平

	《中央企业合规管理办法》
第十八条	中央企业应当针对反垄断、反商业贿赂、生态环保、安全生产、劳动用工、税务管理、数据保护等重点领域，以及合规风险较高的业务，制定合规管理具体制度或者专项指南。 中央企业应当针对涉外业务重要领域，根据所在国家（地区）法律法规等，结合实际制定专项合规管理制度
第二十条	中央企业应当建立合规风险识别评估预警机制，全面梳理经营管理活动中的合规风险，建立并定期更新合规风险数据库，对风险发生的可能性、影响程度、潜在后果等进行分析，对典型性、普遍性或者可能产生严重后果的风险及时预警
第二十一条	中央企业应当将合规审查作为必经程序嵌入经营管理流程，重大决策事项的合规审查意见应当由首席合规官签字，对决策事项的合规性提出明确意见。业务及职能部门、合规管理部门依据职责权限完善审查标准、流程、重点等，定期对审查情况开展后评估
第二十二条	中央企业发生合规风险，相关业务及职能部门应当及时采取应对措施，并按照规定向合规管理部门报告。 中央企业因违规行为引发重大法律纠纷案件、重大行政处罚、刑事案件，或者被国际组织制裁等重大合规风险事件，造成或者可能造成企业重大资产损失或者严重不良影响的，应当由首席合规官牵头，合规管理部门统筹协调，相关部门协同配合，及时采取措施妥善应对。 中央企业发生重大合规风险事件，应当按照相关规定及时向国资委报告
	《上市公司治理准则》
第七条	股东依照法律法规和公司章程享有权利并承担义务。 上市公司章程、股东大会决议或者董事会决议等应当依法合规，不得剥夺或者限制股东的法定权利
第八条	在上市公司治理中，应当依法保障股东权利，注重保护中小股东合法权益
第九条	上市公司应当建立与股东畅通有效的沟通渠道，保障股东对公司重大事项的知情、参与决策和监督等权利
第十条	上市公司应当积极回报股东，在公司章程中明确利润分配办法尤其是现金分红政策。上市公司应当披露现金分红政策制定及执行情况，具备条件而不进行现金分红的，应当充分披露原因
第十一条	股东有权依照法律、行政法规的规定，通过民事诉讼或者其他法律手段维护其合法权利
第十二条	上市公司应当在公司章程中规定股东大会的召集、召开和表决等程序。 上市公司应当制定股东大会议事规则，并列入公司章程或者作为章程附件
第十三条	股东大会提案的内容应当符合法律法规和公司章程的有关规定，属于股东大会职权范围，有明确议题和具体决议事项
第十四条	上市公司应当在公司章程中规定股东大会对董事会的授权原则，授权内容应当明确具体。股东大会不得将法定由股东大会行使的职权授予董事会行使
第十五条	股东大会会议应当设置会场，以现场会议与网络投票相结合的方式召开。现场会议时间、地点的选择应当便于股东参加。上市公司应当保证股东大会会议合法、有效，为股东参加会议提供便利。股东大会应当给予每个提案合理的讨论时间。 股东可以本人投票或者依法委托他人投票，两者具有同等法律效力

续表

《上市公司治理准则》	
第十六条	上市公司董事会、独立董事和符合有关条件的股东可以向公司股东征集其在股东大会上的投票权。上市公司及股东大会召集人不得对股东征集投票权设定最低持股比例限制。 投票权征集应当采取无偿的方式进行，并向被征集人充分披露具体投票意向等信息。不得以有偿或者变相有偿的方式征集股东投票权
第十七条	董事、监事的选举，应当充分反映中小股东意见。股东大会在董事、监事选举中应当积极推行累积投票制。单一股东及其一致行动人拥有权益的股份比例在30%及以上的上市公司，应当采用累积投票制。采用累积投票制的上市公司应当在公司章程中规定实施细则
第十九条	上市公司应当在股东大会召开前披露董事候选人的详细资料，便于股东对候选人有足够的了解。 董事候选人应当在股东大会通知公告前作出书面承诺，同意接受提名，承诺公开披露的候选人资料真实、准确、完整，并保证当选后切实履行董事职责
第二十二条	董事应当保证有足够的时间和精力履行其应尽的职责。 董事应当出席董事会会议，对所议事项发表明确意见。董事本人确实不能出席的，可以书面委托其他董事按其意愿代为投票，委托人应当独立承担法律责任。独立董事不得委托非独立董事代为投票
第二十三条	董事应当对董事会的决议承担责任。董事会的决议违反法律法规或者公司章程、股东大会决议，致使上市公司遭受严重损失的，参与决议的董事对公司负赔偿责任。但经证明在表决时曾表明异议并记载于会议记录的，该董事可以免除责任
第二十六条	董事会对股东大会负责，执行股东大会的决议。 董事会应当依法履行职责，确保上市公司遵守法律法规和公司章程的规定，公平对待所有股东，并关注其他利益相关者的合法权益
第三十一条	董事会会议应当严格依照规定的程序进行。董事会应当按规定的时间事先通知所有董事，并提供足够的资料。两名及以上独立董事认为资料不完整或者论证不充分的，可以联名书面向董事会提出延期召开会议或者延期审议该事项，董事会应当予以采纳，上市公司应当及时披露相关情况
第三十八条	上市公司董事会应当设立审计委员会，并可以根据需要设立战略、提名、薪酬与考核等相关专门委员会。专门委员会对董事会负责，依照公司章程和董事会授权履行职责，专门委员会的提案应当提交董事会审议决定。 专门委员会成员全部由董事组成，其中审计委员会、提名委员会、薪酬与考核委员会中独立董事应当占多数并担任召集人，审计委员会的召集人应当为会计专业人士
第三十九条	审计委员会的主要职责包括： （一）监督及评估外部审计工作，提议聘请或者更换外部审计机构； （二）监督及评估内部审计工作，负责内部审计与外部审计的协调； （三）审核公司的财务信息及其披露； （四）监督及评估公司的内部控制； （五）负责法律法规、公司章程和董事会授权的其他事项

第二节

公司治理专项合规相关指南

合规管理体系的建设主要是为了防止企业出现违法违规的情况，本书提供企业合规管理检查评估指南的范本文件，以供企业参考。

（一）总则

1. 为检查评估企业合规管理实效，深化完善公司合规管理体系建设，筑牢夯实合规风险防线，根据国务院国资委《中央企业合规管理指引（试行）》、国家发展改革委等七部门发布的《企业境外经营合规管理指引》，以及《合规管理体系指南》等外部监管规定，结合集团公司章程等内部制度规范及管理实际，制定本指南。

2. 本指南适用于总部各部门，各企事业单位、股份公司分（子）公司（以下统称直属单位）。

3. 本指南所称合规管理检查评估是指在公司及直属单位合规管理委员会领导下，由合规管理部门牵头或会同其他相关部门组织实施的，按照规定的原则、方法、程序和标准，对合规管理体系的适当性、充分性、有效性进行检查评估，发现和解决企业合规管理存在的问题和不足，完善相关制度，堵塞管理漏洞，强化过程管控，持续改进提升的系统性工作。

4. 合规管理检查评估采取体系建设验收评估、全面检查评估、专项检查评估等方式进行。除特别指明外，本指南所称合规管理检查评估均指全面检查评估。

（1）体系建设验收评估按照《集团合规管理体系建设方案》要求实施，检查评估程序和方法参照本指南相关规定执行。

（2）全面检查评估一般与企业法治建设和普法规划的中期督导、终期验收一体开展、同步进行。

（3）专项检查评估可结合内部审计、巡视巡察及纪检监察（监督）、内控检查评价及职能部门的条线合规检查同步实施，检查评估内容重点关注影响和困扰企业合规管理的"痛点""难点""堵点""盲点"问题，检查评估程序和方法参照本指南相关规定执行。在外部监管机构提出要求，或企业内部发生重大合规风险事件时，应当及时开展专项检查评估和整改落实。

5. 合规管理检查评估工作应遵循以下原则：

（1）全面性原则。检查评估范围应当涵盖公司各业务领域、各部门、各直属单位和工作岗位，贯穿经营管理过程的决策、执行、监督、反馈等各个环节。

（2）独立性原则。合规管理检查评估部门和人员应独立履行职责、独立作出判断，与被检查评估单位存在利益冲突时应主动回避。

（3）客观性原则。合规管理检查评估工作应以事实为依据，以法律法规、监管要求、制度规定为准则，不预设评估结论，不根据个人偏好取舍信息材料，实事求是、客观公正反映被检查评估单位的合规管理体系建设与运行状况。

（4）重要性原则。合规管理检查评估工作应以公司愿景使命、价值理念、战略目标、中心任务等为指导，以合规风险防范为导向，重点关注可能影响合规目标实现的关键业务和管理活动，充分揭示合规风险及隐患。

（5）实效性原则。合规管理检查评估应根据合规风险对企业经营目标影响的严重程度，确定检查评价标准、方法和程序，并与巡视巡察、纪检监察（监督）、内部审计、内控检查评价等监督机制相统一，与业务部门的合规自查、职能管理部门的条线合规检查相协调，实现信息共享、协同联动、规范高效。

（二）检查评估机构及职责

1. 公司和直属单位合规管理委员会统筹领导本单位各类合规管理检查评估工作，负责批准合规管理检查评估制度、计划、方案及报告，统筹抓好检查评估发现的全局性、系统性问题的整改落实，推动合规管理制度体系和工作机制的健全完善、有效运行和持续改进提升。

2. 公司和直属单位根据合规管理体系建设验收及检查评估工作需要，成立相应领导小组，由本单位合规管理工作分管领导或合规管理负责人任组长，合规管理委员会成员单位负责人为成员，负责检查评估工作的统筹协调和整体推进。

3. 公司和直属单位合规管理部门具体负责体系建设验收评估、全面检查评估的组织实施，组建检查评估实施小组，对合规管理体系的适当性、充分性和有效性进行分析评估，并接受合规管理监督部门的检查评估。

4. 公司各业务部门和直属单位负责职责范围、业务领域内的合规管理自查评估工作，接受公司职能管理部门、合规管理部门、合规管理监督部门的检查评估。

5. 公司和直属单位职能管理部门负责做好业务条线范围内的合规管理检查评估工作，推动相关合规要求在业务部门和下属单位落实落地，并接受合规管理监督部门的检查评估。

6. 公司和直属单位合规管理监督部门对业务部门、职能管理部门、合规管理部门及所属单位合规管理的适当性、充分性、有效性进行检查评估。

7. 合规管理检查评估人员应具备履行检查评估职责、服从检查评估安排、公允表达意见的职业道德，具备足够的知识和经验，并熟练掌握公司合规管理要求。

8. 合规管理检查评估人员有权查阅被检查评估单位合规管理体系建设及运行的全部相关资料，访谈相关人员；对于信息系统相关检查，有权获得最大查询权限；对于检查评估发现的问题，有权要求被检查评估单位提供有关资料，提出整改意见等。

9. 合规管理检查评估人员应充分了解被检查评估单位情况，依法依规、客观公正、高质高效开展检查评估工作。对检查评估发现的问题应当如实反映，及时沟通，重大问题应当及时报告；针对普遍性、代表性问题，提出改进和提升公司合规管理工作的建议。检查评估过程中，应当遵守工作纪律，不得接受被检查评估单位以任何形式赠送的礼金或礼品，不得到风景名胜地区观光、游览等。

（三）检查评估内容

1. 合规管理检查评估应当涵盖合规管理组织体系、制度建设、体系运行及保障机制等。

2. 合规管理组织体系检查评估应重点关注：

（1）是否明确界定企业治理层、管理层、执行层的合规管理职能职责，是否将合规管理纳入本单位法治建设第一责任人职责范围。

（2）是否将合规管理工作纳入企业法治建设统一部署，企业党委、董事会、经理层是否定期听取依法治企、合规管理工作专题汇报，研究解决重大法律合规问题；合规管理工作情况是否作为董事会或经理层年度工作报告的重要内容；管理层对依法合规、诚信经营是否有明确承诺。

（3）是否形成健全完善的合规管理组织架构，合规管理委员会职能作用是否有效发挥，工作例会制度是否有效落实；合规管理负责人、合规管理部门及职责是否明确，合规管理联络员例会制度是否有效落实；合规管理岗位设置、人员配备是否满足合规管理需要等。

（4）是否保证合规管理的独立性和权威性，合规管理负责人、合规管理部门履行职责是否得到有效保障；"三道防线"是否健全完善并有效运行，"管业务必须管合规"是否落实落地等。

3. 合规管理制度建设检查评估应重点关注以下方面：

（1）是否制定贯彻落实公司合规管理办法的制度规定，或是否修订完善本企业贯彻落实公司全面依法依规治企强化管理意见的实施细则，细化合规管理措施等。

（2）是否在公司章程中明确打造法治企业目标任务，明确董事会、执行董事决定企业法律合规体系建设，对法律合规管理制度及其有效实施进行总体监控和评价等要求。

（3）是否制定发布本单位的合规行为规范，制定完善覆盖主要业务领域的专项合规管理制度或工作指南、操作流程等。

（4）是否常态化开展法律法规识别转化工作，建立完善并持续更新本单位生产经营适用的法律法规清单，及时将外部合规要求转化为企业内部制度规范。

（5）是否定期对现行制度规定进行梳理评估，修订完善或废止与法律法规、外部监管规定不相符的制度规定。

（6）是否明确界定本单位的高风险业务、高风险岗位及重点人员范围，明确加强"两高一重"合规管理的措施要求。

4. 合规管理运行机制检查评估应重点关注以下方面：

（1）是否建立完善合规风险识别评估、监测预警长效机制，形成责任明确、规范有效的管理流程，建立完善并动态更新法律合规风险清单、合规风险案例库等。

（2）是否建立完善有效的合规风险应对处置机制与流程，加强合规风险事件分级管理，规范完善合规风险事件应急处理体系，分析总结合规风险产生原因，修订完善相关制度流程等。

（3）是否将合规审查嵌入业务流程，强化合法合规性论证与市场论证、技术论证、财务论证等相结合的联动把关机制，明确业务主办部门、合规管理部门的责任分工和工作衔接。是否对规章制度、重大事项决策、重要合同等应审必审，是否存在因未经合法合规性审查或虽经审查但把关不严而导致的重大合规风险事件等。

（4）是否建立完善业务部门、职能管理部门、合规管理部门及内部审计、纪检监察（监督）等监督部门各负其责、统筹联动的合规检查机制和流程。针对监管重点关注事项、新政策法规落实情况及新业务开展情况的合规检查，是否有计划、有部署、有成效，对合规检查发现的问题是否整改落实到位等。

（5）是否建立完善合规咨询机制，合规咨询流程是否规范有效，合规风险较高领域的强制合规咨询要求是否明确，合规管理部门是否为业务部门和员工遇到的合规事项答疑解惑、提供支持等。

（6）是否建立公开的合规举报平台，举报渠道是否畅通，举报处理过程是否充分留痕，举报机制是否能够保障合规管理部门有效履行职责、员工正常行使举报权利等。

（7）是否建立违规问题调查处理工作机制，规范和落实以纪检监察（监督）机构为主体，职能管理部门及合规管理部门根据职责权限既分工负责、各有侧重，又统筹联动、协同发力的工作流程；对不属于纪检监察（监督）范畴，且超出职能管理部门职权范围的违规事件的调查处理要求是否明确有效；违规问题是否及时整改，整改情况是否得到合规管理部门或其他监督部门的跟踪和检视等。

（8）是否明确合规责任范围及违规惩处标准，建立容错免责机制；对主动发现合规风险事项并及时报告，积极妥善处理，落实责任追究，完善内部控制制度和业务流程的部门或相关人员予以责任减免；对于避重就轻、瞒报谎报、消极对待的部门或相关人员严格追责问责等。

（9）是否建立完善合规、内控、风险管理一体化推进机制，合规风险识别评估与重大风险年度评估、季度监测和风险事件跟踪报告等工作是否统筹实施，合规管理要求是否植入内控风险矩阵和业务流程，合规管理制度建设及实施情况、合规风险防控措施有效性是否纳入内控体系监督评价等。

5. 合规管理保障机制检查评估应重点关注以下方面：

（1）是否将合规管理指标纳入经营业绩考核体系；是否将遵守法律法规、制度规定等合规落实情况纳入对员工的考核评价体系；是否将法治素养及合规评价结果作为干部任免、人员聘用、海外派驻、评先选优和奖惩的重要依据等。

（2）是否建立完善合规管理人才培养机制，将合规管理人员纳入人才培养体系，建立健全"懂业务、精合规、善管理"的复合型合规管理人才库；是否多层次、多渠道对合规管理人员开展合规业务培训，鼓励和支持合规管理人员取得相关职业资格等。

（3）是否将培育合规文化作为企业文化建设的重要内容，做出明确部署安排；是否有效利用"报、微、网、端、屏"，广泛宣传合规文化、合规理念；是否在业务往来中，向商业伙伴传递中国石化诚信合规理念和要求等。

（4）是否将合规培训纳入年度培训计划并有效落实；是否将合规教育纳入企业党委理论学习中心组学习计划、各级领导干部培训教育课程；是否对新员工入职开展合规培训和测试、进行合规承诺；是否组织关键岗位及高风险岗位员工学习掌握与岗位相适应的合规知识、外部合规要求、内部规章制度以及风险防控要求；是否针对重要合规事项开展全员合规培训；是否建立完善合规培训档案，如实记录合规培训情况等。

（5）是否建立合规报告制度，并明确规定合规报告责任部门和人员、合规报告路径及相关流程；合规风险事件报告要求是否有效落实；年度合规工作报告制度是否有效落实等。

（6）是否依托现有制度、内控等信息系统，开展合规管理信息化建设；是否建立合规信息库，按类别及时收录、更新、公布、清理各类合规管理制度、依据、典型案例等信息；是否实现对经营管理行为依法合规情况的实时在线监控和风险分析等。

（四）合规管理检查评估程序和方式方法

1. 检查评估程序一般包括：成立检查评估工作领导小组和实施小组，发布检查评估方案，实施现场检查与评价，复核确认并出具现场评估结论，汇总分析检查评估结果，编制检查评估报告，做好后续整改问责等。

2. 检查评估采取总部部门、直属单位自查自评与公司检查评估相结合、线上检查评估与线下检查评估相结合方式。

检查评估方法主要包括：个别访谈、文本审阅、问卷调查、知识测试、专题讨论、抽样分析、实地查验、穿行测试等。

3. 检查评估应坚持各直属单位自评当年全覆盖，公司每年选取部分企业或重要业务领域实施重点督导检查。

4. 公司及直属单位合规管理部门应当制定检查评估实施方案，报本单位合规管理委员会批准后实施。

检查评估方案应遵循法律法规等外部监管要求和企业相关制度规定，围绕本单位依法治企、合规管理及防范重大风险目标任务，聚焦企业生产经营重点、难点问题，充分考虑检查评估的效率和效果，明确评估目的、范围、内容、分工、进程和要求等。

5. 公司及直属单位应依据检查评估方案成立领导小组和实施小组，明确责任分工和任务要求。领导小组组织召开检查评估启动会及检查评估情况总结会。实施小组根据检查评估方案要求，制作工作底稿、报告等检查评估工作文件，并会同有关部门对检查评估人员进行相关业务培训。实施小组成员对其所在单位、部门的检查评估应当回避。

6. 实施小组应当收集评估期内外部监管检查意见、审计报告、合规报告、投诉、举报、媒体报道等资料，明确评估重点，对高风险业务、高风险岗位、重点人员、关键环节，在检查评估过程中应予以高度关注。

7. 各直属单位应按要求开展合规管理自查自评工作，编制并如实填写自评工作底稿，提交相关证据材料。合规管理检查评估可以利用内控评价相关工作底稿，以验证和评估合规管理有效性。各直属单位自评工作底稿由本单位合规管理负责人签署确认后报公司合规管理部门。

8. 公司检查评估实施小组应当对各单位自评底稿进行复核，并针对评估期内发生的合规风险事项开展重点评估，查找合规管理缺陷，分析问题产生原因，提出整改建议并提交复核报告。

9. 检查评估人员可以根据关注重点，对业务与管理事项进行抽样分析，按照业务发生频率、重要性及合规风险发生可能性的高低，从确定的抽样总体中抽取一定比例的样本，并对样本的符合性做出判断。抽样规则可参考公司内部控制检查评价与考核办法规定。

10. 检查评估人员可以对具体业务处理流程开展穿行测试，检查与其相关的原始文件，并根据文件上的业务处理踪迹，追踪流程，对相关管理制度与操作流程的实际运行情况进行验证。

11. 检查评估人员在检查评估过程中，发现重要问题应及时向实施小组组长汇报，由其协调处理和研究解决。遇到无法协调处理的问题，实施小组应向本单位合规管理部门报告。

12. 实施小组应严格落实检查评估复核要求，汇总检查评估结果，整理发现的问题，由经授权人员复核、实施小组组长确认。

13. 实施小组应当在检查评估工作结束前，与被检查评估单位就检查评估结果进行必要沟通，听取对方意见，分析问题产生根源，提出改进措施建议和整改要求。

被检查评估单位不得以任何形式影响检查评估人员作出结论。对检查评估结论有不同意见，被检查评估单位可向组织检查评估的合规管理部门书面反映，由合规管理部门提出处理意见，并报本单位合规管理委员会审定。

14. 实施小组应当根据检查评估情况及反馈意见，撰写检查评估报告，报本单位合规管理部门。合规管理部门汇总各实施小组的检查评估报告，形成总报告，经本单位合规管理委员会批准后，报本单位管理层和上级合规管理部门。检查评估情况应通报相关职能管理部门和监督部门。

检查评估报告内容至少应包括：评估依据、评估范围和对象、评估程序和方法、评估内容、发现的问题及改进建议、前次评估中发现问题的整改情况等。

15. 公司及直属单位合规管理部门针对检查评估发现的问题，组织有关部门、单位及时制定整改方案，明确整改责任、整改措施、验收标准和完成时限等。需要长期整改落实的，整改责任部门应当定期向本单位合规管理部门及其他相关部门报告整改进展情况，可能导致重大法律合规风险或其他不良后果的，应及时报告；整改结束后，应按要求向本单位合规管理部门报送整改报告及相关资料。

16. 公司及各直属单位合规管理委员会应当对检查评估发现的全局性、系统性问题的整改情况，进行持续关注和跟踪，指导并监督相关部门全面及时完成整改。

（五）检查评估问责

1. 公司及直属单位应当将检查评估结果纳入企业管理层、各部门和所属单位及其工作人员的绩效考核范围。

2. 公司及直属单位董事会（执行董事）、监事会（监事）、管理层、各部门及所属单位应当积极支持和配合检查评估工作。对在检查评估过程中出现拒绝、阻碍和隐瞒的，应当严肃考核问责。

第三节
公司治理专项合规案例分析

一、案情简介

K电子科技股份有限公司（以下简称"K公司"）长期从事汽车电子产品研发制造，连续多年获国家火炬计划重点高新技术企业称号，是国家级驰名商标，取得700余项专利及软件著作权，2018年开始打造占地30万平方米、可容纳300余家企业的产业园，已被认定为国家级科技企业孵化器。被告人王某某系K公司副总经理、董事会秘书。

2016年12月，K公司拟向C科技股份有限公司（以下简称"C公司"）出售全资子公司。2017年1月15日，K公司实际控制人卢某某与C公司时任总经理张某某达成合作意向。同年2月9日，双方正式签署《收购意向协议》，同日下午C公司向深交所进行报备，于次日开始停牌。同年4月7日，C公司发布复牌公告，宣布与K公司终止资产重组。经中国证券监督管理委员会认定，上述收购事项在公开前属于内幕信息，内幕信息敏感期为2017年1月15日至4月7日。被告人王某某作为K公司董事会秘书，自董事会开始知悉重组计划，参与重组事项，系内幕信息的知情人员。

2016年12月和2017年2月9日，被告人王某某两次向其好友被告人金某某泄露重组计划和时间进程。被告人金某某获取内幕信息后，为非法获利，于2017年2月9日紧急筹集资金，使用本人证券账户买入C公司股票8.37万股，成交金额人民币411万余元，复牌后陆续卖出，金某某亏损合计人民币50余万元。

2021年8月10日，北京市公安局以王某某、金某某涉嫌内幕交易罪向北京市人民检察院第二分院（以下简称"市检二分院"）移送审查起诉。审查起诉期间，市检二分院对K公司开展企业合规工作，合规考察结束后结合犯罪事实和企业合规整改情况对被告人提出有期徒刑二年至二年半，适用缓刑，并处罚金的量刑建议，与二被告人签署认罪认罚具结书。2021年12月30日，市检二分院以泄露内幕信息罪、内幕交易罪分别对王某某、金某某提起公诉。2022年1月28日，北京市第二中级人民法院作出一审判决，认可检察机关指控事实和罪名，认为检察机关开展的合规工作有利于促进企业合法守规经营，优化营商环境，可在量刑时酌情考虑，采纳市检二分院提出的量刑建议，以泄露内幕信息罪判处王某某有期徒刑二年，缓刑二年，并处罚金人民币十万元，以内幕交易罪判处金某某有期徒刑二年，缓刑二年，并处罚金人民币二十万元。

案件办理期间，K 公司提出王某某被羁押造成公司业务陷入停滞，主动作出合规经营承诺。市检二分院向 K 公司负责人、投资人及合作伙伴多方核实，调取企业项目资质、决策会议记录等证明材料，了解到 K 公司正处于从生产制造模式向产融运营模式转型的关键阶段，王某某长期负责战略规划、投融资等工作，因其羁押已造成多个投融资和招商项目搁浅，导致涉十亿元投资的产业园项目停滞，王某某对企业当下正常经营和持续发展确有重要作用。市检二分院综合考虑犯罪情节、案件查证情况及王某某认罪认罚意愿，及时回应企业需求，变更王某某强制措施为取保候审。同时，鉴于 K 公司具有良好发展前景，且有合规建设意愿，检察机关经审查评估犯罪行为危害、个人态度、履职影响及整改必要性等因素，于 2021 年 9 月 8 日启动企业合规工作。

经过两个月整改，第三方组织采用 12 个模块 65 项量化指标评估体系，对整改成果逐项评分并认定达到"良好"等级。2021 年 12 月 23 日，经合规领域专家听证会闭门评议，K 公司通过公开验收。至 2022 年 5 月，其产业园项目已竣工待验收，原涉案的 2,000 万元投资项目亦按新规有序推进。该案成为全国首例证券犯罪涉案企业合规整改成功范例，验证了"检察建议 + 第三方评估 + 听证监督"模式的有效性。

二、案例分析

（一）王某某是否构成泄露内幕信息，金某某是否构成内幕交易

根据《刑法》第 180 条第一款，王某某系 K 公司董事会秘书，属于法定内幕信息知情人员，且主动泄露重组计划，符合"泄露内幕信息罪"构成要件。金某某利用内幕信息交易，尽管亏损，但根据司法解释，盈利并非定罪要件，交易行为本身已构成"内幕交易罪"。且内幕信息敏感期为 2017 年 1 月 15 日至 4 月 7 日覆盖了从意向达成到终止重组的关键阶段，符合证监会认定标准。故，王某某构成泄露内幕信息，金某某构成内幕交易。

（二）K 公司合规整改内容

1. 主动开展合规工作

K 公司于 2021 年 9 月 8 日接受市检二分院企业合规审查后，主动开展专项整改工作。2021 年 10 月 11 日，K 公司根据检察机关针对投资参股型企业特点制发的检察建议

书，K公司协同三家经第三方组织筛选的重要关联子公司实施系统性整改，同步推进资本运作信息保密制度建设。施行了调整治理架构、设立专职合规部门、规范决策流程、强化员工培训等管控措施。

2. 第三方监督动态评估机制

为进一步实现检察建议具体化、可行化和专业化落地，确保企业合规整改取得实效，市检二分院决定适用第三方监督评估机制，监督、引导涉案企业进行合规整改。在第三方组织监督、引导下，K公司制定了涵盖组织体系、保密对象、制度重建、运行保障、意识文化以及主体延伸等多个层面的信息保密专项合规计划，并聘请专业合规团队辅导公司逐项完成，规范配置经营决策权，建立体系化信息保密管理和考核制度，新设合规管理责任部门，实现合规管理流程全覆盖，组织开展了辐射内部员工、关联公司以及产业园区企业的专项培训。

3. 公开听证强化公信

经过两个月合规考察，K公司于2021年12月20日获得第三方组织"良好"评级认证，其整改成果在12个模块65项指标的量化评价中达到验收标准。在后续公开听证中，公司向合规领域专家完整呈现整改成效，重点说明合规责任体系构建、专项经费使用、制度落地效果等关键环节，最终通过专家组闭门评审。

4. 成果

截至2022年5月，K公司已完成产业园项目主体建设并进入验收阶段，原涉资的2,000万元投资项目严格依照新建合规制度规范运行。通过合规整改，公司实现治理结构优化升级，建立常态化合规管理机制，有效保障了后续资本运作项目的合规运营。

（三）K公司合规改革对其他公司的意义

1. 重刑案件中主动适用合规改革

K公司合规整改的成功，帮助我们探索了可能判处较重刑罚案件适用合规改革的可能性。针对可能判处较重刑罚但涉案人员对企业经营具有不可替代性的案件，K公司案例为其他企业提供了"侦查—起诉—审判"全流程合规整改的示范。通过侦查阶段审慎采取强制措施、审查起诉阶段督促专项整改、审判阶段基于合规成果提出宽缓量刑建议，K公司实现了司法程序与企业正常经营的平衡。这一机制提示其他公司：若存在关键人员涉案风险，可主动启动合规整改，借助检察机关的全程介入，降低因人员羁押导致的经营停滞风险，为争取宽大处理提供制度保障。

2. 以专项合规推动企业治理结构升级

尽管K公司案件聚焦于内幕信息保密专项合规，但整改过程中暴露的家族式治理、关键人控制等民营企业通病，成为推动其向现代企业转型的契机。例如，K 公司通过调整治理结构、分离决策权与经营权、建立常态化合规小组等措施，解决了内控失调问题。这提示其他企业：专项合规不仅是应对个案风险的"急救药"，更应作为完善法人治理的"催化剂"，尤其对存在"一言堂"或股权结构封闭的企业，可借合规整改优化决策机制，提升抗风险能力。

3. 强化非上市公司资本市场合规意识

作为全国首例证券犯罪涉案非上市公司合规整改案例，K 公司通过建立资本运作信息保密制度、规范内幕信息知情人登记、加强员工合规培训等举措，为资本市场非上市公司树立了合规标杆。其意义在于：非上市公司虽不受上市公司严格监管约束，但需主动将《中华人民共和国证券法》《上市公司重大资产重组管理办法》等外部规范内化为自律要求。

4. 行刑衔接与长效合规机制的结合

K 公司在整改后通过修订供应商管理、财务制度及强化税务培训，实现了从"事后整改"到"事前防控"的转变。检察机关还通过行刑反向衔接机制，将案件移送行政监管部门处置，避免"不刑不罚"。这提示其他企业：合规整改需与行政监管形成闭环，通过建立常态化检查机制（如定期合同流程审计、合规文化培育）巩固整改成果。同时，企业可借鉴 K 公司"合规融入日常经营"的经验，将合规要求嵌入业务流程，而非仅应对司法审查。

第六章

市场准入专项合规指南与案例分析

市场准入是指一国政府对外国投资者及其资本进入本国市场所设定的法律、政策和行政条件。这些条件规定了外资可以进入的行业、投资形式、股权比例、审批程序等，旨在确保外资的进入符合东道国的经济利益、国家安全和公共政策目标。市场准入是东道国政府管理外资流入的核心机制，既影响外资的流向和规模，也反映了东道国的经济开放程度和政策导向。

通常，市场准入的表现形式为：

（1）行业限制：东道国通常会根据国家战略和产业政策，对外资进入的行业进行分类管理，例如禁止类：某些关键或敏感行业（如国防、核能、通信等）可能完全禁止外资进入；限制类：部分行业可能允许外资进入，但对外资持股比例或投资形式设限（如金融、能源、基础设施等）；鼓励类：一些行业可能对外资完全开放，甚至提供优惠政策。

（2）投资形式限制：东道国可能对外资进入的方式作出规定，例如：是否允许设立独资企业，或必须与本地企业合资；是否允许通过并购方式进入市场。

（3）股权比例限制：在某些行业，东道国可能对外资的持股比例设限。例如，外资可能被允许持有不超过49%的股权，其余部分则必须由本地自然人或企业所有。有些东道国可能要求逐年剥离外商的股权，直至将相关产业收归国有。

同时，值得注意的是，我国也对企业境外投资的目的国和行业有所约束。商务部和省级商务主管部门按照企业境外投资的不同情形，分别实行备案和核准管理。

第一节

市场准入专项合规相关法律依据

	《企业境外投资管理办法》
第十三条	实行核准管理的范围是投资主体直接或通过其控制的境外企业开展的敏感类项目。核准机关是国家发展改革委。 本办法所称敏感类项目包括： （一）涉及敏感国家和地区的项目； （二）涉及敏感行业的项目。 本办法所称敏感国家和地区包括： （一）与我国未建交的国家和地区； （二）发生战争、内乱的国家和地区； （三）根据我国缔结或参加的国际条约、协定等，需要限制企业对其投资的国家和地区； （四）其他敏感国家和地区。 本办法所称敏感行业包括： （一）武器装备的研制、生产、维修； （二）跨境水资源开发利用； （三）新闻传媒； （四）根据我国法律法规和有关调控政策，需要限制企业境外投资的行业。 敏感行业目录由国家发展改革委发布
第十四条	实行备案管理的范围是投资主体直接开展的非敏感类项目，也即涉及投资主体直接投入资产、权益或提供融资、担保的非敏感类项目。 实行备案管理的项目中，投资主体是中央管理企业（含中央管理金融企业、国务院或国务院所属机构直接管理的企业，下同）的，备案机关是国家发展改革委；投资主体是地方企业，且中方投资额3亿美元及以上的，备案机关是国家发展改革委；投资主体是地方企业，且中方投资额3亿美元以下的，备案机关是投资主体注册地的省级政府发展改革部门。 本办法所称非敏感类项目，是指不涉及敏感国家和地区且不涉及敏感行业的项目。 本办法所称中方投资额，是指投资主体直接以及通过其控制的境外企业为项目投入的货币、证券、实物、技术、知识产权、股权、债权等资产、权益以及提供融资、担保的总额。 本办法所称省级政府发展改革部门，包括各省、自治区、直辖市及计划单列市人民政府发展改革部门和新疆生产建设兵团发展改革部门
	《境外投资管理办法》
第六条	商务部和省级商务主管部门按照企业境外投资的不同情形，分别实行备案和核准管理。 企业境外投资涉及敏感国家和地区、敏感行业的，实行核准管理。 企业其他情形的境外投资，实行备案管理
第七条	实行核准管理的国家是指与中华人民共和国未建交的国家、受联合国制裁的国家。必要时，商务部可另行公布其他实行核准管理的国家和地区的名单。 实行核准管理的行业是指涉及出口中华人民共和国限制出口的产品和技术的行业、影响一国（地区）以上利益的行业
第十九条	企业应当客观评估自身条件、能力，深入研究投资目的地投资环境，积极稳妥开展境外投资，注意防范风险。境内外法律法规和规章对资格资质有要求的，企业应当取得相关证明文件

续表

《企业境外经营合规管理指引》	
第七条	境外投资中的合规要求： 企业开展境外投资，应确保经营活动全流程、全方位合规，全面掌握关于市场准入、贸易管制、国家安全审查、行业监管、外汇管理、反垄断、反洗钱、反恐怖融资等方面的具体要求
《服务贸易总协定》	
第十六条	1. 在第一条所确定的服务提供方式的市场准入方面，每个成员给予其他任何成员的服务和服务提供者的待遇，不得低于其承诺表中所同意和明确的规定、限制和条件。 2. 在承担市场准入承诺的部门中，一成员除非在其承诺表中明确规定，既不得在某一区域内，也不得在其全境内维持或采取以下措施： （a）限制服务提供者的数量，不论是以数量配额、垄断、专营服务提供者的方式，还是以要求经济需求测试的方式； （b）以数量配额或要求经济需求测试的方式，限制服务交易或资产的总金额； （c）以配额或要求经济需求测试的方式，限制服务业务的总量； （d）以数量配额或要求经济需求测试的方式，限制某一特定服务部门可雇佣的或一服务提供者可雇佣的、对一具体服务的提供所必需或直接有关的自然人的总数； （e）限制或要求一服务提供者通过特定类型的法律实体或合营企业提供服务的措施； （f）通过对外国持股的最高比例或单个或总体外国投资总额的限制来限制外国资本的参与
《区域全面经济伙伴关系协定》	
第十章 投资 第六条 禁止业绩要求	一、任何缔约方不得就其领土内缔约另一方投资者的投资进行设立、取得、扩大、管理、经营、运营、出售或其他处置方面施加或强制执行以下要求： （一）出口一定水平或比例的货物； （二）达到一定水平或比例的当地含量； （三）购买、使用其领土内生产的货物，或给予其领土内生产的货物优惠，或向其领土内的人购买货物； （四）将进口产品的数量或价值与出口产品的数量或价值或与该投资者的投资有关的外汇流入金额相联系； （五）通过将销售与出口产品的数量或价值或外汇收入相联系，以限制该投资生产的货物在其领土内的销售； （六）向其领土内的人转让特定技术、生产流程或其他专有知识； （七）仅从该缔约方领土内向一个特定地区市场或世界市场提供投资所生产的货物；或者 （八）对于在施加或强制执行该要求时业已存在的任何许可合同，或投资者与缔约方领土内的人自由达成的任何未来的许可合同，规定一定比率或金额的特许费，只要实施或强加该要求的方式构成一缔约方在行使非司法性质的政府职权下对该许可合同的直接干预。为进一步明确，当许可合同由投资者与一缔约方订立时，本项不适用。 第（六）项和第（八）项不适用于柬埔寨、老挝人民民主共和国和缅甸。 二、任一缔约方不得就其领土内的缔约另一方投资者的投资在设立、取得、扩大、管理、经营、运营、出售或其他处置方面，要求以遵守下列要求作为获得或继续获得优惠的条件： （一）达到一定水平或比例的当地含量； （二）购买、使用其领土内生产的货物，或给予其领土内生产的货物优惠，或向其领土内的人购买货物； （三）将进口产品的数量或价值与出口产品的数量或价值或与该投资者的投资有关的外汇流入金额相联系；或 （四）通过将该销售与出口产品的数量或价值或外汇收入相联系，以限制该投资生产的货物在其领土内的销售

续表

其他相关规定	
参考文件	《市场准入负面清单》（2023 年版）、《外商投资法》、《自由贸易试验区外商投资准入特别管理措施》

第二节
市场准入专项合规案例分析

一、【案例一】S 机电设备有限公司超范围生产经营案（国内市场准入不合规）

（一）案情简介

S 机电设备有限公司（以下简称"当事人"）是一家有限责任公司，主要从事机电设备、仪表仪器、五金设备、石化设备、管道、阀门的销售、安装及维修服务。2022年 7 月 7 日，嵊州市市场监督管理局执法人员对 F 制冷设备股份有限公司进行执法检查时，发现其氮气供应站内正在使用一台储气罐。该储气罐铭牌标注信息显示，其设计压力为 4.2MPa，容积为 1.0m³，工作介质为压缩空气和氮气，属于特种设备目录中的固定式压力容器。F 制冷设备股份有限公司现场无法提供该储气罐的安装质量证明文件。经初步调查，该储气罐由当事人安装，而当事人未取得相应的特种设备生产许可证。2022 年 7 月 20 日，嵊州市市场监督管理局对当事人进行立案调查。

经查明，2021 年 12 月至 2022 年 1 月期间，当事人在未取得特种设备安装资质的情况下，为 F 制冷设备股份有限公司安装了一台储气罐。该储气罐的设计压力为 4.2MPa，容器容积为 1.0m³，工作介质为空气和氮气，容器内径为 800mm，属于特种设备目录中的固定式压力容器。当事人未能提供可计算利润的会计核算凭证，违法所得无法计算。2022 年 8 月 19 日，嵊州市市场监督管理局向当事人送达了《行政处罚告知书》，当事人在法定期限内未提出陈述、申辩，也未要求听证。2022 年 8 月 29 日，嵊州市市场监督管理局依法对当事人作出行政处罚决定。

（二）案例分析

本案的核心问题是特种设备市场准入合规。根据《中华人民共和国特种设备安全法》第十八条，特种设备生产单位需具备与生产相适应的专业技术人员、设备设施和工作场所，并建立健全的质量保证、安全管理和岗位责任制度，经负责特种设备安全监督管理的部门许可后，方可从事生产活动。本案中，当事人未取得特种设备生产许可证，擅自为浙江 F 制冷设备股份有限公司安装储气罐，违反了上述法律规定。

执法部门通过以下证据链确认了当事人的违法行为：

（1）特种设备目录及产品合格证：证明涉案储气罐属于特种设备目录中的固定式压力容器。

（2）工程安装合同及现场检查笔录：证明当事人与浙江 F 制冷设备股份有限公司签订了安装合同，并实际完成了储气罐的安装。

（3）全国特种设备公示信息查询平台查询结果：证明当事人未取得特种设备生产许可证。

（4）询问笔录及现场照片：进一步确认了当事人未经许可从事特种设备生产活动的时间、地点、技术参数及数量等事实。

依据《中华人民共和国特种设备安全法》第七十四条，未经许可从事特种设备生产活动的，应责令停止生产，没收违法制造的特种设备，并处 10 万元以上 50 万元以下罚款；有违法所得的，没收违法所得。鉴于当事人积极配合调查，如实陈述违法事实，且未造成严重危害后果，执法部门对其处以 10 万元罚款，体现了过罚相当的原则。

（三）启示

企业在生产经营过程中，根据行业不同的法律法规，需要严格遵守市场准入要求，特别是在涉及特种设备等高风险领域时。任何未取得相关资质和许可的生产、安装行为都可能导致严重的法律后果。企业应确保在业务拓展之前，全面了解并符合行业的合规要求，以避免因资质问题带来的法律风险和财务损失。此外，本案例也提醒企业，合规经营不仅是对法律的遵循，更是对自身品牌和信誉的保护。为了避免类似问题的发生，企业可以定期进行内部合规审查，确保业务流程符合法律规定。

二、【案例二】外资负面清单 VIE 协议控制案例

（一）案情简介

S 学校和 T 幼儿园（以下简称"目标学校"）分别经湖南省教育厅和长沙市雨花区教育局批准设立，其最初的举办者为 Y 公司。2009 年 7 月 28 日，Y 公司（甲方、转让方）和 A 公司（乙方、受让方）签订《合作框架协议》，该协议中约定：甲方将目标学校的教学举办权、经营收益权（不包括转让交割前的历年结余额）、经营处置权、无形资产等以及截止协议签订之日目标学校正在使用的教学设备和小学部、初中部、高中部教学楼的房产作为转让标的权益（以下简称标的权益），甲方向乙方转让70% 的标的权益和其关联 B 公司的所有权益。双方同时约定了纽约证券交易所的相关安排。

2012 年 3 月 6 日，Y 公司一直未能完成将所持 ADR 股转换成 ADS 股（合同协议安排之一），Y 公司称是因为 A 公司阻碍所导致，而 A 公司则认为是 Y 公司未按法定程序办理所导致。因 A 公司的股票已经被纽约证券交易所暂停交易，且股价大幅下跌，双方遂形成本案纠纷。

（二）案例分析

本案争议焦点之一是，外资是否可以通过协议控制从而进入外资被禁止进入领域，对于本案协议，最高人民法院认为："《合作框架协议》并未违反法律、行政法规的强制性规定。Y 公司主张《合作框架协议》因违反《中华人民共和国中外合作办学条例》第六条及《外商投资产业指导目录》《商务部实施外国投资者并购境内企业安全审查制度的规定》第九条的强制性规定无效。但《外商投资产业指导目录》及《商务部实施外国投资者并购境内企业安全审查制度的规定》系部门规章，而非法律和行政法规。根据《中华人民共和国合同法》第五十二条第五项有关'违反法律、行政法规的强制性规定'应当认定无效的规定及《最高人民法院关于适用〈合同法〉若干问题的解释（一）》第四条'合同法实施以后，应当以全国人大及其常委会制定的法律和国务院制定的行政法规为依据，不得以地方性法规、行政规章为依据'的规定，《外商投资产业指导目录》及《商务部实施外国投资者并购境内企业安全审查制度的规定》不能作为认定合同效力的依据。"

"就本案所涉及的内资企业取得义务教育机构的举办权，但其股东权利根据合同约定受外资企业控制是否违反《中华人民共和国中外合作办学条例》第六条规定'中外合作办学者可以举办各级各类教育机构，但是，不得举办实施义务教育和实施军事、警察、政治等特殊性教育的机构'的规定的问题，本院征求了中华人民共和国教育部政策法规司的意见。该司答复称：根据该条例，中外合作办学的主要特征包括：外方应为教育机构，外方可以直接参与学校办学与管理，教育教学内容可以部分采用国外课程等。外资通过与内资企业的股东签订合同的方式控制民办学校，并非直接参与学校办学与管理，相关活动不属于《中华人民共和国中外合作办学条例》的调整范围。"

（三）启示

目前，中国法律法规及监管部门对 VIE 架构的法律评价尚存在一定的不确定性，但通过司法判例可以看出，法院对 VIE 协议的效力问题已有所涉及和探讨。我们认为，并非所有存在准入限制的业务领域都适合通过 VIE 架构进行变相投资，尤其是涉及强监管或明确禁止外资进入的行业。在设计 VIE 架构时，需特别关注相关行业的监管政策，审慎评估法律风险，以避免潜在的法律合规问题。

第七章

市场交易专项合规指南与案例分析

随着市场经济的快速发展和全球一体化的不断推进，市场交易的复杂性和多样性日益增加，我国已经建立了一套相对完善的市场交易法律法规体系，旨在维护市场秩序，保护投资者利益，促进公平竞争，这对企业的合规管理提出了更高的要求。

本章节将立足于我国市场交易相关的法律法规，如《中华人民共和国证券法》《期货交易管理条例》等，结合最新的监管政策和指导意见，对市场交易中的合规要求进行详细解读。

第一节
市场交易专项合规相关法律依据

《中华人民共和国刑法》	
第一百六十条	【欺诈发行证券罪】 在招股说明书、认股书、公司、企业债券募集办法等发行文件中隐瞒重要事实或者编造重大虚假内容，发行股票或者公司、企业债券、存托凭证或者国务院依法认定的其他证券，数额巨大、后果严重或者有其他严重情节的，处五年以下有期徒刑或者拘役，并处或者单处罚金；数额特别巨大、后果特别严重或者有其他特别严重情节的，处五年以上有期徒刑，并处罚金。 控股股东、实际控制人组织、指使实施前款行为的，处五年以下有期徒刑或者拘役，并处或者单处非法募集资金金额百分之二十以上一倍以下罚金；数额特别巨大、后果特别严重或者有其他特别严重情节的，处五年以上有期徒刑，并处非法募集资金金额百分之二十以上一倍以下罚金。 单位犯前两款罪的，对单位判处非法募集资金金额百分之二十以上一倍以下罚金，并对其直接负责的主管人员和其他直接责任人员，依照第一款的规定处罚
第一百六十一条	【违规披露、不披露重要信息罪】 依法负有信息披露义务的公司、企业向股东和社会公众提供虚假的或者隐瞒重要事实的财务会计报告，或者对依法应当披露的其他重要信息不按照规定披露，严重损害股东或者其他人利益，或者有其他严重情节的，对其直接负责的主管人员和其他直接责任人员，处五年以下有期徒刑或者拘役，并处或者单处罚金；情节特别严重的，处五年以上十年以下有期徒刑，并处罚金。 前款规定的公司、企业的控股股东、实际控制人实施或者组织、指使实施前款行为的，或者隐瞒相关事项导致前款规定的情形发生的，依照前款的规定处罚。 犯前款罪的控股股东、实际控制人是单位的，对单位判处罚金，并对其直接负责的主管人员和其他直接责任人员，依照第一款的规定处罚

续表

《中华人民共和国刑法》	
第一百六十二条	【妨害清算罪】 公司、企业进行清算时，隐匿财产，对资产负债表或者财产清单作虚伪记载或者在未清偿债务前分配公司、企业财产，严重损害债权人或者其他人利益的，对其直接负责的主管人员和其他直接责任人员，处五年以下有期徒刑或者拘役，并处或者单处二万元以上二十万元以下罚金。 【隐匿、故意销毁会计凭证、会计账簿、财务会计报告罪】 隐匿或者故意销毁依法应当保存的会计凭证、会计账簿、财务会计报告，情节严重的，处五年以下有期徒刑或者拘役，并处或者单处二万元以上二十万元以下罚金。 单位犯前款罪的，对单位判处罚金，并对其直接负责的主管人员和其他直接责任人员，依照前款的规定处罚。 【虚假破产罪】 公司、企业通过隐匿财产、承担虚构的债务或者以其他方法转移、处分财产，实施虚假破产，严重损害债权人或者其他人利益的，对其直接负责的主管人员和其他直接责任人员，处五年以下有期徒刑或者拘役，并处或者单处二万元以上二十万元以下罚金
第一百七十九条	【擅自发行股票、公司、企业债券罪】 未经国家有关主管部门批准，擅自发行股票或者公司、企业债券，数额巨大、后果严重或者有其他严重情节的，处五年以下有期徒刑或者拘役，并处或者单处非法募集资金金额百分之一以上百分之五以下罚金
第一百八十条	【内幕交易、泄露内幕信息罪】 证券、期货交易内幕信息的知情人员或者非法获取证券、期货交易内幕信息的人员，在涉及证券的发行，证券、期货交易或其他对证券、期货交易价格有重大影响的信息尚未公开前，买入或者卖出该证券，或者从事与该内幕信息有关的期货交易，或者泄露该信息，或者明示、暗示他人从事上述交易活动，情节严重的，处五年以下有期徒刑或者拘役，并处或者单处违法所得一倍以上五倍以下罚金；情节特别严重的，处五年以上十年以下有期徒刑，并处违法所得一倍以上五倍以下罚金。 单位犯前款罪的，对单位判处罚金，并对其直接负责的主管人员和其他直接责任人员，处五年以下有期徒刑或者拘役。 内幕信息、知情人员的范围，依照法律、行政法规的规定确定。 【利用未公开信息交易罪】 证券交易所、期货交易所、证券公司、期货经纪公司、基金管理公司、商业银行、保险公司等金融机构的从业人员以及有关监管部门或者行业协会的工作人员，利用因职务便利获取的内幕信息以外的其他未公开的信息，违反规定，从事与该信息相关的证券、期货交易活动，或者明示、暗示他人从事相关交易活动，情节严重的，依照第一款的规定处罚
第一百八十一条	【编造并传播证券、期货交易虚假信息罪】 编造并且传播影响证券、期货交易的虚假信息，扰乱证券、期货交易市场，造成严重后果的，处五年以下有期徒刑或者拘役，并处或者单处一万元以上十万元以下罚金。 【诱骗投资者买卖证券、期货合约罪】 证券交易所、期货交易所、证券公司、期货经纪公司的从业人员，证券业协会、期货业协会或者证券期货监督管理部门的工作人员，故意提供虚假信息或者伪造、变造、销毁交易记录，诱骗投资者买卖证券、期货合约，造成严重后果的，处五年以下有期徒刑或者拘役，并处或者单处一万元以上十万元以下罚金；情节特别恶劣的，处五年以上十年以下有期徒刑，并处二万元以上二十万元以下罚金。 单位犯前两款罪的，对单位判处罚金，并对其直接负责的主管人员和其他直接责任人员，处五年以下有期徒刑或者拘役

续表

《中华人民共和国刑法》	
第一百八十二条	【操纵证券、期货市场罪】 有下列情形之一，操纵证券、期货市场，影响证券、期货交易价格或者证券、期货交易量，情节严重的，处五年以下有期徒刑或者拘役，并处或者单处罚金；情节特别严重的，处五年以上十年以下有期徒刑，并处罚金： （一）单独或者合谋，集中资金优势、持股或者持仓优势或者利用信息优势联合或者连续买卖的； （二）与他人串通，以事先约定的时间、价格和方式相互进行证券、期货交易的； （三）在自己实际控制的账户之间进行证券交易，或者以自己为交易对象，自买自卖期货合约的； （四）不以成交为目的，频繁或者大量申报买入、卖出证券、期货合约并撤销申报的； （五）利用虚假或者不确定的重大信息，诱导投资者进行证券、期货交易的； （六）对证券、证券发行人、期货交易标的公开作出评价、预测或者投资建议，同时进行反向证券交易或者相关期货交易的； （七）以其他方法操纵证券、期货市场的。 单位犯前款罪的，对单位判处罚金，并对其直接负责的主管人员和其他直接责任人员，依照前款的规定处罚
证券交易类法律法规	
参考文件	《中华人民共和国证券法》《证券公司监督管理条例》《证券发行与承销管理办法》《上市公司信息披露管理办法》《上市公司收购管理办法》《证券期货市场诚信监督管理暂行办法》《证券公司治理准则》《证券公司和证券投资基金管理公司合规管理办法》《证券期货投资者适当性管理办法》《证券公司风险控制指标管理办法》《证券公司融资融券业务管理办法》《证券公司客户资产管理业务管理办法》
期货与衍生品交易类法律法规	
参考文件	《中华人民共和国期货和衍生品法》《期货交易管理条例》《期货公司监督管理办法》《外商投资期货公司管理办法》《期货交易所管理办法》《期货公司风险监管指标管理办法》《期货市场客户开户管理规定》《证券期货投资者适当性管理办法》

第二节
市场交易专项合规案例分析

一、【案例一】S 技术股份有限公司欺诈发行案[①]

（一）案情简介

S 技术股份有限公司（以下简称"S 公司"）是一家专注于半导体领域 EDA 软件的企业，主要聚焦于数字芯片的前端验证。2021 年 8 月，S 公司向上海证券交易所提交了

[①] http://www.csrc.gov.cn/csrc/c100028/c7462911/content.shtml.

科创板首发上市申请。然而，在 2021 年 12 月，证监会对该公司实施现场检查时，发现其涉嫌存在虚增收入等违法违规事项。尽管 S 公司在 2022 年 7 月撤回了发行上市申请，但证监会仍对其立案调查。

经调查，S 公司在公告的证券发行文件中编造了重大虚假内容。具体而言，该公司 2020 年虚增营业收入合计 1,536.72 万元，占当年度营业收入的 11.55%；虚增利润总额合计 1,246.17 万元，占当年度利润总额的 118.48%。2024 年 2 月，证监会对 S 公司的欺诈发行行为作出行政处罚，公司及相关负责人被合计罚款 1,650 万元。此外，上交所对 S 公司开出纪律处分决定书，5 年内不接受其发行上市申请文件，并对其实控人暨董事长黄某等高管予以公开认定 3 年内不适合担任发行人董监高的纪律处分。

（二）案例分析

从市场交易合规角度来看，S 公司欺诈发行案反映了证券交易市场中信息披露的重要性以及监管机构对欺诈行为的"零容忍"态度。《中华人民共和国证券法》（以下简称"《证券法》"）明确规定，发行人应当如实披露信息，不得有虚假记载、误导性陈述或重大遗漏。然而，S 公司为了达到上市目的，故意虚增收入和利润，严重违反了信息披露的合规要求，损害了投资者的知情权和市场公平性。

此案件也凸显了"申报即担责"原则的重要性。根据新《证券法》，发行人自提交申报材料起即需承担法律责任，即便其撤回上市申请，也不能逃避监管和处罚。S 公司案作为新《证券法》实施后的首例欺诈发行案，明确了即使在未获注册前，发行人仍需对其申报材料的真实性、准确性负责。

此外，该案件也对中介机构的职责提出了警示。保荐机构中金公司在执业过程中未勤勉尽责，出具的文件存在虚假记载，最终被证监会责令改正，罚没 800 万元。这表明，中介机构作为资本市场的"看门人"，必须严格履行核查义务，确保发行人信息的真实性和合规性。

二、【案例二】K 药业财务造假案[①]

（一）案情简介

2020 年 5 月，知名上市公司 K 药业股份有限公司（以下简称"K 药业"）因其财务造假行为被中国证券监督管理委员会（以下简称"证监会"）查实并严肃处理。K 药业长期以来因其业务规模和快速增长受到市场瞩目，但调查发现，其公司自 2016～2018

---

① http://www.csrc.gov.cn/csrc/c101928/c1042341/content.shtml.

年连续三年财务造假，涉及金额高达数百亿元。

根据证监会的调查，K药业在上述三年期间，通过虚增货币资金、虚构营业收入、伪造凭证等方式，严重篡改财务报表数据，导致其财务报告与实际经营状况严重不符。具体而言，K药业在《2016年年度报告》虚增营业收入89.99亿元，多计利息收入1.51亿元，虚增营业利润6.56亿元，占合并利润表当期披露利润总额的16.44%。《2017年年度报告》虚增营业收入100.32亿元，多计利息收入2.28亿元，虚增营业利润12.51亿元，占合并利润表当期披露利润总额的25.91%。《2018年半年度报告》虚增营业收入84.84亿元，多计利息收入1.31亿元，虚增营业利润20.29亿元，占合并利润表当期披露利润总额的65.52%。K药业在《2018年年度报告》虚增营业收入16.13亿元，虚增营业利润1.65亿元，占合并利润表当期披露利润总额的12.11%。2016年1月1日至2018年6月30日，K药业通过财务不记账、虚假记账，伪造、变造大额定期存单或银行对账单，配合营业收入造假伪造销售回款等方式，虚增货币资金。通过上述方式，K药业《2016年年度报告》虚增货币资金22,548,513,485.42元，占公司披露总资产的41.13%和净资产的76.74%；《2017年年度报告》虚增货币资金29,944,309,821.45元，占公司披露总资产的43.57%和净资产的93.18%；《2018年半年度报告》中虚增货币资金36,188,038,359.50元，占公司披露总资产的45.96%和净资产的108.24%，等等。这些虚假陈述不仅严重误导了投资者，还对证券市场的公正性和透明性造成了极大的破坏。

更为恶劣的是，K药业的违规行为是有组织、有计划的，其董事长、总经理、财务总监等高管均直接参与并指使实施了相关财务造假行为。调查显示，公司内部管理层通过编造虚假会计凭证、伪造银行对账单等手段，刻意掩盖财务造假事实，以维持公司在资本市场上的良好形象，并持续吸引投资者的关注和资金。

2020年5月，证监会对K药业作出行政处罚决定，认定其违反了《中华人民共和国证券法》第一百七十八条关于虚假陈述的规定，对公司处以顶格罚款，并对参与造假的高管进行个人罚款及市场禁入处罚。此外，K药业还面临大量投资者的集体诉讼，需对投资者的经济损失承担巨额赔偿责任。

（二）案例分析

从证券交易市场交易合规的角度来看，K药业的财务造假行为是一起典型的证券市场严重违法违规案例，暴露了公司治理、内部控制以及外部监管中的诸多问题。

首先，K药业的行为违反了《中华人民共和国证券法》的核心规定。证券法明确要求上市公司披露的财务信息必须真实、准确和完整。K药业通过虚增货币资金、伪造收人等手段，严重违背了信息披露的真实性要求，不仅侵害了投资者知情权，也破坏了资本市场的诚信基础。证券市场的健康发展依赖于透明的信息披露体系，而 K 药业的行为直接冲击了市场的公信力。

其次，K 药业内部控制体系的缺失是导致此次事件的重要原因。财务造假行为的实施需要多个环节的配合，K 药业的管理层不仅未能制止违法行为，反而直接参与其中，充分暴露出公司治理结构的缺陷。尤其是董事长、财务总监等高级管理人员的参与，使得内部控制失去作用。

再次，外部审计和监管的缺失也是事件得以发生的重要因素。K 药业连续多年的财务造假行为未能被及时发现，说明其外部审计机构未能履行独立审计的职责，没有对财务报告中的异常数据作出足够的质疑。此外，资本市场的监管部门也需反思监管措施的有效性，进一步完善对上市公司财务信息披露的审查机制，加强对违法行为的预警和发现能力。

最后，K 药业的事件对投资者保护制度提出了严峻挑战。在证券市场中，投资者是最直接的利益相关方，虚假陈述行为对投资者造成了巨大的经济损失。如何进一步完善投资者保护机制，提高投资者维权的便利性和效果，仍然是需要重点解决的问题。

三、【案例三】R 公司违规交易案①

（一）案情简介

根据行政处罚决定书可知，一家专业金融机构的子公司 R 公司在 2020 年 12 月 31 日至 2021 年 1 月 15 日，R 公司通过不正当手段规避持仓限制，形成持仓优势，影响了焦炭 2101 合约和焦煤 2101 合约的交易价格，非法获利 1,019.76 万元。

此外，R 公司还与肖某合谋，通过约定交易方式操纵焦煤 2101 合约，进一步影响期货交易量和交易价格。杨某作为 R 公司案涉操纵行为的直接负责主管人员，王某作为其他直接责任人员，均参与了相关违规操作。

2025 年 1 月 24 日，中国证券监督管理委员会作出〔2025〕9 号行政处罚决定书，认定 R 公司操纵焦炭 2101 合约的行为违反《期货交易管理条例》第三条、第三十九条的规定，构成《期货交易管理条例》第七十条第五项和《关于〈期货交易管理条例〉第七十条第五项"其他操纵期货交易价格行为"的规定》（证监会令第 160 号）第五条规定的情形。R 公司操纵焦煤 2101 合约的行为违反《期货交易管理条例》第三条、第

---

① http://www.csrc.gov.cn/csrc/c101928/c7540591/content.shtml.

三十九条的规定，构成《期货交易管理条例》第七十条第二项、第五项和《关于〈期货交易管理条例〉第七十条第五项"其他操纵期货交易价格行为"的规定》第五条规定的情形，决定对 R 公司处以没收其违法所得约 1,019.76 万元，并处以等额 1,019.76 万元罚款，合计罚没金额超过 2,000 万元的行政处罚决定，对于其他三位直接责任人员，分别给予了警告、责任改正，分别并处以 40 万元、20 万元、20 万元的罚款的行政处罚。

（二）案例分析

从合规角度来看，R 公司的行为严重违反了《期货交易管理条例》第三条、第三十九条的规定。期货市场是一个高度规范的市场，任何参与者都必须严格遵守交易规则，包括持仓限制、交易行为规范等。R 公司通过不正当手段规避持仓限制，形成持仓优势，进而操纵期货合约价格，这种行为不仅破坏了市场的公平性和透明度，还可能引发市场操纵、价格扭曲等问题，严重影响期货市场的正常运行。

从公司治理角度看，R 公司的违规行为反映出其内部管理存在严重漏洞。作为一家专业金融机构的子公司，R 公司未能有效执行内部控制和合规管理机制，导致其在交易过程中违反了多项监管要求。这种管理缺失不仅损害了公司的声誉，也给投资者带来了不必要的风险。因此，期货公司及相关机构应加强内部治理，完善合规管理体系，确保业务操作的合法性和规范性。

从监管角度分析，此案体现了监管机构对期货市场违法违规行为的"零容忍"态度。中国证监会对 R 公司的严厉处罚，彰显了监管机构维护市场秩序的决心。

从投资者保护角度看，此案的处理结果具有重要意义。监管机构通过没收违规所得并处以高额罚款，有效维护了市场的公平性和投资者的合法权益。同时，公开的处罚结果也为投资者提供了重要的警示，提醒投资者在选择投资机构时，应充分考虑其合规性和信誉度，避免因机构违规行为而遭受损失。

综上所述，R 公司违规交易案再次强调了期货市场合规经营的重要性。期货公司及相关机构应加强内部管理，严格遵守法律法规，确保交易行为的合法性和规范性。监管机构应持续加强对期货市场的监管力度，严厉打击违法违规行为，以维护市场的公平、公正和透明。同时，投资者也应提高风险意识，选择合规、专业的投资机构，以保障自身合法权益。

第八章

公司招标投标专项合规指南与案例分析

近年来，我国在招标投标领域的法律法规体系逐步完善，旨在规范招标投标活动，保障公平竞争，维护国家利益和社会公共利益。2017 年修订的《中华人民共和国招标投标法》和 2019 年修订的《中华人民共和国招标投标法实施条例》进一步明确了招标投标活动的合规要求，强化了对违法违规行为的处罚力度。此外，国际组织和金融机构如世界银行、亚洲开发银行等也对参与其资助项目的企业提出了严格的合规要求，违反这些规定可能导致企业被列入黑名单，甚至失去参与国际项目的机会。在此背景下，企业招标投标合规管理已成为企业风险管理的重要组成部分。

第一节
公司招标投标专项合规相关法律依据

《中华人民共和国招标投标法》	
第一条	为了规范招标投标活动，保护国家利益、社会公共利益和招标投标活动当事人的合法权益，提高经济效益，保证项目质量，制定本法
第三条	在中华人民共和国境内进行下列工程建设项目包括项目的勘察、设计、施工、监理以及与工程建设有关的重要设备、材料等的采购，必须进行招标：（一）大型基础设施、公用事业等关系社会公共利益、公众安全的项目；（二）全部或者部分使用国有资金投资或者国家融资的项目；（三）使用国际组织或者外国政府贷款、援助资金的项目。前款所列项目的具体范围和规模标准，由国务院发展计划部门会同国务院有关部门制订，报国务院批准。法律或者国务院对必须进行招标的其他项目的范围有规定的，依照其规定
第四条	任何单位和个人不得将依法必须进行招标的项目化整为零或者以其他任何方式规避招标
第五条	招标投标活动应当遵循公开、公平、公正和诚实信用的原则
第六条	依法必须进行招标的项目，其招标投标活动不受地区或者部门的限制。任何单位和个人不得违法限制或者排斥本地区、本系统以外的法人或者其他组织参加投标，不得以任何方式非法干涉招标投标活动

续表

《中华人民共和国招标投标法》	
第九条	招标项目按照国家有关规定需要履行项目审批手续的,应当先履行审批手续,取得批准
第十六条	招标人采用公开招标方式的,应当发布招标公告。依法必须进行招标的项目的招标公告,应当通过国家指定的报刊、信息网络或者其他媒介发布。招标公告应当载明招标人的名称和地址、招标项目的性质、数量、实施地点和时间以及获取招标文件的办法等事项
第十七条	招标人采用邀请招标方式的,应当向三个以上具备承担招标项目的能力、资信良好的特定的法人或者其他组织发出投标邀请书。投标邀请书应当载明本法第十六条第二款规定的事项
第十八条	招标人可以根据招标项目本身的要求,在招标公告或者投标邀请书中,要求潜在投标人提供有关资质证明文件和业绩情况,并对潜在投标人进行资格审查;国家对投标人的资格条件有规定的,依照其规定。招标人不得以不合理的条件限制或者排斥潜在投标人,不得对潜在投标人实行歧视待遇
第十九条	招标人应当根据招标项目的特点和需要编制招标文件。招标文件应当包括招标项目的技术要求、对投标人资格审查的标准、投标报价要求和评标标准等所有实质性要求和条件以及拟签订合同的主要条款。国家对招标项目的技术、标准有规定的,招标人应当按照其规定在招标文件中提出相应要求。招标项目需要划分标段、确定工期的,招标人应当合理划分标段、确定工期,并在招标文件中载明
第三十二条	投标人不得相互串通投标报价,不得排挤其他投标人的公平竞争,损害招标人或者其他投标人的合法权益。投标人不得与招标人串通投标,损害国家利益、社会公共利益或者他人的合法权益。禁止投标人以向招标人或者评标委员会成员行贿的手段谋取中标
第四十一条	(一)能够最大限度地满足招标文件中规定的各项综合评价标准; (二)能够满足招标文件的实质性要求,并且经评审的投标价格最低;但是投标价格低于成本的除外
第四十四条	评标委员会成员应当客观、公正地履行职务,遵守职业道德,对所提出的评审意见承担个人责任。评标委员会成员不得私下接触投标人,不得收受投标人的财物或者其他好处。评标委员会成员和参与评标的有关工作人员不得透露对投标文件的评审和比较、中标候选人的推荐情况以及与评标有关的其他情况
第五十三条	投标人相互串通投标或者与招标人串通投标的,投标人以向招标人或者评标委员会成员行贿的手段谋取中标的,中标无效,处中标项目金额千分之五以上千分之十以下的罚款,对单位直接负责的主管人员和其他直接责任人员处单位罚款数额百分之五以上百分之十以下的罚款;有违法所得的,并处没收违法所得;情节严重的,取消其一年至二年内参加依法必须进行招标的项目的投标资格并予以公告,直至由工商行政管理机关吊销营业执照;构成犯罪的,依法追究刑事责任。给他人造成损失的,依法承担赔偿责任
第五十四条	投标人以他人名义投标或者以其他方式弄虚作假,骗取中标的,中标无效,给招标人造成损失的,依法承担赔偿责任;构成犯罪的,依法追究刑事责任。 依法必须进行招标的项目的投标人有前款所列行为尚未构成犯罪的,处中标项目金额千分之五以上千分之十以下的罚款,对单位直接负责的主管人员和其他直接责任人员处单位罚款数额百分之五以上百分之十以下的罚款;有违法所得的,并处没收违法所得;情节严重的,取消其一年至三年内参加依法必须进行招标的项目的投标资格并予以公告,直至由工商行政管理机关吊销营业执照
《中华人民共和国政府采购法》	
第四条	政府采购工程进行招标投标的,适用招标投标法

《中华人民共和国政府采购法》	
第二十五条	政府采购当事人不得相互串通损害国家利益、社会公共利益和其他当事人的合法权益；不得以任何手段排斥其他供应商参与竞争。 供应商不得以向采购人、采购代理机构、评标委员会的组成人员、竞争性谈判小组的组成人员、询价小组的组成人员行贿或者采取其他不正当手段谋取中标或者成交。 采购代理机构不得以向采购人行贿或者采取其他不正当手段谋取非法利益
第七十七条	供应商有下列情形之一的，处以采购金额千分之五以上千分之十以下的罚款，列入不良行为记录名单，在一至三年内禁止参加政府采购活动，有违法所得的，并处没收违法所得，情节严重的，由工商行政管理机关吊销营业执照；构成犯罪的，依法追究刑事责任： （一）提供虚假材料谋取中标、成交的； （二）采取不正当手段诋毁、排挤其他供应商的； （三）与采购人、其他供应商或者采购代理机构恶意串通的； （四）向采购人、采购代理机构行贿或者提供其他不正当利益的； （五）在招标采购过程中与采购人进行协商谈判的； （六）拒绝有关部门监督检查或者提供虚假情况的。 供应商有前款第（一）至（五）项情形之一的，中标、成交无效
《最高人民法院关于审理建设工程施工合同纠纷案件适用法律问题的解释（一）》	
第一条	建设工程施工合同具有下列情形之一的，应当依据民法典第一百五十三条第一款的规定，认定无效： （一）承包人未取得建筑业企业资质或者超越资质等级的； （二）没有资质的实际施工人借用有资质的建筑施工企业名义的； （三）建设工程必须进行招标而未招标或者中标无效的。 承包人因转包、违法分包建设工程与他人签订的建设工程施工合同，应当依据民法典第一百五十三条第一款及第七百九十一条第二款、第三款的规定，认定无效
第二条	招标人和中标人另行签订的建设工程施工合同约定的工程范围、建设工期、工程质量、工程价款等实质性内容，与中标合同不一致，一方当事人请求按照中标合同确定权利义务的，人民法院应予支持。 招标人和中标人在中标合同之外就明显高于市场价格购买承建房产、无偿建设住房配套设施、让利、向建设单位捐赠财物等另行签订合同，变相降低工程价款，一方当事人以该合同背离中标合同实质性内容为由请求确认无效的，人民法院应予支持
《中华人民共和国招标投标法实施条例》	
第九条	除招标投标法第六十六条规定的可以不进行招标的特殊情况外，有下列情形之一的，可以不进行招标： （一）需要采用不可替代的专利或者专有技术； （二）采购人依法能够自行建设、生产或者提供； （三）已通过招标方式选定的特许经营项目投资人依法能够自行建设、生产或者提供； （四）需要向原中标人采购工程、货物或者服务，否则将影响施工或者功能配套要求； （五）国家规定的其他特殊情形。 招标人为适用前款规定弄虚作假的，属于招标投标法第四条规定的规避招标

续表

	《中华人民共和国招标投标法实施条例》
第三十二条	招标人不得以不合理的条件限制、排斥潜在投标人或者投标人。 招标人有下列行为之一的，属于以不合理条件限制、排斥潜在投标人或者投标人： （一）就同一招标项目向潜在投标人或者投标人提供有差别的项目信息； （二）设定的资格、技术、商务条件与招标项目的具体特点和实际需要不相适应或者与合同履行无关； （三）依法必须进行招标的项目以特定行政区域或者特定行业的业绩、奖项作为加分条件或者中标条件； （四）对潜在投标人或者投标人采取不同的资格审查或者评标标准； （五）限定或者指定特定的专利、商标、品牌、原产地或者供应商； （六）依法必须进行招标的项目非法限定潜在投标人或者投标人的所有制形式或者组织形式； （七）以其他不合理条件限制、排斥潜在投标人或者投标人
第三十九条	禁止投标人相互串通投标。 有下列情形之一的，属于投标人相互串通投标： （一）投标人之间协商投标报价等投标文件的实质性内容； （二）投标人之间约定中标人； （三）投标人之间约定部分投标人放弃投标或者中标； （四）属于同一集团、协会、商会等组织成员的投标人按照该组织要求协同投标； （五）投标人之间为谋取中标或者排斥特定投标人而采取的其他联合行动
第四十条	有下列情形之一的，视为投标人相互串通投标： （一）不同投标人的投标文件由同一单位或者个人编制； （二）不同投标人委托同一单位或者个人办理投标事宜； （三）不同投标人的投标文件载明的项目管理成员为同一人； （四）不同投标人的投标文件异常一致或者投标报价呈规律性差异； （五）不同投标人的投标文件相互混装； （六）不同投标人的投标保证金从同一单位或者个人的账户转出
	《中华人民共和国政府采购法实施条例》
第七十二条	供应商有下列情形之一的，依照政府采购法第七十七条第一款的规定追究法律责任： （一）向评标委员会、竞争性谈判小组或者询价小组成员行贿或者提供其他不正当利益； （二）中标或者成交后无正当理由拒不与采购人签订政府采购合同； （三）未按照采购文件确定的事项签订政府采购合同； （四）将政府采购合同转包； （五）提供假冒伪劣产品； （六）擅自变更、中止或者终止政府采购合同。 供应商有前款第一项规定情形的，中标、成交无效。评审阶段资格发生变化，供应商未依照本条例第二十一条的规定通知采购人和采购代理机构的，处以采购金额5‰的罚款，列入不良行为记录名单，中标、成交无效
	《企业境外经营合规管理指引》
第八条	对外承包工程中的合规要求 企业开展对外承包工程，应确保经营活动全流程、全方位合规，全面掌握关于投标管理、合同管理、项目履约、劳工权利保护、环境保护、连带风险管理、债务管理、捐赠与赞助、反腐败、反贿赂等方面的具体要求

《国有企业领导人员廉洁从业若干规定》	
第四条	国有企业领导人员应当切实维护国家和出资人利益。不得有滥用职权、损害国有资产权益的下列行为： （一）违反决策原则和程序决定企业生产经营的重大决策、重要人事任免、重大项目安排及大额度资金运作事项； （二）违反规定办理企业改制、兼并、重组、破产、资产评估、产权交易等事项； （三）违反规定投资、融资、担保、拆借资金、委托理财、为他人代开信用证、购销商品和服务、招标投标等； （四）未经批准或者经批准后未办理保全国有资产的法律手续，以个人或者其他名义用企业资产在国（境）外注册公司、投资入股、购买金融产品、购置不动产或者进行其他经营活动； （五）授意、指使、强令财会人员进行违反国家财经纪律、企业财务制度的活动； （六）未经履行国有资产出资人职责的机构和人事主管部门批准，决定本级领导人员的薪酬和住房补贴等福利待遇； （七）未经企业领导班子集体研究，决定捐赠、赞助事项，或者虽经企业领导班子集体研究但未经履行国有资产出资人职责的机构批准，决定大额捐赠、赞助事项； （八）其他滥用职权、损害国有资产权益的行为。禁止投标人相互串通投标
国际公约与指引	
目前没有全球通用的招标公约，但有一些国际组织和协议为招标提供了标准和指导。例如：联合国国际贸易法委员会《电子采购示范法》、联合国国际贸易法委员会《公共采购示范法》（UNCITRAL Model Law on Public Procurement）、世贸组织《政府采购协定》（Government Procurement Agreement，GPA）等。 对于特定机构资助的项目，则需要符合该机构的规则。例如世界银行资助的项目需要遵循《世界银行采购准则》（World Bank Procurement Guidelines）；亚洲开发银行等机构也有各自的采购指南	

第二节
公司招标投标专项合规案例分析

一、案情简介

中国某建设集团参与世界银行提供融资的格鲁吉亚高速公路某标段资格预审及投标时，以集团内其他公司名义参与世界银行项目投标，在提交的投标文件中使用了集团内所属其他公司的人员、设备和业绩，并拟在项目中标后由中国某建设集团和集团内其他公司内部联合实施完成项目，但是，中国某建设集团并未在响应文件中充分披露该种信息。

2019 年 6 月 5 日，世界银行宣布对中国某建设集团及其旗下全球 730 家子公司进行制裁，就格鲁吉亚东西高速某标段项目中存在的不当行为实施为期 9 个月的禁令制裁，合规监管期 2 年（9 个月禁令之后）。中国某建设集团的合规实施必须达到世界银行合规官的要求，才能在 2 年 9 个月后解除制裁；如果项目合规整改未达到世界银行要求，则 2 年监管期过后自动转为禁令制裁。同时，中国某建设集团要配合世界银行对其更多项目进行深入调查。

二、案例分析

（一）中国某建设集团是否属于世界银行制裁对象？

参与世界银行项目的公司及其代理人都会受制于世界银行的制裁体系，上述人员在世界银行融资项目采购过程、筛选、合同履行中，都需要遵守"最高的道德标准"（highest standard of ethics），避免欺诈和腐败。

具体而言，借款方（包括银行融资的受益人）；投标人（申请人），顾问，承包商，供应商；任何分包商，分包顾问，服务提供商或供应商；任何代理人（无论明示与否）；以及其所有人员，均属于世界银行可以制裁的对象。尤其需要强调的是，世界银行制裁的范围通常不仅限于合同中涉及的实体，还可以对被调查人控制的所有实体施加制裁，且参与不合规行为的个人（包括经理和董事）也可能受到制裁；同时为了避免逃避责任，制裁也将适用于被调查人的继承人和受让人。

因此，在本案中，中国某建设集团及其集团内公司属于投标人和承包商，属于典型的世界银行可以制裁的对象。而"投标人"和"承包商"也是我国企业在世界银行项目中最典型的参与身份，其中业绩陈述不实及违规分包等更是最常见的违反世界银行相关规定的不当行为。

（二）中国某建设集团的行为是否属于世界银行禁止的行为？

根据 2016 年 7 月世界银行修订的《预防和打击欺诈和腐败指南》（Guidelines on Preventing and Combating Fraud and Corruption in Projects Financed by IBRD Loans and IDA Credits and Grants），任何故意或不顾后果地误导或试图误导一方、以获得经济或其他利益或避免义务的行为或不作为（包括虚假陈述）的行为被称为"欺诈行为（fraudulent practice）"；欺诈行为属于世界银行禁止的不当行为。

在本案中，根据世界银行公布的和解事实（facts of the settlement），在公路建设合同的资格预审和招标过程中，中国某建设集团体系内的三家公司在准备和提交的信息中，将中国某建设集团体系内的其他人员和设备以及集团其他实体的经验虚假地描述为投标单位。在世界银行的相关制裁制度中，这些行为被视为世界银行采购准则（World Bank Procurement Guidelines）定义的欺诈行为。

因此，该案例中，中国某建设集团及其集团内公司的行为被世界银行认定为违反了2014 年采购指南及项目资格预审及招标文件要求，属于中国某建设集团及其集团内公司提交虚假和误导性信息，未按要求披露分包安排，存在"欺诈"行为。

（三）其他重要提示

在世界银行相关项目中，企业在项目投标和项目实施过程中，务必对业务实施、职责划分、业绩等进行严格如实陈述，勿将同一体系内不同公司的业绩、成员等情况混淆，以免被世界银行认定实施了欺诈行为，从而被制裁。同时，如果涉及项目实施需要内部转包、分包给关联实体具体实施，也需要充分披露。否则该类情况在世行规则下，有极大可能被认定为欺诈行为，从而被世界银行制裁。

第九章

公司财务税收专项合规指南与案例分析

可以预见的是，随着金税四期的稳步推进与实施，以及国家税收监管部门进一步完善和推动以数治税的各项管控措施，结合政策趋势和技术手段的迭代升级，2025 年全国税务监管的重点将围绕数字化监管深化、重点行业整顿、税收合规强化等领域展开。首先，在技术驱动和以数治税的征管理念得以明确和强化的大背景下，税收管控与稽查的手段将进一步升级。

一方面，金税四期极有可能全面落地，大数据在各部门联动将成为可能，税务、银行、市场监管、社保等部门数据全面打通，企业资金流、业务流、票据流的匹配性将成为税收监管重点。另一方面，依托大数据的人工智能分析能力进一步加强，通过大数据分析企业税负率、成本构成、进销项匹配度等指标，能够更加精准的筛查和识别纳税异常企业，AI 风险预警将成为评估纳税风险、实施税收检查的最重要手段。此外，电子发票全链条监控的功能将进一步提升，这是使针对虚开、接受虚开发票（尤其是"暴力虚开"）的追溯能力增强。

首先，各项交易流转环节将通过电子发票的领用、开具、抵扣全流程被严格追踪。其次，随着技术手段和大数据分析能力的增强，针对重点行业及领域的税收征管和稽查也将进一步强化。主要包括高收入人群与新兴业态领域，如网红、直播、跨境电商、个人工作室、灵活用工平台等是否通过虚构业务、拆分收入偷逃个税。再次，在股权与资本交易环节，重点监控自然人股权转让价格是否公允（如通过"阴阳合同"避税）、合伙企业税收筹划合规性。同样会针对传统高风险行业，例如商贸、建筑、医药、再生资源、农产品加工等行业，进一步加强数据采集与分析，增强税收征管手段与措施。最后，针对纳税人日常税收遵从与合规开展更精准的纳税风险评估与识别，尤其是对纳税人各项税种申报数据、财务报表、成本列支、跨境投资及转让定价等涉税事项强化风险识别与监督。基于此，2025 年税务监管将呈现"全数据、全链条、全智能"特征，纳税人应当从"侥幸心理"转向"主动合规"，结合业务实质优化财税管理，降低系统性风险，并逐步构建适合企业自身经营特点的税收合规体系。

纳税人开展税务合规体系构建应当遵循的基本原则主要包括，其一，合法性原则，纳税人必须严格遵守税法及相关法规，确保所有税务行为合法。在日程涉税报告中按时提交税务申报表，以及依法留存法定备查文件，避免因延迟或遗漏而受到处罚；其二，准确性原则，确保税务计算准确无误，避免因错误导致罚款或法律风险，同时保留完整的财务和税务记录，以及与经营相关的凭证资料，以备审计和检查；其三，透明性原则，与纳税人息息相关的税收信息应当在企业内部各职能部门公开透明，确保交易流程及其涉税处理风险有效传导和内部交换，避免隐瞒或误导；其四，一致性原则，企业内部应当建立统一一致的税收处理标准，并在各职能部门中统一执行，且尽可能保持持续性，避免因随意变更或短期行为而给纳税人带来税收风险隐患；其五，责任性，纳税人应当建立责权明晰的奖惩制度和内部监督机制，一方面确保税收合规制度的稳定有效实施，另一方面针对不严格执行合规计划的部门或人员给予惩戒。纳税人开展税务合规应当以合法性、准确性、透明性、一致性和责任性为基本原则。未来，数字化、全球化、数据分析、透明度提升、反避税、企业社会责任和争议解决机制将成为主要发展趋势。企业和个人需紧跟这些趋势，确保合规并降低风险。

第一节
公司财务税收专项合规相关法律依据

《中华人民共和国税收征收管理法》	
第十二条	从事生产、经营的纳税人应当自领取营业执照之日起30日内，向生产、经营地或者纳税义务发生地的主管税务机关申报办理税务登记，如实填写税务登记表，并按照税务机关的要求提供有关证件、资料。 前款规定以外的纳税人，除国家机关和个人外，应当自纳税义务发生之日起30日内，持有关证件向所在地的主管税务机关申报办理税务登记。 个人所得税的纳税人办理税务登记的办法由国务院另行规定。 税务登记证件的式样，由国家税务总局制定
第十四条	纳税人税务登记内容发生变化的，应当自工商行政管理机关或者其他机关办理变更登记之日起30日内，持有关证件向原税务登记机关申报办理变更税务登记。 纳税人税务登记内容发生变化，不需要到工商行政管理机关或者其他机关办理变更登记的，应当自发生变化之日起30日内，持有关证件向原税务登记机关申报办理变更税务登记

续表

《中华人民共和国税收征收管理法》	
第十五条	纳税人发生解散、破产、撤销以及其他情形，依法终止纳税义务的，应当在向工商行政管理机关或者其他机关办理注销登记前，持有关证件向原税务登记机关申报办理注销税务登记；按照规定不需要在工商行政管理机关或者其他机关办理注册登记的，应当自有关机关批准或者宣告终止之日起 15 日内，持有关证件向原税务登记机关申报办理注销税务登记。 纳税人因住所、经营地点变动，涉及改变税务登记机关的，应当在向工商行政管理机关或者其他机关申请办理变更或者注销登记前或者住所、经营地点变动前，向原税务登记机关申报办理注销税务登记，并在 30 日内向迁达地税务机关申报办理税务登记。 纳税人被工商行政管理机关吊销营业执照或者被其他机关予以撤销登记的，应当自营业执照被吊销或者被撤销登记之日起 15 日内，向原税务登记机关申报办理注销税务登记
第十七条	从事生产、经营的纳税人应当自开立基本存款账户或者其他存款账户之日起 15 日内，向主管税务机关书面报告其全部账号；发生变化的，应当自变化之日起 15 日内，向主管税务机关书面报告
第二十一条	从事生产、经营的纳税人到外县（市）临时从事生产、经营活动的，应当持税务登记证副本和所在地税务机关填开的外出经营活动税收管理证明，向营业地税务机关报验登记，接受税务管理。 从事生产、经营的纳税人外出经营，在同一地累计超过 180 天的，应当在营业地办理税务登记手续
第二十二条	从事生产、经营的纳税人应当自领取营业执照或者发生纳税义务之日起 15 日内，按照国家有关规定设置账簿。前款所称账簿，是指总账、明细账、日记账以及其他辅助性账簿。总账、日记账应当采用订本式
第二十三条	生产、经营规模小又确无建账能力的纳税人，可以聘请经批准从事会计代理记账业务的专业机构或者财会人员代为建账和办理账务
第二十四条	从事生产、经营的纳税人应当自领取税务登记证件之日起 15 日内，将其财务、会计制度或者财务、会计处理办法报送主管税务机关备案。纳税人使用计算机记账的，应当在使用前将会计电算化系统的会计核算软件、使用说明书及有关资料报送主管税务机关备案。 纳税人建立的会计电算化系统应当符合国家有关规定，并能正确、完整核算其收入或者所得
第二十九条	账簿、记账凭证、报表、完税凭证、发票、出口凭证以及其他有关涉税资料应当合法、真实、完整。 账簿、记账凭证、报表、完税凭证、发票、出口凭证以及其他有关涉税资料应当保存 10 年；但是，法律、行政法规另有规定的除外
第三十四条	纳税人办理纳税申报时，应当如实填写纳税申报表，并根据不同的情况相应报送下列有关证件、资料： （一）财务会计报表及其说明材料； （二）与纳税有关的合同、协议书及凭证； （三）税控装置的电子报税资料； （四）外出经营活动税收管理证明和异地完税凭证； （五）境内或者境外公证机构出具的有关证明文件； （六）税务机关规定应当报送的其他有关证件、资料
第三十六条	企业或者外国企业在中国境内设立的从事生产、经营的机构、场所与其关联企业之间的业务往来，应当按照独立企业之间的业务往来收取或者支付价款、费用；不按照独立企业之间的业务往来收取或者支付价款、费用，而减少其应纳税的收入或者所得额的，税务机关有权进行合理调整

《中华人民共和国税收征收管理法》	
第三十七条	对未按照规定办理税务登记的从事生产、经营的纳税人以及临时从事经营的纳税人，由税务机关核定其应纳税额，责令缴纳；不缴纳的，税务机关可以扣押其价值相当于应纳税款的商品、货物。扣押后缴纳应纳税款的，税务机关必须立即解除扣押，并归还所扣押的商品、货物；扣押后仍不缴纳应纳税款的，经县以上税务局（分局）局长批准，依法拍卖或者变卖所扣押的商品、货物，以拍卖或者变卖所得抵缴税款
第三十八条	税务机关有根据认为从事生产、经营的纳税人有逃避纳税义务行为的，可以在规定的纳税期之前，责令限期缴纳应纳税款；在限期内发现纳税人有明显的转移、隐匿其应纳税的商品、货物以及其他财产或者应纳税的收入的迹象的，税务机关可以责成纳税人提供纳税担保。如果纳税人不能提供纳税担保，经县以上税务局（分局）局长批准，税务机关可以采取下列税收保全措施： （一）书面通知纳税人开户银行或者其他金融机构冻结纳税人的金额相当于应纳税款的存款； （二）扣押、查封纳税人的价值相当于应纳税款的商品、货物或者其他财产。 纳税人在前款规定的限期内缴纳税款的，税务机关必须立即解除税收保全措施；限期期满仍未缴纳税款的，经县以上税务局（分局）局长批准，税务机关可以书面通知纳税人开户银行或者其他金融机构从其冻结的存款中扣缴税款，或者依法拍卖或者变卖所扣押、查封的商品、货物或者其他财产，以拍卖或者变卖所得抵缴税款。 个人及其所扶养家属维持生活必需的住房和用品，不在税收保全措施的范围之内
第四十条	从事生产、经营的纳税人、扣缴义务人未按照规定的期限缴纳或者解缴税款，纳税担保人未按照规定的期限缴纳所担保的税款，由税务机关责令限期缴纳，逾期仍未缴纳的，经县以上税务局（分局）局长批准，税务机关可以采取下列强制执行措施： （一）书面通知其开户银行或者其他金融机构从其存款中扣缴税款； （二）扣押、查封、依法拍卖或者变卖其价值相当于应纳税款的商品、货物或者其他财产，以拍卖或者变卖所得抵缴税款。 税务机关采取强制执行措施时，对前款所列纳税人、扣缴义务人、纳税担保人未缴纳的滞纳金同时强制执行。 个人及其所扶养家属维持生活必需的住房和用品，不在强制执行措施的范围之内
第四十八条	纳税人有合并、分立情形的，应当向税务机关报告，并依法缴清税款。纳税人合并时未缴清税款的，应当由合并后的纳税人继续履行未履行的纳税义务；纳税人分立时未缴清税款的，分立后的纳税人对未履行的纳税义务应当承担连带责任
第五十五条	税务机关对从事生产、经营的纳税人以前纳税期的纳税情况依法进行税务检查时，发现纳税人有逃避纳税义务行为，并有明显的转移、隐匿其应纳税的商品、货物以及其他财产或者应纳税的收入的迹象的，可以按照本法规定的批准权限采取税收保全措施或者强制执行措施
第六十三条	纳税人伪造、变造、隐匿、擅自销毁账簿、记账凭证，或者在账簿上多列支出或者不列、少列收入，或者经税务机关通知申报而拒不申报或者进行虚假的纳税申报，不缴或者少缴应纳税款的，是偷税。对纳税人偷税的，由税务机关追缴其不缴或者少缴的税款、滞纳金，并处不缴或者少缴的税款百分之五十以上五倍以下的罚款；构成犯罪的，依法追究刑事责任。 扣缴义务人采取前款所列手段，不缴或者少缴已扣、已收税款，由税务机关追缴其不缴或者少缴的税款、滞纳金，并处不缴或者少缴的税款百分之五十以上五倍以下的罚款；构成犯罪的，依法追究刑事责任
第六十四条	纳税人、扣缴义务人编造虚假计税依据的，由税务机关责令限期改正，并处五万元以下的罚款。 纳税人不进行纳税申报，不缴或者少缴应纳税款的，由税务机关追缴其不缴或者少缴的税款、滞纳金，并处不缴或者少缴的税款百分之五十以上五倍以下的罚款

续表

《中华人民共和国税收征收管理法》	
第六十六条	以假报出口或者其他欺骗手段，骗取国家出口退税款的，由税务机关追缴其骗取的退税款，并处骗取税款一倍以上五倍以下的罚款；构成犯罪的，依法追究刑事责任
第七十二条	从事生产、经营的纳税人、扣缴义务人有本法规定的税收违法行为，拒不接受税务机关处理的，税务机关可以收缴其发票或者停止向其发售发票
《中华人民共和国发票管理办法》	
第十八条	销售商品、提供服务以及从事其他经营活动的单位和个人，对外发生经营业务收取款项，收款方应当向付款方开具发票；特殊情况下，由付款方向收款方开具发票
第十九条	所有单位和从事生产、经营活动的个人在购买商品、接受服务以及从事其他经营活动支付款项，应当向收款方取得发票。取得发票时，不得要求变更品名和金额
第二十一条	开具发票应当按照规定的时限、顺序、栏目，全部联次一次性如实开具，开具纸质发票应当加盖发票专用章。 任何单位和个人不得有下列虚开发票行为： （一）为他人、为自己开具与实际经营业务情况不符的发票； （二）让他人为自己开具与实际经营业务情况不符的发票； （三）介绍他人开具与实际经营业务情况不符的发票
第二十三条	任何单位和个人应当按照发票管理规定使用发票，不得有下列行为： （一）转借、转让、介绍他人转让发票、发票监制章和发票防伪专用品； （二）知道或者应当知道是私自印制、伪造、变造、非法取得或者废止的发票而受让、开具、存放、携带、邮寄、运输； （三）拆本使用发票； （四）扩大发票使用范围； （五）以其他凭证代替发票使用； （六）窃取、截留、篡改、出售、泄露发票数据。 税务机关应当提供查询发票真伪的便捷渠道
其他相关规定	
参考文件	《税收征收管理法实施细则》《税务行政复议规则》《发票管理办法实施细则》《中华人民共和国税收优惠管理办法》《OECD/G20 税基侵蚀和利润转移（BEPS）行动计划》

第二节
公司财务税收专项合规相关案例分析

一、案情简介

A 公司系在中国境内设立，主要从事交通技术研发、设备制造及配套服务的国有企业。经公开招投标，A 公司长期为 B 国某轨道交通项目提供方案设计、技术咨询、设备安装、运营维护等系列劳务与服务。在具体开展业务过程中，A公司每年均派遣与其签订劳动合同的中国员工前往B国提供相关劳务与服务；其中，基于工作原因，部分中国员工持有B国居留证，能够且实际在B国全年居留，同时在B国拥有部分财产。

二、案例分析

（一）A公司在B国实施本项目过程中可能涉及的税收管辖权及税法适用原则是什么？

第一，A公司系在中国境内依法设立的企业（非个人独资或合伙企业），属中国居民企业，中国对A公司拥有税收管辖权，A公司应就其来源于中国境内、境外的所得在中国缴纳企业所得税。

第二，A公司在B国就具体项目提供劳务与服务并取得来源于B国的收入。一般情况下，B国需依据该国税法先对A公司在该国的税收居民身份（居民/非居民）进行判定，然后再就A公司取得的来源于B国的收入进行涉税分析（需要结合B国税法具体分析）。

第三，如中国与B国签署了关于对所得避免双重征税和防止偷漏税的协定（下称"双边税收协定"），则本项目相关涉税权利义务的判定应当优先适用双边税收协定，双边税收协定未有规定的，应当适用中国或B国的国内税法。

第四，一般来说，税收居民身份（即纳税主体属于双边税收协定中缔约国哪一方的税收居民）应结合缔约国各自的国内税法即可判定。但是，也存在部分纳税主体基于缔约国双方各自的国内税法，同时成为缔约国双方税收居民的情况（即"双重税收居民"）。在此情况下，就需适用双边税收协定相关规定具体判定该纳税主体究竟应当为哪国税收居民。例如，本项目中，A公司派遣到B国的员工，均在中国境内有住所，属于中国税收居民个人。但是，部分中国员工同时在B国也拥有居留证，且实际在B国全年居留，在B国拥有部分财产。此时，基于B国税法，该部分员工也应当被认定为该国税收居民个人。在同时被认定为两国税收居民的情况下，就需要结合双边税收协定，依次按照重要利益中心、习惯性居所、国民原则及协商原则具体判定税收居民身份。

（二）A公司向B国派遣员工提供劳务与服务，是否会被B国税务机关认定为构成B国的常设机构？构成B国常设机构下的税务影响是什么？

本项目中，中国与B国签署了双边税收协定。根据双边税收协定，A公司派遣员工或其他人员到B国提供劳务或服务，仅以在任何12个月中连续或累计达到183天时构成 B 国的常设机构为限。

在构成 B 国常设机构的情况下，B 国将有权对该常设机构的营业利润征税。具体到本项目，根据双边税收协定，如 A 公司派遣员工在 B 国提供劳务或服务在 B 国构成常设机构，则该常设机构取得的来源于 B 国的利润，以及在 B 国境外取得的与该常设机构有实际联系的各类所得，B 国均具有征税权。

（三）A 公司派遣员工在 B 国提供劳务或服务时，就适用双边税收协定发生涉税分歧时，可以采取哪些措施依法应对？

根据中国与 B 国签署的双边税收协定相关规定，国家税务总局可以依据 A 公司申请启动相互协商程序，与 B 国税务主管机关开展协商谈判，维护 A 公司在境外的合法权益。

或者，A 公司亦可依据 B 国税法规定按 B 国法定程序（比如诉讼）开展权利救济。

总体而言，双边税收协定系两国自愿缔结的，关于可能涉及的跨境所得避免双重征税和防止偷漏税的约定。基于税收成本、可能存在的税收优惠、税收确定性与控制潜在税收风险，以及处理跨境税收分歧等多方因素考量，建议选择与中国签订了双边税收协定的国家开展跨境投资或交易。

| 第十章 |

公司安全生产专项合规指南与案例分析

在全球化竞争与产业升级的双重驱动下，安全生产已成为企业可持续发展的生命线。近年来，从天津港危化品爆炸到银川燃气事故，一系列重特大安全生产事故不仅造成惨重的人员伤亡与经济损失，更暴露出部分企业在安全管理中的系统性漏洞——合规意识淡漠、风险防控滞后、责任链条断裂。这些教训警示我们，安全生产绝非成本负担，而是企业抵御风险、赢得信任的核心竞争力。

本指南以法条结合典型案例剖析，通过解读燃气爆炸、危化品泄漏等场景下的法律红线，提炼风险辨识、应急响应、责任追溯的关键节点，为企业提供可落地的解决方案。唯有将安全基因植入生产全链条，方能实现从"事后追责"到"事前防控"的跨越，在不确定性的商业环境中筑牢发展根基。

第一节
公司安全生产专项合规相关法律依据

《中华人民共和国安全生产法》	
第二十条	生产经营单位应当具备本法和有关法律、行政法规和国家标准或者行业标准规定的安全生产条件；不具备安全生产条件的，不得从事生产经营活动
第二十一条	生产经营单位的主要负责人对本单位安全生产工作负有下列职责： （一）建立健全并落实本单位全员安全生产责任制，加强安全生产标准化建设； （二）组织制定并实施本单位安全生产规章制度和操作规程； （三）组织制定并实施本单位安全生产教育和培训计划； （四）保证本单位安全生产投入的有效实施； （五）组织建立并落实安全风险分级管控和隐患排查治理双重预防工作机制，督促、检查本单位的安全生产工作，及时消除生产安全事故隐患； （六）组织制定并实施本单位的生产安全事故应急救援预案； （七）及时、如实报告生产安全事故

续表

《中华人民共和国安全生产法》	
第二十二条	生产经营单位的全员安全生产责任制应当明确各岗位的责任人员、责任范围和考核标准等内容。 生产经营单位应当建立相应的机制，加强对全员安全生产责任制落实情况的监督考核，保证全员安全生产责任制的落实
第二十八条	生产经营单位应当对从业人员进行安全生产教育和培训，保证从业人员具备必要的安全生产知识，熟悉有关的安全生产规章制度和安全操作规程，掌握本岗位的安全操作技能，了解事故应急处理措施，知悉自身在安全生产方面的权利和义务。未经安全生产教育和培训合格的从业人员，不得上岗作业。 生产经营单位使用被派遣劳动者的，应当将被派遣劳动者纳入本单位从业人员统一管理，对被派遣劳动者进行岗位安全操作规程和安全操作技能的教育和培训。劳务派遣单位应当对被派遣劳动者进行必要的安全生产教育和培训。 生产经营单位接收中等职业学校、高等学校学生实习的，应当对实习学生进行相应的安全生产教育和培训，提供必要的劳动防护用品。学校应当协助生产经营单位对实习学生进行安全生产教育和培训。 生产经营单位应当建立安全生产教育和培训档案，如实记录安全生产教育和培训的时间、内容、参加人员以及考核结果等情况
第三十五条	生产经营单位应当在有较大危险因素的生产经营场所和有关设施、设备上，设置明显的安全警示标志
第三十九条	生产、经营、运输、储存、使用危险物品或者处置废弃危险物品的，由有关主管部门依照有关法律、法规的规定和国家标准或者行业标准审批并实施监督管理。 生产经营单位生产、经营、运输、储存、使用危险物品或者处置废弃危险物品，必须执行有关法律、法规和国家标准或者行业标准，建立专门的安全管理制度，采取可靠的安全措施，接受有关主管部门依法实施的监督管理
第四十条	生产经营单位对重大危险源应当登记建档，进行定期检测、评估、监控，并制定应急预案，告知从业人员和相关人员在紧急情况下应当采取的应急措施。 生产经营单位应当按照国家有关规定将本单位重大危险源及有关安全措施、应急措施报有关地方人民政府应急管理部门和有关部门备案。有关地方人民政府应急管理部门和有关部门应当通过相关信息系统实现信息共享
第四十一条 第一款、第二款	生产经营单位应当建立安全风险分级管控制度，按照安全风险分级采取相应的管控措施。 生产经营单位应当建立健全并落实生产安全事故隐患排查治理制度，采取技术、管理措施，及时发现并消除事故隐患。事故隐患排查治理情况应当如实记录，并通过职工大会或者职工代表大会、信息公示栏等方式向从业人员通报。其中，重大事故隐患排查治理情况应当及时向负有安全生产监督管理职责的部门和职工大会或者职工代表大会报告
第四十二条	生产、经营、储存、使用危险物品的车间、商店、仓库不得与员工宿舍在同一座建筑物内，并应当与员工宿舍保持安全距离。 生产经营场所和员工宿舍应当设有符合紧急疏散要求、标志明显、保持畅通的出口、疏散通道。禁止占用、锁闭、封堵生产经营场所或者员工宿舍的出口、疏散通道
第四十五条	生产经营单位必须为从业人员提供符合国家标准或者行业标准的劳动防护用品，并监督、教育从业人员按照使用规则佩戴、使用

续表

《中华人民共和国安全生产法》	
第四十六条	生产经营单位的安全生产管理人员应当根据本单位的生产经营特点，对安全生产状况进行经常性检查；对检查中发现的安全问题，应当立即处理；不能处理的，应当及时报告本单位有关负责人，有关负责人应当及时处理。检查及处理情况应当如实记录在案。 生产经营单位的安全生产管理人员在检查中发现重大事故隐患，依照前款规定向本单位有关负责人报告，有关负责人不及时处理的，安全生产管理人员可以向主管的负有安全生产监督管理职责的部门报告，接到报告的部门应当依法及时处理
第四十七条	生产经营单位应当安排用于配备劳动防护用品、进行安全生产培训的经费
第四十九条第一款、第二款	生产经营单位不得将生产经营项目、场所、设备发包或者出租给不具备安全生产条件或者相应资质的单位或者个人。 生产经营项目、场所发包或者出租给其他单位的，生产经营单位应当与承包单位、承租单位签订专门的安全生产管理协议，或者在承包合同、租赁合同中约定各自的安全生产管理职责；生产经营单位对承包单位、承租单位的安全生产工作统一协调、管理，定期进行安全检查，发现安全问题的，应当及时督促整改
第八十一条	生产经营单位应当制定本单位生产安全事故应急救援预案，与所在地县级以上地方人民政府组织制定的生产安全事故应急救援预案相衔接，并定期组织演练
第八十三条	生产经营单位发生生产安全事故后，事故现场有关人员应当立即报告本单位负责人。 单位负责人接到事故报告后，应当迅速采取有效措施，组织抢救，防止事故扩大，减少人员伤亡和财产损失，并按照国家有关规定立即如实报告当地负有安全生产监督管理职责的部门，不得隐瞒不报、谎报或者迟报，不得故意破坏事故现场、毁灭有关证据
《中华人民共和国职业病防治法》	
第五条	用人单位应当建立、健全职业病防治责任制，加强对职业病防治的管理，提高职业病防治水平，对本单位产生的职业病危害承担责任
第十五条	产生职业病危害的用人单位的设立除应当符合法律、行政法规规定的设立条件外，其工作场所还应当符合下列职业卫生要求： （一）职业病危害因素的强度或者浓度符合国家职业卫生标准； （二）有与职业病危害防护相适应的设施； （三）生产布局合理，符合有害与无害作业分开的原则； （四）有配套的更衣间、洗浴间、孕妇休息间等卫生设施； （五）设备、工具、用具等设施符合保护劳动者生理、心理健康的要求； （六）法律、行政法规和国务院卫生行政部门关于保护劳动者健康的其他要求
第二十条	用人单位应当采取下列职业病防治管理措施： （一）设置或者指定职业卫生管理机构或者组织，配备专职或者兼职的职业卫生管理人员，负责本单位的职业病防治工作； （二）制定职业病防治计划和实施方案； （三）建立、健全职业卫生管理制度和操作规程； （四）建立、健全职业卫生档案和劳动者健康监护档案； （五）建立、健全工作场所职业病危害因素监测及评价制度； （六）建立、健全职业病危害事故应急救援预案

续表

《中华人民共和国职业病防治法》	
第二十六条	用人单位应当实施由专人负责的职业病危害因素日常监测，并确保监测系统处于正常运行状态。用人单位应当按照国务院卫生行政部门的规定，定期对工作场所进行职业病危害因素检测、评价。检测、评价结果存入用人单位职业卫生档案，定期向所在地卫生行政部门报告并向劳动者公布。 职业病危害因素检测、评价由依法设立的取得国务院卫生行政部门或者设区的市级以上地方人民政府卫生行政部门按照职责分工给予资质认可的职业卫生技术服务机构进行。职业卫生技术服务机构所作检测、评价应当客观、真实。 发现工作场所职业病危害因素不符合国家职业卫生标准和卫生要求时，用人单位应当立即采取相应治理措施，仍然达不到国家职业卫生标准和卫生要求的，必须停止存在职业病危害因素的作业；职业病危害因素经治理后，符合国家职业卫生标准和卫生要求的，方可重新作业
第三十二条	用人单位对采用的技术、工艺、设备、材料，应当知悉其产生的职业病危害，对有职业病危害的技术、工艺、设备、材料隐瞒其危害而采用的，对所造成的职业病危害后果承担责任
第三十七条	发生或者可能发生急性职业病危害事故时，用人单位应当立即采取应急救援和控制措施，并及时报告所在地卫生行政部门和有关部门。卫生行政部门接到报告后，应当及时会同有关部门组织调查处理；必要时，可以采取临时控制措施。卫生行政部门应当组织做好医疗救治工作。 对遭受或者可能遭受急性职业病危害的劳动者，用人单位应当及时组织救治、进行健康检查和医学观察，所需费用由用人单位承担
《中华人民共和国消防法》	
第九条	建设工程的消防设计、施工必须符合国家工程建设消防技术标准。建设、设计、施工、工程监理等单位依法对建设工程的消防设计、施工质量负责
第二十二条 第一款	生产、储存、装卸易燃易爆危险品的工厂、仓库和专用车站、码头的设置，应当符合消防技术标准。易燃易爆气体和液体的充装站、供应站、调压站，应当设置在符合消防安全要求的位置，并符合防火防爆要求
《中华人民共和国突发事件应对法》	
第三十五条	所有单位应当建立健全安全管理制度，定期开展危险源辨识评估，制定安全防范措施；定期检查本单位各项安全防范措施的落实情况，及时消除事故隐患；掌握并及时处理本单位存在的可能引发社会安全事件的问题，防止矛盾激化和事态扩大；对本单位可能发生的突发事件和采取安全防范措施的情况，应当按照规定及时向所在地人民政府或者有关部门报告
第三十六条	矿山、金属冶炼、建筑施工单位和易燃易爆物品、危险化学品、放射性物品等危险物品的生产、经营、运输、储存、使用单位，应当制定具体应急预案，配备必要的应急救援器材、设备和物资，并对生产经营场所、有危险物品的建筑物、构筑物及周边环境开展隐患排查，及时采取措施管控风险和消除隐患，防止发生突发事件
第三十七条	公共交通工具、公共场所和其他人员密集场所的经营单位或者管理单位应当制定具体应急预案，为交通工具和有关场所配备报警装置和必要的应急救援设备、设施，注明其使用方法，并显著标明安全撤离的通道、路线，保证安全通道、出口的畅通。 有关单位应当定期检测、维护其报警装置和应急救援设备、设施，使其处于良好状态，确保正常使用

续表

《生产安全事故报告和调查处理条例》	
第九条	事故发生后，事故现场有关人员应当立即向本单位负责人报告；单位负责人接到报告后，应当于1小时内向事故发生地县级以上人民政府安全生产监督管理部门和负有安全生产监督管理职责的有关部门报告。 情况紧急时，事故现场有关人员可以直接向事故发生地县级以上人民政府安全生产监督管理部门和负有安全生产监督管理职责的有关部门报告
第十四条	事故发生单位负责人接到事故报告后，应当立即启动事故相应应急预案，或者采取有效措施，组织抢救，防止事故扩大，减少人员伤亡和财产损失
《危险化学品安全管理条例》	
第十四条 第一款、第二款	危险化学品生产企业进行生产前，应当依照《安全生产许可证条例》的规定，取得危险化学品安全生产许可证。 生产列入国家实行生产许可证制度的工业产品目录的危险化学品的企业，应当依照《中华人民共和国工业产品生产许可证管理条例》的规定，取得工业产品生产许可证
第十五条	危险化学品生产企业应当提供与其生产的危险化学品相符的化学品安全技术说明书，并在危险化学品包装（包括外包装件）上粘贴或者挂拴与包装内危险化学品相符的化学品安全标签。化学品安全技术说明书和化学品安全标签所载明的内容应当符合国家标准的要求。 危险化学品生产企业发现其生产的危险化学品有新的危险特性的，应当立即公告，并及时修订其化学品安全技术说明书和化学品安全标签
第十六条	生产实施重点环境管理的危险化学品的企业，应当按照国务院环境保护主管部门的规定，将该危险化学品向环境中释放等相关信息向环境保护主管部门报告。环境保护主管部门可以根据情况采取相应的环境风险控制措施
第二十条	生产、储存危险化学品的单位，应当根据其生产、储存的危险化学品的种类和危险特性，在作业场所设置相应的监测、监控、通风、防晒、调温、防火、灭火、防爆、泄压、防毒、中和、防潮、防雷、防静电、防腐、防泄漏以及防护围堤或者隔离操作等安全设施、设备，并按照国家标准、行业标准或者国家有关规定对安全设施、设备进行经常性维护、保养，保证安全设施、设备的正常使用。 生产、储存危险化学品的单位，应当在其作业场所和安全设施、设备上设置明显的安全警示标志
第二十一条	生产、储存危险化学品的单位，应当在其作业场所设置通信、报警装置，并保证处于适用状态
第二十二条	生产、储存危险化学品的企业，应当委托具备国家规定的资质条件的机构，对本企业的安全生产条件每3年进行一次安全评价，提出安全评价报告。安全评价报告的内容应当包括对安全生产条件存在的问题进行整改的方案。 生产、储存危险化学品的企业，应当将安全评价报告以及整改方案的落实情况报所在地县级人民政府安全生产监督管理部门备案。在港区内储存危险化学品的企业，应当将安全评价报告以及整改方案的落实情况报港口行政管理部门备案
第二十五条	储存危险化学品的单位应当建立危险化学品出入库核查、登记制度。 对剧毒化学品以及储存数量构成重大危险源的其他危险化学品，储存单位应当将其储存数量、储存地点以及管理人员的情况，报所在地县级人民政府安全生产监督管理部门（在港区内储存的，报港口行政管理部门）和公安机关备案

续表

《危险化学品安全管理条例》	
第二十八条	使用危险化学品的单位,其使用条件(包括工艺)应当符合法律、行政法规的规定和国家标准、行业标准的要求,并根据所使用的危险化学品的种类、危险特性以及使用量和使用方式,建立、健全使用危险化学品的安全管理规章制度和安全操作规程,保证危险化学品的安全使用
《安全生产许可证条例》	
第六条	企业取得安全生产许可证,应当具备下列安全生产条件: (一)建立、健全安全生产责任制,制定完备的安全生产规章制度和操作规程; (二)安全投入符合安全生产要求; (三)设置安全生产管理机构,配备专职安全生产管理人员; (四)主要负责人和安全生产管理人员经考核合格; (五)特种作业人员经有关业务主管部门考核合格,取得特种作业操作资格证书; (六)从业人员经安全生产教育和培训合格; (七)依法参加工伤保险,为从业人员缴纳保险费; (八)厂房、作业场所和安全设施、设备、工艺符合有关安全生产法律、法规、标准和规程的要求; (九)有职业危害防治措施,并为从业人员配备符合国家标准或者行业标准的劳动防护用品; (十)依法进行安全评价; (十一)有重大危险源检测、评估、监控措施和应急预案; (十二)有生产安全事故应急救援预案、应急救援组织或者应急救援人员,配备必要的应急救援器材、设备; (十三)法律、法规规定的其他条件
第七条	企业进行生产前,应当依照本条例的规定向安全生产许可证颁发管理机关申请领取安全生产许可证,并提供本条例第六条规定的相关文件、资料。安全生产许可证颁发管理机关应当自收到申请之日起45日内审查完毕,经审查符合本条例规定的安全生产条件的,颁发安全生产许可证;不符合本条例规定的安全生产条件的,不予颁发安全生产许可证,书面通知企业并说明理由。 煤矿企业应当以矿(井)为单位,依照本条例的规定取得安全生产许可证
第十四条	企业取得安全生产许可证后,不得降低安全生产条件,并应当加强日常安全生产管理,接受安全生产许可证颁发管理机关的监督检查。 安全生产许可证颁发管理机关应当加强对取得安全生产许可证的企业的监督检查,发现其不再具备本条例规定的安全生产条件的,应当暂扣或者吊销安全生产许可证

第二节
公司安全生产专项合规案例分析

一、案情简介

2023年6月21日晚,宁夏银川市兴庆区F烧烤店发生燃气爆炸事故,造成31人死亡、7 人受伤。事故造成直接经济损失约 1.5 亿元，被国务院调查组认定为特别重大生产安全责任事故。事发时，烧烤店使用的液化石油气罐因减压阀故障导致连接软管脱落，大量燃气泄漏后在密闭空间内达到爆炸浓度，遇明火或电火花引发爆燃。爆炸冲击导致二楼违规搭建的彩钢板结构坍塌，进一步堵塞逃了生通道，加剧了人员伤亡。

调查发现，涉事烧烤店长期存在多项安全隐患。该店擅自更换不符合标准的劣质减压阀，未安装燃气泄漏报警装置，液化气罐存放区域与明火作业区未保持安全距离。员工缺乏燃气安全操作培训，未能及时处置燃气泄漏险情。此外，该店曾于 2022 年因消防问题被责令整改，但未落实整改措施继续营业。地方政府监管层面存在明显疏漏，住建部门未严格检查燃气使用许可，市场监管部门纵容无证经营，消防机构未督促拆除违规建筑，形成监管链条断裂。

事故发生后，9 名责任人因涉嫌重大责任事故罪被刑事拘留，包括法定代表人、股东及店长。燃气设备供应商因销售伪劣产品被立案调查。行政问责方面，银川市副市长、兴庆区区长等 15 名公职人员受到党纪政务处分，其中 6 人被移送司法处理。涉事企业被吊销营业执照并罚款 200 万元，燃气供应公司停业整顿并处罚款 500 万元。

二、案例分析

这起燃气爆炸事故折射出企业生产安全管理中的深层漏洞。涉事烧烤店作为生产经营单位，未落实《中华人民共和国安全生产法》要求的全员安全责任制，主要负责人对燃气设备管理严重失职。使用未经安全认证的减压阀和连接软管，暴露出企业为压缩成本牺牲安全投入的短视行为。燃气报警装置的缺失直接违反《燃气工程项目规范》强制性条文，反映出企业将技术标准视作可有可无的装饰品，本质是安全生产主体责任意识淡漠。

事故企业曾于 2022 年接受过消防安全检查，但对监管部门提出的隐患整改要求阳奉阴违，暴露出隐患排查治理体系形同虚设。这种现象在企业中具有普遍性：部分经营者将整改视为应付检查的"运动式任务"，未建立隐患自查、自改、自报的闭环机制。更严重的是，店铺二层违规搭建彩钢板结构长达三年未被查处，折射出监管部门"重检查轻惩处"的执法痼疾，变相纵容了企业违法行为的持续存在。

从行业特性看，餐饮企业普遍存在员工流动性大、安全培训不到位的痛点。该店后厨人员缺乏燃气泄漏应急处置知识，事故发生时既未及时关闭气阀，也未组织有效疏散，暴露出三级安全教育流于形式。这种现象在中小微企业尤为突出，安全培训往往沦为"签字走过场"，员工对岗位风险认知停留在纸面，实际操作中难以识别和化解风险。

事故还暴露出企业应急管理体系的重大缺陷。涉事店铺未按规定制定专项应急预案，缺乏应急物资储备，安全出口被违规改建堵塞。这导致爆燃发生后现场陷入混乱，被困人员无法通过有效通道逃生。这种"重生产轻应急"的管理模式，使得初期风险迅速升级为灾难性后果，凸显企业应急预案编制与实战演练的严重脱节。

此次事故推动全国燃气安全治理体系重构。但长效机制的建立仍需依靠企业安全文化的培育，只有将安全理念融入日常经营每个环节，才能真正实现从"要我安全"到"我要安全"的转变。

| 第十一章 |

公司生态环保专项合规指南与案例分析

在当前时代背景下，生态环境保护已成为企业发展过程中不可忽视的核心议题。近年来，我国在生态环境保护制度建设方面持续加强，取得了显著成效。自 1979 年我国环境立法起步以来，已构建起以《中华人民共和国宪法》为根本、以《中华人民共和国环境保护法》为基础、以污染防治和自然保护单行法为骨干的庞大立法体系。在这样的宏观环境下，众多企业积极响应，积极推进自身的生态环境保护制度建设。以宁波港为例，制定了《环保责任制》《生态环境保护管理规定》等制度，形成了科学、规范、高效的标准化环保管理体系，从制度层面确保了生态环境保护工作的有序进行。

| 第一节
公司生态环保专项合规相关法律依据

《中华人民共和国环境保护法》	
第四十二条	排放污染物的企业事业单位，应当建立环境保护责任制度，明确单位负责人和相关人员的责任
第六十五条	环境影响评价机构、环境监测机构以及从事环境监测设备和防治污染设施维护、运营的机构，在有关环境服务活动中弄虚作假，对造成的环境污染和生态破坏负有责任的，除依照有关法律法规规定予以处罚外，还应当与造成环境污染和生态破坏的其他责任者承担连带责任
《中华人民共和国民法典》	
第一千二百二十九条	因污染环境、破坏生态造成他人损害的，侵权人应当承担侵权责任
第一千二百三十五条	违反国家规定造成生态环境损害的，国家规定的机关或者法律规定的组织有权请求侵权人赔偿下列损失和费用：（一）生态环境受到损害至修复完成期间服务功能丧失导致的损失；（二）生态环境功能永久性损害造成的损失；（三）生态环境损害调查、鉴定评估等费用；（四）清除污染、修复生态环境费用；（五）防止损害的发生和扩大所支出的合理费用

续表

《中华人民共和国大气污染防治法》	
第十八条	企业事业单位和其他生产经营者建设对大气环境有影响的项目，应当依法进行环境影响评价、公开环境影响评价文件；向大气排放污染物的，应当符合大气污染物排放标准，遵守重点大气污染物排放总量控制要求
第九十九条	违反本法规定，有下列行为之一的，由县级以上人民政府生态环境主管部门责令改正或者限制生产、停产整治，并处十万元以上一百万元以下的罚款；情节严重的，报经有批准权的人民政府批准，责令停业、关闭：（一）未依法取得排污许可证排放大气污染物的；（二）超过大气污染物排放标准或者超过重点大气污染物排放总量控制指标排放大气污染物的；（三）通过逃避监管的方式排放大气污染物的
《中华人民共和国水污染防治法》	
第十条	排放水污染物，不得超过国家或者地方规定的水污染物排放标准和重点水污染物排放总量控制指标
第八十三条	违反本法规定，有下列行为之一的，由县级以上人民政府环境保护主管部门责令限期改正，处二万元以上二十万元以下的罚款；逾期不改正的，责令停产整治：（一）未按照规定对所排放的水污染物自行监测，或者未保存原始监测记录的；（二）未按照规定安装水污染物排放自动监测设备，未按照规定与环境保护主管部门的监控设备联网，或者未保证监测设备正常运行的；（三）未按照规定对有毒有害水污染物的排污口和周边环境进行监测，或者未公开有毒有害水污染物信息的
《中华人民共和国固体废物污染环境防治法》	
第十七条	建设产生、贮存、利用、处置固体废物的项目，应当依法进行环境影响评价，并遵守国家有关建设项目环境保护管理的规定
第十九条	收集、贮存、运输、利用、处置固体废物的单位和其他生产经营者，应当加强对相关设施、设备和场所的管理和维护，保证其正常运行和使用
第一百一十二条	违反本法规定，有下列行为之一，由生态环境主管部门责令改正，处以罚款，没收违法所得；情节严重的，报经有批准权的人民政府批准，可以责令停业或者关闭：（一）未按照规定设置危险废物识别标志的；（二）未按照国家有关规定制定危险废物管理计划或者申报危险废物有关资料（三）擅自倾倒、堆放危险废物的；（四）将危险废物提供或者委托给无许可证的单位或者其他生产经营者从事经营活动的；（五）未按照国家有关规定填写、运行危险废物转移联单或者未经批准擅自转移危险废物的；（六）未按照国家环境保护标准贮存、利用、处置危险废物或者将危险废物混入非危险废物中贮存的；（七）未经安全性处置，混合收集、贮存、运输、处置具有不相容性质的危险废物的；（八）将危险废物与旅客在同一运输工具上载运的；（九）未经消除污染处理，将收集、贮存、运输、处置危险废物的场所、设施、设备和容器、包装物及其他物品转作他用的；（十）未采取相应防范措施，造成危险废物扬散、流失、渗漏或者其他环境污染的；（十一）在运输过程中沿途丢弃、遗撒危险废物的；（十二）未制定危险废物意外事故防范措施和应急预案的；（十三）未按照国家有关规定建立危险废物管理台账并如实记录的。有前款第一项、第二项、第五项、第六项、第七项、第八项、第九项、第十二项、第十三项行为之一，处十万元以上一百万元以下的罚款；有前款第三项、第四项、第十项、第十一项行为之一，处所需处置费用三倍以上五倍以下的罚款，所需处置费用不足二十万元的，按二十万元计算
《中华人民共和国环境影响评价法》	
第二十五条	设项目的环境影响评价文件未依法经审批部门审查或者审查后未予批准的，建设单位不得开工建设

续表

《中华人民共和国环境影响评价法》	
第三十一条	建设项目环境影响报告书、报告表未经批准或者未经原审批部门重新审核同意，建设单位擅自开工建设的，依照前款的规定处罚、处分。建设单位未依法备案建设项目环境影响登记表的，由县级以上生态环境主管部门责令备案，处五万元以下的罚款
《排污许可管理条例》	
第二条	依照法律规定实行排污许可管理的企业事业单位和其他生产经营者（以下称排污单位），应当依照本条例规定申请取得排污许可证；未取得排污许可证的，不得排放污染物。 根据污染物产生量、排放量、对环境的影响程度等因素，对排污单位实行排污许可分类管理：（一）污染物产生量、排放量或者对环境的影响程度较大的排污单位，实行排污许可重点管理；（二）污染物产生量、排放量和对环境的影响程度都较小的排污单位，实行排污许可简化管理。 实行排污许可管理的排污单位范围、实施步骤和管理类别名录，由国务院生态环境主管部门拟订并报国务院批准后公布实施。制定实行排污许可管理的排污单位范围、实施步骤和管理类别名录，应当征求有关部门、行业协会、企业事业单位和社会公众等方面的意见
第三十三条	违反本条例规定，排污单位有下列行为之一的，由生态环境主管部门责令改正或者限制生产、停产整治，处20万元以上100万元以下的罚款；情节严重的，报经有批准权的人民政府批准，责令停业、关闭：（一）未取得排污许可证排放污染物；（二）排污许可证有效期届满未申请延续或者延续申请未经批准排放污染物；（三）被依法撤销、注销、吊销排污许可证后排放污染物；（四）依法应当重新申请取得排污许可证，未重新申请取得排污许可证排放污染物
《建设项目环境保护管理条例》	
第十五条	建设项目需要配套建设的环境保护设施，必须与主体工程同时设计、同时施工、同时投产使用
第二十三条	违反本条例规定，需要配套建设的环境保护设施未建成、未经验收或者验收不合格，建设项目即投入生产或者使用，或者在环境保护设施验收中弄虚作假的，由县级以上环境保护行政主管部门责令限期改正，处20万元以上100万元以下的罚款；逾期不改正的，处100万元以上200万元以下的罚款；对直接负责的主管人员和其他责任人员，处5万元以上20万元以下的罚款；造成重大环境污染或者生态破坏的，责令停止生产或者使用，或者报经有批准权的人民政府批准，责令关闭。 违反本条例规定，建设单位未依法向社会公开环境保护设施验收报告的，由县级以上环境保护行政主管部门责令公开，处5万元以上20万元以下的罚款，并予以公告
《关于办理环境污染刑事案件适用法律若干问题的解释》	
第一条	实施刑法第三百三十八条规定的行为，具有下列情形之一的，应当认定为"严重污染环境"：（一）在饮用水水源保护区、自然保护地核心保护区等依法确定的重点保护区域排放、倾倒、处置有放射性的废物、含传染病病原体的废物、有毒物质的；（二）非法排放、倾倒、处置危险废物三吨以上的；（三）排放、倾倒、处置含铅、汞、镉、铬、砷、铊、锑的污染物，超过国家或者地方污染物排放标准三倍以上的；（四）排放、倾倒、处置含镍、铜、锌、银、钒、锰、钴的污染物，超过国家或者地方污染物排放标准十倍以上的；（五）通过暗管、渗井、渗坑、裂隙、溶洞、灌注、非紧急情况下开启大气应急排放通道等逃避监管的方式排放、倾倒、处置有放射性的废物、含传染病病原体的废物、有毒物质的；（六）二年内曾因在重污染天气预警期间，违反国家规定，超标排放二氧化硫、氮氧化物等实行排放总量控制的大气污染物受过二次以上行政处罚，又实施此类行为的；（七）重点排污单位、实行排污许可重点管理的单位篡改、伪造自动监测数据或者干扰自动监测设施，排放化学需氧量、氨氮、二氧化硫、氮氧化物等污染物的；（八）二年内曾因违反国家规定，排放、倾倒、处置有放射性的废物、含传染病病原体的废物、有毒物质受过二次以上行政处罚，又实施此类行为的；（九）违法所得或者致使公私财产损失三十万元以上的；（十）致使乡镇集中式饮用水水源取水中断十二小时以上的；（十一）其他严重污染环境的情形

续表

《关于办理环境污染刑事案件适用法律若干问题的解释》	
第五条	违反国家规定，针对环境质量监测系统实施下列行为，或者强令、指使、授意他人实施下列行为，后果严重的，应当依照刑法第二百八十六条的规定，以破坏计算机信息系统罪定罪处罚：（一）修改系统参数或者系统中存储、处理、传输的监测数据的；（二）干扰系统采样，致使监测数据因系统不能正常运行而严重失真的；（三）其他破坏环境质量监测系统的行为。 重点排污单位、实行排污许可重点管理的单位篡改、伪造自动监测数据或者干扰自动监测设施，排放化学需氧量、氨氮、二氧化硫、氮氧化物等污染物，同时构成污染环境罪和破坏计算机信息系统罪的，依照处罚较重的规定定罪处罚。 从事环境监测设施维护、运营的人员实施或者参与实施篡改、伪造自动监测数据、干扰自动监测设施、破坏环境质量监测系统等行为的，依法从重处罚
《最高人民法院关于审理生态环境侵权责任纠纷案件适用法律若干问题的解释》	
第四条	污染环境、破坏生态造成他人损害，行为人不论有无过错，都应当承担侵权责任。行为人以外的其他责任人对损害发生有过错的，应当承担侵权责任
第十二条	排污单位将所属的环保设施委托第三方治理机构运营，第三方治理机构在合同履行过程中污染环境造成他人损害，被侵权人请求排污单位承担侵权责任的，人民法院应予支持。 排污单位依照前款规定承担责任后向有过错的第三方治理机构追偿的，人民法院应予支持
《最高人民法院关于生态环境侵权民事诉讼证据的若干规定》	
第二条	环境污染责任纠纷案件、生态破坏责任纠纷案件的原告应当就以下事实承担举证责任：（一）被告实施了污染环境或者破坏生态的行为；（二）原告人身、财产受到损害或者有遭受损害的危险
《企业突发环境事件隐患排查和治理工作指南（试行）》	
5.1	企业应当建立并完善隐患排查管理机构，配备相应的管理和技术人员
《突发环境事件应急管理办法》	
第六条	企业事业单位应当按照相关法律法规和标准规范的要求，履行下列义务：（一）开展突发环境事件风险评估；（二）完善突发环境事件风险防控措施；（三）排查治理环境安全隐患；（四）制定突发环境事件应急预案并备案、演练；（五）加强环境应急能力保障建设。 发生或者可能发生突发环境事件时，企业事业单位应当依法进行处理，并对所造成的损害承担责任
国际条约	
国际海事组织（IMO）公约	《国际防止船舶造成污染公约》
生物多样性保护	《生物多样性公约》
	《卡塔赫纳生物安全议定书》

续表

国际条约	
气候变化应对	《联合国气候变化框架公约》
	《巴黎协定》
国际环境管理标准	ISO 14001（环境管理体系）
其他相关公约	《控制危险废物越境转移及其处置的巴塞尔公约》
	《濒危野生动植物种国际贸易公约》

第二节
公司生态环保专项合规案例分析

一、案情简介（境外环境行政诉讼案）

某 A 公司主要从事摩托车出口业务，近年致力于开拓海外市场。A 公司在美国成立了 B 子公司，并通过 B 子公司开拓美国市场业务。2013 年起，B 公司开始受到美国环境保护署（Environmental Protection Agency，EPA）调查，公司通过美国某环境咨询公司与 EPA 进行了沟通，但并未聘请律师严肃对待。

由于缺乏对于相关法律规定和程序的了解，A、B 两公司未能及时与 EPA 执法机构沟通和递交相关材料。2014 年 4 月，EPA 向 A、B 公司发出诉状，称两家公司缺乏和解诚意，遂中断调解程序，提起诉讼。EPA 称，A、B 公司引入美国市场的摩托车存在认证和标签问题，案件共涉及 1,153 辆车，每辆车的罚款最高超 3 万美元。

二、案例分析

（一）B 公司是否受到美国法律监管，A 公司是否对 B 公司具有实际控制权？

根据美国《空气清洁法案》（Clean Air Act）规定，所有投放美国市场直接进行销售的新型摩托车和非公路摩托车的进口商和制造商，必须经由 EPA 检验合格并获得 EPA 颁发的证照。A 公司为摩托车制造商，EPA 若想证明美国法律对 A 公司有管辖权，则必须证明 B 公司销售的汽车由 A 公司制造。

两公司之间是否存在实际控制的关联关系，通常需要考量以下几个方面：是否有财务上的混同，是否有共同所有权、共同持有股份，是否有共同的管理人员和董事，以及日常管理等其他方面。

本案中，A、B 两公司虽股东不同但却拥有同一个法人，且根据 B 公司提交的认证申请材料显示，B 公司是 A 公司为向美国市场出口摩托车而设立的子公司。因此证明 A、B 两公司不存在实际控制人的关联关系较为困难。本案律师转而着手通过谈判和解的途径解决争议。

（二）美国环境行政诉讼能否调解，如何为客户争取谈判和解条款的最优解？

EPA 根据美国的《空气清洁法案》对企业作出罚款决定时，应当考虑违法行为的严重程度、违法所得的金额大小、被告的经营规模、被告对相关法律法规的过往遵守情况以及罚金的数额是否会影响该企业的存续等。本案件的律师提出，被告支付能力有限，故罚金的数额将会实质性影响该企业的存续，提出在和解方案中减免罚款金额的方案。为此，企业也向 EPA 承诺采取补救措施，并保证未来不违反相关规定。经过谈判，双方就和解金额最终达成一致。企业开拓海外业务时，应当尤其重视合规问题，不仅要了解目的国法律环境和相关法律要求，更要主动采取合规举措。

| 第十二章 |

公司职业健康专项合规指南与案例分析

劳动者在职业活动中依法享有的健康权益，是指在劳动过程中避免受到职业性危害或及时获得健康损害补偿的权利。回顾 20 世纪初期的"血汗工厂"现象，可见企业为追求经济利益而忽视劳动卫生保障，导致生产效率的提升最终因劳工健康状况恶化及工伤事故频发而受到负面影响。二战后，在新古典主义经济理论的指导下，各国经济发展的重心逐渐从物质与金融资本的积累转向人力资本的培养，众多研究结果一致表明职业健康水平与劳动生产率的边际增长呈正相关。以美国 20 世纪 70 年代颁布的《职业健康服务法》和国家职业安全与健康管理局的成立为标志，发达国家逐步构建了完善的职业健康管理体系。当前，保障劳动者享有健康安全的工作环境已成为我国《宪法》第 42 条所确认的基本人权，并被多个国际组织所认可，同时被联合国纳入"2030 可持续发展议程"的具体目标之一。

随着 ESG（环境、社会、治理）运动的兴起，企业的关注点已不再局限于传统的经济效益，而是更加注重社会责任的承担，强调其在社会公共生活中的角色。在公司治理合规的语境下，对劳动者职业安全权的保障不仅是对劳资关系内在机制的必要调整，也是实现劳资关系和谐、构建和谐社会的关键途径。我国针对劳动者健康权益的制度建设，已制定并实施了包括《中华人民共和国矿山安全法》《中华人民共和国工会法》《中华人民共和国职业病防治法》《中华人民共和国安全生产法》在内的一系列重要法律。例如，《中华人民共和国劳动法》规定企业必须提供必要的劳动安全卫生设施和条件，并建立完善的劳动安全管理制度，以降低生产风险，减少职业危害；同时，大量配套的行政法规和规章也相继出台，对相关细则和实施程序进行了明确，从而形成了一个以宪法为根本，多层级立法相结合的法律体系。本章旨在总结公司职业健康相关的法律依据及案例分析。

第一节
公司职业健康专项合规相关法律依据

《职业安全和卫生及工作环境公约》	
第十六条	1. 应要求雇主在合理可行的范围内保证其控制下的工作场所、机器、设备和工作程序安全并对健康没有危险。2. 应要求雇主在合理可行的范围内保证其控制下的化学、物理和生物物质与制剂，在采取适当保护措施后，不会对健康发生危险。3. 应要求雇主在必要时提供适当的保护服装和保护用品，以便在合理可行的范围内，预防事故危险或对健康的不利影响
第十八条	应要求雇主在必要时采取应付紧急情况和事故的措施，包括适当的急救安排
第十九条	应在企业一级作出安排，在此安排下：（a）工人在工作过程中协助雇主完成其承担的职责；（b）企业中的工人代表在职业安全和卫生方面与雇主合作；（c）企业中的工人代表应获得有关雇主为保证职业安全和卫生所采取措施的足够信息，并可在不泄露商业机密的情况下就这类信息与其代表性组织进行磋商；（d）工人及其企业中的代表应受到职业安全和卫生方面的适当培训；（e）应使企业中的工人或其代表和必要时其代表性组织，按照国家法律和比例，能够查询与其工作有关的职业安全和卫生的各个方面的情况，并就此受到雇主的咨询；为此目的，经双方同意，可从企业外部带进技术顾问；（f）工人立即向其直接上级报告有充分理由认为出现对其生命和健康有紧迫、严重危险的任何情况，在雇主采取必要的补救措施之前，雇主不得要求工人回到对生命和健康仍存在紧迫、严重危险的工作环境中去
《经济、社会和文化权利国际公约》	
第七条	本《公约》缔约国承认人人有权享有公正和有利的工作条件，以特别确保：（b）安全和健康的工作条件；……（d）休息、休闲、工作时间的合理限制和定期带薪休假，以及公众假期的报酬
第十二条	1. 本公约缔约国承认人人有权享有能达到的最高标准的身心健康。2. 本《公约》缔约国为充分实现这项权利所应采取的步骤应包括下列必要步骤：（a）规定减少死胎率和婴儿死亡率，使儿童得到健康发展；（b）改善环境和工业卫生的所有方面；（c）预防、治疗和控制流行病、地方病、职业病和其他疾病；（d）创造条件，确保所有人在生病时都能得到医疗服务
《中华人民共和国劳动法》	
第五十二条	用人单位必须建立、健全劳动安全卫生制度，严格执行国家劳动安全卫生规程和标准，对劳动者进行劳动安全卫生教育，防止劳动过程中的事故，减少职业危害
第五十四条	用人单位必须为劳动者提供符合国家规定的劳动安全卫生条件和必要的劳动防护用品，对从事有职业危害作业的劳动者应当定期进行健康检查
第五十六条	劳动者在劳动过程中必须严格遵守安全操作规程。 劳动者对用人单位管理人员违章指挥、强令冒险作业，有权拒绝执行；对危害生命安全和身体健康的行为，有权提出批评、检举和控告
第五十九条	禁止安排女职工从事矿山井下、国家规定的第四级体力劳动强度的劳动和其他禁忌从事的劳动

续表

《中华人民共和国劳动法》	
第六十条	不得安排女职工在经期从事高处、低温、冷水作业和国家规定的第三级体力劳动强度的劳动
第六十一条	不得安排女职工在怀孕期间从事国家规定的第三级体力劳动强度的劳动和孕期禁忌从事的劳动。对怀孕七个月以上的女职工，不得安排其延长工作时间和夜班劳动
第六十三条	不得安排女职工在哺乳未满一周岁的婴儿期间从事国家规定的第三级体力劳动强度的劳动和哺乳期禁忌从事的其他劳动，不得安排其延长工作时间和夜班劳动
《女职工劳动保护特别规定》	
第六条	女职工在孕期不能适应原劳动的，用人单位应当根据医疗机构的证明，予以减轻劳动量或安排其他能够适应的劳动。 对怀孕 7 个月以上的女职工，用人单位不得延长劳动时间或者安排夜班劳动，并应当在劳动时间内安排一定的休息时间。 怀孕女职工在劳动时间内进行产前检查，所需时间计入劳动时间
第九条	对哺乳未满 1 周岁婴儿的女职工，用人单位不得延长劳动时间或者安排夜班劳动。 用人单位应当在每天的劳动时间内为哺乳期女职工安排 1 小时哺乳时间；女职工生育多胞胎的，每多哺乳 1 个婴儿每天增加 1 小时哺乳时间
《中华人民共和国劳动合同法》	
第四十二条	劳动者有下列情形之一的，用人单位不得依照本法第四十条、第四十一条的规定解除劳动合同：……（一）从事接触职业病危害作业的劳动者未进行离岗前职业健康检查，或者疑似职业病病人在诊断或者医学观察期间的
第八十八条	用人单位有下列情形之一的，依法给予行政处罚；构成犯罪的，依法追究刑事责任；给劳动者造成损害的，应当承担赔偿责任：……（二）违章指挥或者强令冒险作业危及劳动者人身安全的
《中华人民共和国职业病防治法》	
第二条	……本法所称职业病，是指企业、事业单位和个体经济组织等用人单位的劳动者在职业活动中，因接触粉尘、放射性物质和其他有毒、有害因素而引起的疾病
第三十五条	对从事接触职业病危害的作业的劳动者，用人单位应当按照国务院安全生产监督管理部门、卫生行政部门的规定组织上岗前、在岗期间和离岗时的职业健康检查，并将检查结果书面告知劳动者。对未进行离岗前职业健康检查的劳动者不得解除或者终止与其订立的劳动合同
《工伤保险条例》	
第二条	中华人民共和国境内的企业、事业单位、社会团体、民办非企业单位、基金会、律师事务所、会计师事务所等组织和有雇工的个体工商户（以下称用人单位）应当依照本条例规定参加工伤保险，为本单位全部职工或者雇工（以下称职工）缴纳工伤保险费。中华人民共和国境内的企业、事业单位、社会团体、民办非企业单位、基金会、律师事务所、会计师事务所等组织的职工和个体工商户的雇工，均有依照本条例的规定享受工伤保险待遇的权利

《工伤保险条例》	
第十四条	职工有下列情形之一的，应当认定为工伤： （一）在工作时间和工作场所内，因工作原因受到事故伤害的； （二）工作时间前后在工作场所内，从事与工作有关的预备性或者收尾性工作受到事故伤害的； （三）在工作时间和工作场所内，因履行工作职责受到暴力等意外伤害的； （四）患职业病的； （五）因工外出期间，由于工作原因受到伤害或者发生事故下落不明的； （六）在上下班途中，受到非本人主要责任的交通事故或者城市轨道交通、客运轮渡、火车事故伤害的； （七）法律、行政法规规定应当认定为工伤的其他情形
第十五条	职工有下列情形之一的，视同工伤： （一）在工作时间和工作岗位，突发疾病死亡或者在48小时之内经抢救无效死亡的； （二）在抢险救灾等维护国家利益、公共利益活动中受到伤害的； （三）职工原在军队服役，因战、因公负伤致残，已取得革命伤残军人证，到用人单位后旧伤复发的。 职工有前款第（一）项、第（二）项情形的，按照本条例的有关规定享受工伤保险待遇；职工有前款第（三）项情形的，按照本条例的有关规定享受除一次性伤残补助金以外的工伤保险待遇
第五十四条	用人单位必须为劳动者提供符合国家规定的劳动安全卫生条件和必要的劳动防护用品
第五十五条	从事特种作业的劳动者必须经过专门培训并取得特种作业资格
第五十二条	用人单位必须建立、健全劳动安全卫生制度，严格执行国家劳动安全卫生规程和标准，对劳动者进行劳动安全卫生教育，防止劳动过程中的事故，减少职业危害
《中华人民共和国安全生产法》	
第四条	生产经营单位必须遵守本法和其他有关安全生产的法律、法规，加强安全生产管理，建立健全全员安全生产责任制和安全生产规章制度，加大对安全生产资金、物资、技术、人员的投入保障力度，改善安全生产条件，加强安全生产标准化、信息化建设，构建安全风险分级管控和隐患排查治理双重预防机制，健全风险防范化解机制，提高安全生产水平，确保安全生产。 平台经济等新兴行业、领域的生产经营单位应当根据本行业、领域的特点，建立健全并落实全员安全生产责任制，加强从业人员安全生产教育和培训，履行本法和其他法律、法规规定的有关安全生产义务
《中华人民共和国刑法》	
第一百三十四条	【重大责任事故罪】在生产、作业中违反有关安全管理的规定，因而发生重大伤亡事故或者造成其他严重后果的，处三年以下有期徒刑或者拘役；情节特别恶劣的，处三年以上七年以下有期徒刑。 【强令、组织他人违章冒险作业罪】强令他人违章冒险作业，或者明知存在重大事故隐患而不排除，仍冒险组织作业，因而发生重大伤亡事故或者造成其他严重后果的，处五年以下有期徒刑或者拘役；情节特别恶劣的，处五年以上有期徒刑

续表

《中华人民共和国刑法》	
第一百三十四条之一	【危险作业罪】在生产、作业中违反有关安全管理的规定，有下列情形之一，具有发生重大伤亡事故或者其他严重后果的现实危险的，处一年以下有期徒刑、拘役或者管制： （一）关闭、破坏直接关系生产安全的监控、报警、防护、救生设备、设施，或者篡改、隐瞒、销毁其相关数据、信息的； （二）因存在重大事故隐患被依法责令停产停业、停止施工、停止使用有关设备、设施、场所或者立即采取排除危险的整改措施，而拒不执行的； （三）涉及安全生产的事项未经依法批准或者许可，擅自从事矿山开采、金属冶炼、建筑施工，以及危险物品生产、经营、储存等高度危险的生产作业活动的
第一百三十五条	【重大劳动安全事故罪】安全生产设施或者安全生产条件不符合国家规定，因而发生重大伤亡事故或者造成其他严重后果的，对直接负责的主管人员和其他直接责任人员，处三年以下有期徒刑或者拘役；情节特别恶劣的，处三年以上七年以下有期徒刑
其他法律文件	
参考文件	《生产安全事故报告和调查处理条例》

第二节
公司职业健康专项合规案例分析

一、案情简介（驻海外员工劳动争议）

某跨国进出口企业员工 A 于 2018 年 9 月被派往该公司在非洲某国设立的关联实体公司从事押运工作，后担任安保部门负责人。2020 年 1 月，A 与同事发生争执，不顾他人劝阻对该同事动手，引起对方还击，后二人被其他员工拉开。进出口公司得知此情况后，调查了具体事实，认定 A 在外派到非洲期间打架斗殴，严重违反公司劳动纪律和劳动合同约定，依法与其解除了劳动关系，并通知了公司所在地街道总工会，后将 A 送回国内。A 回国后申请劳动仲裁，认为其不存在打架斗殴情形，要求公司支付违法解除劳动合同的赔偿金、回国探亲往返机票及车票等值补偿以及合同期满奖金等。

二、案例分析

本案涉及了对域外涉及纠纷的员工的案件事实认定及赔偿问题。本案律师获取到的非洲海外公司提供的事发时监控视频。视频中 A 先向同事动手，而后对方还击。该视频清晰明确地拍到了 A 的面容，能够确认攻击者身份。此外，根据双方劳动合同，A 所主张的回国探亲往返机票及车票等值补偿与合同约定的报销条款相背离，而 A 劳动合同的履行情况不满足劳动合同约定的合同期满奖金的发放条件，故进出口公司不应支付上述款项。

劳动人事争议仲裁委员会采纳了律师意见，驳回了 A 要求公司支付违法解除劳动合同的赔偿金、回国探亲往返机票及车票等值补偿以及合同期满奖金的仲裁请求。

近年来越来越多的中国企业走出国门，在此过程中所产生的劳动用工纠纷也相应而生。实践中海外用工需要注意的合规问题主要有以下四点。一是明确将海外中国员工的劳动关系与中国企业绑定，确定中国法的管辖。二是重视海外员工的劳动合同条款设计，对其海外工作期间的福利待遇等予以充分考虑。三是加强对海外员工的管理，严防海外员工在域外与当地人产生可能在域外管辖的纠纷案件。四是要依法缴纳海外员工的社会保险等，并妥善处理工伤、工亡等问题，以维护中资企业的国际声誉。

| 第十三章 |

公司质量管理专项合规指南与案例分析

在当今市场竞争激烈的商业环境中，质量管理对企业的重要性不言而喻。它不仅是企业生存和发展的基石，更是提升企业核心竞争力的关键。良好的质量管理能够帮助企业减少生产成本、提高效率、增强客户满意度和忠诚度，从而在激烈的市场竞争中脱颖而出。此外，质量管理还能够通过减少次品率、降低售后维修成本和客户投诉等方式，为企业带来长期的经济效益。

从法律层面来看，我国高度重视质量管理的规范化和标准化。《中华人民共和国产品质量法》明确规定了企业在生产、销售产品过程中必须遵守的质量标准和法律责任。该法律不仅要求企业建立健全内部质量管理制度，还对伪造产品信息、以次充好等行为给予了明确的禁止和处罚规定。此外，国家还通过鼓励企业采用先进的质量管理体系（如 ISO 9000 认证）和科学的质量管理方法，推动企业提升产品质量，增强市场竞争力。

在这样的法律框架下，企业不仅需要将质量管理作为提升自身竞争力的重要手段，更要将其视为履行法律责任和社会责任的基本要求。只有通过严格的质量管理，企业才能在满足消费者需求的同时，确保自身在法律框架内的稳健发展。

第一节
公司质量管理专项合规相关法律依据

《中华人民共和国产品质量法》	
第五条	禁止伪造或者冒用认证标志等质量标志；禁止伪造产品的产地，伪造或者冒用他人的厂名、厂址；禁止在生产、销售的产品中掺杂、掺假，以假充真，以次充好

续表

《中华人民共和国产品质量法》	
第十三条	可能危及人体健康和人身、财产安全的工业产品，必须符合保障人体健康和人身、财产安全的国家标准、行业标准；未制定国家标准、行业标准的，必须符合保障人体健康和人身、财产安全的要求
第十四条	国家根据国际通用的质量管理标准，推行企业质量体系认证制度。企业根据自愿原则可以向国务院市场监督管理部门认可的或者国务院市场监督管理部门授权的部门认可的认证机构申请企业质量体系认证。经认证合格的，由认证机构颁发企业质量体系认证证书。 国家参照国际先进的产品标准和技术要求，推行产品质量认证制度。企业根据自愿原则可以向国务院市场监督管理部门认可的或者国务院市场监督管理部门授权的部门认可的认证机构申请产品质量认证。经认证合格的，由认证机构颁发产品质量认证证书，准许企业在产品或者其包装上使用产品质量认证标志
第二十六条	生产者应当对其生产的产品质量负责。产品质量应当符合下列要求： （一）存在危及人身、财产安全的不合理的危险，有保障人体健康和人身、财产安全的国家标准、行业标准的，应当符合该标准； （二）具备产品应当具备的使用性能，但是，对产品存在使用性能的瑕疵作出说明的除外； （三）符合在产品或者其包装上注明采用的产品标准，符合以产品说明、实物样品等方式表明的质量状况
第二十七条	产品或者其包装上的标识必须真实，并符合下列要求： （一）有产品质量检验合格证明； （二）有中文标明的产品名称、生产厂厂名和厂址； （三）根据产品的特点和使用要求，需要标明产品规格、等级、所含主要成分的名称和含量的，用中文相应予以标明；需要事先让消费者知晓的，应当在外包装上标明，或者预先向消费者提供有关资料； （四）限期使用的产品，应当在显著位置清晰地标明生产日期和安全使用期或者失效日期； （五）使用不当，容易造成产品本身损坏或者可能危及人身、财产安全的产品，应当有警示标志或者中文警示说明。 裸装的食品和其他根据产品的特点难以附加标识的裸装产品，可以不附加产品标识
第二十八条	易碎、易燃、易爆、有毒、有腐蚀性、有放射性等危险物品以及储运中不能倒置和其他有特殊要求的产品，其包装质量必须符合相应要求，依照国家有关规定作出警示标志或者中文警示说明，标明储运注意事项
第二十九条	生产者不得生产国家明令淘汰的产品
第三十条	生产者不得伪造产地，不得伪造或者冒用他人的厂名、厂址
第三十一条	生产者不得伪造或者冒用认证标志等质量标志
第三十二条	生产者生产产品，不得掺杂、掺假，不得以假充真、以次充好，不得以不合格产品冒充合格产品
《中华人民共和国标准化法》	
第四条	制定标准应当在科学技术研究成果和社会实践经验的基础上，深入调查论证，广泛征求意见，保证标准的科学性、规范性、时效性，提高标准质量
第十九条	企业可以根据需要自行制定企业标准，或者与其他企业联合制定企业标准

《中华人民共和国标准化法》	
第二十一条	推荐性国家标准、行业标准、地方标准、团体标准、企业标准的技术要求不得低于强制性国家标准的相关技术要求。 国家鼓励社会团体、企业制定高于推荐性标准相关技术要求的团体标准、企业标准
第二十七条	国家实行团体标准、企业标准自我声明公开和监督制度。企业应当公开其执行的强制性标准、推荐性标准、团体标准或者企业标准的编号和名称；企业执行自行制定的企业标准的，还应当公开产品、服务的功能指标和产品的性能指标。国家鼓励团体标准、企业标准通过标准信息公共服务平台向社会公开
第二十八条	企业研制新产品、改进产品，进行技术改造，应当符合本法规定的标准化要求
第三十七条	生产、销售、进口产品或者提供服务不符合强制性标准的，依照《中华人民共和国产品质量法》《中华人民共和国进出口商品检验法》《中华人民共和国消费者权益保护法》等法律、行政法规的规定查处，记入信用记录，并依照有关法律、行政法规的规定予以公示；构成犯罪的，依法追究刑事责任
《中华人民共和国产品质量法》	
第三条	生产者、销售者应当建立健全内部产品质量管理制度，严格实施岗位质量规范、质量责任以及相应的考核办法
第四条	生产者、销售者依照本法规定承担产品质量责任
第二十二条	消费者有权就产品质量问题，向产品的生产者、销售者查询；向市场监督管理部门及有关部门申诉，接受申诉的部门应当负责处理
第四十一条	因产品存在缺陷造成人身、缺陷产品以外的其他财产（以下简称他人财产）损害的，生产者应当承担赔偿责任。生产者能够证明有下列情形之一的，不承担赔偿责任： （一）未将产品投入流通的； （二）产品投入流通时，引起损害的缺陷尚不存在的； （三）将产品投入流通时的科学技术水平尚不能发现缺陷的存在的
第四十七条	因产品质量发生民事纠纷时，当事人可以通过协商或者调解解决。当事人不愿通过协商、调解解决或者协商、调解不成的，可以根据当事人各方的协议向仲裁机构申请仲裁；当事人各方没有达成仲裁协议或者仲裁协议无效的，可以直接向人民法院起诉
第四十九条	生产、销售不符合保障人体健康和人身、财产安全的国家标准、行业标准的产品的，责令停止生产、销售，没收违法生产、销售的产品，并处违法生产、销售产品（包括已售出和未售出的产品，下同）货值金额等值以上三倍以下的罚款；有违法所得的，并处没收违法所得；情节严重的，吊销营业执照；构成犯罪的，依法追究刑事责任
第五十条	在产品中掺杂、掺假，以假充真，以次充好，或者以不合格产品冒充合格产品的，责令停止生产、销售，没收违法生产、销售的产品，并处违法生产、销售产品货值金额百分之五十以上三倍以下的罚款；有违法所得的，并处没收违法所得；情节严重的，吊销营业执照；构成犯罪的，依法追究刑事责任
第五十三条	伪造产品产地的，伪造或者冒用他人厂名、厂址的，伪造或者冒用认证标志等质量标志的，责令改正，没收违法生产、销售的产品，并处违法生产、销售产品货值金额等值以下的罚款；有违法所得的，并处没收违法所得；情节严重的，吊销营业执照
第五十九条	在广告中对产品质量作虚假宣传，欺骗和误导消费者的，依照《中华人民共和国广告法》的规定追究法律责任

续表

《产品质量监督抽查管理暂行办法》	
第七条	生产者、销售者应当配合监督抽查，如实提供监督抽查所需材料和信息，不得以任何方式阻碍、拒绝监督抽查
第五十一条	被抽样生产者、销售者有下列情形之一的，由县级市场监督管理部门按照有关法律、行政法规规定处理；法律、行政法规未作规定的，处三万元以下罚款；涉嫌构成犯罪，依法需要追究刑事责任的，按照有关规定移送公安机关： （一）被抽样产品存在严重质量问题的； （二）阻碍、拒绝或者不配合依法进行的监督抽查的； （三）未经负责结果处理的市场监督管理部门认定复查合格而恢复生产、销售同一产品的； （四）隐匿、转移、变卖、损毁样品的
《中华人民共和国广告法》	
第八条第一款	广告中对商品的性能、功能、产地、用途、质量、成分、价格、生产者、有效期限、允诺等或者对服务的内容、提供者、形式、质量、价格、允诺等有表示的，应当准确、清楚、明白
第二十八条	广告以虚假或者引人误解的内容欺骗、误导消费者的，构成虚假广告。广告有下列情形之一的，为虚假广告： （一）商品或者服务不存在的； （二）商品的性能、功能、产地、用途、质量、规格、成分、价格、生产者、有效期限、销售状况、曾获荣誉等信息，或者服务的内容、提供者、形式、质量、价格、销售状况、曾获荣誉等信息，以及与商品或者服务有关的允诺等信息与实际情况不符，对购买行为有实质性影响的； （三）使用虚构、伪造或者无法验证的科研成果、统计资料、调查结果、文摘、引用语等信息作证明材料的； （四）虚构使用商品或者接受服务的效果的； （五）以虚假或者引人误解的内容欺骗、误导消费者的其他情形
《中华人民共和国消费者权益保护法》	
第十九条	经营者发现其提供的商品或者服务存在缺陷，有危及人身、财产安全危险的，应当立即向有关行政部门报告和告知消费者，并采取停止销售、警示、召回、无害化处理、销毁、停止生产或者服务等措施。采取召回措施的，经营者应当承担消费者因商品被召回支出的必要费用
第二十条	经营者向消费者提供有关商品或者服务的质量、性能、用途、有效期限等信息，应当真实、全面，不得作虚假或者引人误解的宣传。 经营者对消费者就其提供的商品或者服务的质量和使用方法等问题提出的询问，应当作出真实、明确的答复。 经营者提供商品或者服务应当明码标价
第二十三条	经营者应当保证在正常使用商品或者接受服务的情况下其提供的商品或者服务应当具有的质量、性能、用途和有效期限；但消费者在购买该商品或者接受该服务前已经知道其存在瑕疵，且存在该瑕疵不违反法律强制性规定的除外。 经营者以广告、产品说明、实物样品或者其他方式表明商品或者服务的质量状况的，应当保证其提供的商品或者服务的实际质量与表明的质量状况相符。 经营者提供的机动车、计算机、电视机、电冰箱、空调器、洗衣机等耐用商品或者装饰装修等服务，消费者自接受商品或者服务之日起六个月内发现瑕疵，发生争议的，由经营者承担有关瑕疵的举证责任

续表

《中华人民共和国消费者权益保护法》	
第二十四条	经营者提供的商品或者服务不符合质量要求的，消费者可以依照国家规定、当事人约定退货，或者要求经营者履行更换、修理等义务。没有国家规定和当事人约定的，消费者可以自收到商品之日起七日内退货；七日后符合法定解除合同条件的，消费者可以及时退货，不符合法定解除合同条件的，可以要求经营者履行更换、修理等义务。 依照前款规定进行退货、更换、修理的，经营者应当承担运输等必要费用
第四十八条	经营者提供商品或者服务有下列情形之一的，除本法另有规定外，应当依照其他有关法律、法规的规定，承担民事责任： （一）商品或者服务存在缺陷的； （二）不具备商品应当具备的使用性能而出售时未作说明的； （三）不符合在商品或者其包装上注明采用的商品标准的； （四）不符合商品说明、实物样品等方式表明的质量状况的； （五）生产国家明令淘汰的商品或者销售失效、变质的商品的； （六）销售的商品数量不足的； （七）服务的内容和费用违反约定的； （八）对消费者提出的修理、重作、更换、退货、补足商品数量、退还货款和服务费用或者赔偿损失的要求，故意拖延或者无理拒绝的； （九）法律、法规规定的其他损害消费者权益的情形
第五十六条	经营者有下列情形之一，除承担相应的民事责任外，其他有关法律、法规对处罚机关和处罚方式有规定的，依照法律、法规的规定执行；法律、法规未作规定的，由工商行政管理部门或者其他有关行政部门责令改正，可以根据情节单处或者并处警告、没收违法所得、处以违法所得一倍以上十倍以下的罚款，没有违法所得的，处以五十万元以下的罚款；情节严重的，责令停业整顿、吊销营业执照： （一）提供的商品或者服务不符合保障人身、财产安全要求的； （二）在商品中掺杂、掺假，以假充真，以次充好，或者以不合格商品冒充合格商品的； （三）生产国家明令淘汰的商品或者销售失效、变质的商品的； （四）伪造商品的产地，伪造或者冒用他人的厂名、厂址，篡改生产日期，伪造或者冒用认证标志等质量标志的； （五）销售的商品应当检验、检疫而未检验、检疫或者伪造检验、检疫结果的； （六）对商品或者服务作虚假或者引人误解的宣传的； （七）拒绝或者拖延有关行政部门责令对缺陷商品或者服务采取停止销售、警示、召回、无害化处理、销毁、停止生产或者服务等措施的； （八）对消费者提出的修理、重作、更换、退货、补足商品数量、退还货款和服务费用或者赔偿损失的要求，故意拖延或者无理拒绝的； （九）侵害消费者人格尊严、侵犯消费者人身自由或者侵害消费者个人信息依法得到保护的权利的； （十）法律、法规规定的对损害消费者权益应当予以处罚的其他情形。 经营者有前款规定情形的，除依照法律、法规规定予以处罚外，处罚机关应当记入信用档案，向社会公布
国际公约与指引	
ISO 9001（质量管理体系标准）	全球最广泛应用的质量管理体系（QMS）标准，要求企业建立以客户为中心、过程导向的持续改进机制。 相关配套标准：ISO 10002（客户满意度指南）、ISO 10005（质量计划指南）、ISO 19011（管理体系审核指南）
IATF 16949：2016	汽车行业质量管理标准，基于 ISO 9001 扩展，要求供应链中的缺陷预防、追溯能力及客户特定要求（CSR）

续表

国际公约与指引	
ISO 13485：2016	医疗器械行业质量管理体系，强调法规符合性和产品安全性，与各国监管要求（如美国 FDA、欧盟 MDR）衔接
AS 9100 系列	航空航天业质量管理标准，涵盖设计、生产及供应链可靠性要求
WTO《技术性贸易壁垒协定》（TBT 协定）	要求成员国技术法规、标准及合格评定程序不得构成不必要的贸易壁垒，推动国际标准（如 ISO、IEC）的采纳
全球食品安全倡议（GFSI）	推动食品安全标准互认（如 FSSC 22000、BRCGS、SQF），减少重复审核，促进跨国供应链质量信任

第二节
公司质量管理专项合规案例分析

一、案情简介

2024 年 9 月美国食品药品监督管理局（FDA）向两家中国非临床测试实验室，分别是中国天津的 M 公司和位于中国苏州的 S 公司发出警告信，指出这两家实验室在实验室监管和动物护理方面存在失职问题，这些问题引发了 FDA 对其生成数据的质量和完整性的担忧，并要求这两家公司在收到信函后 15 个工作日内通知 FDA 其拟采取的整改措施。目前，这两家公司主要为医疗器械制造商提供第三方测试和验证数据服务，以用于其向 FDA 提交的医疗器械市场准入申请。

FDA 正在对这两家实验室生成的数据进行严格审查，并且不会批准依赖于这两家实验室数据作为 FDA 市场准入决策依据提交的申请。此外，FDA 正在评估这些调查结果对过去已提交申请的影响，并将在必要时采取行动，以应对任何潜在的公共健康风险。

FDA 在 2024 年上半年已对这两家公司进行了检查，发现它们在数据管理、质量保证、员工培训和监督等方面存在普遍性失误。检查发现的问题包括未能准确记录和核实关键研究数据，从而使这些实验室收集的安全性数据的质量和完整性受到质疑。这些失误可能导致在市场准入申请中使用不可靠的数据。此外，警告信还指出了两家实验室涉及实验动物的违规行为。其中一家实验室因未能为实验动物提供适当的护理而受到指责，而两家实验室均未能充分识别和记录用于测试的实验动物。

FDA 相关工作人员表示，"医疗器械行业必须建立并持续维持在安全性、有效性和质量的基础上。FDA 将采取行动，保护患者、消费者以及医疗器械供应链免受质量缺陷和违规行为的影响。我们郑重提醒行业，所有提交的数据都必须符合联邦法律的要求，企业需要对其提交的数据负责"。

此前，FDA 已经向医疗器械行业发出警示，提醒其注意第三方实验室在设备提交数据方面存在的问题，并强调企业需要仔细审查所有未由其自身完成的测试数据。FDA 将继续评估提交的市场准入申请，并在必要时采取行动，因为一些受到影响的医疗器械可能已经在市场上销售。

二、案例分析

非临床实验室研究指的是在实验室条件下，以动物、植物、微生物或其组成部分作为测试系统，对测试物进行前瞻性研究，以确定其安全性。虽然医疗器械生产商可以委托第三方实验室进行非临床研究，但这并不意味着生产商可以免除对提交给监管机构的数据准确性的责任。

此次案件暴露出多个关键问题。比如实验室在数据管理方面存在缺陷，未能准确记录和验证关键研究数据，影响了实验数据的可信度；质量保证（QA）体系不完善，未能对实验全过程进行有效监督；实验室的员工培训和监管不足，导致实验人员对相关法规要求缺乏充分了解，可能影响实验操作的规范性和实验数据的可靠性等。此外，其中一家实验室未能为实验动物提供适当护理，而两家实验室均未能妥善识别和记录实验动物信息，这可能导致实验数据的不一致和不可靠。

而这个案件也对相关实验室和其合作的企业带来了严重后果。首先，实验室在国际市场上的信誉受到严重损害，未来可能面临来自监管机构和合作企业的更严格审查。其次，被 FDA 认定数据不可靠可能使其难以继续为医疗器械企业提供合规的测试服务，影响业务发展。对于医疗器械企业而言，依赖这些实验室测试数据的市场准入申请可能被驳回，导致产品上市延误，甚至可能影响已获批准产品的市场合规性。如果 FDA 发现已有产品的数据存在问题，企业可能需要召回产品，增加合规成本，并对品牌声誉造成负面影响。

面对这一情况，受影响的实验室应当立即采取整改措施，以恢复监管机构和市场的信任。医疗器械企业也应吸取教训，加强对第三方实验室的审查。企业在选择检测机构时，不能仅考虑成本因素，而应重点考察实验室的合规资质，确保其符合 FDA 的 GLP 要求。同时，企业需要设立内部审核机制，定期评估合作实验室的合规情况，避免使用不可靠的数据。此外，企业应对现有产品的研究数据进行自查，评估是否涉及受影响实验室的数据，并准备补充数据或整改方案，以降低监管风险。对于大型医疗器械企业而言，可以考虑建立自有实验室，减少对第三方检测机构的依赖，提高数据质量控制能力，从根本上规避合规风险。

这一事件再次表明，数据的质量、完整性、合规管理是企业能否顺利进入国际市场的关键。实验室和医疗器械企业必须提升质量管理能力，确保测试数据的可靠性，以符合国际监管标准。在全球监管环境日益严格的背景下，企业质量管理已成为企业竞争力的重要组成部分，忽视监管要求可能带来巨大的法律与商业风险。

第十四章

公司劳动用工专项合规指南与案例分析

自 2008 年《中华人民共和国劳动合同法》实施以来，对规范企业用工，合法维护职工权益起到了积极的作用，对构建和谐劳资关系也有着重大的意义。但随之而来的是广大劳动者维权意识普遍增强，劳资纠纷案件呈上升趋势，因此，规范用工行为，是企业法律工作的重要工作内容之一，如何认识和做好用工管理的合规管理，是企业的一项重要课题。

第一节
公司劳动用工专项合规相关法律依据

《中华人民共和国劳动法》	
第三条	劳动者享有平等就业和选择职业的权利、取得劳动报酬的权利、休息休假的权利、获得劳动安全卫生保护的权利、接受职业技能培训的权利、享受社会保险和福利的权利、提请劳动争议处理的权利以及法律规定的其他劳动权利。劳动者应当完成劳动任务，提高职业技能，执行劳动安全卫生规程，遵守劳动纪律和职业道德
第七条	劳动者有权依法参加和组织工会。工会代表和维护劳动者的合法权益，依法独立自主地开展活动
第八条	劳动者依照法律规定，通过职工大会、职工代表大会或者其他形式，参与民主管理或者就保护劳动者合法权益与用人单位进行平等协商
第四十六条	工资分配应当遵循按劳分配原则，实行同工同酬
第四十八条	国家实行最低工资保障制度。最低工资的具体标准由省、自治区、直辖市人民政府规定，报国务院备案。用人单位支付劳动者的工资不得低于当地最低工资标准
第五十条	工资应当以货币形式按月支付给劳动者本人。不得克扣或者无故拖欠劳动者的工资
第五十一条	劳动者在法定休假日和婚丧假期间以及依法参加社会活动期间，用人单位应当依法支付工资

续表

《中华人民共和国劳动法》	
第五十八条	第二款未成年工是指年满十六周岁未满十八周岁的劳动者
第五十九条	禁止安排女职工从事矿山井下、国家规定的第四级体力劳动强度的劳动和其他禁忌从事的劳动
第六十条	不得安排女职工在经期从事高处、低温、冷水作业和国家规定的第三级体力劳动强度的劳动
第六十一条	不得安排女职工在怀孕期间从事国家规定的第三级体力劳动强度的劳动和孕期禁忌从事的劳动。对怀孕七个月以上的女职工，不得安排其延长工作时间和夜班劳动
第六十三条	不得安排女职工在哺乳未满一周岁的婴儿期间从事国家规定的第三级体力劳动强度的劳动和哺乳期禁忌从事的其他劳动，不得安排其延长工作时间和夜班劳动
第六十四条	不得安排未成年工从事矿山井下、有毒有害、国家规定的第四级体力劳动强度的劳动和其他禁忌从事的劳动
第六十五条	用人单位应当对未成年工定期进行健康检查
第六十八条	用人单位应当建立职业培训制度，按照国家规定提取和使用职业培训经费，根据本单位实际，有计划地对劳动者进行职业培训。从事技术工种的劳动者，上岗前必须经过培训
第七十条	国家发展社会保险事业，建立社会保险制度，设立社会保险基金，使劳动者在年老、患病、工伤、失业、生育等情况下获得帮助和补偿
第七十三条	劳动者在下列情形下，依法享受社会保险待遇：（一）退休；（二）患病、负伤；（三）因工伤残或者患职业病；（四）失业；（五）生育。劳动者死亡后，其遗属依法享受遗属津贴。劳动者享受社会保险待遇的条件和标准由法律、法规规定。劳动者享受的社会保险金必须按时足额支付
《中华人民共和国就业促进法》	
第三条	劳动者依法享有平等就业和自主择业的权利。劳动者就业，不因民族、种族、性别、宗教信仰等不同而受歧视
《中华人民共和国工会法》	
第三条	在中国境内的企业、事业单位、机关、社会组织（以下统称用人单位）中以工资收入为主要生活来源的劳动者，不分民族、种族、性别、职业、宗教信仰、教育程度，都有依法参加和组织工会的权利。任何组织和个人不得阻挠和限制。工会适应企业组织形式、职工队伍结构、劳动关系、就业形态等方面的发展变化，依法维护劳动者参加和组织工会的权利
《中华人民共和国公司法》	
第十六条	公司应当保护职工的合法权益，依法与职工签订劳动合同，参加社会保险，加强劳动保护，实现安全生产。公司应当采用多种形式，加强公司职工的职业教育和岗位培训，提高职工素质
第十七条	公司职工依照《中华人民共和国工会法》组织工会，开展工会活动，维护职工合法权益。公司应当为本公司工会提供必要的活动条件。公司工会代表职工就职工的劳动报酬、工作时间、休息休假、劳动安全卫生和保险福利等事项依法与公司签订集体合同。公司依照宪法和有关法律的规定，建立健全以职工代表大会为基本形式的民主管理制度，通过职工代表大会或者其他形式，实行民主管理。公司研究决定改制、解散、申请破产以及经营方面的重大问题、制定重要的规章制度时，应当听取公司工会的意见，并通过职工代表大会或者其他形式听取职工的意见和建议

《中华人民共和国劳动合同法》	
第二十二条	用人单位为劳动者提供专项培训费用，对其进行专业技术培训的，可以与该劳动者订立协议，约定服务期。劳动者违反服务期约定的，应当按照约定向用人单位支付违约金。违约金的数额不得超过用人单位提供的培训费用。用人单位要求劳动者支付的违约金不得超过服务期尚未履行部分所应分摊的培训费用
第二十三条	用人单位与劳动者可以在劳动合同中约定保守用人单位的商业秘密和与知识产权相关的保密事项。对负有保密义务的劳动者，用人单位可以在劳动合同或者保密协议中与劳动者约定竞业限制条款，并约定在解除或者终止劳动合同后，在竞业限制期限内按月给予劳动者经济补偿。劳动者违反竞业限制约定的，应当按照约定向用人单位支付违约金
第二十四条	竞业限制的人员限于用人单位的高级管理人员、高级技术人员和其他负有保密义务的人员。竞业限制的范围、地域、期限由用人单位与劳动者约定，竞业限制的约定不得违反法律、法规的规定。在解除或者终止劳动合同后，前款规定的人员到与本单位生产或者经营同类产品、从事同类业务的有竞争关系的其他用人单位，或者自己开业生产或者经营同类产品、从事同类业务的竞业限制期限，不得超过二年
第三十条	用人单位应当按照劳动合同约定和国家规定，向劳动者及时足额支付劳动报酬。用人单位拖欠或者未足额支付劳动报酬的，劳动者可以依法向当地人民法院申请支付令，人民法院应当依法发出支付令
第六十二条	用工单位应当履行下列义务： （一）执行国家劳动标准，提供相应的劳动条件和劳动保护； （二）告知被派遣劳动者的工作要求和劳动报酬； （三）支付加班费、绩效奖金，提供与工作岗位相关的福利待遇； （四）对在岗被派遣劳动者进行工作岗位所必需的培训； （五）连续用工的，实行正常的工资调整机制。用工单位不得将被派遣劳动者再派遣到其他用人单位
《关于工资总额组成的规定》	
第四条	工资总额由下列六个部分组成：（一）计时工资；（二）计件工资；（三）奖金；（四）津贴和补贴；（五）加班加点工资；（六）特殊情况下支付的工资
《中华人民共和国社会保险法》	
第四条	中华人民共和国境内的用人单位和个人依法缴纳社会保险费，有权查询缴费记录、个人权益记录，要求社会保险经办机构提供社会保险咨询等相关服务。个人依法享受社会保险待遇，有权监督本单位为其缴费情况
第十条	职工应当参加基本养老保险，由用人单位和职工共同缴纳基本养老保险费
第八十三条	个人与所在用人单位发生社会保险争议的，可以依法申请调解、仲裁，提起诉讼。用人单位侵害个人社会保险权益的，个人也可以要求社会保险行政部门或者社会保险费征收机构依法处理
《社会保险费征缴暂行条例》	
第三条	基本养老保险费的征缴范围：国有企业、城镇集体企业、外商投资企业、城镇私营企业和其他城镇企业及其职工，实行企业化管理的事业单位及其职工。基本医疗保险费的征缴范围：国有企业、城镇集体企业、外商投资企业、城镇私营企业和其他城镇企业及其职工，国家机关及其工作人员，事业单位及其职工，民办非企业单位及其职工，社会团体及其专职人员。失业保险费的征缴范围：国有企业、城镇集体企业、外商投资企业、城镇私营企业和其他城镇企业及其职工，事业单位及其职工

续表

\《财政部关于企业加强职工福利费财务管理的通知》	
第一条	企业职工福利费是指企业为职工提供的除职工工资、奖金、津贴、纳入工资总额管理的补贴、职工教育经费、社会保险费和补充养老保险费（年金）、补充医疗保险费及住房公积金以外的福利待遇支出，包括发放给职工或为职工支付的以下各项现金补贴和非货币性集体福利
第二条	企业为职工提供的交通、住房、通讯待遇，已经实行货币化改革的，按月按标准发放或支付的住房补贴、交通补贴或者车改补贴、通讯补贴，应当纳入职工工资总额，不再纳入职工福利费管理；尚未实行货币化改革的，企业发生的相关支出作为职工福利费管理，但根据国家有关企业住房制度改革政策的统一规定，不得再为职工购建住房。企业给职工发放的节日补助、未统一供餐而按月发放的午餐费补贴，应当纳入工资总额管理
\《在中国境内就业的外国人参加社会保险暂行办法》	
第三条	在中国境内依法注册或者登记的企业、事业单位、社会团体、民办非企业单位、基金会、律师事务所、会计师事务所等组织（以下称用人单位）依法招用的外国人，应当依法参加职工基本养老保险、职工基本医疗保险、工伤保险、失业保险和生育保险，由用人单位和本人按照规定缴纳社会保险费。与境外雇主订立雇用合同后，被派遣到在中国境内注册或者登记的分支机构、代表机构（以下称境内工作单位）工作的外国人，应当依法参加职工基本养老保险、职工基本医疗保险、工伤保险、失业保险和生育保险，由境内工作单位和本人按照规定缴纳社会保险费
\《劳务派遣暂行规定》	
第三条	用工单位只能在临时性、辅助性或者替代性的工作岗位上使用被派遣劳动者。前款规定的临时性工作岗位是指存续时间不超过 6 个月的岗位；辅助性工作岗位是指为主营业务岗位提供服务的非主营业务岗位；替代性工作岗位是指用工单位的劳动者因脱产学习、休假等原因无法工作的一定期间内，可以由其他劳动者替代工作的岗位。用工单位决定使用被派遣劳动者的辅助性岗位，应当经职工代表大会或者全体职工讨论，提出方案和意见，与工会或者职工代表平等协商确定，并在用工单位内公示
第四条	用工单位应当严格控制劳务派遣用工数量，使用的被派遣劳动者数量不得超过其用工总量的 10％。前款所称用工总量是指用工单位订立劳动合同人数与使用的被派遣劳动者人数之和。计算劳务派遣用工比例的用工单位是指依照劳动合同法和劳动合同法实施条例可以与劳动者订立劳动合同的用人单位
\《对外劳务合作管理条例》	
第二条	本条例所称对外劳务合作，是指组织劳务人员赴其他国家或者地区为国外的企业或者机构（以下统称国外雇主）工作的经营性活动。国外的企业、机构或者个人不得在中国境内招收劳务人员赴国外工作
第二十一条	对外劳务合作企业应当与国外雇主订立书面劳务合作合同；未与国外雇主订立书面劳务合作合同的，不得组织劳务人员赴国外工作。劳务合作合同应当载明与劳务人员权益保障相关的下列事项：（一）劳务人员的工作内容、工作地点、工作时间和休息休假；（二）合同期限；（三）劳务人员的劳动报酬及其支付方式；（四）劳务人员社会保险费的缴纳；（五）劳务人员的劳动条件、劳动保护、职业培训和职业危害防护；（六）劳务人员的福利待遇和生活条件；（七）劳务人员在国外居留、工作许可等手续的办理；（八）劳务人员人身意外伤害保险的购买；（九）因国外雇主原因解除与劳务人员的合同对劳务人员的经济补偿；（十）发生突发事件对劳务人员的协助、救助；（十一）违约责任
\《女职工劳动保护特别规定》	
第三条	用人单位应当加强女职工劳动保护，采取措施改善女职工劳动安全卫生条件，对女职工进行劳动安全卫生知识培训

续表

《女职工劳动保护特别规定》	
第七条	女职工生育享受 98 天产假，其中产前可以休假 15 天；难产的，增加产假 15 天；生育多胞胎的，每多生育 1 个婴儿，增加产假 15 天。女职工怀孕未满 4 个月流产的，享受 15 天产假；怀孕满 4 个月流产的，享受 42 天产假
第十一条	在劳动场所，用人单位应当预防和制止对女职工的性骚扰
《中华人民共和国妇女权益保障法》	
第二十五条	用人单位应当采取下列措施预防和制止对妇女的性骚扰：（一）制定禁止性骚扰的规章制度；（二）明确负责机构或者人员；（三）开展预防和制止性骚扰的教育培训活动；（四）采取必要的安全保卫措施；（五）设置投诉电话、信箱等，畅通投诉渠道；（六）建立和完善调查处置程序，及时处置纠纷并保护当事人隐私和个人信息；（七）支持、协助受害妇女依法维权，必要时为受害妇女提供心理疏导；（八）其他合理的预防和制止性骚扰措施
《禁止使用童工规定》	
第二条	国家机关、社会团体、企业事业单位、民办非企业单位或者个体工商户（以下统称用人单位）均不得招用不满 16 周岁的未成年人（招用不满 16 周岁的未成年人，以下统称使用童工）。禁止任何单位或者个人为不满 16 周岁的未成年人介绍就业。禁止不满 16 周岁的未成年人开业从事个体经营活动
第十一条	拐骗童工，强迫童工劳动，使用童工从事高空、井下、放射性、高毒、易燃易爆以及国家规定的第四级体力劳动强度的劳动，使用不满 14 周岁的童工，或者造成童工死亡或者严重伤残的，依照刑法关于拐卖儿童罪、强迫劳动罪或者其他罪的规定，依法追究刑事责任
第十三条	文艺、体育单位经未成年人的父母或者其他监护人同意，可以招用不满 16 周岁的专业文艺工作者、运动员。用人单位应当保障被招用的不满 16 周岁的未成年人的身心健康，保障其接受义务教育的权利。文艺、体育单位招用不满 16 周岁的专业文艺工作者、运动员的办法，由国务院劳动保障行政部门会同国务院文化、体育行政部门制定。学校、其他教育机构以及职业培训机构按照国家有关规定组织不满 16 周岁的未成年人进行不影响其人身安全和身心健康的教育实践劳动、职业技能培训劳动，不属于使用童工
《最高人民法院关于审理劳动争议案件适用法律问题的解释（一）》	
第一条	劳动者与用人单位之间发生的下列纠纷，属于劳动争议，当事人不服劳动争议仲裁机构作出的裁决，依法提起诉讼的，人民法院应予受理： （一）劳动者与用人单位在履行劳动合同过程中发生的纠纷； （二）劳动者与用人单位之间没有订立书面劳动合同，但已形成劳动关系后发生的纠纷； （三）劳动者与用人单位因劳动关系是否已经解除或者终止，以及应否支付解除或者终止劳动关系经济补偿金发生的纠纷； （四）劳动者与用人单位解除或者终止劳动关系后，请求用人单位返还其收取的劳动合同定金、保证金、抵押金、抵押物发生的纠纷，或者办理劳动者的人事档案、社会保险关系等移转手续发生的纠纷； （五）劳动者以用人单位未为其办理社会保险手续，且社会保险经办机构不能补办导致其无法享受社会保险待遇为由，要求用人单位赔偿损失发生的纠纷； （六）劳动者退休后，与尚未参加社会保险统筹的原用人单位因追索养老金、医疗费、工伤保险待遇和其他社会保险待遇而发生的纠纷； （七）劳动者因为工伤、职业病，请求用人单位依法给予工伤保险待遇发生的纠纷； （八）劳动者依据劳动合同法第八十五条规定，要求用人单位支付加付赔偿金发生的纠纷； （九）因企业自主进行改制发生的纠纷

续表

《最高人民法院关于审理劳动争议案件适用法律问题的解释（一）》	
第三十六条	当事人在劳动合同或者保密协议中约定了竞业限制，但未约定解除或者终止劳动合同后给予劳动者经济补偿，劳动者履行了竞业限制义务，要求用人单位按照劳动者在劳动合同解除或者终止前十二个月平均工资的30%按月支付经济补偿的，人民法院应予支持。前款规定的月平均工资的30%低于劳动合同履行地最低工资标准的，按照劳动合同履行地最低工资标准支付
《中华人民共和国安全生产法》	
第二十八条	生产经营单位应当对从业人员进行安全生产教育和培训，保证从业人员具备必要的安全生产知识，熟悉有关的安全生产规章制度和安全操作规程，掌握本岗位的安全操作技能，了解事故应急处理措施，知悉自身在安全生产方面的权利和义务。未经安全生产教育和培训合格的从业人员，不得上岗作业。生产经营单位使用被派遣劳动者的，应当将被派遣劳动者纳入本单位从业人员统一管理，对被派遣劳动者进行岗位安全操作规程和安全操作技能的教育和培训。劳务派遣单位应当对被派遣劳动者进行必要的安全生产教育和培训。生产经营单位接收中等职业学校、高等学校学生实习的，应当对实习学生进行相应的安全生产教育和培训，提供必要的劳动防护用品。学校应当协助生产经营单位对实习学生进行安全生产教育和培训。生产经营单位应当建立安全生产教育和培训档案，如实记录安全生产教育和培训的时间、内容、参加人员以及考核结果等情况
《中华人民共和国劳动争议调解仲裁法》	
第二条	中华人民共和国境内的用人单位与劳动者发生的下列劳动争议，适用本法：（一）因确认劳动关系发生的争议；（二）因订立、履行、变更、解除和终止劳动合同发生的争议；（三）因除名、辞退和辞职、离职发生的争议；（四）因工作时间、休息休假、社会保险、福利、培训以及劳动保护发生的争议；（五）因劳动报酬、工伤医疗费、经济补偿或者赔偿金等发生的争议

第二节
公司劳动用工专项合规相关指引解读

《电子劳动合同订立指引》
人力资源和社会保障部办公厅于2021年7月1日发布了《电子劳动合同订立指引》，旨在规范电子劳动合同订立操作，做到所订立的电子劳动合同真实、完整、准确、不被篡改，从而确保电子劳动合同的合法效力。 　　电子劳动合同属于劳动合同的范畴，但其与一般劳动合同最大的区别在于两点：（1）一般的劳动合同通常以纸张为载体，而电子劳动合同的载体为可视为书面形式的数据电文。（2）电子劳动合同须使用可靠的电子签名订立。 　　电子劳动合同须在双方同意之下才可以进行签订，即劳动者若是不愿意选择此种合同订立方式，则用人单位应按照一般劳动合同的相关规定与之签订劳动合同。 　　与一般签订方式不同，若签订电子劳动合同，用人单位须通过电子劳动合同订立平台进行。为确保劳动者能在不同的签订方式下获得同等程度的保障，选择使用该方式的用人单位对劳动者负有明确告知其具体签订流程、平台使用方法、注意事项等的义务。 　　由于电子劳动合同仍属劳动合同的范畴，《指引》鼓励双方使用政府发布的劳动合同示范文本进行签订。一般而言，用人单位所提供的合同文本须具备《劳动合同法》规定的必备条款，且双方约定的内容不得违反相关规定。 　　《电子劳动合同订立指引》旨在为规范电子劳动合同的签订流程、保障突破传统签订方式之下劳动者的合法权益等作出指导性意见，为各地相关部门实践中如何认定、协助实施、推广电子劳动合同的签订等提供方向

续表

《国有企业科技人才薪酬分配指引》

为贯彻落实党中央、国务院关于加强科技创新、完善科技人才激励机制的决策部署，引导国有企业建立完善科学的科技人才薪酬分配制度，加大科技人才薪酬分配激励力度，充分调动科技人才创新活力，促进企业科技创新，根据国家有关法律法规和政策，人力资源社会保障部制定《国有企业科技人才薪酬分配指引》。
    科技人才是指企业中具备较强的科学思维和创新能力，掌握某个领域专业知识、技能，从事科研、生产等工作的人员。主要包括从事科学研究、工程设计、技术开发、科技服务、科技管理、技能操作等科技活动的人员。
    要加强企业科技人才薪酬分配与工资总额管理的有机结合，确保薪酬分配符合国家关于工资总额管理政策的规定。科技人才薪酬分配主要遵循以下原则：
    （一）坚持服务国家创新驱动发展战略。围绕国家科技创新需求，重点加大对承担前瞻性、战略性、基础性等重点研发任务的科技人才激励力度，为科技人才创新创造提供有力支持和保障。
    （二）坚持生产要素按贡献参与分配。建立健全劳动、知识、技术、管理和数据等生产要素按贡献参与分配的机制，实行以增加知识价值为导向的分配办法，薪酬分配向科技人才倾斜。
    （三）坚持市场化薪酬分配改革方向。充分发挥市场在薪酬分配中的决定性作用，完善市场化薪酬分配机制，科学评价科技人才贡献，按贡献决定科技人才报酬，更加科学地运用市场化手段做好科技人才薪酬分配。
    （四）坚持当期激励与长期激励相结合。实行科技人才分类管理、分类激励，结合不同科技人才特点，建立完善当期薪酬激励与股权等中长期激励相结合的分配机制，充分激发科技人才创新活力

第三节
公司劳动用工专项合规案例分析

一、案情简介

杨某于 2012 年 6 月 7 日入职某国有工程公司（中国境内公司），双方签订了无固定期限劳动合同，约定"乙方（员工）同意根据甲方工作需要，在甲方所属部门、驻外机构、项目部中从事甲方安排的工作……根据甲方生产经营、工程施工、企业管理的特点，乙方的工作区域或工作地点为北京及世界各国和地区"。2013 年 10 月 28 日起，杨某任职于西部非洲区域，职务为西部非洲区域管理中心总经理。2012～2016 年 12 月 31 日期间，杨某每年实际休了 15 天年假。2019 年 5 月 7 日，公司下发通知，免去杨某西部非洲区域管理中心总经理的职务，聘用其任轨道事业部副总经理（工作地点为中国）。同时，西部非洲区域管理中心下发"外派人员回国通知单"，通知杨某调回总部工作。杨某于 2021 年 5 月 8 日回国与领导商谈工作交接事宜，于 2021 年 5 月 10 日开始休假，并于 2021 年 6 月 11 日前往轨道事业部任副总经理。杨某调岗后不再享有驻外人员享有的职务津贴、地区津贴及配偶补贴，其他工资标准无变化。杨某于 2019 年 7 月 4 日提起劳动仲裁，请求撤销公司调岗的决定，并要求公司支付 2012～2016 年 12 月 31 日期间未休年假共计 96 天的补偿工资人民币 658,934.4 元。

二、案例分析

（一）杨某请求仲裁院撤销公司调岗决定的请求是否应当得到支持？

关于杨某要求撤销对其调岗的请求，双方在劳动合同中明确约定了杨某同意根据某国有工程公司工作需要，在某国有工程公司所属部门、驻外机构、项目部中从事某国有工程公司安排的工作，并根据某国有工程公司生产经营、工程施工、企业管理的特点，杨某的工作区域或工作地点为北京及世界各国和地区，该约定符合某国有工程公司生产经营模式，应属有效。

某国有工程公司将杨某调回国内的行为，根据一般公众认知，对杨某的生活并未产生明显不利影响，调整后的工作地点等劳动条件并无不利变更；此外，杨某已于2019年7月17日前往轨道事业部担任副总经理并出勤至今，结合某国有工程公司西部非洲区域管理中心下发的《外派人员回国通知单》内容并无不妥之处，故杨某要求撤销对其调岗的请求，不应得到仲裁院支持。

（二）仲裁院是否应当支持杨某要求公司支付未休年假补偿的请求？

劳动报酬系劳动者付出劳动所获得的对价，而未休年假工资系对劳动者未休年休假给予的补偿，不属于劳动报酬范畴，故应适用《中华人民共和国劳动争议调解仲裁法》第二十七条第一款规定，劳动争议申请仲裁的时效期间为一年。仲裁时效期间从当事人知道或者应当知道其权利被侵害之日起计算。考虑年休假可以集中、分段和跨年度安排的特点，故劳动者每年未休年休假应获得年休假工资的时间从第二年的12月31日起算。杨某于2019年7月4日提起劳动仲裁申请，其主张2012年至2016年12月31日期间未休年假，已超过申请仲裁的时效期限，对杨某主张的2012年至2016年12月31日期间未休年假工资的请求，仲裁院不应予以支持。

关于2017年1月1日至2019年底未休年假，根据《职工带薪年休假条例》的规定，杨某属于在上述期间每年享受法定15天年休假的情形。根据杨某自述，其每年已实际休了15天年休假。杨某要求某国有工程公司支付其剩余96天未休年假工资的请求不适用《职工带薪年休假条例》第五条的规定，杨某主张的高于法定年休假的假期是某国有工程公司内部年休假，应属企业福利，且其未就该请求提供其他依据，故仲裁院不应予以支持。

第十五章

公司反不正当竞争专项合规指南与案例分析

不正当竞争行为的认定判断是一个综合考虑多重因素的复杂过程，近年来，我国不断加强对不正当竞争行为的规制力度，相继出台和完善相关法律法规，为企业营造公平竞争的市场环境。本章对于反不正当竞争行为的法律法规做了基本汇编，并结合实际案例予以分析。

第一节
反不正当竞争合规相关法律依据

《中华人民共和国反不正当竞争法》	
第二条	经营者在生产经营活动中，应当遵循自愿、平等、公平、诚信的原则，遵守法律和商业道德。 本法所称的不正当竞争行为，是指经营者在生产经营活动中，违反本法规定，扰乱市场竞争秩序，损害其他经营者或者消费者的合法权益的行为。 本法所称的经营者，是指从事商品生产、经营或者提供服务（以下所称商品包括服务）的自然人、法人和非法人组织
第六条	经营者不得实施下列混淆行为，引人误认为是他人商品或者与他人存在特定联系： （一）擅自使用与他人有一定影响的商品名称、包装、装潢等相同或者近似的标识； （二）擅自使用他人有一定影响的企业名称（包括简称、字号等）、社会组织名称（包括简称等）、姓名（包括笔名、艺名、译名等）； （三）擅自使用他人有一定影响的域名主体部分、网站名称、网页等； （四）其他足以引人误认为是他人商品或者与他人存在特定联系的混淆行为
第七条	经营者不得采用财物或者其他手段贿赂下列单位或者个人，以谋取交易机会或者竞争优势： （一）交易相对方的工作人员； （二）受交易相对方委托办理相关事务的单位或者个人； （三）利用职权或者影响力影响交易的单位或者个人。 经营者在交易活动中，可以以明示方式向交易相对方支付折扣，或者向中间人支付佣金。经营者向交易相对方支付折扣、向中间人支付佣金的，应当如实入账。接受折扣、佣金的经营者也应当如实入账。 经营者的工作人员进行贿赂的，应当认定为经营者的行为；但是，经营者有证据证明该工作人员的行为与为经营者谋取交易机会或者竞争优势无关的除外

续表

	《中华人民共和国反不正当竞争法》
第八条	经营者不得对其商品的性能、功能、质量、销售状况、用户评价、曾获荣誉等作虚假或者引人误解的商业宣传，欺骗、误导消费者。 经营者不得通过组织虚假交易等方式，帮助其他经营者进行虚假或者引人误解的商业宣传
第九条	经营者不得实施下列侵犯商业秘密的行为： （一）以盗窃、贿赂、欺诈、胁迫、电子侵入或者其他不正当手段获取权利人的商业秘密； （二）披露、使用或者允许他人使用以前项手段获取的权利人的商业秘密； （三）违反保密义务或者违反权利人有关保守商业秘密的要求，披露、使用或者允许他人使用其所掌握的商业秘密； （四）教唆、引诱、帮助他人违反保密义务或者违反权利人有关保守商业秘密的要求，获取、披露、使用或者允许他人使用权利人的商业秘密。 经营者以外的其他自然人、法人和非法人组织实施前款所列违法行为的，视为侵犯商业秘密。 第三人明知或者应知商业秘密权利人的员工、前员工或者其他单位、个人实施本条第一款所列违法行为，仍获取、披露、使用或者允许他人使用该商业秘密的，视为侵犯商业秘密。 本法所称的商业秘密，是指不为公众所知悉、具有商业价值并经权利人采取相应保密措施的技术信息、经营信息等商业信息
第十条	经营者进行有奖销售不得存在下列情形： （一）所设奖的种类、兑奖条件、奖金金额或者奖品等有奖销售信息不明确，影响兑奖； （二）采用谎称有奖或者故意让内定人员中奖的欺骗方式进行有奖销售； （三）抽奖式的有奖销售，最高奖的金额超过五万元
第十一条	经营者不得编造、传播虚假信息或者误导性信息，损害竞争对手的商业信誉、商品声誉
第十二条	经营者利用网络从事生产经营活动，应当遵守本法的各项规定。 经营者不得利用技术手段，通过影响用户选择或者其他方式，实施下列妨碍、破坏其他经营者合法提供的网络产品或者服务正常运行的行为： （一）未经其他经营者同意，在其合法提供的网络产品或者服务中，插入链接、强制进行目标跳转； （二）误导、欺骗、强迫用户修改、关闭、卸载其他经营者合法提供的网络产品或者服务； （三）恶意对其他经营者合法提供的网络产品或者服务实施不兼容； （四）其他妨碍、破坏其他经营者合法提供的网络产品或者服务正常运行的行为
第十三条	监督检查部门调查涉嫌不正当竞争行为，可以采取下列措施： （一）进入涉嫌不正当竞争行为的经营场所进行检查； （二）询问被调查的经营者、利害关系人及其他有关单位、个人，要求其说明有关情况或者提供与被调查行为有关的其他资料； （三）查询、复制与涉嫌不正当竞争行为有关的协议、账簿、单据、文件、记录、业务函电和其他资料； （四）查封、扣押与涉嫌不正当竞争行为有关的财物； （五）查询涉嫌不正当竞争行为的经营者的银行账户。 采取前款规定的措施，应当向监督检查部门主要负责人书面报告，并经批准。采取前款第四项、第五项规定的措施，应当向设区的市级以上人民政府监督检查部门主要负责人书面报告，并经批准。 监督检查部门调查涉嫌不正当竞争行为，应当遵守《中华人民共和国行政强制法》和其他有关法律、行政法规的规定，并应当将查处结果及时向社会公开
第十四条	监督检查部门调查涉嫌不正当竞争行为，被调查的经营者、利害关系人及其他有关单位、个人应当如实提供有关资料或者情况

	《中华人民共和国反不正当竞争法》
第十五条	监督检查部门及其工作人员对调查过程中知悉的商业秘密负有保密义务
第十六条	对涉嫌不正当竞争行为，任何单位和个人有权向监督检查部门举报，监督检查部门接到举报后应当依法及时处理。 监督检查部门应当向社会公开受理举报的电话、信箱或者电子邮件地址，并为举报人保密。对实名举报并提供相关事实和证据的，监督检查部门应当将处理结果告知举报人
	《中华人民共和国商标法》
第五十七条	有下列行为之一的，均属侵犯注册商标专用权： （一）未经商标注册人的许可，在同一种商品上使用与其注册商标相同的商标的； （二）未经商标注册人的许可，在同一种商品上使用与其注册商标近似的商标，或者在类似商品上使用与其注册商标相同或者近似的商标，容易导致混淆的； （三）销售侵犯注册商标专用权的商品的； （四）伪造、擅自制造他人注册商标标识或者销售伪造、擅自制造的注册商标标识的； （五）未经商标注册人同意，更换其注册商标并将该更换商标的商品又投入市场的； （六）故意为侵犯他人商标专用权行为提供便利条件，帮助他人实施侵犯商标专用权行为的； （七）给他人的注册商标专用权造成其他损害的
	《最高人民法院关于适用〈中华人民共和国反不正当竞争法〉若干问题的解释》
第四条	具有一定的市场知名度并具有区别商品来源的显著特征的标识，人民法院可以认定为反不正当竞争法第六条规定的"有一定影响的"标识。 人民法院认定反不正当竞争法第六条规定的标识是否具有一定的市场知名度，应当综合考虑中国境内相关公众的知悉程度，商品销售的时间、区域、数额和对象，宣传的持续时间、程度和地域范围，标识受保护的情况等因素
第五条	反不正当竞争法第六条规定的标识有下列情形之一的，人民法院应当认定其不具有区别商品来源的显著特征： （一）商品的通用名称、图形、型号； （二）仅直接表示商品的质量、主要原料、功能、用途、重量、数量及其他特点的标识； （三）仅由商品自身的性质产生的形状，为获得技术效果而需有的商品形状以及使商品具有实质性价值的形状； （四）其他缺乏显著特征的标识。 前款第一项、第二项、第四项规定的标识经过使用取得显著特征，并具有一定的市场知名度，当事人请求依据反不正当竞争法第六条规定予以保护的，人民法院应予支持
第六条	因客观描述、说明商品而正当使用下列标识，当事人主张属于反不正当竞争法第六条规定的情形的，人民法院不予支持： （一）含有本商品的通用名称、图形、型号； （二）直接表示商品的质量、主要原料、功能、用途、重量、数量以及其他特点； （三）含有地名
第七条	反不正当竞争法第六条规定的标识或者其显著识别部分属于商标法第十条第一款规定的不得作为商标使用的标志，当事人请求依据反不正当竞争法第六条规定予以保护的，人民法院不予支持
第八条	由经营者营业场所的装饰、营业用具的式样、营业人员的服饰等构成的具有独特风格的整体营业形象，人民法院可以认定为反不正当竞争法第六条第一项规定的"装潢"
第九条	市场主体登记管理部门依法登记的企业名称，以及在中国境内进行商业使用的境外企业名称，人民法院可以认定为反不正当竞争法第六条第二项规定的"企业名称"。 有一定影响的个体工商户、农民专业合作社（联合社）以及法律、行政法规规定的其他市场主体的名称（包括简称、字号等），人民法院可以依照反不正当竞争法第六条第二项予以认定

《最高人民法院关于适用〈中华人民共和国反不正当竞争法〉若干问题的解释》	
第十条	在中国境内将有一定影响的标识用于商品、商品包装或者容器以及商品交易文书上，或者广告宣传、展览以及其他商业活动中，用于识别商品来源的行为，人民法院可以认定为反不正当竞争法第六条规定的"使用"
第十一条	经营者擅自使用与他人有一定影响的企业名称（包括简称、字号等）、社会组织名称（包括简称等）、姓名（包括笔名、艺名、译名等）、域名主体部分、网站名称、网页等近似的标识，引人误认为是他人商品或者与他人存在特定联系，当事人主张属于反不正当竞争法第六条第二项、第三项规定的情形的，人民法院应予支持
第十二条	人民法院认定与反不正当竞争法第六条规定的"有一定影响的"标识相同或者近似，可以参照商标相同或者近似的判断原则和方法。 反不正当竞争法第六条规定的"引人误认为是他人商品或者与他人存在特定联系"，包括误认为与他人具有商业联合、许可使用、商业冠名、广告代言等特定联系。 在相同商品上使用相同或者视觉上基本无差别的商品名称、包装、装潢等标识，应当视为足以造成与他人有一定影响的标识相混淆
第十三条	经营者实施下列混淆行为之一，足以使人误认为是他人商品或者与他人存在特定联系的，人民法院可以依照反不正当竞争法第六条第四项予以认定： （一）擅自使用反不正当竞争法第六条第一项、第二项、第三项规定以外"有一定影响的"标识； （二）将他人注册商标、未注册的驰名商标作为企业名称中的字号使用，误导公众
第十四条	经营者销售带有违反反不正当竞争法第六条规定的标识的商品，使人误认为是他人商品或者与他人存在特定联系，当事人主张构成反不正当竞争法第六条规定的情形的，人民法院应予支持。 销售不知道是前款规定的侵权商品，能证明该商品是自己合法取得并说明提供者，经营者主张不承担赔偿责任的，人民法院应予支持
第十五条	故意为他人实施混淆行为提供仓储、运输、邮寄、印制、隐匿、经营场所等便利条件，当事人请求依据民法典第一千一百六十九条第一款予以认定的，人民法院应予支持
第十六条	经营者在商业宣传过程中，提供不真实的商品相关信息，欺骗、误导相关公众的，人民法院应当认定为反不正当竞争法第八条第一款规定的虚假的商业宣传
第十七条	经营者具有下列行为之一，欺骗、误导相关公众的，人民法院可以认定为反不正当竞争法第八条第一款规定的"引人误解的商业宣传"： （一）对商品作片面的宣传或者对比； （二）将科学上未定论的观点、现象等当作定论的事实用于商品宣传； （三）使用歧义性语言进行商业宣传； （四）其他足以引人误解的商业宣传行为。 人民法院应当根据日常生活经验、相关公众一般注意力、发生误解的事实和被宣传对象的实际情况等因素，对引人误解的商业宣传行为进行认定
第十八条	当事人主张经营者违反反不正当竞争法第八条第一款的规定并请求赔偿损失的，应当举证证明其因虚假或者引人误解的商业宣传行为受到损失
第十九条	当事人主张经营者实施了反不正当竞争法第十一条规定的商业诋毁行为的，应当举证证明其为该商业诋毁行为的特定损害对象

续表

《最高人民法院关于适用〈中华人民共和国反不正当竞争法〉若干问题的解释》	
第二十条	经营者传播他人编造的虚假信息或者误导性信息，损害竞争对手的商业信誉、商品声誉的，人民法院应当依照反不正当竞争法第十一条予以认定
第二十一条	未经其他经营者和用户同意而直接发生的目标跳转，人民法院应当认定为反不正当竞争法第十二条第二款第一项规定的"强制进行目标跳转"。 仅插入链接，目标跳转由用户触发的，人民法院应当综合考虑插入链接的具体方式、是否具有合理理由以及对用户利益和其他经营者利益的影响等因素，认定该行为是否违反反不正当竞争法第十二条第二款第一项的规定
《中华人民共和国电子商务法》	
第十七条	电子商务经营者应当全面、真实、准确、及时地披露商品或者服务信息，保障消费者的知情权和选择权。电子商务经营者不得以虚构交易、编造用户评价等方式进行虚假或者引人误解的商业宣传，欺骗、误导消费者
《中华人民共和国广告法》	
第四条	广告不得含有虚假或者引人误解的内容，不得欺骗、误导消费者。广告主应当对广告内容的真实性负责
《中华人民共和国刑法》	
第二百一十九条	有下列侵犯商业秘密行为之一，情节严重的，处三年以下有期徒刑，并处或者单处罚金；情节特别严重的，处三年以上十年以下有期徒刑，并处罚金： （一）以盗窃、贿赂、欺诈、胁迫、电子侵入或者其他不正当手段获取权利人的商业秘密的； （二）披露、使用或者允许他人使用以前项手段获取的权利人的商业秘密的； （三）违反保密义务或者违反权利人有关保守商业秘密的要求，披露、使用或者允许他人使用其所掌握的商业秘密的。 明知前款所列行为，获取、披露、使用或者允许他人使用该商业秘密的，以侵犯商业秘密论。 本条所称权利人，是指商业秘密的所有人和经商业秘密所有人许可的商业秘密使用人
第二百一十九条之一	为境外的机构、组织、人员窃取、刺探、收买、非法提供商业秘密的，处五年以下有期徒刑，并处或者单处罚金；情节严重的，处五年以上有期徒刑，并处罚金
《中华人民共和国价格法》	
第十四条	经营者不得有下列不正当价格行为： （一）相互串通，操纵市场价格，损害其他经营者或者消费者的合法权益； （二）在依法降价处理鲜活商品、季节性商品、积压商品等商品外，为了排挤竞争对手或者独占市场，以低于成本的价格倾销，扰乱正常的生产经营秩序，损害国家利益或者其他经营者的合法权益； （三）捏造、散布涨价信息，哄抬价格，推动商品价格过高上涨的； （四）利用虚假的或者使人误解的价格手段，诱骗消费者或者其他经营者与其进行交易； （五）提供相同商品或者服务，对具有同等交易条件的其他经营者实行价格歧视； （六）采取抬高等级或者压低等级等手段收购、销售商品或者提供服务，变相提高或者压低价格； （七）违反法律、法规的规定牟取暴利； （八）法律、行政法规禁止的其他不正当价格行为

第二节
公司反不正当竞争专项合规相关指南

为帮助企业制定高标准反不正当竞争合规指南，本书提供相关《反不正当竞争合规指南》范本文件，供企业参考。

 反不正当竞争合规指南

公司各有关单位是反不正当竞争第一责任人，应当遵循自愿、平等、公平、诚信的原则，熟知并遵守相关法律法规和商业道德，对国家强化竞争政策的基础地位保持清醒认识，强化反不正当竞争合规意识和理念，加强反不正当竞争内部控制与合规管理，建立健全并严格执行反不正当竞争合规管理制度，构建完善反不正当竞争合规管理责任制，以及合规咨询、检查、预警、评估、培训、考核等内部机制，自觉抵制不正当竞争行为，坚守"底线"、不越"红线"、不碰"高压线"。

一、商业混淆风险

（一）风险描述

1. 擅自使用对他人有一定影响的商品名称、包装、装潢等相同或者近似的标识。例如，一些民营加油站的装饰、营业用具的式样、营业人员的服饰等，与公司经营的加油站高度相似，可能被认定为反不正当竞争法中规定的"装潢"。

2. 擅自使用对他人有一定影响的企业名称（包括简称、字号等）、社会组织名称（包括简称等）、姓名（包括笔名、艺名、译名等）。例如，未经明确授权，在业务中使用中国移动、大庆油田等企业简称，或者未经授权使用"中国文联""消费者协会"推荐产品等字样，以及未经授权使用具有一定影响的明星艺名开展业务推销，引起客户及消费者混淆，构成不正当竞争的侵权行为。

3. 擅自使用对他人有一定影响的域名主体部分、网站名称、网页等。例如，将他人的域名主体部分注册为网站名称或者将他人网站名称注册为域名；将他人域名主体部分、网站名称作为自己申请域名或网站名称的一部分；将他人的域名主体部分、网站名称作为自己单位或者产品的搜索关键词。

4. 擅自使用对他人有一定影响的商品独特形状、节目栏目名称、企业标志、网店名称、自媒体名称或者标志、应用软件名称或者图标等相同或者近似的标识。

5. 其他足以引人误认为是他人商品或者与他人存在特定联系的混淆行为。例如，通过将他人有一定影响的标识与关键字搜索关联等方式，帮助其他经营者实施混淆行为；将他人注册商标、未注册的驰名商标作为企业名称中的字号使用，误导公众，构成不正当竞争行为的；不规范使用商业标识，产生市场混淆，违法公平竞争的；等等。上述混淆行为中所称有一定影响的标识，是指一定范围内为公众所知晓，能够识别商品或者其来源的显著性标识。使用、行为包括生产、销售他人有一定影响的标识的行为。

（二）控制目标

引导和帮助公司有关单位和员工充分知晓商业混淆行为表现及违法后果，秉承依法合规、诚信经营理念，严格规范生产经营行为，杜绝任何引人误认为是他人商品或者与他人存在特定联系的混淆行为。

（三）管理规范

1. 在生产经营活动中，公司各有关单位应通过提高劳动生产率、降低商品价格、提高商品质量、改进售后服务等方式，取得交易方的认可，增加自身的影响力和美誉度，从而提高市场竞争力。杜绝任何试图通过"搭便车""傍名牌"等方式不劳而获的行为。

2. 加强商业混淆行为的识别预警，建立新使用商业标识的查询检索制度，避免侵犯他人在先权利。如确需使用与他人相同或相似的商业标识，要依法取得相关权利人的授权许可。

3. 与相关企业、社会组织、社会名人进行业务合作中，应对是否能够使用其名称、简称、字号、姓名、艺名，及其使用范围、时间等进行准确界定，并依法依约在法律允许的范围内使用。

4. 在经贸往来中，对待采购或拟转售的商品应严格甄别是否存在擅自使用与他人具有一定影响的商品名称、包装、装潢等相同或者近似的标识问题，并在相关合同中明确约定，供应商应严格履行合规义务，提供的商品不存在任何侵权行为，并承诺承担相应责任。

5. 在开展商业联合、许可使用、商业冠名、广告代言等营销活动中，应严格审核合作伙伴是否存在擅自使用他人有一定影响的企业名称（包括简称、字号等）、社会组织名称（包括简称等）、姓名（包括笔名、艺名、译名等），以及他人有一定影响的域名主体部分、网站名称、网页等，并在合同中对合作伙伴的商业行为进行严格约束，避免侵权行为发生。

6. 严格遵守《中华人民共和国反不正当竞争法》《中华人民共和国电子商务法》等相关法律规定，规范网上经营行为，公平有序开展竞争。严格履行域名使用、网站、网页设计、建设与发布的审核制度，要重点审核域名、网站与网页名称与内容是否存在侵犯他人权益行为。

7. 高度重视依法维护自身合法权益，建立完善打假维权机制，一方面在生产经营活动中应当注意收集、保存好自身标识在相关领域有一定影响的证据材料（如广告投入、获得荣誉、销售市场份额等），以便被混淆时能够更好地维护自己的合法权益；另一方面同地方行政执法部门建立良好的沟通互动机制，建立完善打假维权协作网络，将打假工作制度化、日常化，综合运用双方自行协商解决、寻求行政保护及行政保护等。

二、商业贿赂风险

商业贿赂是贿赂行为的一种，包括受贿和行贿两种情形。从反不正当竞争角度考虑，本指引重点提示警示采用财物或者其他手段，贿赂交易相对方的工作人员，受交易相对方委托办理相关事务的单位或者个人，以及利用职权或者影响力影响交易的单位或者个人，以谋取交易机会或者竞争优势的法律风险。

（一）风险描述

1. 以礼品和招待方式实施商业贿赂。主要表现为：向交易相对方的相关人员提供现金、礼品、礼品卡、有价证券等财物，或者提供可能宴请、旅游、健身、娱乐等活动安排，如在一段时期内频繁向交易相对方的相关人员赠送实物礼品、现金或现金等价物，赠予频率超过一般商业惯例且对象特定；在赠礼行为持续期间，虽然企业与交易相对方之间尚未达成具体业务，但赠送的礼品内在价值明显超出了法律允许的范畴，足以被理解为以影响交易相对方人员的商业决定为目的；用以提供礼品、现金或现金等价物的经费未如实入账，或以虚假的报销单据冲账套取现金作为贿赂的经费；假借考察、学习、培训的名义，向利益相关方或其家人及私人宾客提供"免费旅游"；向其利益相关方报销其个人或其家人及私人宾客旅游过程中支付的相关费用；出于正当目的为相关方安排旅游与考察时，支付或报销其家人或私人宾客的开销，或者为相关方提供过于奢侈昂贵的旅游与考察，或者为相关方提供旅游与考察的同时，向其支付现金、酬金、出差津贴等任何形式补贴等。

2. 通过第三方实施商业贿赂。主要表现为：通过代理人、顾问、当地合作伙伴等第三方中间人直接向政府官员等行贿；通过代理人、顾问、当地合作伙伴等第三方中间人以订立虚假合同、折扣、虚高报酬等方式向政府官员等人变相提供不正当有价物；向与政府官员等人有"私交、亲密关系"的第三方提供不正当有价物；在应当知情却不知情的情况下，第三方顾问向政府官员行贿；企业应政府官员的要求或暗示，聘用某家第三方；第三方"顾问协议"仅包含描述比较模糊的服务，可能被用来掩盖顾问服务的"真相"等。

3. 其他商业贿赂行为。主要表现为：通过为行贿对象亲属等特定人员提供就业机会等招聘方式实施商业贿赂；不以明示方式支付折扣、佣金，且不按照相关财务制度如实入账；员工实施商业贿赂行为，无证据证明其行为与为企业谋取交易机会或者竞争优势无关的等。

（二）控制目标

引导和帮助公司有关单位和员工充分知晓商业贿赂行为表现及违法后果，坚守合规底线，恪守商业道德，坚决反对和禁止一切商业贿赂。

（三）管理规范

1. 建立健全反商业贿赂工作机制和制度规范。公司各单位应根据自身行业特色，自上而下提升反商业贿赂合规意识，并以此声明将把严格执行国家反商业贿赂政策法规作为发展经营战略的重要内容。建立涵盖企业政策声明、组织架构、业务开展程序、反商业贿赂职能制度、其他内控机制的规章制度和信息等方面的制度体系。构建完善反商业贿赂合规风险识别、分析与评价、预警与应对、举报与调查、考核与追责、培训及咨询沟通等工作机制，培育反商业贿赂文化。

2. 加强第三方商业贿赂风险防范。精细化设计尽职调查内容；将合规流程"镶嵌"在业务流程前端；完善与第三方之间的交易文件；与第三方签订反商业贿赂条款；注重警示提醒的实时化，持续关注第三方在商业方面的风险及声誉变化；完善内部风险控制制度，对于娱乐支出、差旅费用、报销项目等高敏感高风险活动确保透明性，各项内部制度应当满足财务账簿记录的法定要求，全程监督与第三方之间的资金走向等。

3. 加强礼品与招待商业贿赂风险防范。明确可以允许接受礼品或招待的条件；明确禁止提供或接受礼品或招待的情形；对每年提供或接受礼品和招待的数量和限额制订具体规则；划分风险进行分层级审批，对风险级别较高的提供或接受礼品、餐饮、娱乐事项采取事前审批；在向相关方提供旅游与考察前，由相关部门进行审核，不得支付有影响力的外部人士或其他第三方的配偶和其他家属产生的费用，不得出于任何目的向有影响力的外部人士或第三方支付现金预付，旅游与考察过程中的各项费用应尽可能直接向酒店、航空公司及饭店等服务提供方支付，都应有正当的商业票据。

4. 加强招聘商业贿赂风险防范。完善相关人事制度，规范招聘流程，明确对拟招聘方进行合规背景调查，确保拟招聘岗位与拟招聘方无利益冲突；组织企业所有管理人员签署反商业贿赂声明；对劳动合同设置内部审核程序，加入反商业贿赂条款等。

三、虚假或引人误解的商业宣传行为

（一）风险描述

1. 自行实施虚假或者引人误解的商业宣传行为。主要表现为：对所提供商品的性能、功能、质量、销售状况、用户评价、曾获荣誉、成分及其含量、制造方式、制造日期、销售服务，以及对推销商品所附带赠送礼品的品种和数量等做虚假或者引人误解的商业宣传，欺骗、误导消费者或者其他相关公众。如在商品或者其包装上做虚假的标识；雇佣或伙同他人进行欺骗性的销售诱导；在经营场所或者展览会、展销会、博览会等其他场所，以及通过互联网等信息网络对商品进行虚假的展示、演示、说明、解释、推介或者文字标注等通过上门推销或者举办鉴定会、宣传会、推介会等方式，对商品进行虚假的展示、演示、说明、解释、推介或者文字标注等；张贴、散发、邮寄虚假的商品说明、图片或者其他资料等；以"有偿新闻"形式进行虚假的宣传报道，隐藏真相，夸大事实；采取律师"严正声明"的方式进行虚假宣传，本来自己的商品严重滞销，却声称其商品深受广大消费者喜爱，但近来发现有诸多假冒，提醒消费者认准某某牌、谨防假冒等。

引人误解的商业宣传包括：对商品做片面的宣传或者对比的；忽略前提条件、必要信息使用或者不完全引用第三方数据、结论等内容的；将科学上未定论的观点、现象作为定论事实的；使用歧义性语言进行宣传的等。

2. 帮助虚假商业宣传行为。主要表现为：帮助其他经营者对销售数量、用户评价、应用排名、搜索结果排名等进行虚假或者引人误解的商业宣传，组织虚假交易、虚构评价、伪造物流单据、诱导做出指定的评价；为其他经营者进行虚假或者引人误解的商业宣传提供组织、策划、制作、发布等服务以及资金、场所、工具等条件等。

（二）控制目标

引导和帮助公司有关单位和员工充分知晓虚假或引人误解的商业宣传行为表

现及违法后果，自觉抵制虚假宣传和以组织"刷单炒信"为代表的帮助虚假宣传行为。

（三）管理规范

1. 公司各有关单位在商业宣传活动中，应当遵循诚实信用原则，严格遵守《中华人民共和国反不正当竞争法》《中华人民共和国广告法》《中华人民共和国消费者权益保护法》《中华人民共和国电子商务法》等有关法律及监管规定，确保提供的商品和服务信息真实、准确、全面，不得使用内容不真实、与实际情况不符的表述欺骗消费者，不得使用含混不清、有多重语义的表述引起消费者误解。

2. 公司各有关单位在对产品或者服务进行宣传时，要正确使用法律用语，禁用国家级、最高级、最佳及第一、全网销量第一极品、顶级、顶尖、终极、最受欢迎、王牌、销量冠军、万能等绝对性用语；使用引证内容应当真实、准确，并标明出处；涉及专利产品或者专利方法的，应当标明专利号和专利种类；不得使用贬低其他经营者商品或服务的广告用语等。

四、侵犯商业秘密行为

（一）风险描述

1. 不正当获取商业秘密的行为。主要表现为：以盗窃、贿赂、欺诈、胁迫、电子侵入或者其他不正当手段获取权利人的商业秘密，如派出商业间谍盗窃权利人或持有人的商业秘密；通过提供财务、有形利益或无形利益、高薪聘请、人身威胁、设计陷阱等方式引诱、骗取、胁迫权利人的员工或他人为其获取商业秘密；未经授权或超出授权范围进入权利人的电子信息系统获取商业秘密或者植入电脑病毒破坏其商业秘密的，电子信息系统指所有存储权利人商业秘密的电子载体，包括数字化办公系统、服务器、邮箱、云盘、应用账户等；擅自接触、占有或复制由权利人控制下的，包含商业秘密或者能从中推导出商业秘密的文件、物品、材料、原料或电子数据，以获取权利人的商业秘密等。

2. 不正当获取商业秘密后的继续侵害行为。主要表现为：披露、使用或者允许他人使用以不正当手段获取的权利人的商业秘密，如以向他人直接口述商业秘密内容，或用广播、电视等新闻媒体公布于众，或为他人提供抄录、复制秘密原件的机会，或将载有秘密内容的原件、复印件给权利人之外的第三人；以不正当手段获取商业秘密后，出于不正当竞争或者营利目的，将权利人的商业秘密应用于产品设计、产品制造、市场营销及其改进工作、研究分析等，或者允许他人将自己非法获得的商业秘密运用于生产经营等。

3. 来源正当但违背诚实义务的行为。主要表现为：违反保密义务或者违反权利人有关保守商业秘密的要求，披露、使用或者允许他人使用其所掌握的商业秘密；违反限制性使用商业秘密的义务，未经授权予以披露或使用，如接触、了解权利人或持有人技术秘密的人员通过回忆、拆解终端产品获取权利人技术秘密的行为等。

"保密义务"或者"权利人有关保守商业秘密的要求"包括但不限于：通过书面或口头的明示合同或默示合同等在劳动合同、保密协议、合作协议等中与权利人订立的关于保守商业秘密的约定；权利人单方对知悉商业秘密的持有人提出的要求，包括但不限于对通过合同关系知悉该商业秘密的相对方提出的保密要求，或者对通过参与研发、生产、检验等知悉商业秘密的持有人提出的保密要求；在没有签订保密协议、劳动合同、合作协议等情况下，权利人通过其他规章制度或合理的保密措施对员工、前员工、合作方等提出的其他保守商业秘密的要求等。

"限制性使用商业秘密"包括但不限于在保密协议、劳动合同、合作协议、合同等中与权利人订立的法定或约定的对商业秘密的限制使用。员工或前员工在工作过程中所形成的自身、知识、经验、技能除外。

4. 教唆、引诱、帮助他人实施侵害行为。主要表现为：教唆、引诱、帮助他人违反保密义务或者违反权利人有关保守商业秘密的要求，获取、披露、使用或者允许他人使用权利人的商业秘密，如故意用言辞、行为或其他方法，以提供技术、物质支持，或者通过职位许诺、物质奖励等方式说服、劝告、鼓励他人违反保密义务或者违反权利人有关保守商业秘密的要求；以各种方式为他人违反保密义务或者违反权利人有关保守商业秘密的要求提供便利条件，以获取、披露、使用或者允许他人使用权利人的商业秘密的行为等。

5. 非善意第三人的间接侵害行为。主要表现为：第三人明知或者应知该商业秘密是商业秘密权利人的员工、前员工或者其他单位、个人通过非法手段取得，仍获取、披露、使用或者允许他人使用该商业秘密的。

（二）控制目标

引导和帮助公司有关单位和员工充分知晓侵犯商业秘密行为表现及违法后果，秉承依法合规、诚信经营理念，倡导自主研发，合规合法使用知识产权，严格规范生产经营行为，杜绝任何形式的侵犯商业秘密行为。

（三）管理规范

1. 制定完善商业秘密保护相关制度规范。依据《保守国家秘密法》和《中央企业商业秘密保护暂行规定》等，制定符合自身行业特点的商业秘密保护管理细则，作为企业商业秘密保护的基本制度。

制定商业秘密清单以及涉密载体、涉密场所等的台账制度，准确掌握商业秘密基本信息，确保商业秘密载体的保存、流转、交互、销毁等整个生命周期有据可查，并对商业秘密场所的设备和接触人员进行完整的全流程记录；另外，完整、准确记录商业秘密及其获取途径，获取途径可为反向工程、自我研发、合同、承诺、声明等。

针对企业实际情况制定培训制度，对商业秘密相关人员进行国家有关法律法规、商业秘密保护案例、企业保密规章制度、商业秘密保护注意事项、竞争对手防范等内容的宣传教育。

在商业秘密保护和风险防范工作中，对成绩显著或做出突出贡献的部门和个人，应当给予表彰和奖励。发生商业秘密泄密事件，由本企业保密委员会负责组织有关部门认定责任，相关部门依法依规进行处理。泄露、非法使用商业秘密或者违反国家法律法规的员工，情节较重或者给企业造成较大损失的，应当依法追究相关法律责任，涉嫌犯罪的，依法移送司法机关处理。

2. 加强涉密人员管理。针对内部涉密人员，编制涉密人员管理规范，明确涉密人员岗前、在岗、离岗及离职期间的保密要求；对在岗人员进行培训，不披露员工掌握的他人商业秘密；在岗人员公开宣传的资料或设备应经保密委员会和保密工作小组审核；使内部涉密人员能够利用管理规范及时了解并有效执行企业内部的保密机制。

针对供应商、客户、被许可人、制造商、顾问等相关外部人员，做好登记管理工作，必要时签订保密承诺书，写明保密条款；确保外部人员能够知晓并关注企业商业秘密的保密。

3. 强化涉密信息管理。根据商业秘密的数量、重要程度、保护要求、管理水平等实际状况划分商业秘密的密级和知悉范围，明确各等级商业秘密保密期限以及商业秘密标志，将不同程度的商业秘密按照不同的保护模式进行保护；对商业秘密的产生、认定、使用和解密等环节进行动态管理，对商业秘密变更密级、保密期限、知悉范围、在保密期限内解密或自行解密进行及时更新。商业秘密载体应及时如数登记并长期保存，放置在密码文件柜内，指定专人管理，定期进行检查，做到账物相符。

涉密场所设立门禁，明确进入人员范围，严格禁止无关人员进入，其他部门员工和外来人员因工作需要进入涉密场所，需经涉密场所负责人批准，并做好登记工作。未经批准禁止携带有录音、录像、拍照、信息存储等功能的设备进入涉密场所。涉密区域的关键位置还应设置图像采集设施。

在开展对外合作签订合同时，要明确双方权利、义务以及技术成果归属。在合作过程产生新的信息也要明确权属关系和保密义务。在商务合作中商业秘密合法来源的证据要总结归档。对于相关证据出处的信息要保存归档，尤其是涉嫌侵权的文档、资料。

4. 健全泄密救济措施。一旦发生泄密事件应采取泄密应急处置措施，包括失泄密事件的确认、查找失泄密原因、确定失泄密风险等级、采取补救措施和失泄密风险再识别及制度再改进等步骤。

对于出现的企业员工泄露或者非法使用商业秘密，情节较重或者造成较大损失的，应当依法向县级以上市场监管部门或公安、检察机关报案。对于出现第三方侵权事件，要及时组织收集相关证据，如果企业内部采取的补救措施效果有限，可借助外部专业律师事务所或知识产权代理机构等部门的力量，推进谈判、报案、诉讼等方式的维权和补救的进程，依法主张权利，要求停止侵权，消除影响，赔偿损失。

认定商业秘密符合法定条件的材料，包括但不限于：商业秘密的研发过程和完成时间；商业秘密的载体和表现形式、具体内容等不为公众所知悉；商业秘密具有的商业价值；对该项商业秘密所采取的保密措施等。

视为已提供初步证据合理表明商业秘密被侵犯的材料包括：有证据表明涉嫌侵权人有渠道或者机会获取商业秘密，且涉嫌侵权人使用的信息与权利人的商业秘密实质上相同；有证据表明涉嫌侵权人有渠道或者机会获取商业秘密，且保密设施被涉嫌侵权人以不正当手段破坏；有证据表明商业秘密已被涉嫌侵权人披露、使用或者有被披露、使用的风险；权利人提交了与该案相关的民事诉讼、刑事诉讼或其他法定程序中所形成的陈述、供述、鉴定意见、评估报告等证据，用于合理表明其商业秘密被侵犯等。

五、不正当有奖销售行为

（一）风险描述

1. 所设奖的种类、兑奖条件、奖金金额或者奖品等有奖销售信息不明确，则可能会影响兑奖。主要表现为：未在有奖销售前明确公布奖项种类、参与条件、参与方式、开奖时间、开奖方式、奖金金额或者奖品价格、奖品品名、奖品种类、奖品数量或者中奖概率、兑奖时间、兑奖条件、兑奖方式、奖品交付方式、弃奖条件、主办方及其联系方式等信息，采取不利于消费者的变更以及附加条件，导致影响兑奖；奖品为积分、礼券、兑换券、代金券等形式的，未公布兑换规则、使用范围、有效期限以及其他限制性条件等详细内容；需要向其他经营者兑换的，未公布或者未明确其他经营者的名称、兑换地点或者兑换途径等。

2. 采用谎称有奖或者故意让内定人员中奖的欺骗方式进行有奖销售。主要表现为：虚构奖项、奖品、奖金金额；在有奖销售活动期间将带有中奖标志的商品、奖券不投放、未全部投放市场或者仅在特定区域投放；未在有奖销售前明示，将带有不同奖金金额或者奖品标志的商品、奖券按不同时间投放市场；未按照明示的信息兑奖；有奖销售过程中，故意让内定人员中奖等。

3. 抽奖式有奖销售最高奖的金额超过 5 万元。主要表现为：一次性抽奖金额超过 5 万元，以及同一奖券或者购买一次商品具有二次或者二次以上获奖机会累计金额超过 5 万元的情形。

（二）控制目标

引导和帮助公司有关单位和员工充分知晓有奖销售涉及的不正当竞争法律风险，避免和抵制奖品设置不当、价格标志不明、抽奖方式不当等不正当有奖销售行为。

（三）管理规范

1. 建立促销及有奖销售相关制度规范。依据《中华人民共和国反不正当竞争法》《规范有奖销售等促销行为暂行规定》等法律法规，结合企业实际，制定符合本企业关于促销和有奖销售等行为的制度和规范。并向涉及商品零售等相关人员进行制度宣贯，掌握促销和有奖销售法律及制度规定，在法律法规和制度允许范围内开展活动。

2. 建立促销及有奖销售法律审查机制。针对将要开展的促销及有奖销售行为，对所制订的方案进行事前法律审查，对照反不正当竞争及规范促销和有奖销售相关规定审查相关方案的合法性，确保合规操作。

3. 开展有奖销售活动，应设奖真实、兑奖真实，在设置有奖销售的规则时确保规则公平公正，避免定点投放或内部中奖。有奖销售促销广告中应含有设奖的种类、中奖概率、最高奖金额、总金额、奖品种类、数量、质量、提供方法等内容。

若有前述内容受限于产品包装面积或者广告篇幅无法全面体现，则可采取更多有奖促销信息见海报或者扫码了解等形式进行补充标注。有奖销售设置奖品时，奖品价值不超过 5 万元，且避免采用汽车使用权、房屋使用权或者叠加中奖等方式的有奖销售。有奖销售活动开始后，非有利于消费者，不得擅自变更奖项种类、参与条件、开奖方式、兑奖方式等信息，不得另行附加条件或者限制。

六、商业诋毁行为

（一）风险描述

1. 利用信息载体或媒介进行诋毁。主要表现为：利用报刊、广播、电视、电信、网络等信息载体或媒介，编造、传播虚假信息或者误导性信息，损害竞争对手的商业信誉、商品声誉，如以声明、告客户书等形式将信息传递给特定或者不特定对象，通过微信群传播与其他经营者经营的同类型商品进行片面恶意对比的视频等。

2. 利用业务往来进行诋毁。主要表现为：在与他人的业务交往中，向业务客户及消费者散布虚假事实，以贬低竞争对手的商业信誉，诋毁其商品和服务的质量声誉，如以检测机构名义对产品进行检测、讲解时，不当地将自己产品判定为合格产品，将其他产品判定为不合格产品，并推荐消费者购买自己公司的产品。

3. 利用产品宣传进行诋毁。主要表现为：利用商品的包、装、装潢、说明书、宣传册、传单等，吹嘘本产品质量上乘、贬低竞争对手生产销售的同类产品。

4. 利用谣言进行诋毁。主要表现为：利用或者组织、指使他人利用大众媒介、信息网络传播、散布竞争对手所售的商品质量有问题，使公众对该商品失去信赖，以便自己的同类产品取而代之等。

5. 利用虚假投诉进行诋毁。主要表现为：组织人员，以顾客或者消费者的名义，向相关部门、行业组织、消费者组织做关于竞争对手产品质量低劣、服务质量差及侵害消费者权益等情况的虚假投诉，从而达到贬损其商誉的目的。

6. 利用比较广告进行诋毁。主要表现为：刊登对比性广告或者以声明性公告、信息发布会等形式，通过片面介绍、夸大事实、歪曲产品的优劣等方式，在宣传自己产品的同时贬低竞争对手的商品或服务，降低竞争对手的商业信誉和商品信誉，丑化其商业形象。

7. 其他诋毁行为。主要表现为：利用律师函、公开信进行诋毁；在有权机关（包括司法和行政机关）对被诉侵权人的侵权行为做出具法律效力的认定前，经营者尤其是主张权利受到侵犯者对此自行加以认定并宣传、扩散，损害竞争对手商业信誉、商品声誉，使用较强感情色彩、贬义词汇，损害竞争者的商业信誉、商品声誉；片面陈述真实的事实引人误解，损害竞争者的商业信誉或者商品声誉等。

（二）控制目标

引导和帮助公司有关单位和员工充分知晓商业诋毁行为表现及违法后果，强化合规意识，自觉抵制贬低、诋毁竞争对手商誉的违法行为。

（三）管理规范

1. 公司从事市场营销的各经营主体应通过自己的努力，建立、维护自己的商业信誉、商品声誉，以取得交易伙伴、消费者的信任，赢得更多交易机会和竞争优势，不得编造、传播或者指使他人编造、传播虚假信息或者误导性信息，损害竞争对手的商业信誉、商品声誉。

2. 公司各有关单位在商业宣传过程中，一定要把握好宣传尺度，遵守诚实信用原则，遵守商业道德，在法律允许的范围内进行对外宣传，做出的评论应出于正当目的，秉承客观、公正、真实和审慎的态度，不能为了宣传自己而诋毁竞争对手，假借行使维护权利的名义，违背诚实信用，进行片面的引人误解的宣传；或者对竞争对手的商品，作出虚假或者误导性的风险提示信息等，损害竞争对手的商业信誉和商品声誉。

七、网络新型不正当竞争行为

（一）风险描述

1. 网络链接中的不正当竞争行为。主要表现为：未经其他经营者同意，在其合法提供的网络产品或者服务中，插入链接、强制进行目标跳转，如在其合法提供的网络产品或者服务中，插入指向自己网络产品或服务的文字链接，劫持他人流量；利用图像链接技术，将其他网络经营者网站内的文字、图像、音视频等内容直接在自己网站中显示，造成他人网站访问量损失的不正当竞争行为；利用视框链接技术，在其涉及的网页内部设置众多不同的视框，在每一个框架内部显示本网站之外其他网站的内容，网络用户无须登录发布信息的原始网站即可浏览相关内容，既不会发生网页跳转，也不会提供该信息的原始网站增加浏览量，达到无偿利用被链网站的资源与其争夺市场，并从中获得关注度和经济效益的不正当竞争效果等。

2. 违背用户意愿的不正当竞争行为。主要表现为：侵犯用户选择权，强迫用户修改、关闭、卸载其他经营者合法提供的网络产品或者服务；通过误导、欺骗的不诚实手段，使用户修改、关闭、卸载其他经营者合法提供的网络产品或者服务等。

3. 恶意不兼容的不正当竞争行为。主要表现为：在网络产品或者服务设计时，故意进行有针对性的不兼容设置，禁止其他网络产品或者服务的开启、运行或部分功能的运行；网络产品或者服务的经营者无正当理由，利用技术手段在其他网络产品或者服务运行时，修改其运行指令或代码，或更改技术相关参数，使其功能被迫更改等。

4. 其他妨碍、破坏其他经营者合法提供的网络产品或者服务正常运行的行为。主要表现为：无正当理由对其他经营者。合法提供的网络产品或者服务实施拦截、关闭等干扰行为；违背用户意愿下载、安装、运行应用程序，影响其他经营者合法提供的设备、功能或者其他程序正常运行；对非基本功能的应用程序不提供卸载功能或者对应用程序卸载设置障碍，影响其他经营者合法提供的设备、功能或者其他程序正常运行等。

（二）控制目标

引导和帮助公司有关单位和员工充分知晓网络新型不正当竞争行为表现及违法后果，规范和加强电子商务活动内部控制与合规管理，避免因违反《中华人民共和国反垄断法》《中华人民共和国电子商务法》等法律法规受到惩处。

（三）管理规范

1. 公司各有关单位利用网络从事生产经营活动时，应当遵循自愿、平等、公平、诚信的原则，遵守法律和商业道德，公平参与市场竞争，履行消费者权益保护、环境保护、知识产权保护、网络安全与个人信息保护等方面的义务，承担产品和服务质量责任，接受政府和社会的监督，不得利用技术手段，通过影响用户选择或者其他方式，实施妨碍、破坏其他经营者合法提供的网络产品或者服务正常运行的行为。

2. 利用互联网推进业务、推广网站、商城以及各种 App 时，准确识别可能触及新型网络不正当竞争的风险点，避免抄袭、误导，规范互联网营销行为。若遇到被其他经营者影响，如被其他经营者侵犯权益、限制用户使用或利用网络舆论，以至于产生损害公平竞争机会时，及时采取依法维权措施。

第三节
公司反不正当竞争专项合规案例分析

一、案情简介

P公司（以下简称"原告"）与W公司（以下简称"被告"）等之间的商标侵权案件。

该案中，原告指控被告使用与其商标高度近似的"W"标识，构成商标侵权和不正当竞争。在案件审理过程中，被告反诉原告，质疑原告商标的有效性。被告认为案涉商标由"T"更名为"W"，该商标并不具备足够的显著性，被告在原告更名前已经使用"W"这一标识，且在市场中已积累了一定的商誉和影响力。因此法院认为其使用案涉商标合理合法。

本案由英格兰和威尔士高等法院商业和财产法庭审理。在审理过程中，反诉原告（原审被告）申请将反诉被告（原审原告）的创始人及相关人员加入作为反诉的共同责任方，其中包括公司的创始人A，B，C，D以及法律顾问E。反诉原告（原审被告）认为这些个人在品牌更名的决策中发挥了重要作用，应当对相关的不正当竞争行为承担责任。

目前，法院判决原审被告构成对原审原告商标的侵权，并批准在反诉中加入部分新当事人，反诉的实质内容尚未被法院最终裁定。

二、案例分析

（一）商标的显著性积累问题

在日常商业运营中，对于商标权的保护需要考虑商标是否已经注册以及商标是否持续使用两方面因素。在上述案件中，原告正是早于被告注册了案涉商标并积极地使用商标，从而在本案中得到了法律上的认可。

对企业来说，在多个市场开展跨国业务时，提前进行品牌和商标的注册是避免他人恶意使用的重要策略，在主要市场中完成商标注册，能够大幅降低法律风险和潜在的商业纠纷。但商标注册只是第一步，企业还需在日常经营中持续使用商标，并注重品牌形象的塑造与市场认知的提升。通过持续的市场推广和品牌活动，增强商标的显著性和市场影响力，避免因此招致的不正当竞争行为。

（二）管理层谨慎决策问题

就英国法院而言，法院在经过实质审理后，存在批准在诉讼中加入共同侵权者的可能性。《英国民事诉讼规则》的相关规定表明，在满足以下任意一项条件时，法院可以命令将特定人员作为新的当事人加入诉讼：（a）为了使法院能够解决诉讼中的所有争议事项；（b）新当事人和现有当事人之间存在与诉讼争议事项有关的问题。因此，在涉及品牌更名等重大商业决策时，管理层人员应当谨慎行事，避免卷入潜在侵权纠纷之中。

第十六章

公司反商业贿赂/反腐败专项合规指南与案例分析

腐败是一种对权力不道德的运用，是人类社会的毒瘤，世界各国共同面对的敌人。"反腐败斗争事关党和国家的生死存亡以及人民群众的根本利益，历来为我国政府高度重视。"[①] 21 世纪以来，中国一直在努力推进反腐败斗争，力度之大前所未有。2025 年 1 月 6 日，习近平总书记在二十届中央纪委四次全会上发表重要讲话，强调坚决打好反腐败斗争攻坚战、持久战、总体战。一提到"腐败"，绝大多数人会将目光聚焦在公权力方面，从而忽视了企业的反腐败。在党的二十大报告中，习近平总书记指出，要"加快构建新发展格局，着力推动高质量发展"，"推进高水平对外开放"，其中特别强调"稳步扩大规则、规制、管理、标准等制度型开放"，我们将企业合规管理与国际接轨，管理标准对标国际，"……特别是反腐败合规管理方面的新规则，因为从合规角度来思考企业反腐问题，对企业不仅是规章制度方面的要求更高，对企业还有伦理道德等高标准要求，反腐败合规制度对于企业的合规管理至关重要"。[②]

第一节
公司反腐败、反商业贿赂专项合规相关法律依据

《中华人民共和国刑法》	
第一百六十四条第 1 款	【对非国家工作人员行贿罪】 为谋取不正当利益，给予公司、企业的工作人员以财物，数额较大的，处三年以下有期徒刑或者拘役；数额巨大的，处三年以上十年以下有期徒刑，并处罚金

---

① 敖立、李文宇、张夕夜：《现代企业合规指引》，中国政法大学出版社 2023 年版，第 33 页。

② Ludmila H Botasheva, Anna K Dobrynina and Oksana V Konovalova, "Anti–Corruption Compliance Designing in Pharmaceutical Companies" [2021] Lecture notes in networks and systems 933.

续表

《中华人民共和国刑法》	
第一百六十四条 第2款	【对外国公职人员、国际公共组织官员行贿罪】 为谋取不正当商业利益，给予外国公职人员或者国际公共组织官员以财物的，依照前款的规定处罚。 单位犯前两款罪的，对单位判处罚金，并对其直接负责的主管人员和其他直接责任人员，依照第一款的规定处罚
第三百八十九条	【行贿罪】 为谋取不正当利益，给予国家工作人员以财物的，是行贿罪。 在经济往来中，违反国家规定，给予国家工作人员以财物，数额较大的，或者违反国家规定，给予国家工作人员以各种名义的回扣、手续费的，以行贿论处。 因被勒索给予国家工作人员以财物，没有获得不正当利益的，不是行贿
第三百九十条之一	【对有影响力的人行贿罪】 为谋取不正当利益，向国家工作人员的近亲属或者其他与该国家工作人员关系密切的人，或者向离职的国家工作人员或者其近亲属以及其他与其关系密切的人行贿的，处三年以下有期徒刑或者拘役，并处罚金；情节严重的，或者使国家利益遭受重大损失的，处三年以上七年以下有期徒刑，并处罚金；情节特别严重的，或者使国家利益遭受特别重大损失的，处七年以上十年以下有期徒刑，并处罚金。 单位犯前款罪的，对单位判处罚金，并对其直接负责的主管人员和其他直接责任人员，处三年以下有期徒刑或者拘役，并处罚金
第三百九十一条	【对单位行贿罪】 为谋取不正当利益，给予国家机关、国有公司、企业、事业单位、人民团体以财物的，或者在经济往来中，违反国家规定，给予各种名义的回扣、手续费的，处三年以下有期徒刑或者拘役，并处罚金；情节严重的，处三年以上七年以下有期徒刑，并处罚金。 单位犯前款罪的，对单位判处罚金，并对其直接负责的主管人员和其他直接责任人员，依照前款的规定处罚
第三百九十三条	【单位行贿罪】 单位为谋取不正当利益而行贿，或者违反国家规定，给予国家工作人员以回扣、手续费，情节严重的，对单位判处罚金，并对其直接负责的主管人员和其他直接责任人员，处三年以下有期徒刑或者拘役，并处罚金；情节特别严重的，处三年以上十年以下有期徒刑，并处罚金。因行贿取得的违法所得归个人所有的，依照本法第三百八十九条、第三百九十条的规定定罪处罚
第一百六十三条	【非国家工作人员受贿罪】公司、企业或者其他单位的工作人员，利用职务上的便利，索取他人财物或者非法收受他人财物，为他人谋取利益，数额较大的，处三年以下有期徒刑或者拘役，并处罚金；数额巨大或者有其他严重情节的，处三年以上十年以下有期徒刑，并处罚金；数额特别巨大或者有其他特别严重情节的，处十年以上有期徒刑或者无期徒刑，并处罚金。 公司、企业或者其他单位的工作人员在经济往来中，利用职务上的便利，违反国家规定，收受各种名义的回扣、手续费，归个人所有的，依照前款的规定处罚
第一百六十五条	【非法经营同类营业罪】国有公司、企业的董事、监事、高级管理人员，利用职务便利，自己经营或者为他人经营与其所任职公司、企业同类的营业，获取非法利益，数额巨大的，处三年以下有期徒刑或者拘役，并处或者单处罚金；数额特别巨大的，处三年以上七年以下有期徒刑，并处罚金。 其他公司、企业的董事、监事、高级管理人员违反法律、行政法规规定，实施前款行为，致使公司、企业利益遭受重大损失的，依照前款的规定处罚

《中华人民共和国刑法》	
第一百六十六条	【为亲友非法牟利罪】国有公司、企业、事业单位的工作人员，利用职务便利，有下列情形之一，致使国家利益遭受重大损失的，处三年以下有期徒刑或者拘役，并处或者单处罚金；致使国家利益遭受特别重大损失的，处三年以上七年以下有期徒刑，并处罚金： （一）将本单位的盈利业务交由自己的亲友进行经营的； （二）以明显高于市场的价格从自己的亲友经营管理的单位采购商品、接受服务或者以明显低于市场的价格向自己的亲友经营管理的单位销售商品、提供服务的； （三）从自己的亲友经营管理的单位采购、接受不合格商品、服务的。 其他公司、企业的工作人员违反法律、行政法规规定，实施前款行为，致使公司、企业利益遭受重大损失的，依照前款的规定处罚
第一百六十九条之一	【背信损害上市公司利益罪】上市公司的董事、监事、高级管理人员违背对公司的忠实义务，利用职务便利，操纵上市公司从事下列行为之一，致使上市公司利益遭受重大损失的，处三年以下有期徒刑或者拘役，并处或者单处罚金；致使上市公司利益遭受特别重大损失的，处三年以上七年以下有期徒刑，并处罚金： （一）无偿向其他单位或者个人提供资金、商品、服务或者其他资产的； （二）以明显不公平的条件，提供或者接受资金、商品、服务或者其他资产的； （三）向明显不具有清偿能力的单位或者个人提供资金、商品、服务或者其他资产的； （四）为明显不具有清偿能力的单位或者个人提供担保，或者无正当理由为其他单位或者个人提供担保的； （五）无正当理由放弃债权、承担债务的； （六）采用其他方式损害上市公司利益的。 上市公司的控股股东或者实际控制人，指使上市公司董事、监事、高级管理人员实施前款行为的，依照前款的规定处罚。 犯前款罪的上市公司的控股股东或者实际控制人是单位的，对单位判处罚金，并对其直接负责的主管人员和其他直接责任人员，依照第一款的规定处罚
第二百七十一条	【职务侵占罪】公司、企业或者其他单位的工作人员，利用职务上的便利，将本单位财物非法占为己有，数额较大的，处三年以下有期徒刑或者拘役，并处罚金；数额巨大的，处三年以上十年以下有期徒刑，并处罚金；数额特别巨大的，处十年以上有期徒刑或者无期徒刑，并处罚金
第二百七十二条	【挪用资金罪】公司、企业或者其他单位的工作人员，利用职务上的便利，挪用本单位资金归个人使用或者借贷给他人，数额较大、超过三个月未还的，或者虽未超过三个月，但数额较大、进行营利活动的，或者进行非法活动的，处三年以下有期徒刑或者拘役；挪用本单位资金数额巨大的，处三年以上七年以下有期徒刑；数额特别巨大的，处七年以上有期徒刑
第一百六十一条	【违规披露、不披露重要信息罪】依法负有信息披露义务的公司、企业向股东和社会公众提供虚假的或者隐瞒重要事实的财务会计报告，或者对依法应当披露的其他重要信息不按照规定披露，严重损害股东或者其他人利益，或者有其他严重情节的，对其直接负责的主管人员和其他直接责任人员，处五年以下有期徒刑或者拘役，并处或者单处罚金；情节特别严重的，处五年以上十年以下有期徒刑，并处罚金。 前款规定的公司、企业的控股股东、实际控制人实施或者组织、指使实施前款行为的，或者隐瞒相关事项导致前款规定的情形发生的，依照前款的规定处罚。 犯前款罪的控股股东、实际控制人是单位的，对单位判处罚金，并对其直接负责的主管人员和其他直接责任人员，依照第一款的规定处罚

续表

《中华人民共和国刑法》	
第一百六十二条之二	【隐匿、故意销毁会计凭证、会计账簿、财务会计报告罪】隐匿或者故意销毁依法应当保存的会计凭证、会计账簿、财务会计报告，情节严重的，处五年以下有期徒刑或者拘役，并处或者单处二万元以上二十万元以下罚金。 单位犯前款罪的，对单位判处罚金，并对其直接负责的主管人员和其他直接责任人员，依照前款的规定处罚
《中华人民共和国公司法》	
第一百七十九条	董事、监事、高级管理人员应当遵守法律、行政法规和公司章程
第一百八十条	董事、监事、高级管理人员对公司负有忠实义务，应当采取措施避免自身利益与公司利益冲突，不得利用职权牟取不正当利益。 董事、监事、高级管理人员对公司负有勤勉义务，执行职务应当为公司的最大利益尽到管理者通常应有的合理注意。 公司的控股股东、实际控制人不担任公司董事但实际执行公司事务的，适用前两款规定
第一百八十一条	董事、监事、高级管理人员不得有下列行为： （一）侵占公司财产、挪用公司资金； （二）将公司资金以其个人名义或者以其他个人名义开立账户存储； （三）利用职权贿赂或者收受其他非法收入； （四）接受他人与公司交易的佣金归为己有； （五）擅自披露公司秘密； （六）违反对公司忠实义务的其他行为
第二百一十六条	公司应当向聘用的会计师事务所提供真实、完整的会计凭证、会计账簿、财务会计报告及其他会计资料，不得拒绝、隐匿、谎报
第二百一十七条	公司除法定的会计账簿外，不得另立会计账簿。 对公司资金，不得以任何个人名义开立账户存储
《中华人民共和国政府采购法》	
第七十二条	采购人、采购代理机构及其工作人员有下列情形之一，构成犯罪的，依法追究刑事责任；尚不构成犯罪的，处以罚款，有违法所得的，并处没收违法所得，属于国家机关工作人员的，依法给予行政处分： （一）与供应商或者采购代理机构恶意串通的； （二）在采购过程中接受贿赂或者获取其他不正当利益的； （三）在有关部门依法实施的监督检查中提供虚假情况的； （四）开标前泄露标底的
第七十七条	供应商有下列情形之一的，处以采购金额千分之五以上千分之十以下的罚款，列入不良行为记录名单，在一至三年内禁止参加政府采购活动，有违法所得的，并处没收违法所得，情节严重的，由工商行政管理机关吊销营业执照；构成犯罪的，依法追究刑事责任： （一）提供虚假材料谋取中标、成交的 （二）采取不正当手段诋毁、排挤其他供应商的； （三）与采购人、其他供应商或者采购代理机构恶意串通的； （四）向采购人、采购代理机构行贿或者提供其他不正当利益的； （五）在招标采购过程中与采购人进行协商谈判的； （六）拒绝有关部门监督检查或者提供虚假情况的。 供应商有前款第（一）至（五）项情形之一的，中标、成交无效

续表

	《国家工商行政管理局关于禁止商业贿赂行为的暂行规定》
第二条	经营者不得违反《中华人民共和国反不正当竞争法》第八条规定，采用商业贿赂手段销售或者购买商品。 本规定所称商业贿赂，是指经营者为销售或者购买商品而采用财物或者其他手段贿赂对方单位或者个人的行为。 前款所称财物，是指现金和实物，包括经营者为销售或者购买商品，假借促销费、宣传费、赞助费、科研费、劳务费、咨询费、佣金等名义，或者以报销各种费用等方式，给付对方单位或者个人的财物。 第二款所称其他手段，是指提供国内外各种名义的旅游、考察等给付财物以外的其他利益的手段
第五条	在账外暗中给予对方单位或者个人回扣的，以行贿论处；对方单位或者个人在账外暗中收受回扣的，以受贿论处。 本规定所称回扣，是指经营者销售商品时在账外暗中以现金、实物或者其他方式退给对方单位或者个人的一定比例的商品价款。 本规定所称账外暗中，是指未在依法设立的反映其生产经营活动或者行政事业经费收支的财务账上按照财务会计制度规定明确如实记载，包括不记入财务账、转入其他财务账或者做假账等
第七条	经营者销售或者购买商品，可以以明示方式给中间人佣金。经营者给中间人佣金的，必须如实入账；中间人接受佣金的，必须如实入账。 本规定所称佣金，是指经营者在市场交易中给予为其提供服务的具有合法经营资格中间人的劳务报酬
	《联合国反腐败公约》
第十二条	一、各缔约国均应当根据本国法律的基本原则采取措施，防止涉及私营部门的腐败，加强私营部门的会计和审计标准，并酌情对不遵守措施的行为规定有效、适度而且具有警戒性的民事、行政或者刑事处罚。 二、为达到这些目的而采取的措施可以包括下列内容： （一）促进执法机构与有关私营实体之间的合作； （二）促进制订各种旨在维护有关私营实体操守的标准和程序，其中既包括正确、诚实和妥善从事商业活动和所有相关职业活动并防止利益冲突的行为守则，也包括在企业之间以及企业与国家的合同关系中促进良好商业惯例的采用的行为守则； （三）增进私营实体透明度，包括酌情采取措施鉴定参与公司的设立和管理的法人和自然人的身份； （四）防止滥用对私营实体的管理程序，包括公共机关对商业活动给予补贴和颁发许可证的程序； （五）在合理的期限内，对原公职人员的职业活动或者对公职人员辞职或者退休后在私营部门的任职进行适当的限制，以防止利益冲突，只要这种活动或者任职同这些公职人员任期内曾经担任或者监管的职能直接有关； （六）确保私营企业根据其结构和规模实行有助于预防和发现腐败的充分内部审计控制，并确保这种私营企业的账目和必要的财务报表符合适当的审计和核证程序。 三、为了预防腐败，各缔约国均应当根据本国关于账簿和记录保存、财务报表披露以及会计和审计标准的法律法规采取必要措施，禁止为实施根据本公约确立的任何犯罪而从事下列行为： （一）设立账外账户； （二）进行账外交易或者账实不符的交易； （三）虚列支出； （四）登录负债账目时谎报用途； （五）使用虚假单据； （六）故意在法律规定的期限前销毁账簿

续表

其他国际组织公约、指引	
参考文件	《ISO 37001：反贿赂管理体系》（Anti-bribery management systems）、世界银行《诚信合规指南》（Integrity Compliance Guidelines）《ISO 19600：合规管理体系标准》（Compliance management systems — Guidelines）

第二节
企业反腐败、反商业贿赂指南

为帮助企业制定高标准企业合规管理指南，本书提供《反腐败、反商业贿赂指南》范本文件，以供企业参考。

 反海外腐败、反商业贿赂合规工作指南

一、【费用类】餐饮、礼品、娱乐招待

（一）风险描述

反腐败、反商业贿赂法律禁止提供、索取或收受贿赂，餐饮、礼品、娱乐招待均可能引发反腐败合规风险。例如，提供、接受或承诺提供餐饮、娱乐招待：超过规定的金额标准和合理的形式限度；过于频繁地与同一人开展业务招待；带有具体的商业目的和不正当影响业务决策的意图；邀请范围过于广泛，涉及本人或业务伙伴的亲属等。支付、提出或承诺支付金钱或任何价值之物：赠送和接受现金和购物卡、消费卡等各种、有价证券、支付凭证；赠送和接受超出正常业务往来需求的贵重物品和奢侈品；赠送和接受纪念品不符合法律法规和公司制度要求，未经相应审批和登记流程；以工作实习机会等形式赠送和接受有价值之物；赠送、接受和承诺支付其他数额较大、带有不正当目的礼品、娱乐及其他有价之物。

（二）控制目标

开展涉外业务时，不发生超标的餐饮和娱乐招待行为，不发生超额超限的赠送和接受有价物的行为，防范反腐败、反商业贿赂合规风险。

（三）管理规范

1. 根据业务所在地实际情况，制定业务招待类、礼品类审批流程和标准，并严格遵守执行。

2. 提供和接受业务招待、赠送和接受礼品纪念品应如实记录、报销、记账，保存完整的单据和财务账簿。

3. 严格限制非公务活动的行程安排，禁止组织或参与与业务活动无关、奢靡的娱乐活动。

4. 禁止赠送和接受现金、现金等价物，以及各类贵重物品。

5. 谨慎识别以工作或实习机会、咨询费、慈善捐赠等各种形式掩盖的有价值之物。

6. 与业务伙伴签订廉洁从业协议、反腐败合规条款等。

7. 宣贯公司反海外腐败、反商业贿赂合规政策，开展员工合规培训，员工应向亲属宣贯公司业务招待等合规政策。

二、【费用类】差旅、会议和培训

（一）风险描述

在开展涉外业务中，通过某些方式变相"输送"利益，也可能被认定为商业贿赂，例如举办、提供或接受不合理的会议、培训，或为商业伙伴、政府官员等利益方报销不合理的差旅费用。不合理的差旅费用，例如异常的多晚住宿；家属的差旅费用；私人飞机旅行；以隐瞒贿赂为由的其他费用等。上述行为如被认定为商业贿赂，公司可能会面临合规调查、罚款、声誉受损等负面影响。

（二）控制目标

开展涉外业务时，不举办、提供或接受不合理的会议、培训等安排，不发生不合理的差旅报销。

（三）管理规范

1. 谨慎识别会议、培训的必要性和合理性。

2. 根据业务所在地实际情况，制定会议、培训类、差旅报销类审批流程和标准，并严格执行。

3. 严格限制非公务活动的行程安排和费用支出，遵守业务招待标准，不得预订超标酒店，不搞特殊待遇。

4. 如实记录、报销、记账，保存完整的单据和财务账簿。

5. 如有不确定是否合规的事项，事前及时咨询合规部门。

6. 宣贯公司反海外腐败、反商业贿赂合规政策，开展员工合规培训。

三、【费用类】对外捐赠

（一）风险描述

公司对外捐赠如果被用作不当行为的遮掩手段，致使慈善资金用于非预定用途，使外国官员不当受益，致使对外捐赠行为被认定为行贿，公司可能会面临合规调查、罚款、声誉受损等负面影响。

（二）控制目标

严格控制对外捐赠的目标和数额，避免对外捐赠的行为被认定为有行贿的故意，构成贿赂。公司不会为获得商业利益或其他非法特权或优先权而进行对外捐赠。

（三）管理规范

1. 在对外捐赠活动中，相关行为、款项支付和开支遵守公司合规政策和程序。

2. 按照公司内控管理要求，如实、准确记录款项支付和开支，保存合规开展对外捐赠的证明文件。

3. 进行有关背景调查，包括捐赠对象、捐赠时间、金额确定的依据等；避免"临时起意"式的捐赠，需制订捐赠计划。

4. 要求捐赠对象做出反腐败承诺，核实慈善机构是否有适当的治理和问责制度，跟踪异常情况或预警信息。

5. 宣贯公司反海外腐败、反商业贿赂合规政策，开展员工合规培训。

四、【费用类】疏通费

（一）风险描述

多数国家法律规定支付疏通费属于贿赂。尽管美国《反海外腐败法》规定了小额疏通费不属于贿赂行为，但是在金额上没有明确界定，在执法过程中存在模糊地带，不利于商业环境净化，为避免合规风险，应禁止疏通费支付。

（二）控制目标

开展涉外业务时，应规范员工在履职过程中的费用支出控制，避免因不当支付疏通费，造成公司违反相关国家反腐败法律法规，致使公司和个人受到处罚。

（三）管理规范

1. 针对商业环境不成熟的国家和地区，加强在项目审、批、资质获取、行政执法、例行检查等环节的费用支出控制，明确禁止支付疏通费，如取得许可证、执照或其他赋予海外经营资格的证件，办理签证、审批等政府证件，提供警察保护、通信、水电供给、收递信件、装卸货物的便利，海关、税务、工商等部门的业务检查或过境检查等。

2. 向政府部门支付行政性收费之外的任何费用，需提前向财务、法律、合规部门申请审核；如实、准确记录款项支付和开支，保存证明文件，遵守公司保存记录和会计事项的合规政策。

3. 宣贯公司反海外腐败、反商业贿赂合规政策，开展员工合规培训。

五、【业务类】涉及政府实体、国际组织的业务活动

（一）风险描述

《联合国反腐败公约》明确规定各缔约国均应当采取必要的立法和其他措施，将下述故意实施的行为规定为犯罪：直接或间接向外国公职人员或者国际公共组织官员许诺给予、提议给予或者实际给予该公职人员本人或者其他人员或实体不正当好处，以使该公职人员或者该官员在执行公务时作为或者不作为，以便获得或者保留与进行国际商务有关的商业或者其他不正当好处。各国普遍将贿赂政府官员或者国际公共组织官员规定为犯罪，违法者承担相应刑事责任。

（二）控制目标

在涉及政府实体和国际组织的业务活动中，应依法合规，不支付、不提议或承诺支付不正当款项或开支不正当费用。

（三）管理规范

1. 在涉及政府实体和国际组织的活动或往来中，相关行为、所有款项支付和费用开支应遵守公司合规管理要求和程序。

2. 如实、准确记录款项支付和费用开支，保存证明文件，遵守公司保存记录和会计事项的合规政策。

3. 做好内部审查控制、监督和检查。

4. 宣贯公司反海外腐败、反商业贿赂合规政策，开展员工合规培训。

六、【业务类】涉及第三方业务合作伙伴的业务活动

（一）风险描述

在涉及第三方业务合作伙伴时，可能因以下情形而面临违反反腐败法律的风险并承担相关责任：未对第三方业务合作伙伴进行适当反腐败风险尽职调查；未采取明确要求第三方业务合作伙伴诚信合规的有效措施防控风险，例如未向相关业务合作伙伴告知反腐败合规政策，相关业务合作伙伴未做出反腐败合规承诺，有关合同或协议中未包含针对反腐败合规风险的条款和条件等；在业务开展中公司自身行为

不当，例如对相关业务合作伙伴提供的货物或服务，支付不合理款项和非正当的报酬或费用，或者款项支付渠道不合法，公司供应品缺乏合理性和正当性等；在业务开展中不作为，例如未尽最大努力预防、发现、调查和补救公司业务开展及业务合作伙伴行为中的不当行为，或对公司业务开展及业务合作伙伴不当行为中出现的信号、预警迹象和不当行为不作为。

（二）控制目标

开展涉外业务时，通过进行合规风险尽职调查，审慎选择第三方业务合作伙伴，识别潜在合作关系可能引起的潜在反腐败问题；应依法合规与第三方业务合作伙伴开展业务往来，防控反腐败合规风险。

（三）管理规范

1. 在业务合作关系建立前，对第三方业务合作伙伴进行适当反腐败合规风险尽职调查，事先识别潜在反腐败合规风险；对签订长期合同的第三方业务合作伙伴，定期进行尽职调查，发现、识别潜在反腐败合规风险信号；对公司相关人员进行反腐败合规培训，以便其配合或参与尽职调查的开展。

2. 采取适当方式和措施防控反腐败合规风险，包括但不限于向相关合作伙伴告知反腐败合规政策，要求相关合作伙伴做出反腐败合规承诺，在有关合同或协议中设置针对反腐败合规风险的条款和条件。

3. 相关行为、所有款项支付和费用开支应遵守公司合规管理要求和程序。

4. 做好内部审查控制、监督和检查，通过定期审查、审计等方式，发现、识别反腐败合规风险信号和预警迹象，对不当行为采取相应调查和补救措施。

5. 宣贯公司反海外腐败、反商业贿赂合规政策，开展员工合规培训。

七、【业务类】涉及代理和中介机构的业务活动

（一）风险描述

反腐败、反商业贿赂法律法规禁止通过咨询顾问、代理、中介机构赠予现金、回扣、礼品、有价证券等形式，不正当获得商业、合同或管理优势。

（二）控制目标

需要借助代理、中介机构开展涉外业务时，通过代理、中介机构等第三方行贿同样会受到反海外腐败法律法规的处罚。应规范管理和使用代理、中介机构，防范公司被卷入腐败行为的风险。

（三）管理规范

1. 建立并落实中介机构聘用管理制度和流程。完善对代理和中介机构的准入和尽职调查程序，了解其公司结构和最终受益人等关键信息。

2. 完善代理和中介机构的使用审批程序，避免员工通过交易对手聘用代理以规避公司审查程序。

3. 在签订合同时，明确服务范围、费率和付费方式，识别并避免预付款、付款至与第三方公司注册地址不同的其他国家账户等高风险方式。同时，与代理和中介机构签订廉洁从业协议、反腐败合规条款等。

4. 对向代理和中介机构支付款项的合理性和正当性进行审查。

5. 宣贯公司反海外腐败、反商业贿赂合规政策，开展员工合规培训。

八、【招投标类】招投标业务活动

（一）风险描述

开展招投标业务前，项目团队不了解所在资源国或所属地区招投标相关反腐败反商业贿赂法律法规要求，也未向公司招投标、法律和合规部门或外聘律师进行相关咨询；项目团队或员工违反相关法律法规、招投标管理制度，为实现不正当目的或谋求不正当利益，在招投标业务活动中通过泄密、串通、虚假招标或规避招标，以不合理的条件限制或者排斥潜在投标人，违规干预和插手招投标活动，不合理高价中标，以现金、礼品、娱乐或其他方式利益输送等不正当手段或方式影响、操纵招投标结果。

（二）控制目标

根据资源国招投标法律法规和公司招投标管理制度要求，严格按照招投标程序规范执行，防止腐败问题发生。

（三）管理规范

1. 公司规章制度和日常管理中应当明确项目团队成员或公司其他员工不得违反招投标相关法律法规和公司招投标规章制度。

2. 开展招投标项目前，项目团队应充分研究所在资源国或所属地区招投标相关法律法规和公司相关规章制度要求。

3. 遇到疑问，应事先向公司招投标管理部门、法律和合规部门或外聘律师进行相关咨询。

4. 项目团队成员或公司员工发现或意识到自身与招投标项目及利益相关方可

能存在利益冲突的情况时，应主动说明情况或咨询招投标、法律和合规部门的意见。项目团队成员或其他员工确定存在利益冲突的情况时，应立即退出该招投标项目并向公司报告。

5. 宣贯公司反海外腐败、反商业贿赂合规政策，开展员工合规培训。

九、【投资收购类】收并购交易与合资公司

（一）风险描述

在收并购资产或成立合资公司时，公司可能会因持有股份而需要对交易相对方承担法律责任。收并购资产、股权或成立合资公司、联合体交易发生前，未开展或未有效开展反腐败反商业贿赂合规风险尽职调查。对目标公司和交易对手所处资源国投资环境、行业领域和其运营情况、技术特色等不熟悉，导致无法有效识别相关合规风险。对交易对手收购前的合规管理体系、架构、合规管理制度、体系不熟悉，未能在交易文件签署前提出有效的整改问题清单、制定整改措施。未能通过交易文件法律条款对尽职调查中发现的问题进行处置和约定。收并购交易完成后，未能根据资产、股权交易风险特点以及资源国政治、经济、环境、文化差异等，持续开展合规整合和检查优化工作。

（二）控制目标

开展涉外业务时，应加强合规风险尽职调查，有效管控收并购交易和合资合作中的反腐败反商业贿赂合规风险，防止腐败问题的发生。

（三）管理规范

1. 在收并购交易中应尽早开展合规风险尽职调查，且须在收购协议等交易文件签署前完成。

2. 如合规风险尽职调查存在不足，应针对性地聘请在特定相关领域的第三方顾问或专家团队协助开展尽职调查。

3. 开展合规风险尽职调查时应对目标公司、交易对手、股东、投资方或最终受益人的身份、业务范围、违反反腐败反商业贿赂法律法规的行为，以及目标公司、交易对手的合规管理体系实施、合规管理文件情况等进行调查，提出有效的整改问题清单、制定整改措施，并与目标公司、交易对手充分澄清沟通，可以根据其反馈情况和配合程度进一步判断潜在合规风险。

4. 在交易文本中通过合规风险、陈述和保证、交割先决条件和赔偿等条款约定避免或减少我方收购后的合规风险和责任；通过表决权、知情权等股东协议条款保证我方董事、股东代表的经营参与权、决策权和监督权，避免因合作伙伴的商业贿赂行为而导致合资公司、联合体和我方股东遭受损失或承担连带责任。

5. 宣贯公司反海外腐败、反商业贿赂合规政策，开展员工合规培训。

在合资公司或联合体运营管理阶段，可采取下列措施防控相关合规风险：

（1）在董事会中享有均等的表决权或一票否决权。

（2）设立审计委员会，该委员会有权查看合资公司账目和支出情况，并编制定期报告。

（3）合作伙伴承诺遵守与合资公司运营相关的所有适用的反腐败、反商业贿赂法律法规，任何一方股东、合作伙伴的违约行为即为违反股东协议规定。

十、会计及财务账簿合规管理

（一）风险描述

采用虚列费用等方式，套取资金，账外设账，隐瞒贿赂行为。通过虚假描述财务账簿和记录进行贿赂付款，或其他以腐败为目的支付的任何价值。缺乏有效的内部控制，无法对财务报告的可靠性和编制财务报表的流程进行合理保证，导致违反相关会计合规监管法律法规。

（二）控制目标

禁止账外设账，同时增强公司账簿和记录的完整性、真实性、准确性、可靠性。开展涉外业务时，不发生一切以腐败、商业贿赂为目的的支付，防范反腐败合规风险。公司制定完善内控和合规管理体系，确保内部控制措施有效。

（三）管理规范

1. 企业应制定和完善会计以及财务账簿管理相关制度，明确会计流程并严格执行落实。

2. 企业应依法依规建立会计账册，进行会计核算，填制会计凭证、登记会计账簿、编制财务报告，及时提供合法、真实、准确、完整的会计信息。杜绝记账违规行为，禁止账外设账，确保财务账簿和记录完整真实、准确可靠。

3. 企业应严格落实费用报销管理要求，明确和规范报销流程和标准。

4. 企业应严格对外支付，禁止一切以腐败为目的的支付，防范反腐败合规风险。

5. 企业应制定内部控制制度，定期完善内部控制流程，加强不相容岗位及关键业务的日常监督检查，确保会计记录依法合规。

第三节

企业反腐败/反商业贿赂专项合规案例分析

一、案情简介

2018 年，巴西某公司登顶美国《反海外腐败法》罚金榜之首。该公司在公司领导层的积极运作下，做假账将十亿美元的贿赂款支付至巴西执政党和多名政客的账户上。2014 年 12 月，巴西检察机关对涉嫌洗钱、腐败和构建犯罪组织的 39 名涉案人提起诉讼，其中包括某公司的多名高管、政府官员以及巴西主要的六家建筑承包商的 22 位高管。与此同时，该公司的贿赂行为也受到了美国的管控。美国司法部与该公司达成不起诉协议，其中该协议对某公司课以 8.532 亿美元的刑事罚金。该罚金的 80% 支付给巴西联邦公共部门，剩下的 10% 算作美国司法部的刑事罚金（共计 1.706 亿美元），另外 10% 算作美国证券交易委员会的民事罚金。另外，美国证券与交易委员会下令罚没某公司共 9.335 亿美金的非法所得及其孳息。

二、案例分析

（一）巴西某公司是否属于受 FCPA 管辖的实体？

FCPA 在其立法中就创设了将其效力扩张至域外的管辖权基础，FCPA 反贿赂条款允许美国执法机构对个人和企业行使国籍、领土和域外管辖权，具体取决于受 FCPA 约束的商业组织或个人的类别。据悉该公司，不仅在圣保罗证券交易所上市交易股票，而且在纽约证券交易所也发行了 PBR 和 PBR/A118 代码的股票。根据美国 1934 年《证券交易法》第十二条的规定，公司是证券发行人；同时，也属于 FCPA 范围内的"发行人"。因此，美国政府依据证券法和 FCPA 对该公司拥有合法的属人管辖权。

（二）巴西执政党和多名政客、某公司的多名高管是否属于 FCPA 项下禁止行贿的对象？

巴西执政党和多名政客属于合 FCPA 规定的外国官员的范畴，是毋庸置疑的。然而，对于某公司的多名高管是否属于"外国官员"，值得讨论。根据 FCPA 的定义，外国官员是指外国政府或其任何部门、机构或工具，或一个公共国际组织中的任何官员或雇员，或任何人以官方身份或其代表任何政府或部门、机构或工具，或代表任何这样的公共国际组织。根据这个标准，外国国有企业的雇员应该被视为外国官员。因此，从形式上看，本案的犯罪对象满足了 FCPA 的要求。

（三）为什么美国司法部与该公司可以达成 NPA？

针对此类案件，美国司法部一旦发起调查，有五种可能的结案方式：第一，基于特定情况而决定放弃起诉，作出不起诉决定；第二，通过现有证据，认为被调查公司的违法行为足以起诉，但可以通过辩诉交易达成不起诉协议；第三，虽然认为被调查公司的违法行为足以提起诉讼，但是通过辩诉交易达成暂缓起诉协议；第四，促使向检察官承认犯罪事实，认罪并达成认罪协议，而后法院依据该协议定罪；第五，直接起诉，由法院进行审理。

美国的《司法手册》在"联邦起诉原则"的部分，为检察官决定是否起诉或选择辩诉交易提供了参考依据，以下三种情形下可以考虑不予起诉：（1）起诉不符合实质性的联邦利益；（2）该人在另一个司法管辖区受到有效的起诉；（3）存在足够的非刑事起诉的替代措施。

本案中，巴西检察机关对涉嫌洗钱、腐败和构建犯罪组织的 39 名涉案人已提起诉讼，属于上述"（2）该人在另一个司法管辖区受到有效的起诉"的情况；除此以外，该公司拟缴纳 8.532 亿美元的刑事罚金给美国司法部，属于上述"（3）存在足够的非刑事起诉的替代措施"，基于以上两点美国司法部与该公司达成不起诉协议。

第十七章

公司反舞弊专项合规指南与案例分析

在竞争日益激烈的商业环境中，企业舞弊已成为威胁企业生存、发展的关键合规风险。企业舞弊包括财务造假、商业贿赂、职务侵占、利益输送等一系列不合规行为。在商业战场上，舞弊早已不是简单的道德失范，而是精密设计的"商业病毒"。根据国际注册舞弊审查师协会（ACFE）《2024 年 ACFE 全球职务舞弊调查报告》，各组织每年因职务舞弊而产生的经济损失约占收入的 5%，高风险行业包括矿业、批发贸易行业、制造业、建筑行业、房地产行业/政府和公共事业单位等，超过一半的案例集中来自企业的运营部门（14%）、财务部门（12%）、销售部门（12%）、客户服务部门（9%）、组织最高层/高级管理者（9%）。[①] 这一数据背后表明企业治理的深层漏洞：舞弊的本质是企业合规系统的失效。

第一节
公司反舞弊专项合规相关法律依据

《中华人民共和国刑法》	
第二百七十一条第一款	【职务侵占罪】公司、企业或者其他单位的工作人员，利用职务上的便利，将本单位财物非法占为己有，数额较大的，处三年以下有期徒刑或者拘役，并处罚金；数额巨大的，处三年以上十年以下有期徒刑，并处罚金；数额特别巨大的，处十年以上有期徒刑或者无期徒刑，并处罚金
第二百七十二条第一款	【挪用资金罪】公司、企业或者其他单位的工作人员，利用职务上的便利，挪用本单位资金归个人使用或者借贷给他人，数额较大、超过三个月未还的，或者虽未超过三个月，但数额较大、进行营利活动的，或者进行非法活动的，处三年以下有期徒刑或者拘役；挪用本单位资金数额巨大的，处三年以上七年以下有期徒刑；数额特别巨大的，处七年以上有期徒刑

---

① 《〈2024 年 ACFE 全球职务舞弊调查报告〉正式发布》，载于国际注册舞弊审查师协会网站，http：//www. acfechina. org/article/detail－1170，2024－03－26。

《中华人民共和国刑法》	
第一百五十九条	【虚假出资、抽逃出资罪】公司发起人、股东违反公司法的规定未交付货币、实物或者未转移财产权，虚假出资，或者在公司成立后又抽逃其出资，数额巨大、后果严重或者有其他严重情节的，处五年以下有期徒刑或者拘役，并处或者单处虚假出资金额或者抽逃出资金额百分之二以上百分之十以下罚金。 单位犯前款罪的，对单位判处罚金，并对其直接负责的主管人员和其他直接责任人员，处五年以下有期徒刑或者拘役
第一百六十条	【欺诈发行证券罪】在招股说明书、认股书、公司、企业债券募集办法等发行文件中隐瞒重要事实或者编造重大虚假内容，发行股票或者公司、企业债券、存托凭证或者国务院依法认定的其他证券，数额巨大、后果严重或者有其他严重情节的，处五年以下有期徒刑或者拘役，并处或者单处罚金；数额特别巨大、后果特别严重或者有其他特别严重情节的，处五年以上有期徒刑，并处罚金。 控股股东、实际控制人组织、指使实施前款行为的，处五年以下有期徒刑或者拘役，并处或者单处非法募集资金金额百分之二十以上一倍以下罚金；数额特别巨大、后果特别严重或者有其他特别严重情节的，处五年以上有期徒刑，并处非法募集资金金额百分之二十以上一倍以下罚金。 单位犯前两款罪的，对单位判处非法募集资金金额百分之二十以上一倍以下罚金，并对其直接负责的主管人员和其他直接责任人员，依照第一款的规定处罚
第一百六十一条	【违规披露、不披露重要信息罪】依法负有信息披露义务的公司、企业向股东和社会公众提供虚假的或者隐瞒重要事实的财务会计报告，或者对依法应当披露的其他重要信息不按照规定披露，严重损害股东或者其他人利益，或者有其他严重情节的，对其直接负责的主管人员和其他直接责任人员，处五年以下有期徒刑或者拘役，并处或者单处罚金；情节特别严重的，处五年以上十年以下有期徒刑，并处罚金。 前款规定的公司、企业的控股股东、实际控制人实施或者组织、指使实施前款行为的，或者隐瞒相关事项导致前款规定的情形发生的，依照前款的规定处罚。 犯前款罪的控股股东、实际控制人是单位的，对单位判处罚金，并对其直接负责的主管人员和其他直接责任人员，依照第一款的规定处罚
第一百六十二条之一	【隐匿、故意销毁会计凭证、会计账簿、财务会计报告罪】隐匿或者故意销毁依法应当保存的会计凭证、会计账簿、财务会计报告，情节严重的，处五年以下有期徒刑或者拘役，并处或者单处二万元以上二十万元以下罚金。 单位犯前款罪的，对单位判处罚金，并对其直接负责的主管人员和其他直接责任人员，依照前款的规定处罚
第一百六十二条之二	【虚假破产罪】公司、企业通过隐匿财产、承担虚构的债务或者以其他方法转移、处分财产，实施虚假破产，严重损害债权人或者其他人利益的，对其直接负责的主管人员和其他直接责任人员，处五年以下有期徒刑或者拘役，并处或者单处二万元以上二十万元以下罚金
第二百二十三条	【串通投标罪】投标人相互串通投标报价，损害招标人或者其他投标人利益，情节严重的，处三年以下有期徒刑或者拘役，并处或者单处罚金。 投标人与招标人串通投标，损害国家、集体、公民的合法利益的，依照前款的规定处罚
第一百六十九条	【徇私舞弊低价折股、出售公司、企业资产罪】国有公司、企业或者其上级主管部门直接负责的主管人员，徇私舞弊，将国有资产低价折股或者低价出售，致使国家利益遭受重大损失的，处三年以下有期徒刑或者拘役；致使国家利益遭受特别重大损失的，处三年以上七年以下有期徒刑。 其他公司、企业直接负责的主管人员，徇私舞弊，将公司、企业资产低价折股或者低价出售，致使公司、企业利益遭受重大损失的，依照前款的规定处罚

续表

《中华人民共和国刑法》	
第一百六十九条之一	【背信损害上市公司利益罪】上市公司的董事、监事、高级管理人员违背对公司的忠实义务，利用职务便利，操纵上市公司从事下列行为之一，致使上市公司利益遭受重大损失的，处三年以下有期徒刑或者拘役，并处或者单处罚金；致使上市公司利益遭受特别重大损失的，处三年以上七年以下有期徒刑，并处罚金： （一）无偿向其他单位或者个人提供资金、商品、服务或者其他资产的； （二）以明显不公平的条件，提供或者接受资金、商品、服务或者其他资产的； （三）向明显不具有清偿能力的单位或者个人提供资金、商品、服务或者其他资产的； （四）为明显不具有清偿能力的单位或者个人提供担保，或者无正当理由为其他单位或者个人提供担保的； （五）无正当理由放弃债权、承担债务的； （六）采用其他方式损害上市公司利益的。 上市公司的控股股东或者实际控制人，指使上市公司董事、监事、高级管理人员实施前款行为的，依照前款的规定处罚。 犯前款罪的上市公司的控股股东或者实际控制人是单位的，对单位判处罚金，并对其直接负责的主管人员和其他直接责任人员，依照第一款的规定处罚
第一百六十六条	【为亲友非法牟利罪】国有公司、企业、事业单位的工作人员，利用职务便利，有下列情形之一，致使国家利益遭受重大损失的，处三年以下有期徒刑或者拘役，并处或者单处罚金；致使国家利益遭受特别重大损失的，处三年以上七年以下有期徒刑，并处罚金： （一）将本单位的盈利业务交由自己的亲友进行经营的； （二）以明显高于市场的价格从自己的亲友经营管理的单位采购商品、接受服务或者以明显低于市场的价格向自己的亲友经营管理的单位销售商品、提供服务的； （三）从自己的亲友经营管理的单位采购、接受不合格商品、服务的。 其他公司、企业的工作人员违反法律、行政法规规定，实施前款行为，致使公司、企业利益遭受重大损失的，依照前款的规定处罚
第二百八十条第二款	【伪造公司、企业、事业单位、人民团体印章罪】伪造公司、企业、事业单位、人民团体的印章的，处三年以下有期徒刑、拘役、管制或者剥夺政治权利，并处罚金
《中华人民共和国公司法》	
第二十二条	公司的控股股东、实际控制人、董事、监事、高级管理人员不得利用关联关系损害公司利益。 违反前款规定，给公司造成损失的，应当承担赔偿责任
第一百七十九条	董事、监事、高级管理人员应当遵守法律、行政法规和公司章程
第一百八十条	董事、监事、高级管理人员对公司负有忠实义务，应当采取措施避免自身利益与公司利益冲突，不得利用职权牟取不正当利益。 董事、监事、高级管理人员对公司负有勤勉义务，执行职务应当为公司的最大利益尽到管理者通常应有的合理注意。 公司的控股股东、实际控制人不担任公司董事但实际执行公司事务的，适用前两款规定
第一百八十一条	董事、监事、高级管理人员不得有下列行为： （一）侵占公司财产、挪用公司资金； （二）将公司资金以其个人名义或者以其他个人名义开立账户存储； （三）利用职权贿赂或者收受其他非法收入； （四）接受他人与公司交易的佣金归为己有； （五）擅自披露公司秘密； （六）违反对公司忠实义务的其他行为

《中华人民共和国公司法》	
第一百八十三条	董事、监事、高级管理人员，不得利用职务便利为自己或者他人谋取属于公司的商业机会。但是，有下列情形之一的除外： 向董事会或者股东会报告，并按照公司章程的规定经董事会或者股东会决议通过； （二）根据法律、行政法规或者公司章程的规定，公司不能利用该商业机会
第二百一十六条	公司应当向聘用的会计师事务所提供真实、完整的会计凭证、会计账簿、财务会计报告及其他会计资料，不得拒绝、隐匿、谎报
第二百一十七条	公司除法定的会计账簿外，不得另立会计账簿。 对公司资金，不得以任何个人名义开立账户存储
第五十七条	股东有权查阅、复制公司章程、股东名册、股东会会议记录、董事会会议决议、监事会会议决议和财务会计报告。 股东可以要求查阅公司会计账簿、会计凭证。股东要求查阅公司会计账簿、会计凭证的，应当向公司提出书面请求，说明目的。公司有合理根据认为股东查阅会计账簿、会计凭证有不正当目的，可能损害公司合法利益的，可以拒绝提供查阅，并应当自股东提出书面请求之日起十五日内书面答复股东并说明理由。公司拒绝提供查阅的，股东可以向人民法院提起诉讼。 股东查阅前款规定的材料，可以委托会计师事务所、律师事务所等中介机构进行。 股东及其委托的会计师事务所、律师事务所等中介机构查阅、复制有关材料，应当遵守有关保护国家秘密、商业秘密、个人隐私、个人信息等法律、行政法规的规定。 股东要求查阅、复制公司全资子公司相关材料的，适用前四款的规定
第一百一十条	股东有权查阅、复制公司章程、股东名册、股东会会议记录、董事会会议决议、监事会会议决议、财务会计报告，对公司的经营提出建议或者质询。 连续一百八十日以上单独或者合计持有公司百分之三以上股份的股东要求查阅公司的会计账簿、会计凭证的，适用本法第五十七条第二款、第三款、第四款的规定。公司章程对持股比例有较低规定的，从其规定。 股东要求查阅、复制公司全资子公司相关材料的，适用前两款的规定。 上市公司股东查阅、复制相关材料的，应当遵守《中华人民共和国证券法》等法律、行政法规的规定
第五十三条	公司成立后，股东不得抽逃出资。 违反前款规定的，股东应当返还抽逃的出资；给公司造成损失的，负有责任的董事、监事、高级管理人员应当与该股东承担连带赔偿责任
第二百二十六条	违反本法规定减少注册资本的，股东应当退还其收到的资金，减免股东出资的应当恢复原状；给公司造成损失的，股东及负有责任的董事、监事、高级管理人员应当承担赔偿责任
《中华人民共和国证券法》	
第八十三条	信息披露义务人披露的信息应当同时向所有投资者披露，不得提前向任何单位和个人泄露。但是，法律、行政法规另有规定的除外。 任何单位和个人不得非法要求信息披露义务人提供依法需要披露但尚未披露的信息。任何单位和个人提前获知的前述信息，在依法披露前应当保密
第八十五条	信息披露义务人未按照规定披露信息，或者公告的证券发行文件、定期报告、临时报告及其他信息披露资料存在虚假记载、误导性陈述或者重大遗漏，致使投资者在证券交易中遭受损失的，信息披露义务人应当承担赔偿责任；发行人的控股股东、实际控制人、董事、监事、高级管理人员和其他直接责任人员以及保荐人、承销的证券公司及其直接责任人员，应当与发行人承担连带赔偿责任，但是能够证明自己没有过错的除外

续表

《中华人民共和国会计法》	
第九条	各单位必须根据实际发生的经济业务事项进行会计核算，填制会计凭证，登记会计账簿，编制财务会计报告。 任何单位不得以虚假的经济业务事项或者资料进行会计核算
第二十四条	各单位进行会计核算不得有下列行为： （一）随意改变资产、负债、净资产（所有者权益）的确认标准或者计量方法，虚列、多列、不列或者少列资产、负债、净资产（所有者权益）； （二）虚列或者隐瞒收入，推迟或者提前确认收入； （三）随意改变费用、成本的确认标准或者计量方法，虚列、多列、不列或者少列费用、成本； （四）随意调整利润的计算、分配方法，编造虚假利润或者隐瞒利润； （五）违反国家统一的会计制度规定的其他行为
第二十五条	各单位应当建立、健全本单位内部会计监督制度，并将其纳入本单位内部控制制度。 单位内部会计监督制度应当符合下列要求： （一）记账人员与经济业务事项和会计事项的审批人员、经办人员、财物保管人员的职责权限应当明确，并相互分离、相互制约； （二）重大对外投资、资产处置、资金调度和其他重要经济业务事项的决策和执行的相互监督、相互制约程序应当明确； （三）财产清查的范围、期限和组织程序应当明确； （四）对会计资料定期进行内部审计的办法和程序应当明确； （五）国务院财政部门规定的其他要求
《企业财务会计报告条例》	
第三条	企业不得编制和对外提供虚假的或者隐瞒重要事实的财务会计报告。 企业负责人对本企业财务会计报告的真实性、完整性负责
第四条	任何组织或者个人不得授意、指使、强令企业编制和对外提供虚假的或者隐瞒重要事实的财务会计报告
第十七条	企业编制财务会计报告，应当根据真实的交易、事项以及完整、准确的账簿记录等资料，并按照国家统一的会计制度规定的编制基础、编制依据、编制原则和方法。 企业不得违反本条例和国家统一的会计制度规定，随意改变财务会计报告的编制基础、编制依据、编制原则和方法。 任何组织或者个人不得授意、指使、强令企业违反本条例和国家统一的会计制度规定，改变财务会计报告的编制基础、编制依据、编制原则和方法
第十八条	企业应当依照本条例和国家统一的会计制度规定，对会计报表中各项会计要素进行合理的确认和计量，不得随意改变会计要素的确认和计量标准
第三十六条	企业依照本条例规定向有关各方提供的财务会计报告，其编制基础、编制依据、编制原则和方法应当一致，不得提供编制基础、编制依据、编制原则和方法不同的财务会计报告

续表

	《上市公司信息披露管理办法》
第三条	信息披露义务人应当及时依法履行信息披露义务，披露的信息应当真实、准确、完整，简明清晰、通俗易懂，不得有虚假记载、误导性陈述或者重大遗漏。 信息披露义务人披露的信息应当同时向所有投资者披露，不得提前向任何单位和个人泄露。但是，法律、行政法规另有规定的除外。 在内幕信息依法披露前，内幕信息的知情人和非法获取内幕信息的人不得公开或者泄露该信息，不得利用该信息进行内幕交易。任何单位和个人不得非法要求信息披露义务人提供依法需要披露但尚未披露的信息。 证券及其衍生品种同时在境内境外公开发行、交易的，其信息披露义务人在境外市场披露的信息，应当同时在境内市场披露
第四条	上市公司的董事、监事、高级管理人员应当忠实、勤勉地履行职责，保证披露信息的真实、准确、完整，信息披露及时、公平
	《审计署关于内部审计工作的规定》
第二十九条	内部审计机构或者履行内部审计职责的内设机构和内部审计人员有下列情形之一的，由单位对直接负责的主管人员和其他直接责任人员进行处理；涉嫌犯罪的，移送司法机关依法追究刑事责任： （一）未按有关法律法规、本规定和内部审计职业规范实施审计导致应当发现的问题未被发现并造成严重后果的； （二）隐瞒审计查出的问题或者提供虚假审计报告的； （三）泄露国家秘密或者商业秘密的； （四）利用职权谋取私利的； （五）违反国家规定或者本单位内部规定的其他情形

第二节
公司反舞弊专项合规相关指南解读

 《企业廉洁合规治理指南》

2025 年 1 月，深圳发布全国首部企业廉洁合规治理地方标准《企业廉洁合规治理指南》。① 该指南适用于所有类型的企业，为企业建立廉洁合规治理体系提供基本原则和方法指引，提出了企业防范重点领域廉洁风险的指导建议。

《企业廉洁合规治理指南》全文分为前言、引言、正文、附录、参考文献 5 个部分。正文分为 6 章，包括范围、规范性引用文件、术语和定义、基本原则、廉洁合规治理体系、重点领域风险防范等内容。后附 3 个资料性附录，对职能部门和员

---

① 《企业廉洁合规治理指南》，载于深圳市司法局网站，https://sf.sz.gov.cn/ztzl/hg/hgzy/content/post_11980422.html，2025-01-27。

工廉洁合规管理负面清单以及企业各层级廉洁合规管理职责进行了补充。

就反舞弊合规而言，《企业廉洁合规治理指南》针对如何建立廉洁合规治理体系以及在企业日常各项业务中如何识别舞弊问题进行了较为详细、系统的介绍。

一、建立廉洁合规治理体系

就企业如何建立廉洁合规治理体系而言，第一，企业需要明确其治理机构和最高管理者对企业廉洁合规治理的领导作用。第二，企业需搭建权责清晰的廉洁合规治理架构，明确廉洁合规治理相关部门及人员的职责。第三，企业应当构建廉洁合规基本制度、专项制度、廉洁合规计划的内容。第四，企业需建立风险的识别与预警、风险的分析与评估、风险应对与处置以及审查、检查和整改、举报、调查、追责、报告、评价与监督等机制的要求。第五，企业需建立工作预算、考核、记录与存档、沟通、奖惩机制、信息化建设等内容。

二、识别营私舞弊合规问题

《企业廉洁合规治理指南》附录 A "企业廉洁合规管理负面清单（职能部门）"明确了企业各职能部门在经营管理及员工履职过程中，可能存在或发生的不廉洁行为。针对人力资源管理、财务管理、重要事项决策及管理领域等重点领域，《企业廉洁合规治理指南》确立了多项潜在廉洁风险，其中，"人力资源管理""财务管理""采购管理""审计、监察管理""法务、合规、内控管理"等部分均将营私舞弊合规作为重点，为企业防范潜在舞弊风险作出明确指引。

《企业廉洁合规治理指南》附录 B "企业廉洁合规管理负面清单（员工）"明确了企业员工在履职过程中不应发生的行贿受贿、贪污/职务侵占（以权谋私）、营私舞弊、挪用资金、利益冲突等五个方面共 18 项不廉洁行为。其中，营私舞弊合规风险重点包括：

1. 为获得企业或个人利益，有意地或不计后果地误导或企图误导第三方，如歪曲事实、故意隐瞒事实、提供虚假资料或信息、明知是虚假信息却不主动澄清等；

2. 弄虚作假，通过巧立名目、单据造假、虚报支出、虚报业绩、虚假协议等方式，侵害企业或相关权益人合法权益；

3. 利用企业品牌、商业秘密、知识产权、客户信息、业务渠道等企业重要经营信息以牟取个人利益；

4. 参与或协调组织围标、陪标、串标、哄抬价格等行为以谋取不正当利益。

第三节
公司反舞弊专项合规案例分析

一、案情简介

2011 年 3 月至 2014 年 4 月间，担任 T 公司国贸部采购主管的赵某在贸易工作过程中发现，在品级方面存在细微差异的铁矿石在价格上却存在较大的差距，如采购铁矿石的量级达到一定程度，则将存在巨大的牟利空间。于是赵某在香港设立了一家 V 公司，向其单位 T 公司谎称 V 公司是供应商单位伊朗 M 公司位于香港的离岸公司，且需要将货款支付到 V 公司账户上。随后，赵某向伊朗 M 公司订购低品级铁矿石，再向 T 公司汇报高品级铁矿石的价格，从中赚取差价。在 T 公司将货款汇至 V 公司账户后，赵某再将实际货款汇至伊朗 M 公司。经法院审理查明，赵某采取虚报差旅费、伪造合同及更改供货方收款账户等手段，截留、骗取公司资金 452,376.8 美元和人民币 26,624.56 元，并将上述款项非法占为己有。法院判决，被告人赵某犯职务侵占罪，判处有期徒刑五年六个月，并处没收财产人民币 20 万元。继续追缴被告人赵伟犯罪所得赃款 87 万余元，发还被害单位。①

二、案例分析

（一）企业对于关键岗位的风险排查和内部控制存在缺失

作为参与国际货物贸易的公司，国际贸易部门采购事务的初级、中级管理人员显然属于企业内部的关键管理岗位，也是职务侵占案件多发的涉案职位。本案涉案人员采取"偷梁换柱，以次充好"的方式，利用本单位与供应商单位之间信息传递的障碍和漏洞，通过欺骗手段利用本单位购买高级产品的价格实际购买次级产品，侵占差额款项。

首先，赵某长期负责货物采购主管工作，直接与国外供应商沟通，熟悉本单位和供应商单位货物品级，为实施不法行为奠定基础。

其次，企业在合同审核、货物品级检查、内控审计等多个方面出现职能失灵，未能对不法行为风险进行及时的识别、核验。

最后，企业在人力资源安排上存在漏洞，仅指派一人负责关键岗位事务。重要岗位

---

① 参见江苏省泰州市高港区人民法院（2016）苏 1203 刑初 126 号刑事判决书。

缺乏监督或制约机制，为赵某伪造合同、更改供货方收款账户等行为提供了便利。

无论企业处于传统行业或新兴行业，应当定期开展风险排查、梳理业务流程中的潜在风险点，尤其针对关键岗位需要实施 AB 角色、轮岗、专项审计等制度机制，完善内部管理，筑牢保护企业财产安全的防护墙。

（二）采购部门是企业反舞弊合规重点

舞弊与权力相伴相生。企业的前端部门如采购、业务及销售等与企业运营直接相关，往往集中了企业的核心资源，不可避免地成为舞弊滋生的温床。采购部门舞弊行为模式通常包括：

第一，利用商业优势地位收受供应商好处费、收受礼品及享受招待等其他隐性好处。主要包括采购及业务部门利用其选用供应商、作出购买决策的职务影响力，收受贿赂的行为。

第二，通过招投标舞弊或违规采购以实现自我交易或者优先引入具有利益关联的供应商。

第三，虚构采购需求、虚增采购数量、虚增交易环节以从中牟利。

针对采购部门普遍的舞弊手段，企业的防范核心在于把握"内""外"两个方面，一是防止采购人员从公司内部侵占，包括留存招投标文件备查，设置合理的比价机制，隔离需求提出部门（即业务部门）和需求审批部门（即采购部门），完善制约和监督机制，强化验收、质检部门的监督功能；二是防止采购人员从供应商手中牟利，具体反舞弊手段包括对利益冲突的重点背调、畅通举报途径、定期对供应商进行回访、根据实际设置轮岗机制等。

第十八章

公司反垄断专项合规指南与案例分析

　　竞争是市场经济的基石，反垄断是市场经济的内在要求。反垄断法作为各市场经济国家的"经济宪法"在保障公平竞争、维护消费者利益等方面发挥着至关重要的作用。2008年8月1日，《中华人民共和国反垄断法》正式实施。历经十七年实践淬炼，我国已经形成了以1部法律为核心，以2部行政法规、10部国务院反垄断指南、6部部门规章为主要框架的法律规范体系，执法和司法实践亦逐渐走向深化发展。自2020年底中央提出"强化反垄断"工作目标以来，反垄断与公平竞争连续四年被写入政府工作报告。平台经济、医药、公用事业、汽车、建材等领域反垄断监管持续强化，并从处罚力度加大的高压态势演变为倡导企业合规的常态化监管。随着我国反垄断监管从立法完善迈向执法深化，作为构建企业可持续发展的免疫系统的重要环节，企业反垄断合规管理也相应面临着体系化、常态化、精细化的新要求。在此背景下，企业应当将合规治理从被动应对转向主动嵌入决策流程，方能真正实现"治未病"的风控价值，在创新扩张与合规约束的动态平衡中行稳致远。

第一节
公司反垄断专项合规相关法律依据

《中华人民共和国反垄断法》	
第十六条	本法所称垄断协议，是指排除、限制竞争的协议、决定或者其他协同行为
第十七条	禁止具有竞争关系的经营者达成下列垄断协议： （一）固定或者变更商品价格； （二）限制商品的生产数量或者销售数量； （三）分割销售市场或者原材料采购市场； （四）限制购买新技术、新设备或者限制开发新技术、新产品； （五）联合抵制交易； （六）国务院反垄断执法机构认定的其他垄断协议

续表

《中华人民共和国反垄断法》	
第十八条	禁止经营者与交易相对人达成下列垄断协议： （一）固定向第三人转售商品的价格； （二）限定向第三人转售商品的最低价格； （三）国务院反垄断执法机构认定的其他垄断协议。 对前款第一项和第二项规定的协议，经营者能够证明其不具有排除、限制竞争效果的，不予禁止。 经营者能够证明其在相关市场的市场份额低于国务院反垄断执法机构规定的标准，并符合国务院反垄断执法机构规定的其他条件的，不予禁止
第十九条	经营者不得组织其他经营者达成垄断协议或者为其他经营者达成垄断协议提供实质性帮助
第二十条	经营者能够证明所达成的协议属于下列情形之一的，不适用本法第十七条、第十八条第一款、第十九条的规定： （一）为改进技术、研究开发新产品的； （二）为提高产品质量、降低成本、增进效率，统一产品规格、标准或者实行专业化分工的； （三）为提高中小经营者经营效率，增强中小经营者竞争力的； （四）为实现节约能源、保护环境、救灾救助等社会公共利益的； （五）因经济不景气，为缓解销售量严重下降或者生产明显过剩的； （六）为保障对外贸易和对外经济合作中的正当利益的； （七）法律和国务院规定的其他情形。 属于前款第一项至第五项情形，不适用本法第十七条、第十八条第一款、第十九条规定的，经营者还应当证明所达成的协议不会严重限制相关市场的竞争，并且能够使消费者分享由此产生的利益。 经营者组织其他经营者达成垄断协议或者为其他经营者达成垄断协议提供实质性帮助的，适用前款规定。 经营者主动向反垄断执法机构报告达成垄断协议的有关情况并提供重要证据的，反垄断执法机构可以酌情减轻或者免除对该经营者的处罚。 行业协会违反本法规定，组织本行业的经营者达成垄断协议的，由反垄断执法机构责令改正，可以处三百万元以下的罚款；情节严重的，社会团体登记管理机关可以依法撤销登记
第二十二条	禁止具有市场支配地位的经营者从事下列滥用市场支配地位的行为： （一）以不公平的高价销售商品或者以不公平的低价购买商品； （二）没有正当理由，以低于成本的价格销售商品； （三）没有正当理由，拒绝与交易相对人进行交易； （四）没有正当理由，限定交易相对人只能与其进行交易或者只能与其指定的经营者进行交易； （五）没有正当理由搭售商品，或者在交易时附加其他不合理的交易条件； （六）没有正当理由，对条件相同的交易相对人在交易价格等交易条件上实行差别待遇； （七）国务院反垄断执法机构认定的其他滥用市场支配地位的行为。 具有市场支配地位的经营者不得利用数据和算法、技术以及平台规则等从事前款规定的滥用市场支配地位的行为。 本法所称市场支配地位，是指经营者在相关市场内具有能够控制商品价格、数量或者其他交易条件，或者能够阻碍、影响其他经营者进入相关市场能力的市场地位
第二十三条	认定经营者具有市场支配地位，应当依据下列因素： （一）该经营者在相关市场的市场份额，以及相关市场的竞争状况； （二）该经营者控制销售市场或者原材料采购市场的能力； （三）该经营者的财力和技术条件； （四）其他经营者对该经营者在交易上的依赖程度； （五）其他经营者进入相关市场的难易程度； （六）与认定该经营者市场支配地位有关的其他因素

《中华人民共和国反垄断法》	
第二十四条	有下列情形之一的，可以推定经营者具有市场支配地位： （一）一个经营者在相关市场的市场份额达到二分之一的； （二）两个经营者在相关市场的市场份额合计达到三分之二的； （三）三个经营者在相关市场的市场份额合计达到四分之三的。 有前款第二项、第三项规定的情形，其中有的经营者市场份额不足十分之一的，不应当推定该经营者具有市场支配地位。 被推定具有市场支配地位的经营者，有证据证明不具有市场支配地位的，不应当认定其具有市场支配地位
第二十五条	经营者集中是指下列情形： （一）经营者合并； （二）经营者通过取得股权或者资产的方式取得对其他经营者的控制权； （三）经营者通过合同等方式取得对其他经营者的控制权或者能够对其他经营者施加决定性影响
第二十六条	经营者集中达到国务院规定的申报标准的，经营者应当事先向国务院反垄断执法机构申报，未申报的不得实施集中。 经营者集中未达到国务院规定的申报标准，但有证据证明该经营者集中具有或者可能具有排除、限制竞争效果的，国务院反垄断执法机构可以要求经营者申报。 经营者未依照前两款规定进行申报的，国务院反垄断执法机构应当依法进行调查
第二十七条	经营者集中有下列情形之一的，可以不向国务院反垄断执法机构申报： （一）参与集中的一个经营者拥有其他每个经营者百分之五十以上有表决权的股份或者资产的； （二）参与集中的每个经营者百分之五十以上有表决权的股份或者资产被同一个未参与集中的经营者拥有的
第二十八条	经营者向国务院反垄断执法机构申报集中，应当提交下列文件、资料： （一）申报书； （二）集中对相关市场竞争状况影响的说明； （三）集中协议； （四）参与集中的经营者经会计师事务所审计的上一会计年度财务会计报告； （五）国务院反垄断执法机构规定的其他文件、资料。 申报书应当载明参与集中的经营者的名称、住所、经营范围、预定实施集中的日期和国务院反垄断执法机构规定的其他事项
第三十三条	审查经营者集中，应当考虑下列因素： （一）参与集中的经营者在相关市场的市场份额及其对市场的控制力； （二）相关市场的市场集中度； （三）经营者集中对市场进入、技术进步的影响； （四）经营者集中对消费者和其他有关经营者的影响； （五）经营者集中对国民经济发展的影响； （六）国务院反垄断执法机构认为应当考虑的影响市场竞争的其他因素
第五十六条	经营者违反本法规定，达成并实施垄断协议的，由反垄断执法机构责令停止违法行为，没收违法所得，并处上一年度销售额百分之一以上百分之十以下的罚款，上一年度没有销售额的，处五百万元以下的罚款；尚未实施所达成的垄断协议的，可以处三百万元以下的罚款。经营者的法定代表人、主要负责人和直接责任人员对达成垄断协议负有个人责任的，可以处一百万元以下的罚款
第五十七条	经营者违反本法规定，滥用市场支配地位的，由反垄断执法机构责令停止违法行为，没收违法所得，并处上一年度销售额百分之一以上百分之十以下的罚款

续表

《中华人民共和国反垄断法》	
第五十八条	经营者违反本法规定实施集中，且具有或者可能具有排除、限制竞争效果的，由国务院反垄断执法机构责令停止实施集中、限期处分股份或者资产、限期转让营业以及采取其他必要措施恢复到集中前的状态，处上一年度销售额百分之十以下的罚款；不具有排除、限制竞争效果的，处五百万元以下的罚款
第六十二条	对反垄断执法机构依法实施的审查和调查，拒绝提供有关材料、信息，或者提供虚假材料、信息，或者隐匿、销毁、转移证据，或者有其他拒绝、阻碍调查行为的，由反垄断执法机构责令改正，对单位处上一年度销售额百分之一以下的罚款，上一年度没有销售额或者销售额难以计算的，处五百万元以下的罚款；对个人处五十万元以下的罚款
第六十三条	违反本法规定，情节特别严重、影响特别恶劣、造成特别严重后果的，国务院反垄断执法机构可以在本法第五十六条、第五十七条、第五十八条、第六十二条规定的罚款数额的二倍以上五倍以下确定具体罚款数额
《国务院关于经营者集中申报标准的规定》	
第三条	经营者集中达到下列标准之一的，经营者应当事先向国务院反垄断执法机构申报，未申报的不得实施集中： （一）参与集中的所有经营者上一会计年度在全球范围内的营业额合计超过 120 亿元人民币，并且其中至少两个经营者上一会计年度在中国境内的营业额均超过 8 亿元人民币； （二）参与集中的所有经营者上一会计年度在中国境内的营业额合计超过 40 亿元人民币，并且其中至少两个经营者上一会计年度在中国境内的营业额均超过 8 亿元人民币。 营业额的计算，应当考虑银行、保险、证券、期货等特殊行业、领域的实际情况，具体办法由国务院反垄断执法机构会同国务院有关部门制定
《经营者反垄断合规指南》	
第六条	经营者可以建立由反垄断合规管理机构、业务及职能部门等共同组成的反垄断合规管理组织体系。其中，反垄断合规管理机构负责统筹、组织和推进反垄断合规管理工作；业务及职能部门负责本部门日常反垄断合规管理工作；审计、法律、内控等部门在职权范围内履行反垄断合规监督职责。 经营者可以根据自身规模、业务特点、经营成本等实际情况，在实现有效合规的前提下，精简设置反垄断合规管理组织体系
第七条	反垄断合规管理机构一般由合规治理机构、合规管理负责人和合规管理牵头部门组成。反垄断合规管理机构可以专设，也可以由有关部门承担相应职责。 合规治理机构是反垄断合规管理的最高机构，负责反垄断合规管理的组织领导和统筹协调，研究决定反垄断合规管理重大事项。合规管理负责人负责反垄断合规管理的总体部署和组织实施。合规管理牵头部门负责推动落实反垄断合规管理要求，为其他部门提供合规支持
第十三条	反垄断合规风险识别和评估具有一定的专业性和复杂性。经营者可以根据所处行业特点和市场竞争状况，并结合自身规模、商业模式等因素，突出重点领域、重点环节和重点人员，强化反垄断合规风险识别。 经营者可以在风险识别的基础上，评估反垄断合规风险发生的可能性、影响后果等，并对合规风险进行分级管理。行业情况和法律法规发生变化的，经营者需要及时对风险识别和评估情况进行更新。 特定领域的经营者可以参考《关于汽车业的反垄断指南》《关于平台经济领域的反垄断指南》《关于原料药领域的反垄断指南》《关于知识产权领域的反垄断指南》等，有针对性地开展反垄断合规风险识别和评估

《经营者反垄断合规指南》

第二十二条	鼓励经营者建立健全风险处置机制，对各类合规风险采取恰当的控制和应对措施： （一）反垄断执法机构启动调查的，积极配合反垄断执法机构调查。 （二）涉嫌从事垄断协议行为的经营者，可以依据《反垄断法》第五十六条第三款和《横向垄断协议案件宽大制度适用指南》的规定，主动向反垄断执法机构报告有关情况并提供重要证据，申请宽大；也可以依据《反垄断法》第十八条、第二十条规定，向反垄断执法机构证明相关协议属于不予禁止或者不适用有关规定的情形。 （三）涉嫌从事滥用市场支配地位行为的经营者，可以依据《禁止滥用市场支配地位行为规定》第十五条至第十九条的规定，向反垄断执法机构证明相关行为具有正当理由。 （四）违法实施或涉嫌违法实施经营者集中的经营者，可以依据《经营者集中审查规定》第六十八条第二款的规定，主动报告反垄断执法机构尚未掌握的违法行为，主动消除或者减轻违法行为危害后果，申请从轻或者减轻处罚。 （五）被调查的经营者可以依据《反垄断法》第五十三条和《垄断案件经营者承诺指南》的规定，向反垄断执法机构承诺在其认可的期限内采取具体措施消除行为后果，并申请中止调查。 （六）根据《反垄断法》和《中华人民共和国行政处罚法》（以下简称《行政处罚法》）相关规定，向反垄断执法机构证明有关行为符合从轻或者减轻处罚的情形。 （七）经营者对反垄断执法机构依据《反垄断法》第三十四条、第三十五条规定作出的决定不服的，可以先依法申请行政复议；对行政复议决定不服的，可以依法提起行政诉讼。对反垄断执法机构依据《反垄断法》第三十四条、第三十五条以外规定作出的决定不服的，可以依法申请行政复议或者提起行政诉讼
第二十三条	鼓励经营者建立反垄断合规审查机制，将合规审查作为经营者制定规章制度流程、与其他经营者签订合作协议、制定销售和采购政策、开展投资并购、参加行业协会活动等重大事项的必经程序，由业务及职能部门履行反垄断合规初审职责，反垄断合规管理牵头部门进行复审，及时对不合规的内容进行处置，防范反垄断合规风险
第二十六条	鼓励经营者将反垄断合规培训纳入员工培训计划和常态化合规培训机制，结合不同岗位的合规管理要求开展针对性培训： （一）决策人员、高级管理人员、合规管理人员带头接受专题培训； （二）核心业务、重要环节、关键岗位以及其他存在较高反垄断风险的员工，接受针对性的专题培训； （三）从事境外业务的决策人员、高级管理人员和员工，定期接受相关司法辖区反垄断合规内容培训； （四）其他人员接受与岗位反垄断合规管理职责相匹配的反垄断合规培训。 合规培训可以通过内部培训、专家讲座、专题研讨等线下方式，也可以通过网络课程等线上方式进行。鼓励经营者建立合规培训台账，结合反垄断法相关规定及时更新培训内容，定期评估培训效果，对可能给经营者带来反垄断合规风险的第三方提供合规培训支持
第三十三条	经营者在反垄断执法机构调查前已经终止涉嫌垄断行为，相关行为轻微且没有造成竞争损害的，执法机构可以将经营者反垄断合规管理制度建设实施情况作为认定经营者是否及时改正的考量因素，依据《行政处罚法》第三十三条的规定酌情不予行政处罚
第三十四条	经营者承诺在反垄断执法机构认可的期限内采取具体措施消除涉嫌垄断行为后果的，反垄断执法机构可以将其反垄断合规管理制度建设实施情况作为是否作出中止调查决定的考量因素，并在决定是否终止调查时对反垄断合规管理情况进行评估。 经营者申请中止调查或者终止调查的具体适用标准和程序，可以参考《禁止垄断协议规定》《禁止滥用市场支配地位行为规定》和《垄断案件经营者承诺指南》等规定

续表

《企业境外反垄断合规指引》	
第六条	境外反垄断合规管理职责主要包括以下方面： （一）持续关注企业业务所涉司法辖区反垄断立法、执法及司法的发展动态，及时为决策层、高级管理层和业务部门提供反垄断合规建议； （二）根据所涉司法辖区要求，制定并更新企业反垄断合规政策，明确企业内部反垄断合规要求和流程，督促各部门贯彻落实，确保合规要求融入各项业务领域； （三）审核、评估企业竞争行为和业务经营的合规性，及时制止、纠正不合规的经营行为，并制定针对潜在不合规行为的应对措施； （四）组织或者协助业务、人事等部门开展境外反垄断合规培训，并向业务部门和员工提供境外反垄断合规咨询； （五）建立境外反垄断合规报告制度，组织开展企业内部反垄断合规检查，对发现的合规风险向管理层提出处理建议； （六）妥善应对反垄断合规风险事件，就潜在或者已发生的反垄断调查或者诉讼，组织制定应对和整改措施； （七）其他与企业境外反垄断合规有关的工作
第十四条	多数司法辖区对反垄断执法机构开展调查的程序等作出明确要求，以保障被调查企业的合法权利。反垄断执法机构开展调查时应当遵循法定程序并出具相关证明文件，比如执法机构的身份证明或者法院批准的搜查令等。被调查的企业依法享有陈述、说明和申辩的权利，反垄断执法机构对调查过程中获取的信息应当依法予以保密。 在境外反垄断调查中，企业可以依照相关司法辖区的规定维护自身合法权益，比如就有关事项进行陈述和申辩，要求调查人员出示证件，向执法机构询问企业享有的合法权利，在保密的基础上查阅执法机构的部分调查文件；聘请律师到场，在有的司法辖区，被调查对象有权在律师到达前保持缄默。部分司法辖区对受律师客户特权保护的文件有除外规定，企业在提交文件时可以对相关文件主张律师客户特权，防止执法人员拿走他们无权调阅的特权资料。有的司法辖区规定，应当听取被调查企业或行业协会的意见，并使其享有就异议事项提出答辩的机会。无论是法律或者事实情况，如果被调查对象没有机会表达自己的观点，就不能作为案件裁决的依据
第十五条	企业在境外也可能面临反垄断诉讼。反垄断诉讼既可以由执法机构提起，也可以由民事主体提起。例如，在有的司法辖区，执法机构可以向法院提起刑事诉讼和民事诉讼；直接购买者、间接购买者也可以向法院提起诉讼，这些诉讼也有可能以集团诉讼的方式提起。在有的司法辖区，反垄断诉讼包括对反垄断执法机构决定的上诉，以及受损害主体提起的损害赔偿诉讼、停止垄断行为的禁令申请或者以合同包含违反竞争法律的限制性条款为由对该合同提起的合同无效之诉。 不同司法辖区的反垄断诉讼涉及程序复杂、耗时较长；有的司法辖区可能涉及范围极为宽泛的证据开示。企业在境外反垄断诉讼中一旦败诉，将面临巨额罚款或者赔偿、责令改变商业模式甚至承担刑事责任等严重不利后果

第二节

公司反垄断专项合规相关指南

　　为帮助企业建立高标准合规管理体系，本书提供相关《企业反垄断合规指南》范本，其中包含《反垄断经营者集中合规工作指南》《禁止垄断协议行为工作指南》《禁止滥用市场支配地位工作指南》，以供企业参考。

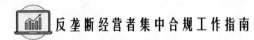 **反垄断经营者集中合规工作指南**

一、经营者集中申报标准认定

（一）风险描述

在合资、合并、股权收购等项目中，应当在确定各方意向阶段即对是否需要做经营者集中申报做出判断。根据相关规定，在签订合资意向书阶段需要法律人员根据项目情况判断是否应进行经营者集中申报。

在这一阶段，存在以下风险：未能依据所适用法律判断交易类型属于应当申报的交易；未能准确判断无需进行反垄断申报的交易；未能选择合适的申报国家或地区，申报不完整；不了解应当申报不申报的法律后果；不能准确列明公司在全球或各个国家（地区）的营业额或其他财务数据，无法判定是否达到申报标准；与参与集中的其他经营者沟通不畅，无法判断交易是否达到申报标准；根据所适用法律，未能准确判断是否适用简易申报程序。

（二）控制目标

根据交易类型判断是否属于经营者集中，在属于经营者集中的交易中，依据营业额等财务数据，参照所适用的法律法规。准确判断是否应当进行经营者集中申报，应当在哪些国家和地区进行经营者集中申报，避免漏报风险。

（三）管理规范

1. 掌握项目基本情况，包括：经营者集中交易架构、集中后相关经营者的控制权变更等；财务部门提供公司在中国以及全球各国开展经营的营业额等财务数据；项目所涉及的主体在全球范围内的业务情况及产品范围等；相关市场的情况，包括相关地理市场和相关产品市场的界定、参与集中的经营者在相关市场的市场份额、相关市场的竞争情况等。

2. 根据基本情况做出法律判断。结合相关法律、法规对本次经营者集中的法律影响进行评估，评估内容主要包括：本次交易是否需要申报、需要在哪些国家或地区申报、申报可能适用的程序（普通程序或者简易程序）以及申报所需时间、依据所适用的法律，应当事前申报还是事后申报，了解相关法域是否存在豁免申报条款，掌握应申报不申报的法律后果。部分国家将经营者集中案件区分为非简易案件和简易案件。简易案件多针对参与集中的经营者市场份额较小或者对东道国国内市场不会产生实质性竞争影响的集中行为。相对非简易案件而言，简易案件对申报材料要求较低、程序较为简洁。

3. 统一全球范围内的申报计划，确认全球范围申报的先后次序以及其他需要关注的问题。在交易文件中明确需要申报的国家和地区，明确各国或地区的执法机构。

4. 在披露敏感信息时，应严格限制知悉人员和使用目的，有可能的情况下考虑设置防火墙，避免被主管机关认定为串通共谋消除或限制竞争。

5. 结合项目情况对公司的合规经营（例如是否存在违反外商投资管理规定的行为，是否存在违反反垄断法或反不正当竞争法的行为）情况进行调查和评估，避免或排除不合规行为对集中申报进程及结果的不利影响。

二、确定申报义务人

（一）风险描述

在经营者集中交易中，通常涉及两家以上的合作方。可能存在以下风险：未按照法律规定确定申报义务人；在合并项目中未选择最恰当的申报义务人，影响申报效果。

（二）控制目标

选择恰当的申报义务人，顺利完成申报工作。

（三）管理规范

1. 根据交易类型和法律规定，判断申报主体。

2. 根据交易架构，在均可作为申报主体的情况下，与交易相对方充分沟通，参考对所涉司法辖区申报流程和规则的熟悉程度、交易迫切程度，基于有利于交易顺利进行、便利高效等原则，选定一方作为申报主体、其他方积极配合，也可以选择由所有有申报义务的主体共同申报。

3. 申报主体确定后，与交易相对方协商，写入交易文件。明确某一方的申报义务。

三、事先商谈或预申报

（一）风险描述

各国或地区通常在反垄断法律制度中针对经营者集中申报规定事先商谈等预先沟通的条款，应当积极利用这些条款，推进申报工作顺利进行。在这一阶段，存在如下风险：申报前与执法机构缺乏必要沟通，导致申报主体、申报程序等不符合执法机构要求；事先商谈中交易信息交流不充分，无法按照执法机构的要求申报，导致申报工作推进缓慢。

（二）控制目标

与反垄断执法机构进行充分有效的事先商谈，明确申报主体、申报程序、关键事项等重要问题。

（三）管理规范

1. 根据所适用法律法规的程序，在正式申报前申请事先商谈。在我国，反垄断执法机构的事先商谈申请一般包括交易概况、交易各方的基本信息等文件和资料，拟商谈问题，参与商谈人员的姓名、国籍、单位及职务，建议的商谈时间等。

2. 在申请事先商谈过程中，反垄断执法机构可以要求经营者提交补充资料。补充材料应当在规定的时间内补交。

3. 商谈涉及的交易应相对确定，拟商谈的问题应与拟申报的集中项目直接有关，主要应当包括：交易是否需要申报，包括相关交易是否属于经营者集中，是否达到申报标准等；需要提交的申报文件资料，包括申报文件资料的信息种类、形式、内容和详略程度等。如果申报人无法提交上述某项材料，或者根据具体情况认为不需要提交上述某项材料的，可以在申报前商谈阶段提出；具体法律和事实问题，包括如何界定相关商品市场和相关地域市场、是否符合简易程序的标准等；就申报和审查程序提供指导，包括申报的时间、申报义务人、申报和审查的时限、简易案件申报程序、非简易案件申报程序、审查程序等。

4. 在商谈过程中，应认真接受反垄断执法机构的指导，掌握商谈技巧，力争有所收获，初步解决相关问题。

5. 根据商谈结果，确认是否需要修改集中交易架构等。

6. 欧盟实行预申报流程，应根据项目情况判断提出预申报的时间节点。

四、交易文件中涉及经营者集中的条款

（一）风险描述

在经过项目初期的法律论证后，如果需做经营者集中申报，通常在交易文件签署后提出。交易文件谈判签署的过程存在以下风险：未设计与经营者集中申报有关的条款；相关条款设计不合理，存在联合工作组等工作机制，存在"抢跑"风险；与经营者集中申报有关的条款对一方而言义务过重，超出公平原则。

（二）控制目标

交易文件包含适当的经营者集中申报相关条款，对公司而言不存在过重义务。

（三）管理规范

经过前期对经营者集中申报的充分评估后，应注意结合市场惯例、交易具体情况、相关国家的经营者集中申报流程、反垄断主管机关的态度、各方谈判地位等，与交易对手进行充分协商，合理分配各方的权利义务，明确申报义务主体、商定申报国家或地区、明确将无条件批准作为项目交割条件、合理设计申报审批条款等内容，并在交易法律文件中明确体现，以确保交易按照预期顺利交割或妥善退出交易。

1. 在交易文件中，执法机构的无条件批准一般作为项目交割条件。需关注获取该先决条件中我方的义务程度，如合理努力、最大商业合理努力、最大努力等，避免己方承担过高、不合理的义务。

2. 如该交割条件满足义务在对方，我方可以要求对方在何时完成申报或获得审批，否则我方可无条件退出交易。

3. 对于实行事前审批的司法辖区，如主管机关禁止集中，约定交易各方会选择不交割，并约定干净退出交易的安排。

4. 交易各方可在交易文件中约定是否接受附条件通过。

5. 对于少数实行自愿申报或事后审批的司法辖区，交易各方应在交易文件中考虑未获审批及事后被主管机关认定为违反反垄断法时如何处理。

6. 关注抢先实施集中与限制竞争等容易受到反垄断执法机构质疑的条款，包括过渡期安排、约定由一方经营者承包或者托管其他方经营者的对外经营业务或重要设施、约定经营者集中各方交换有关市场竞争条件的信息、约定经营者集中各方避免市场竞争的条款等。

五、申报材料准备

（一）风险描述

经过事先商谈或预申报等流程，申报主体需要向反垄断执法机构正式递交申报材料，在材料准备过程中存在以下风险：未按照执法机构要求准备申报材料；材料准备不充分、不完整、缺乏内在逻辑；公司内部各部门沟通不畅，难以取得执法机构需要的数据、材料；未能获得相关市场及行业数据，无法证明集中行为对市场竞争的影响。

（二）控制目标

各部门互相配合，确保申报材料完备，符合执法机构要求，内在逻辑清晰，能够清楚解释交易行为对市场竞争的影响。

（三）管理规范

1. 根据法律要求及执法机构公布的细则认真填写申报表，准备附件材料。

2. 材料应重点关注集中对相关市场竞争状况影响的说明、市场进入分析、潜在市场竞争和可能的市场进入、集中对市场结构、行业发展、竞争者、上下游经营者、消费者、技术进步、经济发展和公共利益的影响、集中各方内部或外部编制的有助于评估集中的分析和报告文件等。

3. 在境内申报中，如有政府机构对本次集中的批复意见，一并提交。

4. 注意对申报文件是否涉及商业秘密、敏感信息等进行审查，未来提交申报时明确对其进行标示，并采取相应的保密措施，确保相关保密信息不被泄露。

5. 建立完善经营者集中申报公司内部工作机制，厘清法律部门、财务部门职责、业务部门和专业研究机构的职责，相互配合。

六、与执法机构积极、适当的沟通

（一）风险描述

提交申报材料后，申报人应依据所适用的法律与反垄断执法机构积极沟通，存在以下风险：未按照执法机构要求补充申报材料；未跟进执法机构审查进度，错过重要时间节点。

（二）控制目标

了解执法机构审查流程和时间节点，随时关注进展，根据执法机构要求按时补充资料，或做出承诺。

（三）管理规范

1. 立案前后，反垄断执法机构均可能要求申报人就某些问题进行详细说明，申报人应当快速回答反垄断执法机构提出的问题，并按照反垄断执法机构的要求、在规定期限内提交相关补充材料。

2. 妥善行使参与集中的经营者的申辩权，通过信函、传真等方式向反垄断执法机构就有关申报事项进行书面陈述、申辩。

3. 妥善利用听证会等程序，充分阐述己方关于集中项目的观点。

4. 关注执法机构审查时间节点，随时跟进执法机构的要求。大部分国家都采取了两阶段的审查程序的模式。第一阶段审查一般时间较短，适用于达到申报门槛，但明显能够通过审查标准的并购，此类案件一般可以在第一阶段的期限内得到批准。如果在第一阶段审查过程中，反垄断执法机构无法对交易做出准确的交易评估，则会启动第二阶段审查。在此阶段，反垄断执法机构将利用充足的时间去全面和深入地调查该项交易。如根据我国《反垄断法》规定，国务院反垄断执法机构应在正式立案后的 30 日内对申报的经营者集中进行初步审查，做出是否实施进一步审查的决定，并书面通知经营者。国务院反垄断执法机构决定实施进一步审查的，应当自决定之日起 90 日内审查完毕，做出是否禁止经营者集中的决定，并书面通知经营者。做出禁止经营者集中决定的，应当说明理由。如果出现提交的文件资料不准确、申报后有关情况发生重大变化等情形，国务院反垄断执法机构经书面通知经营者，可以延长进一步审查期限，但不得超过 60 日。在审查阶段不能实施集中，否则可能受到反垄断执法机构的处罚。若反垄断执法机构逾期未作出决定，经营者可以实施集中。

5. 了解欧盟等国家或地区的救济手段，如对欧盟委员会基于《欧盟并购规则》做出的决定的实体或程序性问题有异议，可上诉于欧盟普通法院。

七、适当的附加条件

（一）风险描述

各国反垄断执法机构对于并购交易进行评估之后，存在 3 种可能：禁止集中、附条件批准或批准。针对来自监管机构关于交易的任何顾虑，申报方均有权以承诺的形式提交相应救济方案，承诺须消除执法机构对排除和限制竞争效果的所有要求，如欧盟委员会一般倾向于申报方提供结构性承诺（如降低持股、减少业务或资产等），同时也接受行为性承诺（如同意给第三方在合理及平等的条件下进行知识产权许可）。

如果做出附条件同意的决定，对项目各方而言存在以下风险：未能积极参与执法机构关于附加条件的讨论，条件难以被公司接受；项目交易文件未对附加条件的通过做出约定；未做关于附加条件的项目预案。

（二）控制目标

积极争取执法机构所附加的条件为集中各方均可接受。

（三）管理规范

1. 事先充分分析经营者集中申报可能的结果，做好附条件的预案，并在交易文件中明确附加条件的通过应如何处理。

2. 交易各方应积极配合，提出切实可行的建议方案。

3. 参与执法机构关于所附加条件的讨论，争取对公司最为有利的条件。

4. 提前关注并分析中国或其他国家、地区执法机构一般附加的条件，做好预案，如剥离参与集中的经营者的部分有形资产、无形资产、业务或相关权益等结构性条件；参与集中的经营者开放其网络或平台等基础设施、许可关键技术、终止排他性协议等行为性条件；结构性条件和行为性条件相结合的综合性条件等。

5. 对于需剥离义务，应审慎委托监督受托人，并优先主动寻找潜在买家自行剥离。

八、项目交割安排

（一）风险描述

在反垄断执法机构审查过程中，交易文件已经签署，关于项目交割存在以下风险：未获得执法机构通过即交割；未遵守执法机构附条件通过所附加的条件；合同中未明确约定执法机构不通过时如何退出交易。

（二）控制目标

依据交易文件中关于经营者集中申报的条款及执法机构的决定，完成项目交割。

（三）管理规范

1. 对于大部分事前申报的项目，交割应当以执法机构通过审查或附条件通过审查为条件，不能"抢跑"。

2. 在附条件的限制性方案通过后，交易各方应在规定时限内严格遵守，尽可能保留相关证据文件，以备主管机关监督检查。如交易方、相关市场竞争状况发生重大变化或限制性条件已无必要或不可能，应及时向主管机关申请变更或解除限制性条件。

九、反垄断执法机构调查

（一）风险描述

企业在国际化经营中面临各个国家和地区越来越严格的合规管控，如果未按法律要求进行经营者集中申报，通常面临以下风险：未依法申报导致各反垄断执法机构调查和处罚；未执行执法机构通过时所附加条件的处罚；影响交易各方其他经营者集中项目顺利进行。

（二）控制目标

依法申报并根据审查结果完成项目，积极回应反垄断执法机构调查。

（三）管理规范

1. 应申报的项目应当在项目谈判时就确定申报策略，留出申报时间，做好应对申报结果的各种预案。

2. 认真履行执法机构附条件通过时所附加的条件，并积极维护公司利益。

3. 留存在反垄断经营者集中合规方面的项目文件、审查通知等资料，积极应对执法机构调查。

第三节
公司反垄断专项合规案例分析

一、案情简介

M 集团公司是国有企业，主要从事物流装备供应业务，此前已在深圳证券交易所和香港联合证券交易所上市，每年全球营收上千亿元人民币。2023 年 9 月，M 集团公司与丹麦 A 集团签订《股权购买协议》，拟收购 A 集团旗下 X 设备生产和销售业务，标的公司包括丹麦 B 工业公司和青岛 C 工业公司，总交易金额超过 10 亿美元。两家标的公司 2023 年全球营业收入均在 30 亿元至 40 亿元人民币之间。该交易引发了美国、德国等司法辖区反垄断执法机构的关注。美国司法部指出，全球仅有四家 X 设备供应商，而该交易涉及其中两家供应商的合并。拟议交易后，中国国有企业将控制全球 90% 以上的 X 设备生产，这将使得全球 X 设备供应市场竞争状况恶化，导致全球物流供应链价格上涨、质量下降及弹性减小。2024 年 8 月，M 集团公司发布公告称，由于经营者集中审查面临巨大的不确定性，交易双方决定终止本次交易。10 月，M 集团公司再次公告称与 A 集团签署《和解协议》，约定向 A 集团支付 8,500 万美元分手费，同时双方解除《股权购买协议》下除保密条款以外的全部权利义务。

二、案例分析

（一）M 集团公司收购 B 工业公司和 C 工业公司股权的对外投资交易是否需要在境外进行反垄断申报？

全球逾 146 个国家制定、实施了经营者集中审查制度，只要交易达到某国规定的并购申报标准，则受到该国反垄断法或竞争法管辖，需要进行反垄断申报。不同司法辖区判断是否应当申报的标准不同。以美国为例，满足下列条件的交易需要进行反垄断申报：（1）交易方之一在美国经营或从事任何影响美国商业的活动；（2）达到相应交易规模标准和交易方规模标准，以及（3）不适用任何豁免规定。其中，申报标准每年调整并由美国联邦贸易委员会（FTC）公布。2025年申报标准规定，若交易规模超过5.058亿美元，无论交易方规模大小，均需进行申报；若交易规模在1.264亿美元至5.058亿美元之间，如果交易一方的总资产或年净销售额超过2.529亿美元，且交易另一方的总资产或年净销售额超过2,530万美元，则需要进行申报。据此，由于本案交易规模超10亿美元，在其他条件也满足的情况下，需要在美国进行反垄断申报。

本案交易可能达到其他司法辖区的反垄断申报标准。为此，企业在进行对外投资交易前通常需要根据业务范围、交易规模、营业额等因素进行全球反垄断申报评估工作，判断拟议交易在哪些国家和地区需要进行反垄断申报。

（二）若本交易未依法进行反垄断申报并继续实施，会产生何种法律后果？

多数司法辖区要求符合规定标准的集中必须在实施前向反垄断执法机构申报，否则不得实施。对于采取强制事前申报的司法辖区，未依法申报或者未经批准实施的经营者集中，可能产生严重的法律后果，例如罚款、暂停交易、恢复原状等。在美国，该罚款可能达到以违法期间计算的每日51,744美元的最高金额（2024年标准）；而在欧盟，未履行申报义务的交易方将面临最高为上一年度集团营业额10%的罚款。

（三）本案交易双方在全球X设备供应市场上合计份额超过90%对于其反垄断审查有何影响？

经营者集中审查重点考察拟议交易是否具有或可能具有排除、限制竞争效果。本案中，交易双方在全球X设备供应市场上合计份额超过90%，根据国家市场监督管理总局《横向经营者集中审查指引》通常会被推定对相关市场具有或者可能具有排除、限制竞争效果，在交易方没有相关证据能够证明该集中不会对竞争产生不利影响的情况下，拟议交易有可能被反垄断执法机构禁止或附加限制性条件批准。

| 第十九章 |

公司信息披露专项合规指南与案例分析

　　信息披露是上市公司与投资者沟通的重要桥梁，是实现资本市场资源有效配置的前提保障。为规范上市公司信息披露行为，保护投资者合法权益，促进资本市场健康发展，证券监管部门不断完善信息披露制度，加大对信息披露违规行为的打击力度。在此背景下，更加凸显加强信息披露合规管理、提升信息披露质量的重要性，以实现上市公司良好运营、规避违规风险。

第一节
公司信息披露专项合规相关法律依据

《中华人民共和国证券法》	
第七十八条	发行人及法律、行政法规和国务院证券监督管理机构规定的其他信息披露义务人，应当及时依法履行信息披露义务。 信息披露义务人披露的信息，应当真实、准确、完整，简明清晰，通俗易懂，不得有虚假记载、误导性陈述或者重大遗漏。 证券同时在境内境外公开发行、交易的，其信息披露义务人在境外披露的信息，应当在境内同时披露
第七十九条	上市公司、公司债券上市交易的公司、股票在国务院批准的其他全国性证券交易场所交易的公司，应当按照国务院证券监督管理机构和证券交易场所规定的内容和格式编制定期报告，并按照以下规定报送和公告： （一）在每一会计年度结束之日起四个月内，报送并公告年度报告，其中的年度财务会计报告应当经符合本法规定的会计师事务所审计； （二）在每一会计年度的上半年结束之日起二个月内，报送并公告中期报告
第八十条	发生可能对上市公司、股票在国务院批准的其他全国性证券交易场所交易的公司的股票交易价格产生较大影响的重大事件，投资者尚未得知时，公司应当立即将有关该重大事件的情况向国务院证券监督管理机构和证券交易场所报送临时报告，并予公告，说明事件的起因、目前的状态和可能产生的法律后果。

续表

《中华人民共和国证券法》	
第八十条	前款所称重大事件包括: (一)公司的经营方针和经营范围的重大变化; (二)公司的重大投资行为,公司在一年内购买、出售重大资产超过公司资产总额百分之三十,或者公司营业用主要资产的抵押、质押、出售或者报废一次超过该资产的百分之三十; (三)公司订立重要合同、提供重大担保或者从事关联交易,可能对公司的资产、负债、权益和经营成果产生重要影响; (四)公司发生重大债务和未能清偿到期重大债务的违约情况; (五)公司发生重大亏损或者重大损失; (六)公司生产经营的外部条件发生的重大变化; (七)公司的董事、三分之一以上监事或者经理发生变动,董事长或者经理无法履行职责; (八)持有公司百分之五以上股份的股东或者实际控制人持有股份或者控制公司的情况发生较大变化,公司的实际控制人及其控制的其他企业从事与公司相同或者相似业务的情况发生较大变化; (九)公司分配股利、增资的计划,公司股权结构的重要变化,公司减资、合并、分立、解散及申请破产的决定,或者依法进入破产程序、被责令关闭; (十)涉及公司的重大诉讼、仲裁,股东大会、董事会决议被依法撤销或者宣告无效; (十一)公司涉嫌犯罪被依法立案调查,公司的控股股东、实际控制人、董事、监事、高级管理人员涉嫌犯罪被依法采取强制措施; (十二)国务院证券监督管理机构规定的其他事项。 公司的控股股东或者实际控制人对重大事件的发生、进展产生较大影响的,应当及时将其知悉的有关情况书面告知公司,并配合公司履行信息披露义务
第八十一条	发生可能对上市交易公司债券的交易价格产生较大影响的重大事件,投资者尚未得知时,公司应当立即将有关该重大事件的情况向国务院证券监督管理机构和证券交易场所报送临时报告,并予公告,说明事件的起因、目前的状态和可能产生的法律后果。 前款所称重大事件包括: (一)公司股权结构或者生产经营状况发生重大变化; (二)公司债券信用评级发生变化; (三)公司重大资产抵押、质押、出售、转让、报废; (四)公司发生未能清偿到期债务的情况; (五)公司新增借款或者对外提供担保超过上年末净资产的百分之二十; (六)公司放弃债权或者财产超过上年末净资产的百分之十; (七)公司发生超过上年末净资产百分之十的重大损失; (八)公司分配股利,作出减资、合并、分立、解散及申请破产的决定,或者依法进入破产程序、被责令关闭; (九)涉及公司的重大诉讼、仲裁; (十)公司涉嫌犯罪被依法立案调查,公司的控股股东、实际控制人、董事、监事、高级管理人员涉嫌犯罪被依法采取强制措施; (十一)国务院证券监督管理机构规定的其他事项
第八十二条	发行人的董事、高级管理人员应当对证券发行文件和定期报告签署书面确认意见。 发行人的监事会应当对董事会编制的证券发行文件和定期报告进行审核并提出书面审核意见。监事应当签署书面确认意见。 发行人的董事、监事和高级管理人员应当保证发行人及时、公平地披露信息,所披露的信息真实、准确、完整。 董事、监事和高级管理人员无法保证证券发行文件和定期报告内容的真实性、准确性、完整性或者有异议的,应当在书面确认意见中发表意见并陈述理由,发行人应当披露。发行人不予披露的,董事、监事和高级管理人员可以直接申请披露

续表

《中华人民共和国证券法》	
第八十三条	信息披露义务人披露的信息应当同时向所有投资者披露，不得提前向任何单位和个人泄露。但是，法律、行政法规另有规定的除外。 任何单位和个人不得非法要求信息披露义务人提供依法需要披露但尚未披露的信息。任何单位和个人提前获知的前述信息，在依法披露前应当保密
第八十四条	除依法需要披露的信息之外，信息披露义务人可以自愿披露与投资者作出价值判断和投资决策有关的信息，但不得与依法披露的信息相冲突，不得误导投资者。 发行人及其控股股东、实际控制人、董事、监事、高级管理人员等作出公开承诺的，应当披露。不履行承诺给投资者造成损失的，应当依法承担赔偿责任
第八十五条	信息披露义务人未按照规定披露信息，或者公告的证券发行文件、定期报告、临时报告及其他信息披露资料存在虚假记载、误导性陈述或者重大遗漏，致使投资者在证券交易中遭受损失的，信息披露义务人应当承担赔偿责任；发行人的控股股东、实际控制人、董事、监事、高级管理人员和其他直接责任人员以及保荐人、承销的证券公司及其直接责任人员，应当与发行人承担连带赔偿责任，但是能够证明自己没有过错的除外
第八十六条	依法披露的信息，应当在证券交易场所的网站和符合国务院证券监督管理机构规定条件的媒体发布，同时将其置备于公司住所、证券交易场所，供社会公众查阅
第八十七条	国务院证券监督管理机构对信息披露义务人的信息披露行为进行监督管理。 证券交易场所应当对其组织交易的证券的信息披露义务人的信息披露行为进行监督，督促其依法及时、准确地披露信息
部门规章	
《上市公司信息披露管理办法》	**核心内容**：详细规定了信息披露的内容、格式、时间及程序，明确了定期报告和临时报告的要求。 **适用范围**：适用于所有在中国境内上市的股份有限公司
《创业板上市公司持续监管办法（试行）》	**核心内容**：针对创业板上市公司的特殊信息披露要求。 **适用范围**：适用于创业板上市公司
《科创板上市公司持续监管办法（试行）》	**核心内容**：针对科创板上市公司的特殊信息披露要求。 **适用范围**：适用于科创板上市公司
《非上市公众公司信息披露管理办法》	**核心内容**：规定了非上市公众公司的信息披露要求。 **适用范围**：适用于非上市公众公司
《上市公司重大资产重组管理办法》	**核心内容**：规定了上市公司在进行重大资产重组时的信息披露要求。 **适用范围**：适用于进行重大资产重组的上市公司
《非上市公众公司重大资产重组管理办法》	**核心内容**：规定了非上市公众公司在进行重大资产重组时的信息披露要求。 **适用范围**：适用于进行重大资产重组的非上市公众公司

部门规章	
《上市公司收购管理办法》	核心内容：规定了上市公司收购过程中的信息披露要求，包括收购报告书、权益变动报告书等。 适用范围：适用于涉及上市公司收购的相关方
《非上市公众公司收购管理办法》	核心内容：规定了非上市公众公司收购过程中的信息披露要求，包括收购报告书、权益变动报告书等。 适用范围：适用于涉及非上市公众公司收购的相关方
《上市公司股权激励管理办法》	核心内容：规定了上市公司实施股权激励计划时的信息披露要求。 适用范围：适用于实施股权激励的上市公司
部门其他文件	
《公开发行证券的公司信息披露内容与格式准则》	核心内容：规定了招股说明书、年度报告、中期报告等文件的格式和内容要求。 适用范围：适用于公开发行证券的公司
《企业会计准则》	核心内容：规定了上市公司财务报表的编制和信息披露标准，确保财务信息的真实性和可比性。 适用范围：所有在中国境内注册的企业
《上市公司现场检查规则》	核心内容：规定了证券监管机构对上市公司信息披露的现场检查程序和要求。 适用范围：适用于所有上市公司
行业规范	
《上海证券交易所股票上市规则》	核心内容：上海证券交易所对上市公司信息披露的具体要求，包括定期报告、临时公告、重大事项披露等。 适用范围：适用于在上海证券交易所上市的公司
《深圳证券交易所股票上市规则》	核心内容：深圳证券交易所对上市公司信息披露的具体要求，包括定期报告、临时公告、重大事项披露等。 适用范围：适用于在深圳证券交易所上市的公司
《北京证券交易所股票上市规则（试行)》	核心内容：北京证券交易所对上市公司信息披露的具体要求，包括定期报告、临时公告、重大事项披露等。 适用范围：适用于在北京证券交易所上市的公司
《全国中小企业股份转让系统挂牌公司信息披露规则》	核心内容：全国中小企业股份转让系统对挂牌公司信息披露的具体要求，包括定期报告、临时报告、重大事项披露等。 适用范围：适用于股票在全国中小企业股份转让系统挂牌公开转让的公司

第二节
公司信息披露专项合规案例分析

一、案例简介

L 网（某视频网站）信息披露违法违规案

2021 年 4 月 2 日，中国证监会发布《中国证监会行政处罚决定书（L 网、贾某等15 名责任主体）》，L 网存在以下违法事实：

（一）2007 年至 2016 年财务造假，其报送、披露的申请首次公开发行股票并上市（以下简称 IPO）相关文件及 2010 年至 2016 年年报存在虚假记载

经查，L 网 2007 年虚增收入 939.95 万元，虚增利润 870.23 万元（虚增利润占当期披露利润总额的 59.27%，下同）；2008 年虚增收入 4,615.52 万元，虚增利润 4,308.25 万元（136.00%）；2009 年虚增收入 9,375.76 万元，虚增利润 8,883.18 万元（186.22%）；2010 年虚增收入 9,961.80 万元，虚增利润 9,443.42 万元（126.19%）；2011 年虚增收入 6,937.65 万元，虚增利润 6,529.13 万元（39.75%）；2012 年虚增收入 8,965.33 万元，虚增利润 8,445.10 万元（37.04%）；2013 年虚增收入 19,998.17 万元，虚增利润 19,339.69 万元（78.49%）；2014 年虚增收入 35,194.19 万元，虚增成本590.38 万元，虚增利润 34,270.38 万元（470.11%）；2015 年虚增收入 39,922.39 万元，虚减成本 943.40 万元，虚增利润 38,295.18 万元（516.32%）；2016 年虚增收入51,247.00 万元，虚增成本 3,085.15 万元，虚增利润 43,276.33 万元（−131.66%）。

在首次发行阶段，L 网通过虚构业务及虚假回款等方式虚增业绩以满足上市发行条件，并持续到上市后。2010 年 L 网上市后，除利用自有资金循环和串通"走账"虚构业务收入外，还通过伪造合同、以未实际执行框架合同或单边确认互换合同的方式继续虚增业绩。

（二）未按规定披露关联交易

2017 年 4 月 17 日，L 网以"增资款"名义转给全资子公司 S 小额贷款公司（以下简称"S 小贷"）2.1 亿元，S 小贷收到上述 2.1 亿元后，立即以贷款名义分 7 笔每笔3,000 万元将资金转给 7 家 L 网关联公司，上述 7 家公司收到资金后，当天便将资金全部转给 A 控股（北京）有限公司（以下简称"A 控股"）。上述贷款构成关联交易，根据《深圳证券交易所创业板股票上市规则（2014 年修订）》第 10.2.4 条"交易金额在

100万元以上，且占上市公司最近一期经审计净资产绝对值0.5%以上的关联交易，应当经董事会审议后及时披露"的规定，上述事项是应当经L网董事会审议并及时披露的关联交易事项，但L网未按规定及时披露，违反了《证券法》第六十三条、第六十七条第一款、第二款第十二项和《上市公司信息披露管理办法》第四十八条的规定，构成《证券法》第一百九十三条第一款所述的信息披露违法行为。

（三）未披露为乐视控股等公司提供担保事项

2016年2月，L网对A控股在B云计算机有限公司《股权收购及担保合同》项下的回购义务提供无限连带保证，担保金额为10亿元，至2019年可能承担的最大回购金额为17.5亿元，占最近一期（2014年）经审计净资产的29.92%（最大回购金额占比52.35%）。Z电子科技（天津）有限公司（以下简称Z公司）系L网2012年至2017年并表子公司。2016年12月，Z公司对其关联公司对外应付货款和存货采购共计5,208.37万美元提供担保，金额折合人民币3.47亿元，占L网最近一期（2015年）经审计净资产的9.10%。2015年4月、2016年4月L网对L体育文化发展有限公司A+轮、B轮融资的投资者承担回购义务，分别涉及回购金额10.2亿元和103.95亿元，分别占最近一期（2014年、2015年）经审计净资产的30%和272.48%。

根据《深圳证券交易所创业板股票上市规则（2014年修订）》第9.11条，上述三项均属应及时披露的事项，但L网未按规定及时披露，也未在2016年年报中披露，违反了《证券法》第六十三条、第六十七条第一款、第二款第十二项和《上市公司信息披露管理办法》第三十条第二款第十七项的规定，构成《证券法》第一百九十三条第一款所述的信息披露违法行为。

（四）未如实披露贾某芳、贾某亭向上市公司履行借款承诺的情况

贾某亭仅短暂将部分减持资金借给上市公司使用，就抽回相关借款，违背减持及借款承诺。L网发布的《关于承诺事项履行情况专项披露的公告》及2015年年报、2016年年报中披露的承诺事项履行情况与实际不符，存在虚假记载，贾某芳实际履行承诺情况未在2015年年报、2016年年报的"公司实际控制人、股东、关联方、收购人以及公司等承诺相关方在报告期内履行完毕及截至报告期末尚未履行完毕的承诺事项"项下披露，存在重大遗漏。上述行为违反了《证券法》第六十三条的规定，构成《证券法》第一百九十三条第一款所述的信息披露违法行为。

（五）2016年非公开发行股票行为构成欺诈发行

2015年5月25日，L网召开第二届董事会第五十二次会议，审议通过L网非公开发行股票议案。2015年8月31日，L网召开第二届董事会第六十三次会议，审议通过

L网非公开发行股票的调整事项。2015 年 9 月 23 日，L网非公开发行股票申请经中国证监会发行审核委员会审核，并获无条件通过。2016 年 5 月 19 日，中国证监会出具《关于核准 L网信息技术（北京）股份有限公司非公开发行股票的批复》，2016 年 5 月 25 日 L网召开第三届董事会第二十一次会议，审议通过延长 L网非公开发行股东大会决议有效期的议案。2016 年 8 月 8 日 L网非公开发行上市。L网本次非公开发行新股 10,664.30 万股，募集资金 47.99 亿元，申报披露的三年一期财务数据期间为 2012 年至 2014 年及 2015 年 1 月至 6 月。根据前述关于乐视网财务造假的事实，L网不符合发行条件，以欺骗手段骗取发行核准。

二、案例分析

L网上述行为违反了《证券法》第十三条、第二十条，《上市公司证券发行管理办法》第三十九条第一项的规定，构成《证券法》第一百八十九条第一款所述的欺诈发行违法行为。

根据当事人违法行为的事实、性质、情节与社会危害程度，中国证监会决定：

（一）对 L网 2007 年至 2016 年连续十年财务造假，致使 2010 年报送和披露的 IPO 申报材料、2010 年至 2016 年年报存在虚假记载的行为，未依法披露关联交易、对外担保的行为以及对贾某亭、贾某芳履行承诺的披露存在虚假记载、重大遗漏的行为，根据《证券法》第一百九十三条的规定，对乐视网责令改正，给予警告，并处以 60 万元罚款；

（二）对 2016 年 L网非公开发行欺诈发行行为，根据《证券法》第一百八十九条的规定，对 L网处以募集资金百分之五即 2.4 亿元罚款。

| 第二十章 |

公司数据安全专项合规指南与案例分析

国家对数据在我国经济社会发展中的作用和意义有着高瞻远瞩的认识。2017 年 12 月，中共中央政治局就实施国家大数据战略进行的第二次集体学习中首次提出"构建以数据为关键要素的数字经济"，2020 年 4 月印发的《中共中央 国务院关于构建更加完善的要素市场化配置体制机制的意见》首次将数据定义为同土地、劳动力、资本和技术同等重要的第五大生产要素。然而，数据的快速增长和广泛应用也带来了前所未有的安全挑战。数据泄露、滥用、非法交易等问题频发，不仅侵害了个人隐私权益，也对企业信誉和市场秩序造成了严重影响。

在此背景下，数据安全合规已成为企业可持续发展的重要议题。随着 2017 年《网络安全法》、2021 年《数据安全法》《中华人民共和国个人信息保护法》相继生效，共同构成了我国整体数据保护体系顶层设计，成为我国数据安全治理领域"三驾马车"。近年来，《网络安全审查办法》《汽车数据安全管理若干规定（试行）》《数据出境安全评估办法》等一系列相关条例、地方性法规、部门规章也相继出台，为"三驾马车"的落地实施提供了更为详细的规定和指导，为企业数据安全合规工作指明了方向。本章总结了数据安全合规相关法律依据以及案例分析。

第一节
公司数据安全专项合规相关法律依据

《中华人民共和国网络安全法》	
第二十一条	国家实行网络安全等级保护制度。网络运营者应当按照网络安全等级保护制度的要求，履行下列安全保护义务，保障网络免受干扰、破坏或者未经授权的访问，防止网络数据泄露或者

	《中华人民共和国网络安全法》
第二十一条	被窃取、篡改： （一）制定内部安全管理制度和操作规程，确定网络安全负责人，落实网络安全保护责任； （二）采取防范计算机病毒和网络攻击、网络侵入等危害网络安全行为的技术措施； （三）采取监测、记录网络运行状态、网络安全事件的技术措施，并按照规定留存相关的网络日志不少于六个月； （四）采取数据分类、重要数据备份和加密等措施； （五）法律、行政法规规定的其他义务
第二十五条	网络运营者应当制定网络安全事件应急预案，及时处置系统漏洞、计算机病毒、网络攻击、网络侵入等安全风险；在发生危害网络安全的事件时，立即启动应急预案，采取相应的补救措施，并按照规定向有关主管部门报告
第三十四条	除本法第二十一条的规定外，关键信息基础设施的运营者还应当履行下列安全保护义务： （一）设置专门安全管理机构和安全管理负责人，并对该负责人和关键岗位的人员进行安全背景审查； （二）定期对从业人员进行网络安全教育、技术培训和技能考核； （三）对重要系统和数据库进行容灾备份； （四）制定网络安全事件应急预案，并定期进行演练； （五）法律、行政法规规定的其他义务
第三十八条	关键信息基础设施的运营者应当自行或者委托网络安全服务机构对其网络的安全性和可能存在的风险每年至少进行一次检测评估，并将检测评估情况和改进措施报送相关负责关键信息基础设施安全保护工作的部门
	《中华人民共和国数据安全法》
第二十七条	开展数据处理活动应当依照法律、法规的规定，建立健全全流程数据安全管理制度，组织开展数据安全教育培训，采取相应的技术措施和其他必要措施，保障数据安全。利用互联网等信息网络开展数据处理活动，应当在网络安全等级保护制度的基础上，履行上述数据安全保护义务。 重要数据的处理者应当明确数据安全负责人和管理机构，落实数据安全保护责任
第二十八条	开展数据处理活动以及研究开发数据新技术，应当有利于促进经济社会发展，增进人民福祉，符合社会公德和伦理
第二十九条	开展数据处理活动应当加强风险监测，发现数据安全缺陷、漏洞等风险时，应当立即采取补救措施；发生数据安全事件时，应当立即采取处置措施，按照规定及时告知用户并向有关主管部门报告
第三十条	重要数据的处理者应当按照规定对其数据处理活动定期开展风险评估，并向有关主管部门报送风险评估报告。 风险评估报告应当包括处理的重要数据的种类、数量，开展数据处理活动的情况，面临的数据安全风险及其应对措施等
第三十三条	从事数据交易中介服务的机构提供服务，应当要求数据提供方说明数据来源，审核交易双方的身份，并留存审核、交易记录
第三十四条	法律、行政法规规定提供数据处理相关服务应当取得行政许可的，服务提供者应当依法取得许可

《中华人民共和国个人信息保护法》	
第十三条	符合下列情形之一的，个人信息处理者方可处理个人信息： （一）取得个人的同意； （二）为订立、履行个人作为一方当事人的合同所必需，或者按照依法制定的劳动规章制度和依法签订的集体合同实施人力资源管理所必需； （三）为履行法定职责或者法定义务所必需； （四）为应对突发公共卫生事件，或者紧急情况下为保护自然人的生命健康和财产安全所必需； （五）为公共利益实施新闻报道、舆论监督等行为，在合理的范围内处理个人信息； （六）依照本法规定在合理的范围内处理个人自行公开或者其他已经合法公开的个人信息； （七）法律、行政法规规定的其他情形。 依照本法其他有关规定，处理个人信息应当取得个人同意，但是有前款第二项至第七项规定情形的，不需取得个人同意
第十七条	个人信息处理者在处理个人信息前，应当以显著方式、清晰易懂的语言真实、准确、完整地向个人告知下列事项： （一）个人信息处理者的名称或者姓名和联系方式； （二）个人信息的处理目的、处理方式，处理的个人信息种类、保存期限； （三）个人行使本法规定权利的方式和程序； （四）法律、行政法规规定应当告知的其他事项。 前款规定事项发生变更的，应当将变更部分告知个人。 个人信息处理者通过制定个人信息处理规则的方式告知第一款规定事项的，处理规则应当公开，并且便于查阅和保存
第二十八条	敏感个人信息是一旦泄露或者非法使用，容易导致自然人的人格尊严受到侵害或者人身、财产安全受到危害的个人信息，包括生物识别、宗教信仰、特定身份、医疗健康、金融账户、行踪轨迹等信息，以及不满十四周岁未成年人的个人信息。 只有在具有特定的目的和充分的必要性，并采取严格保护措施的情形下，个人信息处理者方可处理敏感个人信息
第五十一条	个人信息处理者应当根据个人信息的处理目的、处理方式、个人信息的种类以及对个人权益的影响、可能存在的安全风险等，采取下列措施确保个人信息处理活动符合法律、行政法规的规定，并防止未经授权的访问以及个人信息泄露、篡改、丢失： （一）制定内部管理制度和操作规程； （二）对个人信息实行分类管理； （三）采取相应的加密、去标识化等安全技术措施； （四）合理确定个人信息处理的操作权限，并定期对从业人员进行安全教育和培训； （五）制定并组织实施个人信息安全事件应急预案； （六）法律、行政法规规定的其他措施
第五十三条	本法第三条第二款规定的中华人民共和国境外的个人信息处理者，应当在中华人民共和国境内设立专门机构或者指定代表，负责处理个人信息保护相关事务，并将有关机构的名称或者代表的姓名、联系方式等报送履行个人信息保护职责的部门
第五十四条	个人信息处理者应当定期对其处理个人信息遵守法律、行政法规的情况进行合规审计
第五十五条	有下列情形之一的，个人信息处理者应当事前进行个人信息保护影响评估，并对处理情况进行记录： （一）处理敏感个人信息； （二）利用个人信息进行自动化决策； （三）委托处理个人信息、向其他个人信息处理者提供个人信息、公开个人信息； （四）向境外提供个人信息； （五）其他对个人权益有重大影响的个人信息处理活动

续表

《中华人民共和国个人信息保护法》	
第五十六条	个人信息保护影响评估应当包括下列内容： （一）个人信息的处理目的、处理方式等是否合法、正当、必要； （二）对个人权益的影响及安全风险； （三）所采取的保护措施是否合法、有效并与风险程度相适应。 个人信息保护影响评估报告和处理情况记录应当至少保存三年
第五十八条	提供重要互联网平台服务、用户数量巨大、业务类型复杂的个人信息处理者，应当履行下列义务： （一）按照国家规定建立健全个人信息保护合规制度体系，成立主要由外部成员组成的独立机构对个人信息保护情况进行监督； （二）遵循公开、公平、公正的原则，制定平台规则，明确平台内产品或者服务提供者处理个人信息的规范和保护个人信息的义务； （三）对严重违反法律、行政法规处理个人信息的平台内的产品或者服务提供者，停止提供服务； （四）定期发布个人信息保护社会责任报告，接受社会监督
第五十九条	接受委托处理个人信息的受托人，应当依照本法和有关法律、行政法规的规定，采取必要措施保障所处理的个人信息的安全，并协助个人信息处理者履行本法规定的义务
《最高人民法院关于审理使用人脸识别技术处理个人信息相关民事案件适用法律若干问题的规定》	
第二条	信息处理者处理人脸信息有下列情形之一的，人民法院应当认定属于侵害自然人人格权益的行为： （一）在宾馆、商场、银行、车站、机场、体育场馆、娱乐场所等经营场所、公共场所违反法律、行政法规的规定使用人脸识别技术进行人脸验证、辨识或者分析； （二）未公开处理人脸信息的规则或者未明示处理的目的、方式、范围； （三）基于个人同意处理人脸信息的，未征得自然人或者其监护人的单独同意，或者未按照法律、行政法规的规定征得自然人或者其监护人的书面同意； （四）违反信息处理者明示或者双方约定的处理人脸信息的目的、方式、范围等； （五）未采取应有的技术措施或者其他必要措施确保其收集、存储的人脸信息安全，致使人脸信息泄露、篡改、丢失； （六）违反法律、行政法规的规定或者双方的约定，向他人提供人脸信息； （七）违背公序良俗处理人脸信息； （八）违反合法、正当、必要原则处理人脸信息的其他情形
《互联网信息服务管理办法》	
第四条	国家对经营性互联网信息服务实行许可制度；对非经营性互联网信息服务实行备案制度。 未取得许可或者未履行备案手续的，不得从事互联网信息服务
第六条	从事经营性互联网信息服务，除应当符合《中华人民共和国电信条例》规定的要求外，还应当具备下列条件： （一）有业务发展计划及相关技术方案； （二）有健全的网络与信息安全保障措施，包括网站安全保障措施、信息安全保密管理制度、用户信息安全管理制度； （三）服务项目属于本办法第五条规定范围的，已取得有关主管部门同意的文件
《促进和规范数据跨境流动规定》	
第二条	数据处理者应当按照相关规定识别、申报重要数据。未被相关部门、地区告知或者公开发布为重要数据的，数据处理者不需要作为重要数据申报数据出境安全评估

《促进和规范数据跨境流动规定》	
第二条	数据处理者向境外提供数据的，应当遵守法律、法规的规定，履行数据安全保护义务，采取技术措施和其他必要措施，保障数据出境安全。发生或者可能发生数据安全事件的，应当采取补救措施，及时向省级以上网信部门和其他有关主管部门报告
《互联网个人信息安全保护指南》	
4.3　管理机构	4.3.1　管理机构的岗位设置 a）应设置指导和管理个人信息保护的工作机构，明确定义机构的职责； b）应由最高管理者或授权专人负责个人信息保护的工作； c）应明确设置安全主管、安全管理各个方面的负责人，设立审计管理员和安全管理员等岗位，清晰、明确定义其职责范围。 4.3.2　管理机构的人员配置 a）应明确安全管理岗位人员的配备，包括数量、专职还是兼职情况等；配备负责数据保护的专门人员； b）应建立安全管理岗位人员信息表，登记机房管理员、系统管理员、数据库管理员、网络管理员、审计管理员、安全管理员等重要岗位人员的信息，审计管理员和安全管理员不应兼任网络管理员、系统管理员、数据库管理员、数据操作员等岗位
5.1　基本要求	个人信息处理系统其安全技术措施应满足 GB/T 22239 相应等级的要求，按照网络安全等级保护制度的要求，履行安全保护义务，保障网络免受干扰、破坏或者未经授权的访问，防止网络数据泄露或者被窃取、篡改
《互联网信息服务算法推荐管理规定》	
第七条	算法推荐服务提供者应当落实算法安全主体责任，建立健全算法机制机理审核、科技伦理审查、用户注册、信息发布审核、数据安全和个人信息保护、反电信网络诈骗、安全评估监测、安全事件应急处置等管理制度和技术措施，制定并公开算法推荐服务相关规则，配备与算法推荐服务规模相适应的专业人员和技术支撑
《金融信息服务管理规定》	
第五条	金融信息服务提供者应当履行主体责任，配备与服务规模相适应的管理人员，建立信息内容审核、信息数据保存、信息安全保障、个人信息保护、知识产权保护等服务规范
《征信业务管理办法》	
第九条	信息提供者向征信机构提供信用信息的，征信机构应当制定相关制度，对信息提供者的信息来源、信息质量、信息安全、信息主体授权等进行必要的审查
第十条	征信机构与信息提供者在开办业务及合作中应当遵守《中华人民共和国个人信息保护法》等法律法规，通过协议等形式明确信息采集的原则以及各自在获得客户同意、信息采集、加工处理、信息更正、异议处理、信息安全等方面的权利义务和责任
第二十二条	征信机构应当采取适当的措施，对信息使用者的身份、业务资质、使用目的等进行必要的审查。 征信机构应当对信息使用者接入征信系统的网络和系统安全、合规性管理措施进行评估，对查询行为进行监测。发现安全隐患或者异常行为的，及时核查；发现违法违规行为的，停止提供服务

续表

《征信业务管理办法》	
第三十四条	个人征信机构、保存或者处理 100 万户以上企业信用信息的企业征信机构，应当符合下列要求： （一）核心业务信息系统网络安全保护等级具备三级或者三级以上安全保护能力； （二）设立信息安全负责人和个人信息保护负责人，由公司章程规定的高级管理人员担任； （三）设立专职部门，负责信息安全和个人信息保护工作，定期检查征信业务、系统安全、个人信息保护制度措施执行情况

第二节
公司数据安全专项合规案例分析

一、案情简介

2021 年某运输服务公司（D 公司）因违反《网络安全法》《数据安全法》《个人信息保护法》等法律法规，于 2022 年 7 月被国家互联网信息办公室（以下简称"网信办"）处以 80.26 亿元罚款，董事长程某、总裁柳某各被罚 100 万元。该事件源于 2021 年 7 月网络安全审查发现其存在严重违法违规收集个人信息行为及危害国家安全的数据处理活动，包括未申报赴美上市、拒不整改等。

二、案例分析

（一）违法事实与法律定性

D 公司的违法行为主要体现在以下方面（数据截至 2021 年）。

1. 过度收集个人信息。收集用户手机相册截图 1,196.39 万条、剪切板信息 83.23 亿条、人脸识别信息 1.07 亿条；以明文存储司机身份证号 5,780.26 万条，收集乘客精准位置信息 1.67 亿条；未获同意分析乘客出行意图 539.76 亿条、常驻城市信息 15.38 亿条。

2. 违反数据安全原则。违反数据最小化原则，收集与业务功能无关的亲情关系、职业信息等；明示告知原则，未清晰说明 19 项个人信息处理目的；跨境数据违规。未经安全评估向境外传输涉及地理测绘、公民出行轨迹等敏感数据。

3. 危害国家安全。掌握全国道路、政府机关、基础设施等高清测绘数据，结合用户信息可还原涉密人员轨迹，威胁国家安全。

（二）处罚依据与法律适用

1. 违法情节严重性。违法行为持续 7 年（2015～2022 年），跨越《网络安全法》《数据安全法》《个人信息保护法》实施期；涉及 647.09 亿条个人信息，包括生物识别、行踪轨迹等敏感数据。

2. 双罚制与顶格处罚。依据《网络安全法》第 64 条、《数据安全法》第 45 条，对 D 公司及其高管分别处罚；网信办明确表示"从严从重"，体现对关键信息基础设施运营者（CIIO）的强监管态度。

（三）事件对企业的合规启示

1. 数据分类分级管理。识别"重要数据"（如地理测绘、出行轨迹）与"个人信息"，实施差异化保护；建立数据分类目录，明确禁止跨境传输的敏感数据类型。

2. 构建合规制度。制定全流程数据管理制度，覆盖采集、存储、使用、销毁各环节；强化技术措施（如加密、访问控制）与风险监测机制。

3. 跨境上市与数据出境。关键信息基础设施运营者（CIIO）需申报网络安全审查，未经批准不得向境外提供数据；涉及重要数据出境的，应通过国家网信部门安全评估。

4. 用户权利保障。遵循"知情—同意"原则，以显著方式告知处理目的与范围；建立便捷的个人信息删除、撤回同意机制。

| 第二十一章 |

个人信息保护专项合规指南与案例分析

在数字化浪潮席卷全球的当下，个人信息作为一种关键资源，其价值日益凸显。与此同时，个人信息泄露等问题频发，给个人隐私和社会安全带来了严重威胁。对于企业而言，加强个人信息保护专项合规建设，既是顺应时代发展、履行社会责任的必然选择，也是规避法律风险、实现可持续发展的重要保障。本章将围绕个人信息保护专项合规的法律法规依据、行业标准、合规要点，并结合 TikTok 案例展开深入分析，为企业提供全面的合规指引。

第一节
个人信息保护项合规法律法规依据剖析

《中华人民共和国个人信息保护法》	
第五条	处理个人信息应当遵循合法、正当、必要和诚信原则，不得通过误导、欺诈、胁迫等方式处理个人信息
第六条	处理个人信息应当具有明确、合理的目的，并应当与处理目的直接相关，采取对个人权益影响最小的方式。 收集个人信息，应当限于实现处理目的的最小范围，不得过度收集个人信息
第十三条	符合下列情形之一的，个人信息处理者方可处理个人信息： （一）取得个人的同意； （二）为订立、履行个人作为一方当事人的合同所必需，或者按照依法制定的劳动规章制度和依法签订的集体合同实施人力资源管理所必需； （三）为履行法定职责或者法定义务所必需； （四）为应对突发公共卫生事件，或者紧急情况下为保护自然人的生命健康和财产安全所必需； （五）为公共利益实施新闻报道、舆论监督等行为，在合理的范围内处理个人信息；

《中华人民共和国个人信息保护法》	
第十三条	（六）依照本法规定在合理的范围内处理个人自行公开或者其他已经合法公开的个人信息； （七）法律、行政法规规定的其他情形。 依照本法其他有关规定，处理个人信息应当取得个人同意，但是有前款第二项至第七项规定情形的，不需取得个人同意
第十四条	基于个人同意处理个人信息的，该同意应当由个人在充分知情的前提下自愿、明确作出。法律、行政法规规定处理个人信息应当取得个人单独同意或者书面同意的，从其规定。 个人信息的处理目的、处理方式和处理的个人信息种类发生变更的，应当重新取得个人同意
第二十八条	敏感个人信息是一旦泄露或者非法使用，容易导致自然人的人格尊严受到侵害或者人身、财产安全受到危害的个人信息，包括生物识别、宗教信仰、特定身份、医疗健康、金融账户、行踪轨迹等信息，以及不满十四周岁未成年人的个人信息。 只有在具有特定的目的和充分的必要性，并采取严格保护措施的情形下，个人信息处理者方可处理敏感个人信息
第二十九条	处理敏感个人信息应当取得个人的单独同意；法律、行政法规规定处理敏感个人信息应当取得书面同意的，从其规定
第三十八条	个人信息处理者因业务等需要，确需向中华人民共和国境外提供个人信息的，应当具备下列条件之一： （一）依照本法第四十条的规定通过国家网信部门组织的安全评估； （二）按照国家网信部门的规定经专业机构进行个人信息保护认证； （三）按照国家网信部门制定的标准合同与境外接收方订立合同，约定双方的权利和义务； （四）法律、行政法规或者国家网信部门规定的其他条件。 中华人民共和国缔结或者参加的国际条约、协定对向中华人民共和国境外提供个人信息的条件等有规定的，可以按照其规定执行。 个人信息处理者应当采取必要措施，保障境外接收方处理个人信息的活动达到本法规定的个人信息保护标准
第三十九条	个人信息处理者向中华人民共和国境外提供个人信息的，应当向个人告知境外接收方的名称或者姓名、联系方式、处理目的、处理方式、个人信息的种类以及个人向境外接收方行使本法规定权利的方式和程序等事项，并取得个人的单独同意
第五十一条	个人信息处理者应当根据个人信息的处理目的、处理方式、个人信息的种类以及对个人权益的影响、可能存在的安全风险等，采取下列措施确保个人信息处理活动符合法律、行政法规的规定，并防止未经授权的访问以及个人信息泄露、篡改、丢失： （一）制定内部管理制度和操作规程； （二）对个人信息实行分类管理； （三）采取相应的加密、去标识化等安全技术措施； （四）合理确定个人信息处理的操作权限，并定期对从业人员进行安全教育和培训； （五）制定并组织实施个人信息安全事件应急预案； （六）法律、行政法规规定的其他措施
第五十二条	处理个人信息达到国家网信部门规定数量的个人信息处理者应当指定个人信息保护负责人，负责对个人信息处理活动以及采取的保护措施等进行监督。 个人信息处理者应当公开个人信息保护负责人的联系方式，并将个人信息保护负责人的姓名、联系方式等报送履行个人信息保护职责的部门

续表

《中华人民共和国个人信息保护法》	
第五十四条	个人信息处理者应当定期对其处理个人信息遵守法律、行政法规的情况进行合规审计
第五十五条	有下列情形之一的，个人信息处理者应当事前进行个人信息保护影响评估，并对处理情况进行记录： （一）处理敏感个人信息； （二）利用个人信息进行自动化决策； （三）委托处理个人信息、向其他个人信息处理者提供个人信息、公开个人信息； （四）向境外提供个人信息； （五）其他对个人权益有重大影响的个人信息处理活动
《中华人民共和国网络安全法》	
第二十一条	国家实行网络安全等级保护制度。网络运营者应当按照网络安全等级保护制度的要求，履行下列安全保护义务，保障网络免受干扰、破坏或者未经授权的访问，防止网络数据泄露或者被窃取、篡改： （一）制定内部安全管理制度和操作规程，确定网络安全负责人，落实网络安全保护责任； （二）采取防范计算机病毒和网络攻击、网络侵入等危害网络安全行为的技术措施； （三）采取监测、记录网络运行状态、网络安全事件的技术措施，并按照规定留存相关的网络日志不少于六个月； （四）采取数据分类、重要数据备份和加密等措施； （五）法律、行政法规规定的其他义务
第二十二条	网络产品、服务应当符合相关国家标准的强制性要求。网络产品、服务的提供者不得设置恶意程序；发现其网络产品、服务存在安全缺陷、漏洞等风险时，应当立即采取补救措施，按照规定及时告知用户并向有关主管部门报告。 网络产品、服务的提供者应当为其产品、服务持续提供安全维护；在规定或者当事人约定的期限内，不得终止提供安全维护。 网络产品、服务具有收集用户信息功能的，其提供者应当向用户明示并取得同意；涉及用户个人信息的，还应当遵守本法和有关法律、行政法规关于个人信息保护的规定
第四十条	网络运营者应当对其收集的用户信息严格保密，并建立健全用户信息保护制度
第四十一条	网络运营者收集、使用个人信息，应当遵循合法、正当、必要的原则，公开收集、使用规则，明示收集、使用信息的目的、方式和范围，并经被收集者同意。 网络运营者不得收集与其提供的服务无关的个人信息，不得违反法律、行政法规的规定和双方的约定收集、使用个人信息，并应当依照法律、行政法规的规定和与用户的约定，处理其保存的个人信息
第四十二条	网络运营者不得泄露、篡改、毁损其收集的个人信息；未经被收集者同意，不得向他人提供个人信息。但是，经过处理无法识别特定个人且不能复原的除外。 网络运营者应当采取技术措施和其他必要措施，确保其收集的个人信息安全，防止信息泄露、毁损、丢失。在发生或者可能发生个人信息泄露、毁损、丢失的情况时，应当立即采取补救措施，按照规定及时告知用户并向有关主管部门报告
《中华人民共和国数据安全法》	
第二十七条	开展数据处理活动应当依照法律、法规的规定，建立健全全流程数据安全管理制度，组织开展数据安全教育培训，采取相应的技术措施和其他必要措施，保障数据安全。利用互联网等信息网络开展数据处理活动，应当在网络安全等级保护制度的基础上，履行上述数据安全保护义务。 重要数据的处理者应当明确数据安全负责人和管理机构，落实数据安全保护责任

《中华人民共和国数据安全法》	
第二十九条	开展数据处理活动应当加强风险监测，发现数据安全缺陷、漏洞等风险时，应当立即采取补救措施；发生数据安全事件时，应当立即采取处置措施，按照规定及时告知用户并向有关主管部门报告
第三十一条	关键信息基础设施的运营者在中华人民共和国境内运营中收集和产生的重要数据的出境安全管理，适用《中华人民共和国网络安全法》的规定；其他数据处理者在中华人民共和国境内运营中收集和产生的重要数据的出境安全管理办法，由国家网信部门会同国务院有关部门制定
《网络数据安全管理条例》	
第二十一条	网络数据处理者在处理个人信息前，通过制定个人信息处理规则的方式依法向个人告知的，个人信息处理规则应当集中公开展示、易于访问并置于醒目位置，内容明确具体、清晰易懂，包括但不限于下列内容：（一）网络数据处理者的名称或者姓名和联系方式；（二）处理个人信息的目的、方式、种类，处理敏感个人信息的必要性以及对个人权益的影响；（三）个人信息保存期限和到期后的处理方式，保存期限难以确定的，应当明确保存期限的确定方法；（四）个人查阅、复制、转移、更正、补充、删除、限制处理个人信息以及注销账号、撤回同意的方法和途径等。网络数据处理者按照前款规定向个人告知收集和向其他网络数据处理者提供个人信息的目的、方式、种类以及网络数据接收方信息的，应当以清单等形式予以列明。网络数据处理者处理不满十四周岁未成年人个人信息的，还应当制定专门的个人信息处理规则
第二十二条	网络数据处理者基于个人同意处理个人信息的，应当遵守下列规定：（一）收集个人信息为提供产品或者服务所必需，不得超范围收集个人信息，不得通过误导、欺诈、胁迫等方式取得个人同意；（二）处理生物识别、宗教信仰、特定身份、医疗健康、金融账户、行踪轨迹等敏感个人信息的，应当取得个人的单独同意；（三）处理不满十四周岁未成年人个人信息的，应当取得未成年人的父母或者其他监护人的同意；（四）不得超出个人同意的个人信息处理目的、方式、种类、保存期限处理个人信息；（五）不得在个人明确表示不同意处理其个人信息后，频繁征求同意；（六）个人信息的处理目的、方式、种类发生变更的，应当重新取得个人同意。法律、行政法规规定处理敏感个人信息应当取得书面同意的，从其规定
第二十七条	网络数据处理者应当定期自行或者委托专业机构对其处理个人信息遵守法律、行政法规的情况进行合规审计
第二十八条	网络数据处理者处理1,000万人以上个人信息的，还应当遵守本条例第三十条、第三十二条对处理重要数据的网络数据处理者（以下简称重要数据的处理者）作出的规定
《个人信息保护合规审计管理办法》	
第三条	个人信息处理者自行开展个人信息保护合规审计的，应当由个人信息处理者内部机构或者委托专业机构定期对其处理个人信息遵守法律、行政法规的情况进行合规审计
第四条	处理超过1,000万人个人信息的个人信息处理者，应当每两年至少开展一次个人信息保护合规审计

续表

《个人信息保护合规审计管理办法》	
第五条	个人信息处理者有以下情形之一的，国家网信部门和其他履行个人信息保护职责的部门（以下统称为保护部门），可以要求个人信息处理者委托专业机构对个人信息处理活动进行合规审计： （一）发现个人信息处理活动存在严重影响个人权益或者严重缺乏安全措施等较大风险的； （二）个人信息处理活动可能危害众多个人的权益的； （三）发生个人信息安全事件，导致 100 万人以上个人信息或者 10 万人以上敏感个人信息泄露、篡改、丢失、毁损的。 对同一个人信息安全事件或者风险，不得重复要求个人信息处理者委托专业机构开展个人信息保护合规审计
第六条	个人信息处理者自行开展或者按照保护部门要求委托专业机构开展个人信息保护合规审计的，应当参照本办法附件《个人信息保护合规审计指引》
《信息安全技术—个人信息安全规范》（GB/T 35273—2020）	
5.1	对个人信息控制者的要求包括： a）不应以欺诈、诱骗、误导的方式收集个人信息； b）不应隐瞒产品或服务所具有的收集个人信息的功能； c）不应从非法渠道获取个人信息
6.1	对个人信息控制者的要求包括： a）个人信息存储期限应为实现个人信息主体授权使用的目的所必需的最短时间，法律法规另有规定或者个人信息主体另行授权同意的除外； b）超出上述个人信息存储期限后，应对个人信息进行删除或匿名化处理
7.1	对个人信息控制者的要求包括： a）对被授权访问个人信息的人员，应建立最小授权的访问控制策略，使其只能访问职责所需的最小必要的个人信息，且仅具备完成职责所需的最少的数据操作权限； b）对个人信息的重要操作设置内部审批流程，如进行批量修改、拷贝、下载等重要操作； c）对安全管理人员、数据操作人员、审计人员的角色进行分离设置； d）确因工作需要，需授权特定人员超权限处理个人信息的，应经个人信息保护责任人或个人信息保护工作机构进行审批，并记录在册； 注：个人信息保护责任人或个人信息保护工作机构的确定见本规范的章节11.1。 e）对个人敏感信息的访问、修改等操作行为，宜在对角色权限控制的基础上，按照业务流程的需求触发操作授权。例如，当收到客户投诉，投诉处理人员才可访问该个人信息主体的相关信息
7.3	对个人信息控制者的要求包括： a）使用个人信息时，不应超出与收集个人信息时所声称的目的具有直接或合理关联的范围。因业务需要，确需超出上述范围使用个人信息的，应再次征得个人信息主体明示同意。 注1：将所收集的个人信息用于学术研究或得出对自然、科学、社会、经济等现象总体状态的描述，属于与收集目的具有合理关联的范围之内。但对外提供学术研究或描述的结果时，需对结果中所包含的个人信息进行去标识化处理。 b）如对所收集的信息进行加工处理而产生的信息，能够单独或与其他信息结合识别特定自然人身份或者反映特定自然人活动情况的，应将其认定为个人信息。对其处理应遵循收集个人信息时获得的授权同意范围。 注2：加工处理而产生的个人信息属于个人敏感信息的，对其处理需符合对个人敏感信息的要求

第二节
个人信息保护专项合规案例分析

一、案例简介

2024 年，长沙市芙蓉区人民检察院依法对一起侵犯公民个人信息案提起刑事公诉及附带民事公益诉讼。被告人周某原为某通信公司柜员，2021 年 3 月至 7 月期间，其利用办理客户电话卡、宽带及手机套餐业务的职务便利，在客户不知情的情况下，非法套取新办手机号码等个人信息，并以每条 6～8 元的价格将 300 余条公民个人信息出售给第三方，累计非法获利 6,000 余元。检察机关认为，周某的行为不仅构成刑事犯罪，还严重侵害社会公共利益，故同步提起民事公益诉讼，要求其承担赔偿、公开道歉等民事责任。

二、案例分析

在个人信息保护立法兴起的大背景下，我国监管部门不断完善个人信息保护法，企业应当跟进时代步伐，在进行企业业务活动时，如个人信息收集、存储、使用、公开共享或者披露方面都要符合我国法律法规的规定，履行对公民个人信息保护应尽的义务。在企业进行涉外业务活动处理个人信息时，首要任务是精准识别当地的合规义务，全面、深入地梳理相关法律法规，包括当地的隐私法、数据保护法等，并将这些合规要求有机融入企业的内部管理制度和业务流程中。

就企业内部而言，企业应当强化内部人员管控，对人员进行相关法律培训，企业管理人员应当起到领导作用，按照相关个人信息保护法律法规、专项指南对于内部人员实行奖惩制度，从而对员工行为进行管控与监督。同时，企业应当在技术方面构建风险防控机制，例如数据脱敏、行为监控等方式对公民个人信息进行保护。

| 第二十二章 |

公司知识产权专项合规指南与案例分析

知识产权作为一种无形产权，能够将企业的创新、研发、制造、营销等环节有效联结起来，甚至成为企业的核心竞争力，为产业的发展提供引领作用。因此，建立规范的知识产权业务流程，完善企业的知识产权合规管理体系，有利于确保知识产权的引入、使用、转化等合法合规，助力企业提高创新收益，更好地满足企业高质量发展的需要。

第一节
公司知识产权专项合规相关法律依据

《中华人民共和国商标法》	
第十三条	为相关公众所熟知的商标，持有人认为其权利受到侵害时，可以依照本法规定请求驰名商标保护。 就相同或者类似商品申请注册的商标是复制、摹仿或者翻译他人未在中国注册的驰名商标，容易导致混淆的，不予注册并禁止使用。 就不相同或者不相类似商品申请注册的商标是复制、摹仿或者翻译他人已经在中国注册的驰名商标，误导公众，致使该驰名商标注册人的利益可能受到损害的，不予注册并禁止使用
第五十七条	有下列行为之一的，均属侵犯注册商标专用权： （一）未经商标注册人的许可，在同一种商品上使用与其注册商标相同的商标的； （二）未经商标注册人的许可，在同一种商品上使用与其注册商标近似的商标，或者在类似商品上使用与其注册商标相同或者近似的商标，容易导致混淆的； （三）销售侵犯注册商标专用权的商品的； （四）伪造、擅自制造他人注册商标标识或者销售伪造、擅自制造的注册商标标识的； （五）未经商标注册人同意，更换其注册商标并将该更换商标的商品又投入市场的； （六）故意为侵犯他人商标专用权行为提供便利条件，帮助他人实施侵犯商标专用权行为的； （七）给他人的注册商标专用权造成其他损害的
第五十八条	将他人注册商标、未注册的驰名商标作为企业名称中的字号使用，误导公众，构成不正当竞争行为的，依照《中华人民共和国反不正当竞争法》处理

续表

	《中华人民共和国商标法》
第六十条	有本法第五十七条所列侵犯注册商标专用权行为之一，引起纠纷的，由当事人协商解决；不愿协商或者协商不成的，商标注册人或者利害关系人可以向人民法院起诉，也可以请求工商行政管理部门处理。 工商行政管理部门处理时，认定侵权行为成立的，责令立即停止侵权行为，没收、销毁侵权商品和主要用于制造侵权商品、伪造注册商标标识的工具，违法经营额五万元以上的，可以处违法经营额五倍以下的罚款，没有违法经营额或者违法经营额不足五万元的，可以处二十五万元以下的罚款。对五年内实施两次以上商标侵权行为或者有其他严重情节的，应当从重处罚。销售不知道是侵犯注册商标专用权的商品，能证明该商品是自己合法取得并说明提供者的，由工商行政管理部门责令停止销售。 对侵犯商标专用权的赔偿数额的争议，当事人可以请求进行处理的工商行政管理部门调解，也可以依照《中华人民共和国民事诉讼法》向人民法院起诉。经工商行政管理部门调解，当事人未达成协议或者调解书生效后不履行的，当事人可以依照《中华人民共和国民事诉讼法》向人民法院起诉
第六十七条	未经商标注册人许可，在同一种商品上使用与其注册商标相同的商标，构成犯罪的，除赔偿被侵权人的损失外，依法追究刑事责任。 伪造、擅自制造他人注册商标标识或者销售伪造、擅自制造的注册商标标识，构成犯罪的，除赔偿被侵权人的损失外，依法追究刑事责任。 销售明知是假冒注册商标的商品，构成犯罪的，除赔偿被侵权人的损失外，依法追究刑事责任
	《中华人民共和国著作权法》
第五十二条	有下列侵权行为的，应当根据情况，承担停止侵害、消除影响、赔礼道歉、赔偿损失等民事责任： （一）未经著作权人许可，发表其作品的； （二）未经合作作者许可，将与他人合作创作的作品当作自己单独创作的作品发表的； （三）没有参加创作，为谋取个人名利，在他人作品上署名的； （四）歪曲、篡改他人作品的； （五）剽窃他人作品的； （六）未经著作权人许可，以展览、摄制视听作品的方法使用作品，或者以改编、翻译、注释等方式使用作品的，本法另有规定的除外； （七）使用他人作品，应当支付报酬而未支付的； （八）未经视听作品、计算机软件、录音录像制品的著作权人、表演者或者录音录像制作者许可，出租其作品或者录音录像制品的原件或者复制件的，本法另有规定的除外； （九）未经出版者许可，使用其出版的图书、期刊的版式设计的； （十）未经表演者许可，从现场直播或者公开传送其现场表演，或者录制其表演的； （十一）其他侵犯著作权以及与著作权有关的权利的行为
	《中华人民共和国专利法》
第十一条	发明和实用新型专利权被授予后，除本法另有规定的以外，任何单位或者个人未经专利权人许可，都不得实施其专利，即不得为生产经营目的制造、使用、许诺销售、销售、进口其专利产品，或者使用其专利方法以及使用、许诺销售、销售、进口依照该专利方法直接获得的产品。 外观设计专利权被授予后，任何单位或者个人未经专利权人许可，都不得实施其专利，即不得为生产经营目的制造、许诺销售、销售、进口其外观设计专利产品
第十二条	任何单位或者个人实施他人专利的，应当与专利权人订立实施许可合同，向专利权人支付专利使用费。被许可人无权允许合同规定以外的任何单位或者个人实施该专利

续表

	《中华人民共和国专利法》
第六十五条	未经专利权人许可，实施其专利，即侵犯其专利权，引起纠纷的，由当事人协商解决；不愿协商或者协商不成的，专利权人或者利害关系人可以向人民法院起诉，也可以请求管理专利工作的部门处理。管理专利工作的部门处理时，认定侵权行为成立的，可以责令侵权人立即停止侵权行为，当事人不服的，可以自收到处理通知之日起十五日内依照《中华人民共和国行政诉讼法》向人民法院起诉；侵权人期满不起诉又不停止侵权行为的，管理专利工作的部门可以申请人民法院强制执行。进行处理的管理专利工作的部门应当事人的请求，可以就侵犯专利权的赔偿数额进行调解；调解不成的，当事人可以依照《中华人民共和国民事诉讼法》向人民法院起诉
第七十一条	侵犯专利权的赔偿数额按照权利人因被侵权所受到的实际损失或者侵权人因侵权所获得的利益确定；权利人的损失或者侵权人获得的利益难以确定的，参照该专利许可使用费的倍数合理确定。对故意侵犯专利权，情节严重的，可以在按照上述方法确定数额的一倍以上五倍以下确定赔偿数额。 权利人的损失、侵权人获得的利益和专利许可使用费均难以确定的，人民法院可以根据专利权的类型、侵权行为的性质和情节等因素，确定给予三万元以上五百万元以下的赔偿。 赔偿数额还应当包括权利人为制止侵权行为所支付的合理开支。 人民法院为确定赔偿数额，在权利人已经尽力举证，而与侵权行为相关的账簿、资料主要由侵权人掌握的情况下，可以责令侵权人提供与侵权行为相关的账簿、资料；侵权人不提供或者提供虚假的账簿、资料的，人民法院可以参考权利人的主张和提供的证据判定赔偿数额
	《中华人民共和国计算机软件保护条例》
第二十二条	中国公民、法人或者其他组织向外国人许可或者转让软件著作权的，应当遵守《中华人民共和国技术进出口管理条例》的有关规定
第二十三条	除《中华人民共和国著作权法》或者本条例另有规定外，有下列侵权行为的，应当根据情况，承担停止侵害、消除影响、赔礼道歉、赔偿损失等民事责任： （一）未经软件著作权人许可，发表或者登记其软件的； （二）将他人软件作为自己的软件发表或者登记的； （三）未经合作者许可，将与他人合作开发的软件作为自己单独完成的软件发表或者登记的； （四）在他人软件上署名或者更改他人软件上的署名的； （五）未经软件著作权人许可，修改、翻译其软件的； （六）其他侵犯软件著作权的行为
第二十四条	除《中华人民共和国著作权法》、本条例或者其他法律、行政法规另有规定外，未经软件著作权人许可，有下列侵权行为的，应当根据情况，承担停止侵害、消除影响、赔礼道歉、赔偿损失等民事责任；同时损害社会公共利益的，由著作权行政管理部门责令停止侵权行为，没收违法所得，没收、销毁侵权复制品，可以并处罚款；情节严重的，著作权行政管理部门并可以没收主要用于制作侵权复制品的材料、工具、设备等；触犯刑律的，依照刑法关于侵犯著作权罪、销售侵权复制品罪的规定，依法追究刑事责任： （一）复制或者部分复制著作权人的软件的； （二）向公众发行、出租、通过信息网络传播著作权人的软件的； （三）故意避开或者破坏著作权人为保护其软件著作权而采取的技术措施的； （四）故意删除或者改变软件权利管理电子信息的； （五）转让或者许可他人行使著作权人的软件著作权的。 有前款第一项或者第二项行为的，可以并处每件 100 元或者货值金额 1 倍以上 5 倍以下的罚款；有前款第三项、第四项或者第五项行为的，可以并处 20 万元以下的罚款

续表

\multicolumn{2}{c}{《最高人民法院关于审理商标民事纠纷案件适用法律若干问题的解释》}	
第二条	依据商标法第十三条第二款的规定，复制、摹仿、翻译他人未在中国注册的驰名商标或其主要部分，在相同或者类似商品上作为商标使用，容易导致混淆的，应当承担停止侵害的民事法律责任
第三条	商标法第四十三条规定的商标使用许可包括以下三类： （一）独占使用许可，是指商标注册人在约定的期间、地域和以约定的方式，将该注册商标仅许可一个被许可人使用，商标注册人依约定不得使用该注册商标； （二）排他使用许可，是指商标注册人在约定的期间、地域和以约定的方式，将该注册商标仅许可一个被许可人使用，商标注册人依约定可以使用该注册商标但不得另行许可他人使用该注册商标； （三）普通使用许可，是指商标注册人在约定的期间、地域和以约定的方式，许可他人使用其注册商标，并可自行使用该注册商标和许可他人使用其注册商标
\multicolumn{2}{c}{《最高人民法院关于审理著作权民事纠纷案件适用法律若干问题的解释》}	
第二十一条	计算机软件用户未经许可或者超过许可范围商业使用计算机软件的，依据著作权法第四十八条第（一）项、《计算机软件保护条例》第二十四条第（一）项的规定承担民事责任
\multicolumn{2}{c}{《侵犯知识产权犯罪涉案企业合规整改指南》}	
第十一条	在制造、销售注册商标的商品及商标标识时，应注意防范如下风险： （一）商标许可风险，在自行制造、接受委托制造过程中，在同一种商品、服务上使用与已注册商标相同的商标，须确认是否经注册商标所有人许可。同时，应严格避免授权超期、超范围使用，避免使用与他人注册商标基本无差别，足以对公众产生误导的商标。 （二）销售注册商标商品风险，销售带有注册商标的商品前，须确认拟销售商品为非假冒注册商标的商品，可结合销售方销售资质、进货价格、交易方式、商品质量等方式综合判断。 （三）制造、销售注册商标标识风险，在制造、销售注册商标标识前，须确认拟制造、销售注册商标标识已取得商标权利人许可
第十二条	在制造、销售专利产品前，须确认拟制造、销售专利产品已取得权利人许可，应注意防范如下风险： （一）在未被授予专利权的产品或者其包装上标注专利标识，专利权被宣告无效后或者终止后继续在产品或者其包装上标注专利标识，或者未经许可在产品或者产品包装上标注他人的专利号； （二）在产品说明书等材料中将未被授予专利权的技术或者设计称为专利技术或者专利设计，将专利申请称为专利，或者未经许可使用他人的专利号，使公众将所涉及的技术或者设计误认为是专利技术或者专利设计； （三）伪造或者变造专利证书、专利文件或者专利申请文件； （四）其他使公众混淆，将未被授予专利权的技术或者设计误认为是专利技术或者专利设计的行为
第十三条	复制发行、传播、销售著作权作品前，须确认拟复制发行、传播著作权作品已取得许可，应注意防范如下风险： （一）复制发行、通过信息网络向公众传播其文字作品、音乐、美术、视听作品、计算机软件及法律、行政法规规定的其他作品的； （二）出版他人享有专有出版权的图书的； （三）复制发行、通过信息网络向公众传播他人制作的录音录像的； （四）复制发行录有他人表演的录音录像制品，或者通过信息网络向公众传播他人表演的； （五）制作、出售假冒他人署名的美术作品的； （六）未经著作权人或者与著作权有关的权利人许可，故意避开或者破坏权利人为其作品、录音录像制品等采取的保护著作权或者与著作权有关的权利的技术措施的

续表

	《侵犯知识产权犯罪涉案企业合规整改指南》
第二十五条	如涉及在向境外销售与知识产权相关的产品或服务，应调查目的地的知识产权法律、政策及其执行情况，适时在目的地进行知识产权申请、注册、登记，对境外涉及知识产权的产品采取相应的边境保护措施
	《企业知识产权合规标准指引》
第三条	本指引所指的知识产权合规风险，是指企业及其员工因知识产权不合规行为，引发法律责任，造成刑事追责、经济或声誉损失以及其他负面影响。涉知识产权的法律风险包括但不限于： （一）专利权法律风险：1. 专利许可权滥用风险、专利申请权争议风险、被侵犯专利的风险、被提起专利侵权诉讼的风险、专利转让纠纷风险等；2. 未能有效开发和实施专利的风险、管理不善导致专利失效的风险等。 （二）商标权法律风险：1. 商标申请风险，商标未注册或被他人抢先注册、申请类别不全、重点类别保护力度不够、申请的标识不全面；2. 商标使用风险，申请地域不全、未对目标市场全面布局、对商品或服务类别越权使用或许可他人使用、侵犯他人在先权利、商标使用不规范等。 （三）著作权法律风险：1. 职务作品、委外创作、版权商的权属确定风险；2. 作品素材侵权风险；3. 互联网信息网络传播权侵权；4. 许可使用和转让中的法律风险等。 （四）商业秘密风险：1. 被他人盗窃、以间谍或黑客手段窃取；2. 内部员工被收买；3. 对外宣传、合作过程中泄露；4. 员工离职泄密等
第二十二条	企业应积极开展涉外业务中的知识产权布局；对拟引进的技术或者产品的相关知识产权状况进行调查分析，并对侵权风险进行综合评估；签订技术或产品引进合同、输出合同（包括代理合同）应明确技术或产品引进的许可方式和范围、后续改进成果的归属和分享、权利维护、双方的保密责任和义务、引进技术或产品发生知识产权侵权时供应方应承担的法律责任等内容
	国际公约
知识产权保护标准	《保护工业产权巴黎公约》（*Paris Convention for the Protection of Industrial Property*）
	《保护文学和艺术作品伯尔尼公约》（*Berne Convention for the Protection of Literary and Artistic Works*）
	《保护录音制品制作者防止未经许可复制其录音制品公约》（*Convention for the Protection of Producers of Phonograms Against Unauthorized Duplication of Their Phonograms*）
	《关于集成电路知识产权的华盛顿条约》（*Washington Treaty on Intellectual Property in Respect of Integrated Circuits*）
	《商标法条约》（*Trademark Law Treaty*，*TLT*）
	《世界知识产权组织版权条约》（*WIPO Copyright Treaty*）
	《世界知识产权组织表演和录音制品条约》（*WIPO Performances and Phonograms Treaty*）
	《商标法新加坡条约》（*Singapore Treaty on the Law of Trademarks*）
	《视听表演北京条约》（*Beijing Treaty on Audiovisual Performances*）
	《关于为盲人、视力障碍者或其他印刷品阅读障碍者获得已出版作品提供便利的马拉喀什条约》（*Marrakesh Treaty to Facilitate Access to Published Works for Persons Who Are Blind，Visually Impaired or Otherwise Print Disabled*）

续表

国际公约	
知识产权国际注册或国际申请	《商标国际注册马德里协定》（*Madrid Agreement Concerning the International Registration of Marks*）
	《商标国际注册马德里协定有关议定书》（*Protocol relating to the Madrid Agreement Concerning the International Registration of Marks*）
	《工业品外观设计国际注册海牙协定》（*Hague Agreement Concerning the International Registration of Industrial Designs*）
	《专利合作条约》（*Patent Cooperation Treaty*）
	《国际承认用于专利程序的微生物保存布达佩斯条约》（*Budapest Treaty on the International Recognition of the Deposit of Microorganisms for the Purposes of Patent Procedure*）
知识产权国际分类	《商标注册用商品和服务国际分类尼斯协定》（*Nice Agreement Concerning the International Classification of Goods and Services for the Purposes of the Registration of Marks*）
	《建立工业品外观设计国际分类洛迦诺协定》（*Locarno Agreement Establishing an International Classification for Industrial Designs*）
	《国际专利分类斯特拉斯堡协定》（*Strasbourg Agreement Concerning the International Patent Classification*）
世界知识产权组织外的其他国际组织所管理的全球性知识产权国际多边条约	
《与贸易有关的知识产权协定》（*Agreement on Trade - Related Aspects of Intellectual Property Rights*，TRIPS）、《国际植物新品种保护公约》（*International Convention for the Protection of New Varieties of Plants*）、《世界版权公约》（*Universal Copyright Convention*）	

注：因知识产权涉及的法律法规规章及司法解释众多，因篇幅限制，此处仅摘录与知识产权合规相关的部分规定。

第二节
公司知识产权专项合规案例分析

一、案情简介

2018 年 1 月，中国乙公司向江苏省南京市中级人民法院（以下简称"南京中院"）提起三案诉讼，请求确认中国地区标准必要专利的许可费率。2018 年 4 月，为反制乙公司的中国诉讼，甲公司向德国杜塞尔多夫法院提起标准必要专利侵权诉讼，请求判令乙公司停止侵权并赔偿损失。

2019 年 9 月 16 日，南京中院作出三案一审判决，确定乙公司及其中国关联公司与甲公司所涉标准必要专利的许可费率。甲公司不服一审判决，向最高人民法院提起上诉，主张原审法院确定的标准必要专利许可费率过低。

2020 年 8 月 27 日，最高人民法院知识产权法庭收到乙公司的禁诉令申请。该公司主张，德国杜塞尔多夫法院作出一审判决，认定乙公司及其德国关联公司侵害了甲公司的欧洲专利（即本案涉案专利的同族专利），判令禁止乙公司及其德国关联公司提供、销售、使用或为上述目的进口或持有相关移动终端，禁止向客户提供或者交付侵权手机和平板电脑，提供相关侵权行为和销售行为信息，销毁并召回侵权产品，承担诉讼费用。该判决可以在甲公司提供价值 240 万欧元担保后获得临时执行。该判决认定，甲公司向乙公司提出的标准必要专利许可费率要约未违反公平、合理、无歧视（FRAND）原则。甲公司的前述要约中多模 2G/3G/4G 移动终端产品的标准必要专利许可费率约为南京中院三案一审判决所确定的中国标准必要专利许可费率的 18.3 倍。

在收到乙公司的禁诉令申请后，最高人民法院综合考虑了必要性、损益平衡、国际礼让原则等因素，在要求乙公司提供担保的基础上，于 48 小时内作出行为保全裁定：甲公司不得在最高人民法院终审判决前，申请执行上述德国判决。如违反本裁定，自违反之日起，处每日罚款人民币 100 万元，按日累计。该裁定于当日送达。甲公司在复议期内提起复议，9 月 4 日最高人民法院针对甲公司的复议申请组织双方听证，并于 9 月 11 日作出复议裁定，驳回甲公司的复议请求。

二、案例分析

（一）何为禁诉令？

禁诉令是指在管辖权冲突的情况下，由一国法院发布的禁止当事人在他国法院提起或者继续诉讼的命令。广义上的禁诉令主要包括三种限制性命令：禁诉令、反禁诉令、禁执令。本案行为保全裁定具体属于禁诉令中的禁执令类型。

（二）中国以往的禁诉令相关司法实践如何？

中国法院最早颁发的禁诉令出现在海事诉讼中：2012 年，青岛海事法院曾作出海事强制令裁定，责令被申请人立即解除在澳大利亚对申请人船舶的扣押，并在今后不得对申请人的任何财产行使扣押或其他妨碍措施；2017 年，武汉海事法院作出民事裁定，责令被请求人立即向香港特别行政区高等法院申请撤回禁诉令。

近年来中国知识产权诉讼频繁遭遇他国法院签发的禁诉令：如乙公司与美国某专利许可公司侵犯标准和非标准必要专利案、甲公司与中国某科技公司标准必要专利案、乙公司与韩国某科技公司标准必要专利案等案件。在上述案件中，基于他国法院签发禁诉令的威慑，当事人均撤回或部分撤回了在中国的诉讼。

（三）为什么中国法院会颁发禁诉令？

第一，司法需求客观存在。中国司法是回应型司法，当人民有需求，市场主体有需求的时候，司法应当积极予以回应。禁诉令制度作为一项法律防御武器，在防止当事人择地行诉、恶意诉讼、解决国际平行诉讼以及维护国家司法主权方面具有一定的积极功能。由于我国缺乏与之对应的明确具体的禁诉令制度，使得中国诉讼当事人缺乏完备和平等的法律武器，在遭遇外国颁发的禁诉令时不得不放弃在我国的诉讼。本案禁诉令的作出，正是中国法院不断完善诉讼制度、积极回应当事人司法需求的生动体现。

第二，禁诉令是当前我国知识产权司法无可回避的问题。中国多起诉讼已经遭遇了他国法院签发的禁诉令。禁诉令制度的国际化趋势深刻反映出大国之间对于国际纠纷管辖权和规则制定主导权的竞争态势。禁诉令是防止和减少滥用平行诉讼、维护国家司法主权的重要工具，缺乏禁诉令制度，中国法院在国际司法竞争中将处于被动地位。

第三，中国具有禁诉令适用的法律基础。根据中国民事诉讼法第一百条的行为保全制度，人民法院可以责令禁止当事人为一定行为，这可以作为禁诉令作出的法律依据。并且，中国法院在知识产权审判，特别是标准必要专利案件中积累的较多审判经验，已经具备实施禁诉令制度的操作条件。

（四）禁诉令与行为保全裁定有何区别？

禁诉令与传统意义上的行为保全裁定最本质的区别在于其涉及国际平行诉讼，因此在具体的考量因素上二者存在一定差异。在本案中，合议庭考量了五个因素：域外判决临时执行对中国诉讼的影响；采取行为保全措施是否确属必要；损益平衡；采取行为保全措施是否损害公共利益；国际礼让原则。

（五）本案禁诉令是否具有必要性？

根据民事诉讼法第一百条规定，是否颁发禁诉令应着重审查不采取行为保全措施是否会使申请人的合法权益受到难以弥补的损害或者造成案件裁决难以执行等损害。单纯的经济利益损失并非合议庭考察的重点，合议庭更关注非经济利益的损失，本案表现为当事人诉权以及中国裁判可执行性所遭受的损失。具体而言，如果甲公司申请临时执行德国一审禁令判决，乙公司将仅有两种选择：要么退出德国市场，要么接受远高于中国本案判决认定的许可费率。上述选项虽然表面上体现为乙公司经济利益的自我取舍，但是退出一国市场通常为企业不可承受之重，难以用金钱衡量和事后补救。乙公司极大可能仅有以远高于本案确定的许可费率的方式被迫和解这一选项，并最终导致乙公司不得不放弃在中国的诉讼。无论本案如何认定中国费率，中国判决事实上将难以获得执行。

（六）禁诉令为什么要考虑国际礼让原则？如何适用？本案如何具体考虑？

禁诉令虽然是针对诉讼当事人签发的，但是通过迫使当事人不得在他国诉讼或者放弃申请执行他国法院判决，不可避免地会间接涉及外国法院的管辖权，影响他国的裁判效力，甚至还会影响正常的国际交往和国家关系。因此，国际礼让原则是作出禁诉令不能回避的考量因素。

对国际礼让原则的考量应当维持在一个适度的范围内。总体而言，应当在维护国家司法主权、安全和核心利益的同时，适度考虑对方国家利益。在本案中，合议庭提出了国际礼让原则考量的三个具体因素：案件受理时间先后、案件管辖适当与否、对域外法院审理和裁判的影响是否适度。在前述五个考量中前四个因素满足的情况下，禁诉令对域外法院诉讼的影响未超出可容忍范围即可。

本案裁定限制甲公司在本案作出终审判决前申请临时执行德国法院一审判决，既未涉及德国诉讼所涉欧洲专利的侵权认定，又未对德国判决或者执行作出任何评价，更未干涉德国诉讼实体审理及裁判效力。

第二十三章

公司网络安全专项合规指南与案例分析

　　网络安全治理是指通过一系列手段和措施，维护网络安全，保护网络环境的稳定和安全。党的十八大以来，以习近平同志为核心的党中央高度重视网络安全治理问题，2018 年 4 月，习近平总书记在全国网络安全和信息化工作会议上强调，"没有网络安全就没有国家安全，就没有经济社会稳定运行，广大人民群众利益也难以得到保障"，"要落实关键信息基础设施防护责任，行业、企业作为关键信息基础设施运营者承担主体防护责任，主管部门履行好监管责任"。[①] 在此背景下，企业必须将网络安全提升到战略高度，严格遵守国家法律法规，建立健全网络安全管理体系，加强技术防护能力，以确保在数字化转型的浪潮中稳健前行。

第一节
公司网络安全专项合规相关法律依据

《中华人民共和国刑法》	
第二百八十五条	【非法侵入计算机信息系统罪】违反国家规定，侵入国家事务、国防建设、尖端科学技术领域的计算机信息系统的，处三年以下有期徒刑或者拘役。 【非法获取计算机信息系统数据、非法控制计算机信息系统罪】违反国家规定，侵入前款规定以外的计算机信息系统或者采用其他技术手段，获取该计算机信息系统中存储、处理或者传输的数据，或者对该计算机信息系统实施非法控制，情节严重的，处三年以下有期徒刑或者拘役，并处或者单处罚金；情节特别严重的，处三年以上七年以下有期徒刑，并处罚金。 【提供侵入、非法控制计算机信息系统程序、工具罪】提供专门用于侵入、非法控制计算机信息系统的程序、工具，或者明知他人实施侵入、非法控制计算机信息系统的违法犯罪行为而为其提供程序、工具，情节严重的，依照前款的规定处罚。 单位犯前三款罪的，对单位判处罚金，并对其直接负责的主管人员和其他直接责任人员，依照各该款的规定处罚

---

　　① 《习近平出席全国网络安全和信息化工作会议并发表重要讲话》，载于新华社网站，https://www.gov.cn/xinwen/2018-04/21/content_5284783.htm。

续表

《中华人民共和国刑法》	
第二百八十六条	【破坏计算机信息系统罪】违反国家规定，对计算机信息系统功能进行删除、修改、增加、干扰，造成计算机信息系统不能正常运行，后果严重的，处五年以下有期徒刑或者拘役；后果特别严重的，处五年以上有期徒刑。 违反国家规定，对计算机信息系统中存储、处理或者传输的数据和应用程序进行删除、修改、增加的操作，后果严重的，依照前款的规定处罚。 故意制作、传播计算机病毒等破坏性程序，影响计算机系统正常运行，后果严重的，依照第一款的规定处罚。 单位犯前三款罪的，对单位判处罚金，并对其直接负责的主管人员和其他直接责任人员，依照第一款的规定处罚
第二百八十六条之一	【拒不履行信息网络安全管理义务罪】网络服务提供者不履行法律、行政法规规定的信息网络安全管理义务，经监管部门责令采取改正措施而拒不改正，有下列情形之一的，处三年以下有期徒刑、拘役或者管制，并处或者单处罚金： （一）致使违法信息大量传播的； （二）致使用户信息泄露，造成严重后果的； （三）致使刑事案件证据灭失，情节严重的； （四）有其他严重情节的。 单位犯前款罪的，对单位判处罚金，并对其直接负责的主管人员和其他直接责任人员，依照前款的规定处罚。 有前两款行为，同时构成其他犯罪的，依照处罚较重的规定定罪处罚
《中华人民共和国网络安全法》	
第九条	网络运营者开展经营和服务活动，必须履行网络安全保护义务，接受政府和社会监督
第十条	网络运营者应采取技术措施保障网络安全，防范网络违法犯罪活动
第十二条第二款	任何个人和组织使用网络应当遵守宪法法律，遵守公共秩序，尊重社会公德，不得危害网络安全，不得利用网络从事危害国家安全、荣誉和利益，煽动颠覆国家政权、推翻社会主义制度，煽动分裂国家、破坏国家统一，宣扬恐怖主义、极端主义，宣扬民族仇恨、民族歧视，传播暴力、淫秽色情信息，编造、传播虚假信息扰乱经济秩序和社会秩序，以及侵害他人名誉、隐私、知识产权和其他合法权益等活动
《中华人民共和国个人信息保护法》	
第十条	任何组织、个人不得非法收集、使用、加工、传输他人个人信息，不得非法买卖、提供或者公开他人个人信息；不得从事危害国家安全、公共利益的个人信息处理活动
《计算机信息网络国际联网安全保护管理办法》	
第四条	任何单位和个人不得利用国际联网危害国家安全、泄露国家秘密，不得侵犯国家的、社会的、集体的利益和公民的合法权益，不得从事违法犯罪活动
第六条	任何单位和个人不得从事下列危害计算机信息网络安全的活动： （一）未经允许，进入计算机信息网络或者使用计算机信息网络资源的； （二）未经允许，对计算机信息网络功能进行删除、修改或者增加的； （三）未经允许，对计算机信息网络中存储、处理或者传输的数据和应用程序进行删除、修改或者增加的； （四）故意制作、传播计算机病毒等破坏性程序的； （五）其他危害计算机信息网络安全的

	《中华人民共和国网络安全法》
第三十一条	国家对公共通信和信息服务、能源、交通、水利、金融、公共服务、电子政务等重要行业和领域，以及其他一旦遭到破坏、丧失功能或者数据泄露，可能严重危害国家安全、国计民生、公共利益的关键信息基础设施，在网络安全等级保护制度的基础上，实行重点保护。关键信息基础设施的具体范围和安全保护办法由国务院制定。 国家鼓励关键信息基础设施以外的网络运营者自愿参与关键信息基础设施保护体系
第三十四条	除本法第二十一条的规定外，关键信息基础设施的运营者还应当履行下列安全保护义务： （一）设置专门安全管理机构和安全管理负责人，并对该负责人和关键岗位的人员进行安全背景审查； （二）定期对从业人员进行网络安全教育、技术培训和技能考核； （三）对重要系统和数据库进行容灾备份； （四）制定网络安全事件应急预案，并定期进行演练； （五）法律、行政法规规定的其他义务
	《中华人民共和国个人信息保护法》
第四十条	关键信息基础设施运营者和处理个人信息达到国家网信部门规定数量的个人信息处理者，应当将在中华人民共和国境内收集和产生的个人信息存储在境内。确需向境外提供的，应当通过国家网信部门组织的安全评估；法律、行政法规和国家网信部门规定可以不进行安全评估的，从其规定
	《中华人民共和国网络安全法》
第二十一条	国家实行网络安全等级保护制度。网络运营者应当按照网络安全等级保护制度的要求，履行下列安全保护义务，保障网络免受干扰、破坏或者未经授权的访问，防止网络数据泄露或者被窃取、篡改： （一）制定内部安全管理制度和操作规程，确定网络安全负责人，落实网络安全保护责任； （二）采取防范计算机病毒和网络攻击、网络侵入等危害网络安全行为的技术措施； （三）采取监测、记录网络运行状态、网络安全事件的技术措施，并按照规定留存相关的网络日志不少于六个月； （四）采取数据分类、重要数据备份和加密等措施； （五）法律、行政法规规定的其他义务
第二十七条	任何个人和组织不得从事非法侵入他人网络、干扰他人网络正常功能、窃取网络数据等危害网络安全的活动；不得提供专门用于从事侵入网络、干扰网络正常功能及防护措施、窃取网络数据等危害网络安全活动的程序、工具；明知他人从事危害网络安全的活动的，不得为其提供技术支持、广告推广、支付结算等帮助
第四十六条	任何个人和组织应当对其使用网络的行为负责，不得设立用于实施诈骗，传授犯罪方法，制作或者销售违禁物品、管制物品等违法犯罪活动的网站、通讯群组，不得利用网络发布涉及实施诈骗，制作或者销售违禁物品、管制物品以及其他违法犯罪活动的信息
第四十八条	任何个人和组织发送的电子信息、提供的应用软件，不得设置恶意程序，不得含有法律、行政法规禁止发布或者传输的信息。 电子信息发送服务提供者和应用软件下载服务提供者，应当履行安全管理义务，知道其用户有前款规定行为的，应当停止提供服务，采取消除等处置措施，保存有关记录，并向有关主管部门报告

续表

《中华人民共和国数据安全法》	
第二十七条	开展数据处理活动应当依照法律、法规的规定，建立健全全流程数据安全管理制度，组织开展数据安全教育培训，采取相应的技术措施和其他必要措施，保障数据安全。利用互联网等信息网络开展数据处理活动，应当在网络安全等级保护制度的基础上，履行上述数据安全保护义务。 重要数据的处理者应当明确数据安全负责人和管理机构，落实数据安全保护责任
《中华人民共和国个人信息保护法》	
第五十一条	个人信息处理者应当根据个人信息的处理目的、处理方式、个人信息的种类以及对个人权益的影响、可能存在的安全风险等，采取下列措施确保个人信息处理活动符合法律、行政法规的规定，并防止未经授权的访问以及个人信息泄露、篡改、丢失： （一）制定内部管理制度和操作规程； （二）对个人信息实行分类管理； （三）采取相应的加密、去标识化等安全技术措施； （四）合理确定个人信息处理的操作权限，并定期对从业人员进行安全教育和培训； （五）制定并组织实施个人信息安全事件应急预案； （六）法律、行政法规规定的其他措施
第五十六条	个人信息保护影响评估应当包括下列内容： （一）个人信息的处理目的、处理方式等是否合法、正当、必要； （二）对个人权益的影响及安全风险； （三）所采取的保护措施是否合法、有效并与风险程度相适应。 个人信息保护影响评估报告和处理情况记录应当至少保存三年
第五十四条	个人信息处理者应当定期对其处理个人信息遵守法律、行政法规的情况进行合规审计
《计算机信息网络国际联网安全保护管理办法》	
第十条	互联单位、接入单位及使用计算机信息网络国际联网的法人和其他组织应当履行下列安全保护职责： （一）负责本网络的安全保护管理工作，建立健全安全保护管理制度； （二）落实安全保护技术措施，保障本网络的运行安全和信息安全； （三）负责对本网络用户的安全教育和培训； （四）对委托发布信息的单位和个人进行登记，并对所提供的信息内容按照本办法第五条进行审核； （五）建立计算机信息网络电子公告系统的用户登记和信息管理制度； （六）发现有本办法第四条、第五条、第六条、第七条所列情形之一的，应当保留有关原始记录，并在 24 小时内向当地公安机关报告； （七）按照国家有关规定，删除本网络中含有本办法第五条内容的地址、目录或者关闭服务器
《网络安全审查办法》	
第三条	网络安全审查坚持防范网络安全风险与促进先进技术应用相结合、过程公正透明与知识产权保护相结合、事前审查与持续监管相结合、企业承诺与社会监督相结合，从产品和服务以及数据处理活动安全性、可能带来的国家安全风险等方面进行审查
第七条	掌握超过 100 万用户个人信息的网络平台运营者赴国外上市，必须申报网络安全审查

《通用数据保护条例》	
第三十二条	1. 考虑到技术发展水平、实施成本以及数据处理的性质、范围、背景和目的，以及对自然人权利和自由的潜在风险，数据控制者和处理者应采取适当的技术和组织措施，以确保与风险相适应的安全级别，包括但不限于以下措施： （a）对个人数据进行假名化和加密； （b）确保处理系统和服务的持续保密性、完整性、可用性和弹性； （c）在发生物理或技术事故时，能够及时恢复个人数据的可用性和访问权限； （d）定期测试、评估和评价技术和组织措施的有效性，以确保处理的安全性。 2. 在评估适当的安全级别时，应特别考虑数据处理带来的风险，特别是个人数据在传输、存储或处理过程中可能遭受的意外或非法破坏、丢失、更改、未经授权的披露或访问。 3. 根据第 40 条提到的经批准的行为准则或第 42 条提到的经批准的认证机制，可以作为证明符合本条第 1 款要求的依据。 4. 数据控制者和处理者应采取措施，确保在其授权下能够访问个人数据的任何自然人，仅在控制者的指示下处理这些数据，除非欧盟或成员国法律另有要求

第二节
公司网络安全专项合规案例分析

一、案例简介

在 2017 年 7 月，M 公司旗下某社交平台推出了一项视频上传功能，其中包含"以……方式查看"的子功能，旨在为用户提供便捷的页面展示效果预览体验。然而，该功能在设计上存在严重漏洞，为恶意行为者创造了可乘之机。恶意行为者通过调用上传器与该社交平台的生日快乐作曲家功能，生成用户令牌，进而获取用户个人资料的完全访问权限。更为严重的是，他们能够利用该令牌在其他账户上重复操作，达成对多个用户资料和数据的非法访问。

在 2018 年 9 月 14 日至 9 月 28 日期间，未经授权的人员借助脚本充分利用上述漏洞，成功登录了该社交平台全球约 2,900 万个账户，其中欧盟/欧洲经济区范围内约有 300 万个账户受到影响。此次被泄露的个人数据范围极为广泛，涵盖了该平台用户的全名、电子邮件地址、电话号码、位置信息、工作地点、出生日期、宗教信仰、性别、时间线上的帖子、所属群组信息，甚至还包括儿童的个人数据。如此大规模且全方位的数据泄露事件，对用户隐私和数据安全构成了巨大威胁。

该平台在发现这一严重问题后，虽迅速采取了纠正措施，包括修复漏洞、通知受影响用户等，但该事件仍明显违反了多条《通用数据保护条例》（GDPR）的相关条款。

经过长时间的调查与评估，在 2024 年 12 月 17 日，爱尔兰数据保护委员会（DPC）基于 M 公司在此次数据泄露事件中对用户数据保护不力的事实，依法对 M 公司处以 2.51 亿欧元（约合 2.64 亿美元）的罚款。

二、案例分析

（一）《通用数据保护条例》（GDPR）为何可以适用于 M 公司案？

尽管 M 公司总部位于美国，但其欧洲总部设在爱尔兰，因此 DPC 成为其在欧盟的主要隐私监管机构。GDPR 第 3（1）条规定，只要数据控制者或处理者在欧盟境内有"设立"，无论数据处理是否在欧盟境内进行，都适用 GDPR；GDPR 第 3（2）条规定，即使企业不在欧盟境内设立，但如果其数据处理活动与向欧盟居民提供商品或服务相关，或监控欧盟居民的行为，则也适用 GDPR。

GDPR 的域外效力是其最具创新性和影响力的特点之一。GDPR 通过第 3 条确立了明确的域外适用标准，旨在保护欧盟居民的个人数据，无论数据处理发生在何处。具体而言：

1. 市场导向标准。如果企业向欧盟居民提供商品或服务，或监控其行为，则无论企业注册地在哪里，都需遵守 GDPR，这体现了 GDPR 对数据保护的"长臂管辖"原则。

2. 数据主体保护。GDPR 的域外效力确保了欧盟居民的个人数据在传输到境外时仍能得到同等保护，这不仅保护了数据主体的权利，还提升了欧盟在全球数据治理领域的话语权。

3. 执法合作。尽管 GDPR 的域外适用在理论上具有广泛的约束力，但实际执行仍依赖于国际执法合作，例如，英国信息专员办公室（ICO）在"AggregateIQ"案中通过跨境执法合作成功执行了 GDPR。

（二）M 公司违反的《通用数据保护条例》（GDPR）下对数据控制者的合规的义务地要求

GDPR 作为欧盟严格的数据保护法规，其核心在于保护个人数据主体的权利。它要求企业在数据处理的全生命周期，包括收集、存储、使用、传输和删除等各个环节，都必须遵循严格的数据保护原则。例如，数据处理应具有合法性、正当性和透明性；数据收集应限于明确、合法的目的，且不得超出必要范围；企业要采取适当的技术和组织措施保障数据安全；发生数据泄露时需及时通知监管机构和受影响的数据主体等。Meta 主要违反了 GDPR 的第 25 条、第 33 条，法条具体规定及违法原因如下：

GDPR 第 25 条。本条聚焦数据处理全流程的数据保护。控制者在确定处理方式和实际处理时，要综合考虑技术水平、成本、处理性质等多方面因素，采取匿名化等技术和组织措施，践行数据保护原则。尤其要建立默认保护机制，确保仅处理特定目的所需的个人数据，防止数据在无个体干预下被随意访问，批准的认证机制还可作为合规证明，切实保障数据主体权利。在系统设计阶段，M 公司没有充分考虑数据保护的要求，没有将数据保护措施融入系统架构和功能设计中，从而为数据泄露埋下了隐患，违反了本条第 1 款。M 公司在数据处理过程中，没有严格把控数据处理的范围和目的，超出了必要的限度，导致大量用户数据面临风险，违反了本条第 2 款。

GDPR 第 33 条。本条着重规范个人数据泄露的应对流程。当控制者知晓可能影响自然人权利和自由的个人数据泄露事件后，应在 72 小时内"告知"监管机构，特殊情况延迟通知需说明原因。"告知"内容须包含泄露性质、受影响主体和数据记录情况、联络方式、可能后果及应对措施。同时，控制者要留存数据泄露的相关记录，以便监管机构核查，全方位保障数据安全与监管的透明性。M 公司未能提供全面、完整的泄露通知信息，使得用户无法充分了解事件的全貌和潜在影响，违反了本条第 3 款。M 公司对数据泄露事实以及为解决问题所采取的补救措施记录不完善，不利于监管机构对事件的调查和评估，也难以证明其在处理事件过程中的合规性和尽责程度，违反了本条第 5 款。

（三）对中国企业于境外处理个人信息的合规建议

中国《个人信息保护法》第 51 条要求企业采取"必要措施"保障数据安全，与 GDPR 的"默认数据保护"原则相似。企业须在系统设计阶段嵌入隐私保护措施（如数据加密、权限最小化），并通过定期审计验证有效性，建议企业建立跨部门合规团队，将法务、技术、产品部门纳入开发流程，实施隐私影响评估（PIA）。《个人信息保护法》第 57 条规定，泄露事件需"立即采取补救措施"并向监管部门和用户通知。M 公司案表明，企业须预先制定应急计划，明确报告内容、时限及内部责任分工，避免因信息不全导致二次处罚。企业可以通过模拟演练测试响应流程，确保报告内容符合监管要求（如受影响人数、数据类型、风险等级）。

尽管本案未涉及数据传输，但 M 公司近年因向美国传输欧盟数据被罚 12 亿欧元（2023 年），凸显跨境合规风险。中国企业若涉及境外业务，须遵守目的地法规（如 GDPR、美国加州 CCPA），并通过数据本地化、签订标准合同条款（SCC）降低风险。此外，M 公司近年累计被罚超 10 亿欧元（含韩国 1,500 万美元、印度 2,500 万美元等），反映全球隐私执法力度升级。中国出海企业需构建覆盖目标市场的合规体系，避免因单一事件引发连锁处罚，例如设立区域合规官，跟踪当地立法动态（如欧盟《数字服务法》、美国各州隐私法），及时调整策略。

| 第二十四章 |

公司商业伙伴专项合规指南与案例分析

良好的商业伙伴关系是公司实现业务增长、提升市场竞争力的重要支撑。然而，随着法律法规的不断完善和监管力度的加强，公司在与商业伙伴合作过程中面临着诸多合规挑战。如果商业伙伴的行为违反法律法规，可能会给公司带来声誉损害、法律责任、经济损失等一系列负面影响。因此，公司商业伙伴合规已成为企业运营中不可忽视的重要环节。商业伙伴合规不仅是遵守法律法规的要求，更是公司履行社会责任、维护商业道德、保障自身可持续发展的关键。

第一节
公司商业伙伴专项合规相关法律依据

《中华人民共和国刑法》	
第一百六十三条	【非国家工作人员受贿罪】公司、企业或者其他单位的工作人员，利用职务上的便利，索取他人财物或者非法收受他人财物，为他人谋取利益，数额较大的，处三年以下有期徒刑或者拘役，并处罚金；数额巨大或者有其他严重情节的，处三年以上十年以下有期徒刑，并处罚金；数额特别巨大或者有其他特别严重情节的，处十年以上有期徒刑或者无期徒刑，并处罚金。 公司、企业或者其他单位的工作人员在经济往来中，利用职务上的便利，违反国家规定，收受各种名义的回扣、手续费，归个人所有的，依照前款的规定处罚。 国有公司、企业或者其他国有单位中从事公务的人员和国有公司、企业或者其他国有单位委派到非国有公司、企业以及其他单位从事公务的人员有前两款行为的，依照本法第三百八十五条、第三百八十六条的规定定罪处罚
第一百六十四条	【对非国家工作人员行贿罪】禁止为谋取不正当利益，向公司、企业人员行贿
第三百八十五条	国家工作人员利用职务上的便利，索取他人财物的，或者非法收受他人财物，为他人谋取利益的，是受贿罪。国家工作人员在经济往来中，违反国家规定，收受各种名义的回扣、手续费，归个人所有的，以受贿论处

	《中华人民共和国刑法》
第三百八十九条	为谋取不正当利益，给予国家工作人员以财物的，是行贿罪。 在经济往来中，违反国家规定，给予国家工作人员以财物，数额较大的，或者违反国家规定，给予国家工作人员以各种名义的回扣、手续费的，以行贿论处。 因被勒索给予国家工作人员以财物，没有获得不正当利益的，不是行贿
	《中华人民共和国反不正当竞争法》
第六条	经营者不得实施下列混淆行为，引人误认为是他人商品或者与他人存在特定联系：（一）擅自使用与他人有一定影响的商品名称、包装、装潢等相同或者近似的标识；（二）擅自使用他人有一定影响的企业名称（包括简称、字号等）、社会组织名称（包括简称等）、姓名（包括笔名、艺名、译名等）；（三）擅自使用他人有一定影响的域名主体部分、网站名称、网页等；（四）其他足以引人误认为是他人商品或者与他人存在特定联系的混淆行为
第七条	经营者不得采用财物或者其他手段贿赂下列单位或者个人，以谋取交易机会或者竞争优势：（一）交易相对方的工作人员；（二）受交易相对方委托办理相关事务的单位或者个人；（三）利用职权或者影响力影响交易的单位或者个人。 经营者在交易活动中，可以以明示方式向交易相对方支付折扣，或者向中间人支付佣金。经营者向交易相对方支付折扣、向中间人支付佣金的，应当如实入账。接受折扣、佣金的经营者也应当如实入账。 经营者的工作人员进行贿赂的，应当认定为经营者的行为；但是，经营者有证据证明该工作人员的行为与为经营者谋取交易机会或者竞争优势无关的除外
第八条	经营者不得对其商品的性能、功能、质量、销售状况、用户评价、曾获荣誉等作虚假或者引人误解的商业宣传，欺骗、误导消费者。经营者不得通过组织虚假交易等方式，帮助其他经营者进行虚假或者引人误解的商业宣传
第九条	经营者不得实施下列侵犯商业秘密的行为：（一）以盗窃、贿赂、欺诈、胁迫、电子侵入或者其他不正当手段获取权利人的商业秘密；（二）披露、使用或者允许他人使用以前项手段获取的权利人的商业秘密；（三）违反保密义务或者违反权利人有关保守商业秘密的要求，披露、使用或者允许他人使用其所掌握的商业秘密；（四）教唆、引诱、帮助他人违反保密义务或者违反权利人有关保守商业秘密的要求，获取、披露、使用或者允许他人使用权利人的商业秘密。 经营者以外的其他自然人、法人和非法人组织实施前款所列违法行为的，视为侵犯商业秘密。 第三人明知或者应知商业秘密权利人的员工、前员工或者其他单位、个人实施本条第一款所列违法行为，仍获取、披露、使用或者允许他人使用该商业秘密的，视为侵犯商业秘密。 本法所称的商业秘密，是指不为公众所知悉、具有商业价值并经权利人采取相应保密措施的技术信息、经营信息等商业信息
第十条	经营者进行有奖销售不得存在下列情形：（一）所设奖的种类、兑奖条件、奖金金额或者奖品等有奖销售信息不明确，影响兑奖；（二）采用谎称有奖或者故意让内定人员中奖的欺骗方式进行有奖销售；（三）抽奖式的有奖销售，最高奖的金额超过五万元
第十一条	经营者不得编造、传播虚假信息或者误导性信息，损害竞争对手的商业信誉、商品声誉
第十二条	经营者利用网络从事生产经营活动，应当遵守本法的各项规定。经营者不得利用技术手段，通过影响用户选择或者其他方式，实施下列妨碍、破坏其他经营者合法提供的网络产品或者服务正常运行的行为：（一）未经其他经营者同意，在其合法提供的网络产品或者服务中，插入链接、强制进行目标跳转；（二）误导、欺骗、强迫用户修改、关闭、卸载其他经营者合法提供的网络产品或者服务；（三）恶意对其他经营者合法提供的网络产品或者服务实施不兼容；（四）其他妨碍、破坏其他经营者合法提供的网络产品或者服务正常运行的行为

续表

《关于禁止商业贿赂行为的暂行规定》	
第二条	经营者不得违反《反不正当竞争法》第八条规定，采用商业贿赂手段销售或者购买商品。本规定所称商业贿赂，是指经营者为销售或者购买商品而采用财物或者其他手段贿赂对方单位或者个人的行为。前款所称财物，是指现金和实物，包括经营者为销售或者购买商品，假借促销费、宣传费、赞助费、科研费、劳务费、咨询费、佣金等名义，或者以报销各种费用等方式，给付对方单位或者个人的财物。第二款所称其他手段，是指提供国内外各种名义的旅游、考察等给付财物以外的其他利益的手段
第四条	任何单位或者个人在销售或者购买商品时不得收受或者索取贿赂

《中华人民共和国个人信息保护法》	
第三条	在中华人民共和国境内处理自然人个人信息的活动，适用本法。在中华人民共和国境外处理中华人民共和国境内自然人个人信息的活动，有下列情形之一的，也适用本法：（一）以向境内自然人提供产品或者服务为目的；（二）分析、评估境内自然人的行为；（三）法律、行政法规规定的其他情形
第五条	处理个人信息应当遵循合法、正当、必要和诚信原则，不得通过误导、欺诈、胁迫等方式处理个人信息
第二十二条	个人信息处理者因合并、分立、解散、被宣告破产等原因需要转移个人信息的，应当向个人告知接收方的名称或者姓名和联系方式。接收方应当继续履行个人信息处理者的义务。接收方变更原先的处理目的、处理方式的，应当依照本法规定重新取得个人同意

《中华人民共和国网络安全法》	
第四十一条	网络运营者收集、使用个人信息，应当遵循合法、正当、必要的原则，公开收集、使用规则，明示收集、使用信息的目的、方式和范围，并经被收集者同意。网络运营者不得收集与其提供的服务无关的个人信息，不得违反法律、行政法规的规定和双方的约定收集、使用个人信息，并应当依照法律、行政法规的规定和与用户的约定，处理其保存的个人信息
第四十二条	网络运营者不得泄露、篡改、毁损其收集的个人信息；未经被收集者同意，不得向他人提供个人信息。但是，经过处理无法识别特定个人且不能复原的除外。网络运营者应当采取技术措施和其他必要措施，确保其收集的个人信息安全，防止信息泄露、毁损、丢失。在发生或者可能发生个人信息泄露、毁损、丢失的情况时，应当立即采取补救措施，按照规定及时告知用户并向有关主管部门报告

《中华人民共和国商标法》	
第五十七条	有下列行为之一的，均属侵犯注册商标专用权：（一）未经商标注册人的许可，在同一种商品上使用与其注册商标相同的商标的；（二）未经商标注册人的许可，在同一种商品上使用与其注册商标近似的商标，或者在类似商品上使用与其注册商标相同或者近似的商标，容易导致混淆的；（三）销售侵犯注册商标专用权的商品的；（四）伪造、擅自制造他人注册商标标识或者销售伪造、擅自制造的注册商标标识的；（五）未经商标注册人同意，更换其注册商标并将该更换商标的商品又投入市场的；（六）故意为侵犯他人商标专用权行为提供便利条件，帮助他人实施侵犯商标专用权行为的；（七）给他人的注册商标专用权造成其他损害的

《中华人民共和国专利法》	
第十一条	发明和实用新型专利权被授予后，除本法另有规定的以外，任何单位或者个人未经专利权人许可，都不得实施其专利，即不得为生产经营目的制造、使用、许诺销售、销售、进口其专利产品，或者使用其专利方法以及使用、许诺销售、销售、进口依照该专利方法直接获得的产品。外观设计专利权被授予后，任何单位或者个人未经专利权人许可，都不得实施其专利，即不得为生产经营目的制造、许诺销售、销售、进口其外观设计专利产品

续表

《中华人民共和国著作权法》	
第五十二条	有下列侵权行为的，应当根据情况，承担停止侵害、消除影响、赔礼道歉、赔偿损失等民事责任：（一）未经著作权人许可，发表其作品的；（二）未经合作作者许可，将与他人合作创作的作品当作自己单独创作的作品发表的；（三）没有参加创作，为谋取个人名利，在他人作品上署名的；（四）歪曲、篡改他人作品的；（五）剽窃他人作品的；（六）未经著作权人许可，以展览、摄制视听作品的方法使用作品，或者以改编、翻译、注释等方式使用作品的，本法另有规定的除外；（七）使用他人作品，应当支付报酬而未支付的；（八）未经视听作品、计算机软件、录音录像制品的著作权人、表演者或者录音录像制作者许可，出租其作品或者录音录像制品的原件或者复制件的，本法另有规定的除外；（九）未经出版者许可，使用其出版的图书、期刊的版式设计的；（十）未经表演者许可，从现场直播或者公开传送其现场表演，或者录制其表演的；（十一）其他侵犯著作权以及与著作权有关的权利的行为
《中华人民共和国反垄断法》	
第十三条	禁止具有竞争关系的经营者达成下列垄断协议：（一）固定或者变更商品价格；（二）限制商品的生产数量或者销售数量；（三）分割销售市场或者原材料采购市场；（四）限制购买新技术、新设备或者限制开发新技术、新产品；（五）联合抵制交易；（六）国务院反垄断执法机构认定的其他垄断协议。本法所称垄断协议，是指排除、限制竞争的协议、决定或者其他协同行为
第十四条	禁止经营者与交易相对人达成下列垄断协议：（一）固定向第三人转售商品的价格；（二）限定向第三人转售商品的最低价格；（三）国务院反垄断执法机构认定的其他垄断协议
《中华人民共和国招标投标法》	
第二十二条	招标人不得向他人透露已获取招标文件的潜在投标人的名称、数量以及可能影响公平竞争的有关招标投标的其他情况。 招标人设有标底的，标底必须保密
第三十二条	投标人不得相互串通投标报价，不得排挤其他投标人的公平竞争，损害招标人或者其他投标人的合法权益。投标人不得与招标人串通投标，损害国家利益、社会公共利益或者他人的合法权益。禁止投标人以向招标人或者评标委员会成员行贿的手段谋取中标
第三十三条	投标人不得以低于成本的报价竞标，也不得以他人名义投标或者以其他方式弄虚作假，骗取中标
第五十条	招标代理机构违反本法规定，泄露应当保密的与招标投标活动有关的情况和资料的，或者与招标人、投标人串通损害国家利益、社会公共利益或者他人合法权益的，处五万元以上二十五万元以下的罚款；对单位直接负责的主管人员和其他直接责任人员处单位罚款数额百分之五以上百分之十以下的罚款；有违法所得的，并处没收违法所得；情节严重的，禁止其一年至二年内代理依法必须进行招标的项目并予以公告，直至由工商行政管理机关吊销营业执照；构成犯罪的，依法追究刑事责任。给他人造成损失的，依法承担赔偿责任。 前款所列行为影响中标结果的，中标无效
国际规则	
美国《海外反腐败法》（FCPA）：禁止向外国公职人员行贿	
英国《反贿赂法》（UKBA）：严惩商业组织未能预防贿赂的行为（"严格责任"原则）	
欧盟《通用数据保护条例》（GDPR）：对处理欧盟公民数据的企业施加严格合规义务（如数据主体权利、跨境传输限制等）	

第二节
公司商业伙伴专项合规案例分析

一、案情简介

中国 Z 公司是一家全球领先的综合性交通建设集团，业务遍及全球各地，包括拉丁美洲。在 2013 年，中国 Z 公司同巴西一家名为 OAS 的公司签约，合作建设一条价值 8,000 万美元的广深铁路项目，共同建设巴西的广深铁路。然而，该项目进行了一段时间后，巴西爆发了一起严重的贪腐丑闻，OAS 是主要角色之一。不久后，OAS 就因贪腐丑闻进入停产状态，并宣布破产。OAS 由于涉及巴西的巨大贪腐案件，已被列入商业黑名单。

由于 OAS 的负面新闻和破产宣告，中国 Z 公司被迫中止了与 OAS 的合作，项目也遭受了巨大影响，中国 Z 公司因此面临了巨大的经济损失。除此之外，中国 Z 公司的声誉也受到了伤害，导致其在巴西市场的竞争地位下降。

二、案例分析

（一）中国 Z 公司与 OAS 公司的合作问题在哪里？

主要问题在于中国 Z 公司未对其合作伙伴进行深入且全面的尽职调查，包括公司的财务状况、业务实力、管理合规性等多个方面。虽然 OAS 公司在签约时可能表现出强大的经济实力和业务背景，但随后的贪腐丑闻暴露出该公司的道德风险和法规遵循问题。这种问题如果在签约前被详细调查，可能会使中国 Z 公司避免与 OAS 合作，进而规避了后续损失。

（二）OAS 公司已经破产，中国 Z 公司应该如何追讨债务？

在国际破产法中，债权人通常有权向破产企业提交债权申请。中国 Z 公司可以在巴西诉讼，向破产庭提交债权，如果司法程序决定中国 Z 公司的债权有效，那么在对 OAS 财产进行清算时，中国 Z 公司就有权获得一定比例财产分配。

（三）中国 Z 公司应该如何保护自身合法权益？

若 OAS 已经宣布破产，中国 Z 公司可能需和其他合作伙伴共同承担项目的责任，重新谈判和重组项目是现阶段的首选，同时，中国 Z 公司需聘请专业的法律顾问或专家尽可能地保护其合同权益，明确确定自己的责任，以减轻可能的经济损失，如果合同中有违约条款或保险条款涵盖此类情况，中国 Z 公司可以依据提起索赔或寻求相关救济，再就是做好公司声誉方面的危机公关，在公众面前，中国 Z 公司需要明确表示与 OAS 的贪腐活动无关，并积极主动地处理这个问题。这可能包括公开表明已经终止与 OAS 的合作，为因停工而受影响的工人和社区提供一些形式的补偿或援助，以及向公众承诺会在今后的合作中更谨慎。

（四）对于中国 Z 公司这类国际化公司，未来应如何防范商业伙伴风险？

防范商业伙伴风险主要涉及：一是委托经验丰富、专业性强的第三方专业机构提供深度详尽的专业尽职调查服务，包括查看潜在合作对象的公开记录，和他们过去的合作方、客户交谈，以获取更全面的信息；二是对合同进行详细的规划和设计，将可能的风险纳入合同条款，包括规定适当的惩罚措施或保险，在合同中清楚规定违反合同的风险；三是为了避免太过依赖单一的合作伙伴，有时候进行风险分散会是一个较好的选择，例如寻找其他合作伙伴，或者与多个承包商共同进行项目；四是对合作方进行持续的监督和评估，确保其始终满足合作标准，一旦出现问题，及时且有效地解决；五是中国 Z 公司也应重新审查并强化其内部的合规培训和程序，以防将再次发生类似事件。

| 第二十五章 |

国家安全审查专项合规指南与案例分析

国家安全审查是指国家为了维护国家安全，对涉及国家安全的事项进行审查和监管的活动。国家安全审查专项合规涉及多个方面，包括但不限于对外投资、并购、技术合作、数据处理等。企业在进行上述活动时，需要特别注意遵守国家安全审查的相关规定，确保活动的合法性和安全性。为了加强国家安全审查专项合规管理，企业需要建立健全相关的制度和流程。首先，企业应制定明确的国家安全审查政策，明确审查的范围、标准和程序，确保审查工作的规范化和制度化。其次，企业应建立专门的国家安全审查团队，负责对涉及国家安全的事项进行审查和评估，确保审查工作的专业性和有效性。此外，企业还应加强对员工的培训和教育，提高员工的国家安全意识和合规意识，确保员工在工作中能够自觉遵守国家安全法律法规。

第一节
国家安全审查专项合规相关法律依据

《中华人民共和国国家安全法》	
第二条	国家安全是指国家政权、主权、统一和领土完整、人民福祉、经济社会可持续发展和国家其他重大利益相对处于没有危险和不受内外威胁的状态，以及保障持续安全状态的能力
第六条	国家制定并不断完善国家安全战略，全面评估国际、国内安全形势，明确国家安全战略的指导方针、中长期目标、重点领域的国家安全政策、工作任务和措施
第二十五条	国家建设网络与信息安全保障体系，提升网络与信息安全保护能力，加强网络和信息技术的创新研究和开发应用，实现网络和信息核心技术、关键基础设施和重要领域信息系统及数据的安全可控；加强网络管理，防范、制止和依法惩治网络攻击、网络入侵、网络窃密、散布违法有害信息等网络违法犯罪行为，维护国家网络空间主权、安全和发展利益

续表

	《中华人民共和国国家安全法》
第五十九条	国家建立国家安全审查和监管的制度和机制，对影响或者可能影响国家安全的外商投资、特定物项和关键技术、网络信息技术产品和服务、涉及国家安全事项的建设项目，以及其他重大事项和活动，进行国家安全审查，有效预防和化解国家安全风险
第六十条	中央国家机关各部门依照法律、行政法规行使国家安全审查职责，依法作出国家安全审查决定或者提出安全审查意见并监督执行
第六十一条	省、自治区、直辖市依法负责本行政区域内有关国家安全审查和监管工作
	《中华人民共和国保守国家秘密法》
第八条	机关、单位应当实行保密工作责任制，依法设置保密工作机构或者指定专人负责保密工作，健全保密管理制度，完善保密防护措施，开展保密宣传教育，加强保密监督检查
	《中华人民共和国反间谍法》
第二条	反间谍工作坚持党中央集中统一领导，坚持总体国家安全观，坚持公开工作与秘密工作相结合、专门工作与群众路线相结合，坚持积极防御、依法惩治、标本兼治，筑牢国家安全人民防线
第六条	国家安全机关是反间谍工作的主管机关。公安、保密等有关部门和军队有关部门按照职责分工，密切配合，加强协调，依法做好有关工作
第七条	中华人民共和国公民有维护国家的安全、荣誉和利益的义务，不得有危害国家的安全、荣誉和利益的行为。一切国家机关和武装力量、各政党和各人民团体、企业事业组织和其他社会组织，都有防范、制止间谍行为，维护国家安全的义务
第十条	境外机构、组织、个人实施或者指使、资助他人实施的，或者境内机构、组织、个人与境外机构、组织、个人相勾结实施的危害中华人民共和国国家安全的间谍行为，都必须受到法律追究
第十四条	任何个人和组织都不得非法获取、持有属于国家秘密的文件、数据、资料、物品
第十五条	任何个人和组织都不得非法生产、销售、持有、使用间谍活动特殊需要的专用间谍器材。专用间谍器材由国务院国家安全主管部门依照国家有关规定确认
第二十八条	国家安全机关调查间谍行为，经设区的市级以上国家安全机关负责人批准，可以依法对涉嫌间谍行为的人身、物品、场所进行检查
第四十六条	国家安全机关工作人员因执行任务，或者个人因协助执行反间谍工作任务，本人或者其近亲属的人身安全受到威胁时，国家安全机关应当会同有关部门依法采取必要措施，予以保护、营救。个人因支持、协助反间谍工作，本人或者其近亲属的人身安全面临危险的，可以向国家安全机关请求予以保护。国家安全机关应当会同有关部门依法采取保护措施。个人和组织因支持、协助反间谍工作导致财产损失的，根据国家有关规定给予补偿
第四十八条	对因开展反间谍工作或者支持、协助反间谍工作导致伤残或者牺牲、死亡的人员，根据国家有关规定给予相应的抚恤优待

续表

《中华人民共和国国家情报法》	
第八条	国家情报工作应当依法进行，尊重和保障人权，维护个人和组织的合法权益
《中华人民共和国网络安全法》	
第十二条	国家保护公民、法人和其他组织依法使用网络的权利，促进网络接入普及，提升网络服务水平，为社会提供安全、便利的网络服务，保障网络信息依法有序自由流动。 任何个人和组织使用网络应当遵守宪法法律，遵守公共秩序，尊重社会公德，不得危害网络安全，不得利用网络从事危害国家安全、荣誉和利益，煽动颠覆国家政权、推翻社会主义制度，煽动分裂国家、破坏国家统一，宣扬恐怖主义、极端主义，宣扬民族仇恨、民族歧视，传播暴力、淫秽色情信息，编造、传播虚假信息扰乱经济秩序和社会秩序，以及侵害他人名誉、隐私、知识产权和其他合法权益等活动
第三十三条	建设关键信息基础设施应当确保其具有支持业务稳定、持续运行的性能，并保证安全技术措施同步规划、同步建设、同步使用
第三十五条	关键信息基础设施的运营者采购网络产品和服务，可能影响国家安全的，应当通过国家网信部门会同国务院有关部门组织的国家安全审查
《中华人民共和国核安全法》	
第四条	从事核事业必须遵循确保安全的方针。核安全工作应当坚持安全第一、预防为主、责任明确、严格管理、纵深防御、独立监管、全面保障的原则
《中华人民共和国生物安全法》	
第十四条	国家建立生物安全风险监测预警制度。国家生物安全工作协调机制组织建立生物安全风险监测预警体系，提高生物安全风险识别和分析能力
第五十三条	国家加强对我国人类遗传资源和生物资源采集、保藏、利用、对外提供等活动的管理和监督，保障人类遗传资源和生物资源安全。 国家对我国人类遗传资源和生物资源享有主权
第五十八条	采集、保藏、利用、运输出境我国珍贵、濒危、特有物种及其可用于再生或者繁殖传代的个体、器官、组织、细胞、基因等遗传资源，应当遵守有关法律法规。 境外组织、个人及其设立或者实际控制的机构获取和利用我国生物资源，应当依法取得批准
《中华人民共和国反恐怖主义法》	
第九条	任何单位和个人都有协助、配合有关部门开展反恐怖主义工作的义务，发现恐怖活动嫌疑或者恐怖活动嫌疑人员的，应当及时向公安机关或者有关部门报告
第十条	对举报恐怖活动或者协助防范、制止恐怖活动有突出贡献的单位和个人，按照国家有关规定给予表彰、奖励
《中华人民共和国反外国制裁法》	
第三条	中华人民共和国反对霸权主义和强权政治，反对任何国家以任何借口、任何方式干涉中国内政。 外国国家违反国际法和国际关系基本准则，以各种借口或者依据其本国法律对我国进行遏制、打压，对我国公民、组织采取歧视性限制措施，干涉我国内政的，我国有权采取相应反制措施

《中华人民共和国反外国制裁法》	
第四条	国务院有关部门可以决定将直接或者间接参与制定、决定、实施本法第三条规定的歧视性限制措施的个人、组织列入反制清单
《中华人民共和国国防法》	
第二条	国家为防备和抵抗侵略，制止武装颠覆和分裂，保卫国家主权、统一、领土完整、安全和发展利益所进行的军事活动，以及与军事有关的政治、经济、外交、科技、教育等方面的活动，适用本法
第二十条	中华人民共和国的武装力量属于人民。它的任务是巩固国防，抵抗侵略，保卫祖国，保卫人民的和平劳动，参加国家建设事业，全心全意为人民服务
《中华人民共和国数据安全法》	
第二十一条	国家建立数据分类分级保护制度，根据数据在经济社会发展中的重要程度，以及一旦遭到篡改、破坏、泄露或者非法获取、非法利用，对国家安全、公共利益或者个人、组织合法权益造成的危害程度，对数据实行分类分级保护
《中华人民共和国出口管制法》	
第二十五条	国家出口管制管理部门对违反本法规定，未经许可擅自出口管制物项，或者超出许可范围出口管制物项的行为，依法给予行政处罚；构成犯罪的，依法追究刑事责任
《香港特别行政区维护国家安全法》	
第二十条	任何人组织、策划、实施或者参与实施以下旨在分裂国家、破坏国家统一行为之一的，不论是否使用武力或者以武力相威胁，即属犯罪：（一）将香港特别行政区或者中华人民共和国其他任何部分从中华人民共和国分离出去；（二）非法改变香港特别行政区或者中华人民共和国其他任何部分的法律地位。（三）将香港特别行政区或者中华人民共和国其他任何部分转归外国统治
《监控化学品管理条例》	
第三条	本条例所称监控化学品，是指下列各类化学品： 第一类：可作为化学武器的化学品； 第二类：可作为生产化学武器前体的化学品； 第三类：可作为生产化学武器主要原料的化学品； 第四类：除炸药和纯碳氢化合物外的特定有机化学品。 前款各类监控化学品的名录由国务院化学工业主管部门提出，报国务院批准后公布
《网络安全审查办法》	
第十一条	网络安全审查办公室认为需要开展网络安全审查的，应当自向当事人发出书面通知之日起30个工作日内完成初步审查，包括形成审查结论建议和将审查结论建议发送网络安全审查工作机制成员单位、相关部门征求意见；情况复杂的，可以延长15个工作日
《关键信息基础设施安全保护条例》	
第二条	本条例所称关键信息基础设施，是指公共通信和信息服务、能源、交通、水利、金融、公共服务、电子政务、国防科技工业等重要行业和领域的，以及其他一旦遭到破坏、丧失功能或者数据泄露，可能严重危害国家安全、国计民生、公共利益的重要网络设施、信息系统等

续表

《关键信息基础设施安全保护条例》	
第五条	国家对关键信息基础设施实行重点保护，采取措施，监测、防御、处置来源于中华人民共和国境内外的网络安全风险和威胁，保护关键信息基础设施免受攻击、侵入、干扰和破坏，依法惩治危害关键信息基础设施安全的违法犯罪活动。 任何个人和组织不得实施非法侵入、干扰、破坏关键信息基础设施的活动，不得危害关键信息基础设施安全
《网络数据安全管理条例》	
第十六条	网络数据处理者为国家机关、关键信息基础设施运营者提供服务，或者参与其他公共基础设施、公共服务系统建设、运行、维护的，应当依照法律、法规的规定和合同约定履行网络数据安全保护义务，提供安全、稳定、持续的服务。 前款规定的网络数据处理者未经委托方同意，不得访问、获取、留存、使用、泄露或者向他人提供网络数据，不得对网络数据进行关联分析
第三十七条	网络数据处理者在中华人民共和国境内运营中收集和产生的重要数据确需向境外提供的，应当通过国家网信部门组织的数据出境安全评估。网络数据处理者按照国家有关规定识别、申报重要数据，但未被相关地区、部门告知或者公开发布为重要数据的，不需要将其作为重要数据申报数据出境安全评估
第五十一条	有关主管部门开展网络数据安全监督检查，应当客观公正，不得向被检查单位收取费用。 有关主管部门在网络数据安全监督检查中不得访问、收集与网络数据安全无关的业务信息，获取的信息只能用于维护网络数据安全的需要，不得用于其他用途。 有关主管部门发现网络数据处理者的网络数据处理活动存在较大安全风险的，可以按照规定的权限和程序要求网络数据处理者暂停相关服务、修改平台规则、完善技术措施等，消除网络数据安全隐患
第五十二条	有关主管部门在开展网络数据安全监督检查时，应当加强协同配合、信息沟通，合理确定检查频次和检查方式，避免不必要的检查和交叉重复检查。 个人信息保护合规审计、重要数据风险评估、重要数据出境安全评估等应当加强衔接，避免重复评估、审计。重要数据风险评估和网络安全等级测评的内容重合的，相关结果可以互相采信
第五十三条	有关主管部门及其工作人员对在履行职责中知悉的个人隐私、个人信息、商业秘密、保密商务信息等网络数据应当依法予以保密，不得泄露或者非法向他人提供
其他参考文件	

除上述规定外，国家安全审查专项合规还应注意以下法律法规及相关规定：《中华人民共和国国家情报法》《中华人民共和国保守国家秘密法》《中华人民共和国出口管制法》《中华人民共和国密码法》《中华人民共和国国防法》《中华人民共和国兵役法》《中华人民共和国人民武装警察法》《中华人民共和国军事设施保护法》《中华人民共和国国防交通法》《中华人民共和国海警法》《中华人民共和国陆地国界法》《中华人民共和国反分裂国家法》《中华人民共和国境外非政府组织境内活动管理法》《中华人民共和国数据安全法》《中华人民共和国个人信息保护法》《中华人民共和国生物安全法》《中华人民共和国反间谍法实施细则》《国家安全机关行政执法程序规定》《国家安全机关办理刑事案件程序规定》《外交部、最高人民法院、最高人民检察院等关于处理涉外案件若干问题的规定》《外商投资法》《中华人民共和国反垄断法》《中华人民共和国核出口管制条例》《中华人民共和国军品出口管理条例》《中华人民共和国核两用品及相关技术出口管制条例》《中华人民共和国生物两用品及相关设备和技术出口管制条例》《中国禁止出口限制出口技术目录》《不可靠实体清单规定》《阻断外国法律与措施不当域外适用办法》等

第二节
国家安全审查专项合规案例分析

一、【案例一】高铁数据危害国家安全案

（一）案情简介

2020 年底，上海某信息科技公司受境外公司委托，采集中国铁路信号数据（包括物联网、蜂窝和 GSM－R 频谱数据）。尽管公司内部法务提出项目可能危害国家安全，但公司因利润可观仍推进合作。双方分两阶段合作：第一阶段安装设备采集固定点数据；第二阶段在 16 个城市及高铁线路移动采集。境外公司要求将数据存入硬盘邮寄出境，但因海关风险，境内公司提议云存储被拒。调试期间，境外公司以"查看信号"为由要求开通远程端口，实现实时控制设备获取数据。案发后，国家安全机关发现半年内采集数据达 500GB，涉及高铁 GSM－R 专网数据（用于列车运行控制和调度），被鉴定为情报。2021 年 12 月，公司法定代表人、销售总监等 3 人因涉嫌"为境外刺探、非法提供情报罪"被逮捕。

（二）案例分析

高铁 GSM－R 数据属于国家关键信息基础设施数据，需依据《数据安全法》第 21 条进行分类管理，禁止非法跨境传输。同时企业接受境外委托项目时，须依据《数据安全法》第 36 条评估国家安全风险，涉及敏感数据应主动申报审查。根据《无线电管理条例》，使用频谱资源需经审批，擅自采集可能构成非法使用无线电频率。

建立数据安全内控制度，设立法务与合规部门，对涉外项目进行国家安全风险评估，明确数据出境审批流程。同时强化技术合规审查，涉及敏感技术的合作需引入第三方专业机构评估，避免设备被远程操控。

二、【案例二】境外机构非法搜集气象数据案

（一）案情简介

2023 年，国家安全机关联合气象部门查处全国 20 余省份的数百个非法涉外气象探测站点。这些站点受境外政府资助，布设在军事单位、粮食产区周边，实时传输气象数据至外国官方机构。国家安全机关联合气象、保密部门在全国范围内开展涉外气象探测专项治理，共调查境外气象设备代理商 10 余家，检查涉外气象站点 3,000 余个，发现

数百个非法涉外气象探测站点实时向境外传输气象数据，覆盖全国 20 多个省份。这些站点主要呈现以下特征：部分探测项目直接受境外政府资助，部分观测点设立在军事单位、军工企业、粮食产区等敏感场所周边，通过 GPS 定位和海拔校准采集地理坐标数据。采集的气象数据包括风速、温度、气压等，结合地理位置信息，可关联分析军事部署、农作物产量、生态变化等敏感内容。例如，某沿海城市查获的测风塔设备具备数据分析和实时传输功能，若泄露可能威胁国防安全。设备体积小、安装便捷，部分伪装成"科研仪器"或"生态监测设备"，甚至通过本地人员协助布设，例如某外国教授以"学术合作"名义在国家级湿地保护区非法安装观测设备。国家安全机关依法取缔站点，阻断数据出境。

（二）案例分析

行政责任，违反《数据安全法》第 46 条：未经批准向境外提供重要数据，面临最高 1,000 万元罚款、吊销业务许可等处罚。违反《涉外气象探测和资料管理办法》：非法涉外气象探测可能被气象部门责令停止探测、没收设备并处 10 万元以下罚款。

刑事风险，涉嫌为境外窃取、刺探国家秘密罪（《刑法》第 111 条），若数据被认定为军事机密或粮食战略信息，直接责任人员可能面临十年以上有期徒刑。拒不履行信息网络安全管理义务罪（《刑法》第 286 条），企业未采取技术措施阻断非法数据出境，造成严重后果的，可处三年以下有期徒刑。

民事赔偿风险，根据《民法典》第 1167 条，因数据泄露导致军事设施安全受损或国家生态安全受威胁，可能承担恢复原状、赔偿损失等民事责任。

信用惩戒风险，依据《社会信用体系建设法》，企业可能被列入失信名单，面临政府采购限制、融资受限等联合惩戒措施。

强化涉外合作项目审查，对境外机构、外籍人员的背景进行尽职调查，警惕以"学术合作""生态监测"为名的敏感项目，参考《反间谍法》第 19 条对合作方进行国家安全风险评估。涉及地理信息、气象数据等敏感领域时，需依据《数据安全法》第 21 条评估是否属于重要数据或核心数据，并依据《涉外气象探测和资料管理办法》提前向气象主管机构备案。

敏感区域设备管理。禁止在军事禁区、粮食产区、生态保护区等敏感区域周边安装数据采集设备，参照《军事设施保护法》第 27 条设置安全距离，并对设备的数据采集范围（如 GPS 定位精度）、传输功能（如是否实时跨境传输）进行技术检测，防止设备伪装成科研仪器实施数据窃密。

数据出境全流程管控，按照《数据出境安全评估办法》识别气象数据中的地理位置、环境参数等敏感信息，建立数据分类分级管理制度。对数据传输目的、接收方性质、数据规模等进行国家安全影响评估，通过数据出境安全评估（如符合《数据安全法》第 36 条要求）后方可传输。

内部人员合规培训，依据《国家安全法》第 77 条，要求员工对可疑合作项目、异常数据请求及时报告，防范"本地人员协助布设设备"类风险。重点培训《保守国家秘密法》中关于军事部署、战略资源数据的保密要求，提升员工识别间谍行为的能力。

建立双清单机制，制定"涉外合作禁止领域清单"（如军事禁区周边 10 千米内不得开展数据采集）和"数据出境白名单"（经安全评估的合规数据类型）。

引入第三方合规审计，聘请国家安全合规顾问对涉外项目进行穿透式审查，重点核查设备供应商是否与外国政府存在关联。

技术防护升级，在敏感区域部署电磁信号屏蔽装置，对跨境数据传输实施动态加密监测，达到《网络安全等级保护条例》三级以上标准。

第二十六章

公司应对单边制裁专项合规指南与案例分析

随着国际竞争的日益激烈，经济制裁越来越多地成为大国之间权力博弈的重要手段。《联合国宪章》第七章的相关规定为联合国和安理会框架为基础的制裁提供了合法性。而在此基础上，部分国家依仗自身经济、军事等领域的实力优势，为了达成自身的外交政策和政治目的而大肆实施单边制裁，扰乱国际秩序，实现自身利益。单边制裁对多边主义和国际法治构成了挑战。近年来，过度使用单边制裁的趋势不仅破坏了多边规则体系，还加剧了国际经贸规则的碎片化现象。

面对单边制裁，我国采取了一系列综合性的应对措施，旨在维护国家利益、保护企业和公民的合法权益，并推动多边主义和国际法治。我国先后颁布实施了《反外国制裁法》《阻断外国法律与措施不当域外适用办法》《不可靠实体清单规定》等法律文件，应对遭受的单边制裁，阻断外国法律与措施的不当域外适用，并采取有力的反制措施。我国已逐步构建起有效的单边制裁应对体系，保障了我国公民、法人的合法权益，捍卫了国家主权、安全、发展利益。

第一节
公司应对单边制裁专项合规相关法律依据

中国相关立法	
《中华人民共和国反外国制裁法》	
第三条	中华人民共和国反对霸权主义和强权政治，反对任何国家以任何借口、任何方式干涉中国内政。 外国国家违反国际法和国际关系基本准则，以各种借口或者依据其本国法律对我国进行遏制、打压，对我国公民、组织采取歧视性限制措施，干涉我国内政的，我国有权采取相应反制措施

\multicolumn{2}{c}{《中华人民共和国反外国制裁法》}	
第五条	除根据本法第四条规定列入反制清单的个人、组织以外，国务院有关部门还可以决定对下列个人、组织采取反制措施： （一）列入反制清单个人的配偶和直系亲属； （二）列入反制清单组织的高级管理人员或者实际控制人； （三）由列入反制清单个人担任高级管理人员的组织； （四）由列入反制清单个人和组织实际控制或者参与设立、运营的组织
第十二条	任何组织和个人均不得执行或者协助执行外国国家对我国公民、组织采取的歧视性限制措施。组织和个人违反前款规定，侵害我国公民、组织合法权益的，我国公民、组织可以依法向人民法院提起诉讼，要求其停止侵害、赔偿损失
\multicolumn{2}{c}{《阻断外国法律与措施不当域外适用办法》}	
第二条	本办法适用于外国法律与措施的域外适用违反国际法和国际关系基本准则，不当禁止或者限制中国公民、法人或者其他组织与第三国（地区）及其公民、法人或者其他组织进行正常的经贸及相关活动的情形
第五条	中国公民、法人或者其他组织遇到外国法律与措施禁止或者限制其与第三国（地区）及其公民、法人或者其他组织正常的经贸及相关活动情形的，应当在 30 日内向国务院商务主管部门如实报告有关情况。报告人要求保密的，国务院商务主管部门及其工作人员应当为其保密
第六条	有关外国法律与措施是否存在不当域外适用情形，由工作机制综合考虑下列因素评估确认： （一）是否违反国际法和国际关系基本准则； （二）对中国国家主权、安全、发展利益可能产生的影响； （三）对中国公民、法人或者其他组织合法权益可能产生的影响； （四）其他应当考虑的因素
第九条	当事人遵守禁令范围内的外国法律与措施，侵害中国公民、法人或者其他组织合法权益的，中国公民、法人或者其他组织可以依法向人民法院提起诉讼，要求该当事人赔偿损失；但是，当事人依照本办法第八条规定获得豁免的除外。 根据禁令范围内的外国法律作出的判决、裁定致使中国公民、法人或者其他组织遭受损失的，中国公民、法人或者其他组织可以依法向人民法院提起诉讼，要求在该判决、裁定中获益的当事人赔偿损失。 本条第一款、第二款规定的当事人拒绝履行人民法院生效的判决、裁定的，中国公民、法人或者其他组织可以依法申请人民法院强制执行
第十一条	中国公民、法人或者其他组织根据禁令，未遵守有关外国法律与措施并因此受到重大损失的，政府有关部门可以根据具体情况给予必要的支持
第十二条	对外国法律与措施不当域外适用，中国政府可以根据实际情况和需要，采取必要的反制措施
\multicolumn{2}{c}{《不可靠实体清单规定》}	
第二条	国家建立不可靠实体清单制度，对外国实体在国际经贸及相关活动中的下列行为采取相应措施： （一）危害中国国家主权、安全、发展利益； （二）违反正常的市场交易原则，中断与中国企业、其他组织或者个人的正常交易，或者对中国企业、其他组织或者个人采取歧视性措施，严重损害中国企业、其他组织或者个人合法权益

	《不可靠实体清单规定》
第七条	工作机制根据调查结果，综合考虑以下因素，作出是否将有关外国实体列入不可靠实体清单的决定，并予以公告： （一）对中国国家主权、安全、发展利益的危害程度； （二）对中国企业、其他组织或者个人合法权益的损害程度； （三）是否符合国际通行经贸规则； （四）其他应当考虑的因素
第十条	对列入不可靠实体清单的外国实体，工作机制根据实际情况，可以决定采取下列一项或者多项措施（以下称处理措施），并予以公告： （一）限制或者禁止其从事与中国有关的进出口活动； （二）限制或者禁止其在中国境内投资； （三）限制或者禁止其相关人员、交通运输工具等入境； （四）限制或者取消其相关人员在中国境内工作许可、停留或者居留资格； （五）根据情节轻重给予相应数额的罚款； （六）其他必要的措施。 前款规定的处理措施，由有关部门按照职责分工依法实施，其他有关单位和个人应当配合实施
第十一条	将有关外国实体列入不可靠实体清单的公告中明确有关外国实体改正期限的，在期限内不对其采取本规定第十条规定的处理措施；有关外国实体逾期不改正其行为的，依照本规定第十条的规定对其采取处理措施
	美国相关立法
	《与敌国贸易法》
第3条	主要内容为：（a）除总统授予许可外，任何在美国境内的人，均不得与敌对国家或敌对国家的盟友进行贸易，或试图进行贸易，无论直接或间接。这种贸易行为不得涉及或为敌对国家或敌对国家的盟友的利益服务，也不得涉及或为任何其他知晓或有合理理由相信其与敌对国家或敌对国家的盟友有关联的人的利益服务。本法所指的贸易包括但不限于直接或间接为敌对国家或敌对国家的盟友进行贸易，或为敌对国家或敌对国家的盟友的利益进行贸易（本附录第1至6条、第7至39条和第41至44条的规定）。 （b）除总统授予许可外，任何人均不得将敌对国家或敌对国家的盟友的国民或公民运入或运出美国。任何美国籍船只的所有人、船长或其他负责人，均不得将敌对国家或敌对国家的盟友的国民或公民从一地运往另一地。如果知晓或有合理理由相信被运输或试图被运输的人是敌对国家或敌对国家的盟友的国民或公民，则该行为属于违法行为。 （c）除以下情况外，任何人均不得将信件或其他文字或有形的通信方式带出或带入美国，或试图带出或带入美国，除非通过正常邮件渠道进行。以下情况除外：在美国政府或任何非敌对国家或敌对国家的盟友的政府服务的人员，以及总统或总统指定的人员可能豁免的其他人员或人员类别。此外，任何人均不得将信件或其他文字、书籍、地图、计划或其他文件、图片或任何电报、电传或无线电报等通信方式带出美国，也不得试图将这些通信方式直接或间接传递给敌对国家或敌对国家的盟友。但本条规定的任何物品，如果先提交给总统或总统指定的官员，并获得总统的许可或同意，则可以带出美国。总统将根据相关规定和豁免政策制定规则和条例。 （d）在当前战争期间，如果总统认为公共安全需要，他可以随时制定规则和条例，对美国与任何他指定的外国之间的邮件、电缆、无线电或其他传输方式的通信进行审查。这些通信可能通过任何停靠美国港口、地点或领土的船只或其他运输工具，前往或来自任何外国。任何故意逃避或试图逃避将此类通信提交审查的行为，或故意使用任何密码或其他手段以隐瞒此类通信的真实意图的行为，将按照本法第十五条（本附录第十六条）的规定受到惩罚

续表

《国际紧急经济权力法》	
第 1701 条	主要内容为：异常和特殊的威胁；进入国家紧急状态的宣布；总统权力的行使 第 1 款当美国的国家安全、对外政策和经济遭受到主要来自于外部的异常和特殊威胁时，如果总统就此宣布进入国家紧急状态，那么他就可以行使第 1702 条所授予的一切权力
第 1702 条	主要内容为：总统的权力 第 1 款一般规定 （一）在第 1701 条规定的时间和范围内，总统可以根据其颁布的法规通过指示、许可或其他方式规定： 1. 调查、监管或禁止： （1）任何外汇交易， （2）在任何银行机构之间、经过、通过或向任何银行机构转移信贷或付款，只要此类转移或付款涉及任何外国或其国民的任何利益， （3）由受美国管辖的任何人所从事的，或者与受美国管辖的任何财产有关的货币或证券的进出口
《全球马格尼茨基人权问责法》	
第 2 节	主要内容为：实施制裁的授权 （a）一般情况 总统可以根据可信证据对总统确定的任何外国人实施（b）款所述的制裁—— （1）对任何外国寻求—— （A）揭露政府官员进行的非法活动；或 （B）获得、行使、捍卫或促进国际公认的人权和自由，例如宗教、言论、结社和集会自由，以及公平审判和民主选举的权利； （2）在与第（1）款所述活动有关的事项中担任外国人的代理人或代表外国人行事； （3）是政府官员或此类官员的高级伙伴，负责或共谋命令、控制或以其他方式指导重大腐败行为，包括为个人利益征用私人或公共资产、与政府合同或开采自然资源有关的腐败、贿赂或协助或将腐败收益转移至外国司法管辖区；或 （4）为第（3）款所述活动提供物质协助、赞助或提供财务、物质或技术支持，或为支持第（3）款所述活动提供商品或服务。 （b）所述制裁 （1）不得入境美国 （2）封锁财产
《以制裁反击美国敌人法》	
第一章	主要内容为美国对伊朗的制裁
第二章	主要内容为美国对俄罗斯的制裁
第三章	主要内容为美国对朝鲜的制裁

第二节

公司应对单边制裁专项合规相关指南

为帮助企业建立高标准企业合规体系，使企业更加从容地应对涉外业务方面的经济制裁，本节提供相关《涉外业务经济制裁合规工作指南》以供企业参考。

 涉外业务经济制裁合规工作指南

一、开展涉外业务前要筛查是否存在制裁风险

（一）风险描述

开展涉外业务前要筛查相关业务是否属于被制裁范围。例如，美国对伊朗二级制裁范围极为宽广，涵盖石油、石化、炼油等能源领域的各个方面，非美国人也须遵守这些规定。再如，美国对俄罗斯制裁主要是行业制裁。美国人或在美国境内不得与行业制裁名单（SSI名单）上的人士开展特定交易，受制裁的交易类型主要是禁止美国人或在美国境内向被制裁人士提供超过特定期限（14天、60天）的债权融资或股权融资。非美国人不得开展俄罗斯特殊原油项目（special russian crude oil projects）的重大投资，包括下列生产原油的项目：在俄罗斯专属经济区水深超过500英尺、俄罗斯北极海上、页岩油，也不得开展俄罗斯能源出口管道项目投资或为管道项目建设出售、提供、出租货物、技术、服务、信息、支持等。

（二）控制目标

企业应加强合规管理，坚守合规底线，不得开展制裁范围内的业务。

（三）管理规范

开展相关涉外投资、贸易、服务、融资结算等业务时应就该业务是否违反相关制裁法规，是否存在制裁风险和风险防范措施进行必要的分析论证。

二、开展涉外业务前要排查交易对手制裁风险

（一）风险描述

即使拟开展的涉外业务不在制裁范围内，如果交易对手是特别指定国民清单（Specially Designated National and Blocked Persons List，简称SDN名单）等制裁名单上的人士，也可能导致制裁风险。要筛查相对方是否是被制裁人士。就投资业务而言，能否与制裁名单上的实体开展合资合作，需要具体问题具体分析。作为非美国人，与SSI名单上的被制裁人士开展合资合作，一般不会导致制裁风险。SSI名单只是禁止美国人与该名单上的被制裁人开展特定类型的交易，非美国人不受影响。如果合作伙伴中有部分SDN名单人士，能否开展合作，应结合项目具体情况进行分析，必要时聘请专业律师就制裁风险进行专项论证，并采取必要的风险隔离、退出转让等风险防范措施。

就国际贸易等其他业务而言，应根据业务具体情况分析，一般不应与 SDN 制裁名单人士开展交易。

合同前期对制裁风险进行评估分析时，还应当充分考虑项目承包商、承运人、船舶代理、保险机构、资金提供方、技术提供方等是否是被制裁人士或存在制裁风险的人士，并综合判断对项目可能造成的制裁风险。

（二）控制目标

开展涉外业务时，避免与被列入 SDN 名单上或有潜在制裁风险的交易对手开展交易，交易过程中应避免与受制裁实体发生重大业务联系。

（三）管理规范

1. 通过美国财政部海外资产控制办公室（OFAC）官方网站制裁名单检索工具、第三方合规软件等对交易对手制裁情况进行筛查。

2. 必要时对交易对手制裁合规情况进行问卷调查，了解交易对手制裁合规管理体系、是否开展被制裁业务、有无因制裁违规被处罚调查等。

3. 必要时聘请专业律师对交易对手制裁合规情况开展尽职调查。

4. 必要时对交易对手主要股东、实际控制人、最终受益人、重要关联公司、董事监事高管等进行制裁合规调查，综合判断交易对手制裁风险。

5. 根据交易具体情况，对与交易关系密切的承运人、船代、货代、中介机构、贸易链上下游实体等开展必要的制裁合规调查。

三、谨慎应对交易相对方对我方开展的制裁合规调查

（一）风险描述

应对相对方对我方的制裁合规调查时，应避免与年报、公告等已对外披露的信息和我方在相关协议等合同条款中所做的承诺相矛盾，避免过度披露或披露不实导致的风险。

（二）控制目标

根据相对方、调查目的、涉及业务的性质和风险水平等合理确定如何回复制裁合规调查、回复的方式和内容。

（三）管理规范

1. 回复制裁合规调查的方式应根据实际情况合理确定，一般优先选择会谈、访谈等口头方式。

2. 确需提供正式书面文件的，书面文件应经过法律合规人员审查。

3. 书面回复文件中通常可包括保密要求、使用目的限制、第三方信赖限制、披露方知悉范围限制、免责声明等保护性条款。

四、通过合同条款防范制裁风险

（一）风险描述

开展相关合同业务应遵守制裁法规，制裁发生时应有权及时终止制裁范围内的合同业务。

（二）控制目标

合同各方应避免开展违反制裁的业务，制裁发生时我方应有权及时终止退出相关合同。

（三）管理规范

根据业务具体情况，合同中一般应考虑设置相关制裁合规条款

1. 合同相对方应就其不是受制裁人士、未发生制裁违规行为等做出陈述保证，就其不会开展制裁违规行为做出合规承诺，如果违反应承担相应的违约责任或给予我方相应的补偿。

2. 在合同中约定转让、终止、中止等条款，一旦制裁发生时，我方可及时退出。

3. 在合同中约定，如果因制裁原因导致合同无法正常履行，我方应免责。

4. 在确定合同签署地、交割地、签约代表前，建议结合具体情况分析是否存在制裁风险。

五、在合同履行时要防范资金结算风险

（一）风险描述

交易资金涉及受制裁人士控制的账户或可能使受制裁人获益有可能导致银行冻结或拒绝扣划相关资金或我方制裁风险。

（二）控制目标

避免交易资金进入受制裁人士所有或控制的账户，避免使用美元结算可能存在制裁风险的交易。

（三）管理规范

对交易资金涉及的银行账户及其受益人进行必要的背景调查，相关合同条款中设置必要的合规承诺。

六、在合同履行过程中要注意排查制裁风险

（一）风险描述

定期排查交易过程中的制裁风险变化情况，及时做好风险防范预案。

（二）控制目标

定期梳理排查正在执行的交易，及时发现制裁风险。

（三）管理规范

企业应对正在执行中的涉外合同定期进行制裁风险梳理排查，识别因制裁法规变化、相对方被制裁等导致的制裁风险，根据排查情况，结合合同条款，制定风险防控措施，对排查出的存在制裁风险的合同，建立监控台账，跟踪应对处置进展。

七、合规证据保存

（一）风险描述

在交易过程中应注意收集我方遵守制裁法规的相关证据。

（二）控制目标

收集、整理、保存开展交易过程中的制裁合规证据。

（三）管理规范

企业应对合同项目尽职调查、合同谈判、履行过程中的制裁合规相关证据进行归档保存。开展合规调查、遵守合规制度等相关证据是制裁发生时，我方减除或免除处罚的重要依据。

八、防范制裁信息披露风险

（一）风险描述

企业应按上市监管等要求披露涉及制裁相关信息，信息披露不实可能导致违规或违约风险。

（二）控制目标

根据监管要求，合理确定涉及制裁的信息披露范围，避免披露不实的风险。

（三）管理规范

金融资本市场证券发行、上市等往往需要按证券监管机构或承销人要求对涉及敏感国家的业务进行披露，不如实披露或虚假披露可能导致证券监管机构的处罚或民事诉讼的风险。披露敏感国家业务时应避免与已公开的信息或已在相关融资文件中所做承诺相矛盾。在符合相关法律法规的前提下，合理确定需要披露的敏感业务范围。

第三节
公司应对单边制裁专项合规案例分析

一、案情简介

2012 年，Z 通信公司向伊朗电信公司出售了一批搭载美国科技公司硬件和软件的产品。美国商务部认为这笔交易涉嫌违反美国对伊朗的出口禁令，遂展开调查，于 2016 年 3 月 7 日对 Z 通信公司及其三家子公司实施出口管制，要求美国供应商申请出口许可证才能向 Z 通信公司提供此类产品，理由是 Z 通信"违反了美国出口管制法"。

2016 年 3 月 21 日，Z 通信公司与美国商务部达成临时协议，要求所有有违规行为的 Z 通信公司高管在美国商务部向 Z 通信及其子公司发放临时许可证、暂时取消对两家公司的出口限制之前辞去管理层职务。临时许可证有效期为 2016 年 3 月 24 日至 6 月 30 日。

2017 年 4 月，Z 通信公司与美国政府签署和解协议，表示关于违反美国出口管制法的指控"同意认罪"，并支付了共计高达 4.6 亿美元的行政罚款。Z 通信同意解雇 4 名高级员工，并削减奖金或纪律处分其他 35 名员工。

2018 年 6 月 7 日，由于 Z 通信公司未能按照和解协议履行义务，美国商务部与 Z 通信公司达成新的和解协议，商务部解除 7 年禁令，但对 Z 通信公司处以 10 亿美元罚款加 4 亿美元托管费用，以防 Z 通信公司未来的任何违法行为；并且 Z 通信公司承诺 30 天内更换其董事会和高管团队，并允许美国商务部派遣执行小组进驻 Z 通信公司。

二、案例分析

美国对 Z 通信公司的制裁是近年来中美贸易摩擦中的重要事件之一，其背景、影响及应对措施具有重要的研究价值和现实意义。在 Z 通信公司案件中，美国在出口管制层面采取了立法与行政结合的手段制裁中国企业，主要依据《出口管制法》《出口管制条例》等法律文件，并以行政机关为实施主体，绕开司法机关在实施"长臂管辖"时所必须遵守的正当程序原则，扩大"长臂管辖权"的适用范围。美国制裁 Z 通信公司的主要目的包括：战略威慑，即通过制裁 Z 通信公司，对中国政府和产业界形成战略威慑，增加在贸易谈判中的筹码；维护技术优势，即限制中国高科技企业的发展，保护美国在全球科技领域的领先地位；获取经济利益，即通过制裁 Z 通信公司，帮助美国通信设备厂商提升竞争力。

美国的制裁对 Z 通信公司造成了严重的冲击，Z 通信公司一度面临供应链中断、财务压力、市场竞争受挫等多重困境。Z 通信公司的许多核心零部件依赖美国供应商，制裁导致其供应链中断，业务运营受到严重影响。同时美国的单边制裁要求 Z 通信公司被迫接受高额罚款，并在管理层和董事会层面进行重大调整。此外，制裁期间 Z 通信公司在全球市场的份额和竞争力受到削弱，市场份额被欧美竞争对手瓜分。

面对美国的单边制裁，Z 通信公司和中国政府分别采取了一系列应对措施。

（一）Z 通信公司的应对措施

Z 通信公司在美国聘请了顶尖的法律团队，针对美国商务部的指控进行申诉，并通过游说等方式争取减轻制裁。同时 Z 通信公司与美国商务部达成和解协议，支付巨额罚款，并在公司内部建立严格的合规机制，接受美国的合规监察。此外，Z 通信公司加大了对国产芯片和其他零部件的采购，以减少对美国供应商的依赖，强化了公司的抗风险能力。

（二）中国政府的应对措施

为保障我国企业的合法权益，我国政府通过外交渠道与美国进行沟通，强调单边制裁的不合理性，推动双方通过对话解决贸易争端。同时加快完善相关法律法规，如《中华人民共和国反外国制裁法》《不可靠实体清单规定》等，为应对美国单边制裁提供法律依据。此外，我国大力支持企业自主创新，加大对半导体、通信等关键领域的研发投入，推动核心技术的自主可控，减少对外部技术的依赖。

Z 通信公司事件凸显了企业在国际化进程中面临的单边制裁风险，促使我国完善了对抗单边制裁风险的相关制度和措施，同时也为其他中国企业提供了宝贵的经验教训。

第二十七章

公司应对双/多边制裁专项合规指南与案例分析

经济制裁（economic sanction）指的是一国针对其他国家所采取的胁迫性经济手段，以迫使对方改变其政策。刘剑平、刘威两位学者在《美国对外经济制裁问题研究》一书中对经济制裁所做的解释："经济制裁是为表达对被制裁国的不满，并迫使其改变不利于制裁国利益而采取的一种限制性经济行为。"[①]

《联合国宪章》第2条第4款规定了，"各会员国在其国际关系上不得使用威胁或武力，或以与联合国宗旨不符之任何其他方法，侵害任何会员国或国家之领土完整或政治独立"即"禁止使用武力原则"。国际法上，保护原则的本质是允许一国在本国的国家利益受到侵害时，可以对外国行为主体主张管辖权，此项原则在很多国家也得到承认。但美国在域外管辖的实践中，不断以国家安全为由，扩张域外管辖的范围，并且对华为实施了多项经济制裁，将多家华为旗下实体列入出口管制实体清单，这些事件的发生值得引起我们的注意。

第一节
双/多边制裁相关法律依据

《中华人民共和国反外国制裁法》	
第五条	除根据本法第四条规定列入反制清单的个人、组织以外，国务院有关部门还可以决定对下列个人、组织采取反制措施： （一）列入反制清单个人的配偶和直系亲属； （二）列入反制清单组织的高级管理人员或者实际控制人； （三）由列入反制清单个人担任高级管理人员的组织； （四）由列入反制清单个人和组织实际控制或者参与设立、运营的组织

---

① 刘剑平，刘威：《美国对外经济制裁问题研究》，人民出版社2009年版。

\《中华人民共和国反外国制裁法》	
第十二条	任何组织和个人均不得执行或者协助执行外国国家对我国公民、组织采取的歧视性限制措施。组织和个人违反前款规定，侵害我国公民、组织合法权益的，我国公民、组织可以依法向人民法院提起诉讼，要求其停止侵害、赔偿损失
《阻断外国法律与措施不当域外适用办法》	
第五条	中国公民、法人或者其他组织遇到外国法律与措施禁止或者限制其与第三国（地区）及其公民、法人或者其他组织正常的经贸及相关活动情形的，应当在 30 日内向国务院商务主管部门如实报告有关情况。报告人要求保密的，国务院商务主管部门及其工作人员应当为其保密
第六条	有关外国法律与措施是否存在不当域外适用情形，由工作机制综合考虑下列因素评估确认： （一）是否违反国际法和国际关系基本准则； （二）对中国国家主权、安全、发展利益可能产生的影响； （三）对中国公民、法人或者其他组织合法权益可能产生的影响； （四）其他应当考虑的因素
第七条	工作机制经评估，确认有关外国法律与措施存在不当域外适用情形的，可以决定由国务院商务主管部门发布不得承认、不得执行、不得遵守有关外国法律与措施的禁令（以下简称禁令）。 工作机制可以根据实际情况，决定中止或者撤销禁令
第九条	当事人遵守禁令范围内的外国法律与措施，侵害中国公民、法人或者其他组织合法权益的，中国公民、法人或者其他组织可以依法向人民法院提起诉讼，要求该当事人赔偿损失；但是，当事人依照本办法第八条规定获得豁免的除外。 根据禁令范围内的外国法律作出的判决、裁定致使中国公民、法人或者其他组织遭受损失的，中国公民、法人或者其他组织可以依法向人民法院提起诉讼，要求在该判决、裁定中获益的当事人赔偿损失。 本条第一款、第二款规定的当事人拒绝履行人民法院生效的判决、裁定的，中国公民、法人或者其他组织可以依法申请人民法院强制执行
《不可靠实体清单规定》	
第二条	国家建立不可靠实体清单制度，对外国实体在国际经贸及相关活动中的下列行为采取相应措施： （一）危害中国国家主权、安全、发展利益； （二）违反正常的市场交易原则，中断与中国企业、其他组织或者个人的正常交易，或者对中国企业、其他组织或者个人采取歧视性措施，严重损害中国企业、其他组织或者个人合法权益
第七条	工作机制根据调查结果，综合考虑以下因素，作出是否将有关外国实体列入不可靠实体清单的决定，并予以公告： （一）对中国国家主权、安全、发展利益的危害程度； （二）对中国企业、其他组织或者个人合法权益的损害程度； （三）是否符合国际通行经贸规则； （四）其他应当考虑的因素
第十条	对列入不可靠实体清单的外国实体，工作机制根据实际情况，可以决定采取下列一项或者多项措施，并予以公告： （一）限制或者禁止其从事与中国有关的进出口活动；

续表

《不可靠实体清单规定》	
第十条	（二）限制或者禁止其在中国境内投资； （三）限制或者禁止其相关人员、交通运输工具等入境； （四）限制或者取消其相关人员在中国境内工作许可、停留或者居留资格； （五）根据情节轻重给予相应数额的罚款； （六）其他必要的措施。 前款规定的处理措施，由有关部门按照职责分工依法实施，其他有关单位和个人应当配合实施
国际规则	
《联合国宪章》	
第七章　第41条	安全理事会可以决定采取武力以外的办法来实施其决议，并可以促请联合国会员国执行这些办法。这些办法可以包括经济关系、铁路、海运、航空、邮政、电信、无线电及其他交通工具的局部或全部停止，以及外交关系的断绝
第一章　第2条	（禁止使用武力原则）各会员国在其国际关系上不得使用威胁或武力，或以与联合国宗旨不符之任何其他方法，侵害任何会员国或国家之领土完整或政治独立
《欧盟运行条约》	
第215条	如果根据《欧盟条约》第五编第二章（共同外交与安全政策）通过的决定规定，部分或全部中断或减少与一个或多个第三国的经济和金融关系，则欧盟理事会应根据联盟外交事务和安全政策高级代表与欧盟委员会的联合提议，以特定多数通过必要的措施。理事会应将相关措施告知欧洲议会。 如果根据《欧盟条约》第五编第二章的决定规定，理事会可以按照第1款所述程序，对自然人、法人、团体或非国家实体采取限制性措施。 根据本条采取的行动应包括必要的法律保障条款
第217条	欧盟可以与一个或多个第三国或国际组织缔结联系协议，以建立包括互惠权利和义务在内的关系。这种联系协议旨在通过共同行动和特别程序，建立特殊、特权的联系

第二节
公司应对双/多边制裁专项合规案例分析

一、案情简介

2023年4月，英国数据保护机构ICO已对T公司（某社交媒体公司）处以1,270万英镑（1,478万欧元）的罚款。指责其在2020年允许多达140万13岁以下儿童注册，并在未经家长许可的情况下使用他们的数据。在荷兰，T公司于2021年因涉及未成年人的数据保护违规行为而被罚款75万欧元，而美国在受到类似指控后由美国联邦贸易委员会于 2019 年对 Z 科技有限公司在美国的运营实体 M 应用处以 570 万美元的罚款。

据代表欧盟的爱尔兰数据保护委员会（DPC）称，根据 2020 年 7 月底至 12 月底的调查，T 公司将被处以 3.45 亿欧元的罚款。因其隐私设置对包括平台上的儿童用户默认设置为公开，这意味着其所有 13～17 岁的儿童发布内容默认所有人都可见，包括不在平台上的人。此外，T 公司在向儿童提供有关平台使用的充分透明性方面不足，使得儿童用户难以理解 T 公司的隐私惯例。即使账户的"家庭连接"设置意用于将未成年人的 T 社交媒体账户与父母的账户相关联，但 T 公司不会检查关联账户是否确实属于亲属或监护人。

除了罚款外，T 公司还被要求在三个月内数据处理符合欧洲《通用数据保护条例》（GDPR），尤其需减少境外用户或实体对于中国当局是否可能获取用户数据等对数据保护的担忧。

二、案例分析

（一）为什么 T 公司近年在欧洲等地屡次被处罚？

社交网络运营商在境外对于个人信息保护的合规要求均较为严苛，违规操作或保护不当易受高额处罚。T 公司经调查被指控的罪名大致有两大方面：一是对未成年用户的数据处理不当，特别是某些默认设置容易违反青少年隐私保护原则，未有特别措施防范未成年儿童资料泄露风险，未有特别措施防范特定年龄段儿童未经家长或监护人同意直接注册平台账户或使用其数据等；二是平台过度收集个人信息或流通各类数据极大限度影响平台社区用户的数据安全性。

上述案件调查中，首先，T 公司违反了数据处理的合法性、公平性和透明性、数据最小化、数据安全、控制者的责任、默认数据保护设计及数据主体（包括未成年人）有权精确清晰地接受关于数据处理的信息和接受其个人数据的接受者的信息。且平台投放的广告对青少年用户未加以筛选，且没有确切的渠道保证平台在处理未成年人个人信息前得到其父母或监护人的知情同意。

T 公司由此承诺会为青少年推出新的安全功能，如 18 岁以下青少年每日在平台上默认屏幕时间限制不超过 60 分钟；并扩大家长控制选项，使其可大致了解应用程序的每日花费时间及打开频率。应用程序运行过程中，T 公司应以极其严肃和严格的方式处理对方未成年人信息保护问题，杜绝违规收集处理未成年人信息，或向其进行不当的自动算法推送，否则可能会面临越来越巨大的罚款和赔偿责任。

其次，在个人数据访问的问题上，T公司正在提高数据安全性，包括在欧洲设立三个独立的数据中心，在本地储存用户数据。此外，平台员工对数据的访问将进一步减少，欧洲以外的数据流动将被最小化。应用程序应优化算法并最小化减少使用者个人信息，未经用户知情同意，不得将其所已收集存储的个人信息提供给未知的第三方或非法传输至欧洲以外的地区。

（二）案例内所提及的欧洲《通用数据保护条例》（GDPR）下对数据控制者的合规义务要求

欧盟从权利保护的角度出发，将个人数据权视为基本人权，建立了严格限制个人数据跨境流动的保护体系。GDPR以属地原则和效果原则确定了该法的适用范围，在更大程度上将涉及欧盟数据主体的数据处理行为纳入了规制范围。

数据控制者（处理者）无论是否在"欧盟境内"（in the Union）设立机构，只要向欧盟数据主体"提供"（offer）商品、服务，或者"监控"（monitor）其行为，都被纳入GDPR的规制范围。

第一，GDPR第12条所规定的"透明度原则"要求数据控制者向公众或数据主体提供的、有关其如何处理个人数据、处理哪些个人数据等信息必须简洁、易于访问和易于理解；对儿童的个人数据应给予特殊保护，使用其易于理解的语言。数据控制者可以要求识别数据主体的身份，一经确认不得拒绝其根据GDPR所提出的合理、正当要求。

第二，GDPR第35条规定，如果一种处理方式，尤其是新技术，其处理的性质、范围、背景和目的，可能对自然人的权利和自由造成高风险，数据控制者应当事先对该处理操作对个人数据保护的影响进行评估［可选择使用隐私影响评价（PIA）或数据保护影响评估（DPIA）］。

第三，根据GDPR第30条的规定，数据控制者还有义务对其数据处理行为作出记录（Records of Processing Activities），并需根据要求向监管机构提供相关记录文件。

第四，根据GDPR第37条至第39条要求，数据控制者或者处理者应指定一名数据保护官，并报备其联络方式，确保其及时、适当地参与和个人数据保护相关的所有问题。

第五，仅在符合GDPR其他规定的情况下，数据控制者与数据处理者才可将个人数据转移到第三国或国际组织，且应确保不降低其个人数据保护水平（其中，美国、中国、印度等国家均尚未被承认具有与欧盟相同的个人数据保护水平）。受到GDPR管辖的企业在传输来自欧盟的个人数据时需注意是否应承担额外的审查责任、保障措施等。

（三）对中国企业于境外处理个人信息的合规建议

从T公司在美、英、欧洲的发展历程来看，其所遭受的监管固然有中美欧地缘政治博弈的影响，但也应从其在发展初期就开始重视数据合规建设，落实各地区特殊的合规要求，避免监管风险。

首先，企业需准确清晰识别合规义务。通过识别和梳理出海国家中数据合规相关的法律法规，应将相关要求纳入企业内部个人信息和隐私权利保障措施：（1）明确企业在出海国家当地的隐私法规项下的义务，并考虑供应商、员工及潜在客户等企业关联方来源所在国家和地区的数据合规要求；（2）关注企业出海业务的所属行业是否属于当地的强监管行业（如银行金融行业、医疗健康行业等），以及是否存在特别的数据监管要求。

其次，企业需有效细致梳理自身合规现状，并考虑如下因素：（1）产品或服务的数据处理活动中，是否遵循最小必要性原则、是否符合数据存储本地化原则、数据处理目的是否具备正当性、是否对个人数据进行加密处理或假名化等以保证处理系统及服务持续保密，并在后续依法及时删除或匿名化；（2）对外签订的合同内容中是否有纳入最新的法律规定，如是否有根据数据处理的特殊目的更改格式条款内确实的内容；（3）出海企业所处理数据的类型是否为存在特定监管要求的数据类型；（4）出海企业的组织架构及管理制度中，是否已完善数据安全事故的应急预案，是否设置特定的负责机构和负责人等，如若安全预警出现后未采取积极有效措施或对明知的风险及缺陷无作为，则存在较大可能被认定为具有主观过失并加剧处罚力度。

最后，关注出海地及本土数据合规差距，进行风险评估并分析梳理出整改清单。根据数据出境的不同阶段及实践状况，迅速切实实施合规整改。例如，根据企业实际业务流程，可设计适合的合规体系以真正符合出海国家数据合规的监管要求。其一，企业应当选择恰当的数据合规框架。例如，企业安全管理体系可参考国际上较为成熟的ISO 27001 信息安全管理体系框架，而企业隐私框架体系可以参考 ISO 27701 隐私信息管理体系构建企业隐私框架体系。其二，企业可选择恰当的数据合规落地步骤。统筹协调法务合规部门、管理层以及研发部、业务部等各部门的合作，有效降低日常生产经营活动每一步的个人信息合理合法管理。

| 第二十八章 |

公司出口管制专项合规指南与案例分析

当前，我国正处于坚持开放创新、日益走进世界舞台中央的重要时期。与此同时，国际环境的不稳定性也明显增强，世界百年未有之大变局加速演变。2023 年 2 月 12 日，商务部办公厅发布了《关于进一步做好两用物项出口管制工作的通知》，对两用物项出口申请、建立健全内部合规制度等方面做了进一步细化。业内人士逐渐认识到出口管制相关国际法规的重要性，为了防止非法贸易活动的发生，如未经许可的大规模杀伤性武器和两用用途货物的扩散，企业对参与单一交易的多个交易对手进行了更严格的审查。随着出口管制相关规定在全球的适用范围不断扩大，各国企业在出口过程中的合规审查要求也逐渐提高。

第一节
出口管制合规相关法律依据

《中华人民共和国出口管制法》	
第九条	国家出口管制管理部门依据本法和有关法律、行政法规的规定，根据出口管制政策，按照规定程序会同有关部门制定、调整管制物项出口管制清单，并及时公布。 根据维护国家安全和利益、履行防扩散等国际义务的需要，经国务院批准，或者经国务院、中央军事委员会批准，国家出口管制管理部门可以对出口管制清单以外的货物、技术和服务实施临时管制，并予以公告。临时管制的实施期限不超过二年。临时管制实施期限届满前应当及时进行评估，根据评估结果决定取消临时管制、延长临时管制或者将临时管制物项列入出口管制清单
第十二条	国家对管制物项的出口实行许可制度。 出口管制清单所列管制物项或者临时管制物项，出口经营者应当向国家出口管制管理部门申请许可。 出口管制清单所列管制物项以及临时管制物项之外的货物、技术和服务，出口经营者知道或者应当知道，或者得到国家出口管制管理部门通知，相关货物、技术和服务可能存在以下风险的，应当向国家出口管制管理部门申请许可：

	《中华人民共和国出口管制法》
第十二条	（一）危害国家安全和利益； （二）被用于设计、开发、生产或者使用大规模杀伤性武器及其运载工具； （三）被用于恐怖主义目的。 出口经营者无法确定拟出口的货物、技术和服务是否属于本法规定的管制物项，向国家出口管制管理部门提出咨询的，国家出口管制管理部门应当及时答复
第十三条	国家出口管制管理部门综合考虑下列因素，对出口经营者出口管制物项的申请进行审查，作出准予或者不予许可的决定： （一）国家安全和利益； （二）国际义务和对外承诺； （三）出口类型； （四）管制物项敏感程度； （五）出口目的国家或者地区； （六）最终用户和最终用途； （七）出口经营者的相关信用记录； （八）法律、行政法规规定的其他因素
第十四条	出口经营者建立出口管制内部合规制度，且运行情况良好的，国家出口管制管理部门可以对其出口有关管制物项给予通用许可等便利措施。具体办法由国家出口管制管理部门规定
第十八条	国家出口管制管理部门对有下列情形之一的进口商和最终用户，建立管控名单： （一）违反最终用户或者最终用途管理要求的； （二）可能危害国家安全和利益的； （三）将管制物项用于恐怖主义目的的。 对列入管控名单的进口商和最终用户，国家出口管制管理部门可以采取禁止、限制有关管制物项交易，责令中止有关管制物项出口等必要的措施。 出口经营者不得违反规定与列入管控名单的进口商、最终用户进行交易。出口经营者在特殊情况下确需与列入管控名单的进口商、最终用户进行交易的，可以向国家出口管制管理部门提出申请。 列入管控名单的进口商、最终用户经采取措施，不再有第一款规定情形的，可以向国家出口管制管理部门申请移出管控名单；国家出口管制管理部门可以根据实际情况，决定将列入管控名单的进口商、最终用户移出管控名单
第十九条	出口货物的发货人或者代理报关企业出口管制货物时，应当向海关交验由国家出口管制管理部门颁发的许可证件，并按照国家有关规定办理报关手续。 出口货物的发货人未向海关交验由国家出口管制管理部门颁发的许可证件，海关有证据表明出口货物可能属于出口管制范围的，应当向出口货物发货人提出质疑；海关可以向国家出口管制管理部门提出组织鉴别，并根据国家出口管制管理部门作出的鉴别结论依法处置。在鉴别或者质疑期间，海关对出口货物不予放行
第二十一条	出口经营者向国家两用物项出口管制管理部门申请出口两用物项时，应当依照法律、行政法规的规定如实提交相关材料
第二十二条	国家两用物项出口管制管理部门受理两用物项出口申请，单独或者会同有关部门依照本法和有关法律、行政法规的规定对两用物项出口申请进行审查，并在法定期限内作出准予或者不予许可的决定。作出准予许可决定的，由发证机关统一颁发出口许可证
第二十三条	国家实行军品出口专营制度。从事军品出口的经营者，应当获得军品出口专营资格并在核定的经营范围内从事军品出口经营活动。 军品出口专营资格由国家军品出口管制管理部门审查批准

续表

《中华人民共和国出口管制法》	
第二十四条	军品出口经营者应当根据管制政策和产品属性，向国家军品出口管制管理部门申请办理军品出口立项、军品出口项目、军品出口合同审查批准手续。 重大军品出口立项、重大军品出口项目、重大军品出口合同，应当经国家军品出口管制管理部门会同有关部门审查，报国务院、中央军事委员会批准
第二十五条	军品出口经营者在出口军品前，应当向国家军品出口管制管理部门申请领取军品出口许可证。 军品出口经营者出口军品时，应当向海关交验由国家军品出口管制管理部门颁发的许可证件，并按照国家有关规定办理报关手续
第二十六条	军品出口经营者应当委托经批准的军品出口运输企业办理军品出口运输及相关业务。具体办法由国家军品出口管制管理部门会同有关部门规定
第二十七条	军品出口经营者或者科研生产单位参加国际性军品展览，应当按照程序向国家军品出口管制管理部门办理审批手续
第三十三条	出口经营者未取得相关管制物项的出口经营资格从事有关管制物项出口的，给予警告，责令停止违法行为，没收违法所得，违法经营额五十万元以上的，并处违法经营额五倍以上十倍以下罚款；没有违法经营额或者违法经营额不足五十万元的，并处五十万元以上五百万元以下罚款
第三十四条	出口经营者有下列行为之一的，责令停止违法行为，没收违法所得，违法经营额五十万元以上的，并处违法经营额五倍以上十倍以下罚款；没有违法经营额或者违法经营额不足五十万元的，并处五十万元以上五百万元以下罚款；情节严重的，责令停业整顿，直至吊销相关管制物项出口经营资格： （一）未经许可擅自出口管制物项； （二）超出出口许可证件规定的许可范围出口管制物项； （三）出口禁止出口的管制物项
第三十五条	以欺骗、贿赂等不正当手段获取管制物项出口许可证件，或者非法转让管制物项出口许可证件的，撤销许可，收缴出口许可证，没收违法所得，违法经营额二十万元以上的，并处违法经营额五倍以上十倍以下罚款；没有违法经营额或者违法经营额不足二十万元的，并处二十万元以上二百万元以下罚款。 伪造、变造、买卖管制物项出口许可证件的，没收违法所得，违法经营额五万元以上的，并处违法经营额五倍以上十倍以下罚款；没有违法经营额或者违法经营额不足五万元的，并处五万元以上五十万元以下罚款
第三十七条	出口经营者违反本法规定与列入管控名单的进口商、最终用户进行交易的，给予警告，责令停止违法行为，没收违法所得，违法经营额五十万元以上的，并处违法经营额十倍以上二十倍以下罚款；没有违法经营额或者违法经营额不足五十万元的，并处五十万元以上五百万元以下罚款；情节严重的，责令停业整顿，直至吊销相关管制物项出口经营资格
第三十八条	出口经营者拒绝、阻碍监督检查的，给予警告，并处十万元以上三十万元以下罚款；情节严重的，责令停业整顿，直至吊销相关管制物项出口经营资格
第四十三条	违反本法有关出口管制管理规定，危害国家安全和利益的，除依照本法规定处罚外，还应当依照有关法律、行政法规的规定进行处理和处罚。 违反本法规定，出口国家禁止出口的管制物项或者未经许可出口管制物项的，依法追究刑事责任

《中华人民共和国两用物项出口管制条例》	
第十四条	国家对两用物项的出口实行许可制度。 出口两用物项出口管制清单所列两用物项或者实施临时管制的两用物项，出口经营者应当向国务院商务主管部门申请许可。 相关货物、技术和服务存在出口管制法第十二条第三款规定情形的，出口经营者应当依照出口管制法和本条例的规定向国务院商务主管部门申请许可。法律、行政法规、军事法规另有规定的，从其规定。 出口经营者应当了解拟出口货物、技术和服务的性能指标、主要用途等，确定其是否属于两用物项；无法确定的，可以向国务院商务主管部门提出咨询，国务院商务主管部门应当及时答复。出口经营者提出咨询的，应当同时提供拟出口货物、技术和服务的性能指标、主要用途以及无法确定是否属于两用物项的原因
第十五条	出口两用物项应当依照出口管制法和本条例的规定获得单项许可、通用许可，或者以登记填报信息方式获得出口凭证。 单项许可允许出口经营者在出口许可证件载明的范围、条件和有效期内，向单一最终用户进行一次特定两用物项出口。单项许可的有效期不超过 1 年，有效期内完成出口的，出口许可证件自动失效。 通用许可允许出口经营者在出口许可证件载明的范围、条件和有效期内，向单一或者多个最终用户进行多次特定两用物项出口。通用许可的有效期不超过 3 年。 以登记填报信息方式获得出口凭证出口的，出口经营者应当在特定两用物项每次出口前向国务院商务主管部门办理登记，按照规定如实填报相关信息获得出口凭证后，凭出口凭证自行出口
第四十条	出口经营者违反本条例规定，未履行报告义务的，给予警告，责令改正；情节严重的，没收违法所得，违法经营额 50 万元以上的，并处违法经营额 5 倍以上 10 倍以下罚款；没有违法经营额或者违法经营额不足 50 万元的，并处 50 万元以上 300 万元以下罚款。 提供代理、货运、寄递、报关、第三方电子商务交易平台和金融等服务的经营者违反本条例第三十六条规定，未履行报告义务的，给予警告，责令改正，可以处 10 万元以下罚款；情节严重的，并处 10 万元以上 50 万元以下罚款
第四十一条	教唆、帮助出口经营者、进口商、最终用户规避出口管制法和本条例的规定实施违法行为的，给予警告，责令停止违法行为，没收违法所得，违法所得 10 万元以上的，并处违法所得 3 倍以上 5 倍以下罚款；没有违法所得或者违法所得不足 10 万元的，并处 10 万元以上 50 万元以下罚款
第四十二条	国内进口经营者和最终用户违反其向国务院商务主管部门作出承诺的，给予警告，责令改正，没收违法所得，违法经营额 50 万元以上的，并处违法经营额 3 倍以上 5 倍以下罚款；没有违法经营额或者违法经营额不足 50 万元的，并处 30 万元以上 300 万元以下罚款。国务院商务主管部门可以自处罚决定生效之日起 5 年内不受理其提出的最终用户和最终用途说明文件办理申请
第四十三条	违反本条例规定，擅自接受或者承诺接受外国政府提出的与出口管制相关的访问、现场核查等要求的，给予警告，并处 50 万元以下罚款；情节严重的，并处 50 万元以上 300 万元以下罚款；情节特别严重的，责令停业整顿
《中华人民共和国核出口管制条例》	
第五条	核出口审查、许可，应当遵循下列准则： （一）接受方政府保证不将中国供应的核材料、核设备或者反应堆用非核材料以及通过其使用而生产的特种可裂变材料用于任何核爆炸目的；

续表

《中华人民共和国核出口管制条例》	
第五条	（二）接受方政府保证对中国供应的核材料以及通过其使用而生产的特种可裂变材料采取适当的实物保护措施； （三）接受方政府同国际原子能机构订有有效的全面保障协定，本项规定不适用于同国际原子能机构订有自愿保障协定的国家。 （四）接受方保证，未经中国国家原子能机构事先书面同意，不向第三方再转让中国所供应的核材料、核设备或者反应堆用非核材料及其相关技术；经事先同意进行再转让的，接受再转让的第三方应当承担相当于由中国直接供应所承担的义务。 （五）接受方政府保证，未经中国政府同意，不得利用中国提供的铀浓缩设施、技术或者以此技术为基础的任何设施生产富集度高于20%的浓缩铀
第十二条	核出口申请依照本条例规定经复审或者审批同意的，由商务部颁发核出口许可证
第十三条	核出口许可证持有人改变原申请出口的物项及其相关技术的，应当交回原许可证，并依照本条例的规定，重新申请、领取核出口许可证
第十五条	核出口专营单位进行核出口时，应当向海关出具核出口许可证，依照海关法的规定办理海关手续，并接受海关监管
第十八条	违反本条例规定，出口核材料、核设备、反应堆用非核材料的，依照海关法的规定处罚。 违反本条例的规定，出口《管制清单》所列有关技术的，由商务部给予警告，处违法经营额1倍以上5倍以下罚款；违法经营额不足5万元的，处5万元以上25万元以下罚款；有违法所得的，没收违法所得，构成犯罪的，依法追究刑事责任
第十九条	伪造、变造、买卖核出口许可证的，或者以欺骗等不正当手段获得核出口许可证的，依照有关法律、行政法规的规定处罚；构成犯罪的，依法追究刑事责任

第二节
出口管制合规专项指南

为助力读者精准掌握相关要点，深度理解出口管制合规指南，我们精心整理并在此附上实操中的具体指南性文件。

 出口管制合规工作指引

本次仅以美国出口管制为研究目标，为企业编制《出口管制合规工作指引》，具体内容如下：

一、前期筛查

（一）物项筛查

1. 风险描述：未对转移物项进行筛查，导致违反EAR关于出口许可的规定。

EAR 第 736 条：禁止向清单上的国家（被美国采取出口管理制裁，禁止向其出口的国家）出口或再出口任何 EAR 的管制物项。在没有许可或许可例外的情形下，任何人不得向其他国家出口任何 EAR 的管制物项。

2. 控制目标：涉外业务单位、在美企业，对列于 CCL 的物项，确保取得美国商务部出口许可或许可豁免后方可进口或出口。

3. 管理规范：①业务部门对产品 ECCN 编码进行分类确认、对相关管制条件进行核实；②将相关信息提供给交易对方做进一步核实；③办理出口许可证申请或豁免申请。

（二）主体筛查

1. 风险描述：未对出口中间用户、最终用户主体进行筛查和对最终用户的规划进行披露，导致违反 EAR 关于出口许可的规定。

EAR 第 736 条：禁止向清单上的国家（美国采取出口管理制裁，禁止向其出口的国家）出口或再出口任何 EAR 的管制物项。在没有许可或许可例外的情形下，任何人不得向其他国家出口任何 EAR 的管制物项。除 EAR 的 CCC 外，美国国务院发布的《防扩散制裁清单》；美国商务部发布的《被拒绝贸易方清单》《实体清单》《未经验证的实体清单》；美国财政部发布的《特别指定国民名单》《逃避外国制裁者清单》《行业制裁清单》，以上名单上的个人和实体被禁止或限制进行相关出口贸易。

2. 控制目标：涉外业务企业、在美企业或者中资持股的美国公司，也包括以合资、联合开发协议或类似合作协议成立的有美国成分的企业，对列于 CCC 的国家的相关主体出口时，确保取得美国商务部出口许可或许可豁免后方可进口或出口。

3. 管理规范：①出口业务部门筛查交易是否构成出口、再出口、转运，或视同出口；②筛查交易的最终目的地是否为受管制地区、交易对象本身是否属于管制清单内的个人或实体、交易对象的基本信息是否存在疑点；③若交易涉及主体所在国家或地区未被列入 CCC 受限的国家或地区，则需再比照该实体在《实体清单》中受到的具体限制，判断是否需要从 BIS 获得许可证；④将相关信息提供给交易对方进行进一步核实；⑤确保如实披露相关内容、安排及主体。

（三）相对方筛查义务

1. 风险描述：未要求出口方出具涉及本次交易出口管制相关的分析报告和承诺文件，导致后续交易中可能出现风险不可控的情形。

2. 控制目标：涉外单位应确保出口商就出口物项及交易行为出具分析报告和承诺文件。

3. 管理规范：交易双方达成初步合作意向后，要求出口方出具出口管制分析报告，内容须包括：①明确本次交易是否受出口管制管辖；②若构成出口管制，需明确具体受限行为；③对如实提供资料信息、履行出口合规义务的承诺。

二、合同签订

（一）许可证条款适用

1. 风险描述：合同中未明确双方在出口管制方面的责任，导致风险发生后合同无法正常履行。

根据《中华人民共和国民法典》《中华人民共和国出口管制法》、相关有管辖权国家的有关出口管制法律法规（如美国的 EAR、ITAR 等适用的法律法规）中的规定，在合同中设置如实告知、审查、尽责等义务条款，避免出现无法取得出口许可证、无法交货、逾期交货，以及违约方援引不可抗力条款免责等风险。

2. 控制目标：涉外业务单位应审查合同中的出口管制条款，确保出口管制的物品能够顺利办理出口国的出口许可证、规避因无法办理出口许可证引发的风险。

3. 管理规范：①合同中应明确由出口方办理产品出口许可证，进口方配合出口方完成办理手续，并以完成办理出口许可证作为合同生效要件；②合理适用无法办理出口许可证是否属于不可抗力，是否可以援引不可抗力条款；③合理适用因无法办理出口许可证所造成的损失的责任分配条款。

（二）合规条款适用

1. 风险描述：未根据特定物项、特定交易相对方设置匹配的合规条款。根据美国的 EAR、ITAR 等适用的法律法规合理约定合规条款，明确合规责任和义务。

2. 控制目标：涉外业务单位应防止交易任何一方滥用合规条款，设置对不受限物项参照受限物项管控、扩大对出口管制限制范围等不合理条款。

3. 管理规范：在下述程序基础上制定合规条款：①确定交易标的是否为美国出口管制法律项下的管制物品后，在合同中确定相应管制物品清单；②确定对于管制物品是否受到限制或禁止向国家或该国的公司出口，并在合同中加入知晓相关风险的条款；③设置相关法律法规明确禁止或限制的任何行为及相应责任的条款；④涉及许可证管控物项的，设置许可证管控相应条款。

（三）物项交易

1. 违规交易处理

（1）风险描述：未及时终止违规交易，将被认定为违规行为而受到制裁。

EAR 764.3（a）明确了违反 EAA、EAR 及任何规定、许可和法律法规的行为，都将根据相关责任、制裁、罚金等规定，受到相应的处罚。

（2）控制目标：不易识别的物项和国家风险，例如与列入《实体清单》的实体进行 EAR99 项下的交易时，应及时取得美国商务部的出口许可，或终止交易。

（3）管理规范：涉外企业应实时跟踪美国相关监管部门清单的更新情况，及时识别出潜在风险，尤其是交易未完成阶段的风险。识别到风险后，应及时终止交易行为，并申请出口许可，如无法取得许可，应终止交易。

2. 禁止"自我蒙蔽"行为

（1）风险描述：对交易过程中的违规行为、异常情况等，未采取适当手段进行处理，以"自我蒙蔽"方式继续促成交易，将被认定为违规行为而受到制裁。

EAR 规定一旦出现"警示红旗"，则需要开展尽职调查来保证出口管制的合规性要求。在正常经营过程中切断、中断公司与外部信息沟通渠道，将加重公司的责任。发现将要进行的交易可能包含不适当的最终用户、最终用途或目的地的异常情况，但未采取进一步调查措施，通过告知交易对方隔绝不合规信息等"自我蒙蔽"的形式继续促成交易。以至于这些出口可能存在不适当的最终用途、最终用户或目的地。

（2）控制目标：对违规行为、异常情况的识别和处理，应符合相关出口管制规定的要求。

（3）管理规范：①对相关人员进行出口管制合规培训，提高风险识别能力；②搜集特定的异常情况情形，并归纳总结适用的异常情况的判断标准，对交易行为进行筛查；③在正常经营过程中不得切断、中断公司与外部信息沟通的渠道；④发现异常情况后，向合规管理部门汇报。

（四）受控物项持有期间管理

1. 保密管理

（1）风险描述：自收到受控物项后，违反出口管制规定或保密约定，对外透露或与第三方交流受控物项及其受控零部件相关信息。

根据 EAR734.13（b）条以及 EAR734.14（b）条的规定，如数据属于受控技术和软件，则若其向非所在国个人或实体发布，即使该等发布仅限于美国境内或第三国境内，同样将被视同出口和再出口，属于 EAR 下的受控行为。根据 EAR734.15 节的规定，EAR 下所称发布，包括通过可视化或其他可检视的方式向外国个人或实体显示受控技术；通过口头或书面的形式向外国个人或实体提供受控技术；通过允许外国个人或实体接触信息、提供授权等方式导致受控技术的发布。

（2）控制目标：不得对外透露受控物项及其受控零部件、技术等相关信息，不得与第三方交流相关信息。

（3）管理规范：涉外经营单位应建立严格的受控物项及其受控零部件的保密措施和保密制度。经授权的受控物项的相关员工不得对外透露或与第三方交流受控物项及其受控零部件相关信息，包括与境外进行与受控物项有关的电话交流、电子邮件往来、通过云端共享受控物项有关信息，向境外提供与受控物项有关的源代码、专门培训课程、技术图纸等资料或信息。

2. 接触者管理

（1）风险描述：未进行筛查，导致来自禁运国家及制裁国家的访客或公司内部来自禁运国家或制裁国家的公司员工，未经筛查接触或使用受管制设备或技术。

（2）控制目标：受控物项持有方应确保需要进入受控物项安装车间访客，或公司内部其他员工等，可能接触或使用受管制设备或技术的潜在的接触者。

（3）管理规范：①只有经授权的受控物项的操作、维护人员和技术人员才可以接触相关受控物项；②企业需对所有现有及潜在的员工进行筛查，以确保美国禁运国家中的公民不被批准接触或使用该受管制设备或技术；③对来访人员应建立筛查、陪同访问、来访记录等严格的管理规范。

3. 再处理行为管理

（1）风险描述：未经美国政府的授权许可，违规转移、再出口和再销售受控物项及其相关受控零部件，或使用受控物项进行再开发，或废弃或销毁受控物项及其相关受控零部件。

（2）控制目标：受控物项的持有方转移、再出口和再销售受控物项及其相关受控零部件，或使用受控物项进行再开发，或废弃或销毁受控物项及其相关受控零部件等再处理行为，需取得美国政府相关部门的批准。

（3）管理规范：在任何情况下，如果决定转移、再出口和再销售受控物项及其相关受控零部件，或使用受控物项进行再开发，或废弃或销毁受控物项及其相关受控零部件，必须在做出决定之前提前通知合规管理部门，计算美国成分所占比例，判断最小比例规则下的出口管制风险，未经美国政府的授权许可，不得就受控物项及其相关受控零部件进行任何形式上的再处理。

4. 数据信息管理

（1）风险描述：除使用场合外，日常的管理、培训、交流，以及接受美国政府委派的机构对受控物项使用情况的检查时，违规交换、提供受控物项信息和资料，被认定为违规出口行为。

（2）控制目标：与受控物项的所有数据、资料，以及数据、资料的载体，都应受到严格的管理。

（3）管理规范：①在未经授权情况下，禁止参与与美国进行受控物项有关的信息交流，提供或接受与美国受控物项有关的资料、信息；②在使用及成果交流过程中，未及时规避或退出可能出现涉及军事最终用户以及军事最终用途的情况或者讨论；③未经上报及核准，不得以任何形式签署、提供任何相关文件和资料。

5. 记录保存

（1）风险描述：未按照 EAR 规定保存的准确和完整的记录。

EAR 第 762 条规定，从美国出口商品、软件和技术，以及任何已知的美国出口产品的再出口、转运或转移，相关记录都需要进行保存。美国实体的出口记录应当保存 5 年，自从美国出口之日起计算。

（2）控制目标：所有与出口管制相关文件须保存至少 5 年。

（3）管理规范：自交易双方达成交易意向起，准确和完整地并按期限保存所有与出口管制相关的文件、通话记录等资料，明确存放地点及负责人。

第三节
出口管制合规案例分析

一、案情简介

2021 年，美国参议院发布一份报告，指控 X 公司违反了美国的出口管制令，美国 X 公司是全球主要的硬盘驱动器（HDD）厂商之一。2020 年 5 月和 8 月，BIS 针对 H 公司系实体清单企业两次修订 FDP 规则，扩大了其适用范围基于实体清单 FDP 规则的限制，未经 BIS 的许可，H 公司不得接收受 FDP 规则约束的物项，也不得作为前述物项的交易方。前述规则发布后，有能力制造 HDD 的三家公司中的两家迅速公开表示，已经停止向 H 公司销售 HDD。唯有 X 公司认为，FDP 规则只评估其 HDD 制造过程的最终阶段，而非制造的全过程，故其在未经 BIS 许可的情形下继续向 H 公司销售 HDD，销售量达 742 万个，价值约 11 亿美元，并成为了 H 公司唯一的 HDD 供应商。

二、案例分析

2022 年 8 月 29 日，X 公司收到了 BIS 的"拟议指控函"。BIS 指控其用于生产 HDD 零部件的设备属于"主要设备"，其生产的 HDD 受到 EAR 的管制，其在 2020 年 8 月至 2021 年 9 月期间向实体清单上的 H 公司及其关联实体提供 HDD，违反了 EAR 的规定。X 公司错误地解读了外国产品规定，认为只要求对其制造过程的最后阶段进行评估，而不是对整个过程进行评估。X 公司在中国大陆、北爱尔兰、马来西亚、新加坡、泰国和美国生产硬盘，并使用包括测试设备在内的设备都需要遵守该规定。2023 年 4 月 19 日，BIS 与 X 公司达成和解协议，X 公司承认了 BIS 的指控，并同意接受处罚支付 3 亿美元罚款并进行多年出口管制合规审计。

| 第二十九章 |

公司贸易合规专项合规指南与案例分析

在全球贸易格局深度调整与地缘政治风险加剧的背景下，国际贸易合规已成为企业稳健经营的核心支柱。贸易活动涉及出口管制、经济制裁、关税政策、数据跨境等多重监管维度，任何环节的违规行为均可能引发行政处罚、供应链中断甚至刑事责任，严重损害企业声誉与市场竞争力。从法律层面看，公司可能会遭受高额罚款、刑事处罚，相关责任人也可能面临法律制裁；在商业信誉方面，不合规行为会损害公司的品牌形象，降低客户和合作伙伴的信任度，进而影响公司的业务拓展和市场份额；在经济损失上，除了罚款外，还可能包括货物被扣押、订单取消、贸易壁垒增加等一系列连锁反应。为了帮助公司有效应对贸易合规挑战，确保贸易活动的合法性、规范性和可持续性，本章总结了公司贸易合规相关的法律依据以及案例分析。

第一节
公司贸易合规相关法律依据

《中华人民共和国出口管制法》	
第十二条	国家对管制物项的出口实行许可制度。出口管制清单所列管制物项或者临时管制物项，出口经营者应当向国家出口管制管理部门申请许可。 出口管制清单所列管制物项以及临时管制物项之外的货物、技术和服务，出口经营者知道或者应当知道，或者得到国家出口管制管理部门通知，相关货物、技术和服务可能存在以下风险的，应当向国家出口管制管理部门申请许可：（一）危害国家安全和利益；（二）被用于设计、开发、生产或者使用大规模杀伤性武器及其运载工具；（三）被用于恐怖主义目的。 出口经营者无法确定拟出口的货物、技术和服务是否属于本法规定的管制物项，向国家出口管制管理部门提出咨询的，国家出口管制管理部门应当及时答复
第十四条	出口经营者建立出口管制内部合规制度，且运行情况良好的，国家出口管制管理部门可以对其出口有关管制物项给予通用许可等便利措施。具体办法由国家出口管制管理部门规定

续表

《中华人民共和国出口管制法》	
第十五条	出口经营者应当向国家出口管制管理部门提交管制物项的最终用户和最终用途证明文件，有关证明文件由最终用户或者最终用户所在国家和地区政府机构出具
《不可靠实体清单规定》	
第十条	对列入不可靠实体清单的外国实体，工作机制根据实际情况，可以决定采取下列一项或者多项措施（以下称处理措施），并予以公告：（一）限制或者禁止其从事与中国有关的进出口活动；（二）限制或者禁止其在中国境内投资；（三）限制或者禁止其相关人员、交通运输工具等入境；（四）限制或者取消其相关人员在中国境内工作许可、停留或者居留资格；（五）根据情节轻重给予相应数额的罚款；（六）其他必要的措施。前款规定的处理措施，由有关部门按照职责分工依法实施，其他有关单位和个人应当配合实施
第十二条	有关外国实体被限制或者禁止从事与中国有关的进出口活动，中国企业、其他组织或者个人在特殊情况下确需与该外国实体进行交易的，应当向工作机制办公室提出申请，经同意可以与该外国实体进行相应的交易
《中华人民共和国海关法》	
第二十四条	进口货物的收货人、出口货物的发货人应当向海关如实申报，交验进出口许可证件和有关单证。国家限制进出口的货物，没有进出口许可证件的，不予放行，具体处理办法由国务院规定。 进口货物的收货人应当自运输工具申报进境之日起十四日内，出口货物的发货人除海关特准的外应当在货物运抵海关监管区后、装货的二十四小时以前，向海关申报。 进口货物的收货人超过前款规定期限向海关申报的，由海关征收滞报金
第八十二条	违反本法及有关法律、行政法规，逃避海关监管，偷逃应纳税款、逃避国家有关进出境的禁止性或者限制性管理，有下列情形之一的，是走私行为：（一）运输、携带、邮寄国家禁止或者限制进出境货物、物品或者依法应当缴纳税款的货物、物品进出境的；（二）未经海关许可并且未缴纳应纳税款、交验有关许可证件，擅自将保税货物、特定减免税货物以及其他海关监管货物、物品、进境的境外运输工具，在境内销售的；（三）有逃避海关监管，构成走私的其他行为的。 有前款所列行为之一，尚不构成犯罪的，由海关没收走私货物、物品及违法所得，可以并处罚款；专门或者多次用于掩护走私的货物、物品，专门或者多次用于走私的运输工具，予以没收，藏匿走私货物、物品的特制设备，责令拆毁或者没收。有第一款所列行为之一，构成犯罪的，依法追究刑事责任
《中华人民共和国关税法》	
第十八条	任何国家或者地区违反与中华人民共和国缔结或者共同参加的国际条约、协定，对中华人民共和国在贸易方面采取禁止、限制、加征关税或者其他影响正常贸易的措施的，对原产于该国家或者地区的进口货物可以采取征收报复性关税等措施。 征收报复性关税的货物范围、适用国别或者地区、税率、期限和征收办法，由国务院关税税则委员会提出建议，报国务院批准后执行
第四十四条	进出口货物的纳税人在规定的纳税期限内有转移、藏匿其应税货物以及其他财产的明显迹象，或者存在其他可能导致无法缴纳税款风险的，海关可以责令其提供担保；纳税人不提供担保的，经直属海关关长或者其授权的隶属海关关长批准，海关可以实施下列强制措施：（一）书面通知银行业金融机构冻结纳税人金额相当于应纳税款的存款、汇款；（二）查封、扣押纳税人价值相当于应纳税款的货物或者其他财产。纳税人在规定的纳税期限内缴纳税款的，海关应当立即解除强制措施

《中华人民共和国进出口货物原产地条例》	
第二十二条	违反本条例规定申报进口货物原产地的，依照《中华人民共和国对外贸易法》《中华人民共和国海关法》和《中华人民共和国海关行政处罚实施条例》的有关规定进行处罚
第二十三条	提供虚假材料骗取出口货物原产地证书或者伪造、变造、买卖或者盗窃出口货物原产地证书的，由海关处 5,000 元以上 10 万元以下的罚款；骗取、伪造、变造、买卖或者盗窃作为海关放行凭证的出口货物原产地证书的，处货值金额等值以下的罚款，但货值金额低于 5,000 元的，处 5,000 元罚款。有违法所得的，由海关没收违法所得。构成犯罪的，依法追究刑事责任
第二十五条	确定进出口货物原产地的工作人员违反本条例规定的程序确定原产地的，或者泄露所知悉的商业秘密的，或者滥用职权、玩忽职守、徇私舞弊的，依法给予行政处分；有违法所得的，没收违法所得；构成犯罪的，依法追究刑事责任
《中华人民共和国对外贸易法》	
第十五条	国家基于下列原因，可以限制或者禁止有关货物、技术的进口或者出口：（一）为维护国家安全、社会公共利益或者公共道德，需要限制或者禁止进口或者出口的；（二）为保护人的健康或者安全，保护动物、植物的生命或者健康，保护环境，需要限制或者禁止进口或者出口的；（三）为实施与黄金或者白银进口有关的措施，需要限制或者禁止进口或者出口的；（四）国内供应短缺或者为有效保护可能用竭的自然资源，需要限制或者禁止出口的；（五）输往国家或者地区的市场容量有限，需要限制出口的；（六）出口经营秩序出现严重混乱，需要限制出口的；（七）为建立或者加快建立国内特定产业，需要限制进口的；（八）对任何形式的农业、牧业、渔业产品有必要限制进口的；（九）为保障国家国际金融地位和国际收支平衡，需要限制进口的；（十）依照法律、行政法规的规定，其他需要限制或者禁止进口或者出口的；（十一）根据我国缔结或者参加的国际条约、协定的规定，其他需要限制或者禁止进口或者出口的
第十七条	国务院对外贸易主管部门会同国务院其他有关部门，依照本法第十五条和第十六条的规定，制定、调整并公布限制或者禁止进出口的货物、技术目录。 国务院对外贸易主管部门或者由其会同国务院其他有关部门，经国务院批准，可以在本法第十五条和第十六条规定的范围内，临时决定限制或者禁止前款规定目录以外的特定货物、技术的进口或者出口
《中华人民共和国反洗钱法》	
第六条	在中华人民共和国境内（以下简称"境内"）设立的金融机构和依照本法规定应当履行反洗钱义务的特定非金融机构，应当依法采取预防、监控措施，建立健全反洗钱内部控制制度，履行客户尽职调查、客户身份资料和交易记录保存、大额交易和可疑交易报告、反洗钱特别预防措施等反洗钱义务
第十条	任何单位和个人不得从事洗钱活动或者为洗钱活动提供便利，并应当配合金融机构和特定非金融机构依法开展的客户尽职调查
第十六条	国务院反洗钱行政主管部门设立反洗钱监测分析机构。反洗钱监测分析机构开展反洗钱资金监测，负责接收、分析大额交易和可疑交易报告，移送分析结果，并按照规定向国务院反洗钱行政主管部门报告工作情况，履行国务院反洗钱行政主管部门规定的其他职责。 反洗钱监测分析机构根据依法履行职责的需要，可以要求履行反洗钱义务的机构提供与大额交易和可疑交易相关的补充信息。 反洗钱监测分析机构应当健全监测分析体系，根据洗钱风险状况有针对性地开展监测分析工作，按照规定向履行反洗钱义务的机构反馈可疑交易报告使用情况，不断提高监测分析水平

续表

《中华人民共和国反洗钱法》	
第十八条	出入境人员携带的现金、无记名支付凭证等超过规定金额的，应当按照规定向海关申报。海关发现个人出入境携带的现金、无记名支付凭证等超过规定金额的，应当及时向反洗钱行政主管部门通报。前款规定的申报范围、金额标准以及通报机制等，由国务院反洗钱行政主管部门、国务院外汇管理部门按照职责分工会同海关总署规定

《外汇管理条例》	
第三十九条	有违反规定将境内外汇转移境外，或者以欺骗手段将境内资本转移境外等逃汇行为的，由外汇管理机关责令限期调回外汇，处逃汇金额30%以下的罚款；情节严重的，处逃汇金额30%以上等值以下的罚款；构成犯罪的，依法追究刑事责任
第四十条	有违反规定以外汇收付应当以人民币收付的款项，或者以虚假、无效的交易单证等向经营结汇、售汇业务的金融机构骗购外汇等非法套汇行为的，由外汇管理机关责令对非法套汇资金予以回兑，处非法套汇金额30%以下的罚款；情节严重的，处非法套汇金额30%以上等值以下的罚款；构成犯罪的，依法追究刑事责任
第四十五条	私自买卖外汇、变相买卖外汇、倒买倒卖外汇或者非法介绍买卖外汇数额较大的，由外汇管理机关给予警告，没收违法所得，处违法金额30%以下的罚款；情节严重的，处违法金额30%以上等值以下的罚款；构成犯罪的，依法追究刑事责任

《中华人民共和国数据安全法》	
第二十七条	开展数据处理活动应当依照法律、法规的规定，建立健全全流程数据安全管理制度，组织开展数据安全教育培训，采取相应的技术措施和其他必要措施，保障数据安全。利用互联网等信息网络开展数据处理活动，应当在网络安全等级保护制度的基础上，履行上述数据安全保护义务。重要数据的处理者应当明确数据安全负责人和管理机构，落实数据安全保护责任
第三十二条	任何组织、个人收集数据，应当采取合法、正当的方式，不得窃取或者以其他非法方式获取数据。 法律、行政法规对收集、使用数据的目的、范围有规定的，应当在法律、行政法规规定的目的和范围内收集、使用数据
第四十五条	开展数据处理活动的组织、个人不履行本法第二十七条、第二十九条、第三十条规定的数据安全保护义务的，由有关主管部门责令改正，给予警告，可以并处五万元以上五十万元以下罚款，对直接负责的主管人员和其他直接责任人员可以处一万元以上十万元以下罚款；拒不改正或者造成大量数据泄露等严重后果的，处五十万元以上二百万元以下罚款，并可以责令暂停相关业务、停业整顿、吊销相关业务许可证或者吊销营业执照，对直接负责的主管人员和其他直接责任人员处五万元以上二十万元以下罚款。 违反国家核心数据管理制度，危害国家主权、安全和发展利益的，由有关主管部门处二百万元以上一千万元以下罚款，并根据情况责令暂停相关业务、停业整顿、吊销相关业务许可证或者吊销营业执照；构成犯罪的，依法追究刑事责任

《中华人民共和国个人信息保护法》	
第十条	任何组织、个人不得非法收集、使用、加工、传输他人个人信息，不得非法买卖、提供或者公开他人个人信息；不得从事危害国家安全、公共利益的个人信息处理活动

续表

	《中华人民共和国个人信息保护法》
第三十八条	个人信息处理者因业务等需要，确需向中华人民共和国境外提供个人信息的，应当具备下列条件之一：（一）依照本法第四十条的规定通过国家网信部门组织的安全评估；（二）按照国家网信部门的规定经专业机构进行个人信息保护认证；（三）按照国家网信部门制定的标准合同与境外接收方订立合同，约定双方的权利和义务；（四）法律、行政法规或者国家网信部门规定的其他条件。 中华人民共和国缔结或者参加的国际条约、协定对向中华人民共和国境外提供个人信息的条件等有规定的，可以按照其规定执行。 个人信息处理者应当采取必要措施，保障境外接收方处理个人信息的活动达到本法规定的个人信息保护标准
第四十条	关键信息基础设施运营者和处理个人信息达到国家网信部门规定数量的个人信息处理者，应当将在中华人民共和国境内收集和产生的个人信息存储在境内。确需向境外提供的，应当通过国家网信部门组织的安全评估；法律、行政法规和国家网信部门规定可以不进行安全评估的，从其规定
第四十一条	中华人民共和国主管机关根据有关法律和中华人民共和国缔结或者参加的国际条约、协定，或者按照平等互惠原则，处理外国司法或者执法机构关于提供存储于境内个人信息的请求。 非经中华人民共和国主管机关批准，个人信息处理者不得向外国司法或者执法机构提供存储于中华人民共和国境内的个人信息
	《个人信息出境标准合同办法》
第四条	个人信息处理者通过订立标准合同的方式向境外提供个人信息的，应当同时符合下列情形：（一）非关键信息基础设施运营者；（二）处理个人信息不满100万人的；（三）自上年1月1日起累计向境外提供个人信息不满10万人的；（四）自上年1月1日起累计向境外提供敏感个人信息不满1万人的。法律、行政法规或者国家网信部门另有规定的，从其规定。个人信息处理者不得采取数量拆分等手段，将依法应当通过出境安全评估的个人信息通过订立标准合同的方式向境外提供
第五条	个人信息处理者向境外提供个人信息前，应当开展个人信息保护影响评估，重点评估以下内容：（一）个人信息处理者和境外接收方处理个人信息的目的、范围、方式等的合法性、正当性、必要性；（二）出境个人信息的规模、范围、种类、敏感程度，个人信息出境可能对个人信息权益带来的风险；（三）境外接收方承诺承担的义务，以及履行义务的管理和技术措施、能力等能否保障出境个人信息的安全；（四）个人信息出境后遭到篡改、破坏、泄露、丢失、非法利用等的风险，个人信息权益维护的渠道是否通畅等；（五）境外接收方所在国家或者地区的个人信息保护政策和法规对标准合同履行的影响；（六）其他可能影响个人信息出境安全的事项
第六条	标准合同应当严格按照本办法附件订立。国家网信部门可以根据实际情况对附件进行调整。个人信息处理者可以与境外接收方约定其他条款，但不得与标准合同相冲突。标准合同生效后方可开展个人信息出境活动
	国际法规
美国《出口管理条例》（EAR）	限制含美国技术成分的产品出口至特定国家
联合国、欧盟及美国OFAC制裁清单	需动态筛查客户、供应商是否涉及恐怖组织或战争冲突相关实体

第二节
公司贸易合规案例分析

一、案情简介

A 公司是中国一家国有电信公司，也在全球范围内运营。在 2019 年，美国联邦通信委员会（FCC）宣布，由于 A 公司存在国家安全隐患和不规范的贸易合规行为，因此决定撤销 A 公司在美国的运营许可。

A 公司已在美国各地设立了许多分部，并购买了网络通信设备和服务。在此过程中，美国政府指出，A 公司未能按照美国法律上对电信运营商的要求来管理其在美国的运营。特别是，该公司在处理美国用户的个人信息和数据时，可能没有遵守美国的隐私法和数据保护法。

美国 FCC 的决定导致 A 公司在美国销售的产品和服务被暂停，并对 A 公司产生了重大的经济影响。该公司可能需要支付大额罚款，并需要承受丧失在美业务的巨大损失。此外，该公司声誉也可能受损，全球其他市场可能对其产生不信任。

二、案例分析

若从事跨国贸易的企业，在国际贸易中均会面临一些合规性挑战，公司要进行全面的合规风险评估，识别潜在的合规风险。

首先，任何在他国进行运营的企业，无论是否为跨国公司或者国有企业，对于在异地运营，特别是涉及跨境电子交易的企业，必须严格遵守目标国家和地区的法律和规定，包括但不限于保护个人信息、决策透明性和满足国家安全要求。

其次，企业需要定期评估自身的合规状况，并设计和实施有效的合规策略，建立并执行有效的贸易合规政策是企业保护自身利益和保障其国内外业务可持续发展的重要保障。

最后，合规性毫无疑问是所有商业活动中的首要考虑因素，无论是在国内还是国外，重视贸易合规不仅是合法遵循的要求，也是维护企业声誉、提高市场竞争力的关键因素。

| 第三十章 |

公司反洗钱合规指南与案例分析

在当今全球经济一体化和金融活动日益复杂的背景下，反洗钱、反恐怖融资和反逃税已成为维护金融秩序、保障国家安全和促进经济健康发展的重要任务。随着金融市场的快速演变和金融科技的广泛应用，洗钱和恐怖融资手段也日益多样化和隐蔽化，对监管体系提出了更高的要求。我国自《中华人民共和国反洗钱法》颁布以来，逐步构建了较为完善的反洗钱法律框架，并通过一系列配套法规和政策，明确了金融机构及相关主体在反洗钱工作中的职责和义务。这些法律法规不仅为金融机构的合规运营提供了明确指引，也为打击洗钱和恐怖融资活动提供了有力的法律依据。本章将对我国反洗钱相关法律法规进行系统梳理，分析其核心内容及合规要求，为企业履行反洗钱义务提供参考。

第一节
公司反洗钱合规相关法律依据

《中华人民共和国反洗钱法》	
第二条	本法所称反洗钱，是指为了预防通过各种方式掩饰、隐瞒毒品犯罪、黑社会性质的组织犯罪、恐怖活动犯罪、走私犯罪、贪污贿赂犯罪、破坏金融管理秩序犯罪、金融诈骗犯罪和其他犯罪所得及其收益的来源、性质的洗钱活动，依照本法规定采取相关措施的行为。 预防恐怖主义融资活动适用本法；其他法律另有规定的，适用其规定
第十条	任何单位和个人不得从事洗钱活动或者为洗钱活动提供便利，并应当配合金融机构和特定非金融机构依法开展的客户尽职调查
第二十七条	金融机构应当依照本法规定建立健全反洗钱内部控制制度，设立专门机构或者指定内设机构牵头负责反洗钱工作，根据经营规模和洗钱风险状况配备相应的人员，按照要求开展反洗钱培训和宣传。

续表

	《中华人民共和国反洗钱法》
第二十七条	金融机构应当定期评估洗钱风险状况并制定相应的风险管理制度和流程，根据需要建立相关信息系统。 金融机构应当通过内部审计或者社会审计等方式，监督反洗钱内部控制制度的有效实施。 金融机构的负责人对反洗钱内部控制制度的有效实施负责
第二十八条	金融机构应当按照规定建立客户尽职调查制度。 金融机构不得为身份不明的客户提供服务或者与其进行交易，不得为客户开立匿名账户或者假名账户，不得为冒用他人身份的客户开立账户
第二十九条	有下列情形之一的，金融机构应当开展客户尽职调查： （一）与客户建立业务关系或者为客户提供规定金额以上的一次性金融服务； （二）有合理理由怀疑客户及其交易涉嫌洗钱活动； （三）对先前获得的客户身份资料的真实性、有效性、完整性存在疑问。 客户尽职调查包括识别并采取合理措施核实客户及其受益所有人身份，了解客户建立业务关系和交易的目的，涉及较高洗钱风险的，还应当了解相关资金来源和用途。 金融机构开展客户尽职调查，应当根据客户特征和交易活动的性质、风险状况进行，对于涉及较低洗钱风险的，金融机构应当根据情况简化客户尽职调查
第三十条	在业务关系存续期间，金融机构应当持续关注并评估客户整体状况及交易情况，了解客户的洗钱风险。发现客户进行的交易与金融机构所掌握的客户身份、风险状况等不符的，应当进一步核实客户及其交易有关情况；对存在洗钱高风险情形的，必要时可以采取限制交易方式、金额或者频次，限制业务类型，拒绝办理业务，终止业务关系等洗钱风险管理措施。 金融机构采取洗钱风险管理措施，应当在其业务权限范围内按照有关管理规定的要求和程序进行，平衡好管理洗钱风险与优化金融服务的关系，不得采取与洗钱风险状况明显不相匹配的措施，保障与客户依法享有的医疗、社会保障、公用事业服务等相关的基本的、必需的金融服务
第三十一条	客户由他人代理办理业务的，金融机构应当按照规定核实代理关系，识别并核实代理人的身份。 金融机构与客户订立人身保险、信托等合同，合同的受益人不是客户本人的，金融机构应当识别并核实受益人的身份
第三十二条	金融机构依托第三方开展客户尽职调查的，应当评估第三方的风险状况及其履行反洗钱义务的能力。第三方具有较高风险情形或者不具备履行反洗钱义务能力的，金融机构不得依托其开展客户尽职调查。 金融机构应当确保第三方已经采取符合本法要求的客户尽职调查措施。第三方未采取符合本法要求的客户尽职调查措施的，由该金融机构承担未履行客户尽职调查义务的法律责任。 第三方应当向金融机构提供必要的客户尽职调查信息，并配合金融机构持续开展客户尽职调查
第三十四条	金融机构应当按照规定建立客户身份资料和交易记录保存制度。 在业务关系存续期间，客户身份信息发生变更的，应当及时更新。 客户身份资料在业务关系结束后、客户交易信息在交易结束后，应当至少保存十年。 金融机构解散、被撤销或者被宣告破产时，应当将客户身份资料和客户交易信息移交国务院有关部门指定的机构
第三十五条	金融机构应当按照规定执行大额交易报告制度，客户单笔交易或者在一定期限内的累计交易超过规定金额的，应当及时向反洗钱监测分析机构报告。 金融机构应当按照规定执行可疑交易报告制度，制定并不断优化监测标准，有效识别、分析可疑交易活动，及时向反洗钱监测分析机构提交可疑交易报告；提交可疑交易报告的情况应当保密

续表

《中华人民共和国反洗钱法》	
第三十七条	在境内外设有分支机构或者控股其他金融机构的金融机构，以及金融控股公司，应当在总部或者集团层面统筹安排反洗钱工作。为履行反洗钱义务在公司内部、集团成员之间共享必要的反洗钱信息的，应当明确信息共享机制和程序。共享反洗钱信息，应当符合有关信息保护的法律规定，并确保相关信息不被用于反洗钱和反恐怖主义融资以外的用途
第五十九条	金融机构、特定非金融机构以外的单位和个人未依照本法第四十条规定履行反洗钱特别预防措施义务的，由国务院反洗钱行政主管部门或者其设区的市级以上派出机构责令限期改正；情节严重的，对单位给予警告或者处二十万元以下罚款，对个人给予警告或者处五万元以下罚款
《中华人民共和国刑法》	
第一百九十一条	【洗钱罪】为掩饰、隐瞒毒品犯罪、黑社会性质的组织犯罪、恐怖活动犯罪、走私犯罪、贪污贿赂犯罪、破坏金融管理秩序犯罪、金融诈骗犯罪的所得及其产生的收益的来源和性质，有下列行为之一的，没收实施以上犯罪的所得及其产生的收益，处五年以下有期徒刑或者拘役，并处或者单处罚金；情节严重的，处五年以上十年以下有期徒刑，并处罚金： （一）提供资金账户的； （二）将财产转换为现金、金融票据、有价证券的； （三）通过转账或者其他支付结算方式转移资金的； （四）跨境转移资产的； （五）以其他方法掩饰、隐瞒犯罪所得及其收益的来源和性质的。 单位犯前款罪的，对单位判处罚金，并对其直接负责的主管人员和其他直接责任人员，依照前款的规定处罚
《最高人民法院最高人民检察院关于办理洗钱刑事案件适用法律若干问题的解释》	
第一条	为掩饰、隐瞒本人实施刑法第一百九十一条规定的上游犯罪的所得及其产生的收益的来源和性质，实施该条第一款规定的洗钱行为的，依照刑法第一百九十一条的规定定罪处罚
《金融机构反洗钱和反恐怖融资监督管理办法》	
第十四条	金融机构应当按照规定，结合内部控制制度和风险管理机制的相关要求，履行客户尽职调查、客户身份资料和交易记录保存、大额交易和可疑交易报告等义务
《金融机构客户身份识别和客户身份资料及交易记录保存管理办法》	
第三条	金融机构应当勤勉尽责，建立健全和执行客户身份识别制度，遵循"了解你的客户"的原则，针对具有不同洗钱或者恐怖融资风险特征的客户、业务关系或者交易，采取相应的措施，了解客户及其交易目的和交易性质，了解实际控制客户的自然人和交易的实际受益人
第二十四条	金融机构委托其他金融机构向客户销售金融产品时，应在委托协议中明确双方在识别客户身份方面的职责，相互间提供必要的协助，相应采取有效的客户身份识别措施。 符合下列条件时，金融机构可信赖销售金融产品的金融机构所提供的客户身份识别结果，不再重复进行已完成的客户身份识别程序，但仍应承担未履行客户身份识别义务的责任： （一）销售金融产品的金融机构采取的客户身份识别措施符合反洗钱法律、行政法规和本办法的要求。 （二）金融机构能够有效获得并保存客户身份资料信息

续表

	《金融机构大额交易和可疑交易报告管理办法》
第三条	金融机构应当履行大额交易和可疑交易报告义务，向中国反洗钱监测分析中心报送大额交易和可疑交易报告，接受中国人民银行及其分支机构的监督、检查
第五条	金融机构应当报告下列大额交易： （一）当日单笔或者累计交易人民币5万元以上（含5万元）、外币等值1万美元以上（含1万美元）的现金缴存、现金支取、现金结售汇、现钞兑换、现金汇款、现金票据解付及其他形式的现金收支。 （二）非自然人客户银行账户与其他的银行账户发生当日单笔或者累计交易人民币200万元以上（含200万元）、外币等值20万美元以上（含20万美元）的款项划转。 （三）自然人客户银行账户与其他的银行账户发生当日单笔或者累计交易人民币50万元以上（含50万元）、外币等值10万美元以上（含10万美元）的境内款项划转。 （四）自然人客户银行账户与其他的银行账户发生当日单笔或者累计交易人民币20万元以上（含20万元）、外币等值1万美元以上（含1万美元）的跨境款项划转。 累计交易金额以客户为单位，按资金收入或者支出单边累计计算并报告。中国人民银行另有规定的除外。 中国人民银行根据需要可以调整本条第一款规定的大额交易报告标准
	《金融机构洗钱和恐怖融资风险评估及客户分类管理指引》
第四章	风险分类控制措施 金融机构应在客户风险等级划分的基础上，采取相应的客户尽职调查及其他风险控制措施。 一、对风险较高客户的控制措施 金融机构应对高风险客户采取强化的客户尽职调查及其他风险控制措施，有效预防风险。可酌情采取的措施包括但不限于： （一）进一步调查客户及其实际控制人、实际受益人情况。 （二）进一步深入了解客户经营活动状况和财产来源。 （三）适度提高客户及其实际控制人、实际受益人信息的收集或更新频率。 （四）对交易及其背景情况做更为深入的调查，询问客户交易目的，核实客户交易动机。 （五）适度提高交易监测的频率及强度。 （六）经高级管理层批准或授权后，再为客户办理业务或建立新的业务关系。 （七）按照法律规定或与客户的事先约定，对客户的交易方等实施合理限制。 （八）合理限制客户通过非面对面方式办理业务的金额、次数和业务类型。 （九）对其交易对手及经办业务的金融机构采取尽职调查措施。 二、对风险较低客户的控制措施 金融机构可对低风险客户采取简化的客户尽职调查及其他风险控制措施，可酌情采取的措施包括但不限于： （一）在建立业务关系后再核实客户实际受益人或实际控制人的身份。 （二）适当延长客户身份资料的更新周期。 （三）在合理的交易规模内，适当降低采用持续的客户身份识别措施的频率或强度。例如，逐步建立对低风险客户异常交易的快速筛选判断机制。对于经分析排查后决定不提交可疑交易报告的低风险客户，金融机构仅发现该客户重复性出现与之前已排除异常交易相同或类似的交易活动时，可运用技术性手段自动处理预警信息。对于风险等级较低客户异常交易的对手仅涉及各级党的机关、国家权力机关、行政机关、司法机关、军事机关、人民政协机关和人民解放军、武警部队等低风险客户的，可直接利用技术手段予以筛除。 （四）在风险可控情况下，允许金融机构工作人员合理推测交易目的和交易性质，而无需收集相关证据材料
第四条	金融机构应建立风险评估指标体系，根据客户地域、行业、交易特征等因素划分风险等级，实施差异化管控措施

《金融机构洗钱和恐怖融资风险评估及客户分类管理指引》	
第八条	对高风险客户应加强尽职调查，限制或暂停业务合作；对低风险客户可简化流程
《法人金融机构洗钱和恐怖融资风险管理指引（试行）》	
第十一条	法人金融机构应建立洗钱风险自评估机制，覆盖所有业务条线和分支机构，每三年至少开展一次全面评估
第十三条	法人金融机构应当建立健全洗钱风险管理体系，有效识别、评估、监测和控制洗钱风险。洗钱风险管理体系应包括但不限于客户身份识别、客户风险等级划分、可疑交易监测、风险评估、内部控制和审计等环节
第四十一条	法人金融机构应当健全内部控制机制，按照《中华人民共和国反洗钱法》、《中华人民共和国国家安全法》、《中华人民共和国网络安全法》和有关保密规定，严格保护反洗钱工作中获得的信息，非依法律规定，不得向任何单位和个人提供。 法人金融机构应当建立跨境信息保密保障措施，对于在开展跨境业务、应对跨境监管等过程中所涉的客户、账户和交易信息、可疑交易报告等信息，应当严格控制跨境信息知悉范围和程度，建立完善的内部跨境信息传递体系、风险控制流程和授权审批机制。 境外有关部门因反洗钱和反恐怖融资需要要求其提供客户、账户、交易信息及其他相关信息的，法人金融机构应当告知对方通过外交途径、司法协助途径或金融监管合作途径等提出请求，不得擅自提供。有关国内司法冻结、司法查询、可疑交易报告、行政机关反洗钱调查等信息不得对外提供。 境外清算代理行因反洗钱和反恐怖融资需要要求提供除汇款信息、单位客户注册信息等以外的客户身份信息、交易背景信息的，法人金融机构应当在获得客户授权同意后提供；客户不同意或未获得客户授权同意的，法人金融机构不得提供
《法人金融机构洗钱和恐怖融资风险自评估指引》	
第六条	法人金融机构应当定期开展洗钱风险自评估，评估内容包括但不限于机构的客户群体、业务类型、地域分布、交易渠道等方面的风险特征，以及内部控制措施的有效性。自评估结果应作为调整反洗钱策略和资源配置的重要依据

第二节
公司反洗钱合规案例分析

一、案情简介

在 2014 年纽约金融服务局的例行检查中，N 银行纽约分行被发现在风险管理和反洗钱合规上存在严重漏洞。纽约金融服务局警告 N 银行纽约分行需在下次审查前解决这些问题，否则将采取监管措施。然而，N 银行纽约分行并未及时采取整改措施。

2015 年 7 月至 8 月，在由纽约金融服务局和纽约联邦储备银行所进行的联合检查中，N 银行纽约分行再次被发现存在严重的反洗钱合规问题和审计问题。纽约金融服务局以 N 银行纽约分行违反反洗钱法律法规为由，对其处以 2.15 亿美元罚款，并限期整改。这一罚款创下中国驻外金融机构被罚之最。除 2.15 亿美元的罚款外，纽约金融监管机构还向 N 银行纽约分行下达了一系列整改要求，包括派驻独立监督员，提供所有相关的人员、顾问、第三方服务提供商、文件、报告和记录的访问权等。在签署和解协议后 60 天内，N 银行纽约分行需要协助独立监督员完成合规报告，在合规报告提交后 60 天内，N 银行纽约分行需要制订整改计划和报告，并获得纽约金融服务局的认可。

此次事件后 N 银行成为纽约金融监管机构的重点监管对象，包括法新社、德国之声、路透社在内的多家媒体对此事件进行了追踪报道，N 银行国际声誉受到严重打击。

二、案例分析

本案中，纽约州金融监管机构对 N 银行纽约分行罚款的主要法律依据是 *New York Banking Law*，包括：无视 2014 年监管机构提出的解决合规问题的警告（第 17～21 条）；交易方法不够透明（第 22～28 条）；违反可疑交易报告制度并在首席合规官提出后不当地削减其职权（第 29～43 条）；合规功能不足（第 44～55 条）。

中国企业在面临境外反洗钱监管和规制时应注意以下几点：当面临政治动机的指控时，企业应当迅速收集证据以证明所采取的行动的合法性，且证据应以美国行政机关和其他国际当局接受的方式收集和准备；企业应详细检查资产结构——包括离岸司法管辖区的资产，并探索在调查启动时可以采取的合法和适当的准备措施；企业应制定积极的沟通策略，预测未来的法律行动，并旨在驳斥不实指控，以减轻由此造成的声誉损害，并确保事实得到正确报道，揭露真正的违法者。

第三十一章

公司反倾销、反补贴管理专项合规指南与案例分析

"倾销"是指一国将出口产品以低于公允价格的出口价格出口至另一国，最终流入该国市场的行为。产品出口销售的公允价格根据"正常价值"确定。通常情况下，正常价值主要根据外国生产商/出口商自身的数据确定。"反倾销"是指一国政府为保护本国产业，对以低于正常价值（如生产成本或本国市场价格）出口到本国的外国商品，采取加征额外关税或限制进口等措施的法律行为。其目的是防止不公平竞争，避免本国产业受到实质性损害。

"救济"是指一国政府或任何公共机构向本国的生产者或出口经营者提供的财政资助、价格支持或其他利益，以帮助其在国际市场上更具竞争力。"反补贴"是指进口国政府为了抵销国外政府对其出口产品的补贴，保护本国相关产业，而采取的一种贸易救济措施。

本章主要以美国法律法规为核心，梳理了我国企业适用的反倾销、反补贴相关法律法规，分析其核心内容及合规要求，为企业的反倾销、反补贴合规提供参考。

第一节
反倾销、反补贴管理合规相关法律依据

《中华人民共和国反倾销条例》	
第二条	进口产品以倾销方式进入中华人民共和国市场，并对已经建立的国内产业造成实质损害或者产生实质损害威胁，或者对建立国内产业造成实质阻碍的，依照本条例的规定进行调查，采取反倾销措施
第三条第一款	倾销，是指在正常贸易过程中进口产品以低于其正常价值的出口价格进入中华人民共和国市场

续表

《中华人民共和国反倾销条例》	
第七条第一款	损害,是指倾销对已经建立的国内产业造成实质损害或者产生实质损害威胁,或者对建立国内产业造成实质阻碍

《中华人民共和国反补贴条例》	
第二条	进口产品存在补贴,并对已经建立的国内产业造成实质损害或者产生实质损害威胁,或者对建立国内产业造成实质阻碍的,依照本条例的规定进行调查,采取反补贴措施
第三条	补贴,是指出口国(地区)政府或者其任何公共机构提供的并为接受者带来利益的财政资助以及任何形式的收入或者价格支持。 出口国(地区)政府或者其任何公共机构,以下统称出口国(地区)政府。 本条第一款所称财政资助,包括: (一)出口国(地区)政府以拨款、贷款、资本注入等形式直接提供资金,或者以贷款担保等形式潜在地直接转让资金或者债务; (二)出口国(地区)政府放弃或者不收缴应收收入; (三)出口国(地区)政府提供除一般基础设施以外的货物、服务,或者由出口国(地区)政府购买货物; (四)出口国(地区)政府通过向筹资机构付款,或者委托、指令私营机构履行上述职能
第七条第一款	损害,是指补贴对已经建立的国内产业造成实质损害或者产生实质损害威胁,或者对建立国内产业造成实质阻碍

《中华人民共和国对外贸易法》	
第四十条	其他国家或者地区的产品以低于正常价值的倾销方式进入我国市场,对已建立的国内产业造成实质损害或者产生实质损害威胁,或者对建立国内产业造成实质阻碍的,国家可以采取反倾销措施,消除或者减轻这种损害或者损害的威胁或者阻碍
第四十二条	进口的产品直接或者间接地接受出口国家或者地区给予的任何形式的专向性补贴,对已建立的国内产业造成实质损害或者产生实质损害威胁,或者对建立国内产业造成实质阻碍的,国家可以采取反补贴措施,消除或者减轻这种损害或者损害的威胁或者阻碍

WTO《反倾销协定》	
第2.1条	如一产品自一国出口至另一国的出口价格低于在正常贸易过程中出口国供消费的同类产品的可比价格,即以低于正常价值的价格进入另一国的商业环境,则该产品被视为倾销

WTO《补贴与反补贴协定》	
第1.1条	(a)(1)在一成员国(本协定中称"政府")领土内,存在由政府或任何公共机构提供的下列财政资助: (i)涉及资金直接转移(如赠款、贷款和股权注入),以及潜在的资金或债务直接转移(如贷款担保)的政府做法; (ii)放弃或未征收在其他情况下应征收的政府税收(如税收抵免之类的财政鼓励)(注:依照 GATT 1994 第 16 条及其注释,以及补贴与反补贴协定附件 1 至附件 3 的规定,对一出口产品免征其同类产品在国内消费时收取的关税或国内税,或免除此类关税或国内税的数量不超过增加的数量,不得视为一种补贴); (iii)政府(以低于市场价格形式)为企业提供除一般基础设施外的货物或服务,或(以高于市场价格形式)向企业购买货物;

WTO《补贴与反补贴协定》	
第 1.1 条	(iv) 政府通过向特定筹资机制付款，或委托或指示一私营机构履行以上（i）至（iii）列举的一种或多种通常应属于政府的职能，且此种做法与政府通常采用的做法并无实质差别；或 （a）（2）存在 GATT 1994 第 16 条意义上的任何形式的收入或价格支持
《美国联邦法规汇编》	
第 19 编 第 351.108 条	(a) 引言—— (1) 非市场经济实体。当美国商务部根据《法案》第 771（18）条在反倾销程序中认定某国为非市场经济国家时，美国商务部可判定位于该非市场经济国家的所有实体均受政府控制，因而构成一个单一的、受政府控制的实体，称为非市场经济实体。 (2) 非市场经济实体税率。对于由美国商务部基于记录信息判定为受政府控制实体一部分的非市场经济体中出口至美国并受反倾销程序管辖的所有商品，均可适用对该政府控制实体实施的反倾销现金保证金或评估税率。该税率称为非市场经济实体税率。 (3) 非市场经济政府拥有或控制的第三国实体。若某非市场经济政府全部或部分直接拥有或控制位于第三国的实体，且该实体向美国出口涉案商品，美国商务部可基于记录信息判定该实体为政府控制实体的一部分，并对其适用非市场经济实体税率。 (b) 单独税率。如果美国商务部认定某实体已证明其经营活动足够独立于非市场经济政府控制，从而有理由适用单独税率，则该实体从非市场经济国家向美国出口商品时，可获得不同于非市场经济实体税率的单独税率。在判定某实体经营活动是否足够独立于政府控制以获得单独税率时，美国商务部通常会考虑以下因素： (1) 非市场经济中的政府所有权和控制权—— (i) 通过所有权实现的政府控制。当非市场经济国家的政府在国家、省级或其他层级上直接或间接持有位于该非市场经济国家的实体所有权份额时，所有权比例及其他因素可能表明政府对该实体的总体运营行使或有可能行使控制权。若非市场经济国家政府直接或间接持有以下情况，则不适用单独税率： (A) 实体的大部分所有权股份（超过百分之五十的所有权）；或 (B) 在该实体中持有百分之五十或更少的所有权权益，且符合以下任一条件： ①政府的持股比例使其对实体的生产、商业及出口决策施加了与其持股比例不成比例的更大影响力或控制力，且美国商务部认定该影响力或控制力的程度显著； ②政府有权否决该实体的生产、商业及出口决策； ③官员、雇员、政府委派或政府控制的工会成员、政府代表或其家庭成员被任命为该实体的高级管理人员、董事会成员或其他治理机构成员，且有能力制定或影响该实体的生产、商业及出口决策；或 ④根据法律或其基本文件（如公司章程）或其他事实要求，该实体有义务保留一名或多名官员、雇员、政府委派或政府控制的工会成员或政府代表作为其高级管理人员、董事会成员或其他治理机构成员，且这些人员有能力制定或影响该实体的生产、商业及出口决策。 (ii) 不存在法律上的政府控制。若某实体证明第 351.108（b）（1）（i）（A）或（B）条均不适用于该实体，则实体须进一步证明政府对其出口活动无法律（de jure）上的控制。以下标准可表明政府对该实体出口活动缺乏法律上的控制： (A) 不存在法律规定要求一名或多名官员、雇员、政府任命或政府控制的工会成员，或政府代表担任实体的高级管理人员或经理、董事会成员或其他治理机构成员，这些机构负责制定或影响出口活动决策； (B) 政府未对实体的业务和出口许可证施加限制性规定； (C) 立法颁布下放政府对实体管控权的法令；及 (D) 政府下放企业管控权的其他正式措施。 (iii) 缺乏实际政府控制。如果实体证明 §351.108（b）（1）（i）（A）和（B）及（b）（1）（ii）不适用于该实体，则该实体必须进一步证明政府对其出口活动无实际（de facto）控制。以下标准可能表明政府对实体出口活动存在实际控制：

《美国联邦法规汇编》	
第 19 编 第 351.108 条	（A）该实体是否维持或必须维持一名或多名政府官员、雇员、代表或其家属作为该实体的高管、经理、董事会成员或其他具有制定或影响出口活动决策权的管理机构成员； （B）出口价格是否由政府机构设定或需经其批准； （C）该实体是否有权在无政府干预的情况下谈判并签署合同及其他协议； （D）该实体在管理层选任决策上是否独立于政府； （E）该实体是否保留出口销售所得，并自主决定利润分配或亏损融资事宜； （F）记录中是否有其他证据表明政府对该实体的出口活动存在直接或间接影响。 （2）非市场经济政府对位于第三国的实体拥有所有权或控制权。若美国商务部认定非市场经济政府全部或部分拥有或控制位于第三国的某一实体，可基于记录信息决定对该实体适用非市场经济实体税率或给予其单独税率。 （c）由在市场经济国家注册并设立总部的境外实体全资拥有的企业。一般而言，若美国商务部根据单独税率申请或证明中提交的信息认定，在非市场经济国家反倾销调查中出口涉案商品的实体，系由一家境外企业全资拥有且该企业注册并设立总部于一个或多个市场经济国家，则美国商务部将视该实体独立于非市场经济政府控制，无需按本节（b）段进行分析。 （d）单独税率申请与证明。为证明符合单独税率资格，受非市场经济国家反倾销调查的实体需及时提交由美国商务部提供的单独税率申请表或适用情况下的单独税率证明。若未按时提交单独税率申请或证明，美国商务部可对出口至美国且涉及非市场经济国家反倾销调查的商品适用非市场经济实体税率。提交单独税率申请或证明时，适用以下规定： （1）在反倾销调查中，实体通常应在《联邦公报》公布立案通知后 21 天内，向调查记录提交单独的税率申请； （2）在新出口商复审或行政复审中，若该实体此前未被单独指定税率，则通常应在《联邦公报》发布立案通知后十四日内提交单独的税率申请。无论是新出口商复审还是行政复审，单独的税率申请均须随附复审期间暂停结关涉案商品进口的单证证据。 （3）在行政复审中，若该实体此前已在程序中获得单独税率，则其应不迟于《联邦公报》上启动通知公布后的十四日内，提交一份记录在案的证明文件，确认其在复审期间有涉案商品的进口且其清关被暂停，并证明其仍符合获得单独税率的条件。若美国商务部在程序的先前阶段已裁定某些出商和生产商应被视为反倾销程序下的单一实体，则根据本段提交的证明文件须明确指出并确认该证明适用于构成该单一实体的所有公司。 （e）受核查应诉方及问卷答复。提交单独税率申请或证明，随后被美国商务部选中作为调查或复审中受核查应诉方的实体，必须完整答复美国商务部问卷并参与反倾销程序，方有资格获得单独税率地位

第二节
反倾销、反补贴管理合规相关规则解读

如前所示，在上述 WTO 规则基础上，美国在其反倾销、反补贴法律法规和/或反倾销、反补贴执法实践中，规定或形成了一些特别制度和特殊规则。在反倾销、反补贴调查方面，美国对于"市场经济国别"和"非市场经济国别"适用差异化的调查制度。中国是美国商务部认定的双反调查"非市场经济国别"。美方将所有位于非市场经济国别内部的企业都推定为受到该国政府的控制。对中国企业而言，这一做法的直接后果之一是：中国企业需要参与美国商务部设置的分别税率申请程序，并借此证明其出口活动

在法律和事实上没有受到中国政府控制，方有权适用分别税率。

一、反倾销调查中的替代国制度和反补贴调查中的外部基准制度

美国商务部对中国等非市场国别则采用"替代价方法"确定正常价值，即在计算非市场经济国别的正常价值时，只采用被调查对象的数量数据，而在金额端则使用其根据国内反倾销制度所选定的市场经济国家作为替代国，并使用该替代国的对应价格/价值/成本确定生产要素。与反倾销调查类似，美国等国别对中国开展反补贴调查时也会采用特殊制度，即所谓"外部基准"制度，即，以中国补贴数据不透明，或者存在市场扭曲等原因为由，不采用中国数据，而采用其他国家或国际市场的相关数据作为补贴的比较基准。上述做法实际起到了拉高中国企业倾销幅度和最终税率的效果。

二、贸易救济税征收的保障机制：EAPA 调查和反规避调查

反逃税调查又称 EAPA 调查。EAPA 调查是由美国海关与边境保护局（"美国海关"或"CBP"）负责执法的反逃税调查制度，旨在规制通过进口报关作假手段（例如虚假报关、货物转运等）来逃避贸易救济征税的违法行为。对于 EAPA 调查有关的合规问题将在下一章中详述。

反规避调查是美国《1930 年关税法》授权美国商务部开展的单独调查程序。与反逃税调查相比，反规避调查所针对的，并不是逃避对确定属于贸易救济征税措施产品所待征的贸易救济关税，而是以法律拟制的形式，在调查后裁定将此前不属于贸易救济原审征税措施的产品纳入到征税范围。

三、以应对贸易救济调查为目的的合规建设解读

（一）原审调查发起前的合规建设

1. 原审调查前的风险预警

如果企业能够在贸易救济立案申请发布后的第一时间获悉案件动态，就能够尽早安排做出应诉和经营决策。许多国家贸易救济调查和/或产业损害调查的行政机关会设立线上公示系统。作为中文渠道的权威资源，企业可以参考中国贸易救济信息网中的"出口应诉"单元（包含全球其他国家对中国的贸易救济调查消息），以及"贸易伙伴间案件"单元（包含全球各主要贸易国别之间的贸易救济调查消息）。

2. 原审调查发起前的预防性经营调整：海外转移投资在反规避规则项下的合规性

企业可以将涉案产品的生产实质性转移到一个没有受到针对该产品的贸易救济措施

约束的第三国，并经该第三国出口到措施发起国。根据美国反规避法规，对于美国/第三国组装和完工是否构成规避问题，重点考虑的要素包括：

（1）在美国或第三国进行的组装或完工过程的程度和重要性；

（2）从原审调查国别出口至美国或第三国用于组装或完工的产品占最终产品价值的比例；

（3）产品的贸易模式，包括采购模式；

（4）出口产品至美国或第三国的主体与在美国或第三国进行组装或完工工序主体之间是否存在关联关系；

（5）在原审调查立案后，从原审调查国别出口至美国或第三国用于组装或完工的产品数量是否明显增加。

在上述反规避审查重点中，加工制造的复杂性，以及第三国工厂的独立性又是两个尤为重要的合规抓手，应当给予高度重视。

（二）与贸易救济调查应对过程有关的合规建设

实践当中，中国企业在贸易救济调查应诉方面面临的障碍，不仅来自贸易救济体制本身，更多是企业自身的举证能力缺失。笔者基于代理中国及其海外投资企业应诉贸易救济调查的实务经验，就中国企业日常运营中的堵点做以下梳理。

1. 企业经营与贸易框架导致应诉或证据收集困难。以美国为例，美国反倾销分别税率中最基础的一套核心单据是调查期间同一笔对美出口的贸易单据，包括该笔出口对应的美国进口报关单据（7501报关单）、提单、商业发票、装箱单和收款凭证。在许多情况下，因应诉企业自身不掌握7501报关单，导致需要花费额外时间与美国进口报关主体协调提供这一基础单据。

2. 日常销售统计难以满足应诉所需的明细数据统计。国际贸易救济调查，首先需要对涉案产品销售进行明细数据统计，并在此基础上与财务系统进行数据勾稽，以确认填报数据的完整、准确和真实性。但是，由于部分中国企业日常销售统计分散，统计内容及方式不统一、不规范等普遍情况的存在，中国企业在面对贸易救济调查过程中，难以在日常工作的基础上，按照调查机关确定的时限要求，提供可供核查、验证并用以倾销、补贴幅度核算的销售数据。

3. 企业成本核算过于粗放无法满足倾销幅度计算的数据呈报需要。由于国内税审和一般审计的重点是企业总体利润，中国企业大多存在不重视明细成本核算和日常统计、归集的普遍性问题。贸易救济尤其是反倾销调查，特别需要针对不同类型、规格的产品分别进行成本核算和呈报。因此，以出口销售为主要收入来源的企业，应当针对主要贸易国别的贸易救济调查需要，建立日常财务成本核算及产成品、原材料库存收发的合规统计资料和索引，以便在应诉需要时可以据此提取数据满足调查要求。

4. 提供的证据自相矛盾，或者提供的证据对认定结果不利。包括但不限于：呈报产能少于产量，少于对美销售量；呈报出库数量、品种与销售单据及统计不一致；呈报原材料采购总量少于实际产量耗用材料总量；账面生产设备无法满足生产需要；缺乏排产单、考勤表（工时记录）等日常生产记录；能源、水电消耗不能满足实际产量需要；产成品入库单、出库单、质检单不能相互印证等。

5. 其他堵点，如企业基本信息记录和保存不规范、实际产线和设备与账面记载不符、人员工资和能源销售与账面记载不符、原材料实际采购和账面记载不符、账面销售记载粗略导致无法识别产品和国别、成本核算按月统一核算而未明细到产品、库存无内部对账、采购无内部对账、销售无内部对账等。

（三）贸易救济调查后可以进行的合规建设

如果企业没有参与原审应诉，在原审调查生效后，企业可以考虑根据自身在贸易救济原审措施生效后的实际情况，对调查国别（例如美国）出货的实际情况通过参加原审调查后续的行政复审（包括年度行政复审和/或新出口商复审），比照原审调查的相应程序争取有利税率。此外，对美国发起的调查而言，如果企业认为自身产品不属于原审调查终裁确认的涉案产品范围的，也可以通过申请产品范围裁定的方式要求美国商务部进行澄清。

第三节
反倾销、反补贴管理合规案例分析

一、案情简介

2015 年 4 月 26 日，美国最大的钢铁公司 A 集团公司向美国国际贸易委员会提出调查申请，指控 40 家中国企业在部分钢材产品上存在不公平竞争行为。一个月后的 5 月 26 日，"337 调查"正式启动。中国钢铁企业面临着三项指控：密谋控制价格、盗用商业秘密、伪造商品原产地。所谓"337 调查"，是指美国国际贸易委员会根据美国《1930 年关税法》第 337 条款及相关修正案进行的调查，禁止的是一切不公平竞争行为或向美国出口产品中的任何不公平贸易行为。

在"337 调查"立案的前一天，也就是 5 月 25 日，美国商务部对中国的耐腐蚀板做出反倾销反补贴调查终裁，裁定中国企业的反倾销税率为209.97%，在同被征收反倾销税的五个国家中，税率最高。同时对中国企业征收税率39.05%的反补贴税，其中，宝钢、鞍钢、河钢等大型钢企反补贴税率更是高达241.07%。

二、案例分析

本案中，中国企业在应诉时可采取以下措施：

1. 在收到调查通知后，应当迅速组建包括专业律师、贸易专家等在内的应诉团队，积极配合美国调查机关的工作，按时、准确地提供相关信息和资料，维护自身合法权益。

2. 与美国相关利益方进行沟通，如进口商、下游企业等，争取他们的支持和配合，通过他们向美国政府反映加征关税等制裁措施对美国自身经济和就业的负面影响。

3. 与中国政府相关部门保持密切联系，寻求政府在政策指导、信息支持等方面的帮助。

第三十二章

美国海关反逃税（EAPA）
调查专项合规指南与案例分析

如果企业因故意或过失，在产品本身未改变原有性质或原产地状态并确定涉及已生效贸易救济征税而未依法纳税的，在美国法律项下构成逃税行为，并涉及反逃税调查（EAPA 调查）的规制。"逃税"的概念见于美国法典第 19 编，本章将对 EAPA 调查的具体规则以及合规建议进行重点分析。

第一节
美国海关反逃税（EAPA）调查合规相关法律依据

《美国联邦法规汇编》	
第 165.23 条	事实信息的提交。 向 CBP 提交的所有事实信息必须符合 §§165.4 和 165.5 及本节规定的各项要求。提交的材料将被列入行政记录。 （a）海关与边境保护局（CBP）的信息请求。在根据第 165.27 节作出决定时，CBP 可要求从以下各方获取必要的额外信息： （1）根据第 165.11 节提出指控的利益相关方； （2）被指控从事逃税行为的进口商； （3）作为涉案商品外国生产商或出口商的人士；及/或 （4）可能出口涉案商品的出口国政府。 （b）自愿提交事实信息。调查各方可提交额外信息以支持逃税指控，或否定、澄清该逃税指控。 （c）时限与服务要求： （1）对海关与边境保护局（CBP）事实信息请求的回应。根据本节（a）段由 CBP 要求提交的事实信息，必须在 CBP 于请求中规定的时限内提交至 CBP。公开版本还须通过电子邮件或 CBP 批准或指定的其他方式送达调查各方。若 CBP 在依据本节（c）（2）段规定的新事实信息提交截止日后（或应 CBP 要求）将新事实信息纳入行政记录，调查各方将有 10 个日历日就该新事实信息提供反驳信息。 （2）自愿提交事实性信息。

《美国联邦法规汇编》	
第165.23条	(i) 根据本节 (b) 段自愿向海关与边境保护局 (CBP) 提交的事实性信息，必须在CBP依据§165.15条款启动调查后的200个日历日内提交，除非该期限由CBP全权决定正式延长。若CBP延长此期限，调查各方将收到通知，并可在延长期限结束前提交材料。在调查启动后第200个日历日或延长期限之后提交的自愿材料，除本节 (c) (2) (ii) 段规定的反驳信息外，将不予考虑或纳入行政记录。公开版本还须通过电子邮件或CBP批准或指定的其他方式送达调查各方。 (ii) 调查各方自任何新事实信息载入记录之日起，将有10个日历日的时间提供针对该新事实信息的反驳信息，前提是被反驳的信息是在海关与边境保护局根据§165.15条款启动调查后不超过200个日历日内，或不超过延长期限前载入行政记录的。 (d) 口头讨论。尽管本节 (c) 段规定了时间限制，海关与边境保护局仍可要求进行面对面或电话会议形式的口头讨论。海关与边境保护局将通过书面摘要记录此类讨论，摘要中需注明参与人员及讨论主题，并将该书面摘要存入行政记录。若书面摘要中包含商业机密信息，海关与边境保护局还应在行政记录中存放一份公开版本
第165.25条	信息核查。 (a) 在依据§165.27作出决定前，CBP可酌情在美国或外国对依据§165.23收集的信息进行核查，以支持其决定之必要。 (b) CBP可在§165.23所述自愿提交新事实信息的截止日期前后进行核查。核查的主要目的是验证已记入行政记录信息的准确性。 (c) 海关与边境保护局 (CBP) 将在行政记录中上传关于核查的报告。CBP将要求接受核查的一方将核查证据材料置于行政记录中。核查证据材料通常包含CBP在核查过程中自行决定收集和验证的信息。根据第165.4节规定，CBP及接受核查的一方均需提供其核查文件的公开版本，并送达调查各方。CBP不会在第165.23所述的自愿提交新事实信息截止日期后，接受核查期间自愿提交的新事实信息。调查各方不得就CBP的核查报告或核查证据材料提交反驳信息。调查各方可根据第165.26节规定，向CBP提交与核查报告及/或其证据材料相关的书面论据。 (d) 如果CBP认定核查过程中发现的信息与调查相关且构成新的事实信息，CBP将根据第165.23节的规定，将其单独列入行政记录，并允许调查各方提交反驳信息

现将 EAPA 调查的实体规则梳理如下：

事项	内容	备注
主管机关	CBP – Office of Trade – Trade Remedy Law Enforcement Directorate (TRLED)	
规制行为	篡改适用海关税则、虚假呈报原产地、隐瞒征税标识等	虚假报关行为
规则意义	原单纯依职权调查，改为可依申请执法行为；进口商、生产商、其他出口商、其他机关、工会、商协会均有权作为利害关系方提出申请	可能被利用为不正当竞争性行为
立案原则	申请立案信息简单（申请人、产品信息、征税信息、调查对象）	便利起诉，不利于被调查方制衡
审查标准	合理推断、证据充分	CBP自由裁量权巨大
调查对象	进口商	非出口商

事项	内容	备注
协查义务	所有利害关系方，包括出口商、其他进口商、美国国内生产商、行业协会、工会、商协会，以及出口国政府	
调查期间	通常为申请提交日前 1 年	
初裁措施	1. 暂停清关 2. 延期清关 3. 调整适用保证金率 4. 要求逐笔提供进口附加税保函	重点针对调查期内涉案进口交易
终裁措施	1. 暂停清关 2. 延期清关 3. 调整适用保证金率 4. 要求逐笔提供进口附加税保函 5. 要求提供现金附加税保证金 6. 按照 DOC 复审税率，执行清关 7. 通过其他海关程序追缴存在逃税行为，但已经清关的进口交易反倾销、反补贴征税及相关处罚	不但涉及调查期进口交易，而且可能触发对已近清关的进口交易追缴附加税
延伸调查	在进行 EAPA 调查中，如果涉及被调查产品是否涉及反倾销、反补贴的性质认定，CBP 应当要求 DOC 做出前置性决定	DOC 调查期间，不计入 EAPA 调查时限

第二节
美国海关反逃税（EAPA）调查合规相关规则解读

一、EAPA 调查的程序规则

根据 EAPA 调查规则和 CBP 的执法实务，美国反逃税调查程序主要通过问卷、核查、质证、抗辩四种形式展开，具体执法实务包括，摸底调查、立案调查、实地核查以及随访调查等。

（一）摸底调查

CBP 在接到 EAPA 调查申请后，可以基于合理怀疑，在不通知被调查的利害关系方已经立案调查的情况下，主动通过下发 CBP Form 28（CF28）等函询或问卷的形式，调查和收集进口产品的归类和估价信息，以对利害关系方进行的贸易行为进行摸底调查。CF28 的应答截止期限通常为 30 日。

对 EAPA 调查而言，CF28 函询的内容主要包括：

1. 进口商、出口商基本信息及相互关系；

2. 提供涉案产品采购合同；

3. 提供涉案产品描述；

4. 提供涉案产品物料清单/BOM；

5. 提供涉案产品出厂质检单；

6. 提供涉案交易的订单、商业发票、箱单、结算单、提单；

7. 提供涉案产品生产所用原材料采购商业单据；

8. 提供涉案产生产用原材料及产成品进出口单据。

（二）立案调查

基于摸底调查的结果，CBP可进一步通过协查问卷收集EAPA定案证据。答卷期限通常为15天内，可以申请延期，在答卷内容方面，CBP在EAPA的立案调查中，通常采取向利害关系方下发协查问卷（Request for Information，RFI）的方式收集定案证据。协查问卷的主要调查内容包括：

类型	内容	应诉要求
企业身份	生产商及联系人基本信息	与营业执照相符
	企业股权结构及关联关系图	与公司章程相符
	企业组机构图及职能说明	
	银行账户	与银行往来相符
	企业经营、投融资、设备采购、人工数量、产品销售基本情况说明	与财务数据相互支持
产品生产	生产工艺流程（含委托加工）、设备厂区图	与设备、能源及产量相匹配
	产品清单或手册	与出库记录相匹配
	涉案产品描述及海关税则归类依据说明	
	设备清单、照片、模具、维修保养凭证、BOM	与产品类型相匹配
	员工名册（国籍）及职能说明	与生产相匹配
采购销售	原材料采购商业单据	与供应商、客户的往来账、银行流水相互勾稽
	供应商清单（名称、物料、账号）	
	客户名录（名称、产品、账号）	
	产品规格型号、包装情况说明、照片	
	产品销售流程及市场渠道说明	
	订单、商业发票、箱单、提单、付款水单、报关单、议价过程文件	销售及采购商业档案

类型	内容	应诉要求
库存/ERP	产品目录及编码、ERP物料编码	与财务系统勾稽
	工厂、存货、出库、生产情况照片	
	产成品、原材料收发台账	与收发存报表勾稽
	产成品、原材料出入库凭证、质检单	
	产成品、原材料收发存报表	与财务系统勾稽
财务管理	会计科目发生额及余额表	与明细账勾稽
	应收应付往来账	与客户、供应商银行对账单勾稽
	现金流水以银行对账	原材料采购与产品销售明细勾稽
	固定资产明细账	与设备清单勾稽
	财务报表	与会计科目余额表勾稽
	审计报告	与财务报表勾稽
	所得税及增值税表	与财务报表勾稽
	工资核算表、工资发放记录及凭证	与产品产量勾稽
	运输费用支付凭证	与原材料采购、产成品销售数量相匹配
	原材料采购、产品销售明细账	
	原材料采购、产品销售原始记账凭证、付款凭证	与明细账相互勾稽
	能源、水电等制造费用明细	
	能源、水电等制造费用原始凭证、付款凭证	与明细账相互勾稽

各利害关系方也可以在问卷调查外，基于自身利益和审慎原则，通过主动呈报事实性信息的方式，协助调查并维护自身权利。关于主动呈报，出口企业需要明确，应诉EAPA调查的根本目标是，证明所有出口涉案产品均属自产，即：供应可以满足生产；消耗可以满足产能；生产可以满足销售。企业主动呈报定案证据的基本原则包括：涉案进口商之间就出口企业产销情况所呈报内容相互印证；涉案出口商与进口商之间提供信息内容相互支撑；有关产能、产量、供应方面的证据信息，应当与产品销售相互支撑；理论估算的产能、产量应当与实际产量、销量相互协调。此外，进口商、出口商在向CBP提交信息前，应当做协调性确认；各方提交的与原材料采购、产品销售有关的交易、质监、货运、通关、税务、结算单证应当相互匹配。

（三）实地核查

在通过摸底和立案调查收集信息之后，CBP将会派员赴出口企业现场，对调查中的企业信息准确性、完整性和真实性进行核查。EAPA 案件的出口涉案企业，应当重点掌握以下应对原则：第一，CBP 可能自行派员，或者委托分支机构实施核查；第二，核查人员中可能包括以行业专家身份出席的 EAPA 申请方人员。对此，企业可以在核查前，要求调查机关明确核查人员身份及与案件利害关系方的身份，并提出回避请求；第三，核查可能实施多次，并进行相互比对，以避免临时作假行为；第四，如果核查期间的企业生产运营状况与调查期情况存在较大差异，则应当在现场向核查人员进行解释、说明，并记录在案。

（四）随访调查

除上述 EAPA 调查规则明确规定的调查方式外，根据应诉实务和代理经验，CBP 可能采取委托涉案国家当地的海关人员，甚至其他利害关系方，通过随访方式进入企业，了解日常生产经营状况。另外，对于 CBP 的 EAPA 执法调查的结果（裁定）不服的利害相关方可以在 EAPA 终裁后的 30 日内申请行政复议，也可以向美国国际贸易法院提起行政诉讼。

二、与应对贸易救济征税调查为目的的合规建设解读

中国企业应对贸易执法的日常运营堵点主要表现在：第一，企业经营架构导致难以应诉；第二，日常销售统计难以满足应诉所需的明细数据统计；第三，企业财务核算脱离实际库存和利润状况；第四，企业成本核算过于粗放无法满足幅度计算需要；第五，税收考虑及利润控制导致企业财务核算与税控体系脱节。

与贸易救济规则有根本不同，EAPA 调查的适用规则并不区分是否属于市场经济、市场扭曲或者特殊市场状况，其重点在于证明不存在逃税行为。因此，出口企业在应对调查过程中，主要面临的并不是规则歧视的问题，而是 CBP 的自由裁量权过大导致的不确定性。也就是同一事实情况下，调查机关做出不同认定导致的企业应诉风险。

企业的日常运营、销售、生产、物流，尤其是财务管理的规范性不足，无法满足调查需要，也就是证据问题——没有违规，却无法证明。但是，在这两个问题中，第二个问题是最根本的。第一个问题的解决，一方面，出口企业可以通过行政复议，尤其是司法审查的方式实施应对。美国 CIT 对 EAPA 案件的司法审查标准就是针对"同案不同判"以及"滥用自由裁量权"。另一方面，如果从事实证据层面解决了第二个问题，既能最大限度地限制 CBP 的自由裁量权，也能为行政复议和司法审查奠定胜诉基础。因此，基于上述 EAPA 基本规则及 CBP 调查执法手段分析，出口企业在日常管理中应当着重关注以下合规措施，夯实应对 EAPA 调查风险的事实基础：

（一）行政管理

1. 明确职责。企业的日常运营需要行政、财务、销售、供应、生产、库管等部门分工负责，协同配合才能实现，EAPA 调查的日常业务合规应当由总经理负责组织各企业职能部门按照合规手册履行各自职责。

2. 预警控制。实际上，出口企业正式获得 EAPA 调查立案通知之前，极有可能接到 CBP form 28 调查表、公务或者商业人员随访，并且相较于正常商业往来更关注企业的产能、供应和产销配比情况；企业经营者对此应当保持商业敏感性。对于 EAPA 调查风险识别得越早，应对调查的时间就越充分。

3. 完备档案。出口企业应对包括 EAPA 在内的所有贸易救济调查的基础是事实证据；应对 EAPA 的主要事实证据是销售、财务、生产、ERP/库管的日常记录、报表和单据，以及它们之间的勾稽关系；企业运营记录的完备程度，不仅是应对 EAPA 调查能力的基础，更是提升竞争力和运营效率的需要；EAPA 的调查跨度至少为一年期。因此企业应当对日常运营记录给予足够重视，确保在答卷期限内形成有效弥补。

4. 销售管理。销售是企业运营的核心，也是触 EAPA 调查的起点。CBP 调查的切入点也是涉案产品的销售环节。因此，出口企业务必需要在日常销售管理中心，建立销售台账模板，要求业务员严格执行日记账要求，并按逐笔记录所有内外销数据。

5. 生产管理。生产部门根据销售的接单需要安排生产。基于 EAPA 主要针对"涉案产品均为自产"的调查目的，生产部门的核心职责是证明出口企业有能力根据订单实施生产计划。

6. 库存管理。原材料和产成品的库存/ERP 管理是销售和生产的基础支撑。生产所用的原材料以及销售所需产成品均来自于库存。库存的收发实际上就是生产和销售的体现。因此，库存在整个 EAPA 调查中起到了至关重要的结构连接作用。

7. 财务管理。财务是企业运营的核算和记录中枢。所有的产品销售、生产消耗和运营状态最终都会反映为财务数据和记录。因此，包括 EAPA 在内的所有贸易救济调查的核心对象都是财务部门。出口企业的财务部门全面履行合规职责，是应对包括 EAPA 在内所有类型贸易救济调查的根本保障。

（二）重点问题的解决方案

1. 企业在应诉过程中需要注意 CBP 查证出口企业存在逃税行为的证据线索，具体如下：

（1）呈报产能 < 产量 < 销售；

（2）呈报出库数量、品种≠销售单据及统计；

（3）呈报原材料采购总量＜实际产量；

（4）账面生产设备无法满足生产需要；

（5）缺乏排产单、考勤表（工时记录）等日常生产记录；

（6）能源、水电消耗不能满足实际产量需要；

（7）产成品入库单、出库单、质检单不能相互印证；

（8）原材料质检单、入库单、出库单不能相互印证；

（9）生产工艺流程与企业实际设备及厂区设置不符；

（10）摸底调查中 CBP Form 呈报情况，与立案调查中的 RFI 呈报情况严重不符；

（11）生产、销售、验货、运输、结算单据内容缺乏一致性；

（12）出口商与进口商呈报数据存在严重差异。

2. 出口企业的应诉定位和规则要点如下：

（1）出口企业务必明确自身应诉定位，不是证明涉案进口商的所有涉案产品进口均采购自本企业，而是证明本企业所有销售涉案产品均为自产；

（2）向进口商明确应诉定位，避免因涉案进口商以本出口企业名义，向 CBP 呈报非本出口企业产涉案产品，从而导致 EAPA 调查给出口企业自身带来的巨大风险；

（3）CBP 在 EAPA 调查中采用的不利事实推定（AFA）规则，与美方在贸易救济调查中一致。因此，出口企业应积极配合调查，避免 CBP 适用 AFA 规则，推定企业存在规避行为事实性基础的风险；

（4）EAPA 调查没有设置商业机密信息的行政保护规则（APO）。应诉主体无法通过该项制度，了解其他利害关系方的保密数据。因此，具有一致利益的应诉主体，应当在向 CBP 提交信息、数据前，协调处理数据、信息一致性问题；

（5）由于 EAPA 调查与核查期不同，出口企业运营状态可能发生变化。如果核查期间的开工、产能、产量等指标，小于调查期情况，出口企业应当在核查时，现场对 CBP 调查官进行澄清；

（6）企业可以在核查前，要求调查机关明确核查人员身份及与案件利害关系方的身份，并根据实际利害关系提出回避请求；

（7）销售并非采取逐笔交易的结算方式时，应当主动向 CBP 调查官澄清结算对账机制；

（8）考虑到 EAPA 调查启动门槛很低，申请方很可能对统一出口企业的多个进口客户一并提出调查申请，CBP 有权实施并案调查。对此，出口企业应当严格区分不同风险的涉案进口客户，积极抗辩排除低风险客户与高风险客户共同被调查所导致的不确定性；

（9）EAPA 调查不但可能引发 DOC 启动 scope ruling，还可能直接导致出口企业直接陷入贸易救济复审调查。出口企业陷入复审调查后，涉案产品进口保证金风险和资金压力，将从进口商直接转移至出口商。因此，出口企业务必竭尽全力预防和积极应对 EAPA 调查。

第三节
美国海关反逃税（EAPA）调查合规案例分析

一、案情简介

自 2019 年 10 月，美国海关先后三次对某多米尼加企业发起 EAPA 调查，并认定该企业存在逃税行为，该企业是中国在多米尼加投资设立的美国最大海外铝型材供应商。美国海关怀疑该企业做转口贸易，从中国进口铝型材并经由多米尼加转口，逃避美国对华铝型材双反征税。

由于该企业在应对初期自行提交的证据存在瑕疵，CBP 认为根据该企业呈报信息所计算的产能数据，不足以满足其对美全部的销售量。同时其提交的数据之间，以及与进口商的数据间，存在不一致。CBP 认定其数据不可信，无法证明其确实生产了所有对美销售的铝型材产品，从而推定其进口的货物均属于涉案的铝型材。

在应对调查后期，该企业聘请了专业的律师团队，对所提交的数据进行核对和审查，并主张美国海关没有充分证据证明该公司存在逃税行为。同时，该企业通过海关数据证明其不可能存在逃税行为，并主张美国海关肆意适用不利事实推定，违反了正当程序。

在企业和律师团队通力合作下，经过海关总部的行政复议程序，以及后续的美国国际贸易法院司法审查程序，该企业最终成功争取到 CBP 主动申请撤销其中两起案件的 EAPA 原始调查终裁结论，并对另外一起 EAPA 案件做出否定性终裁。

二、案例分析

根据前述案例，将 EAPA 调查中的认定实践与抗辩思路梳理如下：

序号	CBP 认定	存在问题	抗辩思路
1	股东、高管及员工来自中国	与转口规避无相关性	基于证据相关性提出法律抗辩
2	未披露与涉案产品原材料供应及销售的银行往来	已提供信息	指明提交证据文件的具体内容
3	Global、其他客户、CBP 专家及 Kingtom 提供产能数据存在差异	不理解产能含义	产能本身属于估算数据，根据实例说明不同估算方法结论必然不同
4	产品包装存在差异	不了解行业实际	产品包装
5	核查中产线关闭	基于订单生产必然状态，与调查期无关	基于证据相关性提出事实抗辩
6	当期采购原材料不能满足同期生产	铝锭价格波幅较大，进行原材料远期储备，以及消耗往期采购材料属于正常经营策略	确认并争取提交原材料明细及收发存报表，并据此提出法律抗辩
7	未能呈报详尽的生产工时	调查机关并未提出具体要求	仅以此项应诉瑕疵，不能做出存在转口逃税结论
8	Mill Test Certificate 与进口商 RFI 呈报生产环节不符	进口客户并不了解生产实际情况	确认是否已经向进口方说明生产流程，并在说明进口商不了解生产工艺及流程
9	调查期产量小于销量	未考虑生产周期及库存销售的可能性	确认并争取提交产成品明细及收发存报表，并据此提出法律抗辩
10	呈报理论产能与 CBP 专家实测不符	不理解产能含义	产能本身属于估算数据，根据实例说明不同估算方法结论必然不同
11	与进口商提交的进口报关商业单据的数据不符		协调进口商，比对差异原因

第三十三章

公司 ESG 管理专项合规指南与案例分析

在全球可持续发展的大背景下，ESG 理念已成为企业发展的重要指引。ESG，即环境（environment）、社会（social）和治理（governance）三个名词的首字母缩写，是一种评估和衡量公司在环境保护、社会责任以及企业治理方面表现的方法。它由联合国环境规划署在 2004 年提出，是可持续发展理念在企业微观层面的反映，将公共利益引入企业价值体系，将企业发展对环境社会的外部影响内部化，更加注重企业经济活动与环境社会建设的动态平衡和持续发展。随着 ESG 理念的不断深入，以及"双碳"目标的提出，ESG 成为常被提及的热点，本章梳理了 ESG 管理相关的规制、标准及相关指引，并提供了典型案例分析。

第一节
公司 ESG 管理合规相关法律依据

《中华人民共和国环境保护法》	
第一条	为保护和改善环境，防治污染和其他公害，保障公众健康，推进生态文明建设，促进经济社会可持续发展，制定本法
第二条	本法所称环境，是指影响人类生存和发展的各种天然的和经过人工改造的自然因素的总体，包括大气、水、海洋、土地、矿藏、森林、草原、湿地、野生生物、自然遗迹、人文遗迹、自然保护区、风景名胜区、城市和乡村等
第四条	保护环境是国家的基本国策。 国家采取有利于节约和循环利用资源、保护和改善环境、促进人与自然和谐的经济、技术政策和措施，使经济社会发展与环境保护相协调
第六条	一切单位和个人都有保护环境的义务。 地方各级人民政府应当对本行政区域的环境质量负责。

续表

《中华人民共和国环境保护法》	
第六条	企业事业单位和其他生产经营者应当防止、减少环境污染和生态破坏，对所造成的损害依法承担责任。 公民应当增强环境保护意识，采取低碳、节俭的生活方式，自觉履行环境保护义务

《中华人民共和国清洁生产促进法》	
第一条	为了促进清洁生产，提高资源利用效率，减少和避免污染物的产生，保护和改善环境，保障人体健康，促进经济与社会可持续发展，制定本法
第二条	本法所称清洁生产，是指不断采取改进设计、使用清洁的能源和原料、采用先进的工艺技术与设备、改善管理、综合利用等措施，从源头削减污染，提高资源利用效率，减少或者避免生产、服务和产品使用过程中污染物的产生和排放，以减轻或者消除对人类健康和环境的危害

《中华人民共和国环境影响评价法》	
第一条	为了实施可持续发展战略，预防因规划和建设项目实施后对环境造成不良影响，促进经济、社会和环境的协调发展，制定本法
第二条	本法所称环境影响评价，是指对规划和建设项目实施后可能造成的环境影响进行分析、预测和评估，提出预防或者减轻不良环境影响的对策和措施，进行跟踪监测的方法与制度

《中华人民共和国水污染防治法》	
第一条	为了保护和改善环境，防治水污染，保护水生态，保障饮用水安全，维护公众健康，推进生态文明建设，促进经济社会可持续发展，制定本法
第三条	水污染防治应当坚持预防为主、防治结合、综合治理的原则，优先保护饮用水水源，严格控制工业污染、城镇生活污染，防治农业面源污染，积极推进生态治理工程建设，预防、控制和减少水环境污染和生态破坏

《中华人民共和国大气污染防治法》	
第一条	为保护和改善环境，防治大气污染，保障公众健康，推进生态文明建设，促进经济社会可持续发展，制定本法
第二条	防治大气污染，应当以改善大气环境质量为目标，坚持源头治理，规划先行，转变经济发展方式，优化产业结构和布局，调整能源结构。 防治大气污染，应当加强对燃煤、工业、机动车船、扬尘、农业等大气污染的综合防治，推行区域大气污染联合防治，对颗粒物、二氧化硫、氮氧化物、挥发性有机物、氨等大气污染物和温室气体实施协同控制

《中华人民共和国固体废物污染环境防治法》	
第一条	为了保护和改善生态环境，防治固体废物污染环境，保障公众健康，维护生态安全，推进生态文明建设，促进经济社会可持续发展，制定本法
第三条	国家推行绿色发展方式，促进清洁生产和循环经济发展。 国家倡导简约适度、绿色低碳的生活方式，引导公众积极参与固体废物污染环境防治

《中华人民共和国循环经济促进法》	
第一条	为了促进循环经济发展,提高资源利用效率,保护和改善环境,实现可持续发展,制定本法
第二条	本法所称循环经济,是指在生产、流通和消费等过程中进行的减量化、再利用、资源化活动的总称。 本法所称减量化,是指在生产、流通和消费等过程中减少资源消耗和废物产生。 本法所称再利用,是指将废物直接作为产品或者经修复、翻新、再制造后继续作为产品使用,或者将废物的全部或者部分作为其他产品的部件予以使用。 本法所称资源化,是指将废物直接作为原料进行利用或者对废物进行再生利用
第三条	发展循环经济是国家经济社会发展的一项重大战略,应当遵循统筹规划、合理布局,因地制宜、注重实效,政府推动、市场引导,企业实施、公众参与的方针
第四条	发展循环经济应当在技术可行、经济合理和有利于节约资源、保护环境的前提下,按照减量化优先的原则实施。 在废物再利用和资源化过程中,应当保障生产安全,保证产品质量符合国家规定的标准,并防止产生再次污染
国际公约	
《巴黎协定》	要求缔约国制定减排目标,推动低碳经济
《联合国气候变化框架公约》	确立应对气候变化的基本原则
《生物多样性公约》	要求保护生物多样性和可持续利用资源
政府文件	
《中央企业控股上市公司 ESG 专项报告编制研究》 《央企控股上市公司 ESG 专项报告参考指标体系》 《央企控股上市公司 ESG 专项报告参考模板》	国务院国资委发布了《中央企业控股上市公司 ESG 专项报告编制研究》《央企控股上市公司 ESG 专项报告参考指标体系》和《央企控股上市公司 ESG 专项报告参考模板》三项文件,为央企控股上市公司编制 ESG 报告提供建议与参考。这些文件的发布,推动了我国 ESG 信息披露水平的提升,为企业在 ESG 披露方面提供了重要的指导和参考
国际标准	
GRI 标准	全球报告倡议组织(GRI)制定的 ESG 披露框架被广泛采用。它要求企业披露能源消耗、温室气体排放、水资源利用等环境数据,以及员工权益、社区关系、产品责任等社会信息,还有董事会结构、高管薪酬、反腐败措施等治理信息
SASB 标准	可持续会计准则委员会(SASB)针对特定行业制定了实质性 ESG 议题披露标准,旨在提供与财务相关的 ESG 信息,帮助投资者更好地评估企业的可持续发展能力
ISSB 准则	国际可持续准则理事会(ISSB)致力于制定全球统一的可持续披露准则,以提高 ESG 信息的一致性和可比性。该准则强调企业应披露对环境和社会具有重大影响的信息,以及这些信息如何与企业的财务状况和经营业绩相关联

续表

交易所指引	
《上市公司持续 监管指引—— 可持续发展报告》	要求特定上市公司强制发布可持续发展报告，其他公司鼓励自愿披露，但也要遵循指引要求。指引引入了"双重重要性"原则，即财务重要性和影响重要性。企业需要评估可持续发展议题对企业财务的重大影响，以及企业对经济社会和环境的影响，包括对上下游价值链的影响
行业特定要求	
《酒类企业 ESG 披露指南》	规定了酒企 ESG 信息披露的具体要求，包括能源消耗、温室气体排放、员工薪酬福利、治理结构等
认证标准	
国际标准	企业可以选择参与 ISO 的相关标准、GRI 指南或其他国际知名的 ESG 认证标准，以确保认证过程的权威性和可比性

第二节
ESG 合规相关指引解读

在当今社会，企业的可持续发展已成为不可忽视的重要议题。ESG 管理体系建设作为实现可持续发展的关键路径，对于企业而言具有至关重要的意义。它不仅有助于企业降低环境风险、提升社会形象，还能增强企业的长期竞争力，实现经济、环境和社会的协调发展。

一、企业在建设 ESG 管理体系时，应遵循以下原则

顶层承诺是首要原则，企业领导层必须明确对 ESG 管理体系的重视，并将 ESG 原则融入企业战略和决策中。这就如同企业的灯塔，为整个 ESG 建设指明方向。以某跨国企业为例，其 CEO 亲自担任 ESG 委员会主席，积极推动 ESG 战略的制定和实施，确保 ESG 理念贯穿企业的各个层级和业务环节。

制定明确的目标也是关键原则之一。企业应设定具体、可衡量、可实现、相关联、有时限（SMART）的 ESG 目标，并将其纳入企业的绩效评估和报告中。例如，某能源企业设定了在未来十年内将碳排放强度降低 50% 的目标，并围绕这一目标制定了详细的行动计划和考核指标，推动企业在节能减排方面不断取得进展。

综合管理原则要求 ESG 管理体系贯穿企业各个部门和层级，确保 ESG 原则在企业的各个方面得到综合管理和协调。这需要打破部门之间的壁垒，形成协同效应。例如，

一家制造企业通过建立跨部门的 ESG 工作小组，将环境、社会和治理相关工作有机整合，共同推动企业在绿色生产、员工福利、供应链管理等方面的改进。

参与利益相关方原则强调企业应积极与利益相关方进行沟通和合作，了解他们的关注点和期望，并将其纳入 ESG 管理体系中。利益相关方包括投资者、员工、客户、社区、监管机构等。某食品企业通过定期举办消费者座谈会、员工满意度调查、社区公益活动等方式，广泛收集利益相关方的意见和建议，不断优化企业的 ESG 策略。

风险管理原则要求 ESG 管理体系帮助企业识别、评估和管理与环境、社会和治理相关的风险，并采取相应的措施进行风险管理。企业可以通过建立风险评估模型、制定应急预案等方式，有效应对可能出现的 ESG 风险。如某化工企业对生产过程中的环境风险进行全面评估，制定了严格的环保措施和应急预案，确保在发生突发环境事件时能够迅速响应，减少损失。

透明度和报告原则要求企业向内外部利益相关方提供透明的 ESG 信息，并定期报告 ESG 绩效，以增加透明度和信任度。企业可以通过发布 ESG 报告、参加行业研讨会等方式，向外界展示其 ESG 工作成果。许多知名企业每年都会发布详细的 ESG 报告，披露企业在环境、社会和治理方面的实践、绩效和战略，接受社会监督。

持续改进原则鼓励企业不断改进 ESG 管理体系，根据最新的科学和技术发展，以及利益相关方的反馈和期望，不断提高 ESG 绩效。这是一个动态的过程，企业需要不断学习和创新。某科技企业通过引入先进的环保技术和管理方法，持续优化企业的能源利用效率和废弃物管理水平，不断提升 ESG 绩效。

遵守法律和道德标准原则要求企业遵守适用的法律法规和道德标准，确保 ESG 管理体系的合规性和道德性。这是企业开展 ESG 工作的底线。任何企业都不能以牺牲法律和道德为代价来追求 ESG 目标。

教育和培训原则强调企业应为员工提供 ESG 相关的教育和培训，提高他们的意识和能力，以支持 ESG 管理体系的实施。员工是企业 ESG 工作的执行者，只有提高员工的 ESG 意识和能力，才能确保 ESG 管理体系的有效运行。某金融机构定期组织员工参加 ESG 培训课程和研讨会，邀请专家学者进行授课，提高员工对 ESG 理念和实践的理解和应用能力。

二、ESG 管理体系建设的流程通常包括多个步骤

规划阶段，企业需深入思考其 ESG 价值观和长期发展目标，并将其与业务战略相结合。企业还需要进行全面的 ESG 现状评估，识别自身在环境、社会和治理方面的优势和不足，以及面临的机遇和挑战。这就如同医生为病人进行全面体检，了解病人的身体状况，为后续的治疗方案提供依据。

实施阶段，企业应根据规划制定具体的 ESG 管理措施，并将其落实到各个部门和业务环节。这包括制定和完善相关的政策、制度和流程，明确各部门和人员的职责和权限，确保 ESG 工作的顺利开展。例如，一家企业制定了严格的环保政策，要求各生产部门在生产过程中严格控制污染物排放，并建立了相应的考核机制，对环保工作表现优秀的部门和个人进行奖励，对违反环保政策的部门和个人进行处罚。

运行与监控阶段，企业需要对 ESG 管理体系的运行情况进行实时监控和评估，及时发现问题并采取措施进行整改。企业可以通过建立数据监测系统、开展内部审计等方式，对 ESG 绩效进行跟踪和评估。如某企业建立了能源管理系统，实时监测企业的能源消耗情况，及时发现能源浪费问题，并采取相应的节能措施。

持续改进阶段，企业应根据运行与监控的结果，对 ESG 管理体系进行持续改进和优化。这是一个不断循环的过程，企业需要不断总结经验教训，调整策略和措施，以适应不断变化的内外部环境。某企业在每年的 ESG 报告中，都会对过去一年的 ESG 工作进行总结和反思，提出下一年度的改进目标和措施，推动企业的 ESG 工作不断向前发展。

三、ESG 报告的编制与披露

ESG 报告作为企业与利益相关方沟通的重要桥梁，其编制与披露对于企业的可持续发展具有重要意义。它不仅能够展示企业在环境、社会和治理方面的实践和成果，还能增强企业的透明度和公信力，提升企业的品牌形象和市场竞争力。

ESG 报告通常包含丰富的内容：

公司简介部分会介绍公司的基本情况，包括公司的历史、业务范围、组织架构等，让读者对公司有一个初步的了解。商业战略部分则会阐述公司的商业目标和策略，以及如何将 ESG 因素融入其中，展示公司在追求经济利益的同时，也注重可持续发展。

ESG 政策部分会详细说明公司在环境、社会和治理方面采取的具体措施和政策，体现公司对 ESG 理念的贯彻和落实。例如，一家企业在 ESG 政策中明确提出了节能减排的目标和措施，以及保障员工权益的政策和制度。

绩效指标部分会列出公司在各个方面的具体表现，如能源消耗、碳排放、员工满意度、社区贡献等，通过数据和指标直观地展示公司的 ESG 绩效。风险和机遇分析部分会评估公司在未来可能面临的环境、社会和治理方面的风险和机遇，以及公司的应对策略，帮助利益相关方了解公司的风险状况和发展潜力。

未来计划部分会详细阐述公司在 ESG 方面的未来发展计划和目标，展示公司的可持续发展愿景和决心。结论部分则会总结公司在 ESG 方面的整体表现，强调公司对可持续发展的承诺和贡献。

编制 ESG 报告时，企业要先明确报告的目标和受众。如果报告主要面向投资者，那么在内容上应更加注重与财务绩效相关的 ESG 信息，如碳排放对企业成本的影响、社会责任对企业品牌价值的提升等；如果报告主要面向消费者，那么可以更多地关注企业在产品质量、环境保护、消费者权益保护等方面的内容。收集和整理数据是编制 ESG 报告的重要环节。企业需要建立完善的数据收集和管理体系，确保数据的准确性、完整性和及时性。数据来源可以包括企业内部的各个部门，如环境管理部门、人力资源部门、财务部门等，也可以来自外部的第三方机构，如行业协会、研究机构等。一家企业通过建立 ESG 数据管理平台，实现了对 ESG 数据的集中管理和分析，提高了数据收集和整理的效率和准确性。在确定报告的内容和结构时，企业可以参考国际上通用的 ESG 报告标准和框架，如 GRI 标准、ISSB 标准等，结合自身的实际情况进行调整和完善。企业还可以借鉴同行业优秀企业的经验，学习他们在报告内容和结构设计上的优点。撰写报告时，要注意语言表达的简洁明了、通俗易懂，避免使用过于专业和晦涩的术语。报告的内容应真实、客观、准确，避免夸大其词和虚假宣传。同时，要注重报告的可读性和可视化，通过图表、图片、案例等形式，使报告更加生动形象，易于读者理解。

ESG 报告的披露对于企业和利益相关方都具有重要意义。对于企业来说，披露 ESG 报告可以增强企业的透明度，提升企业的品牌形象和市场竞争力，吸引更多的投资者和客户。披露 ESG 报告还可以帮助企业发现自身在 ESG 方面的问题和不足，促进企业不断改进和完善。对于利益相关方来说，ESG 报告是了解企业可持续发展表现的重要依据，有助于他们做出更加明智的投资决策、消费决策和合作决策。投资者可以通过 ESG 报告评估企业的长期投资价值和风险；消费者可以通过 ESG 报告选择更加环保、社会责任意识强的企业的产品和服务；合作伙伴可以通过 ESG 报告了解企业的价值观和经营理念，判断是否与自己的企业相契合。企业可以通过多种方式进行 ESG 报告的披露。在企业官网发布是最常见的方式之一，这样可以方便利益相关方随时查阅。参加行业研讨会和论坛也是一种有效的披露方式，企业可以在这些场合分享自己的 ESG 实践和成果，与同行进行交流和学习。向投资者、客户、监管机构等特定利益相关方发送报告，也是企业常用的披露方式之一，这种方式可以更加精准地满足特定利益相关方的需求。

第三节
ESG 管理合规案例分析

一、案情简介

Y 集团成立于 1997 年，是中国唯一一家拥有上海、香港、纽约、澳大利亚等境内外四地上市平台的特大型能源企业。早在多年前，Y 集团就敏锐地意识到可持续发展的重要性，开始逐步探索 ESG 管理体系的建设。2003 年，Y 集团荣获了全国质量管理奖；2004 年，Y 集团荣获中国质量协会颁发的年度中国企业管理最高奖——"中国质量鼎"；2023 年 6 月，Y 集团获得中质协质量保证中心颁发的国内首张企业 ESG 管理体系认证证书。

在认证过程中，Y 集团充分展示了其在 ESG 管理方面的全面性和深入性。审核组通过查阅相关资料、文件，查看对外公开披露的有关信息，对 Y 集团的公司治理、风险防控、战略引领、绿色环保、安全健康、员工权益和职业发展、产品责任、供应链牵引等核心部门进行了全面审核。Y 集团在这些方面的优秀实践和显著成果，得到了审核组的高度评价。

二、案例分析

Y 集团在 ESG 管理体系建设和认证方面的成功经验，为能源行业其他企业提供了宝贵的启示。企业要高度重视 ESG 理念，将其融入企业的战略规划和日常运营中，形成可持续发展的企业文化。要建立健全 ESG 管理体系，明确各部门的职责和分工，加强内部协同和沟通，确保 ESG 工作的有效推进。加大对环保技术和新能源产业的投入，积极推动能源转型和绿色发展，是能源企业实现可持续发展的必由之路。

第三十四章

公司供应链管理专项合规指南与案例分析

在经济全球化的当下，企业供应链不断延伸，涉及的环节和参与方众多，这使得供应链管理中的合规风险显著增加。从原材料采购到产品销售，每个环节都可能面临法律、法规和道德层面的挑战。此外，随着国际贸易摩擦加剧，贸易合规风险，如出口管制、关税政策变动等，也给企业供应链管理带来了极大的不确定性。国家高度重视供应链管理的合规性，出台了一系列政策措施以引导和规范企业行为。一方面，鼓励企业加强供应链风险管理，提升供应链的稳定性和安全性。例如，支持企业建立多元化的供应商体系，降低对单一供应商的依赖，以应对可能出现的供应中断风险。另一方面，积极推动供应链的绿色发展，要求企业在生产、运输等环节注重环境保护，减少碳排放。本章总结了公司供应链管理的法律依据及案例分析。

第一节
供应链管理合规相关法律依据

《中华人民共和国民法典》	
第五百零九条	当事人应当按照约定全面履行自己的义务。 当事人应当遵循诚信原则，根据合同的性质、目的和交易习惯履行通知、协助、保密等义务。 当事人在履行合同过程中，应当避免浪费资源、污染环境和破坏生态
第五百一十条	合同生效后，当事人就质量、价款或者报酬、履行地点等内容没有约定或者约定不明确的，可以协议补充；不能达成补充协议的，按照合同相关条款或者交易习惯确定
第五百一十一条	当事人就有关合同内容约定不明确，依据前条规定仍不能确定的，适用下列规定： （一）质量要求不明确的，按照强制性国家标准履行；没有强制性国家标准的，按照推荐性国家标准履行；没有推荐性国家标准的，按照行业标准履行；没有国家标准、行业标准的，按照通常标准或者符合合同目的的特定标准履行。

续表

《中华人民共和国民法典》	
第五百一十一条	（二）价款或者报酬不明确的，按照订立合同时履行地的市场价格履行；依法应当执行政府定价或者政府指导价的，依照规定履行。 （三）履行地点不明确，给付货币的，在接受货币一方所在地履行；交付不动产的，在不动产所在地履行；其他标的，在履行义务一方所在地履行。 （四）履行期限不明确的，债务人可以随时履行，债权人也可以随时请求履行，但是应当给对方必要的准备时间。 （五）履行方式不明确的，按照有利于实现合同目的的方式履行。 （六）履行费用的负担不明确的，由履行义务一方负担；因债权人原因增加的履行费用，由债权人负担
第五百一十二条	通过互联网等信息网络订立的电子合同的标的为交付商品并采用快递物流方式交付的，收货人的签收时间为交付时间。电子合同的标的为提供服务的，生成的电子凭证或者实物凭证中载明的时间为提供服务时间；前述凭证没有载明时间或者载明时间与实际提供服务时间不一致的，以实际提供服务的时间为准 电子合同的标的物为采用在线传输方式交付的，合同标的物进入对方当事人指定的特定系统且能够检索识别的时间为交付时间。 电子合同当事人对交付商品或者提供服务的方式、时间另有约定的，按照其约定
第五百九十五条	买卖合同是出卖人转移标的物的所有权于买受人，买受人支付价款的合同
第五百九十六条	买卖合同的内容一般包括标的物的名称、数量、质量、价款、履行期限、履行地点和方式、包装方式、检验标准和方法、结算方式、合同使用的文字及其效力等条款
第五百九十八条	出卖人应当履行向买受人交付标的物或者交付提取标的物的单证，并转移标的物所有权的义务
第五百九十九条	出卖人应当按照约定或者交易习惯向买受人交付提取标的物单证以外的有关单证和资料
第八百零九条	运输合同是承运人将旅客或者货物从起运地点运输到约定地点，旅客、托运人或者收货人支付票款或者运输费用的合同
《中华人民共和国政府采购法》	
第二十二条	供应商参加政府采购活动应当具备下列条件： （一）具有独立承担民事责任的能力； （二）具有良好的商业信誉和健全的财务会计制度； （三）具有履行合同所必需的设备和专业技术能力； （四）有依法缴纳税收和社会保障资金的良好记录； （五）参加政府采购活动前三年内，在经营活动中没有重大违法记录； （六）法律、行政法规规定的其他条件。 采购人可以根据采购项目的特殊要求，规定供应商的特定条件，但不得以不合理的条件对供应商实行差别待遇或者歧视待遇
《中华人民共和国反不正当竞争法》	
第六条	经营者不得实施下列混淆行为，引人误认为是他人商品或者与他人存在特定联系： （一）擅自使用与他人有一定影响的商品名称、包装、装潢等相同或者近似的标识； （二）擅自使用他人有一定影响的企业名称（包括简称、字号等）、社会组织名称（包括简称等）、姓名（包括笔名、艺名、译名等）； （三）擅自使用他人有一定影响的域名主体部分、网站名称、网页等； （四）其他足以引人误认为是他人商品或者与他人存在特定联系的混淆行为

续表

《中华人民共和国反不正当竞争法》	
第八条	经营者不得对其商品的性能、功能、质量、销售状况、用户评价、曾获荣誉等作虚假或者引人误解的商业宣传，欺骗、误导消费者。 经营者不得通过组织虚假交易等方式，帮助其他经营者进行虚假或者引人误解的商业宣传
《中华人民共和国反垄断法》	
第十七条	禁止具有竞争关系的经营者达成下列垄断协议： （一）固定或者变更商品价格； （二）限制商品的生产数量或者销售数量； （三）分割销售市场或者原材料采购市场； （四）限制购买新技术、新设备或者限制开发新技术、新产品； （五）联合抵制交易； （六）国务院反垄断执法机构认定的其他垄断协议
第十九条	经营者不得组织其他经营者达成垄断协议或者为其他经营者达成垄断协议提供实质性帮助
《中华人民共和国产品质量法》	
第二十六条	生产者应当对其生产的产品质量负责。 产品质量应当符合下列要求： （一）不存在危及人身、财产安全的不合理的危险，有保障人体健康和人身、财产安全的国家标准、行业标准的，应当符合该标准； （二）具备产品应当具备的使用性能，但是，对产品存在使用性能的瑕疵作出说明的除外； （三）符合在产品或者其包装上注明采用的产品标准，符合以产品说明、实物样品等方式表明的质量状况
《中华人民共和国商标法》	
第五十七条	有下列行为之一的，均属侵犯注册商标专用权： （一）未经商标注册人的许可，在同一种商品上使用与其注册商标相同的商标的； （二）未经商标注册人的许可，在同一种商品上使用与其注册商标近似的商标，或者在类似商品上使用与其注册商标相同或者近似的商标，容易导致混淆的； （三）销售侵犯注册商标专用权的商品的； （四）伪造、擅自制造他人注册商标标识或者销售伪造、擅自制造的注册商标标识的； （五）未经商标注册人同意，更换其注册商标并将该更换商标的商品又投入市场的； （六）故意为侵犯他人商标专用权行为提供便利条件，帮助他人实施侵犯商标专用权行为的； （七）给他人的注册商标专用权造成其他损害的
第五十八条	将他人注册商标、未注册的驰名商标作为企业名称中的字号使用，误导公众，构成不正当竞争行为的，依照《中华人民共和国反不正当竞争法》处理
《中华人民共和国专利法》	
第十一条	发明和实用新型专利权被授予后，除本法另有规定的以外，任何单位或者个人未经专利权人许可，都不得实施其专利，即不得为生产经营目的制造、使用、许诺销售、销售、进口其专利产品，或者使用其专利方法以及使用、许诺销售、销售、进口依照该专利方法直接获得的产品。 外观设计专利权被授予后，任何单位或者个人未经专利权人许可，都不得实施其专利，即不得为生产经营目的制造、许诺销售、销售、进口其外观设计专利产品

续表

《中华人民共和国著作权法》	
第五十二条	有下列侵权行为的，应当根据情况，承担停止侵害、消除影响、赔礼道歉、赔偿损失等民事责任： （一）未经著作权人许可，发表其作品的； （二）未经合作作者许可，将与他人合作创作的作品当作自己单独创作的作品发表的； （三）没有参加创作，为谋取个人名利，在他人作品上署名的； （四）歪曲、篡改他人作品的； （五）剽窃他人作品的； （六）未经著作权人许可，以展览、摄制视听作品的方法使用作品，或者以改编、翻译、注释等方式使用作品的，本法另有规定的除外； （七）使用他人作品，应当支付报酬而未支付的； （八）未经视听作品、计算机软件、录音录像制品的著作权人、表演者或者录音录像制作者许可，出租其作品或者录音录像制品的原件或者复制件的，本法另有规定的除外； （九）未经出版者许可，使用其出版的图书、期刊的版式设计的； （十）未经表演者许可，从现场直播或者公开传送其现场表演，或者录制其表演的； （十一）其他侵犯著作权以及与著作权有关的权利的行为
第五十三条	有下列侵权行为的，应当根据情况，承担本法第五十二条规定的民事责任；侵权行为同时损害公共利益的，由主管著作权的部门责令停止侵权行为，予以警告，没收违法所得，没收、无害化销毁处理侵权复制品以及主要用于制作侵权复制品的材料、工具、设备等，违法经营额五万元以上的，可以并处违法经营额一倍以上五倍以下的罚款；没有违法经营额、违法经营额难以计算或者不足五万元的，可以并处二十五万元以下的罚款；构成犯罪的，依法追究刑事责任： （一）未经著作权人许可，复制、发行、表演、放映、广播、汇编、通过信息网络向公众传播其作品的，本法另有规定的除外； （二）出版他人享有专有出版权的图书的； （三）未经表演者许可，复制、发行录有其表演的录音录像制品，或者通过信息网络向公众传播其表演的，本法另有规定的除外； （四）未经录音录像制作者许可，复制、发行、通过信息网络向公众传播其制作的录音录像制品的，本法另有规定的除外； （五）未经许可，播放、复制或者通过信息网络向公众传播广播、电视的，本法另有规定的除外； （六）未经著作权人或者与著作权有关的权利人许可，故意避开或者破坏技术措施的，故意制造、进口或者向他人提供主要用于避开、破坏技术措施的装置或者部件的，或者故意为他人避开或者破坏技术措施提供技术服务的，法律、行政法规另有规定的除外； （七）未经著作权人或者与著作权有关的权利人许可，故意删除或者改变作品、版式设计、表演、录音录像制品或者广播、电视上的权利管理信息的，知道或者应当知道作品、版式设计、表演、录音录像制品或者广播、电视上的权利管理信息未经许可被删除或者改变，仍然向公众提供的，法律、行政法规另有规定的除外； （八）制作、出售假冒他人署名的作品的
《中华人民共和国数据安全法》	
第二十七条	开展数据处理活动应当依照法律、法规的规定，建立健全全流程数据安全管理制度，组织开展数据安全教育培训，采取相应的技术措施和其他必要措施，保障数据安全。利用互联网等信息网络开展数据处理活动，应当在网络安全等级保护制度的基础上，履行上述数据安全保护义务。 重要数据的处理者应当明确数据安全负责人和管理机构，落实数据安全保护责任

《中华人民共和国数据安全法》	
第三十条	重要数据的处理者应当按照规定对其数据处理活动定期开展风险评估，并向有关主管部门报送风险评估报告。 风险评估报告应当包括处理的重要数据的种类、数量，开展数据处理活动的情况，面临的数据安全风险及其应对措施等
《中华人民共和国个人信息保护法》	
第五条	处理个人信息应当遵循合法、正当、必要和诚信原则，不得通过误导、欺诈、胁迫等方式处理个人信息
第十三条	符合下列情形之一的，个人信息处理者方可处理个人信息： （一）取得个人的同意； （二）为订立、履行个人作为一方当事人的合同所必需，或者按照依法制定的劳动规章制度和依法签订的集体合同实施人力资源管理所必需； （三）为履行法定职责或者法定义务所必需； （四）为应对突发公共卫生事件，或者紧急情况下为保护自然人的生命健康和财产安全所必需； （五）为公共利益实施新闻报道、舆论监督等行为，在合理的范围内处理个人信息； （六）依照本法规定在合理的范围内处理个人自行公开或者其他已经合法公开的个人信息； （七）法律、行政法规规定的其他情形。依照本法其他有关规定，处理个人信息应当取得个人同意，但是有前款第二项至第七项规定情形的，不需取得个人同意
《中华人民共和国电子商务法》	
第五条	电子商务经营者从事经营活动，应当遵循自愿、平等、公平、诚信的原则，遵守法律和商业道德，公平参与市场竞争，履行消费者权益保护、环境保护、知识产权保护、网络安全与个人信息保护等方面的义务，承担产品和服务质量责任，接受政府和社会的监督
第二十条	电子商务经营者应当按照承诺或者与消费者约定的方式、时限向消费者交付商品或者服务，并承担商品运输中的风险和责任。但是，消费者另行选择快递物流服务提供者的除外
《中华人民共和国安全生产法》	
第四条	生产经营单位必须遵守本法和其他有关安全生产的法律、法规，加强安全生产管理，建立健全全员安全生产责任制和安全生产规章制度，加大对安全生产资金、物资、技术、人员的投入保障力度，改善安全生产条件，加强安全生产标准化、信息化建设，构建安全风险分级管控和隐患排查治理双重预防机制，健全风险防范化解机制，提高安全生产水平，确保安全生产。 平台经济等新兴行业、领域的生产经营单位应当根据本行业、领域的特点，建立健全并落实全员安全生产责任制，加强从业人员安全生产教育和培训，履行本法和其他法律、法规规定的有关安全生产义务

第二节
公司供应链管理合规案例分析

一、案情简介

2017 年，A 公司的一家重要供应商被曝光在生产过程中存在严重的环保违规行为。

该供应商的工厂废水未经有效处理直接排放，废气排放也严重超标，对周边环境造成了极大污染。当地环保部门介入调查后，对该供应商处以高额罚款，并责令其停产整顿。此事件引发了公众对 A 公司供应链环保管理的关注，对 A 公司的品牌形象也产生了一定负面影响。

二、案例分析

（一）供应链管理漏洞：A 公司虽有一套供应商管理体系，但在对该供应商的环保监管方面存在漏洞。未能及时发现并纠正供应商的环保违规行为，说明其在供应商审核与日常监督环节存在不足。

（二）品牌声誉影响：消费者对企业的社会责任意识日益关注，供应商的环保违规行为直接牵连到 A 公司的品牌形象。部分消费者表示会考虑减少购买 A 公司产品，这对 A 公司的市场份额与销售业绩产生了潜在威胁。

（三）改进措施：事件发生后，A 公司加强了对供应商的环保审查力度，增加了环保检测指标与审核频率。同时，与供应商合作，提供环保技术支持与资金援助，帮助其改进生产工艺，提升环保水平。A 公司还建立了供应商环保违规的预警机制，一旦发现问题，及时采取措施，避免类似事件再次发生。

公司在供应链管理中需高度重视合规问题，从供应商选择、生产过程管理到应对突发事件，都要严格遵循法律法规与行业规范，构建完善的供应链管理体系，以实现企业的可持续发展。

| 第三十五章 |

公司反恐怖融资专项合规指南与案例分析

随着全球化的推进和金融创新的不断发展，恐怖融资活动呈现日益复杂和隐蔽的态势。恐怖组织及恐怖分子为了获取资金以支持其恐怖活动，手段越发多样化。在我国，虽然反恐怖融资工作取得了一定成效，但仍面临诸多挑战。一方面，反恐怖融资的法律体系尚不完善，部分法律法规存在规定模糊、操作性不强等问题；另一方面，随着新兴金融业务和技术的不断涌现，如互联网金融、虚拟货币等，给反恐怖融资监管带来了新的难题。

公司履行反恐怖融资合规义务是履行社会责任的体现。恐怖主义活动严重威胁人民的生命财产安全和社会的稳定和谐，公司通过参与反恐怖融资工作，能够为打击恐怖主义、维护国家安全和社会稳定贡献力量，彰显企业的社会责任感。本章总结了公司反恐怖融资相关法律规定及案例分析。

第一节
公司反恐怖融资合规相关法律依据

《中华人民共和国反恐怖主义法》	
第二条	国家反对一切形式的恐怖主义，依法取缔恐怖活动组织，对任何组织、策划、准备实施、实施恐怖活动，宣扬恐怖主义，煽动实施恐怖活动，组织、领导、参加恐怖活动组织，为恐怖活动提供帮助的，依法追究法律责任。 国家不向任何恐怖活动组织和人员作出妥协，不向任何恐怖活动人员提供庇护或者给予难民地位
第九条	任何单位和个人都有协助、配合有关部门开展反恐怖主义工作的义务，发现恐怖活动嫌疑或者恐怖活动嫌疑人员的，应当及时向公安机关或者有关部门报告

续表

《中华人民共和国反恐怖主义法》	
第二十四条	国务院反洗钱行政主管部门、国务院有关部门、机构依法对金融机构和特定非金融机构履行反恐怖主义融资义务的情况进行监督管理。 国务院反洗钱行政主管部门发现涉嫌恐怖主义融资的，可以依法进行调查，采取临时冻结措施
第二十五条	审计、财政、税务等部门在依照法律、行政法规的规定对有关单位实施监督检查的过程中，发现资金流入流出涉嫌恐怖主义融资的，应当及时通报公安机关
第二十六条	海关在对进出境人员携带现金和无记名有价证券实施监管的过程中，发现涉嫌恐怖主义融资的，应当立即通报国务院反洗钱行政主管部门和有管辖权的公安机关
《中华人民共和国刑法》	
第一百二十条之一	【帮助恐怖活动罪】资助恐怖活动组织、实施恐怖活动的个人的，或者资助恐怖活动培训的，处五年以下有期徒刑、拘役、管制或者剥夺政治权利，并处罚金；情节严重的，处五年以上有期徒刑，并处罚金或者没收财产。 为恐怖活动组织、实施恐怖活动或者恐怖活动培训招募、运送人员的，依照前款的规定处罚。 单位犯前两款罪的，对单位判处罚金，并对其直接负责的主管人员和其他直接责任人员，依照第一款的规定处罚
第一百九十一条	【洗钱罪】为掩饰、隐瞒毒品犯罪、黑社会性质的组织犯罪、恐怖活动犯罪、走私犯罪、贪污贿赂犯罪、破坏金融管理秩序犯罪、金融诈骗犯罪的所得及其产生的收益的来源和性质，有下列行为之一的，没收实施以上犯罪的所得及其产生的收益，处五年以下有期徒刑或者拘役，并处或者单处罚金；情节严重的，处五年以上十年以下有期徒刑，并处罚金： （一）提供资金账户的； （二）将财产转换为现金、金融票据、有价证券的； （三）通过转账或者其他支付结算方式转移资金的； （四）跨境转移资产的； （五）以其他方法掩饰、隐瞒犯罪所得及其收益的来源和性质的。 单位犯前款罪的，对单位判处罚金，并对其直接负责的主管人员和其他直接责任人员，依照前款的规定处罚
《中华人民共和国反洗钱法》	
第二条	本法所称反洗钱，是指为了预防通过各种方式掩饰、隐瞒毒品犯罪、黑社会性质的组织犯罪、恐怖活动犯罪、走私犯罪、贪污贿赂犯罪、破坏金融管理秩序犯罪、金融诈骗犯罪及其他犯罪所得及其收益的来源、性质的洗钱活动，依照本法规定采取相关措施的行为。 预防恐怖主义融资活动适用本法；其他法律另有规定的，适用其规定
第六条	在中华人民共和国境内（以下简称境内）设立的金融机构和依照本法规定应当履行反洗钱义务的特定非金融机构，应当依法采取预防、监控措施，建立健全反洗钱内部控制制度，履行客户尽职调查、客户身份资料和交易记录保存、大额交易和可疑交易报告、反洗钱特别预防措施等反洗钱义务
第八条	履行反洗钱义务的机构及其工作人员依法开展提交大额交易和可疑交易报告等工作，受法律保护
第十条	任何单位和个人不得从事洗钱活动或者为洗钱活动提供便利，并应当配合金融机构和特定非金融机构依法开展的客户尽职调查

《中华人民共和国反洗钱法》	
第十一条第一款	任何单位和个人发现洗钱活动，有权向反洗钱行政主管部门、公安机关或者其他有关国家机关举报。接受举报的机关应当对举报人和举报内容保密
第十二条	在中华人民共和国境外（以下简称境外）的洗钱和恐怖主义融资活动，危害中华人民共和国主权和安全，侵犯中华人民共和国公民、法人和其他组织合法权益，或者扰乱境内金融秩序的，依照本法以及相关法律规定处理并追究法律责任
第十八条第一款	出入境人员携带的现金、无记名支付凭证等超过规定金额的，应当按照规定向海关申报。海关发现个人出入境携带的现金、无记名支付凭证等超过规定金额的，应当及时向反洗钱行政主管部门通报
第十九条第二款、第四款	法人、非法人组织应当保存并及时更新受益所有人信息，按照规定向登记机关如实提交并及时更新受益所有人信息。反洗钱行政主管部门、登记机关按照规定管理受益所有人信息。本法所称法人、非法人组织的受益所有人，是指最终拥有或者实际控制法人、非法人组织，或者享有法人、非法人组织最终收益的自然人。具体认定标准由国务院反洗钱行政主管部门会同国务院有关部门制定
第二十七条	金融机构应当依照本法规定建立健全反洗钱内部控制制度，设立专门机构或者指定内设机构牵头负责反洗钱工作，根据经营规模和洗钱风险状况配备相应的人员，按照要求开展反洗钱培训和宣传。 金融机构应当定期评估洗钱风险状况并制定相应的风险管理制度和流程，根据需要建立相关信息系统。 金融机构应当通过内部审计或者社会审计等方式，监督反洗钱内部控制制度的有效实施。 金融机构的负责人对反洗钱内部控制制度的有效实施负责
第二十八条	金融机构应当按照规定建立客户尽职调查制度。 金融机构不得为身份不明的客户提供服务或者与其进行交易，不得为客户开立匿名账户或者假名账户，不得为冒用他人身份的客户开立账户
第二十九条	有下列情形之一的，金融机构应当开展客户尽职调查： （一）与客户建立业务关系或者为客户提供规定金额以上的一次性金融服务； （二）有合理理由怀疑客户及其交易涉嫌洗钱活动； （三）对先前获得的客户身份资料的真实性、有效性、完整性存在疑问。 客户尽职调查包括识别并采取合理措施核实客户及其受益所有人身份，了解客户建立业务关系和交易的目的，涉及较高洗钱风险的，还应当了解相关资金来源和用途。 金融机构开展客户尽职调查，应当根据客户特征和交易活动的性质、风险状况进行，对于涉及较低洗钱风险的，金融机构应当根据情况简化客户尽职调查
第三十条	在业务关系存续期间，金融机构应当持续关注并评估客户整体状况及交易情况，了解客户的洗钱风险。发现客户进行的交易与金融机构所掌握的客户身份、风险状况等不符的，应当进一步核实客户及其交易有关情况；对存在洗钱高风险情形的，必要时可以采取限制交易方式、金额或者频次，限制业务类型，拒绝办理业务，终止业务关系等洗钱风险管理措施。 金融机构采取洗钱风险管理措施，应当在其业务权限范围内按照有关管理规定的要求和程序进行，平衡好管理洗钱风险与优化金融服务的关系，不得采取与洗钱风险状况明显不相匹配的措施，保障与客户依法享有的医疗、社会保障、公用事业服务等相关的基本的、必需的金融服务
第三十一条	客户由他人代理办理业务的，金融机构应当按照规定核实代理关系，识别并核实代理人的身份。 金融机构与客户订立人身保险、信托等合同，合同的受益人不是客户本人的，金融机构应当识别并核实受益人的身份

续表

《中华人民共和国反洗钱法》	
第三十二条	金融机构依托第三方开展客户尽职调查的，应当评估第三方的风险状况及其履行反洗钱义务的能力。第三方具有较高风险情形或者不具备履行反洗钱义务能力的，金融机构不得依托其开展客户尽职调查。 金融机构应当确保第三方已经采取符合本法要求的客户尽职调查措施。第三方未采取符合本法要求的客户尽职调查措施的，由该金融机构承担未履行客户尽职调查义务的法律责任。 第三方应当向金融机构提供必要的客户尽职调查信息，并配合金融机构持续开展客户尽职调查
第三十四条	金融机构应当按照规定建立客户身份资料和交易记录保存制度。 在业务关系存续期间，客户身份信息发生变更的，应当及时更新。 客户身份资料在业务关系结束后、客户交易信息在交易结束后，应当至少保存十年。 金融机构解散、被撤销或者被宣告破产时，应当将客户身份资料和客户交易信息移交国务院有关部门指定的机构
第三十五条	金融机构应当按照规定执行大额交易报告制度，客户单笔交易或者在一定期限内的累计交易超过规定金额的，应当及时向反洗钱监测分析机构报告。 金融机构应当按照规定执行可疑交易报告制度，制定并不断优化监测标准，有效识别、分析可疑交易活动，及时向反洗钱监测分析机构提交可疑交易报告；提交可疑交易报告的情况应当保密
第三十七条	在境内外设有分支机构或者控股其他金融机构的金融机构，以及金融控股公司，应当在总部或者集团层面统筹安排反洗钱工作。为履行反洗钱义务在公司内部、集团成员之间共享必要的反洗钱信息的，应当明确信息共享机制和程序。共享反洗钱信息，应当符合有关信息保护的法律规定，并确保相关信息不被用于反洗钱和反恐怖主义融资以外的用途
第三十八条	与金融机构存在业务关系的单位和个人应当配合金融机构的客户尽职调查，提供真实有效的身份证件或者其他身份证明文件，准确、完整填报身份信息，如实提供与交易和资金相关的资料。 单位和个人拒不配合金融机构依照本法采取的合理的客户尽职调查措施的，金融机构按照规定的程序，可以采取限制或者拒绝办理业务、终止业务关系等洗钱风险管理措施，并根据情况提交可疑交易报告
第四十条	任何单位和个人应当按照国家有关机关要求对下列名单所列对象采取反洗钱特别预防措施： （一）国家反恐怖主义工作领导机构认定并由其办事机构公告的恐怖活动组织和人员名单； （二）外交部发布的执行联合国安理会决议通知中涉及定向金融制裁的组织和人员名单； （三）国务院反洗钱行政主管部门认定或者会同国家有关机关认定的，具有重大洗钱风险、不采取措施可能造成严重后果的组织和人员名单。 对前款第一项规定的名单有异议的，当事人可以依照《中华人民共和国反恐怖主义法》的规定申请复核。对前款第二项规定的名单有异议的，当事人可以按照有关程序提出从名单中除去的申请。对前款第三项规定的名单有异议的，当事人可以向作出认定的部门申请行政复议；对行政复议决定不服的，可以依法提起行政诉讼。 反洗钱特别预防措施包括立即停止向名单所列对象及其代理人、受其指使的组织和人员、其直接或者间接控制的组织提供金融等服务或者资金、资产，立即限制相关资金、资产转移等。 第一款规定的名单所列对象可以按照规定向国家有关机关申请使用被限制的资金、资产用于单位和个人的基本开支及其他必需支付的费用。采取反洗钱特别预防措施应当保护善意第三人合法权益，善意第三人可以依法进行权利救济
第四十一条	金融机构应当识别、评估相关风险并制定相应的制度，及时获取本法第四十条第一款规定的名单，对客户及其交易对象进行核查，采取相应措施，并向反洗钱行政主管部门报告
第四十六条	中华人民共和国根据缔结或者参加的国际条约，或者按照平等互惠原则，开展反洗钱国际合作

续表

《中华人民共和国反洗钱法》	
第四十九条	国家有关机关在依法调查洗钱和恐怖主义融资活动过程中，按照对等原则或者经与有关国家协商一致，可以要求在境内开立代理行账户或者与我国存在其他密切金融联系的境外金融机构予以配合

《金融机构反洗钱规定》	
第八条	金融机构及其分支机构应当依法建立健全反洗钱内部控制制度，设立反洗钱专门机构或者指定内设机构负责反洗钱工作，制定反洗钱内部操作规程和控制措施，对工作人员进行反洗钱培训，增强反洗钱工作能力。 金融机构及其分支机构的负责人应当对反洗钱内部控制制度的有效实施负责
第九条	金融机构应当按照规定建立和实施客户身份识别制度。 （一）对要求建立业务关系或者办理规定金额以上的一次性金融业务的客户身份进行识别，要求客户出示真实有效的身份证件或者其他身份证明文件，进行核对并登记，客户身份信息发生变化时，应当及时予以更新； （二）按照规定了解客户的交易目的和交易性质，有效识别交易的受益人； （三）在办理业务中发现异常迹象或者对先前获得的客户身份资料的真实性、有效性、完整性有疑问的，应当重新识别客户身份； （四）保证与其有代理关系或者类似业务关系的境外金融机构进行有效的客户身份识别，并可从该境外金融机构获得所需的客户身份信息。 前款规定的具体实施办法由中国人民银行会同中国银行业监督管理委员会、中国证券监督管理委员会和中国保险监督管理委员会制定
第十条第一款	金融机构应当在规定的期限内，妥善保存客户身份资料和能够反映每笔交易的数据信息、业务凭证、账簿等相关资料
第十一条第一款	金融机构应当按照规定向中国反洗钱监测分析中心报告人民币、外币大额交易和可疑交易
第十三条	金融机构在履行反洗钱义务过程中，发现涉嫌犯罪的，应当及时以书面形式向中国人民银行当地分支机构和当地公安机关报告
第十七条	金融机构应当按照中国人民银行的规定，报送反洗钱统计报表、信息资料以及稽核审计报告中与反洗钱工作有关的内容

《金融机构大额交易和可疑交易报告管理办法》	
第三条	金融机构应当履行大额交易和可疑交易报告义务，向中国反洗钱监测分析中心报送大额交易和可疑交易报告，接受中国人民银行及其分支机构的监督、检查
第五条	金融机构应当报告下列大额交易： （一）当日单笔或者累计交易人民币5万元以上（含5万元）、外币等值1万美元以上（含1万美元）的现金缴存、现金支取、现金结售汇、现钞兑换、现金汇款、现金票据解付及其他形式的现金收支。 （二）非自然人客户银行账户与其他的银行账户发生当日单笔或者累计交易人民币200万元以上（含200万元）、外币等值20万美元以上（含20万美元）的款项划转。 （三）自然人客户银行账户与其他的银行账户发生当日单笔或者累计交易人民币50万元以上（含50万元）、外币等值10万美元以上（含10万美元）的境内款项划转。 （四）自然人客户银行账户与其他的银行账户发生当日单笔或者累计交易人民币20万元以上（含20万元）、外币等值1万美元以上（含1万美元）的跨境款项划转。 累计交易金额以客户为单位，按资金收入或者支出单边累计计算并报告。中国人民银行另有规定的除外

续表

《金融机构大额交易和可疑交易报告管理办法》	
第八条	金融机构应当在大额交易发生之日起5个工作日内以电子方式提交大额交易报告
第九条	下列金融机构与客户进行金融交易并通过银行账户划转款项的，由银行机构按照本办法规定提交大额交易报告： （一）证券公司、期货公司、基金管理公司。 （二）保险公司、保险资产管理公司、保险专业代理公司、保险经纪公司。 （三）信托公司、金融资产管理公司、企业集团财务公司、金融租赁公司、汽车金融公司、消费金融公司、货币经纪公司、贷款公司
第十条	客户通过在境内金融机构开立的账户或者境内银行卡所发生的大额交易，由开立账户的金融机构或者发卡银行报告；客户通过境外银行卡所发生的大额交易，由收单机构报告；客户不通过账户或者银行卡发生的大额交易，由办理业务的金融机构报告
第十一条	金融机构发现或者有合理理由怀疑客户、客户的资金或者其他资产、客户的交易或者试图进行的交易与洗钱、恐怖融资等犯罪活动相关的，不论所涉资金金额或者资产价值大小，应当提交可疑交易报告
第十二条	金融机构应当制定本机构的交易监测标准，并对其有效性负责。交易监测标准包括并不限于客户的身份、行为，交易的资金来源、金额、频率、流向、性质等存在异常的情形，并应当参考以下因素： （一）中国人民银行及其分支机构发布的反洗钱、反恐怖融资规定及指引、风险提示、洗钱类型分析报告和风险评估报告。 （二）公安机关、司法机关发布的犯罪形势分析、风险提示、犯罪类型报告和工作报告。 （三）本机构的资产规模、地域分布、业务特点、客户群体、交易特征，洗钱和恐怖融资风险评估结论。 （四）中国人民银行及其分支机构出具的反洗钱监管意见。 （五）中国人民银行要求关注的其他因素
第十三条	金融机构应当定期对交易监测标准进行评估，并根据评估结果完善交易监测标准。如发生突发情况或者应当关注的情况的，金融机构应当及时评估和完善交易监测标准
第十四条	金融机构应当对通过交易监测标准筛选出的交易进行人工分析、识别，并记录分析过程；不作为可疑交易报告的，应当记录分析排除的合理理由；确认为可疑交易的，应当在可疑交易报告理由中完整记录对客户身份特征、交易特征或行为特征的分析过程
第十五条	金融机构应当在按本机构可疑交易报告内部操作规程确认为可疑交易后，及时以电子方式提交可疑交易报告，最迟不超过5个工作日
第十七条	可疑交易符合下列情形之一的，金融机构应当在向中国反洗钱监测分析中心提交可疑交易报告的同时，以电子形式或书面形式向所在地中国人民银行或者其分支机构报告，并配合反洗钱调查： （一）明显涉嫌洗钱、恐怖融资等犯罪活动的。 （二）严重危害国家安全或者影响社会稳定的。 （三）其他情节严重或者情况紧急的情形
第十八条	金融机构应当对下列恐怖活动组织及恐怖活动人员名单开展实时监测，有合理理由怀疑客户或者其交易对手、资金或者其他资产与名单相关的，应当在立即向中国反洗钱监测分析中心提交可疑交易报告的同时，以电子形式或书面形式向所在地中国人民银行或者其分支机构报告，并按照相关主管部门的要求依法采取措施。

续表

	《金融机构大额交易和可疑交易报告管理办法》
第十八条	（一）中国政府发布的或者要求执行的恐怖活动组织及恐怖活动人员名单。 （二）联合国安理会决议中所列的恐怖活动组织及恐怖活动人员名单。 （三）中国人民银行要求关注的其他涉嫌恐怖活动的组织及人员名单。 恐怖活动组织及恐怖活动人员名单调整的，金融机构应当立即开展回溯性调查，并按前款规定提交可疑交易报告。 法律、行政法规、规章对上述名单的监控另有规定的，从其规定
第十九条	金融机构应当根据本办法制定大额交易和可疑交易报告内部管理制度和操作规程，对本机构的大额交易和可疑交易报告工作做出统一要求，并对分支机构、附属机构大额交易和可疑交易报告制度的执行情况进行监督管理。 金融机构应当将大额交易和可疑交易报告制度向中国人民银行或其总部所在地的中国人民银行分支机构报备
第二十条	金融机构应当设立专职的反洗钱岗位，配备专职人员负责大额交易和可疑交易报告工作，并提供必要的资源保障和信息支持
第二十一条	金融机构应当建立健全大额交易和可疑交易监测系统，以客户为基本单位开展资金交易的监测分析，全面、完整、准确地采集各业务系统的客户身份信息和交易信息，保障大额交易和可疑交易监测分析的数据需求
第二十二条	金融机构应当按照完整准确、安全保密的原则，将大额交易和可疑交易报告、反映交易分析和内部处理情况的工作记录等资料自生成之日起至少保存 5 年。 保存的信息资料涉及正在被反洗钱调查的可疑交易活动，且反洗钱调查工作在前款规定的最低保存期届满时仍未结束的，金融机构应将其保存至反洗钱调查工作结束
第二十三条	金融机构及其工作人员应当对依法履行大额交易和可疑交易报告义务获得的客户身份资料和交易信息，对依法监测、分析、报告可疑交易的有关情况予以保密，不得违反规定向任何单位和个人提供
	《金融机构客户身份识别和客户身份资料及交易记录保存管理办法》
第三条	金融机构应当勤勉尽责，建立健全和执行客户身份识别制度，遵循"了解你的客户"的原则，针对具有不同洗钱或者恐怖融资风险特征的客户、业务关系或者交易，采取相应的措施，了解客户及其交易目的和交易性质，了解实际控制客户的自然人和交易的实际受益人。 金融机构应当按照安全、准确、完整、保密的原则，妥善保存客户身份资料和交易记录，确保能足以重现每项交易，以提供识别客户身份、监测分析交易情况、调查可疑交易活动和查处洗钱案件所需的信息
第四条	金融机构应当根据反洗钱和反恐怖融资方面的法律规定，建立和健全客户身份识别、客户身份资料和交易记录保存等方面的内部操作规程，指定专人负责反洗钱和反恐怖融资合规管理工作，合理设计业务流程和操作规范，并定期进行内部审计，评估内部操作规程是否健全、有效，及时修改和完善相关制度
第六条第一款	金融机构与境外金融机构建立代理行或者类似业务关系时，应当充分收集有关境外金融机构业务、声誉、内部控制、接受监管等方面的信息，评估境外金融机构接受反洗钱监管的情况和反洗钱、反恐怖融资措施的健全性和有效性，以书面方式明确本金融机构与境外金融机构在客户身份识别、客户身份资料和交易记录保存方面的职责

续表

《金融机构客户身份识别和客户身份资料及交易记录保存管理办法》	
第十八条	金融机构应按照客户的特点或者账户的属性,并考虑地域、业务、行业、客户是否为外国政要等因素,划分风险等级,并在持续关注的基础上,适时调整风险等级。在同等条件下,来自于反洗钱、反恐怖融资监管薄弱国家(地区)客户的风险等级应高于来自其他国家(地区)的客户。 金融机构应当根据客户或者账户的风险等级,定期审核本金融机构保存的客户基本信息,对风险等级较高客户或者账户的审核应严于对风险等级较低客户或者账户的审核。对本金融机构风险等级最高的客户或者账户,至少每半年进行1次审核。 金融机构的风险划分标准应报送中国人民银行
第十九条	在与客户的业务关系存续期间,金融机构应当采取持续的客户身份识别措施,关注客户及其日常经营活动、金融交易情况,及时提示客户更新资料信息。 对于高风险客户或者高风险账户持有人,金融机构应当了解其资金来源、资金用途、经济状况或者经营状况等信息,加强对其金融交易活动的监测分析。客户为外国政要的,金融机构应采取合理措施了解其资金来源和用途。 客户先前提交的身份证件或者身份证明文件已过有效期的,客户没有在合理期限内更新且没有提出合理理由的,金融机构应中止为客户办理业务
第二十二条	出现以下情况时,金融机构应当重新识别客户: (一)客户要求变更姓名或者名称、身份证件或者身份证明文件种类、身份证件号码、注册资本、经营范围、法定代表人或者负责人的。 (二)客户行为或者交易情况出现异常的。 (三)客户姓名或者名称与国务院有关部门、机构和司法机关依法要求金融机构协查或者关注的犯罪嫌疑人、洗钱和恐怖融资分子的姓名或者名称相同的。 (四)客户有洗钱、恐怖融资活动嫌疑的。 (五)金融机构获得的客户信息与先前已经掌握的相关信息存在不一致或者相互矛盾的。 (六)先前获得的客户身份资料的真实性、有效性、完整性存在疑点的。 (七)金融机构认为应重新识别客户身份的其他情形
第二十六条	金融机构在履行客户身份识别义务时,应当向中国反洗钱监测分析中心和中国人民银行当地分支机构报告以下可疑行为: (一)客户拒绝提供有效身份证件或者其他身份证明文件的。 (二)对向境内汇入资金的境外机构提出要求后,仍无法完整获得汇款人姓名或者名称、汇款人账号和汇款人住所及其他相关替代性信息的。 (三)客户无正当理由拒绝更新客户基本信息的。 (四)采取必要措施后,仍怀疑先前获得的客户身份资料的真实性、有效性、完整性的。 (五)履行客户身份识别义务时发现的其他可疑行为

第二节
公司反恐怖融资合规案例分析

一、案情简介

2020 年,中国人民银行某分支机构在对 A 银行进行专项检查时发现,该行在反恐怖融资工作中存在诸多严重缺陷。在客户身份识别环节，A银行未按照相关规定对部分高风险客户进行深入的背景调查和身份核实；在交易监测方面，A银行的监测系统未能有效识别出多笔可疑交易；此外，A银行在客户身份资料和交易记录保存方面也存在问题，部分重要资料缺失或保存期限不足，无法满足监管部门调查取证的要求。

由于上述违规行为，A银行被中国人民银行某分支机构处以罚款100万元，同时对该行相关负责人给予警告，并处罚款5万元。此外，A银行还被责令限期整改，要求其完善反恐怖融资内部控制制度，加强员工培训，提高反恐怖融资工作水平。

二、案例分析

A银行违规的主要原因在于其反恐怖融资意识淡薄，对反恐怖融资工作的重要性认识不足。同时，A银行的内部控制制度存在漏洞，反恐怖融资相关的操作规程不够完善，执行力度不足。例如，客户身份识别和交易监测的标准和流程不够细化，导致员工在实际操作中缺乏明确的指导，难以有效识别和处理涉恐融资风险。

此次违规给A银行带来了严重的后果。除了直接的经济损失，A银行的声誉也受到了极大的损害。客户对其信任度下降，部分客户甚至选择转移资金，导致A银行的业务量和市场份额受到影响。此外，监管部门的处罚也对A银行的业务发展产生了限制，在一定时期内，A银行在业务创新、分支机构设立等方面可能会受到更为严格的监管审查。

这一案例给其他公司在反恐怖融资合规工作上带来了重要启示。公司应高度重视反恐怖融资工作，将其纳入公司战略和风险管理体系中，提高全体员工的反恐怖融资意识。要建立健全反恐怖融资内部控制制度，明确各部门和岗位的职责，细化操作流程，确保各项制度得到有效执行。同时，要加强对反恐怖融资工作的监督和检查，定期对制度执行情况和工作效果进行评估和改进，及时发现和纠正存在的问题。

第三十六章

公司外汇管理专项合规指南与案例分析

在全球经济一体化纵深发展的时代背景下，跨境资本流动已突破传统贸易结算的单一维度，呈现证券投资、跨境融资、离岸资金池等多元化特征。实务中高频违规情形折射出企业合规体系的结构性缺陷。在经常项目领域，虚构转口贸易单证、构造服务贸易交易背景等套利行为屡禁不止。在资本项目层面，外债超额度结汇、利润汇出程序瑕疵等问题凸显。这些合规漏洞不仅可能触发《中华人民共和国外汇管理条例》规定的相关罚款风险，更可能导致企业被纳入重点监管名单，甚至极端情况下主要负责人被判以承担刑事责任的后果。

本章立足《中华人民共和国外汇管理条例》这部法律以及《经常项目外汇业务指引》《资本项目外汇业务指引》《中国人民银行关于进一步明确境内企业人民币境外放款业务有关事项的通知》等监管文件，总结了外汇监管相关的法律依据以及案例分析。

第一节
公司外汇管理专项合规法律依据

《中华人民共和国外汇管理条例》	
第三条	本条例所称外汇，是指下列以外币表示的可以用作国际清偿的支付手段和资产： （一）外币现钞，包括纸币、铸币； （二）外币支付凭证或者支付工具，包括票据、银行存款凭证、银行卡等； （三）外币有价证券，包括债券、股票等； （四）特别提款权； （五）其他外汇资产
第十二条	经常项目外汇收支应当具有真实、合法的交易基础。经营结汇、售汇业务的金融机构应当按照国务院外汇管理部门的规定，对交易单证的真实性及其与外汇收支的一致性进行合理审查。外汇管理机关有权对前款规定事项进行监督检查

《中华人民共和国外汇管理条例》	
第十三条	经常项目外汇收入，可以按照国家有关规定保留或者卖给经营结汇、售汇业务的金融机构
第十四条	经常项目外汇支出，应当按照国务院外汇管理部门关于付汇与购汇的管理规定，凭有效单证以自有外汇支付或者向经营结汇、售汇业务的金融机构购汇支付
第十六条	境外机构、境外个人在境内直接投资，经有关主管部门批准后，应当到外汇管理机关办理登记。 境外机构、境外个人在境内从事有价证券或者衍生产品发行、交易，应当遵守国家关于市场准入的规定，并按照国务院外汇管理部门的规定办理登记
第十七条	境内机构、境内个人向境外直接投资或者从事境外有价证券、衍生产品发行、交易，应当按照国务院外汇管理部门的规定办理登记。国家规定需要事先经有关主管部门批准或者备案的，应当在外汇登记前办理批准或者备案手续
第十八条	国家对外债实行规模管理。借用外债应当按照国家有关规定办理，并到外汇管理机关办理外债登记。 国务院外汇管理部门负责全国的外债统计与监测，并定期公布外债情况
第十九条	提供对外担保，应当向外汇管理机关提出申请，由外汇管理机关根据申请人的资产负债等情况作出批准或者不批准的决定；国家规定其经营范围需经有关主管部门批准的，应当在向外汇管理机关提出申请前办理批准手续。申请人签订对外担保合同后，应当到外汇管理机关办理对外担保登记。 经国务院批准为使用外国政府或者国际金融组织贷款进行转贷提供对外担保的，不适用前款规定
第二十条	银行业金融机构在经批准的经营范围内可以直接向境外提供商业贷款。其他境内机构向境外提供商业贷款，应当向外汇管理机关提出申请，外汇管理机关根据申请人的资产负债等情况作出批准或者不批准的决定；国家规定其经营范围需经有关主管部门批准的，应当在向外汇管理机关提出申请前办理批准手续。 向境外提供商业贷款，应当按照国务院外汇管理部门的规定办理登记
第二十一条	资本项目外汇收入保留或者卖给经营结汇、售汇业务的金融机构，应当经外汇管理机关批准，但国家规定无需批准的除外
第二十二条	资本项目外汇支出，应当按照国务院外汇管理部门关于付汇与购汇的管理规定，凭有效单证以自有外汇支付或者向经营结汇、售汇业务的金融机构购汇支付。国家规定应当经外汇管理机关批准的，应当在外汇支付前办理批准手续。 依法终止的外商投资企业，按照国家有关规定进行清算、纳税后，属于外方投资者所有的人民币，可以向经营结汇、售汇业务的金融机构购汇汇出
第二十三条	资本项目外汇及结汇资金，应当按照有关主管部门及外汇管理机关批准的用途使用。外汇管理机关有权对资本项目外汇及结汇资金使用和账户变动情况进行监督检查
第三十九条	有违反规定将境内外汇转移境外，或者以欺骗手段将境内资本转移境外等逃汇行为的，由外汇管理机关责令限期调回外汇，处逃汇金额30%以下的罚款；情节严重的，处逃汇金额30%以上等值以下的罚款；构成犯罪的，依法追究刑事责任

续表

《中华人民共和国外汇管理条例》	
第四十条	有违反规定以外汇收付应当以人民币收付的款项，或者以虚假、无效的交易单证等向经营结汇、售汇业务的金融机构骗购外汇等非法套汇行为的，由外汇管理机关责令对非法套汇资金予以回兑，处非法套汇金额30%以下的罚款；情节严重的，处非法套汇金额30%以上等值以下的罚款；构成犯罪的，依法追究刑事责任
第四十一条	违反规定将外汇汇入境内的，由外汇管理机关责令改正，处违法金额30%以下的罚款；情节严重的，处违法金额30%以上等值以下的罚款。 非法结汇的，由外汇管理机关责令对非法结汇资金予以回兑，处违法金额30%以下的罚款
第四十二条	违反规定携带外汇出入境的，由外汇管理机关给予警告，可以处违法金额20%以下的罚款。 法律、行政法规规定由海关予以处罚的，从其规定
第四十三条	有擅自对外借款、在境外发行债券或者提供对外担保等违反外债管理行为的，由外汇管理机关给予警告，处违法金额30%以下的罚款
第四十四条	违反规定，擅自改变外汇或者结汇资金用途的，由外汇管理机关责令改正，没收违法所得，处违法金额30%以下的罚款；情节严重的，处违法金额30%以上等值以下的罚款。 有违反规定以外币在境内计价结算或者划转外汇等非法使用外汇行为的，由外汇管理机关责令改正，给予警告，可以处违法金额30%以下的罚款
第四十五条	私自买卖外汇、变相买卖外汇、倒买倒卖外汇或者非法介绍买卖外汇数额较大的，由外汇管理机关给予警告，没收违法所得，处违法金额30%以下的罚款；情节严重的，处违法金额30%以上等值以下的罚款；构成犯罪的，依法追究刑事责任
第四十六条	未经批准擅自经营结汇、售汇业务的，由外汇管理机关责令改正，有违法所得的，没收违法所得，违法所得50万元以上的，并处违法所得1倍以上5倍以下的罚款；没有违法所得或者违法所得不足50万元的，处50万元以上200万元以下的罚款；情节严重的，由有关主管部门责令停业整顿或者吊销业务许可证；构成犯罪的，依法追究刑事责任。 未经批准经营结汇、售汇业务以外的其他外汇业务的，由外汇管理机关或者金融业监督管理机构依照前款规定予以处罚
第四十七条	金融机构有下列情形之一的，由外汇管理机关责令限期改正，没收违法所得，并处20万元以上100万元以下的罚款；情节严重或者逾期不改正的，由外汇管理机关责令停止经营相关业务： （一）办理经常项目资金收付，未对交易单证的真实性及其与外汇收支的一致性进行合理审查的； （二）违反规定办理资本项目资金收付的； （三）违反规定办理结汇、售汇业务的； （四）违反外汇业务综合头寸管理的； （五）违反外汇市场交易管理的
《国家外汇管理局关于进一步推进外汇管理改革完善真实合规性审核的通知》	
第一条	扩大境内外汇贷款结汇范围。允许具有货物贸易出口背景的境内外汇贷款办理结汇。境内机构应以货物贸易出口收汇资金偿还，原则上不允许购汇偿还
第二条	允许内保外贷项下资金调回境内使用。债务人可通过向境内进行放贷、股权投资等方式将担保项下资金直接或间接调回境内使用。银行发生内保外贷担保履约的，相关结售汇纳入银行自身结售汇管理

	《国家外汇管理局关于进一步推进外汇管理改革完善真实合规性审核的通知》
第三条	进一步便利跨国公司外汇资金集中运营管理。境内银行通过国际外汇资金主账户吸收的存款，按照宏观审慎管理原则，可境内运用比例由不超过前六个月日均存款余额的 50% 调整为 100%；境内运用资金不占用银行短期外债余额指标
第四条	允许自由贸易试验区内境外机构境内外汇账户结汇。结汇后汇入境内使用的，境内银行应当按照跨境交易相关规定，审核境内机构和境内个人有效商业单据和凭证后办理
第五条	进一步规范货物贸易外汇管理。境内机构应当按照"谁出口谁收汇、谁进口谁付汇"原则办理贸易外汇收支业务，及时办理收汇业务，外汇局另有规定除外
第六条	完善经常项目外汇收入存放境外统计。境内机构因各种原因已将出口收入或服务贸易收入留存境外，但未按《国家外汇管理局关于印发货物贸易外汇管理法规有关问题的通知》《国家外汇管理局关于印发服务贸易外汇管理法规的通知》等办理外汇管理相关登记备案手续或报送信息的，应于本通知发布之日起一个月内主动报告相关信息
第七条	继续执行并完善直接投资外汇利润汇出管理政策。银行为境内机构办理等值 5 万美元以上（不含）利润汇出业务，应按真实交易原则审核与本次利润汇出相关的董事会利润分配决议（或合伙人利润分配决议）、税务备案表原件、经审计的财务报表，并在相关税务备案表原件上加章签注本次汇出金额和汇出日期。境内机构利润汇出前应先依法弥补以前年度亏损
第八条	境内机构办理境外直接投资登记和资金汇出手续时，应向银行说明投资资金来源与资金用途，并提供董事会决议（或合伙人决议）、合同或其他真实性证明材料。银行根据展业原则加强真实性、合规性审核
第九条	实施本外币全口径境外放款管理。境内机构办理境外放款业务，本币境外放款余额与外币境外放款余额合计最高不得超过其上年度经审计财务报表中所有者权益的 30%
	《中国人民银行关于进一步明确境内企业人民币境外放款业务有关事项的通知》
第二条	经办行应要求放款人在办理人民币境外放款业务前在所在地外汇管理部门进行登记，在企业境外放款余额上限内为其办理业务
第五条	对境内企业人民币境外放款业务实行本外币一体化的宏观审慎管理。 企业境外放款余额上限 = 最近一期经审计的所有者权益 × 宏观审慎调节系数 企业境外放款余额 = $\sum$境外放款余额 + $\sum$提前还款额 × (1 + 提前还款天数/合同约定天数) + $\sum$外币境外放款余额 × 币种转换因子 每 5 年对提前还款所占额度进行清零。 其中，宏观审慎调节系数为 0.3；币种转换因子为 0。人民银行根据宏观经济形势和跨境资金流动情况对宏观审慎调节系数和币种转换因子进行动态调整。经办行和放款人应做好额度控制，确保任一时点放款余额不超过其上限。 对于短期频繁发生的境外放款业务，经办行应要求放款人提供相关情况说明，一旦发现有违规行为，立即停止为其办理新的境外放款业务。对于当前境外放款余额已超过政策调整后余额上限的放款人，经办行应暂停为其办理境外放款业务
	《经常项目外汇业务指引》
第一条	国家外汇管理局及其分支局（以下简称外汇局）实行"贸易外汇收支企业名录"（以下简称名录）登记管理，通过货物贸易外汇监测系统（以下简称货贸系统）发布名录。对于不在名录的企业，银行和支付机构原则上不得为其办理货物贸易外汇收支业务。 银行和支付机构按规定凭交易电子信息办理货物贸易外汇收支业务时，对年度货物贸易收汇或付汇累计金额低于等值 20 万美元（不含）的小微跨境电商企业，可免于办理名录登记

续表

《经常项目外汇业务指引》	
第四十七条	服务贸易外汇收支应具有真实、合法的交易基础，境内机构和境内个人不得虚构贸易背景办理外汇收支业务，不得以分拆等方式规避外汇管理。 初次收入和二次收入项下外汇收支按照本指引服务贸易外汇收支有关规定执行。初次收入，是指因提供劳务、金融资产和出租自然资源而获得的回报。二次收入，是指居民与非居民间的经常性转移，包括所有非资本转移的转移项目。 外商投资企业的利润、股息和红利项下对外支付按照直接投资利润汇出管理规定办理
第八十条	境内机构不得收取、提取外币现钞，本指引第四十条、第四十一条、第八十一条、第八十二条、第八十三条、第一百五十五条、第一百五十七条规定的除外
第一百八十条	外汇局对经常项目外汇收支进行非现场监测；按照国务院随机抽查监管有关要求，结合非现场监测发现的异常情况，对境内机构和个人进行核查，对银行办理经常项目外汇收支业务的合规性与报送信息的及时性、准确性和完整性实施核查。 外汇局对需核查的境内机构、个人和银行，制发《国家外汇管理局 XX 分（支）局核查通知书》（以下简称《核查通知书》，见附 10），实施核查。核查可采取下列一种或多种方式： （一）要求被核查境内机构、个人和银行提交相关材料； （二）约见被核查境内机构法定代表人或其授权人、个人、银行负责人或其授权人； （三）现场查阅、复制被核查境内机构、个人和银行的相关资料； （四）外汇局认为其他必要的核查方式
第一百八十一条	境内机构、个人和银行应按下列规定如实说明情况，提供相关材料，配合外汇局开展核查工作，不得拒绝、阻碍和隐瞒： （一）外汇局要求境内机构、个人和银行提交相关材料的，境内机构、个人和银行应在收到《核查通知书》之日起 10 个工作日内，按要求向外汇局提交材料； （二）外汇局约见被核查境内机构法定代表人或其授权人、个人、银行负责人或其授权人的，上述人员应在收到《核查通知书》之日起 10 个工作日内，到外汇局说明相关情况； （三）外汇局现场查阅、复制被核查境内机构、个人和银行相关资料的，境内机构、个人和银行应按外汇局要求做好相关准备工作； （四）外汇局采取其他核查方式的，境内机构、个人和银行应按外汇局要求做好相关准备工作
第一百八十八条	违反本指引规定的，由外汇局依据《中华人民共和国外汇管理条例》及相关规定予以处罚
《境内机构境外直接投资外汇管理规定》	
第二条	本规定所称境外直接投资是指境内机构经境外直接投资主管部门核准，通过设立（独资、合资、合作）、并购、参股等方式在境外设立或取得既有企业或项目所有权、控制权或经营管理权等权益的行为
第四条	境内机构可以使用自有外汇资金、符合规定的国内外汇贷款、人民币购汇或实物、无形资产及经外汇局核准的其他外汇资产来源等进行境外直接投资。境内机构境外直接投资所得利润也可留存境外用于其境外直接投资。 上款所称自有外汇资金包括：经常项目外汇账户、外商投资企业资本金账户等账户内的外汇资金
《关于进一步促进跨境贸易投资便利化的通知》	
第二条	取消非投资性外商投资企业资本金境内股权投资限制 在投资性外商投资企业（包括外商投资性公司、外商投资创业投资企业和外商投资股权投资企业）可依法依规以资本金开展境内股权投资的基础上，允许非投资性外商投资企业在不违反现行外商投资准入特别管理措施（负面清单）且境内所投项目真实、合规的前提下，依法以资本金进行境内股权投资。

	《关于进一步促进跨境贸易投资便利化的通知》
第二条	非投资性外商投资企业以资本金原币划转开展境内股权投资的，被投资主体应按规定办理接收境内再投资登记并开立资本金账户接收资金，无需办理货币出资入账登记；非投资性外商投资企业以资本金结汇开展境内股权投资的，被投资主体应按规定办理接收境内再投资登记并开立"资本项目–结汇待支付账户"接收相应资金
第四条	放宽资本项目外汇资金结汇使用限制 取消境内资产变现账户资金结汇使用限制。外商直接投资项下境内股权出让方接收外国投资者股权转让对价款时，可凭相关业务登记凭证直接在银行办理账户开立、资金汇入和结汇使用手续。 放宽外国投资者保证金使用和结汇限制。外国投资者从境外汇入或从境内划入的保证金，在交易达成后，可直接用于其境内合法出资、境内外支付对价等。取消保证金账户内资金不得结汇的限制，允许交易达成或违约扣款时将保证金直接结汇支付
	《国家外汇管理局关于境内居民通过特殊目的公司境外投融资及返程投资外汇管理有关问题的通知》
第三条	境内居民以境内外合法资产或权益向特殊目的公司出资前，应向外汇局申请办理境外投资外汇登记手续。境内居民以境内合法资产或权益出资的，应向注册地外汇局或者境内企业资产或权益所在地外汇局申请办理登记；境内居民以境外合法资产或权益出资的，应向注册地外汇局或者户籍所在地外汇局申请办理登记
第五条	已登记境外特殊目的公司发生境内居民个人股东、名称、经营期限等基本信息变更，或发生境内居民个人增资、减资、股权转让或置换、合并或分立等重要事项变更后，应及时到外汇局办理境外投资外汇变更登记手续
第六条	非上市特殊目的公司以本企业股权或期权等为标的，对其直接或间接控制的境内企业的董事、监事、高级管理人员及其他与公司具有雇佣或劳动关系的员工进行权益激励的，相关境内居民个人在行权前可提交以下材料到外汇局申请办理特殊目的公司外汇登记手续
第七条	特殊目的公司完成境外融资后，融资资金如调回境内使用的，应遵守中国外商投资和外债管理等相关规定。返程投资设立的外商投资企业应按照现行外商直接投资外汇管理规定办理相关外汇登记手续，并应如实披露股东的实际控制人等有关信息
第八条	境内居民从特殊目的公司获得的利润、红利调回境内的，应按照经常项目外汇管理规定办理；资本变动外汇收入调回境内的，应按照资本项目外汇管理规定办理
第九条	因转股、破产、解散、清算、经营期满、身份变更等原因造成境内居民不再持有已登记的特殊目的公司权益的，或者不再属于需要办理特殊目的公司登记的，应提交相关真实性证明材料及时到外汇局办理变更或注销登记手续
第十五条	境内居民或其直接、间接控制的境内企业通过虚假或构造交易汇出资金用于特殊目的公司，外汇局根据《中华人民共和国外汇管理条例》第三十九条进行处罚。 境内居民未按规定办理相关外汇登记、未如实披露返程投资企业实际控制人信息、存在虚假承诺等行为，外汇局根据《中华人民共和国外汇管理条例》第四十八条第（五）项进行处罚。 在境内居民未按规定办理相关外汇登记、未如实披露返程投资企业实际控制人信息或虚假承诺的情况下，若发生资金流出，外汇局根据《中华人民共和国外汇管理条例》第三十九条进行处罚；若发生资金流入或结汇，根据《中华人民共和国外汇管理条例》第四十一条进行处罚。

续表

《国家外汇管理局关于境内居民通过特殊目的公司境外投融资及返程投资外汇管理有关问题的通知》	
第十五条	境内居民与特殊目的公司相关跨境收支未按规定办理国际收支统计申报的，外汇局根据《中华人民共和国外汇管理条例》第四十八条第（一）项进行处罚
《外债登记管理办法》	
第六条	外债登记是指债务人按规定借用外债后，应按照规定方式向所在地外汇局登记或报送外债的签约、提款、偿还和结售汇等信息。根据债务人类型实行不同的外债登记方式。外债借款合同发生变更时，债务人应按照规定到外汇局办理外债签约变更登记。外债未偿余额为零且债务人不再发生提款时，债务人应按照规定到外汇局办理外债注销登记手续
第二十条	中资企业办理境内借款接受境外担保的，应事前向所在地外汇局申请外保内贷额度。中资企业可在外汇局核定的额度内直接签订担保合同
第二十四条	外债资金非法结汇的，依照《外汇管理条例》第四十一条进行处罚
第二十五条	有擅自对外借款或在境外发行债券等违反外债管理行为的，依照《外汇管理条例》第四十三条进行处罚
第二十六条	违反规定，擅自改变外债或外债结汇资金用途的，依照《外汇管理条例》第四十四条进行处罚
第二十七条	有下列情形之一的，依照《外汇管理条例》第四十八条进行处罚： （一）未按照规定进行涉及外债国际收支申报的； （二）未按照规定报送外债统计报表等资料的； （三）未按照规定提交外债业务有效单证或者提交的单证不真实的； （四）违反外债账户管理规定的； （五）违反外债登记管理规定的

第二节
公司外汇管理专项合规案例分析

一、案情简介

Q公司为外商投资企业，但该企业具有"假外资"空壳企业典型特征，如无生产经营痕迹、无工作人员、法定代表人仅为挂名并不参与公司实际经营、境外股东公司实控人为境内个人、资金快进快出等，资金汇入后通常快速结汇全额转移到疑似地下钱庄控制账户，形成循环操作。通过这样的方式，Q公司所涉违法金额合计28,830,000美元（折合人民币186,389,955元），均流入了地下钱庄控制的账户。

虽然，因资金停留时间较短，产生利息合计为591.63元，但是，青岛市分局仍依据《外汇管理条例》第四十一条的规定，出具了行政处罚决定，按照其非法汇入金额 10% 的比例对其进行处罚，故罚款金额为 18,638,995.5 元；对于 581.63 元的利息，青岛市分局也依法予以罚没。

二、案例分析

从外汇合规视角看，企业应确保资金来源、流向及使用符合法规。Q 公司这种违规操作，不仅破坏了外汇市场秩序，也给金融稳定带来极大隐患。青岛市分局依法对其进行重罚，彰显了维护外汇合规的决心。企业务必从中吸取教训，建立健全外汇合规管理体系，严格审查资金活动，杜绝此类违规行为，保障自身与市场的健康发展。

| 第三十七章 |

公司合同管理专项合规指南与案例分析

合同是企业各类经营活动的基本法律形式，其作为一种法律文件，用于规定各方之间的权利和义务，在企业的日常经营活动中为企业保驾护航。合同管理，是指贯穿合同协商、订立、履行及终止全过程的操作规范以及与合同有关的制度建设、体系建设、风险控制、检查监督等管理活动。在商业和法律交易中，合同管理对于确保各方遵守合同条款、减少风险、提高合同执行效率非常重要，涉及法学、经济学理论和管理科学在组织实施合同中的多种具体运用。如果缺乏有效的合同管理，可能会导致企业在参与市场竞争的时候因为权责不清而陷入履行困难、产生纠纷、索赔不畅等困境，进而影响企业的经营管理，损害企业利益。

在实务中，不同的企业对于合同管理的定义也会发生变化，如依据国有企业合规管理要求，企业的合同管理在遵守法律法规基础上还应遵守国有企业内部的制度规章要求，是合同法律风险管理与国有企业合规管理的有机结合，公司应结合实际情况，具体问题具体分析、具体问题具体应用。本章总结了合同管理专项合规相关法律依据以及案例分析。

第一节
公司合同管理合规相关法律依据

《中华人民共和国民法典》	
第四百六十六条	当事人对合同条款的理解有争议的，应当依据本法第一百四十二条第一款的规定，确定争议条款的含义。 合同文本采用两种以上文字订立并约定具有同等效力的，对各文本使用的词句推定具有相同含义。各文本使用的词句不一致的，应当根据合同的相关条款、性质、目的以及诚信原则等予以解释

《中华人民共和国民法典》	
第四百六十九条	当事人订立合同，可以采用书面形式、口头形式或者其他形式。 书面形式是合同书、信件、电报、电传、传真等可以有形地表现所载内容的形式。 以电子数据交换、电子邮件等方式能够有形地表现所载内容，并可以随时调取查用的数据电文，视为书面形式
第四百七十条	合同的内容由当事人约定，一般包括下列条款： （一）当事人的姓名或者名称和住所； （二）标的； （三）数量； （四）质量； （五）价款或者报酬； （六）履行期限、地点和方式； （七）违约责任； （八）解决争议的方法。 当事人可以参照各类合同的示范文本订立合同
第四百九十条	当事人采用合同书形式订立合同的，自当事人均签名、盖章或者按指印时合同成立。在签名、盖章或者按指印之前，当事人一方已经履行主要义务，对方接受时，该合同成立。 法律、行政法规规定或者当事人约定合同应当采用书面形式订立，当事人未采用书面形式但是一方已经履行主要义务，对方接受时，该合同成立
第四百九十一条	当事人采用信件、数据电文等形式订立合同要求签订确认书的，签订确认书时合同成立。 当事人一方通过互联网等信息网络发布的商品或者服务信息符合要约条件的，对方选择该商品或者服务并提交订单成功时合同成立，但是当事人另有约定的除外
第四百九十三条	当事人采用合同书形式订立合同的，最后签名、盖章或者按指印的地点为合同成立的地点，但是当事人另有约定的除外
第四百九十五条	当事人约定在将来一定期限内订立合同的认购书、订购书、预订书等，构成预约合同。 当事人一方不履行预约合同约定的订立合同义务的，对方可以请求其承担预约合同的违约责任
第四百九十六条	格式条款是当事人为了重复使用而预先拟定，并在订立合同时未与对方协商的条款。 采用格式条款订立合同的，提供格式条款的一方应当遵循公平原则确定当事人之间的权利和义务，并采取合理的方式提示对方注意免除或者减轻其责任等与对方有重大利害关系的条款，按照对方的要求，对该条款予以说明。提供格式条款的一方未履行提示或者说明义务，致使对方没有注意或者理解与其有重大利害关系的条款的，对方可以主张该条款不成为合同的内容
第四百九十七条	有下列情形之一的，该格式条款无效： （一）具有本法第一编第六章第三节和本法第五百零六条规定的无效情形； （二）提供格式条款一方不合理地免除或者减轻其责任、加重对方责任、限制对方主要权利； （三）提供格式条款一方排除对方主要权利
第四百九十八条	对格式条款的理解发生争议的，应当按照通常理解予以解释。对格式条款有两种以上解释的，应当作出不利于提供格式条款一方的解释。格式条款和非格式条款不一致的，应当采用非格式条款

《中华人民共和国民法典》	
第五百条	当事人在订立合同过程中有下列情形之一，造成对方损失的，应当承担赔偿责任： （一）假借订立合同，恶意进行磋商； （二）故意隐瞒与订立合同有关的重要事实或者提供虚假情况； （三）有其他违背诚信原则的行为
第五百零二条	依法成立的合同，自成立时生效，但是法律另有规定或者当事人另有约定的除外。 依照法律、行政法规的规定，合同应当办理批准等手续的，依照其规定。未办理批准等手续影响合同生效的，不影响合同中履行报批等义务条款以及相关条款的效力。应当办理申请批准等手续的当事人未履行义务的，对方可以请求其承担违反该义务的责任。 依照法律、行政法规的规定，合同的变更、转让、解除等情形应当办理批准等手续的，适用前款规定
第五百零三条	无权代理人以被代理人的名义订立合同，被代理人已经开始履行合同义务或者接受相对人履行的，视为对合同的追认
第五百零四条	法人的法定代表人或者非法人组织的负责人超越权限订立的合同，除相对人知道或者应当知道其超越权限外，该代表行为有效，订立的合同对法人或者非法人组织发生效力
第五百零五条	当事人超越经营范围订立的合同的效力，应当依照本法第一编第六章第三节和本编的有关规定确定，不得仅以超越经营范围确认合同无效
第五百零六条	合同中的下列免责条款无效： （一）造成对方人身损害的； （二）因故意或者重大过失造成对方财产损失的
第五百零七条	合同不生效、无效、被撤销或者终止的，不影响合同中有关解决争议方法的条款的效力
第五百零九条	当事人应当按照约定全面履行自己的义务。 当事人应当遵循诚信原则，根据合同的性质、目的和交易习惯履行通知、协助、保密等义务。 当事人在履行合同过程中，应当避免浪费资源、污染环境和破坏生态
第五百一十条	合同生效后，当事人就质量、价款或者报酬、履行地点等内容没有约定或者约定不明确的，可以协议补充；不能达成补充协议的，按照合同相关条款或者交易习惯确定
第五百一十一条	当事人就有关合同内容约定不明确，依据前条规定仍不能确定的，适用下列规定： （一）质量要求不明确的，按照强制性国家标准履行；没有强制性国家标准的，按照推荐性国家标准履行；没有推荐性国家标准的，按照行业标准履行；没有国家标准、行业标准的，按照通常标准或者符合合同目的的特定标准履行。 （二）价款或者报酬不明确的，按照订立合同时履行地的市场价格履行；依法应当执行政府定价或者政府指导价的，依照规定履行。 （三）履行地点不明确，给付货币的，在接受货币一方所在地履行；交付不动产的，在不动产所在地履行；其他标的，在履行义务一方所在地履行。 （四）履行期限不明确的，债务人可以随时履行，债权人也可以随时请求履行，但是应当给对方必要的准备时间。 （五）履行方式不明确的，按照有利于实现合同目的的方式履行。 （六）履行费用的负担不明确的，由履行义务一方负担；因债权人原因增加的履行费用，由债权人负担

续表

《中华人民共和国民法典》	
第五百一十二条	通过互联网等信息网络订立的电子合同的标的为交付商品并采用快递物流方式交付的，收货人的签收时间为交付时间。电子合同的标的为提供服务的，生成的电子凭证或者实物凭证中载明的时间为提供服务时间；前述凭证没有载明时间或者载明时间与实际提供服务时间不一致的，以实际提供服务的时间为准。 电子合同的标的物为采用在线传输方式交付的，合同标的物进入对方当事人指定的特定系统且能够检索识别的时间为交付时间。 电子合同当事人对交付商品或者提供服务的方式、时间另有约定的，按照其约定
第五百一十三条	执行政府定价或者政府指导价的，在合同约定的交付期限内政府价格调整时，按照交付时的价格计价。逾期交付标的物的，遇价格上涨时，按照原价格执行；价格下降时，按照新价格执行。逾期提取标的物或者逾期付款的，遇价格上涨时，按照新价格执行；价格下降时，按照原价格执行
第五百一十四条	以支付金钱为内容的债，除法律另有规定或者当事人另有约定外，债权人可以请求债务人以实际履行地的法定货币履行
第五百三十二条	合同生效后，当事人不得因姓名、名称的变更或者法定代表人、负责人、承办人的变动而不履行合同义务
第五百三十三条	合同成立后，合同的基础条件发生了当事人在订立合同时无法预见的、不属于商业风险的重大变化，继续履行合同对于当事人一方明显不公平的，受不利影响的当事人可以与对方重新协商；在合理期限内协商不成的，当事人可以请求人民法院或者仲裁机构变更或者解除合同。 人民法院或者仲裁机构应当结合案件的实际情况，根据公平原则变更或者解除合同
第五百四十三条	当事人协商一致，可以变更合同
第五百四十四条	当事人对合同变更的内容约定不明确的，推定为未变更
第五百五十五条	当事人一方经对方同意，可以将自己在合同中的权利和义务一并转让给第三人
第五百五十七条	有下列情形之一的，债权债务终止： （一）债务已经履行； （二）债务相互抵销； （三）债务人依法将标的物提存； （四）债权人免除债务； （五）债权债务同归于一人； （六）法律规定或者当事人约定终止的其他情形。 合同解除的，该合同的权利义务关系终止
第五百五十九条	债权债务终止时，债权的从权利同时消灭，但是法律另有规定或者当事人另有约定的除外
第五百六十二条	当事人协商一致，可以解除合同。 当事人可以约定一方解除合同的事由。解除合同的事由发生时，解除权人可以解除合同
第五百六十三条	有下列情形之一的，当事人可以解除合同： （一）因不可抗力致使不能实现合同目的； （二）在履行期限届满前，当事人一方明确表示或者以自己的行为表明不履行主要债务； （三）当事人一方迟延履行主要债务，经催告后在合理期限内仍未履行； （四）当事人一方迟延履行债务或者有其他违约行为致使不能实现合同目的； （五）法律规定的其他情形。 以持续履行的债务为内容的不定期合同，当事人可以随时解除合同，但是应当在合理期限之前通知对方

续表

《中华人民共和国民法典》	
第五百六十四条	法律规定或者当事人约定解除权行使期限，期限届满当事人不行使的，该权利消灭。 法律没有规定或者当事人没有约定解除权行使期限，自解除权人知道或者应当知道解除事由之日起一年内不行使，或者经对方催告后在合理期限内不行使的，该权利消灭
第五百六十五条	当事人一方依法主张解除合同的，应当通知对方。合同自通知到达对方时解除；通知载明债务人在一定期限内不履行债务则合同自动解除，债务人在该期限内未履行债务的，合同自通知载明的期限届满时解除。对方对解除合同有异议的，任何一方当事人均可以请求人民法院或者仲裁机构确认解除行为的效力。 当事人一方未通知对方，直接以提起诉讼或者申请仲裁的方式依法主张解除合同，人民法院或者仲裁机构确认该主张的，合同自起诉状副本或者仲裁申请书副本送达对方时解除
第五百六十六条	合同解除后，尚未履行的，终止履行；已经履行的，根据履行情况和合同性质，当事人可以请求恢复原状或者采取其他补救措施，并有权请求赔偿损失。 合同因违约解除的，解除权人可以请求违约方承担违约责任，但是当事人另有约定的除外。 主合同解除后，担保人对债务人应当承担的民事责任仍应当承担担保责任，但是担保合同另有约定的除外
第五百六十七条	合同的权利义务关系终止，不影响合同中结算和清理条款的效力
第五百七十七条	当事人一方不履行合同义务或者履行合同义务不符合约定的，应当承担继续履行、采取补救措施或者赔偿损失等违约责任
第五百七十八条	当事人一方明确表示或者以自己的行为表明不履行合同义务的，对方可以在履行期限届满前请求其承担违约责任
第五百七十九条	当事人一方未支付价款、报酬、租金、利息，或者不履行其他金钱债务的，对方可以请求其支付
第五百八十条	当事人一方不履行非金钱债务或者履行非金钱债务不符合约定的，对方可以请求履行，但是有下列情形之一的除外： （一）法律上或者事实上不能履行； （二）债务的标的不适于强制履行或者履行费用过高； （三）债权人在合理期限内未请求履行。 有前款规定的除外情形之一，致使不能实现合同目的的，人民法院或者仲裁机构可以根据当事人的请求终止合同权利义务关系，但是不影响违约责任的承担
第五百八十二条	履行不符合约定的，应当按照当事人的约定承担违约责任。对违约责任没有约定或者约定不明确，依据本法第五百一十条的规定仍不能确定，受损害方根据标的的性质以及损失的大小，可以合理选择请求对方承担修理、重作、更换、退货、减少价款或者报酬等违约责任
第五百八十三条	当事人一方不履行合同义务或者履行合同义务不符合约定的，在履行义务或者采取补救措施后，对方还有其他损失的，应当赔偿损失
第五百八十四条	当事人一方不履行合同义务或者履行合同义务不符合约定，造成对方损失的，损失赔偿额应当相当于因违约所造成的损失，包括合同履行后可以获得的利益；但是，不得超过违约一方订立合同时预见到或者应当预见到的因违约可能造成的损失

续表

	《中华人民共和国民法典》
第五百八十五条	当事人可以约定一方违约时应当根据违约情况向对方支付一定数额的违约金，也可以约定因违约产生的损失赔偿额的计算方法。 约定的违约金低于造成的损失的，人民法院或者仲裁机构可以根据当事人的请求予以增加；约定的违约金过分高于造成的损失的，人民法院或者仲裁机构可以根据当事人的请求予以适当减少。 当事人就迟延履行约定违约金的，违约方支付违约金后，还应当履行债务
第五百八十八条	当事人既约定违约金，又约定定金的，一方违约时，对方可以选择适用违约金或者定金条款。 定金不足以弥补一方违约造成的损失的，对方可以请求赔偿超过定金数额的损失
第五百九十条	当事人一方因不可抗力不能履行合同的，根据不可抗力的影响，部分或者全部免除责任，但是法律另有规定的除外。因不可抗力不能履行合同的，应当及时通知对方，以减轻可能给对方造成的损失，并应当在合理期限内提供证明。 当事人迟延履行后发生不可抗力的，不免除其违约责任
第五百九十一条	当事人一方违约后，对方应当采取适当措施防止损失的扩大；没有采取适当措施致使损失扩大的，不得就扩大的损失请求赔偿。 当事人因防止损失扩大而支出的合理费用，由违约方负担
第五百九十二条	当事人都违反合同的，应当各自承担相应的责任。 当事人一方违约造成对方损失，对方对损失的发生有过错的，可以减少相应的损失赔偿额
第五百九十五条至第九百七十八条	典型合同 该部分条文列举了典型合同，因篇幅限制此处不展开
	《最高人民法院关于适用〈中华人民共和国民法典〉合同编通则若干问题的解释》
第一条	人民法院依据民法典第一百四十二条第一款、第四百六十六条第一款的规定解释合同条款时，应当以词句的通常含义为基础，结合相关条款、合同的性质和目的、习惯以及诚信原则，参考缔约背景、磋商过程、履行行为等因素确定争议条款的含义。 有证据证明当事人之间对合同条款有不同于词句的通常含义的其他共同理解，一方主张按照词句的通常含义理解合同条款的，人民法院不予支持。 对合同条款有两种以上解释，可能影响该条款效力的，人民法院应当选择有利于该条款有效的解释；属于无偿合同的，应当选择对债务人负担较轻的解释
第三条第一款、第二款	当事人对合同是否成立存在争议，人民法院能够确定当事人姓名或者名称、标的和数量的，一般应当认定合同成立。但是，法律另有规定或者当事人另有约定的除外。 根据前款规定能够认定合同已经成立的，对合同欠缺的内容，人民法院应当依据民法典第五百一十条、第五百一十一条等规定予以确定
第四条	采取招标方式订立合同，当事人请求确认合同自中标通知书到达中标人时成立的，人民法院应予支持。合同成立后，当事人拒绝签订书面合同的，人民法院应当依据招标文件、投标文件和中标通知书等确定合同内容。 采取现场拍卖、网络拍卖等公开竞价方式订立合同，当事人请求确认合同自拍卖师落槌、电子交易系统确认成交时成立的，人民法院应予支持。合同成立后，当事人拒绝签订成交确认书的，人民法院应当依据拍卖公告、竞买人的报价等确定合同内容。 产权交易所等机构主持拍卖、挂牌交易，其公布的拍卖公告、交易规则等文件公开确定了合同成立需要具备的条件，当事人请求确认合同自该条件具备时成立的，人民法院应予支持

《最高人民法院关于适用〈中华人民共和国民法典〉合同编通则若干问题的解释》	
第九条	合同条款符合民法典第四百九十六条第一款规定的情形,当事人仅以合同系依据合同示范文本制作或者双方已经明确约定合同条款不属于格式条款为由主张该条款不是格式条款的,人民法院不予支持。 从事经营活动的当事人一方仅以未实际重复使用为由主张其预先拟定且未与对方协商的合同条款不是格式条款的,人民法院不予支持。但是,有证据证明该条款不是为了重复使用而预先拟定的除外
第十条	提供格式条款的一方在合同订立时采用通常足以引起对方注意的文字、符号、字体等明显标识,提示对方注意免除或者减轻其责任、排除或者限制对方权利等与对方有重大利害关系的异常条款的,人民法院可以认定其已经履行民法典第四百九十六条第二款规定的提示义务。 提供格式条款的一方按照对方的要求,就与对方有重大利害关系的异常条款的概念、内容及其法律后果以书面或者口头形式向对方作出通常能够理解的解释说明的,人民法院可以认定其已经履行民法典第四百九十六条第二款规定的说明义务。 提供格式条款的一方对其已经尽到提示义务或者说明义务承担举证责任。对于通过互联网等信息网络订立的电子合同,提供格式条款的一方仅以采取了设置勾选、弹窗等方式为由主张其已经履行提示义务或者说明义务的,人民法院不予支持,但是其举证符合前两款规定的除外
第十四条	当事人之间就同一交易订立多份合同,人民法院应当认定其中以虚假意思表示订立的合同无效。当事人为规避法律、行政法规的强制性规定,以虚假意思表示隐藏真实意思表示的,人民法院应当依据民法典第一百五十三条第一款的规定认定被隐藏合同的效力;当事人为规避法律、行政法规关于合同应当办理批准等手续的规定,以虚假意思表示隐藏真实意思表示的,人民法院应当依据民法典第五百零二条第二款的规定认定被隐藏合同的效力。 依据前款规定认定被隐藏合同无效或者确定不发生效力的,人民法院应当以被隐藏合同为事实基础,依据民法典第一百五十七条的规定确定当事人的民事责任。但是,法律另有规定的除外。 当事人就同一交易订立的多份合同均系真实意思表示,且不存在其他影响合同效力情形的,人民法院应当在查明各合同成立先后顺序和实际履行情况的基础上,认定合同内容是否发生变更。法律、行政法规禁止变更合同内容的,人民法院应当认定合同的相应变更无效
第十六条	合同违反法律、行政法规的强制性规定,有下列情形之一,由行为人承担行政责任或者刑事责任能够实现强制性规定的立法目的的,人民法院可以依据民法典第一百五十三条第一款关于"该强制性规定不导致该民事法律行为无效的除外"的规定认定该合同不因违反强制性规定无效: (一)强制性规定虽然旨在维护社会公共秩序,但是合同的实际履行对社会公共秩序造成的影响显著轻微,认定合同无效将导致案件处理结果有失公平公正; (二)强制性规定旨在维护政府的税收、土地出让金等国家利益或者其他民事主体的合法利益而非合同当事人的民事权益,认定合同有效不会影响该规范目的的实现; (三)强制性规定旨在要求当事人一方加强风险控制、内部管理等,对方无能力或者无义务审查合同是否违反强制性规定,认定合同无效将使其承担不利后果; (四)当事人一方虽然在订立合同时违反强制性规定,但是在合同订立后其已经具备补正违反强制性规定的条件却违背诚信原则不予补正; (五)法律、司法解释规定的其他情形。 法律、行政法规的强制性规定旨在规制合同订立后的履行行为,当事人以合同违反强制性规定为由请求认定合同无效的,人民法院不予支持。但是,合同履行必然导致违反强制性规定或者法律、司法解释另有规定的除外

续表

	《最高人民法院关于适用〈中华人民共和国民法典〉合同编通则若干问题的解释》
第十七条	合同虽然不违反法律、行政法规的强制性规定，但是有下列情形之一，人民法院应当依据民法典第一百五十三条第二款的规定认定合同无效： （一）合同影响政治安全、经济安全、军事安全等国家安全的； （二）合同影响社会稳定、公平竞争秩序或者损害社会公共利益等违背社会公共秩序的； （三）合同背离社会公德、家庭伦理或者有损人格尊严等违背善良风俗的。 人民法院在认定合同是否违背公序良俗时，应当以社会主义核心价值观为导向，综合考虑当事人的主观动机和交易目的、政府部门的监管强度、一定期限内当事人从事类似交易的频次、行为的社会后果等因素，并在裁判文书中充分说理。当事人确因生活需要进行交易，未给社会公共秩序造成重大影响，且不影响国家安全，也不违背善良风俗的，人民法院不应当认定合同无效
第十九条	法律、行政法规为限制法人的法定代表人或者非法人组织的负责人的代表权，规定合同所涉事项应当由法人、非法人组织的权力机构或者决策机构决议，或者应当由法人、非法人组织的执行机构决定，法定代表人、负责人未取得授权而以法人、非法人组织的名义订立合同，未尽到合理审查义务的相对人主张该合同对法人、非法人组织发生效力并由其承担违约责任的，人民法院不予支持，但是法人、非法人组织有过错的，可以参照民法典第一百五十七条的规定判决其承担相应的赔偿责任。相对人已尽到合理审查义务，构成表见代表的，人民法院应当依据民法典第五百零四条的规定处理。 合同所涉事项未超越法律、行政法规规定的法定代表人或者负责人的代表权限，但是超越法人、非法人组织的章程或者权力机构对代表权的限制，相对人主张该合同对法人、非法人组织发生效力并由其承担违约责任的，人民法院依法予以支持。但是，法人、非法人组织举证证明相对人知道或者应当知道该限制的除外。 法人、非法人组织承担民事责任后，向有过错的法定代表人、负责人追偿因越权代表行为造成的损失的，人民法院依法予以支持。法律、司法解释对法定代表人、负责人的民事责任另有规定的，依照其规定
第二十一条	法人、非法人组织的工作人员就超越其职权范围的事项以法人、非法人组织的名义订立合同，相对人主张该合同对法人、非法人组织发生效力并由其承担违约责任的，人民法院不予支持。但是，法人、非法人组织有过错的，人民法院可以参照民法典第一百五十七条的规定判决其承担相应的赔偿责任。前述情形，构成表见代理的，人民法院应当依据民法典第一百七十二条的规定处理。 合同所涉事项有下列情形之一的，人民法院应当认定法人、非法人组织的工作人员在订立合同时超越其职权范围： （一）依法应当由法人、非法人组织的权力机构或者决策机构决议的事项； （二）依法应当由法人、非法人组织的执行机构决定的事项； （三）依法应当由法定代表人、负责人代表法人、非法人组织实施的事项； （四）不属于通常情形下依其职权可以处理的事项。 合同所涉事项未超越依据前款确定的职权范围，但是超越法人、非法人组织对工作人员职权范围的限制，相对人主张该合同对法人、非法人组织发生效力并由其承担违约责任的，人民法院应予支持。但是，法人、非法人组织举证证明相对人知道或者应当知道该限制的除外。 法人、非法人组织承担民事责任后，向故意或者有重大过失的工作人员追偿的，人民法院依法予以支持

《最高人民法院关于适用〈中华人民共和国民法典〉合同编通则若干问题的解释》	
第二十二条	法定代表人、负责人或者工作人员以法人、非法人组织的名义订立合同且未超越权限，法人、非法人组织仅以合同加盖的印章不是备案印章或者系伪造的印章为由主张该合同对其不发生效力的，人民法院不予支持。 合同系以法人、非法人组织的名义订立，但是仅有法定代表人、负责人或者工作人员签名或者按指印而未加盖法人、非法人组织的印章，相对人能够证明法定代表人、负责人或者工作人员在订立合同时未超越权限的，人民法院应当认定合同对法人、非法人组织发生效力。但是，当事人约定以加盖印章作为合同成立条件的除外。 合同仅加盖法人、非法人组织的印章而无人员签名或者按指印，相对人能够证明合同系法定代表人、负责人或者工作人员在其权限范围内订立的，人民法院应当认定该合同对法人、非法人组织发生效力。 在前三款规定的情形下，法定代表人、负责人或者工作人员在订立合同时虽然超越代表或者代理权限，但是依据民法典第五百零四条的规定构成表见代表，或者依据民法典第一百七十二条的规定构成表见代理的，人民法院应当认定合同对法人、非法人组织发生效力
第二十三条	法定代表人、负责人或者代理人与相对人恶意串通，以法人、非法人组织的名义订立合同，损害法人、非法人组织的合法权益，法人、非法人组织主张不承担民事责任的，人民法院应予支持。法人、非法人组织请求法定代表人、负责人或者代理人与相对人对因此受到的损失承担连带赔偿责任的，人民法院应予支持。 根据法人、非法人组织的举证，综合考虑当事人之间的交易习惯、合同在订立时是否显失公平、相关人员是否获取了不正当利益、合同的履行情况等因素，人民法院能够认定法定代表人、负责人或者代理人与相对人存在恶意串通的高度可能性的，可以要求前述人员就合同订立、履行的过程等事实作出陈述或者提供相应的证据。其无正当理由拒绝作出陈述，或者所作陈述不具合理性又不能提供相应证据的，人民法院可以认定恶意串通的事实成立
第五十二条	当事人就解除合同协商一致时未对合同解除后的违约责任、结算和清理等问题作出处理，一方主张合同已经解除的，人民法院应予支持。但是，当事人另有约定的除外。 有下列情形之一的，除当事人一方另有意思表示外，人民法院可以认定合同解除： （一）当事人一方主张行使法律规定或者合同约定的解除权，经审理认为不符合解除权行使条件但是对方同意解除； （二）双方当事人均不符合解除权行使的条件但是均主张解除合同。 前两款情形下的违约责任、结算和清理等问题，人民法院应当依据民法典第五百六十六条、第五百六十七条和有关违约责任的规定处理
第五十三条	当事人一方以通知方式解除合同，并以对方未在约定的异议期限或者其他合理期限内提出异议为由主张合同已经解除的，人民法院应当对其是否享有法律规定或者合同约定的解除权进行审查。经审查，享有解除权的，合同自通知到达对方时解除；不享有解除权的，不发生合同解除的效力
第六十五条	当事人主张约定的违约金过分高于违约造成的损失，请求予以适当减少的，人民法院应当以民法典第五百八十四条规定的损失为基础，兼顾合同主体、交易类型、合同的履行情况、当事人的过错程度、履约背景等因素，遵循公平原则和诚信原则进行衡量，并作出裁判。 约定的违约金超过造成损失的百分之三十的，人民法院一般可以认定为过分高于造成的损失。 恶意违约的当事人一方请求减少违约金的，人民法院一般不予支持
其他相关规定	
参考文件	《企业内部控制应用指引第 16 号——合同管理》《中央企业合规管理指引（试行）》《中央企业合规管理办法》

第二节
公司合同管理合规案例分析

一、案情简介

2010 年，L 公司为筹建丁辛醇项目展开调研工作。2010 年 9 月 10 日，为评估技术之目的，L 公司与 D 公司 &T 公司签署了《低压羰基合成技术不使用和保密协议》（以下简称《保密协议》）。最终，因价格过高等原因，L 公司未能与 D 公司 &T 公司达成合作。2014 年 11 月 28 日，D 公司 &T 公司以 L 公司违反保密协议为由，向斯德哥尔摩商会仲裁院（"SCC"）提出仲裁申请。2017 年 11 月 7 日，SCC 作出《最终裁决书》，并于 2017 年 12 月 26 日作出《补充裁决书》。根据仲裁裁决，仲裁庭认定 L 公司违反了并正继续违反《保密协议》，L 公司应当赔偿仲裁开庭前申请人最终主张赔偿金额 1.55 亿美元中的 9,592.964 万美元（不计利息），并支付前述裁决赔偿金额的利息约 1,010.97 万美元，以及申请人支付的仲裁费、律师费、专家费用等共计 588.6156 万英镑，以上各项合计人民币约 7.56 亿元。

2018 年 6 月 6 日，D 公司 &T 公司向山东省济南市中级人民法院申请承认并执行上述仲裁裁决，经管辖权异议后，聊城中院于 2021 年 8 月送达《民事裁定书》，承认 SCC 的仲裁裁决。

二、案例分析

1. 如何安排签约主体?

D 公司是英国股市前 100 家的上市公司，T 公司总部公司是一家纽交所上市的公司。两家跨国公司均用下属公司代替上市公司签约，为上市公司主体阻断了不必要的风险和麻烦。实践中通常不建议使用上市公司直接作为签约主体，原因在于一方面这可能会使公司的责任主体和受约束范围最大化，与上市公司有关一切的业务行为都可能被协议所约束；另一方面，因上市公司负有严格的披露义务，一旦合同执行中发生重大争议或诉讼、仲裁，上市公司须及时公告相关风险和进展，这也会掣肘上市公司灵活解决分歧的空间。

2. 两家跨国公司如何对业务划分和公司架构提前进行布局?

签署保密协议时，中国公司选择了以上市公司作为签约主体，两家跨国公司都选择了其在中国境外注册的公司作为签约主体，这样的架构使关键技术信息归由这两家海外公司持有。合理的业务分配和公司架构搭建，除了可以集中优势资源、提升专业工作的效率外，还可以为公司规避不必要的风险，或者，在形势不明的情况下，会使己方处于相对主动的地位。

3. 重视争议管辖机构的便利性。

如果 L 公司利用自己作为采购方的商业优势地位，要求将争议解决机构约定在香港国际仲裁中心或新加坡国际仲裁中心，更容易在这两个地方找到更方便沟通的律师资源和顾问，更容易深入地参与到案件当中。

| 第三十八章 |

公司碳中和专项合规指南与案例分析

全球气候危机正以前所未有的速度重塑人类社会的经济逻辑与发展路径。联合国政府间气候变化专门委员会（IPCC）报告指出，若要将温升控制在 1.5℃ 以内，全球需在 2050 年前实现碳中和。作为全球最大的碳排放国，中国在 2020 年提出"双碳"目标——2030 年前碳达峰、2060 年前碳中和，这一承诺不仅关乎大国自主贡献的国家责任，更深刻触达企业生存与竞争的核心。在此背景下，碳中和合规对中国企业而言，已从政策倡导升级为关乎存续与竞争力的刚性要求。碳中和合规既是企业履行环境和社会责任的必然选择，更是面向未来市场的生存法则。唯有将碳中和融入企业的战略版图中，中国企业方能在全球低碳经济浪潮中把握主动权，实现从"被动合规"到"主动领跑"的跨越。

第一节
碳中和合规相关法律依据

《中华人民共和国环境保护法》	
第六条第四款	公民应当增强环境保护意识，采取低碳、节俭的生活方式，自觉履行环境保护义务
《中华人民共和国大气污染防治法》	
第二条	防治大气污染，应当以改善大气环境质量为目标，坚持源头治理，规划先行，转变经济发展方式，优化产业结构和布局，调整能源结构。 防治大气污染，应当加强对燃煤、工业、机动车船、扬尘、农业等大气污染的综合防治，推行区域大气污染联防联治，对颗粒物、二氧化硫、氮氧化物、挥发性有机物、氨等大气污染物和温室气体实施协同控制
第七条	企业事业单位和其他生产经营者应当采取有效措施，防止、减少大气污染，对所造成的损害依法承担责任。 公民应当增强大气环境保护意识，采取低碳、节俭的生活方式，自觉履行大气环境保护义务

续表

《中华人民共和国节约能源法》	
第三条	本法所称节约能源（以下简称节能），是指加强用能管理，采取技术上可行、经济上合理以及环境和社会可以承受的措施，从能源生产到消费的各个环节，降低消耗、减少损失和污染物排放、制止浪费，有效、合理地利用能源
第四条	节约资源是我国的基本国策。国家实施节约与开发并举、把节约放在首位的能源发展战略
第九条第一款	任何单位和个人都应当依法履行节能义务，有权检举浪费能源的行为
第二十四条	用能单位应当按照合理用能的原则，加强节能管理，制定并实施节能计划和节能技术措施，降低能源消耗
《碳排放权交易管理暂行条例》	
第三条	碳排放权交易及相关活动的管理，应当坚持中国共产党的领导，贯彻党和国家路线方针政策和决策部署，坚持温室气体排放控制与经济社会发展相适应，坚持政府引导与市场调节相结合，遵循公开、公平、公正的原则。 国家加强碳排放权交易领域的国际合作与交流
第七条	纳入全国碳排放权交易市场的温室气体重点排放单位（以下简称重点排放单位）以及符合国家有关规定的其他主体，可以参与碳排放权交易。 生态环境主管部门、其他对碳排放权交易及相关活动负有监督管理职责的部门（以下简称其他负有监督管理职责的部门）、全国碳排放权注册登记机构、全国碳排放权交易机构以及本条例规定的技术服务机构的工作人员，不得参与碳排放权交易
第十一条	重点排放单位应当采取有效措施控制温室气体排放，按照国家有关规定和国务院生态环境主管部门制定的技术规范，制定并严格执行温室气体排放数据质量控制方案，使用依法经计量检定合格或者校准的计量器具开展温室气体排放相关检验检测，如实准确统计核算本单位温室气体排放量，编制上一年度温室气体排放报告（以下简称年度排放报告），并按照规定将排放统计核算数据、年度排放报告报送其生产经营场所所在地省级人民政府生态环境主管部门。 重点排放单位应当对其排放统计核算数据、年度排放报告的真实性、完整性、准确性负责。 重点排放单位应当按照国家有关规定，向社会公开其年度排放报告中的排放量、排放设施、统计核算方法等信息。年度排放报告所涉数据的原始记录和管理台账应当至少保存5年。 重点排放单位可以委托依法设立的技术服务机构开展温室气体排放相关检验检测、编制年度排放报告
第十七条	生态环境主管部门和其他负有监督管理职责的部门，可以在各自职责范围内对重点排放单位等交易主体、技术服务机构进行现场检查。 生态环境主管部门和其他负有监督管理职责的部门进行现场检查，可以采取查阅、复制相关资料，查询、检查相关信息系统等措施，并可以要求有关单位和个人就相关事项作出说明。被检查者应当如实反映情况、提供资料，不得拒绝、阻碍。 进行现场检查，检查人员不得少于2人，并应当出示执法证件。检查人员对检查中知悉的国家秘密、商业秘密，依法负有保密义务
第二十一条	重点排放单位有下列情形之一的，由生态环境主管部门责令改正，处5万元以上50万元以下的罚款；拒不改正的，可以责令停产整治： （一）未按照规定制定并执行温室气体排放数据质量控制方案； （二）未按照规定报送排放统计核算数据、年度排放报告； （三）未按照规定向社会公开年度排放报告中的排放量、排放设施、统计核算方法等信息； （四）未按照规定保存年度排放报告所涉数据的原始记录和管理台账

续表

	《碳排放权交易管理暂行条例》
第二十二条	重点排放单位有下列情形之一的，由生态环境主管部门责令改正，没收违法所得，并处违法所得 5 倍以上 10 倍以下的罚款；没有违法所得或者违法所得不足 50 万元的，处 50 万元以上 200 万元以下的罚款；对其直接负责的主管人员和其他直接责任人员处 5 万元以上 20 万元以下的罚款；拒不改正的，按照 50% 以上 100% 以下的比例核减其下一年度碳排放配额，可以责令停产整治： （一）未按照规定统计核算温室气体排放量； （二）编制的年度排放报告存在重大缺陷或者遗漏，在年度排放报告编制过程中篡改、伪造数据资料，使用虚假的数据资料或者实施其他弄虚作假行为； （三）未按照规定制作和送检样品
第二十四条	重点排放单位未按照规定清缴其碳排放配额的，由生态环境主管部门责令改正，处未清缴的碳排放配额清缴时限前 1 个月市场交易平均成交价格 5 倍以上 10 倍以下的罚款；拒不改正的，按照未清缴的碳排放配额等量核减其下一年度碳排放配额，可以责令停产整治
第三十条	本条例下列用语的含义： （一）温室气体，是指大气中吸收和重新放出红外辐射的自然和人为的气态成分，包括二氧化碳、甲烷、氧化亚氮、氢氟碳化物、全氟化碳、六氟化硫和三氟化氮。 （二）碳排放配额，是指分配给重点排放单位规定时期内的二氧化碳等温室气体的排放额度。1 个单位碳排放配额相当于向大气排放 1 吨的二氧化碳当量。 （三）清缴，是指重点排放单位在规定的时限内，向生态环境主管部门缴纳等同于其经核查确认的上一年度温室气体实际排放量的碳排放配额的行为
	《碳排放权交易管理办法（试行）》
第八条	温室气体排放单位符合下列条件的，应当列入温室气体重点排放单位（以下简称重点排放单位）名录： （一）属于全国碳排放权交易市场覆盖行业； （二）年度温室气体排放量达到 2.6 万吨二氧化碳当量
第十条	重点排放单位应当控制温室气体排放，报告碳排放数据，清缴碳排放配额，公开交易及相关活动信息，并接受生态环境主管部门的监督管理
第十九条	国家鼓励重点排放单位、机构和个人，出于减少温室气体排放等公益目的自愿注销其所持有的碳排放配额。 自愿注销的碳排放配额，在国家碳排放配额总量中予以等量核减，不再进行分配、登记或者交易。相关注销情况应当向社会公开
第二十五条	重点排放单位应当根据生态环境部制定的温室气体排放核算与报告技术规范，编制该单位上一年度的温室气体排放报告，载明排放量，并于每年 3 月 31 日前报生产经营场所所在地的省级生态环境主管部门。排放报告所涉数据的原始记录和管理台账应当至少保存五年。 重点排放单位对温室气体排放报告的真实性、完整性、准确性负责。 重点排放单位编制的年度温室气体排放报告应当定期公开，接受社会监督，涉及国家秘密和商业秘密的除外
	《2030 年前碳达峰行动方案》
二、主要目标	"十四五"期间，产业结构和能源结构调整优化取得明显进展，重点行业能源利用效率大幅提升，煤炭消费增长得到严格控制，新型电力系统加快构建，绿色低碳技术研发和推广应用取得新进展，绿色生产生活方式得到普遍推行，有利于绿色低碳循环发展的政策体系进一步完善。到 2025 年，非化石能源消费比重达到 20% 左右，单位国内生产总值能源消耗比 2020 年下降 13.5%，单位国内生产总值二氧化碳排放比 2020 年下降 18%，为实现碳达峰奠定坚实基础。

续表

	《2030 年前碳达峰行动方案》
二、主要目标	"十五五"期间，产业结构调整取得重大进展，清洁低碳安全高效的能源体系初步建立，重点领域低碳发展模式基本形成，重点耗能行业能源利用效率达到国际先进水平，非化石能源消费比重进一步提高，煤炭消费逐步减少，绿色低碳技术取得关键突破，绿色生活方式成为公众自觉选择，绿色低碳循环发展政策体系基本健全。到 2030 年，非化石能源消费比重达到 25% 左右，单位国内生产总值二氧化碳排放比 2005 年下降 65% 以上，顺利实现 2030 年前碳达峰目标
三、重点任务	将碳达峰贯穿于经济社会发展全过程和各方面，重点实施能源绿色低碳转型行动、节能降碳增效行动、工业领域碳达峰行动、城乡建设碳达峰行动、交通运输绿色低碳行动、循环经济助力降碳行动、绿色低碳科技创新行动、碳汇能力巩固提升行动、绿色低碳全民行动、各地区梯次有序碳达峰行动等"碳达峰十大行动"。 （一）能源绿色低碳转型行动。 （二）节能降碳增效行动。 （三）工业领域碳达峰行动。 （四）城乡建设碳达峰行动。 （五）交通运输绿色低碳行动。 （六）循环经济助力降碳行动。 （七）绿色低碳科技创新行动。 （八）碳汇能力巩固提升行动。 （九）绿色低碳全民行动。 （十）各地区梯次有序碳达峰行动
四、国际合作	（一）深度参与全球气候治理。大力宣传习近平生态文明思想，分享中国生态文明、绿色发展理念与实践经验，为建设清洁美丽世界贡献中国智慧、中国方案、中国力量，共同构建人与自然生命共同体。主动参与全球绿色治理体系建设，坚持共同但有区别的责任原则、公平原则和各自能力原则，坚持多边主义，维护以联合国为核心的国际体系，推动各方全面履行《联合国气候变化框架公约》及其《巴黎协定》。积极参与国际航运、航空减排谈判。 （二）开展绿色经贸、技术与金融合作。优化贸易结构，大力发展高质量、高技术、高附加值绿色产品贸易。加强绿色标准国际合作，推动落实合格评定合作和互认机制，做好绿色贸易规则与进出口政策的衔接。加强节能环保产品和服务进出口。加大绿色技术合作力度，推动开展可再生能源、储能、氢能、二氧化碳捕集利用与封存等领域科研合作和技术交流，积极参与国际热核聚变实验堆计划等国际大科学工程。深化绿色金融国际合作，积极参与碳定价机制和绿色金融标准体系国际宏观协调，与有关各方共同推动绿色低碳转型。 （三）推进绿色"一带一路"建设。秉持共商共建共享原则，弘扬开放、绿色、廉洁理念，加强与共建"一带一路"国家的绿色基建、绿色能源、绿色金融等领域合作，提高境外项目环境可持续性，打造绿色、包容的"一带一路"能源合作伙伴关系，扩大新能源技术和产品出口。发挥"一带一路"绿色发展国际联盟等合作平台作用，推动实施《"一带一路"绿色投资原则》，推进"一带一路"应对气候变化南南合作计划和"一带一路"科技创新行动计划
	《中共中央 国务院关于完整准确全面贯彻新发展理念做好碳达峰碳中和工作的意见》
一、总体要求	（二）工作原则 实现碳达峰、碳中和目标，要坚持"全国统筹、节约优先、双轮驱动、内外畅通、防范风险"原则。 ——全国统筹。全国一盘棋，强化顶层设计，发挥制度优势，实行党政同责，压实各方责任。根据各地实际分类施策，鼓励主动作为、率先达峰。 ——节约优先。把节约能源资源放在首位，实行全面节约战略，持续降低单位产出能源资源消耗和碳排放，提高投入产出效率，倡导简约适度、绿色低碳生活方式，从源头和入口形成有效的碳排放控制阀门。 ——双轮驱动。政府和市场两手发力，构建新型举国体制，强化科技和制度创新，加快绿色低碳科技革命。深化能源和相关领域改革，发挥市场机制作用，形成有效激励约束机制。

《中共中央 国务院关于完整准确全面贯彻新发展理念做好碳达峰碳中和工作的意见》	
一、总体要求	——内外畅通。立足国情实际，统筹国内国际能源资源，推广先进绿色低碳技术和经验。统筹做好应对气候变化对外斗争与合作，不断增强国际影响力和话语权，坚决维护我国发展权益。 ——防范风险。处理好减污降碳和能源安全、产业链供应链安全、粮食安全、群众正常生活的关系，有效应对绿色低碳转型可能伴随的经济、金融、社会风险，防止过度反应，确保安全降碳
二、主要目标	到 2025 年，绿色低碳循环发展的经济体系初步形成，重点行业能源利用效率大幅提升。单位国内生产总值能耗比 2020 年下降 13.5%；单位国内生产总值二氧化碳排放比 2020 年下降 18%；非化石能源消费比重达到 20% 左右；森林覆盖率达到 24.1%，森林蓄积量达到 180 亿立方米，为实现碳达峰、碳中和奠定坚实基础。 到 2030 年，经济社会发展全面绿色转型取得显著成效，重点耗能行业能源利用效率达到国际先进水平。单位国内生产总值能耗大幅下降；单位国内生产总值二氧化碳排放比 2005 年下降 65% 以上；非化石能源消费比重达到 25% 左右，风电、太阳能发电总装机容量达到 12 亿千瓦以上；森林覆盖率达到 25% 左右，森林蓄积量达到 190 亿立方米，二氧化碳排放量达到峰值并实现稳中有降。 到 2060 年，绿色低碳循环发展的经济体系和清洁低碳安全高效的能源体系全面建立，能源利用效率达到国际先进水平，非化石能源消费比重达到 80% 以上，碳中和目标顺利实现，生态文明建设取得丰硕成果，开创人与自然和谐共生新境界
《国家发展改革委 市场监管总局 生态环境部关于进一步强化碳达峰碳中和 标准计量体系建设行动方案（2024—2025 年）的通知》	
一、总体目标	按照系统推进、急用先行、开放协同的原则，围绕重点领域研制一批国家标准、采信一批团体标准、突破一批国际标准、启动一批标准化试点。2024 年，发布 70 项碳核算、碳足迹、碳减排、能效能耗、碳捕集利用与封存等国家标准，基本实现重点行业企业碳排放核算标准全覆盖。2025 年，面向企业、项目、产品的三位一体碳排放核算和评价标准体系基本形成，重点行业和产品能耗能效技术指标基本达到国际先进水平，建设 100 家企业和园区碳排放管理标准化试点。 按照统筹发展、需求牵引、创新突破的原则，加强碳计量基础能力建设，完善碳计量体系，提升碳计量服务支撑水平。2025 年底前，研制 20 项计量标准和标准物质，开展 25 项关键计量技术研究，制定 50 项"双碳"领域国家计量技术规范，关键领域碳计量技术取得重要突破，重点用能和碳排放单位碳计量能力基本具备，碳排放计量器具配备和相关仪器设备检定校准工作稳步推进
二、重点任务	（一）加快企业碳排放核算标准研制。 （二）加强产品碳足迹碳标识标准建设。 （三）加大项目碳减排标准供给。 （四）推动碳减排和碳清除技术标准攻关。 （五）提高工业领域能耗标准要求。 （六）加快产品能效标准更新升级。 （七）加强重点产品和设备循环利用标准研制。 （八）扩大绿色产品评价标准供给。 （九）加强碳计量基础能力建设。 （十）加强"双碳"相关计量仪器研制和应用。 （十一）加强计量对碳排放核算的支撑保障。 （十二）开展共性关键碳计量技术研究。 （十三）加强重点领域计量技术研究。 （十四）加强碳计量中心建设。 （十五）完善"双碳"相关计量技术规范。 （十六）加强能源计量监督管理

第二节
碳中和合规案例分析

一、案情简介

案件背景：2023 年 3 月，北京 C 环境保护促进中心关注到 S 公司未清缴碳排放配额的情况，遂依法向法院提起环境公益诉讼案件，要求法院判令 S 公司在全国碳交易市场购买和清缴碳排放配额 818,148 吨（CO_2），如不履行购买和清缴义务，需按照第一个履约周期平均价格计算赔偿等值金额以及赔偿超标排放二氧化碳对生态环境造成的损失。

审理情况：法院高度重视并依法受理本案，组成七人合议庭审理此案。出于对二氧化碳超排损害环境的关注，本案亦有 S 环保志愿者协会作为支持单位参与诉讼，且吸引了不少环保志愿者的关注。起诉后，由于 S 公司所需清缴配额较多，市场上难以购买，经法院、生态环境厅及原被告的共同努力，S 公司完成 2019～2022 年间两个履约周期内的全部碳排放配额缺口 95.422 万吨，履约费用合计约 7,418 万元。2024 年 6 月 7 日，法院作出一审判决，判令被告立即停止超标排放污染物，赔偿因超标排放污染物对生态环境造成的损失，支付原告律师费及差旅费共计 47,881.78 元，并支付支持起诉人的律师费及相关费用共计 5,000 元，同时需在省级媒体上向社会公众刊登赔礼道歉声明。

二、案例分析

此案首次将"未履约碳排放配额"行为纳入环境公益诉讼范围，是我国环境司法应对气候变化的标志性探索，借助公益诉讼机制倒逼企业落实减排责任。该案件，法院尝试将"碳排放配额清缴"义务视为民事义务，突破了传统环境侵权以实际损害为前提的限制；同时，通过司法途径倒逼企业完成清缴（S 公司最终购买 7,318 万元碳配额），凸显司法与行政协同治理的潜力推动碳市场法治化司法实践创新。

上述案件是我国碳中和碳合规过程中的典型案例，体现了目前我国的司法裁判思路与新的理念，企业在碳中和合规过程中应当引起足够的重视且及时提出解决方案，让企业回归到碳合规的法治轨道上。

第三十九章

公司保障措施调查专项合规指南与案例分析

近年来，国际贸易保护主义抬头，多国频繁启用保障措施调查作为产业保护手段，我国出口企业面临的合规挑战显著增多。与此同时，国内监管部门亦通过修订《中华人民共和国对外贸易法》、出台《企业境外经营合规管理指引》等举措，强化企业合规能力建设的政策导向。在此背景下，企业亟须构建覆盖信息监测、风险评估、证据管理、多边协调的全流程合规体系，以系统性应对保障措施调查的复杂性与专业性。本章结合国内外立法动态、典型案例及实务经验，深入剖析保障措施调查的合规要点，为企业完善国际化合规治理提供可落地的操作框架。

第一节
公司保障措施调查合规相关法律依据

《中华人民共和国对外贸易法》	
第三十六条	为了维护对外贸易秩序，国务院对外贸易主管部门可以自行或者会同国务院其他有关部门，依照法律、行政法规的规定对下列事项进行调查： （一）货物进出口、技术进出口、国际服务贸易对国内产业及其竞争力的影响； （二）有关国家或者地区的贸易壁垒； （三）为确定是否应当依法采取反倾销、反补贴或者保障措施等对外贸易救济措施，需要调查的事项； （四）规避对外贸易救济措施的行为； （五）对外贸易中有关国家安全利益的事项； （六）为执行本法第七条、第二十八条第二款、第二十九条、第三十条、第三十一条第三款、第三十二条第三款的规定，需要调查的事项； （七）其他影响对外贸易秩序，需要调查的事项
第四十三条	因进口产品数量大量增加，对生产同类产品或者与其直接竞争的产品的国内产业造成严重损害或者严重损害威胁的，国家可以采取必要的保障措施，消除或者减轻这种损害或者损害的威胁，并可以对该产业提供必要的支持

续表

《中华人民共和国保障措施条例》	
第二条	进口产品数量增加，并对生产同类产品或者直接竞争产品的国内产业造成严重损害或者严重损害威胁（以下除特别指明外，统称损害）的，依照本条例的规定进行调查，采取保障措施
第七条	进口产品数量增加，是指进口产品数量的绝对增加或者与国内生产相比的相对增加
第八条	在确定进口产品数量增加对国内产业造成的损害时，应当审查下列相关因素： （一）进口产品的绝对和相对增长率与增长量； （二）增加的进口产品在国内市场中所占的份额； （三）进口产品对国内产业的影响，包括对国内产业在产量、销售水平、市场份额、生产率、设备利用率、利润与亏损、就业等方面的影响； （四）造成国内产业损害的其他因素。 对严重损害威胁的确定，应当依据事实，不能仅依据指控、推测或者极小的可能性。 在确定进口产品数量增加对国内产业造成的损害时，不得将进口增加以外的因素对国内产业造成的损害归因于进口增加
第十条	国内产业，是指中华人民共和国国内同类产品或者直接竞争产品的全部生产者，或者其总产量占国内同类产品或者直接竞争产品全部总产量的主要部分的生产者
第十一条	商务部应当根据客观的事实和证据，确定进口产品数量增加与国内产业的损害之间是否存在因果关系
第十二条	商务部应当为进口经营者、出口经营者和其他利害关系方提供陈述意见和论据的机会。 调查可以采用调查问卷的方式，也可以采用听证会或者其他方式
第十六条	有明确证据表明进口产品数量增加，在不采取临时保障措施将对国内产业造成难以补救的损害的紧急情况下，可以作出初裁决定，并采取临时保障措施。 临时保障措施采取提高关税的形式
第十八条	临时保障措施的实施期限，自临时保障措施决定公告规定实施之日起，不超过200天
第十九条	终裁决定确定进口产品数量增加，并由此对国内产业造成损害的，可以采取保障措施。实施保障措施应当符合公共利益。 保障措施可以采取提高关税、数量限制等形式
第二十条	保障措施采取提高关税形式的，由商务部提出建议，国务院关税税则委员会根据商务部的建议作出决定，由商务部予以公告；采取数量限制形式的，由商务部作出决定并予以公告。海关自公告规定实施之日起执行。 商务部应当将采取保障措施的决定及有关情况及时通知保障措施委员会
第二十三条	采取保障措施应当限于防止、补救严重损害并便利调整国内产业所必要的范围内
第二十六条	保障措施的实施期限不超过4年。 符合下列条件的，保障措施的实施期限可以适当延长： （一）按照本条例规定的程序确定保障措施对于防止或者补救严重损害仍然有必要； （二）有证据表明相关国内产业正在进行调整； （三）已经履行有关对外通知、磋商的义务； （四）延长后的措施不严于延长前的措施。 一项保障措施的实施期限及其延长期限，最长不超过10年

《中华人民共和国保障措施条例》	
第二十八条	保障措施实施期限超过 3 年的，商务部应当在实施期间内对该项措施进行中期复审。复审的内容包括保障措施对国内产业的影响、国内产业的调整情况等
第三十条	对同一进口产品再次采取保障措施的，与前次采取保障措施的时间间隔应当不短于前次采取保障措施的实施期限，并且至少为 2 年。 符合下列条件的，对一产品实施的期限为 180 天或者少于 180 天的保障措施，不受前款限制： （一）自对该进口产品实施保障措施之日起，已经超过 1 年； （二）自实施该保障措施之日起 5 年内，未对同一产品实施 2 次以上保障措施
《保障措施调查立案暂行规则》	
第五条	保障措施调查申请应以书面形式提出。申请书应载明正式请求外经贸部立案进行保障措施调查的意思表示，并由申请人或其合法授权人盖章或签字
第六条	申请应当包括下列各项内容： （一）申请人情况的说明； （二）申请调查进口产品、国内同类产品或直接竞争产品的说明； （三）已知的申请调查进口产品出口国（地区）、出口商、生产商以及进口商的情况； （四）国内产业情况的说明； （五）申请调查进口产品数量增长情况的说明； （六）损害情况的说明； （七）进口增长与损害之间因果关系的说明； （八）请求； （九）申请人认为需要说明的其他事项
第八条	关于申请调查进口产品、国内同类产品或直接竞争产品，申请人应当提供下列证据资料： （一）申请调查进口产品的详细说明包括名称、种类、规格、产品用途、市场情况、中华人民共和国进口关税税则号等； （二）国内同类或者直接竞争产品的名称、种类、规格、产品用途、市场情况等； （三）申请调查进口产品与国内同类或者直接竞争产品的异同点比较，包括产品的物理特征、化学性能、生产工艺、用途以及可替代性等方面。 （四）外经贸部认为需要提供的其他证据资料
第十条	关于国内产业情况，申请人应当提供下列证据资料： （一）所有已知的国内生产商以及相关协会、商会的名称、地址和联系方式； （二）申请提出前五年内，所有生产商每年生产的同类或者直接竞争产品的国内生产总量； （三）提出申请前五年内，申请人每年所生产的同类或者直接竞争产品的产量以及所占国内生产总量的份额； （四）外经贸部认为需要提供的其他证据资料
第十五条	关于进口增长与损害之间的因果关系，申请人应当分析所提交的上述资料，说明进口增长与国内产业损害二者之间的因果关系。 申请人在证明进口增长与国内产业损害之间的因果关系时，应当分析进口增长以外的同时导致产业损害的任何已知因素，这些因素包括但不限于需求的减少或消费模式的变化、外国和国内生产商的限制贸易做法以及它们之间的竞争、技术发展以及国内产业的出口实绩和生产率。申请人认为上述个别因素不适用的，应当予以说明

续表

	《保障措施调查立案暂行规则》
第二十一条	申请书及附具的证据资料应当包括保密文本（申请人提出保密申请的）和公开文本；其中，申请人应当提供保密文本正本 1 套，副本 6 套，公开文本除了正本 1 套，副本 6 套外，申请人还应当按申请调查进口产品的出口国（地区）的数量提供副本，如果申请调查进口产品出口国（地区）数量过多，则可以适当减少，但不得少于 5 份
第二十七条	外经贸部通常应在正式收到要求采取保障措施的书面申请后 60 日内做出是否立案的决定，情况特别复杂的，可以适当延长审查期限
第三十条	外经贸部决定立案的，应当发布立案公告。 公告应载明下列内容： （一）申请调查进口产品的名称及说明； （二）申请调查进口产品的出口国（地区）； （三）立案依据材料的概要说明； （四）发起保障措施调查的日期； （五）保障措施调查期限； （六）允许利害关系方提出意见的时限； （七）调查机关的联系方式
第三十三条	外经贸部没有收到采取保障措施的书面申请，但有充分证据认为国内产业因申请调查进口产品数量增加而受到严重损害或者严重损害威胁的，可以自行决定立案，进行保障措施调查
	《中华人民共和国对外贸易经济合作部保障措施调查听证会暂行规则》
第二条	本规则适用于对外贸易经济合作部在保障措施调查程序中举行的为确定进口产品数量增加及其与损害之间因果关系而进行的听证会
第四条	本规则所称听证会应公开举行。但涉及国家秘密、商业秘密或个人隐私的，进出口公平贸易局决定后可采取其他方式举行
第五条	进出口公平贸易局应利害关系方的申请举行听证会。进出口公平贸易局如认为必要时，可以自行决定举行听证会
第七条	本规则所指利害关系方为保障措施调查的申请人、出口国（地区）政府、原产国（地区）政府、已知的出口经营者和进口经营者，以及其他有利害关系的组织或个人
第十五条	参加听证会的利害关系方应当承担下列义务： （一）按时到达指定地点出席听证会； （二）遵守听证会纪律，服从听证会主持人安排； （三）如实回答听证会主持人的提问
第十六条	听证会应当遵照下列程序进行： （一）听证会主持人宣布听证会开始，宣读听证会纪律； （二）核对听证会参加人； （三）利害关系方陈述； （四）听证会主持人询问利害关系方； （五）利害关系方作最后陈述； （六）主持人宣布听证会结束

续表

	《中华人民共和国对外贸易经济合作部保障措施调查听证会暂行规则》
第十九条	有下列情形之一的，经进出口公平贸易局决定可以延期或取消举行听证会： （一）听证会申请人因不可抗力的事件或行为，且已提交延期或取消听证会的书面申请的； （二）保障措施调查终止； （三）其他应当延期或取消的事项
	《商务部保障措施产业损害调查规定》
第四条	损害，是指由于进口产品数量增加，对生产同类产品或者直接竞争产品的国内产业造成严重损害或者严重损害威胁。 严重损害是国内产业受到的全面的和重大的减损。 严重损害威胁是明显迫近的严重损害，如果不采取措施将导致严重损害的发生
第五条	在确定进口产品数量增加对国内产业造成的严重损害或严重损害威胁时，应当考虑以下因素： （一）进口产品增长情况，包括进口产品的绝对和相对增长率和增长量； （二）增加的进口产品在国内市场中所占的份额； （三）进口产品对国内产业的影响，包括对国内产业在产量、销售水平、市场份额、生产率、设备利用率、利润与亏损、就业等方面的影响； （四）造成国内产业损害的其他因素。 对严重损害威胁的确定，应当依据事实，审查被调查产品出口国的生产能力、库存情况、出口能力和对中国出口继续增加的可能性等因素，而不得仅依据指控、推测或者极小的可能性
第七条	同类产品，是指与被调查进口产品相同的产品；没有相同产品的，以与被调查进口产品的特性最相似的产品为同类产品。 直接竞争产品，是指与被调查进口产品虽然不是同类产品，但是与被调查进口产品具有相近的用途和较强的可替代性，且具有直接竞争关系的产品
第八条	在确定同类产品和直接竞争产品时，可以考虑以下因素：产品的物理特征、化学性能、生产设备和工艺、产品用途、产品的可替代性、消费者和生产者的评价、销售渠道、价格等
第十条	保障措施案件的产业损害调查期通常为立案调查开始前的三至五年
第十一条	利害关系方申请参加保障措施产业损害调查活动的，应当自保障措施调查立案公告发布之日起 20 日内向商务部提出参加调查活动的申请，办理有关登记。同时，可以对保障措施产业损害调查中的产业损害发表意见，提供相应证据
第十二条	利害关系方包括以下范围： （一）被调查产品的外国（地区）生产者、出口经营者、国内进口经营者，或者该产品生产者、出口经营者、进口经营者的行业组织或者其他组织； （二）被调查产品的原产国（地区）、出口国（地区）的政府及其代表； （三）国内同类产品的生产者、经营者，或者该产品生产者、经营者的行业组织或者其他组织； （四）其他
第十四条	商务部保障措施产业损害调查的对象包括国内生产者、国内进口经营者、国内购买者、国内最终消费者、国外出口经营者、国外生产者等

续表

《商务部保障措施产业损害调查规定》	
第二十二条	应利害关系方的请求，或者商务部认为有必要的，可以举行产业损害听证
第二十五条	在产业损害调查过程中，应诉产业损害调查的利害关系方应当如实反映情况，提供有关资料。利害关系方不如实反映情况、提供有关资料的，或者没有在合理时间内提供必要信息的，或者以其他方式严重妨碍调查的，商务部可以根据已经获得的事实和可获得的最佳信息作出裁定
境外相关规定	
《马拉喀什建立世界贸易组织协定——附件1A：货物贸易多边协定——保障措施协定》	对保障措施的定义与适用条件，调查程序，临时保障措施，保证措施的期限与审议，发展中国家成员的特殊待遇，通知与磋商义务，监督与争端解决，禁止的措施，透明度要求做出了规定
《马拉喀什建立世界贸易组织协定——附件1A：货物贸易多边协定——农业协定》	第5条　特殊保障条款 8. 如采取的行动符合以上第1款至第7款的规定，则各成员承诺不针对此类行动援用GATT1994第19条第1款（a）项和第3款的规定或《保障措施协定》第8条第2款的规定
《马拉喀什建立世界贸易组织协定——附件1A：货物贸易多边协定——纺织品与服装协定》	第6条 1. 各成员认识到，在过渡期内可能有必要实施特定的过渡性保障机制（本协定中称"过渡性保障措施"）。任何成员均可对附件所涵盖产品实施过渡性保障措施，根据第2条的规定已纳入GATT1994的产品除外。未维持属第2条范围内限制的成员应在《WTO协定》生效之日起60天内通知TMB是否希望保留使用本条规定的权利。自1986年以来未接受MFA延长议定书的成员应在《WTO协定》生效后6个月内作出通知。过渡性保障措施应尽可能少用，且应与本条的规定和本协定项下一体化进程的有效实施相一致
《亚太贸易协定》	第四章　紧急措施和磋商 第十七条 三、合法申请保障措施的前提条件和情形，应尽可能地符合WTO《保障措施协定》
《中华人民共和国政府和澳大利亚政府自由贸易协定》（及其附件二：农产品特殊保障措施）	第十四条　农产品特殊保障措施（下设八款） 一、中方可根据本条对本章附件二中所列农产品实施农产品特殊保障措施。 二、在任何给定日历年中，如中方进口本章附件二中所列原产自澳大利亚的产品的数量超过本章附件二中规定的这些产品该日历年的触发水平，中方可通过附加关税的形式对这些产品实施农产品特殊保障措施
《关税及贸易总协定国际贸易行为框架协定》	3. 关于基于发展目的所采取的保障措施的决定（1979年11月28日） 　2. 缔约国全体还进一步考虑到：可能出现一些特殊情况，在这些特殊情况下，一个欠发达缔约国希望在十八条第一节和第三节下实施的措施得不到及时的实施会给以上述目的经济发展计划和政策的实施带来困难。因此，它们一致认为：在这种情况下，有关的欠发达缔约国可以背离第一节的规定和第三节第十四、十五、十七和十八段的规定，在作出通知后，采取所需临时性的措施

第二节
公司保障措施调查专项合规案例分析

一、案情简介

美国对某产品保障措施调查案件始于 2017 年 4 月，已破产的 S 公司和德国 S1 公司美国子公司依据《美国贸易法》第 201 条，向美国国际贸易委员会（ITC）申请对进口光伏产品发起全球保障措施调查。美国贸易代表办公室启动全球光伏产品保障措施调查（"201 调查"）。数据显示，2012 ~ 2017 年间中国对美光伏组件出口量从 2.1GW 激增至 11.8GW，增幅达 462%，同期美国本土光伏制造企业数量从 89 家锐减至 29 家，超 2.4 万名工人失业。美国国际贸易委员会（ITC）于 2017 年 10 月启动调查并认定进口激增构成"严重损害"。

2018 年 1 月 23 日，总统特朗普签署总统令，宣布对进口光伏产品采取为期 4 年的"201 措施"，对组件及超过配额的光伏电池第一年征收 30% 关税，此后三年递减为 25%、20%、15%，同时公布豁免"201 措施"的国家/地区名单，电池片有 2.5GW 的豁免。2018 年 2 月 14 日，USTR 启动"201 措施"的排除申请程序，9 月 19 日公布第一期产品排除，2019 年 6 月 13 日公布第二期产品排除，双面组件属于第二期被排除产品。2018 年 5 月，特朗普宣布停止土耳其发展中国家待遇及普惠制待遇，取消其在光伏"201 措施"中的豁免资格。2019 年 10 月 9 日，USTR 决定撤销双面组件的"201 关税"豁免，10 月 28 日开始清关的双面组件需缴纳"201 关税"，但因美国 Invenergy Renewables LLC 公司上诉，CIT 于 12 月 5 日发布临时禁令，双面组件暂不恢复"201 关税"。2020 年 4 月 17 日，USTR 请求 CIT 解除临时禁令，CIT 解除禁令后，双面组件需重新缴纳"201 关税"，且不早于 5 月 18 日开始征税，不追溯。2020 年 10 月 16 日，美国公布总统公告，2021 ~ 2022 年将"201 关税"从 15% 提高到 18%，取消双面组件排除，该公告 10 月 25 日生效。2020 年 11 月 30 日美国决定对双面组件复征"201 关税"。

2021 年 8 月 2 日与 4 日，多公司向 ITC 申请延长即将到期的光伏电池和组件保障措施。2021 年 11 月 16 日，CIT 决定豁免双面组件"201 关税"，且 2021 年关税税率恢复为 15%。2022 年 2 月 4 日，拜登政府宣布将"201 法案"再延期四年，自 2 月 7 日起降为 14.75%，随后每年递减 0.25%，双面组件获得豁免，电池豁免额度增加到 5GW，采用先到先得原则。

该案直接导致中国对美光伏出口额从 2017 年的 28.7 亿美元暴跌至 2021 年的 4.3 亿美元，引发中国 2018 年向 WTO 提起诉讼（案件 DS562），最终 WTO 专家组于 2022 年裁定美国违反《保障措施协定》。[①]

二、案例分析

本案对中国企业应对保障措施的启示如下：

首先，强化合规意识，深入研究国际贸易规则。部分中国企业在应对贸易保障措施时存在合规预警机制缺失、应诉协同不足、供应链韧性不足等问题。本案中，中国企业应提前对美国光伏产品贸易政策及调查程序进行全面且深入的了解，以便在面临调查时能迅速做出合规应对。同时，加强对自身生产经营活动的合规审查，确保产品不存在倾销、补贴等违规行为，避免被采取保障措施调查的风险。

其次，企业应构建贸易合规风控体系，及时发现潜在的贸易风险信号。在本案中，当美国启动对光伏产品的调查程序时，企业应迅速激活内部应急机制，高效组织研发、生产、法务、销售等多部门的资源，形成统一且有力的应对策略。加强与行业协会、政府部门的沟通协作，通过行业协会的力量争取有利的贸易环境，借助政府的外交和贸易谈判渠道维护自身合法权益。

此外，企业应优化全球供应链布局，降低对单一市场的过度依赖，以此分散贸易风险。如可以采用"中国研发 + 海外制造"的模式，例如在东南亚地区设厂，同时满足当地的原产地规则，既能有效利用当地的劳动力、原材料等优势资源，又能规避部分贸易壁垒；或是积极利用《区域全面经济伙伴关系协定》（RCEP）等自贸协定，合理规划进出口路径，降低关税成本，提升产品在国际市场的竞争力。

最后，积极参与国际合作与交流，树立良好国际形象。在全球经济一体化的背景下，中国企业应积极投身于国际光伏产业标准的制定过程。在国际标准制定中，积极贡献中国智慧和方案，争取更多的话语权，让国际标准更符合中国光伏企业的发展利益。通过与国际同行开展广泛的技术合作、投资合作等方式，增进彼此间的了解与信任。

---

① https：//mp. weixin. qq. com/s/4XEnsjGx - SX - jqlZZuMUxg；https：//mp. weixin. qq. com/s/LgVTlBFvMvG5N L79n9uDDw。

| 第四十章 |

公司国资监管专项合规指南与案例分析

在新时代深化国有企业和国有资本改革背景下,《中央企业合规管理办法》《国有企业公司章程制定管理办法》等政策相继出台,标志着国资监管从"管资产"向"管资本"、从"事后追责"向"事前预防"的深刻转型。国有企业作为国民经济的重要支柱,亟须构建与其战略定位相匹配的合规管理体系,以应对复杂多变的国内外监管环境。本章总结了公司国资监管合规相关的法律依据以及案例分析。

第一节
公司国资监管合规相关法律依据

<table>
<tr><td colspan="2" align="center">《中华人民共和国公司法》</td></tr>
<tr><td>第一百六十九条</td><td>国家出资公司,由国务院或者地方人民政府分别代表国家依法履行出资人职责,享有出资人权益。国务院或者地方人民政府可以授权国有资产监督管理机构或者其他部门、机构代表本级人民政府对国家出资公司履行出资人职责。
代表本级人民政府履行出资人职责的机构、部门,以下统称为履行出资人职责的机构</td></tr>
<tr><td colspan="2" align="center">《中华人民共和国企业国有资产法》</td></tr>
<tr><td>第十二条</td><td>履行出资人职责的机构代表本级人民政府对国家出资企业依法享有资产收益、参与重大决策和选择管理者等出资人权利。
履行出资人职责的机构依照法律、行政法规的规定,制定或者参与制定国家出资企业的章程。
履行出资人职责的机构对法律、行政法规和本级人民政府规定须经本级人民政府批准的履行出资人职责的重大事项,应当报请本级人民政府批准</td></tr>
<tr><td>第十四条</td><td>履行出资人职责的机构应当依照法律、行政法规以及企业章程履行出资人职责,保障出资人权益,防止国有资产损失。
履行出资人职责的机构应当维护企业作为市场主体依法享有的权利,除依法履行出资人职责外,不得干预企业经营活动</td></tr>
<tr><td>第三十条</td><td>国家出资企业合并、分立、改制、上市,增加或者减少注册资本,发行债券,进行重大投资,为他人提供大额担保,转让重大财产,进行大额捐赠,分配利润,以及解散、申请破产等重大事项,应当遵守法律、行政法规以及企业章程的规定,不得损害出资人和债权人的权益</td></tr>
</table>

续表

《中华人民共和国企业国有资产法》	
第三十一条	国有独资企业、国有独资公司合并、分立，增加或者减少注册资本，发行债券，分配利润，以及解散、申请破产，由履行出资人职责的机构决定
第三十二条	国有独资企业、国有独资公司有本法第三十条所列事项的，除依照本法第三十一条和有关法律、行政法规以及企业章程的规定，由履行出资人职责的机构决定的以外，国有独资企业由企业负责人集体讨论决定，国有独资公司由董事会决定
第三十三条	国有资本控股公司、国有资本参股公司有本法第三十条所列事项的，依照法律、行政法规以及公司章程的规定，由公司股东会、股东大会或者董事会决定。由股东会、股东大会决定的，履行出资人职责的机构委派的股东代表应当依照本法第十三条的规定行使权利
第三十四条	重要的国有独资企业、国有独资公司、国有资本控股公司的合并、分立、解散、申请破产以及法律、行政法规和本级人民政府规定应当由履行出资人职责的机构报经本级人民政府批准的重大事项，履行出资人职责的机构在作出决定或者向其委派参加国有资本控股公司股东会会议、股东大会会议的股东代表作出指示前，应当报请本级人民政府批准。 本法所称的重要的国有独资企业、国有独资公司和国有资本控股公司，按照国务院的规定确定
第三十五条	国家出资企业发行债券、投资等事项，有关法律、行政法规规定应当报经人民政府或者人民政府有关部门、机构批准、核准或者备案的，依照其规定
第三十八条	国有独资企业、国有独资公司、国有资本控股公司对其所出资企业的重大事项参照本章规定履行出资人职责。具体办法由国务院规定
第三十九条	本法所称企业改制是指： （一）国有独资企业改为国有独资公司； （二）国有独资企业、国有独资公司改为国有资本控股公司或者非国有资本控股公司； （三）国有资本控股公司改为非国有资本控股公司
第四十条	企业改制应当依照法定程序，由履行出资人职责的机构决定或者由公司股东会、股东大会决定。 重要的国有独资企业、国有独资公司、国有资本控股公司的改制，履行出资人职责的机构在作出决定或者向其委派参加国有资本控股公司股东会会议、股东大会会议的股东代表作出指示前，应当将改制方案报请本级人民政府批准
第四十三条	国家出资企业的关联方不得利用与国家出资企业之间的交易，谋取不当利益，损害国家出资企业利益。 本法所称关联方，是指本企业的董事、监事、高级管理人员及其近亲属，以及这些人员所有或者实际控制的企业
第四十四条	国有独资企业、国有独资公司、国有资本控股公司不得无偿向关联方提供资金、商品、服务或者其他资产，不得以不公平的价格与关联方进行交易
第四十五条	未经履行出资人职责的机构同意，国有独资企业、国有独资公司不得有下列行为： （一）与关联方订立财产转让、借款的协议； （二）为关联方提供担保； （三）与关联方共同出资设立企业，或者向董事、监事、高级管理人员或者其近亲属所有或者实际控制的企业投资

《中华人民共和国企业国有资产法》	
第四十六条	国有资本控股公司、国有资本参股公司与关联方的交易，依照《中华人民共和国公司法》和有关行政法规以及公司章程的规定，由公司股东会、股东大会或者董事会决定。由公司股东会、股东大会决定的，履行出资人职责的机构委派的股东代表，应当依照本法第十三条的规定行使权利。 公司董事会对公司与关联方的交易作出决议时，该交易涉及的董事不得行使表决权，也不得代理其他董事行使表决权
第四十七条	国有独资企业、国有独资公司和国有资本控股公司合并、分立、改制，转让重大财产，以非货币财产对外投资，清算或者有法律、行政法规以及企业章程规定应当进行资产评估的其他情形的，应当按照规定对有关资产进行评估
第四十八条	国有独资企业、国有独资公司和国有资本控股公司应当委托依法设立的符合条件的资产评估机构进行资产评估；涉及应当报经履行出资人职责的机构决定的事项的，应当将委托资产评估机构的情况向履行出资人职责的机构报告
第四十九条	国有独资企业、国有独资公司、国有资本控股公司及其董事、监事、高级管理人员应当向资产评估机构如实提供有关情况和资料，不得与资产评估机构串通评估作价
第五十二条	国有资产转让应当有利于国有经济布局和结构的战略性调整，防止国有资产损失，不得损害交易各方的合法权益
第五十三条	国有资产转让由履行出资人职责的机构决定。履行出资人职责的机构决定转让全部国有资产的，或者转让部分国有资产致使国家对该企业不再具有控股地位的，应当报请本级人民政府批准
第五十四条	国有资产转让应当遵循等价有偿和公开、公平、公正的原则。 除按照国家规定可以直接协议转让的以外，国有资产转让应当在依法设立的产权交易场所公开进行。转让方应当如实披露有关信息，征集受让方；征集产生的受让方为两个以上的，转让应当采用公开竞价的交易方式。 转让上市交易的股份依照《中华人民共和国证券法》的规定进行
第五十五条	国有资产转让应当以依法评估的、经履行出资人职责的机构认可或者由履行出资人职责的机构报经本级人民政府核准的价格为依据，合理确定最低转让价格
第五十六条	法律、行政法规或者国务院国有资产监督管理机构规定可以向本企业的董事、监事、高级管理人员或者其近亲属，或者这些人员所有或者实际控制的企业转让的国有资产，在转让时，上述人员或者企业参与受让的，应当与其他受让参与者平等竞买；转让方应当按照国家有关规定，如实披露有关信息；相关的董事、监事和高级管理人员不得参与转让方案的制定和组织实施的各项工作
第五十七条	国有资产向境外投资者转让的，应当遵守国家有关规定，不得危害国家安全和社会公共利益
第六十七条	履行出资人职责的机构根据需要，可以委托会计师事务所对国有独资企业、国有独资公司的年度财务会计报告进行审计，或者通过国有资本控股公司的股东会、股东大会决议，由国有资本控股公司聘请会计师事务所对公司的年度财务会计报告进行审计，维护出资人权益
第六十八条	履行出资人职责的机构有下列行为之一的，对其直接负责的主管人员和其他直接责任人员依法给予处分： （一）不按照法定的任职条件，任命或者建议任命国家出资企业管理者的； （二）侵占、截留、挪用国家出资企业的资金或者应当上缴的国有资本收入的； （三）违反法定的权限、程序，决定国家出资企业重大事项，造成国有资产损失的； （四）有其他不依法履行出资人职责的行为，造成国有资产损失的

续表

《中华人民共和国企业国有资产法》	
第六十九条	履行出资人职责的机构的工作人员玩忽职守、滥用职权、徇私舞弊,尚不构成犯罪的,依法给予处分
第七十条	履行出资人职责的机构委派的股东代表未按照委派机构的指示履行职责,造成国有资产损失的,依法承担赔偿责任;属于国家工作人员的,并依法给予处分
第七十五条	违反本法规定,构成犯罪的,依法追究刑事责任
《企业国有资产监督管理暂行条例》	
第十二条	国务院国有资产监督管理机构是代表国务院履行出资人职责、负责监督管理企业国有资产的直属特设机构。 省、自治区、直辖市人民政府国有资产监督管理机构,设区的市、自治州级人民政府国有资产监督管理机构是代表本级政府履行出资人职责、负责监督管理企业国有资产的直属特设机构。 上级政府国有资产监督管理机构依法对下级政府的国有资产监督管理工作进行指导和监督
第十三条	国有资产监督管理机构的主要职责是: (一)依照《中华人民共和国公司法》等法律、法规,对所出资企业履行出资人职责,维护所有者权益; (二)指导推进国有及国有控股企业的改革和重组; (三)依照规定向所出资企业委派监事; (四)依照法定程序对所出资企业的企业负责人进行任免、考核,并根据考核结果对其进行奖惩; (五)通过统计、稽核等方式对企业国有资产的保值增值情况进行监管; (六)履行出资人的其他职责和承办本级政府交办的其他事项。 国务院国有资产监督管理机构除前款规定职责外,可以制定企业国有资产监督管理的规章、制度
第十四条	国有资产监督管理机构的主要义务是: (一)推进国有资产合理流动和优化配置,推动国有经济布局和结构的调整; (二)保持和提高关系国民经济命脉和国家安全领域国有经济的控制力和竞争力,提高国有经济的整体素质; (三)探索有效的企业国有资产经营体制和方式,加强企业国有资产监督管理工作,促进企业国有资产保值增值,防止企业国有资产流失; (四)指导和促进国有及国有控股企业建立现代企业制度,完善法人治理结构,推进管理现代化; (五)尊重、维护国有及国有控股企业经营自主权,依法维护企业合法权益,促进企业依法经营管理,增强企业竞争力; (六)指导和协调解决国有及国有控股企业改革与发展中的困难和问题
第十五条	国有资产监督管理机构应当向本级政府报告企业国有资产监督管理工作、国有资产保值增值状况和其他重大事项
第二十条	国有资产监督管理机构负责指导国有及国有控股企业建立现代企业制度,审核批准其所出资企业中的国有独资企业、国有独资公司的重组、股份制改造方案和所出资企业中的国有独资公司的章程
第二十一条	国有资产监督管理机构依照法定程序决定其所出资企业中的国有独资企业、国有独资公司的分立、合并、破产、解散、增减资本、发行公司债券等重大事项。其中,重要的国有独资企业、国有独资公司分立、合并、破产、解散的,应当由国有资产监督管理机构审核后,报本级人民政府批准。 国有资产监督管理机构依照法定程序审核、决定国防科技工业领域其所出资企业中的国有独资企业、国有独资公司的有关重大事项时,按照国家有关法律、规定执行

《企业国有资产监督管理暂行条例》	
第二十二条	国有资产监督管理机构依照公司法的规定，派出股东代表、董事，参加国有控股的公司、国有参股的公司的股东会、董事会。 国有控股的公司、国有参股的公司的股东会、董事会决定公司的分立、合并、破产、解散、增减资本、发行公司债券、任免企业负责人等重大事项时，国有资产监督管理机构派出的股东代表、董事，应当按照国有资产监督管理机构的指示发表意见、行使表决权。 国有资产监督管理机构派出的股东代表、董事，应当将其履行职责的有关情况及时向国有资产监督管理机构报告
第二十三条	国有资产监督管理机构决定其所出资企业的国有股权转让。其中，转让全部国有股权或者转让部分国有股权致使国家不再拥有控股地位的，报本级人民政府批准
第二十四条	所出资企业投资设立的重要子企业的重大事项，需由所出资企业报国有资产监督管理机构批准的，管理办法由国务院国有资产监督管理机构另行制定，报国务院批准
第二十五条	国有资产监督管理机构依照国家有关规定组织协调所出资企业中的国有独资企业、国有独资公司的兼并破产工作，并配合有关部门做好企业下岗职工安置等工作
第二十六条	国有资产监督管理机构依照国家有关规定拟订所出资企业收入分配制度改革的指导意见，调控所出资企业工资分配的总体水平
第二十七条	国有资产监督管理机构可以对所出资企业中具备条件的国有独资企业、国有独资公司进行国有资产授权经营。 被授权的国有独资企业、国有独资公司对其全资、控股、参股企业中国家投资形成的国有资产依法进行经营、管理和监督
第二十八条	被授权的国有独资企业、国有独资公司应当建立和完善规范的现代企业制度，并承担企业国有资产的保值增值责任
第三十二条	所出资企业中的国有独资企业、国有独资公司的重大资产处置，需由国有资产监督管理机构批准的，依照有关规定执行
第三十四条	国有及国有控股企业应当加强内部监督和风险控制，依照国家有关规定建立健全财务、审计、企业法律顾问和职工民主监督等制度
第三十五条	所出资企业中的国有独资企业、国有独资公司应当按照规定定期向国有资产监督管理机构报告财务状况、生产经营状况和国有资产保值增值状况
第三十六条	国有资产监督管理机构不按规定任免或者建议任免所出资企业的企业负责人，或者违法干预所出资企业的生产经营活动，侵犯其合法权益，造成企业国有资产损失或者其他严重后果的，对直接负责的主管人员和其他直接责任人员依法给予行政处分；构成犯罪的，依法追究刑事责任
第三十七条	所出资企业中的国有独资企业、国有独资公司未按照规定向国有资产监督管理机构报告财务状况、生产经营状况和国有资产保值增值状况的，予以警告；情节严重的，对直接负责的主管人员和其他直接责任人员依法给予纪律处分
第三十八条	国有及国有控股企业的企业负责人滥用职权、玩忽职守，造成企业国有资产损失的，应负赔偿责任，并对其依法给予纪律处分；构成犯罪的，依法追究刑事责任

《企业国有资产监督管理暂行条例》	
第三十九条	对企业国有资产损失负有责任受到撤职以上纪律处分的国有及国有控股企业的企业负责人，5 年内不得担任任何国有及国有控股企业的企业负责人；造成企业国有资产重大损失或者被判处刑罚的，终身不得担任任何国有及国有控股企业的企业负责人
《企业国有资产交易监督管理办法》	
第七条	国资监管机构负责审核国家出资企业的产权转让事项。其中，因产权转让致使国家不再拥有所出资企业控股权的，须由国资监管机构报本级人民政府批准
第八条	国家出资企业应当制定其子企业产权转让管理制度，确定审批管理权限。其中，对主业处于关系国家安全、国民经济命脉的重要行业和关键领域，主要承担重大专项任务子企业的产权转让，须由国家出资企业报同级国资监管机构批准。 转让方为多家国有股东共同持股的企业，由其中持股比例最大的国有股东负责履行相关批准程序；各国有股东持股比例相同的，由相关股东协商后确定其中一家股东负责履行相关批准程序
第十三条	产权转让原则上通过产权市场公开进行。转让方可以根据企业实际情况和工作进度安排，采取信息预披露和正式披露相结合的方式，通过产权交易机构网站分阶段对外披露产权转让信息，公开征集受让方。其中正式披露信息时间不得少于 20 个工作日。 因产权转让导致转让标的企业的实际控制权发生转移的，转让方应当在转让行为获批后 10 个工作日内，通过产权交易机构进行信息预披露，时间不得少于 20 个工作日
第十四条	产权转让原则上不得针对受让方设置资格条件，确需设置的，不得有明确指向性或违反公平竞争原则，所设资格条件相关内容应当在信息披露前报同级国资监管机构备案，国资监管机构在 5 个工作日内未反馈意见的视为同意
第三十四条	国资监管机构负责审核国家出资企业的增资行为。其中，因增资致使国家不再拥有所出资企业控股权的，须由国资监管机构报本级人民政府批准
第四十五条	以下情形经同级国资监管机构批准，可以采取非公开协议方式进行增资： （一）因国有资本布局结构调整需要，由特定的国有及国有控股企业或国有实际控制企业参与增资； （二）因国家出资企业与特定投资方建立战略合作伙伴或利益共同体需要，由该投资方参与国家出资企业或其子企业增资
第四十七条	国资监管机构批准、国家出资企业审议决策采取非公开协议方式的企业增资行为时，应当审核下列文件： （一）增资的有关决议文件； （二）增资方案； （三）采取非公开协议方式增资的必要性以及投资方情况； （四）增资企业审计报告、资产评估报告及其核准或备案文件。其中属于第三十八条（一）、（二）、（三）、（四）款情形的，可以仅提供企业审计报告； （五）增资协议； （六）增资企业的国家出资企业产权登记表（证）； （七）增资行为的法律意见书； （八）其他必要的文件
第四十九条	国家出资企业负责制定本企业不同类型资产转让行为的内部管理制度，明确责任部门、管理权限、决策程序、工作流程，对其中应当在产权交易机构公开转让的资产种类、金额标准等作出具体规定，并报同级国资监管机构备案

续表

《企业国有资产交易监督管理办法》	
第五十三条	国资监管机构及其他履行出资人职责的机构对企业国有资产交易履行以下监管职责： （一）根据国家有关法律法规，制定企业国有资产交易监管制度和办法； （二）按照本办法规定，审核批准企业产权转让、增资等事项； （三）选择从事企业国有资产交易业务的产权交易机构，并建立对交易机构的检查评审机制； （四）对企业国有资产交易制度的贯彻落实情况进行监督检查； （五）负责企业国有资产交易信息的收集、汇总、分析和上报工作； （六）履行本级人民政府赋予的其他监管职责
第五十六条	国资监管机构发现转让方或增资企业未执行或违反相关规定、侵害国有权益的，应当责成其停止交易活动
第五十七条	国资监管机构及其他履行出资人职责的机构应定期对国家出资企业及其控股和实际控制企业的国有资产交易情况进行检查和抽查，重点检查国家法律法规政策和企业内部管理制度的贯彻执行情况
第五十九条	企业国有资产交易应当严格执行"三重一大"决策机制。国资监管机构、国有及国有控股企业、国有实际控制企业的有关人员违反规定越权决策、批准相关交易事项，或者玩忽职守、以权谋私致使国有权益受到侵害的，由有关单位按照人事和干部管理权限给予相关责任人员相应处分；造成国有资产损失的，相关责任人员应当承担赔偿责任；构成犯罪的，依法追究其刑事责任
《国有资产评估管理办法》	
第三条	国有资产占有单位（以下简称占有单位）有下列情形之一的，应当进行资产评估： （一）资产拍卖、转让； （二）企业兼并、出售、联营、股份经营； （三）与外国公司、企业和其他经济组织或者个人开办外商投资企业； （四）企业清算； （五）依照国家有关规定需要进行资产评估的其他情形
第八条	国有资产评估工作，按照国有资产管理权限，由国有资产管理行政主管部门负责管理和监督。 国有资产评估组织工作，按照占有单位的隶属关系，由行业主管部门负责。 国有资产管理行政主管部门和行业主管部门不直接从事国有资产评估业务
第十条	占有单位委托资产评估机构进行资产评估时，应当如实提供有关情况和资料。资产评估机构应当对占有单位提供的有关情况和资料保守秘密

第二节
公司国资监管合规案例分析

一、案情简介

A公司是负责海外油气投资与经营作业的大型中央企业，油气业务多样化，经营40

多个海外项目。

2014 年，中央检查组巡视对 A 公司海外项目存在的合规风险提出了要求。

2015 年，A 公司针对海外项目投标决策、前期投资管理、项目后评价、廉洁等重点环节，展开境外资产清理排查，分别进行管理监督。

2016 年，国务院国资委将五家企业列为合规管理体系建设试点单位。

2017 年，"瑞士事件"发生，各国政府意识到加强跨境合作的必要性，加强在反洗钱、反恐怖融资、税收征管等领域的合作，共同打击跨境犯罪。

2018 年，国际环境下，美国《反海外腐败法》、出口管制和制裁等"长臂管辖"日益加深。同年，面对日趋规范的境外经营形势，我国出台合规国家标准《合规管理体系指南》、国务院国资委发布《中央企业合规管理指引（试行）》、国家发展和改革委员会等七部门发布《企业境外经营合规管理指引》。

在上述背景下，A 公司迅速启动合规管理规划，在不断探索、不断创新的过程中，逐步打造了一套适合自身实际兼具全球化视野，满足属地化操作要求，简单、管用的国际化制度体系，有效防范风险，并取得了重要成效。

二、案例分析

（一）打造合规管理四梁八柱，建立合规管理体系

A 公司设立合规管理组织机构，明确"管业务必须管合规"和"一把手负责制"。通过对各业务部门访谈调研，广泛收集、整理和研究国内外与合规有关的法律法规，针对业务中存在的风险，先后制定了切合 A 公司实际的《合规管理办法》，并制作了多领域的专项合规管理规范，建立起完整的合规管理制度体系。

（二）实行特色化"三化"合规管理

A 公司通过强化合规审查在项目收并购、存量资产处置过程中的风险防控作用，保障了伊拉克、埃及、阿根廷、尼日利亚等 10 多个新项目和资产运营项目相关工作顺利开展，为 17 个海外项目 30 多项重大事项在合规方面提供支持。通过依法依规运作，充分发挥合规在法律纠纷管理过程中的重要作用，实现了创效保值，连续三年实现在办案件数量和涉案金额"双下降"。

（三）实行合规责任全员化，构建合规管理有效防线

A 公司通过纪检、审计协助党组制定实施海外油气业务改革方案，明确海外业务重大决策决定机制，有序推进海外企业董事会建设，推动海外机构层层建立并严格执行"三重一大"决策制度。法律合规部积极开展合规评估与考核，严格执行规章制度要

求，以专项合规管理规范为基础，对于重点领域合规风险及时进行风险提示。海外机构作为 A 公司开展业务的前线阵地，充分发挥合规管理第一道防线的作用，通过注重事前控制，做到防微杜渐。

（四）打造合规执行属地化，有效化解风险

A 公司针对不同资源国的要求和特点，提前规划、狠抓落实，实行合规制度和合规组织机构属地化，合规管理执行属地化。2021 年度，A 公司海外相应业务小组通过自建模型加强对月度提油计划的合法合规审查，发现 N 区块作业者意大利 C 公司违反《提油协议》，错误安排提油顺序，经过多次主动交流澄清，促使作业者纠正了错误计划，有效化解了作业者转移低油价风险。

| 第四十一章 |

公司商业秘密保护专项合规指南与案例分析

在知识经济蓬勃发展、市场竞争越发激烈的当下，知识产权领域成为企业竞争的关键。商业秘密作为其中核心，重要性与日俱增，已成为企业保持竞争力、实现长远发展的关键要素。我国高度重视商业秘密保护，不断完善相关法律法规体系，为企业商业秘密保护提供坚实的法律保障。提升商业秘密跨境保护水平，既是我国参与国际经贸规则制定的必然选择，更是企业防范境外法律风险、维护全球供应链安全的生存命题。唯有通过立法升级与合规实践双向发力，方能破解"国内合规、国际被动"的困局。本章总结了商业秘密合规相关的法律依据以及案例分析。

第一节
公司商业秘密保护合规相关法律依据

《中华人民共和国民法典》	
第一百二十三条	民事主体依法享有知识产权。知识产权是权利人依法就下列客体享有的专有的权利： （五）商业秘密
第五百零一条	当事人在订立合同过程中知悉的商业秘密或者其他应当保密的信息，无论合同是否成立，不得泄露或者不正当地使用；泄露、不正当地使用该商业秘密或者信息，造成对方损失的，应当承担赔偿责任
第八百六十四条	技术转让合同和技术许可合同可以约定实施专利或者使用技术秘密的范围，但是不得限制技术竞争和技术发展
第八百六十八条	技术秘密转让合同的让与人和技术秘密使用许可合同的许可人应当按照约定提供技术资料，进行技术指导，保证技术的实用性、可靠性，承担保密义务。 前款规定的保密义务，不限制许可人申请专利，但是当事人另有约定的除外

《中华人民共和国民法典》	
第八百六十九条	技术秘密转让合同的受让人和技术秘密使用许可合同的被许可人应当按照约定使用技术，支付转让费、使用费，承担保密义务
第八百七十一条	技术转让合同的受让人和技术许可合同的被许可人应当按照约定的范围和期限，对让与人、许可人提供的技术中尚未公开的秘密部分，承担保密义务
第八百七十二条	许可人未按照约定许可技术的，应当返还部分或者全部使用费，并应当承担违约责任；实施专利或者使用技术秘密超越约定的范围的，违反约定擅自许可第三人实施该项专利或者使用该项技术秘密的，应当停止违约行为，承担违约责任；违反约定的保密义务的，应当承担违约责任。 让与人承担违约责任，参照适用前款规定
第八百七十三条	被许可人未按照约定支付使用费的，应当补交使用费并按照约定支付违约金；不补交使用费或者支付违约金的，应当停止实施专利或者使用技术秘密，交还技术资料，承担违约责任；实施专利或者使用技术秘密超越约定的范围的，未经许可人同意擅自许可第三人实施该专利或者使用该技术秘密的，应当停止违约行为，承担违约责任；违反约定的保密义务的，应当承担违约责任。 受让人承担违约责任，参照适用前款规定
第八百七十四条	受让人或者被许可人按照约定实施专利、使用技术秘密侵害他人合法权益的，由让与人或者许可人承担责任，但是当事人另有约定的除外
《中华人民共和国反不正当竞争法》	
第九条	经营者不得实施下列侵犯商业秘密的行为： （一）以盗窃、贿赂、欺诈、胁迫、电子侵入或者其他不正当手段获取权利人的商业秘密； （二）披露、使用或者允许他人使用以前项手段获取的权利人的商业秘密； （三）违反保密义务或者违反权利人有关保守商业秘密的要求，披露、使用或者允许他人使用其所掌握的商业秘密； （四）教唆、引诱、帮助他人违反保密义务或者违反权利人有关保守商业秘密的要求，获取、披露、使用或者允许他人使用权利人的商业秘密。 经营者以外的其他自然人、法人和非法人组织实施前款所列违法行为的，视为侵犯商业秘密。 第三人明知或者应知商业秘密权利人的员工、前员工或者其他单位、个人实施本条第一款所列违法行为，仍获取、披露、使用或者允许他人使用该商业秘密的，视为侵犯商业秘密。 本法所称的商业秘密，是指不为公众所知悉、具有商业价值并经权利人采取相应保密措施的技术信息、经营信息等商业信息
第二十一条	经营者以及其他自然人、法人和非法人组织违反本法第九条规定侵犯商业秘密的，由监督检查部门责令停止违法行为，没收违法所得，处十万元以上一百万元以下的罚款；情节严重的，处五十万元以上五百万元以下的罚款
第三十二条	在侵犯商业秘密的民事审判程序中，商业秘密权利人提供初步证据，证明其已经对所主张的商业秘密采取保密措施，且合理表明商业秘密被侵犯，涉嫌侵权人应当证明权利人所主张的商业秘密不属于本法规定的商业秘密。 商业秘密权利人提供初步证据合理表明商业秘密被侵犯，且提供以下证据之一的，涉嫌侵权人应当证明其不存在侵犯商业秘密的行为： （一）有证据表明涉嫌侵权人有渠道或者机会获取商业秘密，且其使用的信息与该商业秘密实质上相同； （二）有证据表明商业秘密已经被涉嫌侵权人披露、使用或者有被披露、使用的风险； （三）有其他证据表明商业秘密被涉嫌侵权人侵犯

《中华人民共和国刑法》	
第二百一十九条	有下列侵犯商业秘密行为之一，情节严重的，处三年以下有期徒刑，并处或者单处罚金；情节特别严重的，处三年以上十年以下有期徒刑，并处罚金： （一）以盗窃、贿赂、欺诈、胁迫、电子侵入或者其他不正当手段获取权利人的商业秘密的； （二）披露、使用或者允许他人使用以前项手段获取的权利人的商业秘密的； （三）违反保密义务或者违反权利人有关保守商业秘密的要求，披露、使用或者允许他人使用其所掌握的商业秘密的。 明知前款所列行为，获取、披露、使用或者允许他人使用该商业秘密的，以侵犯商业秘密论。 本条所称权利人，是指商业秘密的所有人和经商业秘密所有人许可的商业秘密使用人。 【第二百一十九条之一】为境外的机构、组织、人员窃取、刺探、收买、非法提供商业秘密的，处五年以下有期徒刑，并处或者单处罚金；情节严重的，处五年以上有期徒刑，并处罚金
《中华人民共和国促进科技成果转化法》	
第三十条第二款	科技中介服务机构提供服务，应当遵循公正、客观的原则，不得提供虚假的信息和证明，对其在服务过程中知悉的国家秘密和当事人的商业秘密负有保密义务
第四十八条第二款	科技中介服务机构及其从业人员违反本法规定泄露国家秘密或者当事人的商业秘密的，依照有关法律、行政法规的规定承担相应的法律责任
第五十一条	违反本法规定，职工未经单位允许，泄露本单位的技术秘密，或者擅自转让、变相转让职务科技成果的，参加科技成果转化的有关人员违反与本单位的协议，在离职、离休、退休后约定的期限内从事与原单位相同的科技成果转化活动，给本单位造成经济损失的，依法承担民事赔偿责任；构成犯罪的，依法追究刑事责任
《中华人民共和国技术进出口管理条例》	
第二十二条	国务院外经贸主管部门和有关部门及其工作人员在履行技术进口管理职责中，对所知悉的商业秘密负有保密义务
第四十一条	国务院外经贸主管部门和有关部门及其工作人员在履行技术出口管理职责中，对国家秘密和所知悉的商业秘密负有保密义务
第四十八条	技术进出口管理工作人员违反本条例的规定，泄露国家秘密或者所知悉的商业秘密的，依照刑法关于泄露国家秘密罪或者侵犯商业秘密罪的规定，依法追究刑事责任；尚不够刑事处罚的，依法给予行政处分
《关于印发〈中央企业商业秘密保护暂行规定〉的通知》	
第二条	本规定所称的商业秘密，是指不为公众所知悉、能为中央企业带来经济利益、具有实用性并经中央企业采取保密措施的经营信息和技术信息
《最高人民法院关于审理侵犯商业秘密民事案件适用法律若干问题的规定》	
第一条	与技术有关的结构、原料、组分、配方、材料、样品、样式、植物新品种繁殖材料、工艺、方法或其步骤、算法、数据、计算机程序及其有关文档等信息，人民法院可以认定构成反不正当竞争法第九条第四款所称的技术信息。 与经营活动有关的创意、管理、销售、财务、计划、样本、招投标材料、客户信息、数据等信息，人民法院可以认定构成反不正当竞争法第九条第四款所称的经营信息。 前款所称的客户信息，包括客户的名称、地址、联系方式以及交易习惯、意向、内容等信息

续表

《最高人民法院 最高人民检察院关于办理侵犯知识产权刑事案件具体应用法律若干问题的解释（三）》	
第四条	实施刑法第二百一十九条规定的行为，具有下列情形之一的，应当认定为"给商业秘密的权利人造成重大损失"： （一）给商业秘密的权利人造成损失数额或者因侵犯商业秘密违法所得数额在三十万元以上的； （二）直接导致商业秘密的权利人因重大经营困难而破产、倒闭的； （三）造成商业秘密的权利人其他重大损失的。 给商业秘密的权利人造成损失数额或者因侵犯商业秘密违法所得数额在二百五十万元以上的，应当认定为刑法第二百一十九条规定的"造成特别严重后果"
相关标准	
国家标准	《企业知识产权合规管理体系要求》（GB/T 29490—2023）
国际标准	《创新管理–知识产权管理指南》（ISO 56005）
境外相关规定及解读	
TRIPS 协定 （1994 年）	第 39 条：要求成员国保护未披露信息（商业秘密），防止他人以违反诚实商业惯例的方式获取、使用或披露。 解读：企业需证明已采取"合理步骤"保护商业秘密（如加密、NDA）；国际纠纷可援引TRIPS 主张权利
《中华人民共和国政府和美利坚合众国政府经济贸易协议》	商业秘密章节：中国承诺降低刑事立案门槛（取消"重大损失"前提）、扩大侵权行为类型（涵盖电子入侵、违反保密义务）、强化举证责任转移规则。 解读：跨境业务需符合美国 DTSA 标准（如单方面扣押令）；应对美国"长臂管辖"需提前约定争议解决地
CPTPP	第 18.78 条：要求成员国建立商业秘密民事救济制度（禁令、损害赔偿）、刑事处罚机制，禁止强制技术转让。 解读：在 CPTPP 成员国投资需避免强制技术转让条款；合规措施需覆盖民事与刑事双重风险
《北美自由贸易协定》	第 1711 条：规定了对商业秘密的保护，要求缔约方提供与 TRIPS 协议类似的保护标准
欧盟《贸易秘密保护指令》	第 2 条：定义商业秘密需满足"秘密性、商业价值、合理保密措施"； 第 10 条：允许对域外侵权行为申请禁令。 解读：对欧盟业务需实施"合理步骤"（如信息标记、访问日志）；供应链管理需覆盖欧盟合作伙伴的保密义务
美国《经济间谍法》（EEA）	第 1831～1832 条：将商业秘密盗窃定为联邦犯罪，最高可处 15 年监禁；明确"外国政府受益"为加重情节。 解读：防范员工携带商业秘密跳槽至竞争对手；涉美技术需隔离存储并限制访问
美国《捍卫商业秘密法》（DTSA）	第 2 条：允许对域外侵权行为行使管辖权（只要涉及美国商业或使用美国通信网络）； 第 1836 条：可申请单方面扣押令冻结侵权资产。 解读：在美诉讼需提前准备"保密措施合理性"证据（如培训记录、技术防护）；避免使用美国服务器传输涉密数据
德国《中华人民共和国反不正当竞争法（2019 修正）》（UWG）	第 17～19 条：将商业秘密保护与员工竞业限制绑定，要求雇佣合同中明确保密义务范围及离职后限制条款。 解读：在德雇佣合同需细化保密条款；竞业限制补偿需符合当地法律（通常为工资 50%以上）

第二节
公司商业秘密合规案例分析

一、案情简介

Y 公司于 2000 年初创建了 D 系统。随后，该公司授权关联公司 K 公司使用 D 系统，并赋予 K 公司在 D 系统相关知识产权被侵害时提起诉讼的权利。翟某曾在 2009 年至 2012 年期间于 K 公司任职，在此期间接触到了 D 系统数据。离职后，翟某创建了包含与涉案技术信息实质相同之被诉侵权信息的 I 系统软件。2017 年 8 月，翟某将 I 系统软件转让给 D 公司，转让价款达 350.72 万元。此后，D 公司在 B 公司（其全资子公司）的网站上运营该系统。

北京知识产权法院经审理，于 2021 年 12 月 27 日作出判决，认定翟某、受让软件的 D 公司及其全资子公司 B 公司构成对涉案商业秘密的共同侵权，判决三方停止使用、允许他人使用涉案技术信息；D 公司及其 B 公司共同赔偿经济损失 200 万元及合理开支 60 万元，翟某对其中 100 万元承担连带责任；驳回其他诉讼请求。三方不服一审判决提起上诉，最高人民法院于 2023 年 12 月 4 日作出二审民事判决，驳回上诉，维持原判。

二、案例分析

（一）系统数据是否属于商业秘密？

D 系统软件中的相关技术参数及工程数据系在实际生产经营中经长期积累、整理形成，具有独特性，既非公众所知悉，也不为同行业普遍知晓和容易获得，具备秘密性。该系统服务于油气勘探开发领域，能够助力企业更高效地开展油气勘探开发，降低成本、提高收益，拥有现实的商业价值。而 Y 公司创建 D 系统后，授权 K 公司使用并赋予其维权权利，加之翟某在 K 公司任职接触该数据时签有保密协议，都体现出公司对该技术信息保密性的重视，符合商业秘密保密性要求。

（二）侵权行为认定

1. 翟某侵权。

翟某在 2009～2012 年于 K 公司任职期间，有充分条件接触到 D 系统数据，知晓其中的技术参数及工程数据等商业秘密信息。翟某离职后创建的 I 系统软件，经鉴定其被诉侵权信息与原告主张的 D 系统商业秘密构成实质性相同。翟某利用在职期间获取的商业秘密创建相似系统，属于典型的不正当利用他人商业秘密的行为。

2. D 公司侵权。

在从翟某手中受让 I 系统软件时，D 公司未对该软件来源进行审慎审查。鉴于该软件涉及专业且复杂的油气勘探开发技术数据，正常交易中应尽到合理的注意义务，核实软件是否存在侵权风险，但该公司未履行此义务。翟某入职后，公司对其异常工作经历未进行核实查证。翟某从熟悉 D 系统的公司离职后很快创建类似系统并出售，这种行为模式应引起公司警觉，而 D 公司未采取任何措施，客观上纵容了侵权行为的发生。

3. B 公司侵权。

作为 D 公司的全资子公司，B 公司在其网站上运营 I 系统，使得被诉侵权信息面临披露风险，客观上帮助了侵权行为的实施，构成共同侵权。

| 第四十二章 |

公司利益冲突专项合规指南与案例分析

近年来，随着企业合规意识的不断提高，利益冲突专项合规逐渐受到重视。企业利益冲突专项合规旨在通过建立健全的制度和流程，规范员工的行为，避免因利益冲突而给企业带来风险和损失。具体而言，企业需要制定明确的利益冲突政策，要求员工在入职时及定期申报个人利益情况，包括但不限于家庭成员、投资情况、兼职情况等，以便企业能够及时发现潜在的利益冲突问题。同时，企业还应建立有效的监督和问责机制，对违反利益冲突政策的行为进行严肃处理，确保政策的有效执行。本章总结了利益冲突专项合规相关法律依据以及案例分析。

第一节
公司利益冲突合规相关法律依据

《中华人民共和国刑法》	
第一百六十五条	国有公司、企业的董事、监事、高级管理人员，利用职务便利，自己经营或者为他人经营与其所任职公司、企业同类的营业，获取非法利益，数额巨大的，处三年以下有期徒刑或拘役，并处或单处罚金；数额特别巨大的，处三年以上七年以下有期徒刑，并处罚金。 其他公司、企业的董事、监事、高级管理人员违反法律、行政法规规定，实施前款行为，致使公司、企业利益遭受重大损失的，依照前款的规定处罚
第一百六十六条	国有公司、企业、事业单位的工作人员，利用职务便利，有下列情形之一，致使国家利益遭受重大损失的，处三年以下有期徒刑或拘役，并处或单处罚金；致使国家利益遭受特别重大损失的，处三年以上七年以下有期徒刑，并处罚金：（一）将本单位盈利业务交由亲友经营；（二）以明显高价从亲友单位采购或低价销售商品/服务；（三）从亲友单位采购不合格商品/服务。 其他公司、企业的工作人员违反法律、行政法规规定，实施前款行为，致使公司、企业利益遭受重大损失的，依照前款的规定处罚

《中华人民共和国刑法》	
第一百六十九条	国有公司、企业或其上级主管部门直接负责的主管人员，徇私舞弊，将国有资产低价折股或低价出售，致使国家利益遭受重大损失的，处三年以下有期徒刑或拘役；致使国家利益遭受特别重大损失的，处三年以上七年以下有期徒刑。 其他公司、企业直接负责的主管人员，徇私舞弊，将公司、企业资产低价折股或低价出售，致使公司、企业利益遭受重大损失的，依照前款的规定处罚
第一百六十九条之一	上市公司的董事、监事、高级管理人员违背对公司的忠实义务，利用职务便利，操纵上市公司从事下列行为之一，致使上市公司利益遭受重大损失的，处三年以下有期徒刑或者拘役，并处或者单处罚金；致使上市公司利益遭受特别重大损失的，处三年以上七年以下有期徒刑，并处罚金： （一）无偿向其他单位或者个人提供资金、商品、服务或者其他资产的； （二）以明显不公平的条件，提供或者接受资金、商品、服务或者其他资产的； （三）向明显不具有清偿能力的单位或者个人提供资金、商品、服务或者其他资产的； （四）为明显不具有清偿能力的单位或者个人提供担保，或者无正当理由为其他单位或者个人提供担保的； （五）无正当理由放弃债权、承担债务的； （六）采用其他方式损害上市公司利益的。 上市公司的控股股东或者实际控制人，指使上市公司董事、监事、高级管理人员实施前款行为的，依照前款的规定处罚。 犯前款罪的上市公司的控股股东或者实际控制人是单位的，对单位判处罚金，并对其直接负责的主管人员和其他直接责任人员，依照第一款的规定处罚
《中华人民共和国公司法》	
第二十二条	公司的控股股东、实际控制人、董事、监事、高级管理人员不得利用关联关系损害公司利益。违反前款规定，给公司造成损失的，应当承担赔偿责任
第一百八十条	董事、监事、高级管理人员对公司负有忠实义务，应当采取措施避免自身利益与公司利益冲突，不得利用职权牟取不正当利益。 董事、监事、高级管理人员对公司负有勤勉义务，执行职务应当为公司的最大利益尽到管理者通常应有的合理注意。 公司的控股股东、实际控制人不担任公司董事但实际执行公司事务的，适用前两款规定
第一百八十二条	董事、监事、高级管理人员，直接或者间接与本公司订立合同或者进行交易，应当就与订立合同或者进行交易有关的事项向董事会或者股东会报告，并按照公司章程的规定经董事会或者股东会议通过。 董事、监事、高级管理人员的近亲属，董事、监事、高级管理人员或者其近亲属直接或者间接控制的企业，以及与董事、监事、高级管理人员有其他关联关系的关联人，与公司订立合同或者进行交易，适用前款规定
第一百八十三条	董事、监事、高级管理人员，不得利用职务便利为自己或者他人谋取属于公司的商业机会。但是，有下列情形之一的除外：（一）向董事会或者股东会报告，并按照公司章程的规定经董事会或者股东会议通过；（二）根据法律、行政法规或者公司章程的规定，公司不能利用该商业机会
第一百八十四条	董事、监事、高级管理人员未向董事会或者股东会报告，并按照公司章程的规定经董事会或者股东会议通过，不得自营或者为他人经营与其任职公司同类的业务

续表

《中华人民共和国证券法》	
第一百二十三条 第二款	证券公司除依照规定为其客户提供融资融券外，不得为其股东或者股东的关联人提供融资或者担保
第一百二十八条	证券公司应当建立健全内部控制制度，采取有效隔离措施，防范公司与客户之间、不同客户之间的利益冲突。 证券公司必须将其证券经纪业务、证券承销业务、证券自营业务、证券做市业务和证券资产管理业务分开办理，不得混合操作
第一百二十三条 第二款	证券公司除依照规定为其客户提供融资融券外，不得为其股东或者股东的关联人提供融资或者担保
第二百零六条	证券公司违反本法第一百二十八条的规定，未采取有效隔离措施防范利益冲突，或者未分开办理相关业务、混合操作的，责令改正，给予警告，没收违法所得，并处以违法所得一倍以上十倍以下的罚款；没有违法所得或者违法所得不足五十万元的，处以五十万元以上五百万元以下的罚款；情节严重的，并处撤销相关业务许可。对直接负责的主管人员和其他直接责任人员给予警告，并处以二十万元以上二百万元以下的罚款
《证券公司监督管理条例》	
第二条	证券公司应当遵守法律、行政法规和国务院证券监督管理机构的规定，审慎经营，履行对客户的诚信义务
第三条	证券公司的股东和实际控制人不得滥用权利，占用证券公司或者客户的资产，损害证券公司或者客户的合法权益
第二十七条	证券公司应当按照审慎经营的原则，建立健全风险管理与内部控制制度，防范和控制风险。 证券公司应当对分支机构实行集中统一管理，不得与他人合资、合作经营管理分支机构，也不得将分支机构承包、租赁或者委托给他人经营管理
《证券公司和证券投资基金管理公司合规管理办法》	
第六条	证券基金经营机构开展各项业务，应当合规经营、勤勉尽责，坚持客户利益至上原则，并遵守下列基本要求：（六）及时识别、妥善处理公司与客户之间、不同客户之间、公司不同业务之间的利益冲突，切实维护客户利益，公平对待客户
《金融控股公司监督管理试行办法》	
第二十二条	金融控股公司与其所控股机构之间、其所控股机构之间在开展业务协同，共享客户信息、销售团队、信息技术系统、运营后台、营业场所等资源时，不得损害客户权益，应当依法明确风险承担主体，防止风险责任不清、交叉传染及利益冲突
《私募投资基金监督管理暂行办法》	
第二十二条	同一私募基金管理人管理不同类别私募基金的，应当坚持专业化管理原则；管理可能导致利益输送或者利益冲突的不同私募基金的，应当建立防范利益输送和利益冲突的机制
第二十四条	私募基金管理人、私募基金托管人应当按照合同约定，如实向投资者披露基金投资、资产负债、投资收益分配、基金承担的费用和业绩报酬、可能存在的利益冲突情况以及可能影响投资者合法权益的其他重大信息，不得隐瞒或者提供虚假信息。信息披露规则由基金业协会另行制定

\multicolumn{2}{c}{《证券公司治理准则》}	
第二十二条	证券公司与其股东、实际控制人或者其他关联方应当在业务、机构、资产、财务、办公场所等方面严格分开，各自独立经营、独立核算、独立承担责任和风险。 证券公司股东的人员在证券公司兼职的，应当遵守法律、行政法规和中国证监会的规定
\multicolumn{2}{c}{《证券公司投资银行类业务内部控制指引》}	
第二十四条	证券公司应当建立健全合理的高级管理人员分工制度，严格防范利益冲突。 分管投资银行类业务的高级管理人员不得同时管理与投资银行类业务存在或可能存在利益冲突的部门或机构
第三十八条	证券公司应当针对投资银行类业务不同类型和业务环节的特点，细化信息隔离墙制度，防范利益冲突
第四十五条	证券公司应当建立健全利益冲突审查机制，对拟承做的投资银行类项目与公司其他业务和项目之间、拟承做项目的业务人员与该项目之间等存在的利益冲突情形进行审查，并对利益冲突审查结果发表明确意见
第九十二条	证券公司在担任公司债券受托管理人期间存在潜在利益冲突的，受托管理工作执行部门和合规、风险管理等内部控制部门应当召开专项会议，对利益冲突情况进行论证并提出解决方案。 专项会议应当形成书面或电子形式的会议记录
\multicolumn{2}{c}{《证券公司另类投资子公司管理规范》}	
第五条	证券公司应当将另类子公司的合规与风险管理纳入公司统一体系，加强对另类子公司的资本约束，实现对子公司合规与风险管理全覆盖，防范利益冲突和利益输送
第六条	另类子公司开展业务，应当遵循稳健经营、诚实守信、勤勉尽责和专业化投资原则，防范利益冲突，不得损害国家利益、社会公共利益和他人合法权益
第二十条	证券公司应当建立健全利益冲突识别和管理机制，及时、准确地识别证券公司的投资银行、自营、资产管理、投资咨询、私募基金等业务与另类投资业务之间可能存在的利益冲突，评估其影响范围和程度，并采取有效措施管理利益冲突风险
第二十七条	证券公司及其他子公司与另类子公司存在利益冲突的人员不得兼任另类子公司的董事、监事、高级管理人员、投资决策机构成员；其他人员兼任上述职务的，证券公司应当建立严格有效的内部控制机制，防范可能产生的利益冲突和道德风险。 证券公司从业人员不得在另类子公司兼任除前款规定外的职务。 证券公司同一高级管理人员不得同时分管投资银行业务和另类投资业务。 另类子公司应当建立严格有效的内部控制机制，防范可能产生的利益冲突和道德风险
第二十八条	证券公司及另类子公司应当按照《证券基金经营机构董事、监事、高级管理人员及从业人员监督管理办法》，建立健全另类子公司高级管理人员、从业人员及其配偶、利害关系人的投资行为管理制度和廉洁从业规范，制定有效的事前防范体系、事中管控措施和事后追责机制，防止前述人员违规从事投资，切实防范内幕交易、市场操纵、利益冲突和利益输送等不当行为
\multicolumn{2}{c}{《证券公司私募投资基金子公司管理规范》}	
第六条	证券公司应当将私募基金子公司的合规与风险管理纳入公司统一体系，加强对私募基金子公司的资本约束，实现对子公司合规与风险管理全覆盖，防范利益冲突和利益输送

续表

	《证券公司私募投资基金子公司管理规范》
第十二条	私募基金子公司根据业务开展需要，可以设立二级管理子公司。设立二级管理子公司的，应当符合法律法规、中国证监会、协会的相关规定。二级管理子公司不得再下设其他机构。 私募基金子公司对二级管理子公司的持股或出资比例应当不少于35%且拥有不得低于合作方的管理控制权。 私募基金子公司下设多个二级管理子公司的，各二级管理子公司的业务范围应当清晰明确，不得存在同业竞争或不正当竞争，防范利益冲突和利益输送
第二十三条	证券公司应当建立健全利益冲突识别和管理机制，及时、准确地识别证券公司的投资银行、自营、资产管理、投资咨询、另类投资等业务与私募基金业务之间可能存在的利益冲突，评估其影响范围和程度，并采取有效措施管理利益冲突风险
第二十九条	证券公司应当加强人员管理，防范道德风险。证券公司及其他子公司与私募基金子公司存在利益冲突的人员不得在私募基金子公司、二级管理子公司和私募基金兼任董事、监事、高级管理人员、投资决策机构成员；其他人员兼任上述职务的，证券公司应当建立严格有效的内部控制机制，防范可能产生的利益冲突和道德风险。 证券公司从业人员不得在私募基金子公司、二级管理子公司和私募基金兼任除前款规定外的职务，不得违规从事私募基金业务。 证券公司同一高级管理人员不得同时分管投资银行业务和私募基金业务。 私募基金子公司及二级管理子公司应当建立严格有效的内部控制机制，防范可能产生的利益冲突和道德风险
第三十三条	私募基金子公司、二级管理子公司及其从业人员在处理与客户之间的利益冲突时，应当遵循客户利益优先的原则；在处理不同客户之间的利益冲突时，应当遵循公平对待客户的原则

因篇幅有限，相关规定未能全部列明，除上述规定外，利益冲突专项合规还应注意以下规定：《证券发行与承销管理办法》第十七条、《证券经纪业务管理办法》第三十三条、《私募投资基金监督管理暂行办法》第二十二条、《证券公司内部控制指引》第五十四条和第七十九条、《证券公司参与股票质押式回购交易风险管理指引》第三十二条、《关于证券公司做好利益冲突管理工作的通知》（中证协发〔2015〕52号）、《私募投资基金备案指引第2号——私募股权、创业投资基金》第二十五条、《证券投资顾问业务暂行规定》第二条、《关于证券公司为子公司提供融资融券有关问题的答复意见》等部门规章、规范性文件、行业规定。

第二节
公司利益冲突合规案例分析

一、案情简介

W公司与卓某的劳动争议案中，法院主要审查了卓某在入职前与上司任某共同设立的 Z 公司是否存在利益冲突。卓某在入职 W 公司前，与上司任某共同设立了 Z 公司，该公司登记的经营范围与 W 公司的业务存在重叠。卓某在入职时未向 W 公司披露其在 Z 公司的法定代表人和总经理身份，也未告知其与任某之间的经济合作关系。卓某主张 Z 公司未实际经营，但纳税记录显示该公司在 2014 年至 2016 年期间有增值税纳税记录。最终，法院支持了 W 公司的主张，认定卓某存在利益冲突，违反了公司规章制度，W 公司解除劳动合同合法。

二、案例分析

（一）利益冲突合规的要点是什么？

利益冲突合规的核心在于员工是否在工作之外存在可能影响其在公司内决策和行为的经济利益或其他利益关系。具体到本案，卓某在入职前与上司共同设立的公司与 W 公司的业务存在重叠，且未向公司披露这一事实，构成了潜在的利益冲突。员工在入职时应全面披露其在外部的经济活动和利益关系，企业应通过审查这些信息，评估是否存在潜在的利益冲突。本案中，卓某未披露其在 Z 公司的身份和与上司的经济合作关系，违反了信息披露的要求。如果员工未披露利益冲突，一旦被企业发现，企业有权依据规章制度解除劳动合同。本案中，卓某因未披露利益冲突，被法院认定违反公司规章制度，W 公司解除劳动合同合法，卓某失去了工作。

（二）此后 W 公司应当注意哪些利益冲突合规整改？

1. 完善评估内控机制，优化全面风险管理能力，调整治理结构，建立长效机制。

2. 制定明确的规章制度，要求员工在入职时披露可能存在的利益冲突。

3. 应定期审查员工的披露信息，确保员工的行为符合公司利益。

4. 通过审查员工的纳税记录，发现了其未披露的利益冲突。

| 第四十三章 |

公司广告专项合规指南与案例分析

在当下数字化高速发展、市场竞争愈发白热化的时代浪潮中，广告已然成为企业开拓市场、提升品牌知名度与影响力的关键利器。随着互联网技术的广泛应用，广告形式不断创新，从传统的电视、报纸、杂志广告，拓展到如今的社交媒体广告、搜索引擎广告、短视频广告等多元化形态，广告无孔不入地渗透到了人们生活的方方面面，我国也迅速步入了"广告繁荣期"。然而，在广告行业蓬勃发展，为经济增长注入强大动力，给消费者带来更多产品和服务信息的同时，一系列广告不合规的乱象也逐渐浮出水面。在这样的严峻形势下，广告合规成为了企业发展过程中无法回避且至关重要的课题。本章总结了广告专项合规相关法律依据以及案例分析。

第一节
公司广告合规相关法律依据

《中华人民共和国广告法》	
第三条	广告应当真实、合法，以健康的表现形式表达广告内容，符合社会主义精神文明建设和弘扬中华民族优秀传统文化的要求
第四条	广告不得含有虚假或者引人误解的内容，不得欺骗、误导消费者。广告主应当对广告内容的真实性负责
第五条	广告主、广告经营者、广告发布者从事广告活动，应当遵守法律、法规，诚实信用，公平竞争
第九条	广告不得有下列情形：（一）使用或者变相使用中华人民共和国的国旗、国歌、国徽，军旗、军歌、军徽；（二）使用或者变相使用国家机关、国家机关工作人员的名义或者形象；（三）使用"国家级"、"最高级"、"最佳"等用语；（四）损害国家的尊严或者利益，泄露国家秘密；（五）妨碍社会安定，损害社会公共利益；（六）危害人身、财产安全，泄露个人隐私；（七）妨碍社会公共秩序或者违背社会良好风尚；（八）含有淫秽、色情、赌博、迷信、恐怖、暴力的内容；（九）含有民族、种族、宗教、性别歧视的内容；（十）妨碍环境、自然资源或者文化遗产保护；（十一）法律、行政法规规定禁止的其他情形

《中华人民共和国广告法》	
第十条	广告不得损害未成年人和残疾人的身心健康
第十一条	广告内容涉及的事项需要取得行政许可的，应当与许可的内容相符合。广告使用数据、统计资料、调查结果、文摘、引用语等引证内容的，应当真实、准确，并表明出处。引证内容有适用范围和有效期限的，应当明确表示
第十二条	广告中涉及专利产品或者专利方法的，应当标明专利号和专利种类。未取得专利权的，不得在广告中谎称取得专利权。禁止使用未授予专利权的专利申请和已经终止、撤销、无效的专利作广告
第十三条	广告不得贬低其他生产经营者的商品或者服务
第十五条	麻醉药品、精神药品、医疗用毒性药品、放射性药品等特殊药品，药品类易制毒化学品，以及戒毒治疗的药品、医疗器械和治疗方法，不得作广告。前款规定以外的处方药，只能在国务院卫生行政部门和国务院药品监督管理部门共同指定的医学、药学专业刊物上作广告
第十六条	医疗、药品、医疗器械广告不得含有下列内容： （一）表示功效、安全性的断言或者保证； （二）说明治愈率或者有效率； （三）与其他药品、医疗器械的功效和安全性或者其他医疗机构比较； （四）利用广告代言人作推荐、证明； （五）法律、行政法规规定禁止的其他内容。 药品广告的内容不得与国务院药品监督管理部门批准的说明书不一致，并应当显著标明禁忌、不良反应。处方药广告应当显著标明"本广告仅供医学药学专业人士阅读"，非处方药广告应当显著标明"请按药品说明书或者在药师指导下购买和使用"。 推荐给个人自用的医疗器械的广告，应当显著标明"请仔细阅读产品说明书或者在医务人员的指导下购买和使用"。医疗器械产品注册证明文件中有禁忌内容、注意事项的，广告中应当显著标明"禁忌内容或者注意事项详见说明书"
第十七条	除医疗、药品、医疗器械广告外，禁止其他任何广告涉及疾病治疗功能，并不得使用医疗用语或者易使推销的商品与药品、医疗器械相混淆的用语
第十八条	保健食品广告不得含有下列内容： （一）表示功效、安全性的断言或者保证； （二）涉及疾病预防、治疗功能； （三）声称或者暗示广告商品为保障健康所必需； （四）与药品、其他保健食品进行比较； （五）利用广告代言人作推荐、证明； （六）法律、行政法规规定禁止的其他内容。 保健食品广告应当显著标明"本品不能代替药物"
第二十条	禁止在大众传播媒介或者公共场所发布声称全部或者部分替代母乳的婴儿乳制品、饮料和其他食品广告
特殊行业规定	【第二十一条（农药、兽药、饲料和饲料添加剂广告）】、【第二十二条（烟草广告）】、【第二十三条（酒类广告）】、【第二十四条（教育、培训广告）】、【第二十五条（招商等有投资回报预期的商品或者服务广告）】、【第二十六条（房地产广告）】、【第二十七条（农作物种子、林木种子、草种子、种畜禽、水产苗种和种养殖广告）】

续表

《中华人民共和国广告法》	
第二十八条	广告以虚假或者引人误解的内容欺骗、误导消费者的，构成虚假广告。 广告有下列情形之一的，为虚假广告： （一）商品或者服务不存在的； （二）商品的性能、功能、产地、用途、质量、规格、成分、价格、生产者、有效期限、销售状况、曾获荣誉等信息，或者服务的内容、提供者、形式、质量、价格、销售状况、曾获荣誉等信息，以及与商品或者服务有关的允诺等信息与实际情况不符，对购买行为有实质性影响的； （三）使用虚构、伪造或者无法验证的科研成果、统计资料、调查结果、文摘、引用语等信息作证明材料的； （四）虚构使用商品或者接受服务的效果的； （五）以虚假或者引人误解的内容欺骗、误导消费者的其他情形
第三十七条	法律、行政法规规定禁止生产、销售的产品或者提供的服务，以及禁止发布广告的商品或者服务，任何单位或者个人不得设计、制作、代理、发布广告
第三十八条	广告代言人在广告中对商品、服务作推荐、证明，应当依据事实，符合本法和有关法律、行政法规规定，并不得为其未使用过的商品或者未接受过的服务作推荐、证明。 不得利用不满十周岁的未成年人作为广告代言人。 对在虚假广告中作推荐、证明受到行政处罚未满三年的自然人、法人或者其他组织，不得利用其作为广告代言人
第三十九条	不得在中小学校、幼儿园内开展广告活动，不得利用中小学生和幼儿的教材、教辅材料、练习册、文具、教具、校服、校车等发布或者变相发布广告，但公益广告除外
第四十条	在针对未成年人的大众传播媒介上不得发布医疗、药品、保健食品、医疗器械、化妆品、酒类、美容广告，以及不利于未成年人身心健康的网络游戏广告。 针对不满十四周岁的未成年人的商品或者服务的广告不得含有下列内容：（一）劝诱其要求家长购买广告商品或者服务；（二）可能引发其模仿不安全行为
第四十三条	任何单位或者个人未经当事人同意或者请求，不得向其住宅、交通工具等发送广告，也不得以电子信息方式向其发送广告。 以电子信息方式发送广告的，应当明示发送者的真实身份和联系方式，并向接收者提供拒绝继续接收的方式
第四十四条	利用互联网从事广告活动，适用本法的各项规定。 利用互联网发布、发送广告，不得影响用户正常使用网络。在互联网页面以弹出等形式发布的广告，应当显著标明关闭标志，确保一键关闭
《广告管理条例》	
第四条	在广告经营活动中，禁止垄断和不正当竞争行为
第八条	广告有下列内容之一的，不得刊播、设置、张贴： （一）违反我国法律、法规的； （二）损害我国民族尊严的； （三）有中国国旗、国徽、国歌标志、国歌音响的； （四）有反动、淫秽、迷信、荒诞内容的； （五）弄虚作假的； （六）贬低同类产品的

《药品、医疗器械、保健食品、特殊医学用途配方食品广告审查管理暂行办法》	
第二条第二款	未经审查不得发布药品、医疗器械、保健食品和特殊医学用途配方食品广告
第五条、第六条、第七条、第八条、第二十二条	【第五条（药品广告）】、【第六条（医疗器械广告）】、【第七条（保健食品广告）】、【第八条（特殊医学用途配方食品广告）】、【第二十二条（处方药和特殊医学用途配方食品中的特定全营养配方食品广告）】
第九条	药品、医疗器械、保健食品和特殊医学用途配方食品广告应当显著标明广告批准文号
第十条	药品、医疗器械、保健食品和特殊医学用途配方食品广告中应当显著标明的内容，其字体和颜色必须清晰可见、易于辨认，在视频广告中应当持续显示
第十一条	药品、医疗器械、保健食品和特殊医学用途配方食品广告不得违反《中华人民共和国广告法》第九条、第十六条、第十七条、第十八条、第十九条规定，不得包含下列情形： （一）使用或者变相使用国家机关、国家机关工作人员、军队单位或者军队人员的名义或者形象，或者利用军队装备、设施等从事广告宣传； （二）使用科研单位、学术机构、行业协会或者专家、学者、医师、药师、临床营养师、患者等的名义或者形象作推荐、证明； （三）违反科学规律，明示或者暗示可以治疗所有疾病、适应所有症状、适应所有人群，或者正常生活和治疗病症所必需等内容； （四）引起公众对所处健康状况和所患疾病产生不必要的担忧和恐惧，或者使公众误解不使用该产品会患某种疾病或者加重病情的内容； （五）含有"安全""安全无毒副作用""毒副作用小"；明示或者暗示成分为"天然"，因而安全性有保证等内容； （六）含有"热销、抢购、试用""家庭必备、免费治疗、免费赠送"等诱导性内容，"评比、排序、推荐、指定、选用、获奖"等综合性评价内容，"无效退款、保险公司保险"等保证性内容，怂恿消费者任意、过量使用药品、保健食品和特殊医学用途配方食品的内容； （七）含有医疗机构的名称、地址、联系方式、诊疗项目、诊疗方法以及有关义诊、医疗咨询电话、开设特约门诊等医疗服务的内容； （八）法律、行政法规规定不得含有的其他内容
第二十条	广告主、广告经营者、广告发布者应当严格按照审查通过的内容发布药品、医疗器械、保健食品和特殊医学用途配方食品广告，不得进行剪辑、拼接、修改。 已经审查通过的广告内容需要改动的，应当重新申请广告审查
第二十一条	下列药品、医疗器械、保健食品和特殊医学用途配方食品不得发布广告：（一）麻醉药品、精神药品、医疗用毒性药品、放射性药品、药品类易制毒化学品，以及戒毒治疗的药品、医疗器械；（二）军队特需药品、军队医疗机构配制的制剂；（三）医疗机构配制的制剂；（四）依法停止或者禁止生产、销售或者使用的药品、医疗器械、保健食品和特殊医学用途配方食品；（五）法律、行政法规禁止发布广告的情形
《互联网广告管理办法》	
第六条	法律、行政法规规定禁止生产、销售的产品或者提供的服务，以及禁止发布广告的商品或者服务，任何单位或者个人不得利用互联网设计、制作、代理、发布广告。 禁止利用互联网发布烟草（含电子烟）广告。 禁止利用互联网发布处方药广告，法律、行政法规另有规定的，依照其规定
第七条	发布医疗、药品、医疗器械、农药、兽药、保健食品、特殊医学用途配方食品广告等法律、行政法规规定应当进行审查的广告，应当在发布前由广告审查机关对广告内容进行审查；未经审查，不得发布。 对须经审查的互联网广告，应当严格按照审查通过的内容发布，不得剪辑、拼接、修改。已经审查通过的广告内容需要改动的，应当重新申请广告审查

续表

《互联网广告管理办法》	
第八条	禁止以介绍健康、养生知识等形式，变相发布医疗、药品、医疗器械、保健食品、特殊医学用途配方食品广告。 介绍健康、养生知识的，不得在同一页面或者同时出现相关医疗、药品、医疗器械、保健食品、特殊医学用途配方食品的商品经营者或者服务提供者地址、联系方式、购物链接等内容
第九条	互联网广告应当具有可识别性，能够使消费者辨明其为广告。 对于竞价排名的商品或者服务，广告发布者应当显著标明"广告"，与自然搜索结果明显区分。 除法律、行政法规禁止发布或者变相发布广告的情形外，通过知识介绍、体验分享、消费测评等形式推销商品或者服务，并附加购物链接等购买方式的，广告发布者应当显著标明"广告"
第十条	以弹出等形式发布互联网广告，广告主、广告发布者应当显著标明关闭标志，确保一键关闭，不得有下列情形：（一）没有关闭标志或者计时结束才能关闭广告；（二）关闭标志虚假、不可清晰辨识或者难以定位等，为关闭广告设置障碍；（三）关闭广告须经两次以上点击；（四）在浏览同一页面、同一文档过程中，关闭后继续弹出广告，影响用户正常使用网络；（五）其他影响一键关闭的行为。 启动互联网应用程序时展示、发布的开屏广告适用前款规定
第十一条	不得以下列方式欺骗、误导用户点击、浏览广告： （一）虚假的系统或者软件更新、报错、清理、通知等提示； （二）虚假的播放、开始、暂停、停止、返回等标志； （三）虚假的奖励承诺； （四）其他欺骗、误导用户点击、浏览广告的方式
第十二条	在针对未成年人的网站、网页、互联网应用程序、公众号等互联网媒介上不得发布医疗、药品、保健食品、特殊医学用途配方食品、医疗器械、化妆品、酒类、美容广告，以及不利于未成年人身心健康的网络游戏广告
第十七条	利用互联网发布、发送广告，不得影响用户正常使用网络，不得在搜索政务服务网站、网页、互联网应用程序、公众号等的结果中插入竞价排名广告。 未经用户同意、请求或者用户明确表示拒绝的，不得向其交通工具、导航设备、智能家电等发送互联网广告，不得在用户发送的电子邮件或者互联网即时通讯信息中附加广告或者广告链接
第十八条	发布含有链接的互联网广告，广告主、广告经营者和广告发布者应当核对下一级链接中与前端广告相关的广告内容
第十九条	商品销售者或者服务提供者通过互联网直播方式推销商品或者服务，构成商业广告的，应当依法承担广告主的责任和义务。 直播间运营者接受委托提供广告设计、制作、代理、发布服务的，应当依法承担广告经营者、广告发布者的责任和义务。 直播营销人员接受委托提供广告设计、制作、代理、发布服务的，应当依法承担广告经营者、广告发布者的责任和义务。 直播营销人员以自己的名义或者形象对商品、服务作推荐、证明，构成广告代言的，应当依法承担广告代言人的责任和义务

续表

	《市场监管总局关于加强网络直播营销活动监管的指导意见》
第二、三、四条	二、压实有关主体法律责任 （一）压实网络平台法律责任；（二）压实商品经营者法律责任；（三）压实网络直播者法律责任。 三、严格规范网络直播营销行为 （五）规范广告审查发布。在网络直播营销活动中发布法律、行政法规规定应进行发布前审查的广告，应严格遵守广告审查有关规定。未经审查不得发布医疗、药品、医疗器械、农药、兽药、保健食品和特殊医学用途配方食品等法律、行政法规规定应当进行发布前审查的广告。 四、依法查处网络直播营销违法行为 （十三）依法查处广告违法行为。针对网络直播营销中发布虚假违法广告问题，依据《广告法》，重点查处发布虚假广告、发布违背社会良好风尚的违法广告和违规广告代言等违法行为
	《公益广告促进和管理暂行办法》
第七条	企业出资设计、制作、发布或者冠名的公益广告，可以标注企业名称和商标标识，但应当符合以下要求： （一）不得标注商品或者服务的名称以及其他与宣传、推销商品或者服务有关的内容，包括单位地址、网址、电话号码、其他联系方式等； （二）平面作品标注企业名称和商标标识的面积不得超过广告面积的1/5； （三）音频、视频作品显示企业名称和商标标识的时间不得超过5秒或者总时长的1/5，使用标版形式标注企业名称和商标标识的时间不得超过3秒或者总时长的1/5； （四）公益广告画面中出现的企业名称或者商标标识不得使社会公众在视觉程度上降低对公益广告内容的感受和认知； （五）不得以公益广告名义变相设计、制作、发布商业广告。 违反前款规定的，视为商业广告

第二节
公司广告合规案例分析

一、案情简介

根据沪市监普处〔2024〕072024001895号行政处罚决定书的内容，2024年8月22日起，S公司作为广告主在天猫商城店铺销售品名为"霍尼韦尔甲醛清除剂"的商品过程当中，在商品详情页面发布"喷一次胜过通风半年""一次治理长久有效"的广告语，但其无法提供上述广告宣传内容的证明材料，构成了虚假广告；在销售品名为"霍尼韦尔除甲醛魔盒"的商品过程当中，在商品详情页面发布"长效净化180天"以及"1盒可用6个月，1盒抵多盒老款除醛产品，净化时间更长、更高效"的广告语，但其同样无法提供上述宣传广告内容的证明材料，构成了虚假广告。

S公司前述行为因违反《中华人民共和国广告法》第二十八条的规定，构成虚假广告，被处以罚款 10,000 元的行政处罚。S 公司于 2024 年 9 月 13 日整改完成。

二、案例分析

企业在广告宣传中，务必严守合规底线。如 S 公司在天猫商城销售商品时，发布"喷一次胜过通风半年"等夸大功效且无法证实的广告语，因违反《中华人民共和国广告法》构成虚假广告，被罚款 10,000 元。企业发布广告前，应确保所有宣传内容真实可证，避免使用无法支撑的绝对化、夸大性表述。建立内部审核机制，对广告文案、数据等严格把关。一旦违规，不仅面临经济处罚，还损害品牌信誉。只有合规宣传，才能赢得消费者信任，实现可持续经营。

| 第四十四章 |

公司电商业务专项合规指南与案例分析

在数字化浪潮汹涌澎湃的当下，电子商务凭借其便捷性、高效性和创新性，已成为推动经济发展、重塑商业模式以及改变人们生活方式的关键力量。从日常的衣食住行到高端的科技产品交易，电商平台宛如一个庞大的虚拟商业帝国，连接着全球范围内的消费者与商家，构建起了一个前所未有的商业生态系统。然而，如同硬币具有两面性，电商行业在蓬勃发展的过程中，也滋生出一系列不容忽视的合规问题。大数据"杀熟"现象屡见不鲜，部分电商平台基于消费者的消费习惯、支付能力等数据，对老用户抬高价格，破坏了市场公平竞争的环境，损害了消费者的合法权益。在此严峻背景下，电商合规已成为行业持续健康发展的核心议题。本章总结了利益冲突电商业务专项合规相关法律依据以及案例分析。

第一节
公司电商业务合规重点法律依据

《中华人民共和国电子商务法》	
第九条	本法所称电子商务经营者，是指通过互联网等信息网络从事销售商品或者提供服务的经营活动的自然人、法人和非法人组织，包括电子商务平台经营者、平台内经营者以及通过自建网站、其他网络服务销售商品或者提供服务的电子商务经营者。 本法所称电子商务平台经营者，是指在电子商务中为交易双方或者多方提供网络经营场所、交易撮合、信息发布等服务，供交易双方或者多方独立开展交易活动的法人或者非法人组织。 本法所称平台内经营者，是指通过电子商务平台销售商品或者提供服务的电子商务经营者
第十条	电子商务经营者应当依法办理市场主体登记。但是，个人销售自产农副产品、家庭手工业产品，个人利用自己的技能从事依法无须取得许可的便民劳务活动和零星小额交易活动，以及依照法律、行政法规不需要进行登记的除外

续表

《中华人民共和国电子商务法》	
第十一条	电子商务经营者应当依法履行纳税义务,并依法享受税收优惠。 依照前条规定不需要办理市场主体登记的电子商务经营者在首次纳税义务发生后,应当依照税收征收管理法律、行政法规的规定申请办理税务登记,并如实申报纳税
第十二条	电子商务经营者从事经营活动,依法需要取得相关行政许可的,应当依法取得行政许可
第十三条	电子商务经营者销售的商品或者提供的服务应当符合保障人身、财产安全的要求和环境保护要求,不得销售或者提供法律、行政法规禁止交易的商品或者服务
第十四条	电子商务经营者销售商品或者提供服务应当依法出具纸质发票或者电子发票等购货凭证或者服务单据。电子发票与纸质发票具有同等法律效力
第十五条	电子商务经营者应当在其首页显著位置,持续公示营业执照信息、与其经营业务有关的行政许可信息、属于依照本法第十条规定的不需要办理市场主体登记情形等信息,或者上述信息的链接标识。 前款规定的信息发生变更的,电子商务经营者应当及时更新公示信息
第十六条	电子商务经营者自行终止从事电子商务的,应当提前三十日在首页显著位置持续公示有关信息
第十七条	电子商务经营者应当全面、真实、准确、及时地披露商品或者服务信息,保障消费者的知情权和选择权。电子商务经营者不得以虚构交易、编造用户评价等方式进行虚假或者引人误解的商业宣传,欺骗、误导消费者
第十八条	电子商务经营者根据消费者的兴趣爱好、消费习惯等特征向其提供商品或者服务的搜索结果的,应当同时向该消费者提供不针对其个人特征的选项,尊重和平等保护消费者合法权益。 电子商务经营者向消费者发送广告的,应当遵守《中华人民共和国广告法》的有关规定
第十九条	电子商务经营者搭售商品或者服务,应当以显著方式提请消费者注意,不得将搭售商品或者服务作为默认同意的选项
第二十条	电子商务经营者应当按照承诺或者与消费者约定的方式、时限向消费者交付商品或者服务,并承担商品运输中的风险和责任。但是,消费者另行选择快递物流服务提供者的除外
第二十一条	电子商务经营者按照约定向消费者收取押金的,应当明示押金退还的方式、程序,不得对押金退还设置不合理条件。消费者申请退还押金,符合押金退还条件的,电子商务经营者应当及时退还
第二十六条	电子商务经营者从事跨境电子商务,应当遵守进出口监督管理的法律、行政法规和国家有关规定
第二十七条	电子商务平台经营者应当要求申请进入平台销售商品或者提供服务的经营者提交其身份、地址、联系方式、行政许可等真实信息,进行核验、登记,建立登记档案,并定期核验更新。 电子商务平台经营者为进入平台销售商品或者提供服务的非经营用户提供服务,应当遵守本节有关规定

《中华人民共和国电子商务法》	
第二十八条	电子商务平台经营者应当按照规定向市场监督管理部门报送平台内经营者的身份信息，提示未办理市场主体登记的经营者依法办理登记，并配合市场监督管理部门，针对电子商务的特点，为应当办理市场主体登记的经营者办理登记提供便利。 电子商务平台经营者应当依照税收征收管理法律、行政法规的规定，向税务部门报送平台内经营者的身份信息和与纳税有关的信息，并应当提示依照本法第十条规定不需要办理市场主体登记的电子商务经营者依照本法第十一条第二款的规定办理税务登记
第二十九条	电子商务平台经营者发现平台内的商品或者服务信息存在违反本法第十二条、第十三条规定情形的，应当依法采取必要的处置措施，并向有关主管部门报告
第三十条	电子商务平台经营者应当采取技术措施和其他必要措施保证其网络安全、稳定运行，防范网络违法犯罪活动，有效应对网络安全事件，保障电子商务交易安全。 电子商务平台经营者应当制定网络安全事件应急预案，发生网络安全事件时，应当立即启动应急预案，采取相应的补救措施，并向有关主管部门报告
第三十一条	电子商务平台经营者应当记录、保存平台上发布的商品和服务信息、交易信息，并确保信息的完整性、保密性、可用性。商品和服务信息、交易信息保存时间自交易完成之日起不少于三年；法律、行政法规另有规定的，依照其规定
第三十二条	电子商务平台经营者应当遵循公开、公平、公正的原则，制定平台服务协议和交易规则，明确进入和退出平台、商品和服务质量保障、消费者权益保护、个人信息保护等方面的权利和义务
第三十四条	电子商务平台经营者修改平台服务协议和交易规则，应当在其首页显著位置公开征求意见，采取合理措施确保有关各方能够及时充分表达意见。修改内容应当至少在实施前七日予以公示。 平台内经营者不接受修改内容，要求退出平台的，电子商务平台经营者不得阻止，并按照修改前的服务协议和交易规则承担相关责任
第三十五条	电子商务平台经营者不得利用服务协议、交易规则以及技术等手段，对平台内经营者在平台内的交易、交易价格以及与其他经营者的交易等进行不合理限制或者附加不合理条件，或者向平台内经营者收取不合理费用
第三十七条	电子商务平台经营者在其平台上开展自营业务的，应当以显著方式区分标记自营业务和平台内经营者开展的业务，不得误导消费者。 电子商务平台经营者对其标记为自营的业务依法承担商品销售者或者服务提供者的民事责任
第三十八条	电子商务平台经营者知道或者应当知道平台内经营者销售的商品或者提供的服务不符合保障人身、财产安全的要求，或者有其他侵害消费者合法权益行为，未采取必要措施的，依法与该平台内经营者承担连带责任。 对关系消费者生命健康的商品或者服务，电子商务平台经营者对平台内经营者的资质资格未尽到审核义务，或者对消费者未尽到安全保障义务，造成消费者损害的，依法承担相应的责任
第三十九条第二款	电子商务平台经营者不得删除消费者对其平台内销售的商品或者提供的服务的评价
第四十六条	除本法第九条第二款规定的服务外，电子商务平台经营者可以按照平台服务协议和交易规则，为经营者之间的电子商务提供仓储、物流、支付结算、交收等服务。电子商务平台经营者为经营者之间的电子商务提供服务，应当遵守法律、行政法规和国家有关规定，不得采取集中竞价、做市商等集中交易方式进行交易，不得进行标准化合约交易

续表

《互联网直播服务管理规定》	
第三条	提供互联网直播服务，应当遵守法律法规，坚持正确导向，大力弘扬社会主义核心价值观，培育积极健康、向上向善的网络文化，维护良好网络生态，维护国家利益和公共利益，为广大网民特别是青少年成长营造风清气正的网络空间
第七条	互联网直播服务提供者应当落实主体责任，配备与服务规模相适应的专业人员，健全信息审核、信息安全管理、值班巡查、应急处置、技术保障等制度。提供互联网新闻信息直播服务的，应当设立总编辑。 互联网直播服务提供者应当建立直播内容审核平台，根据互联网直播的内容类别、用户规模等实施分级分类管理，对图文、视频、音频等直播内容加注或播报平台标识信息，对互联网新闻信息直播及其互动内容实施先审后发管理
第八条	互联网直播服务提供者应当具备与其服务相适应的技术条件，应当具备即时阻断互联网直播的技术能力，技术方案应符合国家相关标准
第九条	互联网直播服务提供者以及互联网直播服务使用者不得利用互联网直播服务从事危害国家安全、破坏社会稳定、扰乱社会秩序、侵犯他人合法权益、传播淫秽色情等法律法规禁止的活动，不得利用互联网直播服务制作、复制、发布、传播法律法规禁止的信息内容
第十一条第一款、第二款	互联网直播服务提供者应当加强对评论、弹幕等直播互动环节的实时管理，配备相应管理人员。 互联网直播发布者在进行直播时，应当提供符合法律法规要求的直播内容，自觉维护直播活动秩序
第十二条第一款	互联网直播服务提供者应当按照"后台实名、前台自愿"的原则，对互联网直播用户进行基于移动电话号码等方式的真实身份信息认证，对互联网直播发布者进行基于身份证件、营业执照、组织机构代码证等的认证登记。互联网直播服务提供者应当对互联网直播发布者的真实身份信息进行审核，向所在地省、自治区、直辖市互联网信息办公室分类备案，并在相关执法部门依法查询时予以提供
第十四条	互联网直播服务提供者应当对违反法律法规和服务协议的互联网直播服务使用者，视情采取警示、暂停发布、关闭账号等处置措施，及时消除违法违规直播信息内容，保存记录并向有关主管部门报告
《网络直播营销管理办法（试行）》	
第三条	从事网络直播营销活动，应当遵守法律法规，遵循公序良俗，遵守商业道德，坚持正确导向，弘扬社会主义核心价值观，营造良好网络生态
第五条	直播营销平台应当依法依规履行备案手续，并按照有关规定开展安全评估。 从事网络直播营销活动，依法需要取得相关行政许可的，应当依法取得行政许可
第六条	直播营销平台应当建立健全账号及直播营销功能注册注销、信息安全管理、营销行为规范、未成年人保护、消费者权益保护、个人信息保护、网络和数据安全管理等机制、措施。 直播营销平台应当配备与服务规模相适应的直播内容管理专业人员，具备维护互联网直播内容安全的技术能力，技术方案应符合国家相关标准
第七条	直播营销平台应当依据相关法律法规和国家有关规定，制定并公开网络直播营销管理规则、平台公约。 直播营销平台应当与直播营销人员服务机构、直播间运营者签订协议，要求其规范直播营销人员招募、培训、管理流程，履行对直播营销内容、商品和服务的真实性、合法性审核义务。 直播营销平台应当制定直播营销商品和服务负面目录，列明法律法规规定的禁止生产销售、禁止网络交易、禁止商业推销宣传以及不适宜以直播形式营销的商品和服务类别

	《网络直播营销管理办法（试行）》
第八条	直播营销平台应当对直播间运营者、直播营销人员进行基于身份证件信息、统一社会信用代码等真实身份信息认证，并依法依规向税务机关报送身份信息和其他涉税信息。直播营销平台应当采取必要措施保障处理的个人信息安全。 直播营销平台应当建立直播营销人员真实身份动态核验机制，在直播前核验所有直播营销人员身份信息，对与真实身份信息不符或按照国家有关规定不得从事网络直播发布的，不得为其提供直播发布服务
第九条	直播营销平台应当加强网络直播营销信息内容管理，开展信息发布审核和实时巡查，发现违法和不良信息，应当立即采取处置措施，保存有关记录，并向有关主管部门报告。 直播营销平台应当加强直播间内链接、二维码等跳转服务的信息安全管理，防范信息安全风险
第十条	直播营销平台应当建立健全风险识别模型，对涉嫌违法违规的高风险营销行为采取弹窗提示、违规警示、限制流量、暂停直播等措施。直播营销平台应当以显著方式警示用户平台外私下交易等行为的风险
第十一条	直播营销平台提供付费导流等服务，对网络直播营销进行宣传、推广，构成商业广告的，应当履行广告发布者或者广告经营者的责任和义务。 直播营销平台不得为直播间运营者、直播营销人员虚假或者引人误解的商业宣传提供帮助、便利条件
第十二条	直播营销平台应当建立健全未成年人保护机制，注重保护未成年人身心健康。网络直播营销中包含可能影响未成年人身心健康内容的，直播营销平台应当在信息展示前以显著方式作出提示
第十三条	直播营销平台应当加强新技术新应用新功能上线和使用管理，对利用人工智能、数字视觉、虚拟现实、语音合成等技术展示的虚拟形象从事网络直播营销的，应当按照有关规定进行安全评估，并以显著方式予以标识
第十四条	直播营销平台应当根据直播间运营者账号合规情况、关注和访问量、交易量和金额及其他指标维度，建立分级管理制度，根据级别确定服务范围及功能，对重点直播间运营者采取安排专人实时巡查、延长直播内容保存时间等措施。 直播营销平台应当对违反法律法规和服务协议的直播间运营者账号，视情采取警示提醒、限制功能、暂停发布、注销账号、禁止重新注册等处置措施，保存记录并向有关主管部门报告。 直播营销平台应当建立黑名单制度，将严重违法违规的直播营销人员及因违法失德造成恶劣社会影响的人员列入黑名单，并向有关主管部门报告
第十七条	直播营销人员或者直播间运营者为自然人的，应当年满十六周岁；十六周岁以上的未成年人申请成为直播营销人员或者直播间运营者的，应当经监护人同意
第十八条	直播间运营者、直播营销人员从事网络直播营销活动，应当遵守法律法规和国家有关规定，遵循社会公序良俗，真实、准确、全面地发布商品或服务信息，不得有下列行为： （一）违反《网络信息内容生态治理规定》第六条、第七条规定的； （二）发布虚假或者引人误解的信息，欺骗、误导用户； （三）营销假冒伪劣、侵犯知识产权或不符合保障人身、财产安全要求的商品； （四）虚构或者篡改交易、关注度、浏览量、点赞量等数据流量造假； （五）知道或应当知道他人存在违法违规或高风险行为，仍为其推广、引流； （六）骚扰、诋毁、谩骂及恐吓他人，侵害他人合法权益； （七）传销、诈骗、赌博、贩卖违禁品及管制物品等； （八）其他违反国家法律法规和有关规定的行为

续表

《网络直播营销管理办法（试行）》	
第二十条	直播营销人员不得在涉及国家安全、公共安全、影响他人及社会正常生产生活秩序的场所从事网络直播营销活动。 直播间运营者、直播营销人员应当加强直播间管理，在下列重点环节的设置应当符合法律法规和国家有关规定，不得含有违法和不良信息，不得以暗示等方式误导用户： （一）直播间运营者账号名称、头像、简介； （二）直播间标题、封面； （三）直播间布景、道具、商品展示； （四）直播营销人员着装、形象； （五）其他易引起用户关注的重点环节
第二十一条	直播间运营者、直播营销人员应当依据平台服务协议做好语音和视频连线、评论、弹幕等互动内容的实时管理，不得以删除、屏蔽相关不利评价等方式欺骗、误导用户
第二十二条	直播间运营者应当对商品和服务供应商的身份、地址、联系方式、行政许可、信用情况等信息进行核验，并留存相关记录备查
第二十三条	直播间运营者、直播营销人员应当依法依规履行消费者权益保护责任和义务，不得故意拖延或者无正当理由拒绝消费者提出的合法合理要求
第二十八条	违反本办法，给他人造成损害的，依法承担民事责任；构成犯罪的，依法追究刑事责任；尚不构成犯罪的，由网信等有关主管部门依据各自职责依照有关法律法规予以处理
相关法律法规	
法律文件	《中华人民共和国广告法》《中华人民共和国消费者权益保护法》《广告管理条例》《药品、医疗器械、保健食品、特殊医学用途配方食品广告审查管理暂行办法》《互联网广告管理办法》《网络购买商品七日无理由退货暂行办法（2020 修订）》《网络交易监督管理办法》《市场主体登记管理条例》《市场主体登记管理条例实施细则》《网络直播营销行为规范》《中华人民共和国海关法》《中华人民共和国进出口商品检验法》《中华人民共和国税收征收管理法》《中华人民共和国外汇管理条例》《关于完善跨境电子商务零售进口监管有关工作的通知》 等

第二节
公司电商业务合规相关案例分析

一、案情简介

王某通过 Z 公司运营的微信公众号购买了 G 公司住宿服务，并在 G 公司的移动应用 App 上预定了境外酒店。预定过程中，王某点击勾选了 G 公司的《客户个人数据保护章程》，并提交了姓名、国籍、电话号码、电子邮箱地址、银行卡号等个人信息。事后，王某发现依据《客户个人数据保护章程》规定，其提交的个人信息将被传送共享至全球多个地区和接收主体。王某认为两公司跨境处理中国公民个人信息行为违反相关规定，遂向广州互联网法院提起诉讼。

广州互联网法院生效判决认为，被告公司为消费者预定域外酒店服务收集案涉个人信息，此种情况下的个人信息出境，属于履行合同必需，不须单独同意。经审理查明，被告公司在其《客户个人数据保护章程》中，未遵循公开透明原则，真实、准确、完整告知其处理规则，未能依法正确履行告知义务。另查明，被告公司基于商业营销目的，还向位于美国和爱尔兰的某第三方公司传输处理相关个人信息，该处理行为及其处理目的超出履行合同必需，也未向王某充分告知并取得其单独同意，属于违法处理行为，侵害了王某的个人信息权益，应当承担民事侵权责任。

二、案例分析

跨境电商面临信息安全的极大挑战。案例中行为人跨境处理个人信息时，未遵循相关原则，侵害消费者权益。在跨境电商中，个人信息保护是重中之重。企业在开展跨境业务时，要充分了解国内外法律法规，严格遵守个人信息处理规则，保障消费者信息安全。否则，将面临法律诉讼和高额赔偿，阻碍企业国际化进程。

除个人信息保护外，在跨境电商中，企业应当深入了解目标国家或地区的进出口政策、关税税率、贸易限制等法规要求，确保商品符合目标市场的质量、安全、环保等标准，办理必要的进出口许可证、认证证书等，在报关、清关环节如实申报商品信息，准确填写商品名称、数量、价值、原产地等，避免低报、瞒报等违规行为。另外，需要选择合法合规的国际支付渠道，确保支付过程符合反洗钱、反恐怖融资等国际金融监管要求，对跨境支付交易进行风险评估与监控，防范欺诈交易、资金非法转移等风险。

| 第四十五章 |
公司算法专项合规指南与案例分析

在人工智能和大数据技术快速发展的时代背景下，算法已成为企业运营和决策的核心工具，我国紧跟时代的步伐，也迅速进入了"算法社会"。在高效的算法提升了经济效率以及社会效益的同时，算法带来的一些负面问题也层出不穷，企业算法合规已成为不可忽视的重要议题。算法合规不仅是遵守法律法规的要求，更是企业履行社会责任、赢得用户信任的关键。企业算法相关国家标准和行业规范也在不断的制定和发布中，可以看出我国对算法活动的管理日趋严格和规范化。本章总结了算法合规相关的法律依据以及案例分析。

第一节
公司算法合规相关法律依据

《互联网信息服务算法推荐管理规定》	
第七条	算法推荐服务提供者应当落实算法安全主体责任，建立健全算法机制机理审查、科技伦理审查、用户注册、信息发布审核、数据安全和个人信息保护、反电信网络诈骗、安全评估监测、安全事件应急处置等管理制度和技术措施，制定并公开算法推荐服务相关规则，配备与算法推荐服务规模相适应的专业人员和技术支撑
第八条	算法推荐服务提供者应当定期审核、评估、验证算法机制机理、模型、数据和应用结果等，不得设置诱导用户沉迷、过度消费等违反法律法规或者违背伦理道德的算法模型
第九条	算法推荐服务提供者应当加强信息安全管理，建立健全用于识别违法和不良信息的特征库，完善入库标准、规则和程序。发现未作显著标识的算法生成合成信息的，应当作出显著标识后，方可继续传输。 发现违法信息的，应当立即停止传输，采取消除等处置措施，防止信息扩散，保存有关记录，并向网信部门和有关部门报告。发现不良信息的，应当按照网络信息内容生态治理有关规定予以处置

续表

《互联网信息服务算法推荐管理规定》	
第十条	算法推荐服务提供者应当加强用户模型和用户标签管理，完善记入用户模型的兴趣点规则和用户标签管理规则，不得将违法和不良信息关键词记入用户兴趣点或者作为用户标签并据以推送信息
第十一条	算法推荐服务提供者应当加强算法推荐服务版面页面生态管理，建立完善人工干预和用户自主选择机制，在首页首屏、热搜、精选、榜单类、弹窗等重点环节积极呈现符合主流价值导向的信息
第十二条	鼓励算法推荐服务提供者综合运用内容去重、打散干预等策略，并优化检索、排序、选择、推送、展示等规则的透明度和可解释性，避免对用户产生不良影响，预防和减少争议纠纷
第十三条	算法推荐服务提供者提供互联网新闻信息服务的，应当依法取得互联网新闻信息服务许可，规范开展互联网新闻信息采编发布服务、转载服务和传播平台服务，不得生成合成虚假新闻信息，不得传播非国家规定范围内的单位发布的新闻信息
第十四条	算法推荐服务提供者不得利用算法虚假注册账号、非法交易账号、操纵用户账号或者虚假点赞、评论、转发，不得利用算法屏蔽信息、过度推荐、操纵榜单或者检索结果排序、控制热搜或者精选等干预信息呈现，实施影响网络舆论或者规避监督管理行为
第十五条	算法推荐服务提供者不得利用算法对其他互联网信息服务提供者进行不合理限制，或者妨碍、破坏其合法提供的互联网信息服务正常运行，实施垄断和不正当竞争行为
第十六条	算法推荐服务提供者应当以显著方式告知用户其提供算法推荐服务的情况，并以适当方式公示算法推荐服务的基本原理、目的意图和主要运行机制等
第十七条	算法推荐服务提供者应当向用户提供不针对其个人特征的选项，或者向用户提供便捷的关闭算法推荐服务的选项。用户选择关闭算法推荐服务的，算法推荐服务提供者应当立即停止提供相关服务。 算法推荐服务提供者应当向用户提供选择或者删除用于算法推荐服务的针对其个人特征的用户标签的功能。 算法推荐服务提供者应用算法对用户权益造成重大影响的，应当依法予以说明并承担相应责任
第十八条	算法推荐服务提供者向未成年人提供服务的，应当依法履行未成年人网络保护义务，并通过开发适合未成年人使用的模式、提供适合未成年人特点的服务等方式，便利未成年人获取有益身心健康的信息。 算法推荐服务提供者不得向未成年人推送可能引发未成年人模仿不安全行为和违反社会公德行为、诱导未成年人不良嗜好等可能影响未成年人身心健康的信息，不得利用算法推荐服务诱导未成年人沉迷网络
第十九条	算法推荐服务提供者向老年人提供服务的，应当保障老年人依法享有的权益，充分考虑老年人出行、就医、消费、办事等需求，按照国家有关规定提供智能化适老服务，依法开展涉电信网络诈骗信息的监测、识别和处置，便利老年人安全使用算法推荐服务
第二十条	算法推荐服务提供者向劳动者提供工作调度服务的，应当保护劳动者取得劳动报酬、休息休假等合法权益，建立完善平台订单分配、报酬构成及支付、工作时间、奖惩等相关算法
第二十一条	算法推荐服务提供者向消费者销售商品或者提供服务的，应当保护消费者公平交易的权利，不得根据消费者的偏好、交易习惯等特征，利用算法在交易价格等交易条件上实施不合理的差别待遇等违法行为

续表

《互联网信息服务算法推荐管理规定》	
第二十二条	算法推荐服务提供者应当设置便捷有效的用户申诉和公众投诉、举报入口，明确处理流程和反馈时限，及时受理、处理并反馈处理结果
第二十四条	具有舆论属性或者社会动员能力的算法推荐服务提供者应当在提供服务之日起十个工作日内通过互联网信息服务算法备案系统填报服务提供者的名称、服务形式、应用领域、算法类型、算法自评估报告、拟公示内容等信息，履行备案手续。 算法推荐服务提供者的备案信息发生变更的，应当在变更之日起十个工作日内办理变更手续。 算法推荐服务提供者终止服务的，应当在终止服务之日起二十个工作日内办理注销备案手续，并作出妥善安排
第二十六条	完成备案的算法推荐服务提供者应当在其对外提供服务的网站、应用程序等的显著位置标明其备案编号并提供公示信息链接
第二十七条	具有舆论属性或者社会动员能力的算法推荐服务提供者应当按照国家有关规定开展安全评估
第二十八条	网信部门会同电信、公安、市场监管等有关部门对算法推荐服务依法开展安全评估和监督检查工作，对发现的问题及时提出整改意见并限期整改。 算法推荐服务提供者应当依法留存网络日志，配合网信部门和电信、公安、市场监管等有关部门开展安全评估和监督检查工作，并提供必要的技术、数据等支持和协助
《互联网信息服务深度合成管理规定》	
第七条	深度合成服务提供者应当落实信息安全主体责任，建立健全用户注册、算法机制机理审核、科技伦理审查、信息发布审核、数据安全、个人信息保护、反电信网络诈骗、应急处置等管理制度，具有安全可控的技术保障措施
第八条	深度合成服务提供者应当制定和公开管理规则、平台公约，完善服务协议，依法依约履行管理责任，以显著方式提示深度合成服务技术支持者和使用者承担信息安全义务
第十条	深度合成服务提供者应当加强深度合成内容管理，采取技术或者人工方式对深度合成服务使用者的输入数据和合成结果进行审核。 深度合成服务提供者应当建立健全用于识别违法和不良信息的特征库，完善入库标准、规则和程序，记录并留存相关网络日志。 深度合成服务提供者发现违法和不良信息的，应当依法采取处置措施，保存有关记录，及时向网信部门和有关主管部门报告；对相关深度合成服务使用者依法依约采取警示、限制功能、暂停服务、关闭账号等处置措施
第十一条	深度合成服务提供者应当建立健全辟谣机制，发现利用深度合成服务制作、复制、发布、传播虚假信息的，应当及时采取辟谣措施，保存有关记录，并向网信部门和有关主管部门报告
第十二条	深度合成服务提供者应当设置便捷的用户申诉和公众投诉、举报入口，公布处理流程和反馈时限，及时受理、处理和反馈处理结果
第十四条	深度合成服务提供者和技术支持者应当加强训练数据管理，采取必要措施保障训练数据安全；训练数据包含个人信息的，应当遵守个人信息保护的有关规定。 深度合成服务提供者和技术支持者提供人脸、人声等生物识别信息编辑功能的，应当提示深度合成服务使用者依法告知被编辑的个人，并取得其单独同意

《互联网信息服务深度合成管理规定》	
第十五条	深度合成服务提供者和技术支持者应当加强技术管理，定期审核、评估、验证生成合成类算法机制机理。 深度合成服务提供者和技术支持者提供具有以下功能的模型、模板等工具的，应当依法自行或者委托专业机构开展安全评估： （一）生成或者编辑人脸、人声等生物识别信息的； （二）生成或者编辑可能涉及国家安全、国家形象、国家利益和社会公共利益的特殊物体、场景等非生物识别信息的
第十六条	算法推荐服务提供者应当以显著方式告知用户其提供算法推荐服务的情况，并以适当方式公示算法推荐服务的基本原理、目的意图和主要运行机制等
第十七条	深度合成服务提供者提供以下深度合成服务，可能导致公众混淆或者误认的，应当在生成或者编辑的信息内容的合理位置、区域进行显著标识，向公众提示深度合成情况： （一）智能对话、智能写作等模拟自然人进行文本的生成或者编辑服务； （二）合成人声、仿声等语音生成或者显著改变个人身份特征的编辑服务； （三）人脸生成、人脸替换、人脸操控、姿态操控等人物图像、视频生成或者显著改变个人身份特征的编辑服务； （四）沉浸式拟真场景等生成或者编辑服务； （五）其他具有生成或者显著改变信息内容功能的服务。 深度合成服务提供者提供前款规定之外的深度合成服务的，应当提供显著标识功能，并提示深度合成服务使用者可以进行显著标识
第十九条	具有舆论属性或者社会动员能力的深度合成服务提供者，应当按照《互联网信息服务算法推荐管理规定》履行备案和变更、注销备案手续。 深度合成服务技术支持者应当参照前款规定履行备案和变更、注销备案手续。 完成备案的深度合成服务提供者和技术支持者应当在其对外提供服务的网站、应用程序等的显著位置标明其备案编号并提供公示信息链接
第二十条	深度合成服务提供者开发上线具有舆论属性或者社会动员能力的新产品、新应用、新功能的，应当按照国家有关规定开展安全评估
《生成式人工智能服务管理暂行办法》	
第四条	提供和使用生成式人工智能服务，应当遵守法律、行政法规，尊重社会公德和伦理道德，遵守以下规定： （一）坚持社会主义核心价值观，不得生成煽动颠覆国家政权、推翻社会主义制度，危害国家安全和利益、损害国家形象，煽动分裂国家、破坏国家统一和社会稳定，宣扬恐怖主义、极端主义，宣扬民族仇恨、民族歧视，暴力、淫秽色情，以及虚假有害信息等法律、行政法规禁止的内容； （二）在算法设计、训练数据选择、模型生成和优化、提供服务等过程中，采取有效措施防止产生民族、信仰、国别、地域、性别、年龄、职业、健康等歧视； （三）尊重知识产权、商业道德，保守商业秘密，不得利用算法、数据、平台等优势，实施垄断和不正当竞争行为； （四）尊重他人合法权益，不得危害他人身心健康，不得侵害他人肖像权、名誉权、荣誉权、隐私权和个人信息权益； （五）基于服务类型特点，采取有效措施，提升生成式人工智能服务的透明度，提高生成内容的准确性和可靠性

	《生成式人工智能服务管理暂行办法》
第七条	生成式人工智能服务提供者应当依法开展预训练、优化训练等训练数据处理活动，遵守以下规定： （一）使用具有合法来源的数据和基础模型； （二）涉及知识产权的，不得侵害他人依法享有的知识产权； （三）涉及个人信息的，应当取得个人同意或者符合法律、行政法规规定的其他情形； （四）采取有效措施提高训练数据质量，增强训练数据的真实性、准确性、客观性、多样性； （五）《中华人民共和国网络安全法》、《中华人民共和国数据安全法》、《中华人民共和国个人信息保护法》等法律、行政法规的其他有关规定和有关主管部门的相关监管要求
第八条	在生成式人工智能技术研发过程中进行数据标注的，提供者应当制定符合本办法要求的清晰、具体、可操作的标注规则；开展数据标注质量评估，抽样核验标注内容的准确性；对标注人员进行必要培训，提升遵法守法意识，监督指导标注人员规范开展标注工作
第九条	提供者应当依法承担网络信息内容生产者责任，履行网络信息安全义务。涉及个人信息的，依法承担个人信息处理者责任，履行个人信息保护义务。 提供者应当与注册其服务的生成式人工智能服务使用者（以下称使用者）签订服务协议，明确双方权利义务
第十条	提供者应当明确并公开其服务的适用人群、场合、用途，指导使用者科学理性认识和依法使用生成式人工智能技术，采取有效措施防范未成年人用户过度依赖或者沉迷生成式人工智能服务
第十一条	提供者对使用者的输入信息和使用记录应当依法履行保护义务，不得收集非必要个人信息，不得非法留存能够识别使用者身份的输入信息和使用记录，不得非法向他人提供使用者的输入信息和使用记录。 提供者应当依法及时受理和处理个人关于查阅、复制、更正、补充、删除其个人信息等的请求
第十二条	提供者应当按照《互联网信息服务深度合成管理规定》对图片、视频等生成内容进行标识
第十三条	提供者应当在其服务过程中，提供安全、稳定、持续的服务，保障用户正常使用
第十四条	提供者发现违法内容的，应当及时采取停止生成、停止传输、消除等处置措施，采取模型优化训练等措施进行整改，并向有关主管部门报告。 提供者发现使用者利用生成式人工智能服务从事违法活动的，应当依法依约采取警示、限制功能、暂停或者终止向其提供服务等处置措施，保存有关记录，并向有关主管部门报告
第十五条	提供者应当建立健全投诉、举报机制，设置便捷的投诉、举报入口，公布处理流程和反馈时限，及时受理、处理公众投诉举报并反馈处理结果
第十七条	提供具有舆论属性或者社会动员能力的生成式人工智能服务的，应当按照国家有关规定开展安全评估，并按《互联网信息服务算法推荐管理规定》履行算法备案和变更、注销备案手续
	《网络信息内容生态治理规定》
第十二条	网络信息内容服务平台采用个性化算法推荐技术推送信息的，应当设置符合本规定第十条、第十一条规定要求的推荐模型，建立健全人工干预和用户自主选择机制

续表

《网络信息内容生态治理规定》	
第十六条	网络信息内容服务平台应当在显著位置设置便捷的投诉举报入口，公布投诉举报方式，及时受理处置公众投诉举报并反馈处理结果
第二十四条	网络信息内容服务使用者和网络信息内容生产者、网络信息内容服务平台不得通过人工方式或者技术手段实施流量造假、流量劫持以及虚假注册账号、非法交易账号、操纵用户账号等行为，破坏网络生态秩序
《中华人民共和国个人信息保护法》	
第二十四条	个人信息处理者利用个人信息进行自动化决策，应当保证决策的透明度和结果公平、公正，不得对个人在交易价格等交易条件上实行不合理的差别待遇。 通过自动化决策方式向个人进行信息推送、商业营销，应当同时提供不针对其个人特征的选项，或者向个人提供便捷的拒绝方式。 通过自动化决策方式作出对个人权益有重大影响的决定，个人有权要求个人信息处理者予以说明，并有权拒绝个人信息处理者仅通过自动化决策的方式作出决定
第五十四条	个人信息处理者应当定期对其处理个人信息遵守法律、行政法规的情况进行合规审计
第五十五条	有下列情形之一的，个人信息处理者应当事前进行个人信息保护影响评估，并对处理情况进行记录： （一）处理敏感个人信息； （二）利用个人信息进行自动化决策； （三）委托处理个人信息、向其他个人信息处理者提供个人信息、公开个人信息； （四）向境外提供个人信息； （五）其他对个人权益有重大影响的个人信息处理活动
第五十六条	个人信息保护影响评估应当包括下列内容： （一）个人信息的处理目的、处理方式等是否合法、正当、必要； （二）对个人权益的影响及安全风险； （三）所采取的保护措施是否合法、有效并与风险程度相适应。 个人信息保护影响评估报告和处理情况记录应当至少保存三年
第六十四条第一款	履行个人信息保护职责的部门在履行职责中，发现个人信息处理活动存在较大风险或者发生个人信息安全事件的，可以按照规定的权限和程序对该个人信息处理者的法定代表人或者主要负责人进行约谈，或者要求个人信息处理者委托专业机构对其个人信息处理活动进行合规审计。个人信息处理者应当按照要求采取措施，进行整改，消除隐患
《中华人民共和国电子商务法》	
第十八条	电子商务经营者根据消费者的兴趣爱好、消费习惯等特征向其提供商品或者服务的搜索结果的，应当同时向该消费者提供不针对其个人特征的选项，尊重和平等保护消费者合法权益。 电子商务经营者向消费者发送广告的，应当遵守《中华人民共和国广告法》的有关规定
《互联网新闻信息服务新技术新应用安全评估管理规定》	
第六条	互联网新闻信息服务提供者应当建立健全新技术新应用安全评估管理制度和保障制度，按照本规定要求自行组织开展安全评估，为国家和省、自治区、直辖市互联网信息办公室组织开展安全评估提供必要的配合，并及时完成整改

续表

	《互联网新闻信息服务新技术新应用安全评估管理规定》
第七条	有下列情形之一的，互联网新闻信息服务提供者应当自行组织开展新技术新应用安全评估，编制书面安全评估报告，并对评估结果负责： （一）应用新技术、调整增设具有新闻舆论属性或社会动员能力的应用功能的； （二）新技术、新应用功能在用户规模、功能属性、技术实现方式、基础资源配置等方面的改变导致新闻舆论属性或社会动员能力发生重大变化的
第十一条	互联网新闻信息服务提供者报请国家或者省、自治区、直辖市互联网信息办公室组织开展新技术新应用安全评估，应当提供下列材料，并对提供材料的真实性负责： （一）服务方案（包括服务项目、服务方式、业务形式、服务范围等）； （二）产品（服务）的主要功能和主要业务流程，系统组成（主要软硬件系统的种类、品牌、版本、部署位置等概要介绍）； （三）产品（服务）配套的信息安全管理制度和技术保障措施； （四）自行组织开展并完成的安全评估报告； （五）其他开展安全评估所需的必要材料

第二节
公司算法合规案例分析

一、案情简介

D 平台的《服务协议及隐私声明》明确：销售方仅向消费者提供商品或服务。每位用户仅限使用一个账户，如有证据证明客户存在注册或使用多个账户，或根据购买记录、数量、IP 地址等因素合理怀疑非因生活消费购买商品或服务，平台有权取消订单。

蔡某同意该条款后注册成功，通过多个与该平台关联的账户、设备、IP 地址下单购买商品，订单收货人、联系电话、送货地址大多指向蔡某本人。后蔡某再次在 D 平台下单时，其订单被系统判定为"异常订单或经销商订单"，遂被系统取消并隐藏。蔡某认为 D 平台非法使用后台存储的个人信息，筛选分析蔡某的购买记录，滥用并损害了其个人信息权益，遂诉至人民法院，要求 D 平台对涉案订单金额进行三倍赔偿。

法院经审理认为，首先，D 平台针对的用户是进行正常生活消费的普通消费者。《服务协议及隐私声明》中相关条款属于正常商业考量和市场行为范畴，并未违反法律法规的强制性规定和公序良俗。其次，D 平台收集、处理客户账户、设备地址、联系电话、送货地址等信息，系履行合同所需，事先已征得客户同意，亦未超过约定的"因生活消费购买商品或服务"之用途。现 D 平台根据收货地址及 IP 地址信息均指向同一主体的事实，认为蔡某存在"购买商品或服务等数量超过正常生活消费需求的订购行为"有事实依据，该平台系统并未滥用蔡某个人信息，据此按照协议约定取消订单并无不当，故判决驳回蔡某诉请。蔡某不服判决提出上诉，二审维持原判。

二、案例分析

该案中，法院虽认定电商平台通过算法判定用户异常订单的行为合法合规，但这一裁判结果恰恰反映出平台与消费者在技术能力和信息掌控上的结构性不平等。尽管平台依据用户协议收集并分析账户、设备、IP 地址等数据以甄别非正常消费行为具有合同依据，但其算法决策的不透明性和单方解释权仍可能对消费者权益造成潜在威胁。当前司法裁判倾向于尊重平台基于商业自治的算法管理权，但技术中立表象下仍需警惕算法权力的滥用——平台可能以"反薅羊毛"或"维护消费秩序"为名，过度收集用户行为数据、扩大算法监控范围（如关联设备信息与社交账号），甚至利用算法标签对消费者进行隐性分类（如"高风险用户"），进而限制其公平交易权。

以此案为例，企业应主动构建算法应用的伦理边界：其一，在技术层面，需明确算法规则的透明度，例如，向用户公示异常订单判定的具体标准，避免以"系统自动判定"等笼统表述掩盖决策逻辑；其二，在数据使用层面，严格遵循"最小必要"原则，仅收集与订单风控直接相关的信息，禁止将算法分析范围延伸至用户社交关系、地理位置等非必要维度；其三，在程序保障层面，建立算法异议申诉机制，允许用户对订单取消等算法决策结果申请人工复核。通过算法逻辑公开、数据使用克制、救济渠道畅通三重约束，才能平衡商业效率与消费者权益，避免技术优势异化为侵害用户权利的"数字利刃"。

第四十六章

公司开源专项合规指南与案例分析

在信息技术飞速发展的当下,开源软件已成为软件产业生态中不可或缺的重要组成部分。开源软件以其开放源代码、协作开发等特性,极大地推动了软件技术的创新与发展,降低了软件开发成本,提高了软件的质量和可靠性。然而,随着开源软件的广泛应用,开源合规问题逐渐凸显。在法律方面,首当其冲的是开源许可证问题。开源软件许可证种类繁杂,像 GPL、MIT 等,各许可证在权利授予、使用限制和分发要求上大相径庭。同时,开源软件开发涉及众多开发者,知识产权归属复杂。若开发者贡献代码时未明晰权利转让细节,后续易产生归属争议。再者,开源软件传播不受地域限制,然而不同国家和地区在知识产权保护等法律体系上存在差异,跨国使用时企业需兼顾多个司法管辖区法律要求,合规难度大增。据此,开源许可证的复杂性、开源软件使用情况追踪的困难以及安全与合规的交织等问题,给开源合规带来了诸多挑战。本章总结了公司开源专项合规相关法律依据以及案例分析。

第一节
公司开源合规相关法律依据

GNU general Public license v2(GPLv2)①	
条款 1	只要你做到为每一个副本醒目而恰当地发布版权与免责声明,原封不动地保留本协议及免责声明,并将本协议连同程式发予接收者,你可以通过任何媒介完整地复制和分发你收到的本程式的源码,你可以就传输副本的具体行为收费,也可以选择提供品质担保以换取收入

---

① https://www.gnu.org/licenses/old-licenses/gpl-2.0.zh-cn.html。

	GNU general Public license v2 (GPLv2)
条款2	你可以修改你的程式副本的任意部分,以构成本程式的派生作品并在满足上述条款及以下三点要求的前提下复制和分发该修改版: a)你必须在你修改的文件中醒目地声明你的修改及标注修改日期。 b)你必须使你分发或发布的作品,部分或全部包含本程式或其派生作品允许第三方在本协议约束下使用,并不得就授权收费。 c)如果修改后的程序通常在运行时通过交互方式获取命令,你应该让它进入交互模式时显示简要的版权声明和免责声明(抑或你的品质担保声明),以及告诉用户可以在本协议约束下再发布该程序并提供查阅本协议的途径(例外:如果本程式有交互式执行却通常不显示任何声明,则对你的派生作品也不作此要求)。 上述要求对修改后的作品整体有效。如果该作品中某些可划定的部分并非派生自本程式,并可以被合理地看是从中分离的独立作品,则当你将它们分开发布时,这种独立部分可以不受本协议约束。但是,在你将这些部分和你修改后的作品一起发布时,整个套件将受本协议约束,本协议对其他许可获得者的授权将延伸至整个作品,即套件的每一部分,无论是谁写的
条款3	你可以在上述条款约束下以目标码或可执行文件的形式复制和分发本程式(或条款2所说的派生作品),不过你还要满足以下要求之一: a)附上相应的源码。源码要求完整且机器可读,并在条款1、条款2的约束下通过常用的软件交换媒介分发。 b)附上至少三年有效的书面报价表以供第三方付费获取相应的源码。源码要求完整且机器可读,并在条款1、条款2的约束下通过常用的软件交换媒介分发,费用不得超过实际的分发成本。 c)附上你所收到的获取源码途径的信息(该选择只适用于非商业分发,并且你只收到目标码或可执行文件以及满足b项要求的报价单的情况下)。 作品的源码指其可修改的首选形式。对可执行的作品而言,完整的源码指其包含的所有模块的源码、相关接口定义文档以及编译和安装所需脚本。然而有一种例外情况,分发的源码不必包含那些通常会随目标运行环境的操作系统的主要部件(编译器、内核等)发布的内容(以源码或二进制形式),除非这些部件自身是本程式的一部分。 如果以指定特定复制地点的形式分发可执行文件或目标码,则在同一地点提供对等源码复制途径也算一种源码分发手段,即便不强求第三方在复制目标码的同时复制源码
条款4	在本协议授权之外,你不能复制、修改、再授权或分发本程式任何用其他方法复制、修改、再授权或分发本程式的企图都是无效的,并使你从本协议获得的权利自动终止。然而从你那里按本协议获得副本和许可的人,只要继续遵守协议,他们获得的许可并不会终止
条款5	你无须在此协议上签字,也无须接受本协议。但是,这将使你不得修改或分发本程序或其派生作品。此种行为为法律所不容,除非你接受本协议。因此,修改或发布本程式(或本程式的任何派生作品),就表明你已经接受本协议,即接受它的所有关于复制、分发和修改本程式及其派生的条款
条款6	每当你再发布本程式(或本程式的任何派生作品),接收者自动从原始权利人处获得本许可,以复制、分发和修改本程式。你不能对他们获得的权利加以进一步的限制,你也没有要求第三方遵守该协议的义务
条款7	如果因为法庭裁决或专利侵权指控或其他原因(不限于专利事宜),你面临与本协议条款冲突的条件(来自法庭要求、协议或其他),那也不能成为你违背本协议的理由。倘若你不能在发布本程式时同时满足本协议和其他文件的要求,你就不能发布本程式。例如,某专利授权不允许通过你直接或间接地获得本程式的人在不付授权费的前提下再发布本程式,唯一能同时满足它和本协议要求的做法便是不发布本程式。

续表

	GNU general Public license v2（GPLv2）
条款 7	如果本条款在特定环境下无效或无法实施，本条款的其他部分仍适用且本条款整体在其他环境下仍适用。 本条款的目的不在于诱使你去侵犯专利或其他知识产权要求，抑或对之抗辩。本条款的根本目的是保护自由软件发布系统的完整性，而这要通过应用公共许可证实现。借助同样出自该系统的应用程序，许多人已经对在该系统上发布的软件作出了广泛而慷慨的贡献。作者/捐赠人有权确定是否通过其他渠道发布软件，被授权人不得干预其选择。 本条款旨在彻底阐明其余条款所带来的当然结果
条款 8	如果由于专利或受版权保护的接口的问题，分发或使用本程序在某些国家受到限制，原始版权持有人在其程序中使用本协议时可以附加明确的区域分发限制以排除那些国家，以支持此外地区的分发。在此情况下，这种限制条款将纳入协议之中
条款 9	自由软件联盟可能会不定时发布 CNU 通用公共许可协议的修订版或新版。新版将秉承当前版本的精神，但对问题或事项的描述细节不尽相同。每一版都会有不同的版本号，如果本程式指定其使用的协议版本以及"任何更新的版本"，你可以选择遵守该版本或者任何更新的版本的条款。如果本程式没有指定协议版本，你可以选用自由软件联盟发布的任意版本
条款 10	如果你希望将本程式的某部分并入采取不同发布条件的自由软件中，应书面请求其作者的许可。对于自由软件联盟持有版权的软件，还应向联盟提出书面请求，我们有时会作例外处理。在处理这种事情时我们秉承两大宗旨：保持所有自由软件派生作品的自由属性，以及在整体上促进软件的共享和复用
	● GPLv3①
条款 4	你可以通过任何媒介发布你接收到的本程序的完整源码副本，但要做到：为每一个副本醒目而恰当地发布版权；完整地保留关于本协议及按条款 7 加入的非许可性条款；完整地保留免责声明；给接收者附上一份本协议的副本。 你可以免费或收费转发，也可以选择提供技术支持或品质担保以换取收入
条款 5	你可以以源码形式转发基于本程序的作品或修改的内容，除满足条款 4 外还需要满足以下几点要求： a）该作品必须带有醒目的修改声明及相应的日期。 b）该作品必须带有醒目的声明，指出其在本协议及任何符合条款 7 的附加条件下发布。这个要求修正了条款 4 关于"完整保留"的内容。 c）你必须按照本协议将该作品整体向想要获得许可的人授权，本协议及符合条款 7 的附加条款就此适用于整个作品，即其每一部分，不管如何建包。本协议不允许以其他形式授权该作品，但如果你收到其他许可则另当别论。 d）如果该作品有交互式用户界面，则其必须显示适当的法律声明。然而当本程序有交互式用户界面却不显示适当的法律声明时，你的作品也不必显示。 一个在存储或分发媒介上的受保护作品和其他分离的单体作品的联合作品在既不是该受保护作品的自然扩展，也不以构筑更大的程序为目的，并且自身及其产生的版权并非用于限制单体作品给予联合作品用户的访问及其他合法权利时，称为"聚合体"。在聚合作品中包含受保护作品并不会使本协议影响聚合作品的其他部分

---

① https：//www. gnu. org/licenses/gpl-3. 0. html。

• GPLv3	
条款6	你可以如条款4和条款5所述那样以目标码形式转发受保护作品同时在本协议规范下以如下方式之一转发机器可读的对应源码： a）目标码通过实体产品（涵盖某种实体分发媒介）转发时，通过常用于软件交换的耐用型实体媒介随同转发相应的源码。 b）目标码通过实体产品（涵盖某种实体分发媒介）转发时，伴以具有至少三年且与售后服务等长有效期的书面承诺，给予目标码的持有者：（1）包含产品全部软件的相应源码的常用于软件交换的耐用型实体媒介，且收费不超过其合理的转发成本；或者（2）通过网络免费获得相应源码的途径。 c）单独转发目标码时，伴以提供源码的书面承诺。本选项仅在你收到目标码及 b 项形式的承诺的情况下可选。 d）通过在指定地点提供目标码获取服务（无论是否收费）的形式转发目标码时，在同一地点以同样的方式提供对等的源码获取服务，并不得额外收费你不以要求接收者在复制目标码的同时复制源码。如果提供目标码复制的地点为网络服务器，相应的源码可以提供在另一个支持相同复制功能的服务器上（由你或者第三方运营），不过你要在目标码处指出相应源码的确切路径。不管你用什么源码服务器，你有义务确保持续可用以满足这些要求。 e）通过点对点传输转发目标码时，告知其他节点目标码和源码在何处以 d 项形式向大众免费提供。 "面向用户的产品"是指：（1）"消费品"，即个人、家庭或日常用途的个人有形财产；或者（2）面向社会团体设计或销售，却落入居家之物的范围。在判断一款产品是否属于消费品时，争议案例的判断将向利于扩大保护靠拢，就特定用户接收到特定产品而言，"正常使用"指对此类产品的典型或一般使用，不论该用户的身份，该用户对该产品的实际用法，以及该产品的预期用法。无论产品是否实质上具有商业上的、工业上的，以及非面向消费者的用法，它都视为消费品，除非以上用法代表了它唯一的重要使用模式。 "安装信息"对面向用户的产品而言，是指基于修改过的源码安装运行该产品中的受保护作品的修改版所需的方法、流程、认证码及其他信息。这些信息必须足以保证修改过的目标码不会仅仅因为被修改过而不能继续工作。 如果你以目标码形式转发某作品，且转发体现于该产品的所有权和使用权永久或者在一定时期内转让给接收者的过程（无论其有何特点），根据本条进行的源码转发必须伴有安装信息。不过，如果你和第三方都没有保留在该产品上安装修改后的目标码的能力（如作品安装在ROM上），这项要求不成立。要求提供安装信息并不要求为修改或安装的作品，以及其载体产品继续提供技术支持、品质担保和升级。当修改本身对网络运行有实质上的负面影响，或违背了网络通信协议和规则时，可以拒绝其联网。 根据本条发布的源码及安装信息，必须以公共的文件格式（并且存在可用的空开源码的处理工具）存在，同时不得对解压、阅读和复制设置任何密码
条款7	"附加许可"用于补充本协议，以允许一些例外情况。合乎适用法律的对整个程序适用的附加许可，应该被视为本协议的内容。如果附加许可作用于程序的某部分，则该部分受此附加许可约束，而其他部分不受其影响。 当你转发本程序时，你可以选择性删除副本或其部分的附加条款（附加条款可以写明在某些情况下要求你修改时删除该条款）。在你拥有或可授予恰当版权许可的受保护作品中，你可以在你添加的材料上附加许可。 尽管已存在本协议的其他条款，对你添加到受保护作品的材料，你可以（如果你获得该材料版权持有人的授权）以如下条款补充本协议： a）表示不提供品质担保或有超出条款15、条款16 的责任。 b）要求在此材料中或在适当的法律声明中保留特定的合理法律声明或创作印记。 c）禁止误传材料的起源，或要求合理标示修改以区别于原版。 d）限制以宣传为目的使用该材料的作者或授权人的名号。 e）降低约束以便赋予在商标法下使用商品名、商品标识及服务标识。 f）要求任何转发该材料（或其修改版）并对接收者提供契约性责任许诺的人，保证这种许诺不会给作者或授权人带来连带责任。

	● GPLv3
条款 7	此外的非许可性附加条款都被视作条款 10 所说的"进一步的限制"。如果你接收到的程序或其部分，声称受本协议约束，却补充了这种"进一步的限制"条款，你可以去掉它们。如果某许可协议包含"进一步的限制"条款，但允许通过本协议再授权或转发，你可以通过本协议再授权或转发加入了受前协议约束的材料，不过要同时移除上述条款
条款 8	除非在本协议明确授权下，你不得传播或修改受保护作品。其他任何传播或修改受保护作品的企图都是无效的，并将自动中止你通过本协议获得的权利（包括条款 11 第 3 款中提到的专利授权）。 然而，当你不再违反本协议时，你从特定版权持有人处获得的授权恢复：（1）暂时恢复，直到版权持有人明确终止；（2）永久恢复，如果版权持有人没有在 60 天内以合理的方式指出你的侵权行为。 再者，如果你第一次收到特定版权持有人关于你违反本协议（对任意作品）的通告，且在收到通告后 30 天内改正，那么可以继续享有此授权。 当你享有的权利如本条所述被中止时，已经从你那里根据本协议获得授权的他方的权利不会因此而中止。在你的权利恢复之前，你没有资格根据条款 10 获得同一材料的授权
条款 9	你不必为接收或运行本程序而接受本协议。类似地，仅仅因对点对点传输接收到的副本引发对受保护作品的辅助性传播，并不要求接受本协议。但是，除本协议外没有其他可以授权你传播或修改任何受保护作品。如果你不接受本协议，这些行为就侵犯了知识产权。因此，一旦修改和传播一个受保护的作品，就表明你接受本协议
条款 10	每当你转发一个受保护的作品，其接收者自动获得来自初始授权人的授权，依照本协议可以运行、修改和传播此作品。你没有要求第三方遵守该协议的义务。 "实体事务"是指转移一个组织的控制权或全部资产，或拆分或合并组织的事务。如果实体事务导致一个受保护作品的传播，则事务中各收到作品的副本方，都有获得前利益相关者享有或可以如前段所述提供的对该作品的任何授权，以及从前利益相关者处获得并拥有相应的源码的权利，如果前利益相关者享有或可以通过合理的努力获得此源码。 你不可以对本协议所授权利的行使施以进一步的限制。例如，你不可以索要授权费或版税，或就行使本协议所授权利征收其他费用；你也不能发起诉讼（包括交互诉讼和反诉），宣称制作、使用、零售、批发、引进本程序或其部分的行为侵犯了任何专利权
条款 11	关于专利权的授予。"贡献人"是指通过本协议对本程序或其派生作品进行使用认证的版权持有人。授权作品成为贡献人的"贡献者版"。 贡献人的"实质专利权限"指其拥有或掌控的，无论是已获得的还是将获得的全部专利权限中，可能被通过某种本协议允许的方式制作、使用或销售其贡献者版作品的行为侵犯的部分，不包括仅有修改其贡献者版作品才构成侵权的部分。"掌控"是指包括享有和本协议相一致的专利再授权的权利。 每位贡献人皆就其实质专利权限，授予你一份全球有效的免版税的非独占专利许可，以制作、使用、零售、批发、引进，以及运行、修改、传播其内容。 在以下三段中，"专利许可"是指通过任何方式明确表达不行使专利权（如对使用专利的明确许可和不起诉专利侵权的契约）的协议或承诺。对某方"授予"专利许可，是指这种不对其行使专利权的协议或承诺。 如果你转发的受保护作品已知依赖于某专利，而其相应的源码并不是任何人都能根据本协议从网上或其他地方免费获得，那么你必须：（1）以上述方式提供相应的源码；或者（2）放弃从该程序的专利许可中获得利益；或者（3）以某种和本协议相一致的方式将专利许可扩展到下游接收者。"已知依赖于"是指你实际上知道若没有专利许可，你在某国家转发受保护作品的行为，或者接收者在某国家使用受保护作品的行为，会侵犯一项或多项该国认定的专利，而这些专利你有理由相信它们的有效性。

续表

	● GPLv3
条款 11	如果根据一项事务或安排，抑或与之相关，你转发某受保护作品，或通过促成其转手以实现传播，并且该作品的接收方授予专利许可，以使可以使用传播、修改或转发该作品的特定副本，则此等专利许可将自动延伸至每一个收到该作品或其派生作品的人。 如果某专利在其涵盖范围内，不包含本协议专门赋予的一项或多项权利禁止行使它们或以不行使它们为前提，则该专利是"歧视性"的。如果你和软件发布行业的第三方有合作，合作要求你就转发受保护作品的情况向其付费并授予作品接收方歧视性专利，而且该专利（a）与你转发的副本（或在此基础上制作的副本）有关，或针对包含该受保护作品的产品或联合作品，你不得转发本程序，除非参加此项合作或取得该专利早于 2007 年 3 月 28 日。 本协议的任何部分不应被解释为在排斥或限制任何暗含的授权，或者其他在适用法律下对抗侵权的措施
条款 12	不得牺牲他人的自由。即便你面临与本协议条款冲突的条件（来协议或其他），也不能成为你违背本协议的理由。倘若你不能在转自法庭要求、发受保护作品同时满足本协议和其他文件的要求，你就不能转发本程序。例如，当你同意了某些要求，你就再转发问题向你的转发对象收取版税的条款时唯一能同时满足它和本协议要求的做法便是不转发本程序
条款 13	关于和 GNU Afero 通用公共许可协议（AGPL）的一起使用。尽管已存在本协议的一些条款，你可以将任何受保护作品与以 GNUAfero 通用公共许可协议管理的作品关联或组合成一个联合作品，并转发。本协议对其中的受保护作品部分仍然有效，但 GNUAfero 通用公共许可协议条款 13 关于网络交互的特别要求适用于整个联合作品
条款 14	关于本协议的修订版。自由软件联盟可能会不定时发布 GNU 通用公共许可协议的修订版或新版。新版将秉承当前版本的精神，但对问题或事项的描述细节不尽相同。 每一版都会有不同的版本号，如果本程序指定其使用的 GNU 通用公共许可协议的版本"或任何更新的版本"，你可以选择遵守该版本或者任何更新的版本的条款。如果本程序没有指定协议版本，你可以选用自由软件联盟发布的任意版本的 GNU 通用公共许可协议。 如果本程序指定代理来决定将来适用的 GNU 通用公共许可协议版本，则该代理的公开声明将指导你选择协议版本。 新的版本可能会给予你额外或不同的许可。但是，任何作者或版权持有人的义务，不会因为你选择新的版本而增加
	● AGPLv3①
条款 13	如果你修改了该程序，修改后的程序必须明确地向所有交互用户提供机会，以使其能够通过计算机远程网络（如果被授权方的版本支持此类交互）接收该版本的对应源码，即通过一些方便用户复制软件的标准或常用方法在网络服务器上免费提供对应源码。此处所述的对应源码包括按照以下规定纳入 GPLv3 所涉作品的对应源码。 如果被授权方修改的软件版本中包含通过远程网络与用户交互这一体系结构，就必须为用户提供机会，以便其能够通过网络接收服务器端的对应源码。如果对应源码档案本身是编写软件过程中的"生成目标"（对于所有 Copyleft 作品，均建议如此操作），那么有关早期绑定语言的合规十分简单，运行中的软件在收到相关请求时将此源码档案（也可能包括同一系统中其他运行程序的源码文件档案）作为固定数据输出到通信流中即可。这种技术性的合规方法也解决了以早期绑定编译语言编写软件的"Copylet 范围"问题：如果运行时程序的组件是在生成时就已决定的，那么用于生成该程序的代码在去掉系统库和其他任何特例代码后即为对应源码

---

① https：//www.gnu.org/licenses/agpl－3.0.html。

续表

	• LGPLv3①
条款 2	关于修改后的分发。如果被授权方修改了库的副本，并且在被授权方的修改中，设备引用了由使用该设备的应用程序提供的函数或数据（而不是作为调用该设施时传递的参数），那么被授权方可以传递修改版本的副本：a）根据本许可证，前提是被授权方尽可能确保在应用程序不提供功能或数据的情况下设备仍可以运行，并且执行其目的的任何部分仍然有意义；b）根据 GNUGPL，本许可证的任何附加权限均不适用于该副本
条款 3	合并库头文件中材料的目标代码。应用程序的目标代码表单可以包含来自作为库一部分的头文件的材料。如果合并的材料不限于数值参数、数据结构布局和访问器，或小型宏、内联函数和模板（长度不超过 10 行），被授权方可以根据自己的选择传达此类目标代码，被授权方可以同时执行以下两项操作：a）在目标代码的每个副本上都要发出显著的通知，说明其中使用了库并且库及其使用受本许可证的保护。b）随目标代码一起提供 GNUGPL 和本许可证文档的副本
条款 4	关于组合工程。你可以根据自己选择的条款传达组合作品，如果被授权方同时执行以下操作，则组合作品和反向工程中包含的库部分的修改不会受到限制： a）在合并作品的每一份副本上，都要发出醒目的通知，说明其中使用了库，并且库及其使用受本许可证的保护。 b）随附 GNUGPL 和本许可文件的副本。 c）对于在执行期间显示版权声明的组合作品，请将库的版权声明包括在这些声明中，并提供一个参考，指导用户获取 GNUGPL 和本许可文件的副本。 d）执行以下操作之一：1）按照 GNUGPL 第 6 节规定的传送对应源的方式，按照本许可证条款传送最小的对应源，并以适合用户的形式和允许用户使用链接版本的修改版本重新组合或重新链接应用程序的条款传送相应的应用程序代码，以生成修改的组合作品。2）使用合适的共享库机制链接库。合适的机制是：（A）在运行时使用用户计算机系统上已经存在的库的副本，以及（B）使用与链接版本接口兼容的库的修改版本正常运行。 e）提供安装信息，但仅在 GNUGPL 第 6 节要求你提供此类信息的情况下并且仅在安装和执行通过使用链接版本的修改版本重新组合或重新链接应用程序而生成的组合工作的修改版本所需的信息范围内
条款 5	关于组合库。被授权方可以将基于库的作品的库设施与不属于应用程序且不在本许可证范围内的其他库设施并排放置在一个库中，并根据你的选择转发此类组合库，前提是你同时执行以下两项操作： a）在合并后的库中随附一份基于该库的相同作品的副本，该副本未与任何其他库设施合并，并根据本许可证的条款传送。 b）随组合库发出明示的通知，说明其中一部分是基于该库的作品，并解释在何处可以找到同一作品附带的未组合形式
	• Apache 2.0②
条款 2	关于版权的授予。根据本许可证的条款，每个贡献者授予用户永久性的、全球性的、非专有性的、免费的、无版权费的、不可撤销的版权许可证以源程序形式或目标形式复制、准备衍生作品，公开显示、公开执行、授予分许可证，以及分发作品和这样的衍生作品
条款 3	关于专利权的授予。根据本许可证的条款，每个贡献者授予用户永久性的、全球性的、非专有性的、免费的、无版权费的、不可撤销的（除在本部分进行说明）专利许可证对作品进行

① https：//www.gnu.org/licenses/lgpl－3.0.html。

② https：//www.apache.org/licenses/LICENSE－2.0。

续表

	● Apache 2.0	
条款 3	制作、让人制作、使用、提供销售、进口和其他转让，且这样的许可证仅适用于在所递交作品的贡献中因可由单一的或多个这样的贡献者授予而必须侵犯的申请专利。如果用户对任何实体针对作品或作品中所涉及贡献提出因直接性或贡献性专利侵权而提起专利法律诉讼（包括交互诉讼请求或反索赔），那么根据本许可证，授予用户针对作品的任何专利许可证将在提起上述诉讼之日起终止	
条款 4	关于软件代码的重新分发。用户可在任何媒介中复制和分发作品或衍生作品之副本，无论是否修订，还是以源程序形式或目标形式，条件是用户需满足下列条款： 用户必须为作品或衍生作品的任何其他接收者提供本许可证的副本；并且用户必须让任何修改过的文件附带明显的通知，声明用户已更改文件；并且用户必须从作品的源程序形式中保留衍生作品源程序形式的用户所分发的所有版权、专利、商标和属性通知，但不包括不属于衍生作品任何部分的类似通知，并且如果作品将"通知"文本文件作为其分发作品的一部分，那么用户分发的任何衍生作品中须至少在下列地方之一包括，在这样的通知文件中所包含的属性通知的可读副本，但不包括那些不属于衍生作品任何部分的通知：在作为衍生作品一部分而分发的通知文本文件中；如果与衍生作品一起提供则在源程序形式或文件中；或者通常作为第三方通知出现的时候和地方，在衍生作品中产生的画面中。通知文件的内容仅供信息提供，并未对许可证进行修改。用户可在其分发的衍生作品中在作品的通知文本后或作为附录添加自己的属性通知，条件是附加的属性通知不得构成修改本许可证。 用户可以为自身所作出的修订添加自己的版权声明并可对自身所作出的修订内容或为这样的衍生作品作为整体的使用、复制或分发提供附加或不同的条款，条件是用户对作品的使用、复制和分发必须符合本许可证中声明的条款	
条款 5	关于代码贡献的提交。除非用户明确声明，在作品中由用户向许可证颁发者的提交若要包含在贡献中，必须在无任何附加条款下符合本许可证的条款。尽管上面如此规定，执行许可证颁发者有关贡献的条款时，任何情况下均不得替代或修改任何单独许可证协议的条款	
条款 6	关于商标权。本许可证并未授予用户使用许可证颁发者的商号商标、服务标记或产品名称，除非将这些名称用于合理性和惯例性描述作品起源和复制通知文件的内容时	
	● BSD 2.0①	
条款 1	源代码的再分发必须保留版权声明、此条件列表和免责声明	
条款 2	二进制形式的再分发必须在随分发提供的文档和/或其他材料中复制版权声明、此条件列表和免责声明。 BSD2.0 的后续版本还包括 BSD3.0 和 BSD4.0。 BSD3.0 在 BSD2.0 的基础上增加了与衍生作品推广相关的条款：规定未经事先书面许可，不得使用版权所有者的姓名或其贡献者的姓名来认可或推广从本软件衍生的产品。 BSD4.0 在 BSD3.0 的基础上增加了广告声明条款：所有提及本软件功能或使用的广告材料必须含有"本产品包括由某项目开发的软件"的声明。其中某项目是指在先被授予版权的 BSD 项目的名称	
	● MIT②	
条款 1	特此免费授予获得本软件及相关文档文件（以下简称本软件）副本的任何人在不受限制的情况下处理本软件的权利，包括但不限于使用、复制、修改、合并、发布、分发、再许可和/或出售本软件副本的权利，前提是符合条款 2 的条件	

---

① https：//opensource. org/license/BSD – 2 – Clause。

② https：//opensource. org/license/MIT。

续表

	• MIT
条款 2	版权声明和本许可声明应包含在本软件及其文档、营销和宣传材料的所有副本中，并在使用本软件的文档、材料和软件包中予以确认

第二节
公司开源合规案例分析

一、案情简介

2015 年，T 公司以 L 公司侵犯其计算机软件著作权为由向法院提起了诉讼。北京知识产权法院于 2018 年 4 月作出一审判决：（1）T 公司的 H 软件属于《著作权法》下的计算机软件作品，T 公司是该软件作品及 H 软件中涉案三个插件的著作权人；（2）L 公司的 A 软件中对应插件源代码部分与 T 公司的涉案三个插件构成同一性，该行为构成著作权侵权；（3）案涉三个插件处于独立的文件夹中，且文件夹中均未包含 GPL 协议，H 软件的根目录也不存在 GPL 软件协议。涉案三个插件不属于应根据 GPL 协议开放源代码的衍生软件作品，被告开源软件的抗辩理由不成立。

二审法院北京市高级人民法院亦未支持 L 公司的抗辩，判决维持原判。[①] 理由是：涉案三个插件中并无 GPL 开源协议，在 H 软件的根目录下亦不存在 GPL 开源协议，所以不支持 L 公司提出的"涉案三个插件应受 GPL 开源协议约束"的主张。两审判决虽未明确 GPL 协议的法律属性，但在论述涉案三个插件是否受 GPL 协议限制时，默认了GPL 协议具有法律约束力。

二、案例分析

首先，企业要投入资源进行自主算法研发，对所使用算法的来源及代码进行严格审查，避免侵权行为，若像 L 公司那样使用与他人软件构成同一性的插件源代码，将面临严重法律后果；其次，使用开源算法时，务必仔细研读相关开源协议，如 GPL 协议等，若软件或其插件涉及开源协议，需严格按照协议要求进行操作。若无法确定协议适用

---

① （2018）京民终 471 号民事判决书。

性，应咨询专业法律人士，避免因误解协议导致侵权；最后，公司应设立专门的算法合规审查团队或岗位，在算法上线前进行全面审核，涵盖代码合规性、功能实现以及是否存在侵权风险等方面，定期对在用算法进行复查，及时发现并纠正潜在问题，确保算法持续合规运行。

第四十七章

公司资格资质专项合规指南与案例分析

在市场经济蓬勃发展且竞争日益激烈的当下，公司的资格资质已然成为其参与市场活动、获取竞争优势以及保障自身稳健运营的关键要素。从行业准入门槛的设定，到各类业务开展的许可要求，资格资质贯穿公司运营的各个环节。然而，随着监管体系的不断完善与细化，公司在资格资质的获取、维护及运用过程中，面临着诸多复杂的合规挑战，负面事件屡屡发生。这些问题不仅影响了企业自身的正常运营，还对市场秩序造成了干扰。2021年，国家市场监督管理总局联合国家发展改革委等部门发布的《公平竞争审查制度实施细则》，对公司在市场竞争中涉及资格资质相关的公平竞争行为提出了更为严格、全面的要求，标志着公司资格资质合规进入全新的发展阶段。本章节聚焦于公司资格资质领域，总结与梳理了公司资格资质相关的法律依据，并结合实际案例进行案例分析。

第一节
公司资格资质合规相关法律依据

《中华人民共和国行政许可法》	
第十二条	下列事项可以设定行政许可：……（三）提供公众服务并且直接关系公共利益的职业、行业，需要确定具备特殊信誉、特殊条件或者特殊技能等资格、资质的事项
第十五条第二款	地方性法规和省、自治区、直辖市人民政府规章，不得设定应当由国家统一确定的公民、法人或者其他组织的资格、资质的行政许可；不得设定企业或者其他组织的设立登记及其前置性行政许可。其设定的行政许可，不得限制其他地区的个人或者企业到本地区从事生产经营和提供服务，不得限制其他地区的商品进入本地区市场
第三十九条	行政机关作出准予行政许可的决定，需要颁发行政许可证件的，应当向申请人颁发加盖本行政机关印章的下列行政许可证件：……（二）资格证、资质证或者其他合格证书

续表

《中华人民共和国行政许可法》	
第五十四条第一款	实施本法第十二条第三项所列事项的行政许可，赋予公民特定资格，依法应当举行国家考试的，行政机关根据考试成绩和其他法定条件作出行政许可决定；赋予法人或者其他组织特定的资格、资质的，行政机关根据申请人的专业人员构成、技术条件、经营业绩和管理水平等的考核结果作出行政许可决定。但是，法律、行政法规另有规定的，依照其规定

《中华人民共和国公司法》	
第二百五十条	违反本法规定，虚报注册资本、提交虚假材料或者采取其他欺诈手段隐瞒重要事实取得公司登记的，由公司登记机关责令改正，对虚报注册资本的公司，处以虚报注册资本金额百分之五以上百分之十五以下的罚款；对提交虚假材料或者采取其他欺诈手段隐瞒重要事实的公司，处以五万元以上二百万元以下的罚款；情节严重的，吊销营业执照；对直接负责的主管人员和其他直接责任人员处以三万元以上三十万元以下的罚款
第二百六十条第一款	公司成立后无正当理由超过六个月未开业的，或者开业后自行停业连续六个月以上的，公司登记机关可以吊销营业执照，但公司依法办理歇业的除外
第二百六十二条	利用公司名义从事危害国家安全、社会公共利益的严重违法行为的，吊销营业执照

《中华人民共和国市场主体登记管理条例》	
第二条	本条例所称市场主体，是指在中华人民共和国境内以营利为目的从事经营活动的下列自然人、法人及非法人组织： （一）公司、非公司企业法人及其分支机构； （二）个人独资企业、合伙企业及其分支机构； （三）农民专业合作社（联合社）及其分支机构； （四）个体工商户； （五）外国公司分支机构； （六）法律、行政法规规定的其他市场主体
第三条	市场主体应当依照本条例办理登记。未经登记，不得以市场主体名义从事经营活动。法律、行政法规规定无须办理登记的除外。 市场主体登记包括设立登记、变更登记和注销登记
第四条	市场主体登记管理应当遵循依法合规、规范统一、公开透明、便捷高效的原则
第八条	市场主体的一般登记事项包括： （一）名称； （二）主体类型； （三）经营范围； （四）住所或者主要经营场所； （五）注册资本或者出资额； （六）法定代表人、执行事务合伙人或者负责人姓名。 除前款规定外，还应当根据市场主体类型登记下列事项： （一）有限责任公司股东、股份有限公司发起人、非公司企业法人出资人的姓名或者名称； （二）个人独资企业的投资人姓名及居所； （三）合伙企业的合伙人名称或者姓名、住所、承担责任方式； （四）个体工商户的经营者姓名、住所、经营场所； （五）法律、行政法规规定的其他事项

续表

《中华人民共和国市场主体登记管理条例》	
第九条	市场主体的下列事项应当向登记机关办理备案： （一）章程或者合伙协议； （二）经营期限或者合伙期限； （三）有限责任公司股东或者股份有限公司发起人认缴的出资数额，合伙企业合伙人认缴或者实际缴付的出资数额、缴付期限和出资方式； （四）公司董事、监事、高级管理人员； （五）农民专业合作社（联合社）成员； （六）参加经营的个体工商户家庭成员姓名； （七）市场主体登记联络员、外商投资企业法律文件送达接受人； （八）公司、合伙企业等市场主体受益所有人相关信息； （九）法律、行政法规规定的其他事项
第十条	市场主体只能登记一个名称，经登记的市场主体名称受法律保护。 市场主体名称由申请人依法自主申报
第十一条 第一、第二款	市场主体只能登记一个住所或者主要经营场所。 电子商务平台内的自然人经营者可以根据国家有关规定，将电子商务平台提供的网络经营场所作为经营场所
第十四条	市场主体的经营范围包括一般经营项目和许可经营项目。经营范围中属于在登记前依法须经批准的许可经营项目，市场主体应当在申请登记时提交有关批准文件。 市场主体应当按照登记机关公布的经营项目分类标准办理经营范围登记
第十五条	市场主体实行实名登记。申请人应当配合登记机关核验身份信息
第十七条	申请人应当对提交材料的真实性、合法性和有效性负责
第二十条	登记申请不符合法律、行政法规规定，或者可能危害国家安全、社会公共利益的，登记机关不予登记并说明理由
第二十四条	市场主体变更登记事项，应当自作出变更决议、决定或者法定变更事项发生之日起 30 日内向登记机关申请变更登记。 市场主体变更登记事项属于依法须经批准的，申请人应当在批准文件有效期内向登记机关申请变更登记
第二十五条	公司、非公司企业法人的法定代表人在任职期间发生本条例第十二条所列情形之一的，应当向登记机关申请变更登记
第二十六条	市场主体变更经营范围，属于依法须经批准的项目的，应当自批准之日起 30 日内申请变更登记。许可证或者批准文件被吊销、撤销或者有效期届满的，应当自许可证或者批准文件被吊销、撤销或者有效期届满之日起 30 日内向登记机关申请变更登记或者办理注销登记
第二十七条	市场主体变更住所或者主要经营场所跨登记机关辖区的，应当在迁入新的住所或者主要经营场所前，向迁入地登记机关申请变更登记。迁出地登记机关无正当理由不得拒绝移交市场主体档案等相关材料
第三十一条	市场主体因解散、被宣告破产或者其他法定事由需要终止的，应当依法向登记机关申请注销登记。经登记机关注销登记，市场主体终止。 市场主体注销依法须经批准的，应当经批准后向登记机关申请注销登记

续表

《中华人民共和国市场主体登记管理条例》	
第三十五条	市场主体应当按照国家有关规定公示年度报告和登记相关信息
第三十六条	市场主体应当将营业执照置于住所或者主要经营场所的醒目位置。从事电子商务经营的市场主体应当在其首页显著位置持续公示营业执照信息或者相关链接标识
第二十七条	任何单位和个人不得伪造、涂改、出租、出借、转让营业执照。 营业执照遗失或者毁坏的，市场主体应当通过国家企业信用信息公示系统声明作废，申请补领。 登记机关依法作出变更登记、注销登记和撤销登记决定的，市场主体应当缴回营业执照。拒不缴回或者无法缴回营业执照的，由登记机关通过国家企业信用信息公示系统公告营业执照作废
第四十三条	未经设立登记从事经营活动的，由登记机关责令改正，没收违法所得；拒不改正的，处1万元以上10万元以下的罚款；情节严重的，依法责令关闭停业，并处10万元以上50万元以下的罚款
第四十四条	提交虚假材料或者采取其他欺诈手段隐瞒重要事实取得市场主体登记的，由登记机关责令改正，没收违法所得，并处5万元以上20万元以下的罚款；情节严重的，处20万元以上100万元以下的罚款，吊销营业执照
第四十六条	市场主体未依照本条例办理变更登记的，由登记机关责令改正；拒不改正的，处1万元以上10万元以下的罚款；情节严重的，吊销营业执照
第四十七条	市场主体未依照本条例办理备案的，由登记机关责令改正；拒不改正的，处5万元以下的罚款
第四十八条	市场主体未依照本条例将营业执照置于住所或者主要经营场所醒目位置的，由登记机关责令改正；拒不改正的，处3万元以下的罚款。 从事电子商务经营的市场主体未在其首页显著位置持续公示营业执照信息或者相关链接标识的，由登记机关依照《中华人民共和国电子商务法》处罚。 市场主体伪造、涂改、出租、出借、转让营业执照的，由登记机关没收违法所得，处10万元以下的罚款；情节严重的，处10万元以上50万元以下的罚款，吊销营业执照
《无证无照经营查处办法》	
第二条	任何单位或者个人不得违反法律、法规、国务院决定的规定，从事无证无照经营
第七条	经营者未依法取得许可且未依法取得营业执照从事经营活动的，依照本办法第五条的规定予以查处
《国有企业管理人员处分条例》	
第二十五条	国有企业管理人员有下列行为之一，造成不良后果或者影响的，依据公职人员政务处分法第三十九条的规定，予以警告、记过或者记大过；情节较重的，予以降级或者撤职；情节严重的，予以开除：……（二）伪造、变造、转让、出租、出借行政许可证件、资质证明文件，或者出租、出借国有企业名称或者企业名称中的字号
《中央企业违规经营投资责任追究实施办法（试行）》	
第九条	购销管理方面的责任追究情形：……（六）违反规定提供赊销信用、资质、担保或预付款项，利用业务预付或物资交易等方式变相融资或投资

续表

	《关于完善市场准入制度的意见》
第三条	合理设定市场禁入和许可准入事项。需要实施市场准入管理的领域，确有必要的可依法制定市场禁入的措施，或者采取行政审批和限制经营主体资质、股权比例、经营范围、经营业态、商业模式等许可准入管理办法。对市场禁入事项，政府依法不予审批、核准，不予办理有关手续，坚决查处违法违规进入行为。对许可准入事项，地方各级政府要公开法律法规依据、技术标准、许可要求、办理流程、办理时限，制定市场准入服务规程，由经营主体按照规定的条件和方式合规进入。对未实施市场禁入或许可准入但按照备案管理的事项，不得以备案名义变相设立许可
第六条	有序放宽服务业准入限制。对不涉及国家安全、社会稳定，可以依靠市场充分竞争提升供给质量的服务业行业领域逐步取消准入限制。对涉及重要民生领域的教育、卫生、体育等行业，稳妥放宽准入限制，优化养老、托育、助残等行业准入标准。清理不合理的服务业经营主体准入限制，破除跨地区经营行政壁垒，放宽服务业经营主体从事经营活动的资质、股权比例、注册资金、从业人员、营业场所、经营范围等要求，不得在环保、卫生、安保、质检、消防等领域违规设置准入障碍。推动市场准入相关中介服务事项网上公开办理
	《住房和城乡建设部办公厅关于出借资质违法行为有关查处问题的意见》
第一条	在建设工程招标投标活动中，出借资质供他人承揽工程，但未中标、未签订合同、未进场施工的施工企业或施工单位，属于《建设工程质量管理条例》第六十一条规定中的"施工单位"。《建设工程质量管理条例》第六十一条规定：对施工单位处工程合同价款2%以上4%以下的罚款；可以责令停业整顿，降低资质等级；情节严重的，吊销资质证书
	《国务院关于深化"证照分离"改革 进一步激发市场主体发展活力的通知》
二、大力推动照后减证和简化审批。	（四）优化审批服务。对"重要工业产品（除食品相关产品、化肥外）生产许可证核发"等15项涉企经营许可事项，下放审批权限，便利企业就近办理。对"保安服务许可证核发"等256项涉企经营许可事项，精减许可条件和审批材料，减轻企业办事负担。对"会计师事务所设立审批"等140项涉企经营许可事项，优化审批流程，压减审批时限，提高审批效率。对"海关监管货物仓储审批"等18项设定了许可证件有效期限的涉企经营许可事项，取消或者延长许可证件有效期限，方便企业持续经营。对"互联网上网服务营业场所经营单位设立审批"等13项设定了许可数量限制的涉企经营许可事项，取消数量限制，或者合理放宽数量限制并定期公布总量控制条件、企业存量、申请排序等情况，鼓励企业有序竞争。同时，各地区、各部门要积极回应企业关切，探索优化审批服务的创新举措
	《住房城乡建设部办公厅关于做好有关建设工程企业资质证书换领和延续工作的通知》
一	《国务院关于深化"证照分离"改革进一步激发市场主体发展活力的通知》（国发〔2021〕7号）决定取消的建设工程企业资质，企业可在资质证书有效期届满前换领有效期1年的相应专业资质证书。工程勘察设计丙级、丁级资质换领相同专业乙级资质证书，施工总承包、专业承包三级资质换领相同专业二级资质证书，有关工程监理企业资质按《已取消的工程监理企业资质证书换领对照表》（见附件）换领相应专业等级资质证书。资质证书有效期届满前未申请换领相应资质证书的，逾期自动作废。取得有效期1年资质证书后，企业应在该资质证书有效期届满前，按有关资质管理规定和资质标准申请延续
二	施工总承包一级资质、专业承包一级资质企业，资质证书有效期为2024年9月15日前届满的，企业申请延续时，可选择申请资质证书延续5年有效期或1年有效期。申请1年有效期资质证书的，暂不对企业的注册建造师等进行核查。企业应在资质证书1年有效期届满前，按有关资质管理规定和资质标准申请延续，经核查合格的颁发5年有效期资质证书。资质证书有效期届满前未申请延续的，逾期自动作废

第二节
公司资格资质合规案例分析

一、案情简介

2019 年 9 月 11 日，世界银行对一家从事工程建设的中国公司及其下属三家分别从事工程技术、工程设计和工程监理的子公司同时作出 20 个月禁止参与世行项目招标的处罚。原因是世界银行查处该公司在今年上半年参与世界银行资助的赞比亚地区某项目的招标过程中，在既往项目经验、诉讼历史和商业资质的文件中存在虚假陈述行为，并且该公司最终赢得了这个项目的合同。

值得注意的是，在这个赞比亚的项目投标中，另外一家中国从事电缆制造的企业就因被查出存在虚假陈述行为，不但未赢得该项目合同，而且被世界银行施以 20 个月禁令处罚。

作为解决方案的一项条件，这两家中国公司均承诺建立一个符合世界银行集团廉洁合规指导原则的廉洁合规体系，并继续与世界银行集团在廉洁治理方面开展长期全面合作。

二、案例分析

世界银行针对可制裁行为的调查和制裁对象较为广泛，基本贯穿了招投标及合同履行、后期维护的全过程，包括项目的所有参与者及其关联方。投标公司、采购合同及项目合同的供应商、承包商、分包商、代理人、负责人，项目过程中的顾问、服务提供商，以及任何项目利益的接收者及其代表，各类机构及机构中负相关责任的个人都可能成为制裁的对象。

根据世行的制裁程序及规定，作为受制裁行为主体的贷款收益接收者，例如其附属公司、子公司、权益继承者或受让人，都会因不合规行为而受到制裁，因此这些主体并不能通过公司结构变更或控制权转移等方式来规避世行制裁。所以上述案例中世界银行对中国公司及其下属三家分别从事工程技术、工程设计和工程监理的子公司同时作出 20 个月禁止参与世行项目招标的处罚。此外，受制裁公司的母公司或并行关联公司在原则上不会受到受制裁主体的影响，只有这些主体在不合规行为当中应当起到但并没有起到承担监管责任的作用或存在一定过错时才会受到世行的制裁。并且制裁对象不仅包括机构，还包括机构中负责的个人；但通常情况下，世行不会制裁会员国政府或政府官员。

| 第四十八章 |

公司刑事合规指南与案例分析

　　随着中国法治化进程的深入推进，企业刑事合规已成为防范经营风险、保障可持续发展的核心议题。为有效识别、评估和防控刑事法律风险，旨在构建覆盖业务全链条的刑事合规管理体系，确保公司经营行为符合刑法及相关司法解释要求。本指南适用于公司全体员工、关联企业及第三方合作伙伴，要求将刑事合规融入决策、执行与监督环节，通过事前预防、事中管控与事后整改，最大限度降低刑事犯罪风险，维护企业商誉与合法权益。本章总结了公司刑事合规相关的法律依据以及案例分析。

第一节
公司刑事合规相关法律依据

<table>
<tr><td colspan="2" align="center">《中华人民共和国刑法》</td></tr>
<tr><td>第三十条</td><td>【单位负刑事责任的范围】公司、企业、事业单位、机关、团体实施的危害社会的行为，法律规定为单位犯罪的，应当负刑事责任</td></tr>
<tr><td>第三十一条</td><td>【单位犯罪的处罚原则】单位犯罪的，对单位判处罚金，并对其直接负责的主管人员和其他直接责任人员判处刑罚。本法分则和其他法律另有规定的，依照规定</td></tr>
<tr><td>第一百三十四条</td><td>【重大责任事故罪】在生产、作业中违反有关安全管理的规定，因而发生重大伤亡事故或者造成其他严重后果的，处三年以下有期徒刑或者拘役；情节特别恶劣的，处三年以上七年以下有期徒刑。
【强令、组织他人违章冒险作业罪】强令他人违章冒险作业，或者明知存在重大事故隐患而不排除，仍冒险组织作业，因而发生重大伤亡事故或者造成其他严重后果的，处五年以下有期徒刑或者拘役；情节特别恶劣的，处五年以上有期徒刑</td></tr>
<tr><td>第一百三十四条之一</td><td>【危险作业罪】在生产、作业中违反有关安全管理的规定，有下列情形之一，具有发生重大伤亡事故或者其他严重后果的现实危险的，处一年以下有期徒刑、拘役或者管制：（一）关闭、破坏直接关系生产安全的监控、报警、防护、救生设备、设施，或者篡改、隐瞒、销毁其相</td></tr>
</table>

《中华人民共和国刑法》	
第一百三十四条之一	关数据、信息的；（二）因存在重大事故隐患被依法责令停产停业、停止施工、停止使用有关设备、设施、场所或者立即采取排除危险的整改措施，而拒不执行的；（三）涉及安全生产的事项未经依法批准或者许可，擅自从事矿山开采、金属冶炼、建筑施工，以及危险物品生产、经营、储存等高度危险的生产作业活动的
第一百三十五条	【重大劳动安全事故罪】安全生产设施或者安全生产条件不符合国家规定，因而发生重大伤亡事故或者造成其他严重后果的，对直接负责的主管人员和其他直接责任人员，处三年以下有期徒刑或者拘役；情节特别恶劣的，处三年以上七年以下有期徒刑
第一百三十五条之一	【大型群众性活动重大安全事故罪】举办大型群众性活动违反安全管理规定，因而发生重大伤亡事故或者造成其他严重后果的，对直接负责的主管人员和其他直接责任人员，处三年以下有期徒刑或者拘役；情节特别恶劣的，处三年以上七年以下有期徒刑
第一百三十六条	【危险物品肇事罪】违反爆炸性、易燃性、放射性、毒害性、腐蚀性物品的管理规定，在生产、储存、运输、使用中发生重大事故，造成严重后果的，处三年以下有期徒刑或者拘役；后果特别严重的，处三年以上七年以下有期徒刑
第一百三十七条	【工程重大安全事故罪】建设单位、设计单位、施工单位、工程监理单位违反国家规定，降低工程质量标准，造成重大安全事故的，对直接责任人员，处五年以下有期徒刑或者拘役，并处罚金；后果特别严重的，处五年以上十年以下有期徒刑，并处罚金
第一百三十八条	【教育设施重大安全事故罪】明知校舍或者教育教学设施有危险，而不采取措施或者不及时报告，致使发生重大伤亡事故的，对直接责任人员，处三年以下有期徒刑或者拘役；后果特别严重的，处三年以上七年以下有期徒刑
第一百三十九条	【消防责任事故罪】违反消防管理法规，经消防监督机构通知采取改正措施而拒绝执行，造成严重后果的，对直接责任人员，处三年以下有期徒刑或者拘役；后果特别严重的，处三年以上七年以下有期徒刑
第一百三十九条之一	【不报、谎报安全事故罪】在安全事故发生后，负有报告职责的人员不报或者谎报事故情况，贻误事故抢救，情节严重的，处三年以下有期徒刑或者拘役；情节特别严重的，处三年以上七年以下有期徒刑
第一百六十三条	【非国家工作人员受贿罪】公司、企业或者其他单位的工作人员，利用职务上的便利，索取他人财物或者非法收受他人财物，为他人谋取利益，数额较大的，处三年以下有期徒刑或者拘役，并处罚金；数额巨大或者有其他严重情节的，处三年以上十年以下有期徒刑，并处罚金；数额特别巨大或者有其他特别严重情节的，处十年以上有期徒刑或者无期徒刑，并处罚金。 公司、企业或者其他单位的工作人员在经济往来中，利用职务上的便利，违反国家规定，收受各种名义的回扣、手续费，归个人所有的，依照前款的规定处罚。 国有公司、企业或者其他国有单位中从事公务的人员和国有公司、企业或者其他国有单位委派到非国有公司、企业以及其他单位从事公务的人员有前两款行为的，依照本法第三百八十五条、第三百八十六条的规定定罪处罚
第一百六十四条	【对非国家工作人员行贿罪】为谋取不正当利益，给予公司、企业或者其他单位的工作人员以财物，数额较大的，处三年以下有期徒刑或者拘役，并处罚金；数额巨大的，处三年以上十年以下有期徒刑，并处罚金。

续表

《中华人民共和国刑法》	
第一百六十四条	【对外国公职人员、国际公共组织官员行贿罪】为谋取不正当商业利益，给予外国公职人员或者国际公共组织官员以财物的，依照前款的规定处罚。 单位犯前两款罪的，对单位判处罚金，并对其直接负责的主管人员和其他直接责任人员，依照第一款的规定处罚。 行贿人在被追诉前主动交代行贿行为的，可以减轻处罚或者免除处罚
第一百九十一条	【洗钱罪】为掩饰、隐瞒毒品犯罪、黑社会性质的组织犯罪、恐怖活动犯罪、走私犯罪、贪污贿赂犯罪、破坏金融管理秩序犯罪、金融诈骗犯罪的所得及其产生的收益的来源和性质，有下列行为之一的，没收实施以上犯罪的所得及其产生的收益，处五年以下有期徒刑或者拘役，并处或者单处罚金；情节严重的，处五年以上十年以下有期徒刑，并处罚金：（一）提供资金账户的；（二）将财产转换为现金、金融票据、有价证券的；（三）通过转账或者其他支付结算方式转移资金的；（四）跨境转移资产的；（五）以其他方法掩饰、隐瞒犯罪所得及其收益的来源和性质的。 单位犯前款罪的，对单位判处罚金，并对其直接负责的主管人员和其他直接责任人员，依照前款的规定处罚
第二百零一条	【逃税罪】纳税人采取欺骗、隐瞒手段进行虚假纳税申报或者不申报，逃避缴纳税款数额较大并且占应纳税额百分之十以上的，处三年以下有期徒刑或者拘役，并处罚金；数额巨大并且占应纳税额百分之三十以上的，处三年以上七年以下有期徒刑，并处罚金。 扣缴义务人采取前款所列手段，不缴或者少缴已扣、已收税款，数额较大的，依照前款的规定处罚。 对多次实施前两款行为，未经处理的，按照累计数额计算。 有第一款行为，经税务机关依法下达追缴通知后，补缴应纳税款，缴纳滞纳金，已受行政处罚的，不予追究刑事责任；但是，五年内因逃避缴纳税款受过刑事处罚或者被税务机关给予二次以上行政处罚的除外
第二百零五条	【虚开增值税专用发票、用于骗取出口退税、抵扣税款发票罪】虚开增值税专用发票或者虚开用于骗取出口退税、抵扣税款的其他发票的，处三年以下有期徒刑或者拘役，并处二万元以上二十万元以下罚金；虚开的税款数额较大或者有其他严重情节的，处三年以上十年以下有期徒刑，并处五万元以上五十万元以下罚金；虚开的税款数额巨大或者有其他特别严重情节的，处十年以上有期徒刑或者无期徒刑，并处五万元以上五十万元以下罚金或者没收财产。 单位犯本条规定之罪的，对单位判处罚金，并对其直接负责的主管人员和其他直接责任人员，处三年以下有期徒刑或者拘役；虚开的税款数额较大或者有其他严重情节的，处三年以上十年以下有期徒刑；虚开的税款数额巨大或者有其他特别严重情节的，处十年以上有期徒刑或者无期徒刑。 虚开增值税专用发票或者虚开用于骗取出口退税、抵扣税款的其他发票，是指有为他人虚开、为自己虚开、让他人为自己虚开、介绍他人虚开行为之一的
第二百一十七条	【侵犯著作权罪】以营利为目的，有下列侵犯著作权或者与著作权有关的权利的情形之一，违法所得数额较大或者有其他严重情节的，处三年以下有期徒刑，并处或者单处罚金；违法所得数额巨大或者有其他特别严重情节的，处三年以上十年以下有期徒刑，并处罚金：（一）未经著作权人许可，复制发行、通过信息网络向公众传播其文字作品、音乐、美术、视听作品、计算机软件及法律、行政法规规定的其他作品的；（二）出版他人享有专有出版权的图书的；（三）未经录音录像制作者许可，复制发行、通过信息网络向公众传播其制作的录音录像的；（四）未经表演者许可，复制发行录有其表演的录音录像制品，或者通过信息网络向公众传播其表演的；（五）制作、出售假冒他人署名的美术作品的；（六）未经著作权人或者与著作权有关的权利人许可，故意避开或者破坏权利人为其作品、录音录像制品等采取的保护著作权或者与著作权有关的权利的技术措施的

续表

《中华人民共和国刑法》	
第一百七十六条	【非法吸收公众存款罪】非法吸收公众存款或者变相吸收公众存款,扰乱金融秩序的,处三年以下有期徒刑或者拘役,并处或者单处罚金;数额巨大或者有其他严重情节的,处三年以上十年以下有期徒刑,并处罚金;数额特别巨大或者有其他特别严重情节的,处十年以上有期徒刑,并处罚金。 单位犯前款罪的,对单位判处罚金,并对其直接负责的主管人员和其他直接责任人员,依照前款的规定处罚。 有前两款行为,在提起公诉前积极退赃退赔,减少损害结果发生的,可以从轻或者减轻处罚
第一百八十条	【内幕交易、泄露内幕信息罪】证券、期货交易内幕信息的知情人员或者非法获取证券、期货交易内幕信息的人员,在涉及证券的发行,证券、期货交易或者其他对证券、期货交易价格有重大影响的信息尚未公开前,买入或者卖出该证券,或者从事与该内幕信息有关的期货交易,或者泄露该信息,或者明示、暗示他人从事上述交易活动,情节严重的,处五年以下有期徒刑或者拘役,并处或者单处违法所得一倍以上五倍以下罚金;情节特别严重的,处五年以上十年以下有期徒刑,并处违法所得一倍以上五倍以下罚金。 单位犯前款罪的,对单位判处罚金,并对其直接负责的主管人员和其他直接责任人员,处五年以下有期徒刑或者拘役。 内幕信息、知情人员的范围,依照法律、行政法规的规定确定。 【利用未公开信息交易罪】证券交易所、期货交易所、证券公司、期货经纪公司、基金管理公司、商业银行、保险公司等金融机构的从业人员以及有关监管部门或者行业协会的工作人员,利用因职务便利获取的内幕信息以外的其他未公开的信息,违反规定,从事与该信息相关的证券、期货交易活动,或者明示、暗示他人从事相关交易活动,情节严重的,依照第一款的规定处罚
第一百八十二条	【操纵证券、期货市场罪】有下列情形之一,操纵证券、期货市场,影响证券、期货交易价格或者证券、期货交易量,情节严重的,处五年以下有期徒刑或者拘役,并处或者单处罚金;情节特别严重的,处五年以上十年以下有期徒刑,并处罚金:(一)单独或者合谋,集中资金优势、持股或者持仓优势或者利用信息优势联合或者连续买卖的;(二)与他人串通,以事先约定的时间、价格和方式相互进行证券、期货交易的;(三)在自己实际控制的账户之间进行证券交易,或者以自己为交易对象,自买自卖期货合约的;(四)不以成交为目的,频繁或者大量申报买入、卖出证券、期货合约并撤销申报的;(五)利用虚假或者不确定的重大信息,诱导投资者进行证券、期货交易的;(六)对证券、证券发行人、期货交易标的公开作出评价、预测或者投资建议,同时进行反向证券交易或者相关期货交易的;(七)以其他方法操纵证券、期货市场的。 单位犯前款罪的,对单位判处罚金,并对其直接负责的主管人员和其他直接责任人员,依照前款的规定处罚
第二百一十八条	【销售侵权复制品罪】以营利为目的,销售明知是本法第二百一十七条规定的侵权复制品,违法所得数额巨大或者有其他严重情节的,处五年以下有期徒刑,并处或者单处罚金
第二百一十九条	【侵犯商业秘密罪】有下列侵犯商业秘密行为之一,情节严重的,处三年以下有期徒刑,并处或者单处罚金;情节特别严重的,处三年以上十年以下有期徒刑,并处罚金: (一)以盗窃、贿赂、欺诈、胁迫、电子侵入或者其他不正当手段获取权利人的商业秘密的;(二)披露、使用或者允许他人使用以前项手段获取的权利人的商业秘密的;(三)违反保密义务或者违反权利人有关保守商业秘密的要求,披露、使用或者允许他人使用其所掌握的商业秘密的。 明知前款所列行为,获取、披露、使用或者允许他人使用该商业秘密的,以侵犯商业秘密论。 本条所称权利人,是指商业秘密的所有人和经商业秘密所有人许可的商业秘密使用人

续表

《中华人民共和国刑法》	
第二百一十九条之一	【为境外窃取、刺探、收买、非法提供商业秘密罪】为境外的机构、组织、人员窃取、刺探、收买、非法提供商业秘密的，处五年以下有期徒刑，并处或者单处罚金；情节严重的，处五年以上有期徒刑，并处罚金
第三百八十五条	【受贿罪】国家工作人员利用职务上的便利，索取他人财物的，或者非法收受他人财物，为他人谋取利益的，是受贿罪。 国家工作人员在经济往来中，违反国家规定，收受各种名义的回扣、手续费，归个人所有的，以受贿论处
第三百八十六条	【受贿罪的处罚规定】对犯受贿罪的，根据受贿所得数额及情节，依照本法第三百八十三条的规定处罚。索贿的从重处罚
第三百八十七条	【单位受贿罪】国家机关、国有公司、企业、事业单位、人民团体，索取、非法收受他人财物，为他人谋取利益，情节严重的，对单位判处罚金，并对其直接负责的主管人员和其他直接责任人员，处三年以下有期徒刑或者拘役；情节特别严重的，处三年以上十年以下有期徒刑。 前款所列单位，在经济往来中，在账外暗中收受各种名义的回扣、手续费的，以受贿论，依照前款的规定处罚
第三百八十八条	【受贿罪】国家工作人员利用本人职权或者地位形成的便利条件，通过其他国家工作人员职务上的行为，为请托人谋取不正当利益，索取请托人财物或者收受请托人财物的，以受贿论处
第三百八十八条之一	【利用影响力受贿罪】国家工作人员的近亲属或者其他与该国家工作人员关系密切的人，通过该国家工作人员职务上的行为，或者利用该国家工作人员职权或者地位形成的便利条件，通过其他国家工作人员职务上的行为，为请托人谋取不正当利益，索取请托人财物或者收受请托人财物，数额较大或者有其他较重情节的，处三年以下有期徒刑或者拘役，并处罚金；数额巨大或者有其他严重情节的，处三年以上七年以下有期徒刑，并处罚金；数额特别巨大或者有其他特别严重情节的，处七年以上有期徒刑，并处罚金或者没收财产。 离职的国家工作人员或者其近亲属以及其他与其关系密切的人，利用该离职的国家工作人员原职权或者地位形成的便利条件实施前款行为的，依照前款的规定定罪处罚
第三百八十九条	【行贿罪】为谋取不正当利益，给予国家工作人员以财物的，是行贿罪。 在经济往来中，违反国家规定，给予国家工作人员以财物，数额较大的，或者违反国家规定，给予国家工作人员以各种名义的回扣、手续费的，以行贿论处。 因被勒索给予国家工作人员以财物，没有获得不正当利益的，不是行贿
第三百九十一条	【对单位行贿罪】为谋取不正当利益，给予国家机关、国有公司、企业、事业单位、人民团体以财物的，或者在经济往来中，违反国家规定，给予各种名义的回扣、手续费的，处三年以下有期徒刑或者拘役，并处罚金；情节严重的，处三年以上七年以下有期徒刑，并处罚金。 单位犯前款罪的，对单位判处罚金，并对其直接负责的主管人员和其他直接责任人员，依照前款的规定处罚
第三百九十二条	【介绍贿赂罪】向国家工作人员介绍贿赂，情节严重的，处三年以下有期徒刑或者拘役，并处罚金。 介绍贿赂人在被追诉前主动交代介绍贿赂行为的，可以减轻处罚或者免除处罚
第三百九十三条	【单位行贿罪】单位为谋取不正当利益而行贿，或者违反国家规定，给予国家工作人员以回扣、手续费，情节严重的，对单位判处罚金，并对其直接负责的主管人员和其他直接责任人员，处三年以下有期徒刑或者拘役，并处罚金；情节特别严重的，处三年以上十年以下有期徒刑，并处罚金。因行贿取得的违法所得归个人所有的，依照本法第三百八十九条、第三百九十条的规定定罪处罚

第二节
公司刑事合规案例分析

一、案情简介

A 公司是中国最大的海外石油和天然气开发商，全球公认的大型能源公司。

2005 年，A 公司决定在尼日利亚进行石油开发，但在付款给尼日利亚政府以获得石油开采权的过程中，发生了贿赂行为。A 公司的尼日利亚项目部对当地政府官员进行贿赂以换取油田开发权。

尼日利亚反腐败机构在进行调查后发现了 A 公司在尼日利亚的贿赂行为，对 A 公司进行了罚款，并取消了部分石油勘探权。随后，尼日利亚反腐败机构向中国政府提供了详细的调查结果，中国政府也对参与贿赂的 A 公司员工进行了调查和处理。

二、案例分析

（一）尼日利亚对贿赂行为是如何规定和处罚？

尼日利亚的反贿赂法规非常严格，根据尼日利亚《刑法典》和《刑法》的规定，尤其是专门的反商业贿赂法案（ICPC Act）等法规对于收受、给予、索取或承诺贿赂的行为均有明确的禁止和法律责任规定。

尼日利亚独立贪腐犯罪调查和起诉委员会（ICPC）是负责执行反贿赂法规，调查和起诉相关犯罪的主要机构。关于处罚措施主要包括：可能被判处长达 7 年以上的有期徒刑，可能需要支付相当高的罚金，可能高达数百万尼日利亚奈拉。对于涉嫌贪污的资产，尼日利亚政府有权没收，并可以对被定罪的人员进行追缴。

对外国行为贿赂的个人或公司，尼日利亚当局也可在其境内限制其业务，包括禁止合同，取消许可和证书。任何涉及的公务员和政府工作人员，一旦被发现贿赂，除了刑事处罚外，可能会遭到立即停职，随后的调查可能导致他们在公职中被永久禁止。

（二）A 公司的尼日利亚项目部对当地政府官员进行贿赂行为，除了触犯尼日利亚法律，还会涉及触犯哪些国家的法律规定？

上述尼日利亚法律严厉禁止任何形式的贿赂。尼日利亚独立贪腐犯罪调查和起诉委员会设立的相关法规表明，任何收受、给予、要求或承诺贿赂的行为都是非法的，且可能会被判处 7 年以上的有期徒刑，或支付相应的罚金，或两者兼有。

此外，根据中国的刑法，我国对自身公民和企业在国外进行的贿赂行为也有明确的追诉。如果涉及的中国企业在尼日利亚进行贿赂行为，办案单位经调查核实有证据证明，还会受到中国刑法的追诉。

另在国际反腐败法律方面，例如美国的《海外反腐败法》（FCPA）和英国的《反贿赂法》，也禁止对外国官员进行贿赂行为。如果中国企业在尼日利亚进行贿赂行为，并且该企业在美国或英国有业务或其他联系，也可能会被这些国家根据其法律进行追诉。

因此，中国企业在海外做生意时，需要确保其全球运营的合规性，必须对贿赂等不当行为保持零容忍的态度。

（三）该贿赂行为发生地在尼日利亚，为何会受到美国法律追责的风险？

《美国反海外腐败法》（Foreign Corrupt Practices Act，FCPA）是针对在海外进行商业活动中的贿赂和腐败行为的一项重要法律。该法规定，美国公司、公民，以及在美国上市的外国公司，无论他们的行为是否在美国境内发生，只要涉嫌贿赂外国官员，都可能违反该法律。

如果 A 公司在美国有上市，并且他们或其员工如果在海外进行的商业活动中涉及贿赂行为，可能就涉及违反 FCPA 的情况。确定是否违反《美国反海外腐败法》（FCPA）的关键因素通常包括：贿赂行为是否存在，是否涉及外国政府官员，付款是否有不正当的商业目的，等等，这需要具体由司法部门进行调查，并由法院判决。

第四十九章

公司投资管理专项合规指南与案例分析

投资合规是投资者在市场中稳健前行的基石，它不仅能有效降低潜在风险，还能保障投资者的合法权益。合规的投资操作可以避免因违规行为而遭受的处罚，如巨额罚款、业务受限甚至吊销执照等，从而确保投资活动的顺利进行。随着市场的不断发展，监管环境持续演变。投资领域的法律规范逐渐更新完善，监管机构对信息披露的要求越来越高，国家对于境内投资和境外投资分别制定了不同的监管规定，投资者需要建立更加完善的风险控制体系，将合规风险纳入风险管理的范围。对于国企而言，公司投资不仅要关注一般性法律规范的要求，还需要满足国企的特殊规定。本章总结了公司（国有企业）投资管理合规相关法律依据以及案例分析。

第一节
公司投资管理合规相关法律依据

《中华人民共和国公司法》	
第十四条	公司可以向其他企业投资。 法律规定公司不得成为对所投资企业的债务承担连带责任的出资人的，从其规定
《中华人民共和国企业国有资产法》	
第三十条	国家出资企业合并、分立、改制、上市，增加或者减少注册资本，发行债券，进行重大投资，为他人提供大额担保，转让重大财产，进行大额捐赠，分配利润，以及解散、申请破产等重大事项，应当遵守法律、行政法规以及企业章程的规定，不得损害出资人和债权人的权益
第三十五条	国家出资企业发行债券、投资等事项，有关法律、行政法规规定应当报经人民政府或者人民政府有关部门、机构批准、核准或者备案的，依照其规定
第三十六条	国家出资企业投资应当符合国家产业政策，并按照国家规定进行可行性研究；与他人交易应当公平、有偿，取得合理对价

续表

《中华人民共和国企业国有资产法》	
第三十八条	国有独资企业、国有独资公司、国有资本控股公司对其所出资企业的重大事项参照本章规定履行出资人职责。具体办法由国务院规定
第四十五条	未经履行出资人职责的机构同意，国有独资企业、国有独资公司不得有下列行为： （一）与关联方订立财产转让、借款的协议； （二）为关联方提供担保； （三）与关联方共同出资设立企业，或者向董事、监事、高级管理人员或者其近亲属所有或者实际控制的企业投资
第五十七条	国有资产向境外投资者转让的，应当遵守国家有关规定，不得危害国家安全和社会公共利益
《企业投资项目核准和备案管理条例》	
第二条	本条例所称企业投资项目（以下简称项目），是指企业在中国境内投资建设的固定资产投资项目
第三条	对关系国家安全、涉及全国重大生产力布局、战略性资源开发和重大公共利益等项目，实行核准管理。具体项目范围以及核准机关、核准权限依照政府核准的投资项目目录执行。政府核准的投资项目目录由国务院投资主管部门会同国务院有关部门提出，报国务院批准后实施，并适时调整。国务院另有规定的，依照其规定。 对前款规定以外的项目，实行备案管理。除国务院另有规定的，实行备案管理的项目按照属地原则备案，备案机关及其权限由省、自治区、直辖市和计划单列市人民政府规定
《企业境外投资管理办法》	
第二条	本办法所称境外投资，是指中华人民共和国境内企业（以下简称"投资主体"）直接或通过其控制的境外企业，以投入资产、权益或提供融资、担保等方式，获得境外所有权、控制权、经营管理权及其他相关权益的投资活动。 前款所称投资活动，主要包括但不限于下列情形： （一）获得境外土地所有权、使用权等权益； （二）获得境外自然资源勘探、开发特许权等权益； （三）获得境外基础设施所有权、经营管理权等权益； （四）获得境外企业或资产所有权、经营管理权等权益； （五）新建或改扩建境外固定资产； （六）新建境外企业或向既有境外企业增加投资； （七）新设或参股境外股权投资基金； （八）通过协议、信托等方式控制境外企业或资产。 本办法所称企业，包括各种类型的非金融企业和金融企业。 本办法所称控制，是指直接或间接拥有企业半数以上表决权，或虽不拥有半数以上表决权，但能够支配企业的经营、财务、人事、技术等重要事项
第三条	投资主体依法享有境外投资自主权，自主决策、自担风险
第四条	投资主体开展境外投资，应当履行境外投资项目（以下简称"项目"）核准、备案等手续，报告有关信息，配合监督检查
第五条	投资主体开展境外投资，不得违反我国法律法规，不得威胁或损害我国国家利益和国家安全
第七条	国家发展改革委建立境外投资管理和服务网络系统（以下简称"网络系统"）。投资主体可以通过网络系统履行核准和备案手续、报告有关信息；涉及国家秘密或不适宜使用网络系统的事项，投资主体可以另行使用纸质材料提交。网络系统操作指南由国家发展改革委发布

《企业境外投资管理办法》	
第十三条	实行核准管理的范围是投资主体直接或通过其控制的境外企业开展的敏感类项目。核准机关是国家发展改革委。 本办法所称敏感类项目包括： （一）涉及敏感国家和地区的项目； （二）涉及敏感行业的项目。 本办法所称敏感国家和地区包括： （一）与我国未建交的国家和地区； （二）发生战争、内乱的国家和地区； （三）根据我国缔结或参加的国际条约、协定等，需要限制企业对其投资的国家和地区； （四）其他敏感国家和地区。 本办法所称敏感行业包括： （一）武器装备的研制生产维修； （二）跨境水资源开发利用； （三）新闻传媒； （四）根据我国法律法规和有关调控政策，需要限制企业境外投资的行业。 敏感行业目录由国家发展改革委发布
第十四条	实行备案管理的范围是投资主体直接开展的非敏感类项目，也即涉及投资主体直接投入资产、权益或提供融资、担保的非敏感类项目。 实行备案管理的项目中，投资主体是中央管理企业（含中央管理金融企业、国务院或国务院所属机构直接管理的企业，下同）的，备案机关是国家发展改革委；投资主体是地方企业，且中方投资额3亿美元及以上的，备案机关是国家发展改革委；投资主体是地方企业，且中方投资额3亿美元以下的，备案机关是投资主体注册地的省级政府发展改革部门
第十八条	实行核准管理的项目，投资主体应当通过网络系统向核准机关提交项目申请报告并附具有关文件。其中，投资主体是中央管理企业的，由其集团公司或总公司向核准机关提交；投资主体是地方企业的，由其直接向核准机关提交
第二十九条	实行备案管理的项目，投资主体应当通过网络系统向备案机关提交项目备案表并附具有关文件。其中，投资主体是中央管理企业的，由其集团公司或总公司向备案机关提交；投资主体是地方企业的，由其直接向备案机关提交
第三十二条	属于核准、备案管理范围的项目，投资主体应当在项目实施前取得项目核准文件或备案通知书。 本办法所称项目实施前，是指投资主体或其控制的境外企业为项目投入资产、权益（已按照本办法第十七条办理核准、备案的项目前期费用除外）或提供融资、担保之前
第三十三条	属于核准、备案管理范围的项目，投资主体未取得有效核准文件或备案通知书的，外汇管理、海关等有关部门依法不予办理相关手续，金融企业依法不予办理相关资金结算和融资业务
第三十四条	已核准、备案的项目，发生下列情形之一的，投资主体应当在有关情形发生前向出具该项目核准文件或备案通知书的机关提出变更申请： （一）投资主体增加或减少； （二）投资地点发生重大变化； （三）主要内容和规模发生重大变化； （四）中方投资额变化幅度达到或超过原核准、备案金额的20%，或中方投资额变化1亿美元及以上； （五）需要对项目核准文件或备案通知书有关内容进行重大调整的其他情形

续表

《企业境外投资管理办法》	
第三十五条	核准文件、备案通知书有效期 2 年。确需延长有效期的，投资主体应当在有效期届满的 30 个工作日前向出具该项目核准文件或备案通知书的机关提出延长有效期的申请
第四十一条	倡导投资主体创新境外投资方式、坚持诚信经营原则、避免不当竞争行为、保障员工合法权益、尊重当地公序良俗、履行必要社会责任、注重生态环境保护、树立中国投资者良好形象
第四十二条	投资主体通过其控制的境外企业开展大额非敏感类项目的，投资主体应当在项目实施前通过网络系统提交大额非敏感类项目情况报告表，将有关信息告知国家发展改革委。 投资主体提交的大额非敏感类项目情况报告表内容不完整的，国家发展改革委应当在收到之日起 5 个工作日内一次性告知投资主体需要补正的内容。逾期不告知的，视作内容完整。大额非敏感类项目情况报告表格式文本由国家发展改革委发布。 本办法所称大额非敏感类项目，是指中方投资额 3 亿美元及以上的非敏感类项目
第四十三条	境外投资过程中发生外派人员重大伤亡、境外资产重大损失、损害我国与有关国家外交关系等重大不利情况的，投资主体应当在有关情况发生之日起 5 个工作日内通过网络系统提交重大不利情况报告表。重大不利情况报告表格式文本由国家发展改革委发布
第四十四条	属于核准、备案管理范围的项目，投资主体应当在项目完成之日起 20 个工作日内通过网络系统提交项目完成情况报告表。项目完成情况报告表格式文本由国家发展改革委发布。 前款所称项目完成，是指项目所属的建设工程竣工、投资标的股权或资产交割、中方投资额支出完毕等情形
第四十五条	投资主体应当按照重大事项问询函载明的问询事项和时限要求提交书面报告
第四十九条	有关部门和单位、驻外使领馆等发现企业违反本办法规定的，可以告知核准、备案机关。公民、法人或其他组织发现企业违反本办法规定的，可以据实向核准、备案机关举报。 国家发展改革委建立境外投资违法违规行为记录，公布并更新企业违反本办法规定的行为及相应的处罚措施，将有关信息纳入全国信用信息共享平台、国家企业信用信息公示系统、"信用中国"网站等进行公示，会同有关部门和单位实施联合惩戒
《中央企业境外投资监督管理办法》	
第二条	本办法所称中央企业是指国务院国有资产监督管理委员会（以下简称"国资委"）代表国务院履行出资人职责的国家出资企业。本办法所称境外投资是指中央企业在境外从事的固定资产投资与股权投资。本办法所称境外重大投资项目是指中央企业按照本企业章程及投资管理制度规定，由董事会研究决定的境外投资项目。本办法所称主业是指由中央企业发展战略和规划确定并经国资委确认公布的企业主要经营业务；非主业是指主业以外的其他经营业务
第五条	中央企业是境外投资项目的决策主体、执行主体和责任主体。中央企业应当建立境外投资管理体系，健全境外投资管理制度，科学编制境外投资计划，研究制定境外投资项目负面清单，切实加强境外项目管理，提高境外投资风险防控能力，组织开展境外检查与审计，按职责进行责任追究
第六条	中央企业境外投资应当遵循以下原则： （一）战略引领。符合企业发展战略和国际化经营规划，坚持聚焦主业，注重境内外业务协同，提升创新能力和国际竞争力。 （二）依法合规。遵守我国和投资所在国（地区）法律法规、商业规则和文化习俗，合规经营，有序发展。

《中央企业境外投资监督管理办法》	
第六条	（三）能力匹配。投资规模与企业资本实力、融资能力、行业经验、管理水平和抗风险能力等相适应。 （四）合理回报。遵循价值创造理念，加强投资项目论证，严格投资过程管理，提高投资收益水平，实现国有资产保值增值
第七条	中央企业应当根据本办法规定，结合本企业实际，建立健全境外投资管理制度。企业境外投资管理制度应包括以下主要内容： （一）境外投资应遵循的基本原则； （二）境外投资管理流程、管理部门及相关职责； （三）境外投资决策程序、决策机构及其职责； （四）境外投资项目负面清单制度； （五）境外投资信息化管理制度； （六）境外投资风险管控制度； （七）境外投资项目的完成、中止、终止或退出制度； （八）境外投资项目后评价制度； （九）违规投资责任追究制度； （十）对所属企业境外投资活动的授权、监督与管理制度。 企业境外投资管理制度应经董事会审议通过后报送国资委
第八条	国资委和中央企业应当建立并优化投资管理信息系统，提升境外投资管理信息化水平，采用信息化手段实现对境外投资项目的全覆盖动态监测、分析与管理，对项目面临的风险实时监控，及时预警，防患于未然。中央企业按本办法规定向国资委报送的有关纸质文件和材料，应同时通过中央企业投资管理信息系统报送电子版信息
第九条	国资委根据国家有关规定和监管要求，建立发布中央企业境外投资项目负面清单，设定禁止类和特别监管类境外投资项目，实行分类监管。列入负面清单禁止类的境外投资项目，中央企业一律不得投资；列入负面清单特别监管类的境外投资项目，中央企业应当报送国资委履行出资人审核把关程序；负面清单之外的境外投资项目，由中央企业按照企业发展战略和规划自主决策。中央企业境外投资项目负面清单的内容保持相对稳定，并适时动态调整。 中央企业应当在国资委发布的中央企业境外投资项目负面清单基础上，结合企业实际，制定本企业更为严格、具体的境外投资项目负面清单
第十一条	中央企业应当根据国资委制定的中央企业五年发展规划纲要、企业发展战略和规划，制定清晰的国际化经营规划，明确中长期国际化经营的重点区域、重点领域和重点项目。中央企业应当根据企业国际化经营规划编制年度境外投资计划，并纳入企业年度投资计划，按照《中央企业投资监督管理办法》管理
第十三条	中央企业应当根据企业发展战略和规划，按照经国资委确认的主业，选择、确定境外投资项目，做好境外投资项目的融资、投资、管理、退出全过程的研究论证。对于境外新投资项目，应当充分借助国内外中介机构的专业服务，深入进行技术、市场、财务和法律等方面的可行性研究与论证，提高境外投资决策质量，其中股权类投资项目应开展必要的尽职调查，并按要求履行资产评估或估值程序
第十四条	中央企业原则上不得在境外从事非主业投资。有特殊原因确需开展非主业投资的，应当报送国资委审核把关，并通过与具有相关主业优势的中央企业合作的方式开展
第十五条	中央企业应当明确投资决策机制，对境外投资决策实行统一管理，向下授权境外投资决策的企业管理层级原则上不超过二级。各级境外投资决策机构对境外投资项目作出决策，应当形成决策文件，所有参与决策的人员均应当在决策文件上签字背书，所发表意见应记录存档

续表

《中央企业境外投资监督管理办法》	
第十六条	国资委对中央企业实施中的境外重大投资项目进行随机监督检查，重点检查企业境外重大投资项目决策、执行和效果等情况，对发现的问题向企业进行提示
第十七条	中央企业应当定期对实施、运营中的境外投资项目进行跟踪分析，针对外部环境和项目本身情况变化，及时进行再决策。如出现影响投资目的实现的重大不利变化时，应研究启动中止、终止或退出机制。中央企业因境外重大投资项目再决策涉及年度投资计划调整的，应当将调整后的年度投资计划报送国资委
第十八条	中央企业应当建立境外投资项目阶段评价和过程问责制度，对境外重大投资项目的阶段性进展情况开展评价，发现问题，及时调整，对违规违纪行为实施全程追责，加强过程管控
第二十一条	境外重大投资项目实施完成后，中央企业应当及时开展后评价，形成后评价专项报告。通过项目后评价，完善企业投资决策机制，提高项目成功率和投资收益，总结投资经验，为后续投资活动提供参考，提高投资管理水平。国资委对中央企业境外投资项目后评价工作进行监督和指导，选择部分境外重大投资项目开展后评价，并向企业通报后评价结果，对项目开展的有益经验进行推广
第二十二条	中央企业应当对境外重大投资项目开展常态化审计，审计的重点包括境外重大投资项目决策、投资方向、资金使用、投资收益、投资风险管理等方面
第二十四条	中央企业应当将境外投资风险管理作为投资风险管理体系的重要内容。强化境外投资前期风险评估和风控预案制订，做好项目实施过程中的风险监控、预警和处置，防范投资后项目运营、整合风险，做好项目退出的时点与方式安排
第二十五条	中央企业境外投资项目应当积极引入国有资本投资、运营公司以及民间投资机构、当地投资者、国际投资机构入股，发挥各类投资者熟悉项目情况、具有较强投资风险管控能力和公关协调能力等优势，降低境外投资风险。对于境外特别重大投资项目，中央企业应建立投资决策前风险评估制度，委托独立第三方有资质咨询机构对投资所在国（地区）政治、经济、社会、文化、市场、法律、政策等风险做全面评估。纳入国资委债务风险管控的中央企业不得因境外投资推高企业的负债率水平
第二十六条	中央企业应当重视境外项目安全风险防范，加强与国家有关部门和我驻外使（领）馆的联系，建立协调统一、科学规范的安全风险评估、监测预警和应急处置体系，有效防范和应对项目面临的系统性风险
第二十七条	中央企业应当根据自身风险承受能力，充分利用政策性出口信用保险和商业保险，将保险嵌入企业风险管理机制，按照国际通行规则实施联合保险和再保险，减少风险发生时所带来的损失
《中央企业投资监督管理办法》	
第六条	中央企业是投资项目的决策主体、执行主体和责任主体，应当建立投资管理体系，健全投资管理制度，优化投资管理信息系统，科学编制投资计划，制定投资项目负面清单，切实加强项目管理，提高投资风险防控能力，履行投资信息报送义务和配合监督检查义务
第七条	中央企业应当根据本办法规定，结合本企业实际，建立健全投资管理制度。企业投资管理制度应包括以下主要内容：

《中央企业投资监督管理办法》	
第七条	（一）投资应遵循的基本原则； （二）投资管理流程、管理部门及相关职责； （三）投资决策程序、决策机构及其职责； （四）投资项目负面清单制度； （五）投资信息化管理制度； （六）投资风险管控制度； （七）投资项目完成、中止、终止或退出制度； （八）投资项目后评价制度； （九）违规投资责任追究制度； （十）对所属企业投资活动的授权、监督与管理制度。 企业投资管理制度应当经董事会审议通过后报送国资委
第九条	国资委根据国家有关规定和监管要求，建立发布中央企业投资项目负面清单，设定禁止类和特别监管类投资项目，实行分类监管。列入负面清单禁止类的投资项目，中央企业一律不得投资；列入负面清单特别监管类的投资项目，中央企业应报国资委履行出资人审核把关程序；负面清单之外的投资项目，由中央企业按照企业发展战略和规划自主决策。中央企业投资项目负面清单的内容保持相对稳定，并适时动态调整。 中央企业应当在国资委发布的中央企业投资项目负面清单基础上，结合企业实际，制定本企业更为严格、具体的投资项目负面清单
第十一条	中央企业应当按照企业发展战略和规划编制年度投资计划，并与企业年度财务预算相衔接，年度投资规模应与合理的资产负债水平相适应。企业的投资活动应当纳入年度投资计划，未纳入年度投资计划的投资项目原则上不得投资，确需追加投资项目的应调整年度投资计划
第十五条	中央企业应当根据企业发展战略和规划，按照国资委确认的各企业主业、非主业投资比例及新兴产业投资方向，选择、确定投资项目，做好项目融资、投资、管理、退出全过程的研究论证。对于新投资项目，应当深入进行技术、市场、财务和法律等方面的可行性研究与论证，其中股权投资项目应开展必要的尽职调查，并按要求履行资产评估或估值程序
第十六条	中央企业应当明确投资决策机制，对投资决策实行统一管理，向下授权投资决策的企业管理层级原则上不超过两级。各级投资决策机构对投资项目作出决策，应当形成决策文件，所有参与决策的人员均应在决策文件上签字背书，所发表意见应记录存档
第十七条	国资委对中央企业实施中的重大投资项目进行随机监督检查，重点检查企业重大投资项目决策、执行和效果等情况，对发现的问题向企业进行提示
第十八条	中央企业应当定期对实施、运营中的投资项目进行跟踪分析，针对外部环境和项目本身情况变化，及时进行再决策。如出现影响投资目的实现的重大不利变化时，应当研究启动中止、终止或退出机制。中央企业因重大投资项目再决策涉及年度投资计划调整的，应当将调整后的年度投资计划报送国资委
第二十一条	中央企业应当每年选择部分已完成的重大投资项目开展后评价，形成后评价专项报告。通过项目后评价，完善企业投资决策机制，提高项目成功率和投资收益，总结投资经验，为后续投资活动提供参考，提高投资管理水平。国资委对中央企业投资项目后评价工作进行监督和指导，选择部分重大投资项目开展后评价，并向企业通报后评价结果，对项目开展的有益经验进行推广
第二十二条	中央企业应当开展重大投资项目专项审计，审计的重点包括重大投资项目决策、投资方向、资金使用、投资收益、投资风险管理等方面

续表

《中央企业投资监督管理办法》	
第二十三条	中央企业应当建立投资全过程风险管理体系，将投资风险管理作为企业实施全面风险管理、加强廉洁风险防控的重要内容。强化投资前期风险评估和风控方案制订，做好项目实施过程中的风险监控、预警和处置，防范投资后项目运营、整合风险，做好项目退出的时点与方式安排
第二十四条	国资委指导督促中央企业加强投资风险管理，委托第三方咨询机构对中央企业投资风险管理体系进行评价，及时将评价结果反馈中央企业。相关中央企业应按照评价结果对存在的问题及时进行整改，健全完善企业投资风险管理体系，提高企业抗风险能力
第二十五条	中央企业商业性重大投资项目应当积极引入社会各类投资机构参与。中央企业股权类重大投资项目在投资决策前应当由独立第三方有资质咨询机构出具投资项目风险评估报告。纳入国资委债务风险管控的中央企业不得因投资推高企业的负债率水平
《中央企业合规管理办法》	
第二十一条	中央企业应当将合规审查作为必经程序嵌入经营管理流程，重大决策事项的合规审查意见应当由首席合规官签字，对决策事项的合规性提出明确意见。业务及职能部门、合规管理部门依据职责权限完善审查标准、流程、重点等，定期对审查情况开展后评估
第三十五条	中央企业应当加强合规管理信息系统与财务、投资、采购等其他信息系统的互联互通，实现数据共用共享
《中央企业合规管理指引（试行）》	
第十六条	强化海外投资经营行为的合规管理： （一）深入研究投资所在国法律法规及相关国际规则，全面掌握禁止性规定，明确海外投资经营行为的红线、底线。 （二）健全海外合规经营的制度、体系、流程，重视开展项目的合规论证和尽职调查，依法加强对境外机构的管控，规范经营管理行为。 （三）定期排查梳理海外投资经营业务的风险状况，重点关注重大决策、重大合同、大额资金管控和境外子企业公司治理等方面存在的合规风险，妥善处理、及时报告，防止扩大蔓延

第二节
公司投资管理合规案例分析

一、案情简介

2007年5月至6月，M集团时任董事长、党委书记杨某某，总经理、党委副书记沈某某，副总经理黄某，发展改革部部长李某某等人，依据现场考察情况及民营企业某公司提供数据资料，启动与某公司的合作。6月5日，杨某某授权黄某代表集团与某公司签订《战略重组框架协议》。

2007 年 7 月，法律和财务尽职调查报告提示某公司有巨大法律和财务风险，杨某某召开董事会第五次会议，将表决议案改为情况通报，且未经正式审议表决，即同意集团与某公司合作，未陈述某公司的法律和财务的重大风险。当月，杨某某、沈某某违反规定，在未经董事会授权或决议、目标资产未经评估的情况下，超越权限，批准出资3 亿元购买某公司所属公司存在严重产权瑕疵的设备、厂房及土地。合同签订当日，M 集团未完成资产交割，先行支付全部合同款。

2007 年 8 月，杨某某违反规定，在未经董事会决议、未履行相关程序的情况下，擅自代表 M 集团与某公司签署《合作协议书》。后由李某某组织撰写、杨某某修改签发，向国资委报送不实报告，未采纳已形成的法律、财务尽职调查和审计报告的数据，未如实反映某公司财务及运营情况。

2007 年 9 月，沈某某在未经董事会决议的情况下，擅自与某公司签订《〈合作协议书〉之补充协议》，扩大合作规模，改变合作条件。

2007 年 11 月，M 集团董事会第八次会议，审议《关于重组某公司的议案》，未经战略委员会、资产与风险控制委员会先行专题研究，董事未审慎审查决策程序、材料的完整齐备，一致通过并作出并购重组某公司的决议，对决议之前的一系列违规操作未予以制止和纠正。该决策直接导致后续巨额亏损。

二、案例分析

本案反映的合规问题如下：

（一）未按"三重一大"决策程序要求，履行党委会前置讨论及相关决策程序。在集团投资并购过程中，从立项到签约、付款均未经党委会研究讨论，也未经党委会决策，违反"三重一大"决策制度。

（二）投资并购未履行决策和审批程序。投资并购前未经董事会决议即确定与合作方开展合作，投资并购过程中未经董事会决议且未履行相关决策审批程序的情况下直接签订《合作协议书》，后又在未经董事会决议的情况下，签订投资合作补充协议，扩大合作规模，改变合作条件。

（三）投资并购决策未充分考虑重大风险因素。在法律和财务尽职调查已提示合作方有巨大法律和财务风险等情况下，集团董事会成员未如实陈述披露法律、财务尽职调查提示的重大风险，即同意合作。在集团与合作方已签订相关合作协议且已支付全部合同款后才召开董事会，在董事会决策过程中董事会成员未审慎审查决策程序、材料的完整齐备，未了解该项目的相关风险的情况下，一致通过并作出并购重组的决议。

第五十章

公司投后管理专项合规指南与案例分析

我国相关法律等规定提出了投后合规运营的整体要求，要求国企、央企遵守国有资产管理的相关规定，确保国有资产保值增值；明确国有资产监督管理机构的职责，要求国企和央企在投资及投后管理中接受各项监管；此外，进一步规范央企投资行为，涵盖投资决策、风险管理、投后管理等方面。针对央企境外投资，规范投资决策、风险管理、投后管理等环节，深化央企投后管理制度体系的建立，定期评估投资项目的进展和风险，及时调整管理策略。此外，有关规定进一步细化至规范国企境外投资的财务管理，确保财务合规和风险控制，并要求国企对境外投资项目的财务状况进行定期审查，确保财务合规。本章整理企业投后管理相关的法律规定及案例分析。

第一节
公司投后管理合规相关法律依据

《中央企业境外投资监督管理办法》	
第二十条	中央企业在年度境外投资完成后，应当编制年度境外投资完成情况报告，并于下一年1月31日前报送国资委。年度境外投资完成情况报告包括但不限于以下内容： （一）年度境外投资完成总体情况； （二）年度境外投资效果分析； （三）境外重大投资项目进展情况； （四）年度境外投资后评价工作开展情况； （五）年度境外投资存在的主要问题及建议
第二十一条	境外重大投资项目实施完成后，中央企业应当及时开展后评价，形成后评价专项报告。通过项目后评价，完善企业投资决策机制，提高项目成功率和投资收益，总结投资经验，为后续投资活动提供参考，提高投资管理水平。国资委对中央企业境外投资项目后评价工作进行监督和指导，选择部分境外重大投资项目开展后评价，并向企业通报后评价结果，对项目开展的有益经验进行推广

续表

《中央企业境外投资监督管理办法》	
第二十二条	中央企业应当对境外重大投资项目开展常态化审计，审计的重点包括境外重大投资项目决策、投资方向、资金使用、投资收益、投资风险管理等方面
第二十三条	国资委建立中央企业国际化经营评价指标体系，组织开展中央企业国际化经营年度评价，将境外投资管理作为经营评价的重要内容，评价结果定期报告和公布
第二十四条	中央企业应当将境外投资风险管理作为投资风险管理体系的重要内容。强化境外投资前期风险评估和风控预案制订，做好项目实施过程中的风险监控、预警和处置，防范投资后项目运营、整合风险，做好项目退出的时点与方式安排
第二十九条	中央企业违反本办法规定，未履行或未正确履行投资管理职责造成国有资产损失以及其他严重不良后果的，依照《中华人民共和国企业国有资产法》《国务院办公厅关于建立国有企业违规经营投资责任追究制度的意见》等有关规定，由有关部门追究中央企业经营管理人员的责任。对瞒报、谎报、不及时报送投资信息的中央企业，国资委予以通报批评
《中央企业投资监督管理办法》	
第二十条	中央企业在年度投资完成后，应当编制年度投资完成情况报告，并于下一年1月31日前报送国资委。年度投资完成情况报告包括但不限于以下内容： （一）年度投资完成总体情况； （二）年度投资效果分析； （三）重大投资项目进展情况； （四）年度投资后评价工作开展情况； （五）年度投资存在的主要问题及建议
第二十一条	中央企业应当每年选择部分已完成的重大投资项目开展后评价，形成后评价专项报告。通过项目后评价，完善企业投资决策机制，提高项目成功率和投资收益，总结投资经验，为后续投资活动提供参考，提高投资管理水平。国资委对中央企业投资项目后评价工作进行监督和指导，选择部分重大投资项目开展后评价，并向企业通报后评价结果，对项目开展的有益经验进行推广
《企业境外经营合规管理指引》	
第九条	企业开展境外日常经营，应确保经营活动全流程、全方位合规，全面掌握关于劳工权利保护、环境保护、数据和隐私保护、知识产权保护、反腐败、反贿赂、反垄断、反洗钱、反恐怖融资、贸易管制、财务税收等方面的具体要求
《境外投资管理办法》	
第二十条	企业应当要求其投资的境外企业遵守投资目的地法律法规、尊重当地风俗习惯，履行社会责任，做好环境、劳工保护、企业文化建设等工作，促进与当地的融合
第二十二条	企业应当落实人员和财产安全防范措施，建立突发事件预警机制和应急预案。在境外发生突发事件时，企业应当在驻外使（领）馆和国内有关主管部门的指导下，及时、妥善处理。 企业应当做好外派人员的选审、行前安全、纪律教育和应急培训工作，加强对外派人员的管理，依法办理当地合法居留和工作许可

续表

《规范对外投资合作领域竞争行为的规定》	
第七条	企业应坚持互利共赢、共同发展的原则,建立健全科学规范的项目决策机制和质量管理制度。…… (二)应遵守项目所在国(地区)法律法规,尊重当地风俗习惯,重视环境保护,维护当地劳工权益,积极参与当地公益事业,履行必要的社会责任。 (三)应当安排外派人员接受职业技能、安全防范知识等培训,为外派人员办理出境手续并协助办理国外工作许可等手续,负责落实外派人员的劳动关系,承担境外人员管理责任,制定突发事件应急预案
《商务部、环境保护部关于印发〈对外投资合作环境保护指南〉的通知》	
第三条	倡导企业在积极履行环境保护责任的过程中,尊重东道国社区居民的宗教信仰、文化传统和民族风俗,保障劳工合法权益,为周边地区居民提供培训、就业和再就业机会,促进当地经济、环境和社区协调发展,在互利互惠基础上开展合作
第四条	企业应当秉承环境友好、资源节约的理念,发展低碳、绿色经济,实施可持续发展战略,实现自身盈利和环境保护"双赢"
第五条	企业应当了解并遵守东道国与环境保护相关的法律法规的规定。 企业投资建设和运营的项目,应当依照东道国法律法规规定,申请当地政府环境保护方面的相关许可
第六条	企业应当将环境保护纳入企业发展战略和生产经营计划,建立相应的环境保护规章制度,强化企业的环境、健康和生产安全管理。鼓励企业使用综合环境服务
第七条	企业应当建立健全环境保护培训制度,向员工提供适当的环境、健康与生产安全方面的教育和培训,使员工了解和熟悉东道国相关环境保护法律法规规定,掌握有关有害物质处理、环境事故预防以及其他环境知识,提高企业员工守法意识和环保素质
第八条	企业应当根据东道国的法律法规要求,对其开发建设和生产经营活动开展环境影响评价,并根据环境影响评价结果,采取合理措施降低可能产生的不利影响
第九条	鼓励企业充分考虑其开发建设和生产经营活动对历史文化遗产、风景名胜、民风民俗等社会环境的影响,采取合理措施减少可能产生的不利影响
第十条	企业应当按照东道国环境保护法律法规和标准的要求,建设和运行污染防治设施,开展污染防治工作,废气、废水、固体废物或其他污染物的排放应当符合东道国污染物排放标准规定
第十三条	企业对生产过程中可能产生的危险废物,应当制订管理计划。计划内容应当包括减少危险废物产生量和危害性的措施,以及危险废物贮存、运输、利用、处置措施
第十四条	企业对可能存在的环境事故风险,应当根据环境事故和其他突发事件的性质、特点和可能造成的环境危害,制订环境事故和其他突发事件的应急预案,并建立向当地政府、环境保护监管机构、可能受到影响的社会公众以及中国企业总部报告、沟通的制度。 应急预案的内容包括应急管理工作的组织体系与职责、预防与预警机制、处置程序、应急保障以及事后恢复与重建等。鼓励企业组织预案演练,并及时对预案进行调整。 鼓励企业采取投保环境污染责任保险等手段,合理分散环境事故风险

续表

《商务部、环境保护部关于印发〈对外投资合作环境保护指南〉的通知》	
第十五条	企业应当审慎考虑所在区域的生态功能定位，对于可能受到影响的具有保护价值的动、植物资源，企业可以在东道国政府及社区的配合下，优先采取就地、就近保护等措施，减少对当地生物多样性的不利影响。 对于由投资活动造成的生态影响，鼓励企业根据东道国法律法规要求或者行业通行做法，做好生态恢复
第十六条	鼓励企业开展清洁生产，推进循环利用，从源头削减污染，提高资源利用效率，减少生产、服务和产品使用过程中污染物的产生和排放
第十七条	鼓励企业实施绿色采购，优先购买环境友好产品。 鼓励企业按照东道国法律法规的规定，申请有关环境管理体系认证和相关产品的环境标志认证
第十八条	鼓励企业定期发布本企业环境信息，公布企业执行环境保护法律法规的计划、采取的措施和取得的环境绩效情况等
第十九条	鼓励企业加强与东道国政府环境保护监管机构的联系与沟通，积极征求其对环境保护问题的意见和建议
第二十条	倡导企业建立企业环境社会责任沟通方式和对话机制，主动加强与所在社区和相关社会团体的联系与沟通，并可以依照东道国法律法规要求，采取座谈会、听证会等方式，就本企业建设项目和经营活动的环境影响听取意见和建议
第二十一条	鼓励企业积极参与和支持当地的环境保护公益活动，宣传环境保护理念，树立企业良好环境形象
第二十二条	鼓励企业研究和借鉴国际组织、多边金融机构采用的有关环境保护的原则、标准和惯例
《境外国有资产管理暂行办法》	
第六条	占用国有资产的境外机构，可以注册为独资公司、股份有限公司、有限责任公司或其他形式的经营性和非经营性实体，但不得以"无限责任公司"形式办理注册登记
第七条	国家建立境外投资资质审查和规范准入制度，保障境外企业达到经济规模。对过小、过散、无发展前途的企业，实行关闭、清算；对业务正常、管理规范的小企业，实行兼并或合并，以达到经济规模
第八条	境外机构的中方负责人是国有资产经营责任人，对境外机构占用的国有资产负有安全有效使用和保值增值的责任
第十条	中央管理的规模大、在当地有重要影响的境外企业，可以实行授权经营。授权经营办法另行制定
第十一条	中央管理的境外企业的重大资本运营决策事项需由财政部或由财政部会同有关部门审核，必要时上报国务院批准。 重大决策事项包括： 一、境外发行公司债券、股票和上市等融资活动； 二、超过企业净资产50%的投资活动； 三、企业增、减资本金； 四、向外方转让国有产权（或股权），导致失去控股地位； 五、企业分立、合并、重组、出售、解散和申请破产； 六、其他重大事项

续表

《境外国有资产管理暂行办法》	
第十四条	……境内企业投资设立的境外企业，其日常监管和考核由其境内母企业负责，但涉及第十一条中列举的重大决策事项，应由其境内母企业报财政（国有资产管理）部门备案
第十五条	经政府或政府授权部门批准的境外投资项目，原则上均须以企业、机构名义在当地持有国有股权或物业产权。确需以个人名义持有国有股权或物业产权的，须经境内投资者报省级人民政府或国务院有关主管部门批准后，由境内投资者（委托人）与境外机构产权持有人（受托人）按国家规定在境内办理国有资产产权委托协议法律手续，并经委托人所在地公证机关公证。同时，须按驻在国（地区）法律程序，及时办理有关产权委托代理声明或股权声明等法律手续，取得当地法律对该部分国有资产产权的承认和保护。公证文件（副本）须报财政（国有资产管理）部门备案
第十六条	境外企业为解决自身资金需求，可自行决定在境外进行借款。但需以其不动产作抵押的，应报境内投资者备案。 境外企业为其全资子公司借款设立抵押或为其非全资子公司借款按出资比例设立抵押，应报境内投资者备案
第十七条	境外机构为企业的，其在境外以借款、发行公司债券等方式筹集资金，其所筹集资金不得调入境内使用。境外机构为非经营性机构的，不得以其自身名义直接对外筹集资金。境外企业将其所筹资金调入境内给境内机构使用，或者境外非经营性机构以其境内投资机构的名义对外筹资的，境内机构应当按照《境内机构发行外币债券管理办法》《境内机构借用国际商业贷款管理办法》《境内机构对外担保管理办法》等规定办理外债的筹借、使用和偿还
第十八条	除国家允许经营担保业务的金融机构外，境外机构不得擅自对外提供担保。确需对外提供担保时，境内投资者应按照财政部境外投资财务管理的有关规定执行
第十九条	境外企业发生的涉及减少国有资本金的损失，应及时报告境内投资单位和财政（国有资产管理）部门
第二十条	境内投资单位应对境外机构中方负责人进行任期审计和离任审计。审计工作应尊重所在国（地区）的法律
国际合作相关规则	
国际投资协定（IIAs）	规则：IIAs通常包括双边投资条约（BITs）和多边投资协定，规定了投资者与东道国之间的权利和义务。 要求：投资者需遵守东道国的法律法规，并享有公平公正待遇、最惠国待遇和国民待遇
世界贸易组织（WTO）规则	规则：WTO规则涵盖货物、服务和知识产权贸易，影响跨境投资。 要求：投资者需遵守WTO的非歧视原则，包括最惠国待遇和国民待遇
国际金融公司（IFC）绩效标准	规则：IFC的绩效标准涵盖环境和社会风险管理。 要求：投资者需进行环境和社会影响评估，并采取措施减轻负面影响
经济合作与发展组织（OECD）指南	规则：OECD《跨国企业指南》涵盖负责任商业行为。 要求：投资者需遵守反腐败、人权、劳工和环境等方面的标准

国际合作相关规则	
联合国全球契约 （UNGC）	规则：UNGC 倡导企业在人权、劳工、环境和反腐败方面的十项原则。 要求：投资者需将 UNGC 原则纳入企业战略和运营
反洗钱和反恐融资规则	规则：FATF 制定反洗钱和反恐融资的国际标准。 要求：投资者需建立反洗钱和反恐融资机制，确保资金合法来源

第二节
公司投后管理合规案例分析

一、案情介绍

Q 公司历时多年最终成功高价收购加拿大某石油、天然气开采公司，且声明加拿大公司机构不会发生较大变化，位于北京的央企总部，将对标的管理团队作战略性监管，现有管理团队在并购交易结束后，仍继续管理其日常的业务。标的公司原先 CEO 在交易时、交易后持续任职，担任首席执行官及董事会临时主席，该 CEO 已经在标的公司任职 20 年。

项目交割后一年，标的管理层整合过程中出现摩擦，标的表示"为充分释放其资产的全部价值，在优化当前生产以及实现勘探和发掘成功价值方面，其决定在未来需要一个不同于该公司首席执行官的角色"。最后中方不得不在违反交易承诺的情形下撤换原 CEO、更换中方代表担任新 CEO，并随之裁员 13%，引发当地工业部、媒体、劳工组织等诸多利益相关者的谴责和批评。

此外，裁员严重影响核心技术的研发，与获取非常规油气勘探开采技术的油气开发技术和管理模式的并购目的背道而驰，导致并购后标的逐渐丧失核心竞争力和行业内自身优势。

二、案例分析

（一）投后管理的基本原则和意义是什么？

就上述案例而言，中方交割后须尽快使得标的公司员工融入中方管理体系，同时借鉴加拿大管理经验加快国际化步伐，保证公司达到收益预期，并承担相应社会责任等。

由于标的公司为业界标杆式企业，因此，中企交割后项目管理表现受到加拿大各方密切关注。

但在交割后，出于中加两国文化和经验理念的较大差异，作出初期保留标的"现有管理层和雇员"的承诺，实质并未考虑到投资后管理过程中，如何将加方团队融入中方经营管理体系的难题，从而在交易后，撤换原核心 CEO。

鉴于标的团队的整体化，在该标的公司工作长达 20 年的 CEO 离任，必将引发一系列的核心技术及研发团队的流失，该央企作为战略投资人，出于获取非常规油气勘探开采技术的油气开发技术和管理模式的战略目的自然无法圆满实现。

（二）投后管理不当的诱因及主要风险有哪些？

首先，投后管理不当最直接的诱因来源于信息不对称，如投前、投中尽调（法律、社会、经济环境及标的尽调等）不充分引发的投后管理、运营等严重障碍。其次，中国企业在全球范围的影响不断扩大，不排除所在国政治、政策、法律、社会等因素引发的对中国企业或海外投资者的抵触情绪。最后，缺乏对东道国合法合规监管规则的足够重视和认识，从而支付高额违法违规成本（如准入受限、高额罚款等）。

就上述案例而言，交易前期针对标的企业、文化尽调不足导致的信息不对称，是未充分考虑到中国企业与标的企业团队存在重大文化差异的直接诱因，并最终引发投资后整合受限。

（三）投后管理不当或面临什么法律后果？

就上述案例而言，或直接触发中方违反交易承诺的违约赔偿责任；此外，裁员 13% 引发当地工业部、媒体、劳工组织等诸多利益相关者的谴责和批评，或进一步为中资企业当地形象造成不良影响。